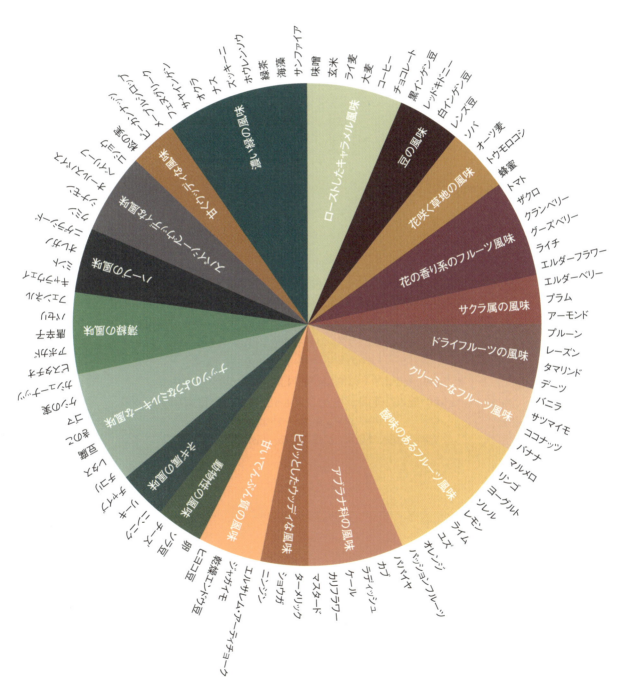

*本書の構成の基礎となる「風味の輪」。92種の基本食材と、19種の風味のグループからなる。より詳しい説明は「はじめに」P.5を参照。

イーディとラフに

創造性とはひとつにはアイデアの連関である。
ゼラニウムの葉を指ではさんでこするとき、もちろん私はゼラニウムのにおいをかぐが、
黒トリュフのにおいもかいでおり、そこから次にオリーブオイルの味が喚起され、
それがカストリウムの芳香を思い出させるし、
これはカバノキのスモーキーな香気を有している。
カバノキとゼラニウムの連関が興味深いつながりを生じさせる。
もっともかけ離れた連関が往々にしてもっとも興味深い連関なのだ。
──ジャン＝クロード・エレナ
『香水 香りの錬金術（*Perfume: The Alchemy of Scent*）』

続 風味の事典

THE *flavour* THESAURUS
MORE FLAVOURS

NIKI SEGNIT
ニキ・セグニット

廣幡晴菜 訳

楽工社

目次
Contents

はじめに 5

ローストしたキャラメル風味
Caramel Roasted
11

味噌	Miso	12
玄米	Wholegrain Rice	18
ライ麦	Rye	23
大麦	Barley	28
コーヒー	Coffee	33
チョコレート	Chocolate	37

豆の風味
Leguminous
41

黒インゲン豆	Black Bean	42
レッドキドニー	Kidney Bean	47
白インゲン豆	White Bean	50
レンズ豆	Lentil	54

花咲く草地の風味
Flower & Meadow
59

ソバ	Buckwheat	60
オーツ麦	Oat	65
トウモロコシ	Corn	70
蜂蜜	Honey	76

花の香り系のフルーツ風味
Floral Fruity
83

トマト	Tomato	84
ザクロ	Pomegranate	92
クランベリー	Cranberry	96
グーズベリー	Gooseberry	101
ライチ	Lychee	105
エルダーフラワー	Elderflower	108

サクラ属の風味
Prunus
111

エルダーベリー	Elderberry	112
プラム	Plum	115
アーモンド	Almond	120

ドライフルーツの風味
Dried Fruit
125

プルーン	Prune	126
レーズン	Raisin	131
タマリンド	Tamarind	136
デーツ	Date	140

クリーミーなフルーツ風味
Creamy Fruity
147

バニラ	Vanilla	148
サツマイモ	Sweet Potato	153
ココナッツ	Coconut	157
バナナ	Banana	162

酸味のあるフルーツ風味
Sour Fruity
165

マルメロ	Quince	166
リンゴ	Apple	171
ヨーグルト	Yogurt	175
ソレル	Sorrel	182
レモン	Lemon	186
ライム	Lime	192
ユズ	Yuzu	196
オレンジ	Orange	199
パッションフルーツ	Passionfruit	204

アブラナ科の風味
Cruciferous
207

パパイヤ	Papaya	208
カブ	Turnip	212
ラディッシュ	Radish	215
ケール	Kale	219
カリフラワー	Cauliflower	224
マスタード	Mustard	227

ピリッとしたウッディな風味
Zesty Woody
233

ターメリック	Turmeric	234
ショウガ	Ginger	239
ニンジン	Carrot	244

甘いでんぷん質の風味
Sweet Starchy
247

エルサレム・アーティチョーク(キクイモ)	Jerusalem Artichoke	248
ジャガイモ	Potato	252
乾燥エンドウ豆	Dried Pea	256
ヒヨコ豆	Chickpea	259

動物性の風味
Animalic
263

卵	Egg	264
ソラ豆	Broad Bean	268
チーズ	Cheese	274

ネギ属の風味
Allium
281

ニンニク	Garlic	282
リーキ	Leek	286
チャイブ	Chive	289

ナッツのようなミルキーな風味
Nutty Milky
293

チコリ	Chicory	294
レタス	Lettuce	298
豆腐	Tofu	302
きのこ	Mushroom	306
ゴマ	Sesame	310
ケシの実	Poppy Seed	316
カシューナッツ	Cashew	320

薄緑の風味
Light Green
325

ピスタチオ	Pistachio	326
アボカド	Avocado	330
唐辛子	Chilli	332
パセリ	Parsley	336
フェンネル	Fennel	338

ハーブの風味
Herbal
343

キャラウェイ	Caraway	344
ミント	Mint	348
オレガノ	Oregano	351
ニゲラシード	Nigella Seed	355

スパイシーでウッディな風味
Spicy Woody
359

クミン	Cumin	360
シナモン	Cinnamon	364
オールスパイス	Allspice	368
ベイリーフ	Bay Leaf	372
コショウ	Peppercorn	376

甘くウッディな風味
Sweet Woody
383

松の実	Pine Nut	384
ピーカンナッツ	Pecan	390
メープルシロップ	Maple Syrup	395

濃い緑の風味
Dark Green
401

フェヌグリーク	Fenugreek	402
サヤインゲン	Green Bean	407
オクラ	Okra	412
ナス	Aubergine	417
ズッキーニ	Courgette	419
ホウレンソウ	Spinach	424
緑茶	Green Tea	429
海藻	Seaweed	433
サンファイア	Samphire	437

謝辞	440
人物紹介	442
参考文献	446
索引 (レシピ)	452
索引 (一般用語)	455
索引 (組み合わせ)	465

はじめに

　初めての著書『風味の事典』〔日本語版は楽工社、2016年〕が出版されてからほどなくして、「他の風味も扱った本はいつ出すんですか?」と聞かれるようになりました。私は最初、出さなくてもいいじゃないの、と思っていました。何と何が合うかについて3年間も書き続けた後だったので、19世紀の潜水艦だとか、スコットランドのカントリーダンスのことでも書きたい気分だったのです。でも実際に取り上げたのは料理法と、料理どうしの基本的な同族関係でした。そうして生まれたのが2作目の『ラテラル・クッキング(*Lateral Cooking*)』です。それでも、風味の本の続編を望む声はやみませんでした。ブックイベントやフードフェスティバルに行くと、自分のひいきの食材が『風味の事典』に入っていないことに憤慨したレンズ豆ファンやリーキマニアが、私を引き留めて文句を言います。少なからぬ市民菜園農家に、ズッキーニを入れなかったと言って咎められます。私はあまりよい答えを持ち合わせていませんでした。もともとのリストには載っていたんですが、ズッキーニまでは手が回らなくて書けなかったんです、と言っていました。最初の本に入れなかった風味の多くは、まあちょっとした身勝手で除外されたのだ、という印象を与えないようにするのに苦労しました。

　とはいえ、手が回らなくて書けなかった、というのも、本当だったのかもしれません。2018年1月のある午後、私はロンドン東部にある気持ちのいいパブで、納税申告を終えたお祝いをしていました。夫はランチのオーダーをしにカウンターに行っていました。そして、冬の陽光がパブのステンドグラスの窓から差し込み、私たちの小さな丸テーブルを食料雑貨店の黄色や緑色で彩る中、突然思ったのです。ズッキーニについて書いてみてもいいんじゃない?　それか、グーズベリーとか?　あるいは黒インゲン豆とかサヤインゲンとかオクラとかチコリとか——自分の心の健康を守るためというだけの理由で前の本からはずしたたくさんの食材のうち、とにかくかなりの部分について、書いてみようか?　「もう一冊大作を書く」というと気の遠くなるような話に思えたのに、それが突然、小さめの調査プロジェクトの集まりで、ひょっとしてできなくはないのかもしれない、と思えてきました。俄然、私はやる気に燃えていました。豆腐についてもっと知りたい、という気持ちになったのです。

　もともとは、『緑の風味の事典』として完全にヴィーガン^{※1}向けの本にするつもりでした。どうしたわけか、前著『風味の事典』から除外された食材のうち多くは植物由来でしたし、ヴィーガニズムが徐々に主流のひとつとして加わってきたことを考えると——さらに、私が前著ではじいた具体的な食材についての質問に次いで、もっとベジタリアン^{※2}向けにした本をいつ出してくれるのかという質問が多くの読者から寄せられたこともあって——、動物性食品を抜きにする方針をとるべきだと思いました。けれども、このアプローチは難しいことがすぐにわかりました。この本で植物性食品しか扱わないことにすると、ヴィーガンクッキングの(少なからぬ)細かい決まりにずっと引っかかってしまうのです——代用食はどれも、工夫が凝らされたものばかりですし、マスターする喜びはあるとはいえ、風味という大元の主題を損なってしまいますし、前著『風味の事典』の特徴だった、たとえを多く引きつつも簡潔なレシピや味の提案を書くのが不可能に近くなってしまいます。

　そのため、ルールをゆるくして、卵とチーズ、蜂蜜、ヨーグルトは許容することにしました。肉と魚に

も、二番手の扱いではあるものの言及することがあります。本書はまるっきりヴィーガンというわけでも、ましてベジタリアンというわけでもなく、ゆるく、寛大に、おしつけがましくなくプラントベースの、あるいはフレキシタリアンの[※3]、あるいは呼び方はなんでもいいのですが、少なくとも最近の私が好んでいる食べ物の選び方を反映させた立場をとっています。理想として念頭に置いていたのは、ロンドンのメリルボーン地区にある、ラヴィンダー・ボーガルが手がけるすばらしいレストラン「ジコーニ（Jikoni）」のメニューです。メニューにはベジタリアン料理またはヴィーガン料理はひと皿だけ、という慣例をひっくり返して、驚くほど独創的なヴィーガン料理やベジタリアン料理を幅広く取り揃え、そこに肉か魚の選択肢がひと皿、というメニューになっているのです。

とはいえ、本書『続 風味の事典』は、肉を食べる量を減らし、もっと植物を食べよう、というよくある主張を持ち出しているわけではありません。プラントベースの食生活をすると環境や健康にどんな利点があるかについては、私よりもはるかにこうした分野に精通した方々が詳細に説明してくれています。ですが、肉の消費量を抑えてもらえるよう働きかける機能が本書にもしあるとするならば、別の選択肢を選びたいという気持ちをかきたてるものであってほしいと思います。

世界資源研究所による2019年の研究で、感覚と風味の記述語の使い方次第で、消費者のヴィーガン・ベジタリアン食品のとらえ方に大きな違いが生まれることがわかっています。肉・魚料理を表現するのにもっともよく使われる「ジューシーな」や「スモーキーな」などの言葉がはっきり食欲に訴えかけているのに対し、プラントベース食品に使われる言葉はそれと比べると実用性を重んじるものだ、というのが研究者たちの発見です。ベジタリアンやヴィーガン向けの選択肢は決まって、「ヘルシーな」とか「栄養たっぷりな」、「肉不使用の」と表現されているのです。プラントベース食品がもっと感覚的な用語で表現されている場合には、消費量は著しく多くなっていました。

何を食べるかの選択というのは、まったく純粋に理性による決断ではありません。最初の『風味の事典』で食材に対してとったのと同じ、感覚的できわめて主観的なアプローチをプラントベースの組み合わせに対してもとることで、ローストカリフラワーのザクロソースがけを、どんなチェロウ・キャバーブ（chelow kebab）[※4]やビーフ・ウェリントン（beef Wellington）[※5]にも負けず劣らず鮮烈に食欲をそそる料理にする、というのが、私のねらいです。

もうひとつ利点があるとすれば、それは食品廃棄量の削減です。最初の『風味の事典』を執筆した意図のひとつは、冷蔵庫の余り物の活用法を提案することで廃棄量を減らす役に立てるかもしれない、というものでした。これはどちらかと言えば植物性食品の場合のほうが、いっそう喫緊の課題です。果物と野菜は肉よりもカーボンフットプリント[※6]が少ない傾向があるにもかかわらず、ごみ箱行きになる割合ははるかに多いのです。植物性食品はとにかく、肉よりも捨てやすいと思われているのです。持ち帰りのカレーについている小さな袋入りサラダを思い浮かべてみてください（見た目までミニチュアのごみ袋のようですよね）。ジャガイモ、パン、そして袋詰めのサラダは、信じがたい量が廃棄されています。イギリスでは、生鮮食品を、ばら売りではなく密閉包装にして販売する慣習があるせいで——私たちが思いつきで料理するよりもレシピにきっちり従おうとしてしまうことも相まって——、未使用の余剰分が出るのにおあつらえ向きの状況が整ってしまっています。この問題は大いに解決可能であることが、あらゆるエビデンスで示唆されています。2019年11月に実施された、家庭での食品廃棄に関するある調査では、調

査対象となったパントリーの必需品4種類のうち、24%が捨てられていました。興味深いことに、2020年4月、新型コロナウイルスによる最初のロックダウン中には、この数字はほぼ半分にまで低下しました。残り物を使い切る人が増えたため、また保存期間の限られた食料で計画的に食事の支度をしたためだということが、この調査ではわかっています。また、食べたことのない食材の組み合わせで食事を作る人も大幅に増加しました。あるものでなにかおいしいものを作ろうと思えば思うほど、捨てる量は減るのです——そして、料理の作り手としてもより自信が持てるようになり、クリエイティブにもなる、と私は言いたいと思います。

＊

　本書は、助け舟を出すことを目的とした本です。あるレシピにピーカンナッツひとつかみが必要で、それなのにまるまるひと袋買ってしまったとしましょう。ピーカンナッツというのは普通、足の早い食材です。余った分をどうしようか？　ここで本書の出番です。本書の末尾にある組み合わせ索引を引いていただくと、食材が五十音順に並んでいます。「ピーカンナッツ」の項には、この食材のお相手候補リストがあります——たとえば、リンゴなどです。場合によっては、このシンプルなリストだけあればいいということもあるでしょう。ピーカンナッツとリンゴをサラダに入れたらどうかな？　あるいは、もっと詳しく知りたい場合は、各ペアリングが載っているページに飛んでください。「ピーカンナッツ＆リンゴ」には、テイスティングノート、「ユグノー・トルテ」の概略、それからピーカンナッツとリンゴのプディングのレシピが載っています。ここまでで終わりにしてもいいですし、あるいは先へ進んで、「ピーカンナッツ＆レーズン」へ、さらにその次に出てくるメープルシロップの風味の項、そしてその次の風味の項であるフェヌグリークまで読み進めることもできます。

　このように、本文ではつながりのある風味の項が連続して並べられていて、各項の中からどれかひとつのペアリングを参照するだけでもいいですし、隣接する風味の項を順に読んでいってもいいようになっています。前著と同じく本書も、カテゴリー、つまり「風味グループ」に分けられています——前著で「低木と多年草の風味」、「肉の風味」、「土の風味」などと分けられていたように、今回も「ローストしたキャラメルの風味」、「豆の風味」、「花咲く草地の風味」などのグループになっています。

　前著をお読みくださった方はこのまとめ方をよくご存じでしょうが、なじみのない方のために説明しておきますと、それぞれのグループにある風味は何らかの特質を共通して持っています。また、どのグループも、隣接するグループと何らかのつながりがあるので、360°ぐるりとつながって、扉に掲げた、円形の風味の輪になります。

　例として「甘くウッディな風味」のグループを見てみましょう。このグループでは、松の実、ピーカンナッツ、メープルシロップという風味を取り上げています。メープルシロップに含まれる風味化合物の中には、隣の風味グループ「濃い緑の風味」の最初にあるフェヌグリークにも共通して含まれるものがあります。そうやって、上で述べたように、風味が次の風味へ、グループが次のグループへとつながっていき、ぐるりと輪になるのです。前著の読者で、この本をランダムに開いて前頭皮質を働かせるのが好きだ、と話してくれた方がたくさんいました。また、最初から最後まで通して読む方もいました。どちらの使い

方をするにせよ、本書は前著同様、インスピレーションを与えられるようにデザインされています。

これも前著と同じく、本書は風味と味という、わずかに異なるテーマに関わっていますから、自己剽窃のリスクを冒してもう一度その区別を繰り返しておくことにしましょう。味というのは舌と口内の他の箇所で感じられる5つの特質、すなわち甘味、塩味、酸味、苦味、そしてうま味だけを指す言葉です。それに対して、私たちが風味を感じ取ることができるのは、主ににおいを感じる感覚、つまり嗅受容器のおかげです。鼻をつまんでみれば、ある食材が甘いかしょっぱいかはわかっても、どういう風味なのかはわからないでしょう。味覚は、ある特定の食べ物がどんなものか、さっと簡単なスケッチを描いてくれるだけです。細部を描きこんでくれるのは風味なのです。

本書『続 風味の事典』では66種類の新しい風味と、前著でも扱った26種類の風味を取り上げていますが、内容はどれも新しく執筆したということはお伝えしておきたいと思います（また、前回扱った風味の場合でも、前著で扱った組み合わせは取り上げていない、ということも申し添えておきます）。組み合わせの選び方は前回と同じです。食材の長いリストを作って、ペアごとに検討を重ね、飽きがこなくて、かつもっとも好奇心をそそる取り合わせを選び出しました。前著『風味の事典』と同じく、シェフ、フードライター、ドリンクライター、歴史家、それに風味化学者の集合知を頼り、また私自身のテイスティングノートも加え、注目に値するフレーバーペアリングを体験した時と場所の回想も入れました。

私のテイスティングノートは必ずしもあなたのものとは一致しないでしょう。風味のとらえ方というのは、主観的になってしまうのは避けられないことです。それでも、だいたい合っていると感じるにせよ、全然違うと感じるにせよ、本書の内容からヒントを得て（あるいは、やる気になって）、自分でも風味の実験をしてみようという気になっていただけたら嬉しく思います。

＊

前著『風味の事典』のまえがきで、私はこの本が『風味の大百科』のような書物になったらいいなという思いで書き始めた、と述べました。そうはなりませんでしたし、この続刊もそれらしきものにはまったくなっていません。ただ、本書を執筆したことで私は、プラントベース食品に新たに情熱を燃やすようになりましたし、ヴィーガニズムを厳守はせず五感が喜ぶ食事をしつつも、地球とからだによい、を実現できている食事のしかたを許容できるようになりました。インド料理を、独創性と機知の汲めども尽きぬ源泉として賞賛する気持ちが芽生えていたのが、本書の執筆で確信に変わりましたし、イタリア料理や中国料理に、肉なんか食べようと思う人なんて存在するのかと思ってしまうような料理が数えきれないほどあることも思い知らされました（でも夫がチキンをローストするので、私も我に返ることになります）。ロンドンにある「オットレンギ（Ottolenghi）」や「ジコーニ（Jikoni）」、「ザ・ゲート（The Gate）」、「ミルドレッズ（Mildreds）」、それにニューヨークの「スペリオリティー・バーガー（Superiority Burger）」や「ジスト（Xyst）」、「ダート・キャンディ（Dirt Candy）」、「abcV」といったプラントベースのレストランが見せてくれる、驚異的なまでの創造性に開眼することにもなりました。

今では野菜や穀物が、軽くて違いが鮮やかに際立つ、もっと食べたくなる料理に変えられて、当たり前にいただくことができます。私は10代の一時期にベジタリアンだったのですが、いつもの可もなく不可もないピッツァ・ジャルディニエラからマッシュルームばかり選び出して食べていたあの頃には、野菜の

風味にこれほどのバラエティと輝きがありうるなんて、夢にも思わなかったはずです。

　本書が、あなたのキッチンにこの気持ちを少しでもお届けする一助になれば幸いです。

ニキ・セグニット
ロンドン、2022年11月

※1　ヴィーガン（vegan）................................卵・乳製品・蜂蜜などを含む動物性食品を一切口にせず、動物由来の製品を使用しない完全菜食主義者のこと。
※2　ベジタリアン（vegetarian）........................肉食を避ける菜食主義者全般。
※3　フレキシタリアン（flexitarian）...................菜食をベースにした食生活をしつつ、状況に応じて肉や魚も食べるベジタリアン。
※4　チェロウ・キャバーブ（chelow kebab）.........串焼きの肉などとご飯を一緒の皿に盛りつけたイラン料理。
※5　ビーフ・ウェリントン（beef Wellington）........牛ヒレ肉をきのこのパテなどで覆い、さらにその上からパイ皮で包んでオーブンで焼いたイギリス料理。
※6　カーボンフットプリント...........................製品やサービスの原材料調達から消費、廃棄・リサイクルまでのサイクル全体を通して排出される二酸化炭素などの温室効果ガスの排出量。

《凡例》

*動植物の分類法や各風味グループの分類については、原則として原著に従った。
*複数の名称で流通している食材について、以下の名称を用いた。

・ベイリーフ（別称：ローリエ、ローレル、ゲッケイジュ）

　　原著で使用されている語（bay leaf、bay）に沿って「ベイリーフ」の語を用いた。なお本書におけるベイリーフ（学名 Laurus nobilis）は、葉の先端まで続く葉脈が1本で、あとは横に葉脈が走っているものである。日本では同じクスノキ科の別の植物であるタマラニッケイも「ベイリーフ」と呼ばれることがあるが、これについては本書では原著に従い「インディアンベイ」または「テジパット」とした。こちらは葉の先端まで続く葉脈が3本走っているものである。

・コリアンダーリーフ（別称：パクチー）

　　本書では「コリアンダーリーフ」の語を用いた。なお、葉の部分を指すのではなく、スパイスとして用いられるコリアンダーの実については、「コリアンダー」または「コリアンダーシード」を用いた。

*レストラン名、企業名、商品名、料理名、食材名等の固有名詞のうち、カタカナ表記だけではわかりにくいと思われるものは（　）で原語を併記した。
*レストランや企業等の情報は原著の刊行時点での情報に基づいている。
*書名・雑誌名・作品名について。日本語訳のあるものは邦題を記し原題は割愛した。未邦訳のものについては（　）で原語を併記した。ただし、20世紀以前などの古いものや、料理以外の分野の雑誌名などは原題を省略したものもある。
*巻末の人物紹介は、日本語版独自のものである。
*邦訳にあたり、日本でなじみの薄い料理名や食材名、固有名詞、その他文化的背景など、補足が必要と思われる事項については、脚注または本文中の〔　〕で補足を記した。

以下の語は頻出語のため、ここに掲げる。

※ギー（ghee） .... インド料理などで使われる精製バター。加熱して水分や乳固形分が取り除かれた透明なオイル。

※クランブル（crumble） ..... バター、小麦粉などで作るそぼろ状の生地（クランブル生地）のこと。またクランブル生地を上にのせて作る菓子・デザートや料理のこと。

※サルサ（salsa） .... スペイン語やイタリア語で「ソース」を意味する語。本書内では、メキシコ料理で使われる、トマト、タマネギ、唐辛子などを使ったソースを指す事が多い。液状のものから、野菜や香辛料やハーブを刻み合わせた常備菜的なものまで、多様なサルサがある。

※タヒニ（tahini） .... ギリシャやアラブ地域で使われる、生の白ゴマをすりつぶしたペースト。

※フムス（hummus） .... 中近東や地中海沿いの広い地域で食べられている伝統料理。ゆでたヒヨコ豆にタヒニ、レモン汁、ニンニク、塩などを加えてペースト状にしたもの。

※ポリッジ（porridge） ...... 穀物を水や牛乳でとろみがつくまで煮込んだ粥状の料理。オーツ麦のほか、トウモロコシやライ麦、米などでも作られる。

ローストしたキャラメル風味
Caramel Roasted

味噌
Miso

玄米
Wholegrain Rice

ライ麦
Rye

大麦
Barley

コーヒー
Coffee

チョコレート
Chocolate

Miso
味噌

　味噌は大豆を発酵させて造ったペーストです。もっとも一般的なのは米味噌という、大豆と水、塩、それから麹という、米に麹菌を付着させて培養したもので造る種類です。麦味噌は、米麹の代わりに大麦の麦麹を使って造ります。

　味噌のもっとも明らかな違いは、見た目に表れます。薄淡い黄色のものや黒に近いもの、なめらかなものや、かたまりがごろごろ入っているものがあるのです。原則としては、淡い色の味噌であるほど、風味は甘みが強く、そしてすっきりした味になります。主だった味噌専門家の中には、味噌の風味は複雑なので西洋人には言葉で説明するのが難しい、と主張する人もいます。失礼ながら、私はそれには同意しかねます。ズッキーニなら風味を言い表すのは確かに難しいですが、味噌は風味が豊かすぎて、言い表すのをやめるのが難しいほどなのです。

　味噌の中に感じ取れる香味には、納屋の前庭、ナッツのような香味、焦がしバター、カラメル化した香味、トロピカルフルーツ（バナナ、マンゴー、パイナップル）、オリーブ、塩水、酒のような香味、栗の花のような香味などがあります。味噌は、ネギ属の野菜類や根菜、海藻のような質朴な風味と特によく合います。

　味噌はペースト以外にも、フリーズドライのものを買うことができます。多いのはインスタントスープ状の商品ですが、シェフのノブ・マツヒサ（松久信幸）は肉にすり込む下味として、あるいは魚料理やサラダに広く使える、赤味噌と白味噌をブレンドしたフリーズドライ調味料を開発しています。

味噌＆エルサレム・アーティチョーク→「エルサレム・アーティチョーク＆味噌」P.250

味噌＆大麦

　大麦を使った麦味噌は米味噌よりも濃い色をしています。甘みのある白米で造った味噌の全粒麦版だと考えてもよいかもしれません。農村地域で冬場によく見られます。麦味噌はトーストに「マーマイト（Marmite）[※1]」を塗って食べた後、ミルクを入れないホットチョコレートで飲み下したような味がします。

　根菜をローストして、焼き上がりの10分ほど前に、麦味噌大さじ4に蜂蜜大さじ1を混ぜてかけてください。焦げることがあるので、味噌を入れるタイミングを早まらないようにしてください。

味噌＆海藻

　禅宗の僧院の料理（精進料理）では、味噌汁など多くの料理に使う出汁は昆布のみを使ってとります。一般によく使われる鰹節は入れません。昆布の加工のしかたは、これ以上ないくらいシンプルです。海で収穫した昆布を海辺で干し、細長く切り揃えて、販売用に包装するだけです。北海道北部産の利尻昆布が特に高級品で、新物を、あるいは蔵囲昆布という熟成した状態の品を買うことができます。蔵囲昆布は、蔵で数年間寝かせ、特徴的な海藻の風味をいくらか失う代わりにうまみを増幅させた昆布です。調理の際は、昆布を65℃以下に保つことが肝心です。それより高い温度になると、食欲を削ぐ風

※1　マーマイト（Marmite）…ビールの醸造過程で出る酵母を主原料としたペースト状の食品。独特な味と香りがある。

味が出始めます。

　伝統的に味噌汁の「具として」使われる海藻がワカメです。こちらは比較的塩気がなくまろやかで、わずかにゴムのような食感と、多少の歯ごたえがあります。

味噌＆乾燥エンドウ豆

　ヴィーガン版のハムと豆のスープになります。といっても、馬鹿にしているのではありません。ガモン（gammon）[※2]のストックのような塩気のある甘みと肉のような風味が、味噌汁にはあるのです。軽く塩を入れた水で、ごくシンプルな乾燥エンドウ豆のスープを作ってください。スープができたら、熱いスープをおたまにすくって、その中に1人前につき大さじ1程度の赤味噌を溶いていきます。味噌をスープ鍋に直接入れるときちんと溶けないので、気をつけてください。おたまに溶いた味噌とスープを鍋に戻し、軽く温めます。味噌は煮立ててしまうと〔風味が〕だめになるので、決して沸騰させないこと。

　「乾燥エンドウ豆＆大麦」（P.256）も参照してください。

　　味噌＆玄米→「玄米＆味噌」P.21
　　味噌＆コショウ→「コショウ＆味噌」P.381
　　味噌＆ゴマ→「ゴマ＆味噌」P.314
　　味噌＆サヤインゲン→「サヤインゲン＆味噌」P.411

味噌＆ショウガ

　味噌汁に生のショウガを少しすりおろして入れる食べ方は、魚のフライにレモン汁をかけるのと同じくらいよいものです。具の風味を引き立てるショウガの味が、味噌の強烈な味の中に感じられます。ショウガをすりおろすのが面倒なら、何かけかをフードプロセッサーにかけ、どろどろになったショウガをフリーザーバッグに入れて、紙のように薄くのばして冷凍しましょう。スープやカレー、炒め物を作ったり、お茶をいれたりするときに、パキッと折り取って使えます。ショウガのピクルスの漬け酢も、味噌と合わせてヴィネグレットソースにすると絶品です。

　　味噌＆白インゲン豆→「白インゲン豆＆味噌」P.53
　　味噌＆ターメリック→「ターメリック＆味噌」P.238

味噌＆卵

　味噌漬けという、食材を味噌に漬けこんだ食品があり、たいていはお茶請けとして、あるいは食事の付け合わせとして出されます。ニンジン、大根、カボチャ、カリフラワーなどの味噌漬けはどれもよく食べられています。この技術を使って肉や魚も味噌漬けにするのですが、私が気に入っているのはゆで卵の味噌漬けで、ちょっとグレイビーソースに漬けておいたような味がします。これに比べると、イングランドのフィッシュ・アンド・チップスの店で売っているあの卵のピクルスは、見た目通りのつるんとした酸っぱい悪党です。

※2　ガモン（gammon）…豚もも肉を塩漬けまたは燻製したハムの一種。生で販売され、加熱する必要がある。

recipe

《ゆで卵の味噌漬け》
❶ 卵4個を6〜7分ゆで、冷ましてから殻をむく
❷ 味噌200gをみりん50mlでのばし、砂糖大さじ1で甘みをつける。卵に楽にまぶせるくらいの
　 ゆるさが目安で、固すぎるようなら、水または酒を少量足す
❸ のばした味噌をフリーザーバッグに注ぎ、そこに卵を入れる
❹ ときどきフリーザーバッグをやさしく触ってみつつ、冷蔵庫に入れて半日から2日間置いておく

　愛する人たちには、味噌がちゃんと卵を覆うようにするために触っているんだ、と言っておきましょう。単に触ると気持ちがいいからだと知っているのは、あなたと私だけです。

味噌&チャイブ→「チャイブ&味噌」P.290
味噌&チョコレート→「チョコレート&味噌」P.39

味噌&唐辛子

　テンジャンは韓国の八丁味噌にあたるもので、米や大麦を入れず、大豆のみで造ります。チーズのような強い香りと、深い風味がおいしい調味料です。赤唐辛子粉と米、水飴、大豆ペーストでできたコチュジャンという調味料と混ぜると、サムジャンと呼ばれる調味料のもとになります。サムジャンとは「包むソース」という意味で、レタスの葉で包んだ食べ物に塗ってよく使われるのでこの名がついています。ですが、とても幅広く応用できます。作り方は、お好みのレベルの辛さになるようにコチュジャンをテンジャンに加え（コチュジャンの唐辛子の辛さはさまざまです）、そこにゴマ油、ゴマ、蜂蜜、ニンニク、みりん、葉ネギ、水を好みに応じて加えます。

味噌&豆腐→「豆腐&味噌」P.304

味噌&トウモロコシ

　スイートコーンは甘さの部分ばかりが注目されるようになったので、コーンのほうは遠い記憶になってしまっています。昔風の味わいと、がんばって噛まなくても歯に当たってはじける柔らかい歯ざわりを渇望する、年齢層が上のアメリカ人にとっては、とりわけそうでしょう。古い品種もシルバークイーンなどは、まだ手に入れられます。この品種は多糖類のフィトグリコーゲンの関係で、より複雑な風味を特徴としています。ミルキーでほっとする味わいなのでクリームドコーン※3にぴったりなのですが、普通のトウモロコシでクリームドコーンを作る場合でも、味噌を加えれば、しつこい甘さを塩気で相殺できます。

　他には、味噌をバターやオイル、マヨネーズなどと混ぜて、丸ごとのトウモロコシの実に塗ってみてください。味噌がもつ、穀物や野菜が発酵したきついにおいが最初にたって、その後に甘みが感じられ、そのままだと甘さの陰に隠れてわからないようなトウモロコシの風味を、塩気が引き出しています。あるいは、ぴかぴかのトウモロコシの粒が麺の上にどっさりのっている味噌ラーメンを食べてみてください。こ

※3　クリームドコーン（creamed corn）…アメリカ南部の家庭料理。トウモロコシをバター・小麦粉・牛乳・砂糖などで煮たもの。

ちらはそれほど強烈な体験ではありませんが、それでも負けず劣らず満足できます。

味噌&トマト→「トマト&味噌」P.89
味噌&ナス→「ナス&味噌」P.417
味噌&ニンジン→「ニンジン&味噌」P.245

味噌&ニンニク

「お前味噌くさいな」は、日本のお高くとまった都会人が地方出身者に浴びせる侮辱の言葉です[4]。ヨーロッパ大陸で言う、ニンニクのにおいに関する中傷と同じです。特定の社会経済的集団の全員を不快にさせて怒らせるのはやめましょう。味噌の輸入会社「クリアスプリング（Clearspring）」は、ショウガ、柑橘類、タヒニと同じように、ニンニクも味噌と特に相性のよいパートナーだとみなしています。
　この5つの材料すべてを混ぜて、ドレッシングを作ります。

---

r e c i p e

《ニンニクと味噌のドレッシング》（約120ml）

赤味噌小さじ2、つぶしたニンニク2かけ、おろしショウガ小さじ2、レモン汁大さじ1、タヒニ75mlほど、蜂蜜小さじ1を、少々の水でのばす

　ケールのような硬い葉物にぴったりです。「味噌&卵」（P.13を参照）の漬け込み用の味噌に、皮をむいたニンニクを何かけか加えてみてもいいでしょう。

味噌&蜂蜜

　ドレッシングあるいはたれとして使われる練り味噌は、味噌と蜂蜜（または砂糖）と水（または酒）を合わせ、火にかけてさっと煮詰めたものです。塩味と甘みの両極端な味がよく釣り合いがとれていて、まるで味蕾が、痛みはあるけれども深い癒し効果のあるヨガの体勢を取らされているかのようです。
　練り味噌の基本の作り方は以下の通りです。

---

r e c i p e

《練り味噌》

❶赤味噌または白味噌大さじ5、蜂蜜大さじ2、酒または水大さじ2を小鍋に入れて火にかける
❷注げる程度のとろみがつくまで木さじで混ぜながら、2分間ことこと煮る。みりん大さじ2をさらに加えてもよい

　一度作ってみて、ナッツ、シード、野菜、シーフードなど、よく使われる具材を加えて実験してみてく

※4　日本語で「味噌くさい」はその道の人らしい嫌みがあることであり、ここで述べられているような意味はない。

ださい。日本ではピーナッツとゴマという組み合わせが具材としてとても愛されています。

　味噌の専門家ウィリアム・シュルトレフ〔P.442参照〕とアキコ・アオヤギによると、西京味噌という風味の穏やかな甘い白味噌は、白味噌の量2に対し蜂蜜1と水1の割合で混ぜれば似たものが作れるそうです。本物の西京味噌は京都の名産品です。発酵スターターとしての麹の割合が豆に対して高く、他の多くの味噌よりも塩が少なく、炭水化物が比較的多めです。発酵が速く、熟成は短期間です。味噌製造業者のボニー・チャンは、初めて西京味噌を味わったときの感想を、「温かくてカスタードの風味のあるクッキードウのよう」だった、と表現しています。味噌に混ぜる蜂蜜は、ケチらず質のよいものを使ってください。天然のタンポポ蜂蜜が手に入るようなら使ってみてください。不思議と味噌のような芳香があることが多いのです。ただ、ラベルはきちんと読んでください。タンポポ蜂蜜（dandelion honey）というのは、タンポポの花の部分、レモン、砂糖、水を調合したヴィーガン向け商品に用いられる名前でもあるからです。

味噌&バナナ

「ウォール・ストリート・ジャーナル」紙は2014年に、デザートに味噌を入れるという驚きの用法についての記事を載せています。ですが、甘い白味噌のテイスティングノートを読めば、それを驚きだと思う人がいることのほうに驚くでしょう。バタースコッチ、カスタード、それからバナナのようなトロピカルフルーツの香味が目立つのです。味噌とバナナのデザートについて英語で書かれた中で私が見つけられたもっとも早い記述は、「オリーブス・フォー・ディナー」（Olives for Dinner）というブログの2011年の記事で、中国式のバナナのフリッターに、味噌で風味づけしたカシュークリームを添えた料理について書かれていました。この記事が出た後、これがお決まりの組み合わせとして広まったようです。ラヴィンダー・ボーガル〔P.445参照〕はロンドンのレストラン「ジコーニ（Jikoni）」で、味噌バタースコッチと「オヴァルティン」〔Ovaltine、粉末麦芽飲料のブランド名〕入りクルフィ（kulfi）※5を添えたバナナケーキを出していますが、これを食べれば、この組み合わせが広まってくれてよかった、と思うことでしょう。

味噌&バニラ

　カスタードに甘い白味噌とバニラを入れるという組み合わせは、強化版バタースコッチのような味がします。まるで実際にバターが入っているようなのです。

---

recipe

《味噌とバニラ入りカスタード》
❶牛乳、または牛乳とクリームを合わせたもの500mlを使って、標準的なバニラカスタードのレシピでカスタードを作る
❷カスタードがスプーンの背にまとわりつくくらいとろみがついたら、火からおろして、おたま1杯分をジャグにとり、甘い白味噌小さじ2とバニラエキス小さじ1を入れて泡立てる
❸これをカスタードに戻し、かき混ぜて濾す（冷やすと風味が飛ぶので、アイスクリームを作る場合は味噌とバニラの量を増やしてもよい）

※5　クルフィ（kulfi）…煮詰めた牛乳に香辛料などを入れて凍らせたインドの氷菓。

味噌&ピーカンナッツ→「ピーカンナッツ&味噌」P.393

味噌&マスタード→「マスタード&味噌」P.231

味噌&ユズ→「ユズ&味噌」P.197

味噌&ヨーグルト

「味噌タヒニはベジタリアンの定番だが、味噌とピーナッツバターや、味噌とヨーグルトの組み合わせも同じくらい美味だ」と発酵専門家のサンダー・キャッツ〔P.443参照〕は書いています。脂肪分が鍵です。キャッツが説明しているように、脂肪分が味噌の「濃厚な塩辛い風味」を運ぶ役割をするからです。キャッツは脂肪分の多い材料4に対して味噌1の割合で、さらに、バランスをとるためにほんの少し酸味を足すようにと言っています。キムチかザワークラウトの漬け汁を使うといいでしょう。好きな食材でないとしても、少なくとも腸内細菌について何時間も長話ができるようにはなります。

味噌&リーキ

味噌を、ネギという日本の細いリーキと混ぜると、おいしいペーストができます。このペーストは魚介料理に使ったり、焼いたジャガイモに添えたりします。

八丁味噌という味噌は、大豆、塩、麹のみを使い、米や大麦は使わずに造られます。愛知県中部にある岡崎市では、「まるや八丁味噌」が、巨大な杉桶で2年間熟成させるという1337年から変わらぬ製法で八丁味噌を造り続けています。八丁味噌は、滋味深い濃い色のスープに太い小麦麺が沈み、そこにネギと生卵、油揚げなどをのせた味噌煮込みうどんに使われています。

Wholegrain Rice
玄米

　玄米（wholegrain rice）〔全粒米〕という単語は、通常の玄米（brown rice）以外に赤米（red rice）や黒米（black rice）をも指すことがあります。稲の果実部分から籾殻だけ除去してあって、製粉または精白はしていないもののことで、糠層や胚芽はそのまま残っているため、健康によいとされています。けれども保存期間という点では、油分の多い胚芽が残っていることで米が悪くなりやすくなるので、よくありません。糠層があるので、歯ごたえと、重たく甘みのある風味、粗いナッツのような風味があります。玄米は柔らかくて落ち着く味わいの白米とは似ても似つきません。赤米と黒米はもっとフルーティーで、かすかに花のような風味を持つ傾向があります。

玄米＆アボカド

　ソファに両脚を投げ出し、12個入りパックのアボカド巻を、箱入りチョコレートかのようにせっせと食べましょう。海苔を噛みちぎり、歯を酢飯から真ん中の柔らかいアボカドまで沈めましょう。玄米には白い酢飯のしなやかな食感やシンプルな甘みがないので巻き寿司には合わないと言う人もいますが、胚芽を残して精白した胚芽米は通常の玄米よりもずっと食感が柔らかく、ほんのわずかにナッツのような風味があり、巻き寿司や手巻き寿司にするととても美味です。海苔で巻かれていなくても、玄米はアボカドと純粋に相性がよいのです。たとえば、黒インゲン豆や紫タマネギ、唐辛子のピクルスが入った、カラフルなブッダボウルなどでもそうです。

玄米＆オールスパイス→「オールスパイス＆玄米」P.368

玄米＆海藻

　ふりかけという、食べられるポプリがあります。炊いたご飯の味つけに使われます。乾燥させた海藻（ワカメ、海苔、またはヒジキ）がたいてい入っており、干した大根菜や鰹節、乾燥オムレツまで入っているものもあります。デンマークの生物物理学者オーレ・G・モウリットセン〔P.442参照〕の優れた著作『海藻（Seaweeds）』によると、海藻が「ご飯の温かい湯気と接触すると、ふやけてすばらしい香りを放つ」のだそうです。モウリットセンは自称ふりかけマニアで、どれほどかというと旅行の際には必ず荷物に入れていくほどです。これは税関で問題になることがありますが、特に植物由来だと申告するように求められたときなどは大変です。全然違うものだ、とモウリットセンは指摘しています。「藻類は植物ではない！」。私の経験では、ジョン・F・ケネディ空港のアメリカ税関は、こうした分類学上の違いにいつも辛抱強く対応してくれます。モウリットセンはまた、ふりかけは生の果物にかけてみるのもよいと記しています。

玄米＆カシューナッツ

　ロンドンに越してきて最初に購入したもののひとつが、今は存在しないベジタリアンレストランチェーン「クランクス」に関して出版された2冊目の本、『クランクスのおもてなし（Entertaining with Cranks）』

でした。この本に載っていた中で私が実際に作ったメニューは、ヴィーガンの友人と、その友人の新しいボーイフレンドのために作った、玄米とカシューナッツのリゾットしかなかったはずです。玄米とナッツ以外には、マーガリンで炒めたピーマンとタマネギが入っているだけの料理でした。次に私がこの二人を見かけたのは、地元の「バーガーキング」の窓越しにでした。二人はヴィーガンナゲットを食べに行っていたのではなかった、とだけ言っておきましょう。

私の間違いはシンプルなものでした。玄米ではリゾットは作れないのです。玄米で編み物ができないのと同じように。ですが、バスマティ米の玄米を使うと、絶品ピラフを作ることができます。ポップコーンのような風味があるので、炒ったカシューナッツやアーモンド、カラメル化したタマネギ、体を温めてくれる甘みのあるスパイスのベースとして理想的なのです。この特徴的なポップコーンの芳香は糠の内側に閉じ込められているので、白いバスマティ米にあるこの芳香は玄米のバスマティ米にはないと言う人もいますが、それは違います。単に玄米のほうが香りが弱いだけです——映画館のロビーそのものというよりも、開けたてのポップコーンの袋からふわっと香るような香りです。

玄米&きのこ→「きのこ&玄米」P.306

玄米&黒インゲン豆→「黒インゲン豆&玄米」P.43

玄米&ココナッツ→「ココナッツ&玄米」P.158

玄米&ゴマ

日本の玄米餅は炊いた短粒もち米で作り、よく搗いてパン生地のようにします（「モチ（mochi）」として知られる半球形のお菓子と混同しないように）。通常、真空パックにしたかたまりが売られていて、それを薄く切ってあぶり、つけだれを添えて提供します。焼くと、グリルの熱でぷうっとふくらむのです。玄米を使った甘い餅に、ゴマやヨモギで風味づけすることもあります。小さく砕いて、ゴマ、餡子、きな粉などをまぶしてお菓子にします。

おやつサイズのさくさくの玄米餅はゴマで風味づけされていることが多く、たまり醤油をほんの少しきかせてあることもあります。

玄米&ソラ豆→「ソラ豆&玄米」P.268

玄米&ソレル

私の行きつけだったサウザンプトンの健康食レストランでは、玄米が定番食材でした。パチョリ〔ハーブの一種〕やフェヌグリークのにおいが漂うレストランで、5番テーブルにはいつも同じ無言の男性がいて、涅槃に到達したがそんなことはどうでもいい、といった様子で遠くを見つめていました。普通のレストランでは玄米という食材にはあまりお目にかかりません。でも、ソレルのペスト（pesto）[※7]と玄米の取り合わせは珍しい例外です。ロサンゼルスの伝説的なカフェ「スカール（Sqirl）」ではソレルのペストを添えた玄米が名物料理でしたが、厳密に誰が名物にしたのかという問題は、オーナーとシェフたちのあいだでは争いの種でした。

この料理を、自分なりにくるくる飾りつけて作ってみましょう。中粒玄米を炊いて、ディル、塩漬けのレモン皮のみじん切り、それからソレル、ケール、オリーブオイルとレモン汁で作った「ペスト」と混ぜ合

※7　ペスト（pesto）…材料をすりつぶして作るソース。ニンニク、松の実、塩、バジルの葉、パルメザンなどの粉チーズ、オリーブオイルで作る「ペスト・ジェノベーゼ」が代表的。他にもいろいろな材料で作られる。

わせます。この上にホットソースをひとたらしして、フェタチーズ、薄切りにしてレモンヴィネグレットソースをかけたラディッシュ、ポーチトエッグひとつをのせます。

玄米&ターメリック→「ターメリック&玄米」P.235

玄米&卵

　ジェフリー・アルフォードとナオミ・デュギットは、共著『米の誘惑 (Seductions of Rice)』で、湯通ししした長粒種の玄米は、湯通ししていないものとは違って米粒どうしがくっつかないので、タイ風チャーハンにうってつけだと述べています。ニンニクとマッシュルームを使ったシンプルなレシピも載っていて、目玉焼きをのせて出すのがお勧めだそうです。湯通しした玄米で作る卵チャーハンも試してみてください。白米で作る卵チャーハンに比べると、玄米の卵チャーハンは、食べるとお腹いっぱいになれるのが大きな長所だと思います。白米の卵チャーハンのような料理は、私の脳の満腹中枢を迂回していくようですし、私はケジャリー (kedgeree)※8 も同じようなものだと思っています。

玄米&チーズ

　赤米はブータンでは主食であり、エマ・ダツィ (ema datshi) という国民食と一緒にいただきます。エマは「唐辛子」という意味で、この料理にはどっさり入っています。ダツィは「ヤクのチーズ」という意味です。料理研究家のデリア・スミス〔P.443参照〕の著書『サマー・コレクション (Summer Collection)』では、赤米とフェタチーズのサラダに黒コショウをひとふりとルッコラの葉少々だけをかけて味を引き締めてあります。デリアが使っているのは南フランスのカマルグ産の赤米です。カマルグは稲作の歴史は長いのですが、赤米を栽培し始めたのは1980年代以降です。多くの玄米と同じように、ナッツっぽさがあるので、チーズと自然になじみます。

玄米&パセリ→「パセリ&玄米」P.336

玄米&バニラ

　玄米粉のまろやかなナッツのような風味は、バニラ、ナッツ、香辛料と組み合わせるのにうってつけです。ポレンタ (polenta)※9 に入れた場合もそうですが、玄米粉のややざらざらした舌触りが際立ちます。小麦粉の重量の最大3分の1を玄米粉と置き換えましょう。ただし、玄米粉にはグルテンが入っていないので、ショートブレッドやショートクラストペストリーに使うと、ますますもろく、ぼろぼろになることに気をつけましょう。米の生産・販売を手がける「リーゾ・ガッロ (Riso Gallo)」社によると、イタリアの「ブラック・ヴィーナス」米は、調理中には焼きたてパンの香りがするのだそうです。炊くと赤い穀物や体を温める香辛料のすばらしい風味が出るうえ、穀粒に柔らかくもちもちした食感があるので、クランブル生地や製菓用のクラム〔スポンジ生地やパイ生地などを細かく崩したもの〕を代替できるグルテンフリー食材として、デザート皿に散らすのに理想的です。

玄米&ヒヨコ豆

　フードライターのウェイヴァリー・ルート〔P.442参照〕によると、イタリア・ピエモンテ州のリーゾ・

※8　ケジャリー (kedgeree) …イギリスの米料理。ほぐしたコダラの燻製、炊いた米、パセリ、ゆで卵、カレー粉、バター、レーズンなどを炒めたもの。
※9　ポレンタ (polenta) …トウモロコシ粉（コーンミール）を粥状に炊いたイタリア料理。ソバ粉などを入れる場合もある。

エ・チェーチ（riso e ceci）という料理は、「山地の民の伝統に似つかわしい田舎料理で、米とヒヨコ豆をトマトソースで味つけし、スパイスをしっかりきかせたもの」なのだそうです。ヒヨコ豆と米ならちゃんとしたサイドディッシュになりますが、ヒヨコ豆がリゾットになっていても、食べたいとは思わないでしょう——リゾットにするなら、ルートのスパイシートマトソースで、ヒヨコ豆の退屈なベージュ色の埋め合わせをする必要があります。

同じ原則が、エジプトの道端の屋台で売っているコシャリ（koshari）という素敵な料理にも当てはまります。ベースはヒヨコ豆、米、バーミセリ、マカロニとレンズ豆を混ぜ合わせたもので、トマトソースとチリオイル、フライドオニオンをかけてあるので、味気なくならずに済んでいます。

玄米＆ベイリーフ→「ベイリーフ＆玄米」P.373
玄米＆ホウレンソウ→「ホウレンソウ＆玄米」P.424

玄米＆味噌

玄米味噌は普通の味噌と同じように大豆で造られますが、通常使う白米の代わりに玄米を使用します。ウィリアム・シュルトレフ〔P.442参照〕とアキコ・アオヤギの『味噌の本（*The Book of Miso*）』によると、玄米味噌には「大変美味な、自然で深くまろやかな風味と、心を満たす香り」があります。玄米の特徴であるナッツのような風味も少しあるのが感じられるでしょう。

玄米味噌は製造過程で細心の注意を払う必要があります。麹菌が浸透するように米を少々磨くのですが、玄米の豊富な栄養分に好ましくない微生物もたくさん引きつけられてくるので、これを排除しなくてはならないのです。

玄米＆メープルシロップ

ほとんどのワイルドライス（マコモ米）のワイルドなところは値段だけです。ほぼすべてが栽培されたものだからです。しかも、実際は米でさえありません。米に関係もありません。マコモ属の水草の一種から収穫できる穀物です。「ワイルドライス」はほぼすべて、秋に機械で種まきし、春に田に水を張り、水量は機械で維持します。8月に田の水を抜き、コンバインで収穫します。本来のワイルドライスは自然播種する植物で、カヌーに乗って集めなくてはなりません。干して保蔵処理をし、脱穀して、ある程度籾殻をあおぎ分けることで、かすかに土っぽく、わずかにスモーキーな特性を持つようになります。アメリカ先住民は伝統的に、ワイルドライスにメープルシロップ、ベリー類、または熊脂で味つけします。本来のワイルドライスは、ほとんどがアメリカ・ミネソタ州に自生しています。北米以外では実物にお目にかかるのは難しいですが、栽培ものも試してみる価値はあります。ものすごくラズベリージャムのような味がする気がします。

シェフのウルフギャング・パック〔P.442参照〕が初めて本物のワイルドライスに遭遇したのはパリの「マキシム（Maxim's）」でのことで、このレストランではシャンパンソースをかけたサーモンに添えて出されていました。パック自身は、スフレやパンケーキに入れて使うほうを好んでいます。この食材は、大量に食べるものというよりも、他の食材の上に散らして使うものだと思ってください——それを言うなら、この原則は、玄米、赤米、黒米など、嚙みごたえのある米すべてに当てはまるかもしれませんが。

玄米&緑茶→「緑茶&玄米」P.430
玄米&レーズン→「レーズン&玄米」P.132
玄米&レッドキドニー→「レッドキドニー&玄米」P.47

玄米&レンズ豆

　お皿いっぱいのモールス信号を食べるようなものです。キチュリ（kitchuri）という、米とムング豆を混ぜた伝統的なインド料理とも読み取れます。または、ムジャッダラ（mujadarra）と呼ばれる、アラブ地域のレンズ豆と米の料理かもしれません。こちらは、カラメル化して濃い色になったタマネギが大量に入っており、またヨーグルトをひとすくい添えてあって、風味のほとんどはそこからきています。文筆家のヤズミン・カーンは、『ゼイトゥーン　パレスチナのキッチンのレシピと物語（*Zaitoun: Recipes and Stories from the Palestinian Kitchen*）』に載せているバージョンでは、玄米と皮つきレンズ豆を使っています。

Rye
ライ麦

強烈な特徴があります。ライ麦は甘みと酸味があり、野生的で質朴なのが特質です。ですがそれは、全粒ライ麦やプンパーニッケルに使われるライ麦であれば、の話です。他の穀物と同じく、糠と胚芽をすべて除いた白ライ麦粉のような、淡白な味のものも入手できます。糠と胚芽を部分的に除いただけの中ライ麦粉から、面白くなり始めます。これはそこはかとなくおそろしい見た目のペストリーを作るのに使ってください。

色の濃いライ麦は、見た目は灰のようです。上品な農産物と仲良くするタイプの食材ではありません。パストラミや魚介類の燻製、キャベツなどのたくましい食材とつき合うほうが似合っています。黒みがかったライ麦粉にはたんぱく質や酵素が含まれているので、水と混ぜると小麦粉とはまったく違う結果になります。グルテン含有量が少ないため、できあがるパンもみっしりしたものになります。またペントサンという多糖類の含有量が多いので、吸水力の強いパン生地ができあがり、やさしく扱わないとべたつきやすくなってしまいます。けれどもライ麦は少量で使えば問題はなく、小麦粉の5〜10％をライ麦粉で置き換えるとパンの風味がよくなります。

ライ麦＆アボカド

ライ麦トーストのアボカドのせはとても人気があるので、それだけで没にしたくなります。だって、インスタグラム映えするものがおいしいはずがないじゃありませんか？

ライ麦トーストのアボカドのせが人気なのは、サワードウブレッドやヴィーガン食が現在流行しているからということもありますが、それだけではありません。食感について言えば、バターを分厚く塗ったトーストのようになるのです。それに、ライ麦のざらざらぼそぼそしたところを、アボカドがなめらかにしてくれます。モッツァレラチーズとトマトのカプレーゼサンドイッチや、カリカリのライ麦クルトンを散らしたリトルジェムレタスのサラダのような他の料理でも、アボカドは同じ効果を発揮します。

ライ麦＆エルダーベリー

ウォッカの使いみちは柔らかい果物だけにしておきましょう。エルダーベリーはバーに寄りかかってウイスキーを要求するタイプだからです。エルダーベリーの特徴的な風味の複合体のひとつはβ－ダマセノンで、これはケンタッキー・バーボンにもはっきり感じ取ることができます。

ライ麦＆オレンジ

スウェーデンのリンパ（limpa）は、香辛料入りのライ麦パンで、多くの場合オレンジの皮とフェンネルで風味づけしてあります。麝香のようなマーマレードのような風味があり、プリザーブやシャルキュトリと一緒にクリスマスに食べます。

ウルブロー（øllebrød）は、古くなったライ麦パンとビールかす、場合によってはオレンジの皮も使って作るデンマークのポリッジです。私もロンドンで手に入る食材で試してみたのですが、できあがりは、ラ

モーンズのライブがあった翌朝のCBGBのフロアみたいな味になりました。ライ麦のあぶったような強い苦みをビールが増幅させ、なんだかしけったヴァージニアタバコを思い出させる味になりましたし、オレンジの皮も苦みを増す効果しかありませんでした。ウルブローはきっと、作り慣れた人がホームグラウンドで作れば、こんなに強烈な味ではないのだと思います。コペンハーゲンにあるレネ・レゼピ〔P.445参照〕の高名なレストラン「ノーマ（Noma）」で作られているバージョンは、泡立てたミルク、スキル（skyr）というアイスランドのまろやかなヨーグルトのような食べ物と、炒ったライ麦の粒と一緒に提供されます。こちらはCBGBのようなイーストヴィレッジのクラブというよりも、グリニッジヴィレッジのフォーククラブといった趣です。

    ライ麦&海藻→「海藻&ライ麦」P.436
    ライ麦&乾燥エンドウ豆→「乾燥エンドウ豆&ライ麦」P.258
    ライ麦&きのこ→「きのこ&ライ麦」P.308
    ライ麦&キャラウェイ→「キャラウェイ&ライ麦」P.346

ライ麦&クランベリー

「ルピイマイゼス・カールトユムス（rupjmaizes kārtojums）」というラトビア語を慣用的に訳すと「ラトビアのトライフル」となります。グーグル翻訳を使うと「ライ麦パンのアレンジメント」となり、こちらのほうが形式の整ったさまを正しく表した響きがあるので、私は好きです。ライ麦というのはそれほど「軽くない」風味があるのです。ラトビア料理でないほうのトライフルはぺしゃっとした田舎じみたスイーツですが、この料理はそれとは大きくかけ離れています。ルピイマイゼス・カールトユムスは、すりおろしたライ麦パンと、フルーツのコンポート、ホイップクリームを交互に重ねて作ります。苦みと酸味が見事に混ざり合っており、コンポートにクランベリーを使うと、パンが持つライ麦のあと引く風味を引き立てるのですが、決してコンポートの風味が勝ってしまうということがありません。

　ライウォッカとクランベリーの組み合わせも、ケープ・コッドというカクテルで使われています。これはシーブリーズというもっと有名なカクテル（ウォッカとクランベリージュースに、さらにグレープフルーツジュースを加えたもの）の兄弟にあたります。ライ麦で造ったウォッカ——「ベルヴェデール（Belvedere）」〔ポーランドのライ麦ウォッカブランド〕のような、シングルエステートの品種しか使用しないもの——は、キリッとした辛口でコショウのような味わいがあり、ジャガイモのウォッカのもっと丸みがあって土っぽい味わいや、一部のトウモロコシウォッカの甘みとは対照的です。ベルヴェデールの「スモゴリー・フォレスト・ライ」は、白コショウ、塩キャラメル、焼きたてパンのような香味があります。ベルヴェデールの「レイク・バルテゼック・シングルエステートライ」のテイスティングノートには、「かすかなポリッジ用のオーツ麦」そして「青リンゴ」と書かれています。

ライ麦&ジャガイモ

　ナッツや麦芽のような風味のある、色の濃いライ麦を噛みしめると、ベイクトポテトの皮を食べるときのことを思い出します。ライ麦粉の皮にマッシュポテトを詰めたフィンランドのカレリアパイについて初めて読んだときは、90分かけてこれを作ってみたとしてもジャケットポテトを再発明することになるだけなのでは？　と悩みました。それでも、とにかく一度作ってみました。風味は似ているのですが、カレリア

※10　ジャケットポテト（jacket potato）…イギリスやアイルランドの大衆料理のひとつ。ジャガイモを皮つきのまま割って焼き、ハムやシーフード、サワークリーム、チーズなどをトッピングしたもの。

パイのほうがライ麦の甘みがあり、マッシュポテトがふわふわで、全体的に、バターをたっぷり塗ったジャケットポテトよりも間違いなくもっとバターたっぷりです。

　まず、生地をごく薄い円形にのばします。マッシュポテトのフィリングを真ん中にのせてアーモンド形に整え、周りの生地の端を立ち上げ、つまんでひだを作りますが、このとき生地が完全にはフィリングにかぶさらないようにします。真ん中にブラックオリーブをひとつ埋め込むと目がついているように見えて、ちらっとこちらを見ているようなペストリーになります（PS：グリーンのオリーブを真ん中に埋めるのはやめてください。あまりにも本物からかけ離れてしまいます）。焼きあがったら、牛乳とバターを混ぜてパイに塗り、パリパリだけれどパサパサではない食感を出します。かつてはジャガイモを使わない場合には牛乳で煮た大麦を具にするのが定番でしたが、現在では米のお粥に取って代わられています。どの種類もエッグバターをのせて食べるのですが、これは名前からわかる通り、固ゆで卵を刻んでバターと混ぜたものです。

　ラトヴィアのスクランドラウシス（sklandrausis）もマッシュポテトを詰めたライ麦生地のタルトですが、こちらはマッシュしたニンジンも入っていますし、多くの場合ほんのり甘みをつけてあります。スクランドラウシスの生地はバターと牛乳を塗らないので、パサパサした食感で、オートケーキ（oatcake）[11]に似ています。

　ライ麦&ショウガ→「ショウガ&ライ麦」P.242
　ライ麦&卵→「卵&ライ麦」P.267

ライ麦&チーズ

　フランス南部のロックフォールでは、チーズを熟成させるコンバルー洞窟の中にライ麦パンを置いておいてカビを生えさせるのが、伝統的なやり方でした。1か月後に、パンの表面にできた青カビ菌ペニシリウム・ロックフォルティ（Penicillium roqueforti）の層を取り、粉状にしてチーズに植えつけると、よく知られた青いまだら模様がチーズにできていきます。人気のロックフォールブランド「パピヨン（PAPILLON）」では、今でも専用のパンを焼いていますが、近年では研究室で培養したカビを注入してあるロックフォールチーズもあります。

　ロックフォールチーズの物語は、ある羊飼いの男が洞窟のひとつに入って昼食を取ろうとしたところから始まります。チーズをはさんだライ麦パンにかぶりつこうとしたところで、羊飼いの女が通り過ぎるのが目にとまりました。男はこの女を追いかけていき、戻ってくる頃には——入門レベルの微生物学を踏まえると、数日間は精力的に愛し合ったあと、ということになりますが——昼食はカビてしまっていました。ここで物語は急展開を見せ、なんと男は、だめになった昼食を食べたのです（この羊飼いは失恋のつらさで死んでしまいたいと思っていたのでしょうか？　あまりに完璧に愛し合ったので今後これにかなうものはないと思ったのでしょうか？　それとも、あまりに心を奪われていて、チーズにカビが生えたことに気づかなかっただけなのでしょうか？　私の全世界的大ベストセラー、『ロックフォールの羊飼い』で確かめてみてください）。ともかく、900ページにもわたる壮大な物語をまとめると、この羊飼いがカビの生えた軽食を大変おいしくいただいたことが端緒となってこのチーズが大規模生産され始め、現在ではアメリカ合衆国大統領につく警護よりも手厚い制度で保護されるようになったというわけです。

　ロックフォールチーズをライ麦パンやクラッカーにのせて食べると、おいしくてやめられなくなります。

※11　オートケーキ（oatcake）…オートミールで作る、ビスケットに似た薄く平たいパン。

ライ麦は質朴なチーズであれば何でも合いますし、クリームチーズとの相性は格別です。

ライ麦&チョコレート→「チョコレート&ライ麦」P.39

ライ麦&トウモロコシ

ラインインジャン（rye 'n' Injun）というのが、ライ麦とトウモロコシを使ったパンのアメリカでの古い名前です。「大草原の小さな家」シリーズでは、母さんがこれを使ってパンケーキを作っています。ヘンリー・デイヴィッド・ソロー〔1817～1862〕も著書『森の生活：ウォールデン』で同じことをしています。この組み合わせは風味豊かで、トウモロコシの甘みが、ライ麦の酸味をいくらか和らげています。ただし、トウモロコシが入っているせいでじゃりじゃりしているので、万人に好まれる組み合わせとはいかないでしょう。

このペアリングは、イーストを入れた製パン用の生地にも使われています。生地のふくらみ方はまあまあでしょう——小麦粉のパンなら2倍のサイズにもふくらみますが、そうはなりません（ライ麦はグルテン含有量が少なく、トウモロコシはグルテンフリーなためです）。パン生地を観察して表面にひびが入ったら、他のパンよりも長めの時間焼くのがコツです。このパンのスペイン・ガリシア州バージョンは、パン・デ・マイス・センテーノ（pan de maiz centeno）と呼ばれています。小麦粉がまぶしてあり、深いひびが入っていて、巨大なアマレッティ・ビスケットのような見た目です。

ボストン・ブラウン・ブレッドはライ麦、トウモロコシ、小麦を同量ずつ使って作ります。イーストではなく、ベーキングパウダーと重曹の両方、またはどちらかだけを使って発酵させ、糖蜜と香辛料で風味づけをし、多くの場合、コーヒー豆の入っていた大きなブリキ缶に入れてふかします。缶から出して薄く切りわけたものは、特にボストン・ベイクトビーンズ〔白インゲン豆をベーコン、糖蜜と煮た料理〕を添えて提供したときなど、とても大きなブラッドソーセージだと思ってしまうかもしれません。

ライ麦&ニゲラシード→「ニゲラシード&ライ麦」P.357
ライ麦&ニンニク→「ニンニク&ライ麦」P.285

ライ麦&蜂蜜

ライ麦にどれだけ蜂蜜を足しても、石造りのかいば置き場のようなじめじめしたカビくささは消えません。食感について言えば、ライ麦は黄麻のように繊維質な食べ物です。ライ麦の風味は川の土手の上で、あるいは山をよじ登るときに、真価のわかる風味です。

ソバ蜂蜜には独特のイーストと麦芽の風味があり、バターを塗ったライ麦パンとの相性が最高です。ライ麦パンはものによっては蜂蜜を使って作られていることがありますが、色が濃くきめの粗いライ麦パンだと、大麦の麦芽や糖蜜のような、もっと力強いシロップが必要かもしれません。

トーストしたライ麦パンと蜂蜜は、レーズンとレモンと混ぜ合わせて自然発酵させ、バルト海沿岸やスラヴ民族の国々でよく飲まれているクヴァス（kvas）という飲み物を作るのに使われます。

ライ麦&フェンネル

有機農法の穀粉会社「ダヴズ・ファーム（Doves Farm）」は、自社のライ麦粉には「大陸風の」風

味があると説明しています。北イタリアの一部では、小麦の栽培に適さない土地であるため、ライ麦粉でフラットブレッドを作り、アニスシードやフェンネルで風味づけをすることもよくあります。フェンネル、アニスシード、そしてコリアンダーを混ぜたものは、ドイツでは典型的なライ麦パン用のブレンドです。

ライ麦＆プラム

　甘党の人向きではありません。小麦は砂糖とバターが輝く土台になりますが、ライ麦にはそうした高級パティスリーのような浮ついたところはなく、まるでヴィクトリア朝期〔1837〜1901〕の父親が家庭に重苦しい雰囲気を投げかけるように、デザートに暗い雰囲気を投げかけます。スイーツに使うなら、ライ麦はまず間違いなくチョコレートやショウガと一番よく合いますが、重苦しく強い風味があるので、プラムのような酸っぱい果物とも調和します。タルトやガレットに入れてみてください。中ライ麦粉（つまり、糠と胚芽をいくらか含むもの）でちゃんとした生地ができますが、重量の一部分（25〜35％）を小麦粉で置き換えたほうが扱いやすくなります。同じ種類のライ麦粉で、粉と砂糖とバターを通常の2対1対1の比率で使うと、クランブル用トッピングができます——ただし、ぼろぼろ砕ける生地の中でも砂のようにぼろぼろの仕上がりになるので、気をつけてください。

　　ライ麦＆マスタード→「マスタード＆ライ麦」P.231
　　ライ麦＆ラディッシュ→「ラディッシュ＆ライ麦」P.217

ライ麦＆リンゴ

　ダン・レパード〔P.443参照〕は、ライ麦には「チョコレートやリンゴとよく合う」酸味があると書いています。イタリア南部チロルの製パン職人たちもこれに同意しています。

　フリュヒテブロート（Früchtebrot）という、ライ麦、ドライアップル、シナモンで作るフルーツケーキの一種があります。とても晩秋のような味がするので、噛みしめると葉擦れの音が聞こえるほどです。

　シェフのギル・メラーが作るリンゴとライ麦とシードルのケーキは、逆に秋の初めを感じさせる味で、じめじめした時期になる前の最後のピクニックにぴったりです。

　北欧のライ麦のポリッジは、リンゴのコンポートや、時には砂糖をまぶしたリンゴンベリー〔コケモモ〕を混ぜることもあります。このポリッジはライ麦フレークでも作れますが、ライ麦粉を使うほうが伝統的な作り方です。

ライ麦＆レーズン

　かつて人気店だったベーカリー「ポワラーヌ（Poilâne）」のライ麦パンを手に入れました。これをミキサーでパン粉にして、ブラウンシュガーを加えて炒り、バニラカスタードの材料に加えて、アイスクリームマシンにかけました。攪拌していって最後のあたりで、熟成ラム酒「ハバナクラブ」に浸しておいたドライレーズンをひとつかみ加えます。ライ麦、ラム酒、そしてレーズン。黒パンとマラガワインのアイスクリームそれぞれひとすくいずつのような味、というよりも、食べ進めていって最後に残った、溶けてひとつにおいしく混ざり合った数口分のような味がしました。

Barley

大麦

　大麦は濃厚で土の風味があり、ほどよい甘みも持ち合わせていますが、多くの地域で小麦に押しのけられています。これはひとつには、小麦のほうが親しみやすくあっさりした風味で引きつけられやすいからなのですが、小麦に含まれるグルテン含有量のためとも言えます。グルテンは魔法のようなはたらきをします。パンをふかふかにふくらませ、パスタ生地にまとまりを出し、ケーキの中身をふわっとさせます。

　大麦がよくないというのではありません。大麦は生産量が世界第10位の穀物であり、麦芽を作るのに使われて、そこからビール、ウイスキー、麦芽乳製品、麦芽シロップが作られます。外殻だけ取り除いて胚芽を残した全粒の大麦で、麦芽にしていないものは、ポット・バーレイと呼ばれます。精白した大麦のほうが柔らかく、風味があっさりしていて、早く火が通ります。

　大麦はチベットのような小麦が育たない土地でも育ちます。チベットでは大麦を――熱い砂を使う巧妙なテクニックで均等に焦げ目がつくように――炒って、それを挽いて粉にし、ツァンパ（tsampa）にします。ツァンパは飲み物やポリッジ、フラットブレッドを作るのに使われます。

　もし大麦の順応力を疑っているのなら言っておきますが、日本のビール製造業者「サッポロ」は、なんと宇宙で大麦を育てたこともあるんですよ。[※12]

大麦&アーモンド

　いろいろなカクテルにアーモンドとフラワーウォーターの風味をつけるのに使われる不透明なシロップ、オルジェーは、もともとは大麦とアーモンドを煮込んで作られていました。ディドロ〔1713〜1784〕の『百科全書』には、大麦は味をだめにしてしまう割にはっきりした利点がないので、薬屋の親方が大麦をレシピから外したのだ、と書かれています。

　私がオルジェーを作るときは以下のようにします。マイタイやミルクセーキに使ってください。

---

recipe

《オルジェー》

　甘味料不使用のアーモンドミルク大さじ4を温めてカスターシュガー〔微粒グラニュー糖〕大さじ4を溶かし、オレンジフラワーウォーターを数滴たらす

大麦&オーツ麦

　タフな取り合わせです。混植すると「ドレッジ」という集合名で呼ばれるペアで、どちらも苛酷な気候に耐えることができます。大麦にはオーツ麦の甘くてほっとする風味がなく、オーツ麦のポリッジに入れると、ぐっとエッジをきかせることができます。この組み合わせは、小麦粉のパンに使っても食感や風味を足すことができます。ベーカリーシェフのダン・レパード〔P.443参照〕は、加熱した精白大麦をパ

28　　※12　正確には、約5か月間宇宙で保存したビール醸造用大麦を持ち帰り、その子孫にあたる大麦からビールが醸造された。

ン生地に加えてまろやかなナッツ風味と「繊細な」全粒の食感を出してみては、と提案しています。

炒った大麦、オーツ麦、小麦、ライ麦と豆を混ぜて製粉したものはさまざまな名前で呼ばれており——エストニアではカマ（kama）、フィンランドではタルックナ（talkkuna）——、バターミルクを使った飲み物や、ポリッジに使われます。エストニアでは、1970年代後半にチョコレートが法外な値段になったときに、これをコーヒーと砂糖と組み合わせて「カマタフヴェル」（Kamatahvel「カマの棒菓子」）と呼ばれるお菓子のバーを作っていました。

大麦&海藻→「海藻&大麦」P.433
大麦&乾燥エンドウ豆→「乾燥エンドウ豆&大麦」P.256

大麦&きのこ

塩味の料理で、大麦の定番のパートナーといえばきのこです。チェコ共和国には、チェルニー・クバ（černý kuba、「黒いクバ」）という、クリスマスイブに食べる肉不使用の料理があります。ニンニクをきかせた大麦をヤマドリタケ属の黒っぽい品種のきのこと一緒に調理するので、「黒い」クバと呼ばれるのです。イタリア料理のオルゾット（orzotto）も同様に、リゾットの大麦使用バージョンです。

大麦&クミン

エストニアのオドラヤフ・カラスク（odrajahu karask）という、大麦を使ったクイックブレッドは、大麦の甘みをいくらか打ち消すためにクミンを加えて作られることがあります。

recipe

《オドラヤフ・カラスク（エストニアの大麦パン）》
❶大麦粉180g、全粒粉の強力粉90g、重曹小さじ1/2、塩小さじ1/2、砂糖小さじ1、クミンパウダー小さじ1を混ぜ合わせる
❷溶き卵1個分、バターミルク（またはケフィア）240ml、油大さじ1を加えて生地をまとめ、450gのパン用のブリキ型に移して、200℃のオーブンで30～40分焼く

最近のベーキングの本で、化学作用で発酵させるパン向けに推奨されているのに比べると、このレシピでは小麦粉に対する大麦粉の割合が多いので気をつけてください。ちゃんとふくらませて食感をよくするためには1対1がお勧めされています。イーストを使ったパンの場合は、1対3の割合になります。

大麦&クランベリー

フィンランド北部にはオーラリエスカ（ohrarieska）という、精白大麦、大麦粉、バターミルク、重曹で作るパンがあり、これにクランベリージャムを塗るのが伝統的な食べ方です。大麦は同国の名高いウォッカの銘柄「フィンランディア」の製造にも使われています。このウォッカは1994年に初めてクランベリーフレーバーの商品ができました。これがよく売れたことで、マンゴーやライムのような、地元色の薄い

フレーバーの商品も登場しました。

大麦&コーヒー→「コーヒー&大麦」P.33
大麦&ジャガイモ→「ジャガイモ&大麦」P.252

大麦&ソラ豆

　剣闘士の食べ物です。ペルガモン〔ヘレニズム時代に栄えた小アジアの古代都市〕の剣闘士のチームドクターだったガレノスは、剣闘士たちにはゆでた大麦とソラ豆を食べさせたと記しています（「私の名はマキシマス・デシムス・メレディウス。今生で、そして来世でも、ゆでた大麦を食す」）。こういう食事で、男たちは肉づきがよくなったと、ガレノスは書いています──猪のように引き締まった体ではなく、たるんだ体になった、と。これでは当然ガレノスはクビになっただろうと思われたかもしれませんが、大麦で少し贅肉がついたことで傷が浅く済んだ、と示唆する注釈者もいます。ガレノスの話は、1993年にトルコ・エフェソスの遺跡にある墓地で剣闘士の骸骨68体が出土したことで裏付けられました。

　剣闘士のような体躯を目指すなら、大麦とソラ豆のオルゾット〔リゾットの大麦バージョン〕を作りましょう。米と豆で作るリージ・エ・ビージ（risi e bisi）という料理のほうが知られていて、オルゾットはこれに似ていなくもないのですが、オルゾットのほうが土くささのある料理です。特に、豆の薄皮、莢をいくつか、牛乳、水、パセリの茎とセロリでストックを作る場合は。また、乾燥ソラ豆をひとつかみ、ストックに入れてもいいでしょう。おろしたパルメザンチーズをかけて提供してください。

大麦&チーズ

　ベア・バーレイは、イギリス・スコットランドのオークニー諸島でとれる古代の在来種の穀物です（ランドレースとは、ある種の中でもその土地の条件に適応した伝統的な品種のことです）。穀粒を泥炭の火で乾燥させてから製粉することで、深みのあるスモーキーな風味を出します。挽いた粉はベアミールと呼ばれ、バターやチーズと一緒に食べるバノック（bannock）という伝統的なクイックブレッドを作るのに使われます。イタリアでは、伝統的に羊飼いがカルペジーナ（carpesina）というごく基本的な堅い大麦のフラットブレッドを作っていて、羊飼いたちはこれをワインや酢に浸してふやかしてから、チーズとトマトと一緒に食べていました。

大麦&チョコレート

　10億ドル規模の一大産業を築いた組み合わせです。麦芽はたいてい大麦を使い、発芽させた穀粒を乾燥させ焙煎して作られます。この麦芽にした大麦を挽いたものに小麦粉と乾燥無糖練乳を混ぜて麦芽乳を作ります。昔ながらのアメリカのソーダ水売場で売られていた甘くておいしいドリンクは、麦芽乳を加えることで味をよくし、かさを増していました。

　ストロベリー、バナナ、バニラの麦芽乳は今でも食堂に必ず置いてありますが、フォレスト・マース・シニア〔1904～1999〕は、シカゴのとあるドラッグストアのチョコモルトをヒントに、チョコと麦芽という、心を満たしてくれる、つい手の伸びる組み合わせを、麦芽風味のヌガーをチョコレートでコーティングした棒菓子という持ち運びできる形にしました。そうして生まれたのが「ミルキーウェイ（Milky Way）」や「マース（Mars）」といった商品です。私の考えでは、この組み合わせの最高峰は「モルティ

ザーズ（Maltesers）」です。モルティザーズは表面が甘くなめらかなミルクチョコレートで覆われています。麦芽味の中心部のパフ部分には少し塩気があり、カサガイのように舌にくっついて、水分を奪ってぱさぱささせる効果があるので、ミルクチョコレートと合わさるとちょうどよくおいしくなるのです。ミルキーウェイに先立つこと少なくとも10年、「オヴァルティン」〔Ovaltine、粉末麦芽飲料のブランド〕も、もともとは麦芽、牛乳、卵、ココアを混ぜた粉末でした。

大麦＆トマト

　歩道の縁石を越えてコンクリートの階段を数段降りたところにビキニのボトムのような三角形をした小石の浜辺があり、そこにテーブルがセットされていました。レストランそのものは道路の向かい側にあったので、ウェイターは四輪バイクや馬が引く荷車の流れをすり抜けて、子どもたちのサーディンと私のダコス（dakos）を運んでこなくてはいけませんでした。ギリシャの他の島ではパクシマディア（paximadia）と呼ばれますが、スペッツェス島ではダコスというのが大麦のラスクを指しています。これに挑もうと思うなら、歯に自信がなくてはいけません。もしパルテノン神殿がこれで作られていたなら、神殿は今でも無傷だったことでしょう。私が注文したダコスには、すりおろしたトマト、ぽろぽろのフェタチーズが少し、それからドライオレガノがかかっていました。私はダコスを脇に押しやって、子どもたちのサーディンの骨を取ってやる作業に取り掛かりました。子どもたちはサーディンにちょっと手をつけただけで、くねくねと浮き輪に体を通すと海へ走って行きました。これでは、遊びに行かせてやるよりしょうがありません。やっと自分のダコスが食べられると思いましたが、ダコスはこの間にトマトの汁をたっぷり吸ってしまっていました。トマトの種のきつい味とチーズの塩気で、大麦の風味の強い甘さが薄れていました。

　そうして私はそこに座ってダコスをかじり、子どもたちは海でぴょこぴょこ泳ぎまわり、私は自分でなく子どもたちの昼ご飯のためにラスクをふやかしてやっていた休暇はほんの何回か前のことだったな、と思ってしみじみしていました。

　　大麦＆バナナ→「バナナ＆大麦」P.162
　　大麦＆味噌→「味噌＆大麦」P.12
　　大麦＆ヨーグルト→「ヨーグルト＆大麦」P.175

大麦＆レーズン

　モルトローフ（malt loaf）[※13]──数あるケーキの中でも、もっとも不格好なケーキです。見苦しいマットブラウンで、つやつやのレーズンが皮膚病のようにまだらに入っています。薄切りにするのは無理です。分厚くバターを塗っても、口蓋にくっつきます。甘みはありますが、主要原料の大麦の麦芽シロップからくるしょっぱい料理っぽさがつきまとうせいで、食べていると混乱します。

　このシロップは、ホットミルクで薄めて麦芽ドリンクにもできます。このドリンクを飲むと、果物（特に熟したバナナ）とココアの味を最初に感じ、それから味噌と「マーマイト（Marmite）」〔P.12 参照〕という、どちらも大麦に関連した製品の味がそれに取って代わるのが感じられるでしょう。

大麦＆レモン

　1788年、カラントゼリーバーレイウォーターと白ワインバーレイウォーターに代わる飲料として、レモン

※13　モルトローフ（malt loaf）…大麦麦芽で作られるイギリスのケーキ。

バーレイウォーターのレシピが登場しました。精白大麦を煮込んでできる不透明なでんぷん質を使った、風味豊かで、おなかにたまる飲み物でした。ウィンブルドンのテニス大会との長きにわたる関係は、1834年に大麦粉製造業者「ロビンソン&ベルヴィル」（現在の「ロビンソンズ」）が大麦粉にレモン汁と砂糖を組み合わせたときから始まりました。人気が沸騰したので、1835年にはこれをコーディアル（cordial）[※14]の形で売り出しました。すぐにライム味とオレンジ味、1942年にはルバーブ味が発売されました（ウィンブルドン選手権への「ロビンソンズ」のスポンサーシップは2022年に終了しています）。

　バーレイシュガースイーツは砂糖シロップに大麦を煎じたエキスを加えて加熱し、これにレモンエキス、ベルガモット、ローズまたはオレンジフラワーウォーターを混ぜて作ります。もしフランスへ行くことがあれば、モレ＝シュル＝ロワンの名物になっている、サフラン色のバーレイシュガーのねじり棒を探し出してみてください。

※14　コーディアル（cordial）…ハーブや果物をシロップに漬け込んだ濃縮ドリンク。水で薄めて飲む。

Coffee
コーヒー

コーヒー豆の焙煎の過程には、最初は196℃で、次は224℃前後の2回、クラック（爆ぜ）がありま
す。はじめは植物の風味のあるただの緑色の豆だったものが、ファーストクラックが起こる頃には、コ
ーヒーらしい香りがし始めています。焙煎する人によっては、ファーストクラックが聞こえたら焙煎の過
程を止め、豆の新鮮で自然な特徴を残せるようにすることもあります。この種のローストは、少々酸味の
効いたコーヒーを好む人にも合っています。セカンドクラックに近づいていくにつれて、豆の色が深くな
り、香りがよくなっていきます。豆の表面には油を塗ったような光沢が出て、豆本来の風味の代わりに、
強いローストの香味と、ほんの少しスモーキーな香りが出ます。

カフェインなしで焙煎コーヒーに似た風味を出すやり方もいくつかあります（「チコリ&コーヒー」
P.294、「コーヒー&デーツ」P.34を参照）。

コーヒー&大麦

イタリアでは第二次世界大戦時、コーヒー豆が欠乏したことで、カッフェ・ドルゾ（caffe d'orzo、「大
麦コーヒー」）がよく飲まれました。大麦とコーヒーの風味には共通の属性があり、それがコーヒー麦芽
にも明らかに表れています。コーヒー麦芽は大麦麦芽の中でも濃色麦芽にあたり、炒った穀粒にはっき
りしたコーヒー風味があることからそう呼ばれています。麦芽製造の次の段階がブラックモルトで、ほろ
苦いチョコレート風味がここで生じます。両方とも濃色ビールに使用されます。麦芽とチョコレートが非
常に定番の組み合わせであることを考えると、麦芽とコーヒーの組み合わせが全く人気にならなかった
のは不思議です。アメリカの食堂では、コーヒーシロップ、クリーム、麦芽乳、卵1個とソーダ水少量で
シェイクを作って出していたところもあります。

コーヒー&クランベリー→「クランベリー&コーヒー」P.97

コーヒー&黒インゲン豆

生の豆は、ものによっては挽いたコーヒーのような味が驚くほど強いことがあります。ボーロッティ豆に
もこの味があると思いますし、エアルーム種の多くにも顕著です。これをヒントに、コーヒー顆粒をひと
つまみふたつまみ、豆の鍋に加えてみましょう。ちょうど、トマトベースの煮込み料理にダークチョコレー
トをひとかけ入れるような感じです。でも、やりすぎは禁物です。野菜の多い料理は甘くなりがちなの
で、重苦しいローストの香味を少し加えて相殺したいだけですから。P.45の「黒インゲン豆&チョコレー
ト」のブラウニーにも、コーヒー顆粒を大さじ1加えても構いません。

コーヒー&ゴマ→「ゴマ&コーヒー」P.311

コーヒー&ターメリック

ソーホーのオールド・コンプトン・ストリートにある「アルジェリアン・コーヒー・ストアズ（Algerian Coffee Stores）」ではかつて、ターメリック入りコーヒーが限定版で販売されていました。ターメリック、シナモン、ショウガ、黒コショウのミックスを、フルローストしたエチオピア産とインド産コーヒー豆のブレンドに合わせたものでした。この香辛料の組み合わせはインドの黄金色のミルクドリンク、ハルディ・ドゥード（haldi doodh）を彷彿とさせるものですが（「ターメリック&コショウ」P.235を参照）、コーヒーに入れてあると、カフェオレに浸したスペキュロスビスケットのような味がしました。ハルディ・ドゥードと同じく、ターメリックコーヒーは淹れるときにほんの少し蜂蜜を入れると甘くおいしくなりました。

コーヒー&チコリ→「チコリ&コーヒー」P.294

コーヒー&デーツ

デーツのピューレにダークローストコーヒーを少し加えると、キャラメルのような深みが出せます。代用コーヒーには、かつてデーツの核から作られていたものもあります。核を洗い、乾燥させ、焙煎して挽き、これを使って淹れたコーヒーにカルダモンで風味づけをしていたのです。サウジアラビア人は、ごく軽く焙煎してパンのような風味がわずかにする豆を使ったコーヒーを飲みます。少量で提供されることが多く、お茶請けとして一緒にデーツが出されます。「ミント&デーツ」（P.349）、「デーツ&プラム」（P.145）も参照してください。

コーヒー&ピーカンナッツ

コーヒーとクルミの組み合わせと比べずにはいられません。クルミは皮の部分にある苦みがクルミの風味より少しだけ強く、手触りは三次元のジグソーパズルのピースのようです。これをコーヒーと合わせると、その複雑さから、すばらしく洗練されたケーキやペストリーが生まれます。

一方ピーカンナッツは、そもそも菓子類のほうに近いナッツです。ピーカンナッツには砂糖と乳製品の風味があり、ちょうどミルクとシロップがアイスラテを落ち着かせるのと同じように、コーヒーの渋みを和らげてくれます。アイスクリームとなると、ピーカンナッツがクルミに悠々と勝利します。コーヒージェラートに入れた、砂糖衣のかかったピーカンナッツ、ピーカンナッツのビスケットでサンドイッチしたコーヒーアイスクリーム、あるいは、定番のアッフォガートの、少量のエスプレッソとバターピーカンアイスクリームなどですね。

コーヒー&フェンネル

フェンネルシロップまたは少量のウーゾ（ouzo）[※15] を加えると、冷めてしまったコーヒーを救済することができます。アニスの甘みがふっと香ることで、冷たくなったコーヒーの苦みと酸味を相殺するだけでなく、風味が失われたぶんの埋め合わせをしてくれます。熱いコーヒーにある芳香成分の多くは、冷めるにつれて減っていきます。コーヒーの味鑑定のプロは常温まで冷めてからまた同じコーヒーを飲んでみて、熱いときと同じくらいおいしいかどうかを確かめることも多いのです。

私の手元にある、古びた『ロンリープラネット・ギリシャ』によれば、コーヒーとウーゾの組み合わせはフラップーゾ（frappouzo）として知られているそうです。コーヒーとウーゾの組み合わせは飲み物にだ

※15　ウーゾ（ouzo）…ギリシャのリキュール。蒸留酒にアニスやフェンネルなどのハーブや香辛料で風味づけしてある。

け使われるとは限らないのですが、冷やしてあるときが一番相性がよいということは覚えておきましょう。たとえばシャーベットやグラニータ〔シャーベット状の氷菓〕に使ったり、ババ（baba）[*16]のシロップにしたり、あるいはフェンネルのシュー皮に絞り入れるコーヒーカスタードクリームとして使ったり、などです。

コーヒー&プルーン

フランス生まれのシェフ、ジャック・ペパンは、母親が飲み残しのコーヒーを水で薄め、甘みをつけて、梨を煮るのに使っていたことを覚えています。梨が中まで柔らかくなったら、残った煮汁を煮詰めて、カルーア〔コーヒーリキュール〕を少し入れて味を引き立てるのです。私もこのやり方を他の果物でいくつか試してみましたが、プルーンが一番うまくいきました。プルーンに豊富に含まれるスパイシーでフルーティーでナッツのような風味が、コーヒー焙煎の過程で生まれる香気を増幅してくれました（ハイチ産とタンザニア産のコーヒー豆は、核果のような特性があると言われています）。コーヒーを使って煮るのには難点ももちろんあります。砂糖を加えても苦みが圧倒することもありますし、風味の点ではコーヒーは少しくっきりしすぎることもあります。紅茶でプルーンを煮る場合と同じく、カルダモンやオレンジピールといった他の香りのよい食材を加えて角を取ってもいいでしょう。

コーヒー&メープルシロップ

コーヒーとメープルシロップには共通する風味分子がたくさんありますが、ひとつのカップの中でペアにすると、シロップの繊細なところを区別するのが難しくなります。ブラウンシュガーとコーヒーを混ぜるとたいていそうなるように、この組み合わせも、コーヒーファッジを彷彿とさせるのです。両方の風味を際立たせるには、クレーム・カラメル〔カスタードプディング〕にカラメルをかける要領で、固まったコーヒーカスタードの上からメープルシロップを注ぎます。

---

recipe

《コーヒー・クレーム・カラメルのメープルシロップがけ》（2人分）

❶ 温めた全乳250mlをコーヒー顆粒大さじ1に注ぎ、コーヒーが溶けるまでかき混ぜる

❷ すべての材料が入る大きさのジャグで卵2個とカスターシュガー〔微粒グラニュー糖〕大さじ2を泡立て、牛乳で溶いたコーヒーを少しずつ混ぜ入れる

❸ できたカスタードを濾して、ラムカン2個に均等になるように入れる。ラムカンを深めの天板に入れ、ラムカンの半分くらいの高さまでお湯を注ぎ、ホイルをふわっとかぶせて、150℃のオーブンで25分焼く

❹ カスタードの固まり具合をチェックして、真ん中がまだ少しぷるぷるしているうちに、オーブンから取り出して粗熱をとり、冷蔵庫で冷やす

❺ 盛りつけるときには、ラムカンの縁に沿ってナイフを入れてカスタードをはがしていき、小皿で蓋をしてひっくり返し、馬鹿な真似はやめろと言い聞かせるかのようにして、一度思いっきり揺する。ラムカンを上に外せば、カスタードがぽんと抜けてくるはず

❻ 濃いメープルシロップを上から注ぐ

※16　ババ（baba）…フランスやイタリアの菓子。レーズンが入ったコルク型のイースト発酵生地を焼いてラム酒シロップを染み込ませたもの。

コーヒー&ヨーグルト

　コーヒーヨーグルトは、意見が極端に割れているものの、アメリカでは人気があります。イギリスでは、お断りのほうに意見が偏っています。コーヒーチェーンが毎週のように定番からはずれてサンデースタイルの冷たいコーヒーの新商品を繰り出しているにもかかわらず、スキムミルク入りのカプチーノやエスプレッソ、ラテヨーグルトの人気が出たためしはありません。

　アメリカのアイスクリーム製造者ジェニ・ブリトンは、自分の店にコーヒーフレーバーのフローズンヨーグルトを置かない理由をこう説明しています。いわく、コーヒー自体に酸味があるにもかかわらず、コーヒーの風味がヨーグルトの風味とぶつかるから、だそうです。香りのよいコーヒーエキスを濃厚なギリシャヨーグルトに混ぜ入れたものを食べてみるまで、私もそう思っていました。この組み合わせは、リコッタチーズとコーヒーというイタリアのあの定番デザートに似ているのですが、それよりも酸味がはっきりしているように、私には思えました。ヘーゼルナッツヨーグルトやカシスヨーグルトがお好きなら、コーヒーヨーグルトはまさにあなたにおあつらえ向きです。

Chocolate
チョコレート

コーヒーと同じように、チョコレートも小さな苦い豆として一生が始まります。なめらかな板チョコを作るには、カカオ豆を発酵させ、焙煎し、選別し、挽いてコンチング〔練り上げ〕しなくてはなりません。最近まで、カカオ豆の主要品種は、クリオロ種、フォラステロ種、そしてこの2つの交配種であるトリニタリオ種の3つでした。フォラステロ種は、確実な収穫が見込めるけれどもそれほど面白いことができるような作物ではない、というのがおおかたの意見のようで、大量販売するチョコレートを作るのに使われています。色が薄く、繊細な風味があるクリオロ種は玄人向けで、世界のカカオ生産量のうちわずか3%しかありません。評価が高いのは風味よりも希少価値のおかげだ、と言う人もいます。トリニタリオ種も質がよいとみなされており、チョコレートの味がより強く、それに加えてフルーティーな風味や、糖蜜、レーズン、キャラメル、香辛料の風味もあります。

2008年に、マース社（Mars, Inc.）に勤めるある遺伝学者が、DNA分析を用いて952のカカオ試料の中に10の遺伝子クラスターを特定し、主要3品種の交雑を説明する、より細かい分類を考案しました。ダークチョコレートの複雑な風味の中に見つけられそうな香味には、フレッシュフルーツ、ドライフルーツ、ナッツのような香り、ワインのような香り、麦芽、スモーク、きのこ、ジャスミン、チコリ、ブラウンシュガー、コーヒー、柑橘、オールスパイスなどがあります。

チョコレート＆エルサレム・アーティチョーク

イギリス人シェフ、トミー・バンクスはエルサレム・アーティチョークのシロップでファッジを作り、それをミルクチョコレートでコーティングしています。ファッジ用にエルサレム・アーティチョークの汁を絞り、汁を濾して煮詰め、濃くとろみのあるシロップにします。次に水飴とホイップクリームを加えて混ぜ、112℃になるまでゆっくりと煮立て、バターと、それから塩と酢を入れてしっかり泡立てます。

チョコレート＆大麦→「大麦＆チョコレート」P.30
チョコレート＆オールスパイス→「オールスパイス＆チョコレート」P.370
チョコレート＆黒インゲン豆→「黒インゲン豆＆チョコレート」P.45
チョコレート＆コショウ→「コショウ＆チョコレート」P.379
チョコレート＆ゴマ→「ゴマ＆チョコレート」P.312
チョコレート＆トウモロコシ→「トウモロコシ＆チョコレート」P.73

チョコレート＆ナス

メランザーネ・アル・チョコラート（melanzane al cioccolato）は、ナスとチョコレートを取り合わせた、イタリア南部ソレントの驚くほどおいしいデザートです。作り方のひとつは、薄切りにしたナスを蒸し、リコッタチーズを塗ってくるくる巻き、チョコレートソースをまとわせて温かいまま提供する、というものです。また別の作り方では、ナスを細切りにして揚げて冷まし、パン粉を混ぜたシロップに浸し、

チョコレートソース、柑橘類の砂糖漬け、炒った松の実と重ねて層状にして、常温で提供します。チョコレートとリコッタチーズとドライフルーツと炒った松の実をふんだんに使うならゆでたビーチサンダルだってぺろりと平らげられるだろう、などと言う人もいるでしょうが、それでもナスもちゃんと評価してあげなくてはなりません。揚げたナスは絹のようになめらかな食感をまとい、塩で水抜きしたことでほんの少し塩気がつき、それによってまろやかな風味が増幅され、チョコレートのほろ苦さと素敵なコントラストをなしています。

　私の作り方だと、薄切りにしたナスは小麦粉と卵液につけてから揚げてパンケーキのようにしますが、できあがりは「ヌテラ（Nutella）」を塗ったクレープと、チョコレートの冷蔵庫ケーキ（fridge cake）[17]の中間のようになります。

---

recipe

《メランザーネ・アル・チョコラート（ナスとチョコレートのデザート）》（4人分）

❶ ナスを1cmほどの厚さで12枚の輪切りにし、塩をふり水切りボウルに入れてシンクに1時間ほど置いておいてから、洗って軽く絞り、水気をふき取る

❷ 切ったナスの両面に小麦粉をふり、溶き卵に浸してから、2.5cmの深さまで入れた植物油で柔らかくきつね色になるまで何回かに分けて揚げ、キッチンペーパーに上げて油を切る

❸ 片手鍋でダブルクリーム[18]150mlを沸かして、火から下ろす

❹ 70％のダークチョコレート100gを小さく砕いて加え、数分かけて溶かし、その後色濃くつやが出るまでかき混ぜる。置いておいて少し冷ます

❺ ナスを3枚ずつ4セットに分け、チョコレートソースを使ってそれぞれのセットをサンドイッチ状に組み立てていき、ソースの残りを上と側面に、ナスが見えなくなるくらいに塗り広げる

❻ 砂糖漬けのピール、炒った松の実、ラム酒に浸したレーズンを混ぜて散らす

チョコレート&蜂蜜→「蜂蜜&チョコレート」P.79

チョコレート&パッションフルーツ→「パッションフルーツ&チョコレート」P.205

チョコレート&ピーカンナッツ→「ピーカンナッツ&チョコレート」P.392

チョコレート&ピスタチオ

　この2つはぜひ一緒に使ってほしいのですが、ピスタチオはケチらないでください。軽く炒った丸ごとのピスタチオの実がぎっしり埋まった、海塩の散らしてある薄い板状のダークチョコレートを、夕食後のコーヒーと一緒にいただくひとときは、何よりも素敵な時間です。理想を言えば、ピスタチオにはつやつやにテンパリングしたチョコレートを合わせたいのですが、チョコレート板にピスタチオをぎゅうぎゅうに詰めてしまえばチョコレートの質なんてわからなくなるので、うまくごまかせます。味蕾はこれでも十分喜ぶことでしょう。シェフのピエール・コフマンの伝説的なピスタチオ・スフレは、器の内側におろしたチョコレートをまぶすだけにとどめてあり、提供する時にピスタチオアイスクリームが添えられています。

※17　フリッジケーキ（fridge cake）…オーブンを使わず冷蔵庫で固めるだけでできるケーキ。溶かしたチョコレートにバター、砂糖、砕いたビスケットなどを加え、型に入れて冷やし固めたものがイギリスで一般的。
※18　ダブルクリーム（double cream）…脂肪分約48％のクリーム。ホイップクリームにしたり料理に使うほか、ケーキやデザートにかけたりする。

チョコレート&プルーン→「プルーン&チョコレート」P.128

チョコレート&マスタード

マスタードパウダーはチョコレートビスケットやブラウニー、ケーキに隠し味として入れると風味づけができます。小さじ半分でも、ビスケット1ダース分の生地には十分な量です。違いがわかるかどうか、試しに比べてみてください。

マスタードはコーヒーの風味づけになると信じて疑わない人もいます。でも試してみるならほんのひとつまみだけにしてください、そうでないと、くしゃみでMacBookがマキアートまみれになってしまいますから。

チョコレート&味噌

味噌ブラウニーはおそらく2014年頃に考案されたようです（「味噌&バナナ」P.16も参照）。レシピではたいてい、少量の甘い白味噌を使うこと、とされていますが、これでは塩チョコレートの味を認識するための感覚器官にはほとんどかすりもしません。赤味噌ならはっきりした発酵臭が伝わります。この発酵臭自体が快くもありますし、風味の特徴の多くがチョコレートと共通しているため、本当にブラウニーのような味でもあります。

味噌とダークチョコレートを一緒にガナッシュにすると、甘み、塩気、苦みの極端な組み合わせが生まれます。私はこれをダイジェスティブビスケットに塗るのが好きです。ダイジェスティブビスケット自体にもローストしたような麦芽の風味と、ほんの少しの塩気があるからです。ビスケットのぼろぼろ崩れる食感も、なめらかなガナッシュと食感が違ってよいのです。私は味噌チョコレートダイジェスティブで一攫千金を狙っています。

チョコレート&ライ麦

ライ麦の風味の特徴にはココアも入っています。パン屋がライ麦パンにチョコレートをほんの少し加えたとしても、もともと含まれているものに飾りを加えているだけに過ぎないのです。ココアはパンの色も深くします。小麦粉500gに対して、ふるったココアパウダー大さじ2ほどを使ってください。気がつくとバタークリームが欲しくなっていた、というほどには、はっきりとわかるチョコレートらしさは出ません。それでもバタークリームが欲しくなった場合には、戦間期のエストニアの主婦たちがライ麦パンのパン粉をおろしたチョコレートとサワークリームと混ぜてデザートを作っていたので、それを参考にしてみてください。

もっと最近では、アメリカ人シェフのチャド・ロバートソン〔P.443参照〕がココアとライ麦のペアをシュー皮生地で使っています。ベーカリーシェフのダン・レパード〔P.443参照〕はこの2つをヘーゼルナッツ入りブラウニーでペアにしています。

チョコレート&緑茶

チョコレートは抹茶にとって望ましいお相手でしょうか？　日本茶製造会社の「丸七製茶」は、網羅的とまでは言わないまでも、優れた回答を出しています――異なる割合で抹茶が入った、箱入りチョコレートスティックという形で。1.2％のスティックはファティーグパンツの色です。そこからスティックの抹茶含有量は8.2％から13.3％へ、さらにダークブラウンが限りなく緑に近づいた29.1％へと上がっていきます。抹茶含有量29.1％が、チョコレートが型崩れしないぎりぎりの割合でした。この箱には、焙煎した

茶葉を意味するほうじ茶で風味づけしたチョコレートスティックも入っています。こちらは茶色をしていて苦みは緑茶のチョコレートよりも少なく、かぐわしい香りがします。パリでは、パティシエのサダハル・アオキ（青木定治）が、抹茶ジェノワーズとバタークリーム、チョコレートガナッシュを重ねたオペラケーキを作っています。緑色と茶色が幾重にも重ねられ、つやつやのてっぺんにはパウダーがふりかけてあり、ケーキというよりも陶磁器の芸術作品のようです。「緑茶＆バニラ」（P.431）も参照してください。

チョコレート＆レーズン

　ジョアン・ハリスの小説『ショコラ』では、主人公のヴィアンヌが、復活祭（イースター）の時期にパリの店舗で売られているお菓子にはキリストの昇天のお祝いよりもハーレムのほうがお似合いだった、と回想しています。食べられる愛のしるしの贈り物や銀紙に包んだ型抜きチョコレート、べとべとのマロングラッセ、つやつやのキャラメルに、小さな骨董品のような極上の綿菓子などがあったのです。ヴィアンヌの母親はこのような贅沢品には手が出ず、毎年、飾りつけをした箱に、紙の造花や硬貨、色を塗った卵を詰めた三角袋（コルネットサプライズ）を入れていました。この箱にはチョコレートレーズンの小さな包みも入っていて、ヴィアンヌはこれをひとつずつ、ゆっくり味わうのです。

　この組み合わせはビスケットやケーキでは驚くほど稀（まれ）です。もしかしたら、両方をひとつのレシピで使うのはちょっと贅沢すぎると考えられていたのかもしれませんね。

豆の風味
Leguminous

黒インゲン豆
Black Bean

レッドキドニー
Kidney Bean

白インゲン豆
White Bean

レンズ豆
Lentil

Black Bean
黒インゲン豆

　この項では、黒インゲン豆の他に、ボーロッティ豆やピント豆のような、調理すると茶色くなる豆も扱います。また、中国の保存食の黒豆にも触れますが、これは実際には塩漬けにした大豆です。

　色が黒や茶色の豆は、白や赤い色をしたものよりも、味が濃い——ほんの少し土くさく、きのこのような——特徴があることが珍しくありません。驚くほどコーヒーやチョコレートを思い出させる、ローストしたような香味を持つものもあるので、牛肉の定番の取り合わせと実験するのにちょうどよい食材です。

黒インゲン豆＆アボカド→「アボカド＆黒インゲン豆」P.330

黒インゲン豆＆オレンジ

　オレンジは、ブラジルのフェイジョアーダ（feijoada）[※1]に続いてテーブルに出てくるサイドディッシュのカーニバルの行列に加わっています。ここに出てくるサイドディッシュは、黒インゲン豆のベストパートナーの案内として便利です。米、ニンニクと合わせた細切りの青菜、唐辛子、それから炒ったキャッサバ粉が並んでいるのです。このうちいくつかからヒントを得て、ベトナム料理レストラン「ヴィエト・グリル（Viet Grill）」の料理を以下のように改変してみました。これは豆煮込みの正典に挙げられてもよい料理だと思います。

---

recipe

《黒インゲン豆のベトナム風オレンジソース煮》（4人分）

❶みじん切りにしたニンニクとショウガ各20gをピーナッツオイル大さじ1できつね色になるまで炒める

❷フレッシュオレンジジュース500mlを注ぎ入れ、八角2つ、ライムリーフ3枚、醤油小さじ4、塩小さじ1/4、ブラウンシュガー小さじ2を加えて10分煮る

❸黒インゲン豆の400g入り缶詰2個分を水分を切って加え、泡が出始めたら、とろ火にして20分煮込む

❹ほわほわの白いジャスミンライスと一緒に出し、刻んだコリアンダーリーフと赤唐辛子を散らす

黒インゲン豆＆クミン

　新婚旅行で行ったアメリカ・サンフランシスコでの最終日、「ランチはすばらしい店に連れていってあげるよ」と夫が言いました。明らかにひっかかりのある言い方でした。なんだか、夫の顔全体に「だけど」と書いてあるようだったのです。「ちょっと怪しい場所にある店ではあるんだよね」。「怪しい場所ってどういうこと？」私は尋ねました。「コカインの問題とかがあるみたいだよ」夫の返事に、私は肩をすくめ

※1　フェイジョアーダ（feijoada）…黒インゲン豆とソーセージや豚肉・牛肉などを煮込んだ、代表的なブラジル料理。

ました。「ガイドブックなんて四角四面なものでしょ。行きましょう、おなかぺこぺこなの」

　私たちは観光客向けのショッピングストリートから右に曲がって、テンダーロイン地区へ足を踏み入れました。イギリス人は、このように隣り合う路地どうしで急に雰囲気が変わることに慣れていません。ロンドンやリーズでは、欠乏は徐々に忍び寄って来ます。サンフランシスコでは、それは唐突にそこにあり、両腕を広げてよろよろと迫ってきます。「なるほど」私は言いました。「確かにこれは怪しいね」夫はATMに足を向けていました。「そんなことして大丈夫?」そのすばらしいお店はどうやらクレジットカード払いを受け付けていないようなのです（映画なら、ここで観客は私たち夫婦の馬鹿さ加減に頭をかきむしり始める、きっとそんな場面でしょう）。

　ドル紙幣を握りしめ、私たちはなんとか無事に「ドッティーズ・トゥルー・ブルー・カフェ（Dottie's True Blue Café）」の頑丈に補強されたドアにたどり着きました。私は有名な黒インゲン豆のケーキのチリ・チェダーコーンブレッドとサルサ添えを注文しました。ケーキはほんのり辛味があり、スモーキーで土くささのあるクミンがたっぷり使われていました。外はカリッとしていて中は柔らかく、あんなにおいしい豆のケーキは作ったことも食べたこともありません。

　お勘定を済ませ（「もちろんカード払いも承ります」）、タクシーを呼んでカフェの外から乗せてもらいました。テンダーロイン地区にいる人たちは動作がゆっくりでしたが、運転手はその反対にスピードを出そうとするタイプでした。容貌は後期のアル・パチーノのようで、運転の仕方はフランク・ブリット〔映画『ブリット』の主人公〕のようで、道が険しい場所では早口のおしゃべりがやみます。運転しているあいだ、しじゅう後部座席の私たちのほうを振り返ってくる人です。「俺、何歳だと思う?」運転手が訊いてきました。「さあ」と夫。「50歳とか?」運転手はがっかりしたような顔になりました。「まあ、その通りだよ」。そして前を向いて運転に戻りました。空港で車を停めると、運転手は運賃を現金で要求してきました。私たちはATMから出したばかりのお札を全部押しつけて、ターミナルへと駆け出しました。

黒インゲン豆&ケール

　メキシコのタコスやタマレス（tamales）※2 で使われるフリホーレス・イ・ケリーテス（frijoles y quelites）というペアリングは、四旬節〔キリスト教の復活祭を迎えるまでの準備期間〕の食事にルーツがあります。リック・ベイレス〔P.445参照〕のレシピでは黒インゲン豆を使います。〔「フリホーレス」はインゲン豆を指し、〕「ケリーテス」は種類の異なるいくつかの青菜を指すのですが、ベイレスはシロザを選んでいます。

　シロザはどこにでも生えていて、どの採集者派閥を信じているかによって、ホウレンソウのような味がしたり、あるいはキャベツのような味になったりします。「ケール&ニンニク」（P.221）も参照してください。

黒インゲン豆&玄米

　黒インゲン豆と米は、キューバ人がモロス・イ・クリスティアノス（Moros y Cristianos、「ムーア人とキリスト教徒」）またはコングリ（congrí、結婚）と呼ぶ料理を作るのに使われます。コングリは肉やビアンダス（ジャガイモやプランテンのようなでんぷん質の食べ物）ほど尊ばれてはいないかもしれませんが、リチャード・ウィルクとリヴィア・バルボサが著書『米と豆（Rice and Beans）』のための調査を行った際には、キューバから国外に移住した人たちが一番懐かしいと感じる料理は米と豆だということが判明しています。

※2　タマレス（tamales）…トウモロコシ粉をラードと合わせてこねた生地（マサ）に肉などの具を入れ、トウモロコシの葉やバナナの葉で包んで蒸したメキシコの伝統的な料理。

黒インゲン豆&コーヒー→「コーヒー&黒インゲン豆」P.33

黒インゲン豆&コショウ

　料理作家のマルチェラ・ハザン〔P.444参照〕と夫のヴィクター・ハザンが『イングレディエンティ（Ingredienti）』でボーロッティ豆について述べた部分。「まだ温かいうちに鍋から皿にあけて、オリーブオイルをかけてきらめかせ、黒コショウを散らし、みっしりしたクルミのような豆に分厚く切った柔らかいパン・ド・カンパーニュを合わせただけで提供するのが、一番申し分がない」

黒インゲン豆&サツマイモ

　オレンジ色のサツマイモに、色が濃くて土くさい豆を合わせるか？　それとも、色が濃くて土くさいジャガイモに、オレンジ色のスイートな豆をのせるか？　話し合ってみてください。

黒インゲン豆&ジャガイモ

　イタリアのヴェネト州産のラモン豆はPDO（保護原産地呼称）として登録されています。皮の薄さでとりわけ珍重される、ボーロッティ豆の一種です。ボーロッティ豆の中でも一番扱いにくいのです。ペンドーロン（pendolon）と呼ばれる料理では、ラモン豆をゆでてジャガイモと一緒にマッシュし、それをベーコンの脂でタマネギと一緒に炒めます。ペンドーロンは木製の楔の名前です。炒めたマッシュを丸く成形して、楔の形に切り分けるところからきています。

　豆の美人コンテストがあったら、ブラックカリプソ豆が文句なしで優勝です。陰陽の太極図のような黒と白の模様をしていて、ラセット種のジャガイモのような風味があります。難点は、粉質系のジャガイモと同じように、調理中にボロボロになりやすいところです——実のみっしり詰まった豆と合わせて料理するのに向いています。

黒インゲン豆&ショウガ

　なじみ深いと思うでしょう——でもちょっと待ってください。近所のお店で買う持ち帰りの黒インゲン豆とショウガの料理は、黒インゲン豆ではなく、発酵の過程を経て黒く変色した大豆を使って作られているんです。こういう豆は豆鼓と呼ばれることもあり、ほとんどはショウガで風味づけしてありますが、ごく稀に五香粉や陳皮も使って風味づけしてあるものもあります。袋から出したてのときは、かたまりになった醤油のような味がします。大豆でできたティックタック（Tic Tac）※3のような感じです。この豆は少量を使い、多くの場合ショウガをさらに足して、しゃきっとしたマリネ液やソースにします。

　「黒インゲン豆&オレンジ」（P.42）も参照してください。

黒インゲン豆&ターメリック→「ターメリック&黒インゲン豆」P.235

黒インゲン豆&卵

　目玉焼きをひとつ、黒インゲン豆の上にすべり落とします。ケチャップをかけます。黄身をつついて破ると、Whaam！　朝食がリキテンスタインのアートに早変わり。

44　　※3　ティックタック（Tic Tac）…粒状のラムネ菓子。

黒インゲン豆&チーズ→「チーズ&黒インゲン豆」P.276

黒インゲン豆&チョコレート

　生のボーロッティ豆には、はっきりしたコーヒーのような風味があることがあります――コーヒーとクルミ入りのファッジのようなケーキか、アメリカのニューオーリンズで人気のチコリ入りコーヒーのような感じです（「チコリ&コーヒー」P.294を参照してください）。ですから、自然とチョコレートのことが思い浮かびました。

　アイルランド人シェフのデニス・コッターは、黒インゲン豆をカボチャとケールと混ぜて濃厚なトマトソースに入れ、ちょっとメキシコのモーレ（mole）[※4]に似せて、味つけにチョコレートを少々加えています。黒インゲン豆はブラウニーづくりにも使われますが、そうすると、普通は小麦粉と溶かしチョコレートが担う部分を豆が担うことができます。豆の風味はカカオとバニラが覆い隠してくれます。

recipe

《黒インゲン豆のブラウニー》

❶缶詰の無塩黒インゲン豆300gを洗って水気を切り、菜種油大さじ6とバニラエキス小さじ2を加えて、豆の皮がなくなるまでブレンダーにかける

❷ブレンダーの蓋を開けて、砂糖150g、ココアパウダー大さじ4、ベーキングパウダー小さじ1/2、塩2、3つまみを加え、全体がほぼココアパウダーのダークブラウンになるまで攪拌する

❸ブレンダーの蓋を開けて、Mサイズの卵3個を加え、ブレンダーを断続的に何度かパルス運転して攪拌する

❹できた生地を、油を塗ってクッキングシートを敷いた20cmのブリキの角型に流し入れ、チョコレートチップをひとつかみかふたつかみ散らし、180℃のオーブンで、固まり具合を確認しながら、ちょうど真ん中だけほんの少しゆるくあとは固まるくらいまで25分〜35分焼く

❺型のまま冷まし、四角く切り分ける

黒インゲン豆&トウモロコシ→「トウモロコシ&黒インゲン豆」P.71

黒インゲン豆&トマト→「トマト&黒インゲン豆」P.85

黒インゲン豆&ニンニク→「ニンニク&黒インゲン豆」P.283

黒インゲン豆&ベイリーフ

　たやすく手に入る固形スープの素と同じく、ベイリーフはハーブ、香辛料、根菜の風味の気配を豆料理に添えてくれます。キューバでは、ベイリーフはピーマンやタマネギ、ニンニクと一緒にフリホーレス・ネグロス（frijoles negros）という黒インゲン豆料理に入れてよく食べられており、場合によってはここにクミンやオレガノが入ることもあります。黒インゲン豆には「もちろん」塩と砂糖で味つけをする、とキューバ系アメリカ人エッセイストのエンリケ・フェルナンデスは述べています。さらに、これをひと晩置いておいて、風味がなじんで落ち着いた「眠ったフリホーレス」にして食べることもよくある、とも言っていま

※4　モーレ（mole）…メキシコ料理で、唐辛子や香辛料、野菜などを煮込んでつくるソースのこと。さまざまな種類があり、チョコレートを使った「モーレ・ポブラーノ」などが有名。また、これらのソースを使った料理もモーレという。

す。フェルナンデスは豆に少量のワインとオリーブオイル、ホワイトビネガーを入れて温めて、目を覚まさせます。ワインの代わりにシェリーにしてみてもいいでしょう。

フリースタイルでいくなら、普通のベイリーフの代わりに、エパソーテ〔ハーブの一種〕やオールスパイスの実、さらにはアボカドの葉などを試してみてください（「アボカド＆黒インゲン豆」P.330も参照）。

黒インゲン豆＆ライム→「ライム＆黒インゲン豆」P.192

Kidney Bean

レッドキドニー

（白ではなく）赤いキドニービーンズのことです。私は他の豆よりも甘みがあると思うのですが、オックスフォード大学の実験心理学教授チャールズ・スペンスの発見によれば、人間は食品に赤やピンクが入っているとそのほうが甘いと思うようになるのだそうです。とにかく、レッドキドニーは、赤い豆の中でもうひとつよく知られている小豆と同じく、世界中で料理にもデザートにも使用されています。レッドキドニーには色の濃い品種も薄い品種もあり、どちらも似たような風味で皮は厚みがあるのですが、アメリカ南部やカリブ海地域では、小粒で皮が柔らかくクリーミーな食感の品種も売られています。乾燥レッドキドニーを調理するときは、最初に10分間ゆでこぼすことが重要です。食中毒のもとになる毒素が含まれているからで、ゆでこぼすことで無毒化できます。

レッドキドニー＆オレンジ→「オレンジ＆レッドキドニー」P.203

レッドキドニー＆クミン

イギリスのフードライター、ジャック・モンローが使う代表的な組み合わせです。モンローはこの2つをスープとバーガーにしており、どちらにもニンジンで甘みを足しています。あるいは、ジョージアのロビアニ（lobiani）の路線で、パスティ、つまり詰め物を入れたパンにしてみましょう。

---

recipe

《ロビアニ（詰め物を入れたジョージアのパン）》

❶ほんの少しバターを多めにしたパン生地を丸くのばし、その上に味つけをしてマッシュにしたレッドキドニーをスプーン1杯分のせる

❷生地の両脇を引っ張り上げて豆を包み、麺棒で少し丸くならして平らにしてからオーブンに入れる

豆はタマネギと塩で炒めてもいいですし、より手の込んだやり方でいくなら、タマネギとニンジン、ベイリーフ、クミン、場合によってはベーコンという、豆といつでも相性のいい材料と一緒に調理してもいいでしょう。スヴァネティの塩（「ニンニク＆フェヌグリーク」P.284を参照）とコリアンダーはお好みでおまけに加えてください。

レッドキドニー＆玄米

アメリカのニューオーリンズでは、月曜日はレッドビーンズ・アンド・ライス（red beans and rice）[※5]の日です。日曜日に余ったもも肉の骨を有効活用するためだというのが通説ですが、そんな話は信じないで

※5　レッドビーンズ・アンド・ライス（red beans and rice）…アメリカ・ルイジアナ州の郷土料理。レッドキドニービーンを豚肉とソーセージと煮て、炊いた米と食べる。

ください。ビッグイージー〔ニューオーリンズのあだ名〕にしては実用的すぎます。私の考えではこれは、それぞれの曜日に料理を割り振っておいて、音楽と酒とさらなる料理に耽っていても、1週間のうち何曜日かがわかるようにするためなのです。

玄米ではレッドビーンズ・アンド・ライスは作れませんが、赤米と赤インゲン豆でなら、とてもおいしい料理が作れます。乾燥豆が一番よい風味があります。セロリとピーマンとタマネギという、ケイジャン料理[※6]の「聖なる三位一体」のベースを使い、そこにタイム、ベイリーフ、パセリ、カイエンペッパーを加えてください。「タバスコ」をひとふりすれば、辛さと酢の他に不思議と豚肉のような独特の味も加わります。豆の上の真ん中にライスを小さくこんもり盛りつけて提供してください。

レッドキドニー＆ココナッツ→「ココナッツ＆レッドキドニー」P.161

レッドキドニー＆ザクロ

レッドキドニーの風味は、コールドプレスしたピーナッツオイルにたとえられてきました。ほどほどにフルーティーなザクロと合わせると、PB&J[※7]のおとなしいいいとこ、といった趣（おもむき）になります。ザクロはまったくジャムっぽくはないので、イチゴやラズベリーが合わないような塩味の料理にも合います。

ロボフ・パシュテット（lobov pashtet）はレッドキドニーを使ったアルメニアのルーラード（roulade）[※8]です。

---

recipe

《ロボフ・パシュテット（レッドキドニーを使ったアルメニアのルーラード）》

❶ ニンニク、刻んだクルミ、パセリ、ディル、それから場合によりバジルを使って濃厚なレッドキドニーピューレを作る

❷ このピューレをクッキングシートの上で長方形にしてバターを塗り、ザクロの種を散らして、くるくる巻いて冷やす

❸ スライスして、ザクロの種をさらに飾り、ラバシュ（lavash）というパンと一緒に提供する

レッドキドニーは、イランのフェセンジャーン（「カリフラワー＆ザクロ」P.224を参照）風に使えば、ザクロとクルミのソースにもよくなじむでしょう。

レッドキドニー＆サツマイモ→「サツマイモ＆レッドキドニー」P.155

レッドキドニー＆白インゲン豆

トマス・ハーディの小説『はるか群衆をはなれて』のゲイブリエル・オークとトロイ軍曹のような取り合わせです。レッドキドニーは赤らんでいて、粗野なところがあります。対照的に、カンネッリーニ豆とも呼ばれる白インゲン豆は垢（あか）ぬけています。スリービーンサラダにこの組み合わせを使うと、風味よりも色合いのコントラストが目立つことになります。3種類目の豆には気の毒な話ですね。味をぱっと華やがせると

※6　ケイジャン料理（Cajun cuisine）…アメリカ南部ルイジアナ州の郷土料理。スペイン、フランス、アフリカの料理の影響を受けている。ジャンバラヤ、ガンボなどが有名。

※7　PB&J…ピーナッツバター＆ジェリー（Peanut Butter & Jelly）。ピーナッツバターとジャムをパンに塗ってサンドイッチにしたアメリカの軽食。

いう厄介な仕事を抱えることになるわけですから。ヒヨコ豆、トウモロコシの実、新鮮なサヤインゲンなどが候補になりますが、それでもまだ、それでどうにかなるかは疑問です。「スリービーンサラダ」という言葉は私には「利用規約」と同じように聞こえます。せめて極上のドレッシングがかけられることを祈りましょう。

レッドキドニー&唐辛子

　チリ（すなわちチリ・コン・カルネ）は、アメリカでは議論の的になりやすい問題です。論争の焦点のひとつは、豆類をいれるかどうかです。イギリスでは、唐辛子とレッドキドニーが入っていればチリです。それ以外は何でもありです。

レッドキドニー&トウモロコシ

　レッドキドニーは、豆の中でも一番軍人っぽさがあります。ぴっちりしていて皮が厚く、退役将校の頑丈な革靴のように濃い赤色にぴかぴか輝いています。一方、トウモロコシは変わり者の反戦活動家です。黄色のフェイスペイントをしていてフルートソロのように甘く、レッドキドニーの真面目さに対し平和的に抗議をしかけます。表面的にはこういう関係ですが、裏では、この2つは味方どうしです。

　豆とトウモロコシとカボチャのトリオにイロコイ族は「スリー・シスターズ」という名前をつけました。菜園ではカボチャがグラウンドカバーの役目をし、土の湿気を保ちつつ、雑草が生えるのを防ぎます。トウモロコシが茎をのばすことで、豆のつるがのぼるよりどころになります。そして豆は土壌に窒素を供給します。豆とバターナッツカボチャとチーズのケサディーヤ（quesadilla）[※9]を作って、この共生関係を祝福してください。

レッドキドニー&トマト→「トマト&レッドキドニー」P.90

レッドキドニー&ニンニク

　リフライドビーンズ[※10]はレッドキドニーで作れますが、レッドキドニーはリフライドビーンズによく使われるピント豆よりも甘みがあり、風味は抑えめで皮は厚めです。でもこの違いは、ニンニクが豆に浸みこんでしまえばあまり問題にならないかもしれません。油脂でタマネギとニンニクを炒め、温めた豆を1カップずつ加えながらつぶしつつ炒めていきます。メキシコの料理人ならラードかチョリソーの脂を使うでしょう。ヴィーガンなら〔オイル漬けの〕サンドライトマトから出る油を使って、トマトの風味を加え、うまみをさらに増幅させてみてもいいでしょう。

レッドキドニー&プラム→「プラム&レッドキドニー」P.119
レッドキドニー&レンズ豆→「レンズ豆&レッドキドニー」P.57

※8　ルーラード（roulade）… 薄くのばした生地や肉などに具材をのせて渦巻き状に巻いた料理の総称。
※9　ケサディーヤ（quesadilla）…トルティーヤにチーズや肉、野菜を挟んで焼いたメキシコ料理。
※10　リフライドビーンズ（refried beans）…ピント豆（うずら豆）などの豆を柔らかく煮てつぶし、油で炒めたもの。

White Bean
白インゲン豆

　この項では、アリコ豆、カンネッリーニ豆、バタービーンズを扱います。アリコとカンネッリーニの2つは、*Phaseolus vulgaris*（インゲン豆）という一般的な豆の別品種です。アリコのほうがはっきりした風味があり、トマトやニンニクのような、豆と合わせる定番食材と仲よしです。カンネッリーニは風味が穏やかで、一種の代用脂のような風味もあり、ラードや豚肉のような扱い方をするとそれが本領を発揮します。この項で扱う組み合わせの他に、カンネッリーニはニンニクとパプリカ粉をたっぷり加えてもおいしいですし――そうすると豆が一種のベジタリアン版チョリソーのようになるんです――、セージやローズマリーと合わせても大変好相性です。バタービーンズ（別名リマビーンズ）、*Phaseolus lunatus*は、はっきりしたジャガイモのような風味と、バターと金属のような強くて魅力的な味があります。もっと大きいギガンテス豆は、ベニバナインゲン（花豆）、*Phaseolus coccineus*の一品種で、その豊かな風味は煮汁から特にはっきりわかります。

　　白インゲン豆＆オクラ→「オクラ＆白インゲン豆」P.412

白インゲン豆＆オレンジ

　シェフ兼デリオーナーのグリン・クリスチャン〔P.443参照〕は、スペインのナバリコ社（Navarrico）が販売するギガンテス豆をとりわけ称賛しています。クリーミーなだけでなく、「香辛料がはっきり効いた強い風味」があって、サーモンやオレンジ果肉などの食材と似たところがあるからだそうです。香辛料の風味は私にはわかりませんが、風味の強烈なネーブルオレンジともわたり合える味です。タールを塗ったかぎづめのような形にスライスしたブラックオリーブと鮮烈な緑果（りょっか）オリーブオイルとこの豆を混ぜてサラダにすると、とてもスペインらしくなって、2月のロンドンにいてもトラモンターナ〔アルプス下ろしの冷たい北風〕を頬に感じることができるほどです。「黒インゲン豆＆オレンジ」（P.42）も参照してください。

　　白インゲン豆＆カブ→「カブ＆白インゲン豆」P.212

白インゲン豆＆きのこ

　『シルバースプーン』に掲載されている豆とポルチーニのスープのレシピにはとっておきの手があります。白インゲン豆がヴルーテソース（sauce veloutée）[11]とベシャメルソースの中間のようなベースになって、これを泡立てるとアクアファバ（aquafaba）[12]のような泡状のスープができるのです。ティーカップに注いでソーサーに置き、上にポルチーニパウダーをひとふりして提供する、ゴードン・ラムゼイの有名な白インゲン豆ときのこのカプチーノ仕立てのようになります。

　シェフのローズ・グレイとルース・ロジャースは『リヴァー・カフェ・クックブック2（*River Cafe Cook Book Two*）』にカンネッリーニ豆とポルチーニのスープを収録しています。薄くスライスしたきのこの軸を豆の調理の終わりに一緒にさっと煮ますが、細切りにした傘の部分は鍋を火から下ろしてから加え、火

※11　ヴルーテソース（sauce veloutée）…フランス料理のソースのひとつ。小麦粉とバターを炒め、白い出汁（フォン）を加えて作るソース。
※12　アクアファバ（aquafaba）…ヒヨコ豆など豆類の煮汁。卵白の代用品になる。

を通すというより豆の熱で温める感じにします。こうするとスープが「異常なくらいおいしく」なるのです。

白インゲン豆＆ケール

　豆と青菜の組み合わせです。でもどの青菜にしましょうか？　ケールは大きなビールジョッキをドシンと置いて、豆の煮汁に粗くがっしりした風味とひとすじの苦みを加えます。お返しに煮汁はケールをキャサリン・ヘプバーン〔アメリカの女優。1907〜2003〕に変身させます。最初は革のような硬さがあるのですが、それが薄くて軽い優雅さに取って代わられるのです。

　カーボロ・ネロ（cavolo nero）には妙に爬虫類のような手触りがありますが、加熱するとだらっとした感じは減って絹のようになり、少し弾力があり、キャベツのようなさわやかな風味で、ケールと比べてもまったく粗野でなくなります。

白インゲン豆＆サヤインゲン→「サヤインゲン＆白インゲン豆」P.409

白インゲン豆＆ソバ

　シェフのジェンナーロ・コンタルドはイタリアのアマルフィ沿岸部育ちで、豆とソバの実を入れた大鍋をキャンプ用のコンロに数時間かけておき、そのあいだ「丘陵を駆け回って、大自然が恵んでくれるごちそうを集められるだけ集めようとした」記憶があるといいます。駆け回る丘陵がない場合は、イタリアのブランドが販売しているプレミックスの豆とソバの実を買ってください。イタリア語で「混ぜたもの」を意味するメシューア（mesciua）は、リグーリア州第二の都市ラ・スペツィア産の豆とソバの実を組み合わせた、人気の料理です。

白インゲン豆＆ソレル→「ソレル＆白インゲン豆」P.182
白インゲン豆＆チコリ→「チコリ＆白インゲン豆」P.295

白インゲン豆＆トウモロコシ

　互いに協力してサコタッシュ（succotash）になります。「豆というのは優美で、人を信じやすく、愛嬌のあるつる植物である」と、マーク・トウェイン〔1835〜1910〕の友人で随筆家のチャールズ・ダドリー・ワーナー〔1829〜1900〕は認めています。「だが、豆を詩に詠むことはできないし、最上の散文で豆について書くこともできない。豆には威厳というものがない」。トウモロコシを豆と混ぜると、「トウモロコシの気品は消え去ってしまう。サコタッシュは卑しいものだ。豆が使われているせいである」。

　サコタッシュは、トウモロコシの実と莢から出した豆をバターとクリームで調理したものです。缶詰で売られるようになったせいでサコタッシュは昔とは違うものになってしまった、と言う人もいます。なら買わなければいいのです。サコタッシュを一から作りましょう。アメリカ南部ではそうしていますし、現地では今でもサコタッシュは昔ながらの地位を保っています。夏には、新鮮な豆とトウモロコシをトマトやオクラと混ぜて作ります。冬には、乾燥豆とトウモロコシをカボチャと一緒に調理します。ブライアント・テリーは著書『ヴィーガン・ソウル・キッチン（*Vegan Soul Kitchen*）』で、ガーリック・コーンブレッドのクルトンをのせたサコタッシュのスープと、ブラッケンド（blackened）にした豆腐に添えて出すサコタッシュ・サルサという形で、この料理のアレンジを2種類作っています。

※13　カーボロ・ネロ（cavolo nero）…ケールの一種。結球せず葉は細長くちりめん状をしている。P.219も参照。
※14　ブラッケンド（blackened）…香辛料をまぶして焼いて表面を黒く焦がす調理法。

白インゲン豆&トマト

　イギリス人のパントリーを支えるベイクトビーンズ（baked beans）[※15]は、トマトソースに漬かったアリコ豆です。長年市場を支配していた「ハインツ（Heinz）」のベイクトビーンズは、今では他ブランドやスーパーマーケットの独自ブランドのビーンズに目隠しテイストテストでしょっちゅう敗れています。この味になじみのない海外の読者の方は、アリコ豆（またはカンネッリーニ豆）をトマトケチャップ少量と、イチゴジャム小さじ1/2、酢少々と混ぜてみるといいでしょう。

「トマト&黒インゲン豆」（P.85）、「トマト&蜂蜜」（P.88）も参照してください。

白インゲン豆&ニンニク

　カンネッリーニ豆にとってのニンニクとは、マリリン・モンローにとってのシャネルの5番のようなものです。他には何もまとわなくていいのです。水に浸した豆と、ニンニクひと玉を水平に切って半分にしたもの、または皮つきのままの小鱗茎〔しょうりんけい〕〔「ニンニク一片」にあたる部分〕ひとつかみ分を鍋に入れてことこと煮ます。豆を濾して煮汁はとっておき、豆は付け合わせに、またはブルスケッタのトッピングに使います。残った部分と煮汁を使うと、深く満たされるスープが作れます。リンカンシャー・ソーセージ（Lincolnshire sausage）[※16]のような味がする豆のほうがお好みなら、セージを加えてください。

白インゲン豆&フェンネル→「フェンネル&白インゲン豆」P.340
白インゲン豆&ホウレンソウ→「ホウレンソウ&白インゲン豆」P.425

白インゲン豆&マスタード

　かつてロンドンのコベントガーデンにあり、惜しまれつつ閉店したベジタリアンレストラン「フード・フォー・ソート（Food for Thought）」で、バタービーンズのディジョネーズを食べたことがあります。すばらしかったのですが、次に行ったときにはメニューから消えてしまっていました。時折、スーパーマーケットで缶詰のバタービーンズが目に留まると、食べられなかった2度目のディジョネーズを思ってはため息をついたものでした。その後やっとの思いで、古本の『フード・フォー・ソート・クックブック（*The Food for Thought Cookbook*）』を探しあてました。ドイツから発送されたその本には、慣慨したコメントを殴り書きして千切った紙切れがびっしりはさまっていました（'Mit Zucchini? Ich glaube nicht!'「ズッキーニで？　ありえない！」）。

　バタービーンズのレシピをひと目見て、メニューから外した理由がわかりました。平鍋4つにオーブン皿1つですって？（'Absolut unpraktisch!'「絶対やりたくない！」）。それでも、とにかくとりかかりました。完成した料理は、記憶の通り、抜群の味でした。私が簡略化した、2〜3人前用の平鍋2つバージョンのレシピがこちらです。

---

recipe
《バタービーンズのディジョネーズ》
❶中サイズの片手鍋1つにお湯を沸かして塩を入れ、カリフラワーの小房〔こぶさ〕400gを6分ゆで、水を

※15　ベイクトビーンズ（baked beans）…白インゲン豆をトマトソース、砂糖、香辛料で煮込んだもので、缶詰が売られている。
※16　リンカンシャー・ソーセージ（Lincolnshire sausage）…イギリスのソーセージのひとつ。ハーブ（セージ）や香辛料、パン粉を混ぜたソーセージ。

しっかり切って20cm角の天板に置いておく

❷ 鍋をきれいにして、弱火にかけて油大さじ2を入れる。タマネギ1個をみじん切りにして鍋に入れ、5分炒める

❸ リーキ3本の汚れを落として薄切りにし、タマネギに加えてさらに5分炒め、タマネギとリーキを穴あきおたまですくってカリフラワーに加える

❹ 弱火のまま、タマネギとリーキを炒めた鍋にバター15gを溶かして、小麦粉小さじ4、ドライマスタードパウダー小さじ山盛り1、挽いたコリアンダー小さじ1、塩小さじ2分の1を加え、絶えずかき混ぜながら数分炒める

❺ 野菜ストック（または豆のストック）250mlと辛口白ワイン100mlを少しずつかき混ぜながら加える。沸騰させて、だまができたらつぶし、時々かき混ぜる

❻ カスタードのようなとろみを目指して、ソースがもったりしてくるまで煮詰める

❼ 粒マスタード小さじ2と蜂蜜小さじ1を混ぜ入れる

❽ 400gのバタービーンズの缶詰2個の水を切り、タマネギとリーキとカリフラワーに加え、ソースとクリーム大さじ2もそっと混ぜ入れて全体をなじませる（ここでディル小さじ1を加えてもOK。乾燥のものがよい）

❾ パン粉50gとおろしたチェダーチーズ50gを混ぜて上からふりかけ、180℃のオーブンで30分、きつね色になって泡がふつふつ沸いてくるまで焼き、グリーンサラダと一緒に提供する

白インゲン豆&味噌

　女優で作家のマドゥール・ジャフリー〔P.444参照〕には、日本で砂糖漬けの豆を食べた思い出があります。「エルサ・ペレッティ〔ジュエリーデザイナー。1940〜2021〕が「ティファニー」向けにデザインしたかのような極上の姿を見せつける」ために、皿に2粒か3粒だけで出されたのだそうです。

　日本の甘くした白インゲン豆のペーストである白餡は、成形されて魅力的な和菓子になります。和菓子とは、味噌やカボチャ、緑茶の風味をつけることもある砂糖菓子です。

　甘くした豆はスウェーデンでも食べられています。ブルーナ・ベアノル（bruna bönor）という、ブラウンシュガー、酢、甜菜を原料とする濃い色のシロップで味つけした、キャラメル色の豆の料理です。

白インゲン豆&リーキ→「リーキ&白インゲン豆」P.287

白インゲン豆&リンゴ

　豆とリンゴはドイツ料理では仲よしです。よく知られたリンゴとジャガイモの料理、ヒンメル・ウント・エアデ（Himmel und Erde、「天と地」）の豆バージョンを作ってみましょう。刻んだ料理用リンゴを、バターを加えたお湯でことこと煮て、ゆでたアリコ豆、バター、レモン汁と混ぜます。

白インゲン豆&レーズン→「レーズン&白インゲン豆」P.133
白インゲン豆&レッドキドニー→「レッドキドニー&白インゲン豆」P.48

Lentil

レンズ豆

　赤レンズ豆は、レンズ豆一族の中でははみ出し者です。でんぷん質のジャガイモのような風味があってどちらかというと乾燥エンドウ豆に似ており、すぐ火が通ってマッシュになってくれます。スープにしたほうがいいでしょう。

　レンズ豆の他の品種はあまり形が崩れることがありません。緑レンズ豆と茶レンズ豆の風味は、土くさい風味の中でも沈泥っぽいほうに寄っています。フランスのル・ピュイ産のレンズ豆も土くさいですが、ミネラルやコショウっぽさが効いています。ベルーガレンズ豆は黒く極小でピーナッツのような香味があり、そういえばレンズ豆もピーナッツも豆類だった、と思い至ることになります。他の豆類と同じように、レンズ豆はどれもまろやかな味で、はっきりした味が特にないので、レンズ豆を生かすには、酸味や塩味、苦み、またはそれらの組み合わせを足してあげる必要があります。

レンズ豆＆オールスパイス→「オールスパイス＆レンズ豆」P.371
レンズ豆＆カリフラワー→「カリフラワー＆レンズ豆」P.226
レンズ豆＆クミン→「クミン＆レンズ豆」P.362
レンズ豆＆玄米→「玄米＆レンズ豆」P.22

レンズ豆＆ココナッツ

　ココナッツミルク（またはココナッツクリーム）と赤レンズ豆を合わせると、ひとつにまとまって甘くとろとろのポリッジになるので、ついカルダモン風味のシロップをくるっとひと回しして食べたくなるかもしれません。スリランカのパリップ（parippu）、すなわちダール（dal）※17という料理は、ターメリック、さいの目切りにしたタマネギ、唐辛子、挽いたクミンとコリアンダーと一緒にココナッツミルクで煮たレンズ豆です。マスタードとクミンシードのタルカ（tarka）※18と、薄切りにしたタマネギとカレーリーフを添えて提供します。シェフのプリヤ・ウィクラマシンハによれば、スリランカと南インドではこのパリップはほぼ毎日食べられているそうです。

　ベンガル料理では、シオラー・ダール・ナルケル・ディ（cholar dal narkel diye）というほどよく甘みをつけたダールの仕上げに、生のココナッツを小さく切って揚げたものを使います。

レンズ豆＆ザクロ

　泥の中のルビーです。ザクロの糖蜜のおかげで、茶レンズ豆の平坦で土くさい風味にシャーベットのようなきらめきが出ます。ルマニヤ（rummaniyeh）というアラブ料理では、レンズ豆をニンニク、挽いたクミン、フェンネル、コリアンダーと一緒に調理します。焼いたナス、ザクロの糖蜜、レモン汁、タヒニをしっかり混ぜて、フライドオニオンとザクロの種を飾ってできあがりです。

　ハラ・オズバオ（harak osbao）というのは茶レンズ豆とフライドオニオン、ザクロの糖蜜と香辛料をパスタと混ぜたシリアの料理です（「オールスパイス＆レンズ豆」P.371も参照）。料理の名前は「指をや

※17　ダール（dal）…豆を香辛料で煮込んだ料理。また、ダールはヒンディー語で豆の総称も指す。
※18　タルカ（tarka）…香辛料を油に入れて火にかけ、香りを油に移した香味油。

けどした」という意味です。ちなみにトルコのイマム・バユルドゥ（imambayıldı）は具を詰めたナスの料理で、「坊さんの気絶」という意味です。こうした名前の料理は、宴会と茶番のあいだくらいの場で一緒に出すのがいいでしょう。

レンズ豆＆ジャガイモ

ドーサ（dosa）というヴィーガン向けのグルテンフリーパンケーキを作るのに使うレンズ豆と米の生地は、発酵させることで、レンズ豆にない、後を引く強いにおいが出ます。ポテトマサラはドーサの一番人気の具材です。

レンズ豆＆ショウガ

フランスのル・ピュイ産のレンズ豆またはベルーガレンズ豆の料理をもっと面白くするにはどうすればいいかお悩みなら、答えはガリという日本のピンク色のショウガ漬けです。レンズ豆に欠けている、ちょうどいい酸味のショックがあるのです。熱帯魚のような少しぬるぬるした感触もありますが、これはレンズ豆とは合うかもしれないし合わないかもしれません。

レンズ豆＆ソレル

探検家で料理人のトム・ストバートは著書『ハーブ、スパイス、風味づけ（*Herbs, Spices and Flavourings*）』の中で、この2つはとびきりの組み合わせだと述べています。料理研究家のエリザベス・デイヴィッド〔P.442参照〕は、この組み合わせはレンズ豆のスープの中でも最高レベルになると考えました。フランスのル・ピュイ産のレンズ豆をいいストックで30分ほど煮ます。その間にソレルをバターで数分炒め、レンズ豆ができあがったらそこに混ぜ入れます。なめらかなスープがお好みならブレンダーにかけてください。シェフでフードライターのヒュー・ファーンリー・ウィッティングストール〔P.444参照〕はレンズ豆と米のスープを作り、最後にソレルの葉を混ぜ入れています。ゴングラ・パップ（gongura pappu）はインド南東部のアンドラ・プラデシュ州のダール〔P.54参照〕で、ソレルのような酸味のあるゴングラの葉で風味づけされています。ゴングラはソレルまたは赤ソレルと訳されることがありますが、この葉は実は学名*Hibiscus cannabinus*という別の植物のものです。

レンズ豆＆ターメリック→「ターメリック＆レンズ豆」P.238
レンズ豆＆チコリ→「チコリ＆レンズ豆」P.297
レンズ豆＆チャイブ→「チャイブ＆レンズ豆」P.291
レンズ豆＆唐辛子→「唐辛子＆レンズ豆」P.334
レンズ豆＆トマト→「トマト＆レンズ豆」P.90

レンズ豆＆ニンジン

すらりとしたニンジンなら、ローストしてフランスのル・ピュイ産のレンズ豆またはベルーガレンズ豆の上にのせ、タヒニまたはアボカドのドレッシングをかけることができます。溝の中に泥の入り込んだ、ずんぐりした小鬼のような種類のニンジンでは、そうはいきません。こちらは赤レンズ豆と一緒に昔ながらのスープにしましょう。レンズ豆とニンジンのスープの簡単レシピはたくさん出回っているので、難易度が

高いほうのレシピの需要を満たそうと思いました。それがこちらです。

recipe

《赤レンズ豆とニンジンのスープ》（4人分）

❶ さいの目切りにしたタマネギ1個、皮をむいてさいの目切りにしたニンジン2本を、少量のバターまたはピーナッツオイルでしんなりするまで炒め、刻んだニンニク1かけを加えて、ニンニクが薄い金色に色づくまで炒める

❷ 挽いたクミン小さじ1とトマトピューレ大さじ2を加え、1〜2分炒め、水洗いした赤レンズ豆250gを加えて1分間混ぜる。お湯125mlを注いでとろ火にする

❸ ここからが高難度の部分。レンズ豆が鍋底にくっつきだすくらいお湯を吸わせる。さらにお湯を加えて、スプーンを使ってくっついたレンズ豆をはがす。これを繰り返す（料理のチキンレースです。レンズ豆が焦げてくっついても、はがすのをどこまで我慢できるでしょうか？　でも本当に、これでスープに深くカラメル化した風味が出るんですよ）

❹ 時々レンズ豆の様子をみて、柔らかくなったら、塩小さじ1/2と適量のお湯を加えてスープにする（お湯は少なすぎるくらいにしてください。スープを混ぜた後でも、温め返すときでも、いつでも調整がききます）

レンズ豆＆ニンニク→「ニンニク＆レンズ豆」P.285
レンズ豆＆フェヌグリーク→「フェヌグリーク＆レンズ豆」P.406
レンズ豆＆プラム→「プラム＆レンズ豆」P.119

レンズ豆＆ベイリーフ

　国際自動操縦装置豆類レシピ（International Autopilot Pulse Recipe、IAPR）と呼んでもいいでしょう。スープ、サイドディッシュ、またはサラダとして提供できます。さいの目に切ったタマネギ、ニンジン、セロリをバターまたは油でベイリーフと一緒に炒め、レンズ豆と水を加えてレンズ豆が柔らかくなるまで煮込み、味つけをします。いろいろなバリエーションがありますが、ほとんどは単にハムまたはベーコンを入れるというものです（IAPR+）。

レンズ豆＆マスタード

　アジファ（azifa）というのは、エチオピアで四旬節〔キリスト教の復活祭を迎えるまでの準備期間〕に食べるレンズ豆のサラダです。茶色または緑のレンズ豆に火を通したあと冷まして場合によってはつぶし、マスタード、タマネギ、生の唐辛子、少量の油とレモン汁ひと搾りと混ぜます。使うマスタードはサナフィッチ（senafich）といい、ブラウンマスタードシードをニンニク、油、水と混ぜ合わせたもので、たいていは数日置いておいて、辛みが少し収まるまで待ちます。

レンズ豆＆ミント→「ミント＆レンズ豆」P.350

レンズ豆&ヨーグルト→「ヨーグルト&レンズ豆」P.180

レンズ豆&ライム

　好事家のダール〔P.54参照〕です。ライムのピクルスを、調理した赤レンズ豆に混ぜ込んでください。「ギータ（Geeta's）」製のライムピクルスが非常にお勧めです。皮が薄く酸っぱさが際立つカクシー・ライム（つまりメキシカンライム）で作られています。

レンズ豆&レッドキドニー

　濃厚さで名高いダール・マカニ（dal makhani）で一緒に使われ、心臓の鼓動を速めてくれる豆の組み合わせです。ここで言うダールというのはもちろん「レンズ豆」という意味ですが〔ダールについてはP.54を参照〕、厳密に言えばマカニに使われている丸ごとのケツルアズキすなわちウラド豆は、レンズ豆ではなく緑豆の仲間です。

---

recipe

《ダール・マカニ》

❶2種類の豆を、飴色にしたタマネギとニンニク、ショウガ、トマトペースト、唐辛子、バター、クリームと一緒に、ごくゆっくりと調理する（豆が肉のようだという表現は珍しいものではありませんが、このダール・マカニには乳製品が入っているので特にそう感じられます）

❷本物らしいスモーキーな風味をつけるため、炭をひとかけ火に入れて、トングでひっくり返しながら熱し、小さい金属鍋に入れてギー小さじ1を注ぐ（煙に怖気づかないでくださいね）

❸この鍋を鍋のダールの上にそっとのせて、すぐに調理鍋の蓋を閉め、5分ほど置いて煙を染み込ませる

❹炭の鍋をどけて、飾りがあればダールにあしらう

花咲く草地の風味
Flower&Meadow

ソバ
Buckwheat

オーツ麦
Oat

トウモロコシ
Corn

蜂蜜
Honey

Buckwheat

ソバ

『ラルース料理大事典』によると、普通ソバ（*Fagopyrum esculentum*）は、フランス語でボーキュイ（beaucuit）と表現することもあるのだそうです——ソバを意味する英語（buckwheat, バックホィート）を語源とし、その発音が変化した語です。ボーキュイ〔beau cuit〕とは「見事に調理されて」という意味ですが、ソバは生で食べたいものではないですから、これはぴったりな名前です。ゆでてもまだいまいちです。でも炒ると、埃っぽくてなんだか健康によさそうな風味に代わって、果物と麦芽がほんのり香る、草のような、緑茶の香味が出てきます。

ソバには苦みのきいたところもあります。ソバから茶もスピリッツもワインも全部作ることができます。ソバの穀粒（グローツ）はソバの種から殻を取り除いたもので、スペインの征服者がかぶるヘルメットのような見た目をしており、殻をはずすのに用いられる手法によって、オフホワイトからダークブラウンまで色に幅があります。

カーシャ（kasha）という料理は炒ったソバの穀粒で作ります。ソバ粉も穀粒と同様に、製粉するとき穀粒がどれだけ削られたかによって、色の薄いものも暗いものもあります。ベーキングにも使われますし、パスタや麺類、ポレンタ〔P.62を参照〕を作るのにも使われます。韃靼ソバ（*F. tartaricum*）は普通ソバよりも標高の高いところで育ちます。中国とネパールでは、後味が苦いことからニガソバとして知られています。

ソバ&アーモンド

イタリアの山深いトレンティーノ＝アルト・アディジェ州の名物料理であるトルタ・ディ・グラノ・サラチェーノ（torta di grano saraceno）は、ソバ粉とアーモンドパウダーで作る、シンプルなサンドイッチケーキです。生地はグルテンフリーで、予想される通り、崩れた岩くずのようなざらざら感が出ています。アーモンドの粗挽き粉はソバの苦みに甘みを加える役割もしており、埃っぽい風味をまろやかにしていますが、ケーキ用のドイリーの上に鎮座してよいほどにはなりません。アイシングシュガーが吹き寄せられた雪のようにかかっていて、真ん中にはジャムがひとすじはさまっている、滋味にあふれた素朴な食べ物です。ハイキングブーツを履いて、「サーモス」の魔法瓶に詰めたブラックコーヒーと一緒に食べてください。ジャムはたいてい、リンゴンベリー〔コケモモ〕や、ビルベリーのような山のベリーです（イギリスのフードライター、アンナ・デル・コンテはカシスを好んでいます）。ドイツでは、トルタ・ディ・グラノ・サラチェーノはシュヴァルツプレンテントルテ（Schwarzplententorte）と呼ばれます。

ソバ&海藻

調理したソバに魚のような風味を感じ取る人もいます。ベーカリーシェフで料理講師のリチャード・バーティネットは、ソバはシーフードととりわけよく合うことを指摘していますし、もちろん、ソバのブリニ（blini）[※1]は、世界最上のシーフード、キャビアやスモークサーモンが鎮座するクッションになります。海藻で作ったヴィーガン版「キャビア」と呼ばれている食べ物の中からおいしいものを選んで、のせて食べ

※1　ブリニ（blini）…ロシア料理で、パンケーキやクレープのようなもの。ブリヌイともいう。

てみてください。もしくは、ベーカリーシェフのチャド・ロバートソン〔P.443参照〕の例にならって、ソバと海苔という日本の昔ながらの組み合わせで、フラットブレッドを作ってください。本州の山深い島根県には、割子ソバという、挽きぐるみソバ粉で作る濃い色のソバを三段重ねの漆塗りの箱に入れ、小さな徳利に入れたつゆを添えて提供する料理があります。それぞれの段にゆでたソバが入っていて、蓋を開けると、海苔や刻みネギや大根おろしといった薬味がのっています。麺を食べる時には、まず最上段の麺につゆをかけて食べます。食べ終わったら、最上段の箱をはずして二段目に移り、最上段の箱に残ったつゆを二段目にかけて──こうすると、主に海苔のおかげで風味が深まるのです──少し薬味を足しながら食べます。そうやって三段目まで進みます。つゆにコクを出すため、最上段に生の卵黄がのせてあることもあります。

ソバ&きのこ

「ソバはざらざらした舌触りなので、風味がしっかりしていて塩気のあるシイタケに対して、ちょうどいい引き立て役になる」と、料理研究家のナイジェラ・ローソン〔P.443参照〕は、食料戸棚の備蓄食料で作る干しシイタケとソバ麺の蒸し煮のレシピに記しています。東欧料理専門家のダラ・ゴールドスタインは、シイタケほどは異国風でない干しきのこを使っていますが、それでも「ソバの風味を補強する」のには適していると考えています。ダンプリングやシュトルーデル (strudel)[※2]、キャベツの詰め物にするのに、この組み合わせで使ってみてください。

ソバ&ゴマ→「ゴマ&ソバ」P.312

ソバ&サツマイモ

韓国や日本では、ソバ粉とサツマイモのでんぷんをブレンドして麺を作ります。「ノブ(Nobu)」の料理長を長年務めたスコット・ホールズワースは、薄くスライスしたサツマイモにソバ粉のバッター生地──天ぷら衣のように氷水を入れて作ったもの──をまぶして揚げ、塩と、七味唐辛子という日本のスパイスブレンドで味つけをしています。野菜のパティ作りに使われる野菜や穀物の組み合わせの中でも、サツマイモとソバの穀粒はかなり高得点です。

recipe

《サツマイモとソバのパティ》(4個分)

❶ソバの穀粒75gを小さな片手鍋に入れ、焦げないようかき混ぜながら中火で5分ほど炒る(ソバを炒ると、穀物らしいナッツのようなポップコーンのような芳香がないことに気づくと思いますが、その代わりにあたたかい干し草のようなにおいがなくなっています)

❷お湯400mlと塩小さじ1/2を加え、ソバが柔らかくなるまで12分から15分ほどことこと煮た後、粗熱をとる

❸そのあいだに、焼いて冷ましておいたサツマイモ1本の柔らかい中身をくりぬいてボウルに入れ、小さい赤タマネギ1/2個のみじん切り、ピンヘッドオーツ大さじ2、オニオンパウダー小さじ1、

※2 シュトルーデル (strudel) …フィリングを薄い生地で巻いて焼いたペストリー。

ラサムパウダー（「トマト&タマリンド」P.86を参照）小さじ1、塩小さじ1/2を混ぜ入れる
❹ソバが冷めたらサツマイモに加え、卵黄1個分も加えてしっかり混ぜ合わせる
❺おおよそ4等分にして、直径10cmほどのパティに成形する
❻両面に粉を薄くはたき（私はソバ粉を使っています）、少量の植物油またはオリーブオイルを引いて中火で焼き、途中で一度ひっくり返し、きつね色になって中まで火が通るまでさらに焼く

グラスフェッドの野菜バーガーだと考えてみてください。

ソバ&サンファイア→「サンファイア&ソバ」P.437
ソバ&ジャガイモ→「ジャガイモ&ソバ」P.254
ソバ&ショウガ→「ショウガ&ソバ」P.241
ソバ&白インゲン豆→「白インゲン豆&ソバ」P.51
ソバ&ソレル→「ソレル&ソバ」P.183

ソバ&卵

　小麦粉と卵のパンケーキでは、味覚は目覚めてもまたすぐに眠りに落ちてしまうのが関の山です。ガレット・ド・サラザン（galettes de sarrasin）では、そうはなりません。ソバを使うので、このクレープのようなガレットには、目玉焼きにある茶色のフリルつきペチコートのような部分を思わせる鉱物っぽさがほんの少し出るのです。この料理がとても見栄えがよいおかげでもあります。目玉焼きをガレットの真ん中、ホウレンソウやチーズのような具の上に置いて、端を東西南北から折り、真ん中の窓から卵黄が日の出のようにのぞく四角形にしてあります。卵は生地にも使うことがあり、そうするとこのグルテンフリーの穀物にまとまりが出ますが、伝統的なレシピではソバ粉と水のみを使うこと、となっています。
　19世紀イギリスの料理本には、「ボッキング（bocking、粗織りラシャ）」というイーストを使ったソバのパンケーキのレシピが載っています。ゴーゴリやチェーホフが愛好したソバのブリニ〔P.60参照〕は生き残り、ボッキングは死に絶えました。きっと、ディケンズもトロロープもボッキングを称える作品を書かなかったからでしょう。

ソバ&チーズ

　スペインのとあるホテルで、喜びのためというよりは職業的義務感から、私は一杯のソバポリッジを口に押し込んでいました。この味はどんな言葉なら正確に表現できるだろう？　そのときひらめきました。そうだ、ビーツだ！　なんとかもうひと口食べてから、ポリッジの皿は脇によけてクロワッサンをいただくことにしました。ソバのポレンタとして考えてみれば、これももっと食欲をそそる料理になります。トウモロコシのポレンタ（polenta）[※3]と同じく、チーズを熱烈に求める料理です。イタリアでは、ポレンタ・タラーニャ〔ソバ粉の入ったポレンタ〕にはヴァルテッリーナ・カゼーラかタレッジョが混ぜ込んであります。こうしたチーズが手に入りにくいなら、フードライターのアンナ・デル・コンテの提案に従って、ケアフィリやウェンズリーデール、ランカシャーといったチーズを使ってください。どれも舌触りがちょうどよく、

※3　ポレンタ（polenta）…トウモロコシ粉（コーンミール）を粥状に炊いたイタリア料理。ソバ粉などを入れる場合もある。

香りも強めです。それすらだめでも、いつでもパルメザンチーズがあります。

「ソバの特徴的な風味はチーズとよく合う」とフードライターのピーター・グレアムは『クラシック・チーズ・クッカリー（Classic Cheese Cookery）』に記しています。ただし、ソバのポレンタではなくソバの穀粒について言っているようですが。「ジャガイモ＆ソバ」（P.254）も参照してください。

ソバ＆唐辛子→「唐辛子＆ソバ」P.333
ソバ＆豆腐→「豆腐＆ソバ」P.303

ソバ＆トウモロコシ

ポレンタで再会した田舎のいとこです。アメリカではかつて、ソバ粉とコーンミールをストックと細切れ肉と一緒に混ぜて、テリーヌに似たポレンタの近い親戚、スクラップルを作っていました。現代アメリカのスクラップルのレシピにはトウモロコシしか載っていないことがままあります——『クエーカー教徒女性の料理本（A Quaker Woman's Cookbook）』（1853年）には、ソバが「この料理の伝統的な風味の決め手」なのだから、これは残念なことだ、とあります。スクラップルの起源はドイツで、材料はソバだけでしたが、もしかするとコクと色を出すために血が少量混じっていることもあったかもしれません。伝統的なものらしいスクラップルのレシピを見つけたのですが、必要な食材はソバとトウモロコシの両方と、基準をものすごく低く設定したと考えてもソーセージには使えないとみなされた豚肉の細切れと、それにセージとセイボリー〔キダチハッカ〕を少々でした。固められる程度にまとまるまで加熱したら——目指すのはとろみのあるスープではなくマッシュポテトです——ブリキのローフ型に流し入れ、というか、なんとかしてこそげ落として入れます。固くなったら、スクラップルを型からはずし、薄切りにして揚げます。

ベジタリアンバージョンも簡単に作れます。ただ、使うストックにしっかり味つけするように気をつけてください。味の薄いスクラップルなんてありえませんから。もっとシンプルにやるなら、コーンブレッドを作るときにソバ粉を少々入れてみるのもありです。

ソバ＆トマト

揚げたソバとトマトソースというのはネパールでは人気の軽食です。カンチャンパ（kanchemba）というのがそれで、揚げたポレンタスティックに似ていないこともなく、お湯で練って指くらいの大きさに形を整えた粗挽きソバ粉を揚げて作ります。これに添えるトマトソースは辛くてスモーキーで（「コショウ＆トマト」P.380も参照）ソバがとても甘く感じられます。ソバのブリニ〔P.60参照〕にも合います。

ソバ＆蜂蜜

アメリカの博物学者ジョン・バロウズは、ソバ蜂蜜は「とりわけ冬の朝に、仲間である朽葉色のソバケーキと出会うときには、その味をしっかりと捕まえてくれる」と考えました。麦芽のような、糖蜜のような、時には「マーマイト（Marmite）※4」のような風味さえあるのです。シェフで作家のデイヴィッド・レボヴィッツは、カーシャ（炒ったソバの穀粒）を使ってカスタードのベースに使う牛乳に風味づけし、混ぜ合わせてから少しのソバ蜂蜜で味を足す、という形でこのペアを組み合わせてアイスクリームに使っています。それからさらにカーシャをすり鉢で砕いて、攪拌の最後に加えます。

※4　マーマイト（Marmite）…ビールの醸造過程で出る酵母を主原料としたペースト状の食品。独特な味と香りがある。

ソバ&ラディッシュ→「ラディッシュ&ソバ」P.215

ソバ&緑茶

ペストリーシェフのアリス・メドリッチによると、ソバ粉というのは、「緑林、オーク、牧草、そして緑茶の、わずかに酸っぱいような、あるいは発酵したような植物性の香味」が特徴なのだそうです。ソバと緑茶の基盤が共通していることは、この2つの食材を使って作る、日本の茶ソバという麺料理に明らかです。ゆでた麺を、まだ温かいうちに少しだけ味わい、残りは冷やして、醤油と出汁で作るつけ汁を添える伝統的なやり方で提供しましょう。

ソバ&リンゴ

ソバにはキャラメル、蜂蜜、クローブと共通する芳香化合物があるので、リンゴとは相性がぴったりです。フランス・ブルターニュ地方では、ブレ・ノワール（blé noir、ソバ）を使ってパンケーキを作り、バターと砂糖で炒めた、地場産のかぐわしいリンゴのスライスを包みます。ヘミングウェイは短編「二つの心臓の大きな川」で、主人公ニック・アダムスが釣りに行った先でソバのパンケーキを焼く様子を描いています。生地は「溶岩のように広がり、脂がぱっとはねた。ソバケーキのふちの部分が固まり始め、きつね色に変わり、パリパリになった。表面がゆっくりと泡立って、ぽつぽつ穴だらけになっていった」。ニックは大きなパンケーキ2枚と小さいのを1枚焼き、そこにアップルバターを塗ります——リンゴのピューレを煮詰めて、濃くとろみをつけてカラメル化させたものです。ニックは2枚を食べて、残った1枚を2回折りたたみ、油紙にくるんでカーキシャツのポケットに入れます。これほどおなかのすく文学作品もなかなかありません。

ソバ&レーズン

ペストリーシェフのキム・ボイスによると、ソバは「ほぼワインのような」風味が種子にあるために、秋の果物を好みます。レーズンは最初に思いつく秋の果物ではないかもしれませんが、秋はこの果物のシーズンですし、ワインを愛する果物でもあります。フルーツケーキを作るときに小麦粉の1/3ほどをソバ粉に置き換えて、レーズンとペアにしてみてください。

ソバ&レモン

ロンドン東部のベーカリー「ヴァイオレット・ケイクス（Violet Cakes）」のクレア・プタック〔P.443参照〕は、ソバ粉は柑橘類やバニラとはよく合うが、「バナナやチョコレートのようなしっかりした風味と合わせるとうまくいかない」ことがあると記しています。

私はレモンとの組み合わせというアイデアが好きです。ホップのような苦みのあるソバの風味がビールを思わせるので、レモンと合わせるのは理にかなっています。あなたがシャンディー（shandy）[※5]と答えるよりも早く、私はたくさんクレープを焼きましたよ。レモン汁と白砂糖は、両極端な味（それぞれの酸味と甘み）と中間的な風味があるので、穀物の風味増強剤として理想的です。

※5　シャンディー（shandy）…ビールとレモネードを混ぜた飲み物。

Oat

オーツ麦

　畑で収穫したばかりのオーツ麦の穀粒には、包装されたロールドオーツの複雑な風味はないことでしょう。全粒穀物ならこんなものだろうと思うような、無骨で草っぽい風味でしょう。収穫後この穀粒の殻をむいてやわらかい中身を取り出し、一度に炉で乾燥させることで、腐りにくくなり、また、あたたかくナッツのような特徴的な風味が生まれます。

　穀粒には、コショウや紙のような香味もあります。カビのようだとか、チョークのようだとか、干し草のようだと言う人もいます。全粒の状態で売られていることもありますが、大半はカットまたはロールドです。2つか3つにカットしたものはピンヘッドオーツになりますが、これはアイリッシュオートミールとか、粗挽きオートミール、スティールカットオーツなどとも呼ばれます。スコティッシュオートミールはピンヘッドオーツに近いものですが、カットを石で行うところが違います。

　オーツ麦を調理してポリッジにすると、炉での乾燥から始まった過程が完結し、バニラやリンゴ、バターの香味に加えて、ノナトリエナールという化合物に由来する、オーツ麦の代表的な風味が生まれます。オートミールは食感は粉っぽく、流通しているのは中挽きや細粒のものです。

オーツ麦＆大麦→「大麦＆オーツ麦」P.28

オーツ麦＆海藻

　イギリスのスコットランドでは伝統的に、ダルス (dulse) という呼び名で知られる紅藻を、オートミールと組み合わせてブロスの材料にしていました。スコットランドの生産業者「マラ・シーウィード (Mara Seaweed)」は、ダルスのフレークをベリー、ナッツ、蜂蜜で作ったポリッジにふりかける食べ方を提案しています。

　ウェールズでは、バーラー・ラーブール (bara lafwr)、またはラーヴァーブレッド (laverbread) という食べ物で、オーツ麦がささやかな役割を果たしています。ラーヴァーというのは*Porphyra umbilicalis*という学名がある紅藻の一種ですが、海岸で摘んだものを、しっかり洗ってから5時間ほどゆでてゼラチン状にします。それから細かいオートミールと混ぜてパティにして焼きます。オートミールがラーヴァーにあるがさつなヨウ素の風味をやわらげてくれはしますが、大した効果はありません──〔イギリス南西部の〕ブリストル海峡を口いっぱいに含んだような味がすることに変わりはありません。

　関連種の*Porphyra yezoensis*は広く栽培されており、超人ハルクが使うメモ用紙くらいの大きさの、乾燥させた日本の海藻、海苔になります。海苔の商業生産には、イギリス人藻類学者キャスリーン・ドリュー＝ベイカーの発見が多大な貢献をしました。その功績をたたえて、有明海を一望できる宇土市の住吉神社に顕彰碑が建てられています。

オーツ麦＆カシューナッツ→「カシューナッツ＆オーツ麦」P.320
オーツ麦＆グーズベリー→「グーズベリー＆オーツ麦」P.102

オーツ麦＆クランベリー

ポリッジを作るのに水と牛乳のどちらがベストか、という終わりなき議論は忘れましょう。第3の道があるのです。

ノルウェー人は赤いベリーで軽いシロップを作り、好みで甘くして、これをロールドオーツの調理に使います。アイスランド人は残り物のポリッジに小麦粉少々とベーキングパウダーと卵を加え、牛乳でのばして、普通のバター生地ほどのゆるさにしてパンケーキを焼きます。北欧のベリージャムがぴったりなので、添えて提供してください——クランベリージャムなら完璧です。「ピーカンナッツ＆オーツ麦」（P.390）も参照してください。

オーツ麦＆ケール→「ケール＆オーツ麦」P.219

オーツ麦＆ココナッツ

美しく、しかも役に立つ組み合わせです。オーツ麦は消臭剤やスキンケア製品になりますし、ココナッツは燃料、建築材料、天然の日焼けローションになります——ウィリアム・モリス〔1834～1896〕のデザインのラッピングペーパーで一緒に包んでおいてもいいくらいです。オーツ麦にはまろやかで草のような風味があり、ココナッツにはラクトン由来の、熱帯のそよ風を感じさせるフルーティーさがあります。どちらも炒るとコクのあるナッツのような風味が生まれるので、一緒に世界最高峰のビスケットであるアンザック（Anzac）[※6]にするよりもよい使いみちはないと言っていいでしょう。

グルテン不耐症の方は、アンザックに似たこちらのオーツ麦とココナッツのグラノーラを試してみてください。同じような材料を使っていますが、小麦粉は入っていません。

---

recipe

《オーツ麦とココナッツのグラノーラ》

❶ 無塩バター100gを中弱火または電子レンジで溶かす
❷ ロールドオーツ125g、乾燥ココナッツ125g、ヒマワリの種125g、ライトブラウンシュガー50g、重曹と塩各2、3つまみをボウルに入れて混ぜる
❸ 溶かしバターを注ぎ入れてよく混ぜ、油を塗った天板に薄く広げて、160℃のオーブンで、グラノーラがお好みのきつね色加減になるまで10分から15分焼く
❹ 粗熱をとってから割る（密閉容器で最長1か月間保存可能）

オーツ麦＆シナモン

ある時、シナモンを入れたポリッジを作りましたが、できあがりが熱すぎになってしまいました。オーツ麦を牛乳とシナモンスティックで煮てブレンダーにかけて冷やした、アベナ（avena）という、コロンビアのクリーミーなオートミールドリンクも作りました。これは冷たくなりすぎました。時間が経ってから、何も考えずにコップを持ち上げて飲んでみました。そうしたら、ちょうどいい加減になっていたんです！熟れすぎてかぐわしい香りを放つバナナで作った、クリーミーで夢見心地なバナナミルクセーキのように。

※6　アンザック（Anzac）…オーストラリアやニュージーランドの国民的な焼き菓子。オートミールやココナッツが入っておりザクザクとした食感。

recipe

《アベナ・コロンビアーナ（コロンビアのオートミールドリンク）》

❶小さな片手鍋を中火にかけ、シナモンスティック1本とクローブ1個を入れて30秒間温め、芳香油を引き出す

❷牛乳500ml、水150ml、オーツ麦大さじ4、ブラウンシュガー大さじ山盛り1を加えて沸騰させる

❸弱火に落として時々かき混ぜながら15分間ことこと煮たあと、火から下ろして冷ましておく

❹シナモンとクローブを取り出して、ブレンダーにかけてなめらかにする

　アベナ・コロンビアーナが少しずつ形を変えた料理は南米じゅうにあり、コンデンスミルクやバニラ、いろいろな果物を使うものもあります。ブレンショー（blenshaw）というスコットランドの伝統的な飲み物も同じようにして作りますが、ナツメグで風味づけをするところと、ブレンダーにかけないところが違います。

オーツ麦＆ショウガ→「ショウガ＆オーツ麦」P.239
オーツ麦＆チーズ→「チーズ＆オーツ麦」P.274
オーツ麦＆デーツ→「デーツ＆オーツ麦」P.140

オーツ麦＆蜂蜜

　イギリス・スコットランドのリングヘザーハニーはコモンヘザー（ギョリュウモドキ、*Calluna vulgaris*）に集まる蜜蜂が作ります。できあがるのは非常に「揺変性の」——つまり、とろみがあってゼリーのような状態の——蜂蜜で、専門家の装備がないと巣から採取できないこともしばしばです。風味は著しく強く、スモーキーでスパイシーです。朝食にいただくとスコットランド人のように精がつくような蜂蜜です。

　強さとスモーキーさとスパイシーさは、スコットランドにもうひとつある琥珀色の甘露、ウイスキーの特徴でもあります。スコットランドのウイスキーが、オーツ麦と蜂蜜をアソル・ブローズ（Atholl Brose）というドリンクで引き合わせます。

recipe

《アソル・ブローズ》

❶ピンヘッドオーツ25gを水60mlに浸してひと晩置く

❷翌日、オーツ麦の水分を切って、蜂蜜小さじ1を加える

❸ウイスキー50mlを混ぜ入れ、グラス2個に分けていただく

　グラスに先にオーツ麦をひとつまみ入れておく人もいます。または、「ベイリーズ（Baileys）」〔クリーム

リキュール〕に近い自家製リキュールでいくなら、水ではなくクリームを使ってください——その場合、冷蔵庫の中でひと晩置いてください。華奢なリキュールグラスに手をのばす前に気をつけていただきたいのですが、民間伝承ではアソル・ブローズはくり抜いた岩や井戸から飲むものだとされています。

　料理評論家の故チャールズ・キャンピオンは、ダービーシャーでホテルを経営していましたが、宿泊客が腹ぺこのまま就寝しなくてよいように、元日の朝6時にアソル・ブローズをふるまった、と回想していました。キャンピオンが作ったのは、ドリンクというよりもポリッジに近いものでした。キャンピオンは、これが粗挽きの小麦とラム酒で作る中世の料理フルーメンティ（frumenty）や、イングランド北東部固有の大麦とブランデーのポタージュであるフラッフィン（fluffin）と似ている、とも述べています。

オーツ麦&バニラ→「バニラ&オーツ麦」P.148
オーツ麦&ピーカンナッツ→「ピーカンナッツ&オーツ麦」P.390
オーツ麦&プラム→「プラム&オーツ麦」P.115
オーツ麦&プルーン→「プルーン&オーツ麦」P.126

オーツ麦&メープルシロップ

　悪くはない組み合わせですが、でもメープルシロップは、無作法なオーツ麦にはお上品すぎるお相手です。オーツ麦には不信心な蜂蜜が似合うのです。でなければ、面白いほど風味のないゴールデンシロップの琥珀色のプールが。

　ゴールデンシロップは、もともとは製糖過程で出る副産物で、まろやかなトフィーの風味があり、柑橘特有の風味もかすかにあって、陰気なオーツ麦に華やぎを添えてくれる存在です。もっとも有名な「ライルズ（Lyle's）」のゴールデンシロップは、燦然たるグリーンとゴールドの缶に入って販売されており、旧約聖書の「士師記」からの引用（「強き者から甘い物が出た」）が、死んだライオンとそれに群がる蜜蜂の絵の下に書いてあります——デザイン会社が1883年にこれを売り込むところを、私も聞いてみたかったものです。

オーツ麦&ヨーグルト→「ヨーグルト&オーツ麦」P.175

オーツ麦&リンゴ

　同じ厩舎の馬どうしのような仲です。馬のように、またはドイツの文豪のように大食いしたいなら、バーチャーミューズリーがお勧めです。この名前は考案者であるスイス人の栄養学者マクシミリアン・ビルヒャー〔英語読みだとバーチャー〕=ブレンナーにちなんでいます。ビルヒャー=ブレンナーはチューリッヒに療養所を創設し、トーマス・マンやヘルマン・ヘッセといった患者たちに、生の果物や野菜に重きを置いた菜食中心の食事療法をさせた人物です。

recipe
《バーチャーミューズリー》

❶ロールドオーツ大さじ1を水大さじ3に浸してひと晩置く

❷朝になったら、リンゴ大1個を、皮や芯も全部すりおろし、茶色くなるのを防ぐためレモン汁少々をまぶしておく

❸クリームを多く含む牛乳（ビルヒャー＝ブレンナーは「コンデンスミルクを使うこと」としている）大さじ1と蜂蜜小さじ1をオーツ麦に混ぜ、リンゴも混ぜ入れて、刻んだアーモンドかヘーゼルナッツ大さじ1を上に飾る

花咲く草地

オーツ麦

Corn
トウモロコシ

　適した目的が品種ごとに異なります。缶詰や冷凍のトウモロコシ、穂軸つきのまま売られている種類は、ポップコーン用のトウモロコシや、ポレンタ（polenta）[※7]やトウモロコシ粉を作るのに使われるトウモロコシとはまったく別種です。それぞれ固有の風味自体も異なっていますが、本当に違いを生むのは加工方法です。ポップコーンにすると、バターをまぶした炒めバスマティ米を思わせる香りがたちます。缶詰トウモロコシはコクがあって硫黄のようなカニのような香味があり、チャウダーに使うのに向いています。冷凍トウモロコシは甘く、都市住まいの人にとってはもぎたてトウモロコシにもっとも近い味と言えます。ポレンタは挽いた乾燥トウモロコシでできていますが、煮てとろみが出てポリッジらしくなると、甘く、淡白で、わずかにきのこっぽさが出ます。

　メキシコには、「ニシュタマリゼーション（nixtamalisation）」という、メソアメリカ文明の時代までさかのぼる技法があります。トウモロコシを干し、アルカリ性の材料（消石灰または灰）と一緒に水に浸して、外皮の一部を取り除きます。この過程でトウモロコシの栄養が増すだけでなく、使い勝手のいいこの食材にさらに複雑な芳香が加わります。できあがりの風味の中には花のような香味や蜂蜜、スミレの香味があります。トウモロコシ農家や製粉業者は知っていることでしょうが、これらは畑で収穫したばかりの実の中にもあるのですが、飛んでしまいやすい香味なのです。ニシュタマリゼーションしたトウモロコシは——挽いたマサ・アリナ〔処理済みコーンミール〕から作るホミニー（hominy）やタマレス（tamales）[※8]、トルティーヤという形にして——強くてスパイシーなパートナーと取り合わせるのが向いていますが、この処理をしていないトウモロコシはまろやかな風味とあっさりした味と合わせるほうが引き立つため、そうした組み合わせには合いません。

トウモロコシ＆アボカド

　トウモロコシが開花するときの芳香は、皿にのったときの味の予告編です。トウモロコシが開花していると言えるのは、皮から垂れる、ちょっとぺたぺたするシルクと呼ばれるひげ部分が、花粉粒をつかまえられないかと穂からはみ出しているときです。その時のにおいは、草と夏の熱気に、花のようなアクセントがきいたにおいです。

　アボカドにも、草に花のアクセントがきいたような感じがあります。この風味の共通属性は、サラダのような軽めの料理で、できればトマトが少し味をはっきりさせているもののほうが気づきやすくなります。アボカドがニンニクとライムの汁に負けているワカモレや、「ビルズ（bills）」の創業者ビル・グレンジャーの有名なスイートコーンフリッターのアボカドサルサ添えだとほとんど気づくことができないのですが、それでもまあいいかなと思います。

「トウモロコシ＆唐辛子」（P.73）も参照してください。

トウモロコシ＆エルダーフラワー→「エルダーフラワー＆トウモロコシ」P.109
トウモロコシ＆オクラ→「オクラ＆トウモロコシ」P.413

※7　ポレンタ（polenta）…トウモロコシ粉（コーンミール）を粥状に炊いたイタリア料理。ソバ粉などを入れる場合もある。
※8　タマレス（tamales）…トウモロコシ粉をラードと合わせてこねた生地（マサ）に肉などの具を入れ、トウモロコシの葉やバナナの葉で包んで蒸したメキシコの伝統的な料理。

トウモロコシ&きのこ→「きのこ&トウモロコシ」P.307

トウモロコシ&クランベリー→「クランベリー&トウモロコシ」P.99

トウモロコシ&黒インゲン豆

　ルイ・ジョーダン〔1908〜1975〕によるジャンプ・ブルースの名曲「ビーンズ・アンド・コーンブレッド（Beans and Cornbread）」は、ビーンズとコーンブレッドがお互いを煽（あお）りあうものの、正気に返って、ホットドッグとマスタードのように協力しあうことにする、という内容です。

　コロンブス以前のメソアメリカ住民は、紀元前7000年には早くもこのペアリングに気づいており、トウモロコシの扱い方をいくつも発見していて、挽いて、豆とは食感が対照的なパンやタマレス〔P.70参照〕にすることができていました。このような創意工夫の遺産として、中南米のトウモロコシと豆料理はとてつもなく多様になりました。ピント豆のリフライドビーンズ[※9]とトルティーヤや、黒インゲン豆のタマレス、クルティード（curtido）という細切り野菜のピクルスを添えて食べる、エルサルバドルのププサ（マサにしたトウモロコシ生地にマッシュした豆を詰めて丸め、薄くのばして焼いたもの）などがあります。メキシコのウアラチェス（「サンダル」の意）は、トウモロコシのマサと豆を葉巻の形に巻いてから平らにのばして焼いた料理です。文学作品の中では、コーマック・マッカーシー〔1933〜2023〕の『すべての美しい馬』は、メキシコのトウモロコシと豆の料理が思わず食べたくなる一冊ですし、中でも新聞にくるんで食べる、豆と焦げたトウモロコシのトルティーヤという料理がずば抜けておいしそうです。

　このように多様な料理ができるということとはまったく別に、トウモロコシを消石灰（しょうせっかい）で処理する、つまり「ニシュタマリゼーション」することには、偶然ではありますが健康面での利点もありました。この処理をすることで、難消化性のナイアシチンがナイアシンに変わるのですが、ナイアシンは欠乏すると、ペラグラという、下痢から認知症まであらゆる症状のもとになるひどい病気を引き起こすのです。

　北米では、イロコイ族が豆とトウモロコシとカボチャを「スリー・シスターズ」と呼んで一緒に栽培していました（「レッドキドニー&トウモロコシ」P.49を参照してください）。

トウモロコシ&ケール

　お下げ髪がついた陽気なトウモロコシは、おそらくその甘さのために、塩辛い味噌や酸っぱいライムのような極端な味と特によく合います。苦みについて言うと、トウモロコシは——トウモロコシケーキやコーンブレッド、トウモロコシ団子といった形で——カブの葉やコラードグリーン〔キャベツの一種〕としばしばペアにされます。

　ケニアのウガリ（ugali）というのは白いコーンミールで、塩水だけで調理して、香りのよい青菜やスパイシーな煮込み料理と一緒に提供されます。インド北部では、サルソン・カ・サグ（sarson ka saag）という、芥子菜（からしな）をどろどろに煮込んだ料理が、トウモロコシのフラットブレッドと一緒に提供されます。それからイタリアのトスカーナ州では、ケールと豆を組み合わせて、ポレンタ・インカテナータ（polenta incatenata、「鎖で縛ったポレンタ」）という料理を作ります。

トウモロコシ&ココナッツ

　ポップコーンのひとつひとつがどんな動物に似ているかを言っていくゲームは、私が子どもたちと一緒に始めて、すぐに後悔するゲームのひとつです。スウィート&ソルティ味のファミリーパックの半分あたり

※9　リフライドビーンズ（refried beans）…ピント豆（うずら豆）などの豆を柔らかく煮てつぶし、油で炒めたもの。

まできても子どもたちの熱中が冷めないのです。さあ、何だろうね。タゲリ〔チドリ科の鳥〕かな？

　実は、ポップコーンの形というのは味にはっきり影響しています。業界用語では、形は片面型、両面型、多面型の3つのカテゴリーに大別されます。片面型の粒は、実が一方向に広がっています（そして動物比べゲームでは当たりです。疑いの余地なくタコに見えるからです）。両面型は両側にはじけています（蝶々かな？）。多面型はあっちこっちに爆発していて、イソギンチャクのようになっています。片面型が脂肪と塩がからむので一番味がよいということが、研究で明らかになっています。多面型にはもっとも香りたかいピラジンがあります。この有機化合物から生まれる風味を、私たちのほとんどがポップコーンの風味だと思っています。2－アセチル－1－ピロリンという分子にもはっきりしたポップコーンの芳香があり、これは炊いたバスマティ米や、パンダンリーフ〔P.141参照〕、焼きたての白パンにもあります。大変魅力的な風味なので、農業バイオテクノロジー研究者たちはこのピロリンを米の栽培品種の一部に組み込んでいますし、おまけに、ピロリンはそれほど人気のない「草のような」香味を抑え気味にもしてくれます。逆に、ポップコーン業界に納入するトウモロコシ農家は、より淡白で利益を上げやすいトウモロコシの品種を使い始めました。どうせ最後には脂肪分にまみれるのですから、風味はそれほど重要ではないためです。ポップコーン製造者のあいだではココナッツオイルの人気が高まっていました。健康によいと考えられていたことと、味の両方が理由でした——バターそのものよりも本物らしいバターっぽさがある、と言う人もいます。ところがその後飽和脂肪の摂取量を気にする人が出始め、エアポップコーンを選ぶようになりました——こちらは、心臓の機能を阻害する材料を使った場合と同じく、はじけさせるのに使った媒介物の味、すなわち空気のような味がします。

　タイでは、穂軸つきトウモロコシはすりおろした生のココナッツと一緒に提供されますし、フィリピンではヤングコーンの実はココナッツミルクと砂糖と一緒にポリッジにしますし、ねばりのあるご飯を使ってとろみをつけることもあります。

トウモロコシ&シナモン

　アトーレ（atole）というのはマサ・アリナ（処理済みコーンミール）をシナモン、砂糖、牛乳と混ぜたメキシコのホットドリンクです。これにチョコレートを加えると、チャンプラード（champurrado）という、ヘアサロンでシャンプーを担当している若者みたいな名前の飲み物になります。アトーレとチャンプラードはほんの少し粒っぽさがあるため、ホットチョコレートにビスケットを浸して食べた後のじゃりじゃりする最後のひと口が好きな人なら気に入ることでしょう。ドミニカのマハレーテ（majarete）は、生のトウモロコシの実とココナッツミルク、シナモン、砂糖、ナツメグ、コーンスターチをブレンダーにかけて作るプディングです。

トウモロコシ&白インゲン豆→「白インゲン豆&トウモロコシ」P.51
トウモロコシ&ソバ→「ソバ&トウモロコシ」P.63

トウモロコシ&ソラ豆

　豆と新世界〔南北アメリカ大陸〕との結びつきはあまりにも強く、そのせいで私たちは、我々の種族の一部はその反対側へも移動したということを忘れてしまっているほどです。

　たとえば、ソラ豆はエクアドルで大変よく食べられています。ボリビアには、プラト・パセーニョ（plato

paceño）という、穂軸つきのままゆでたトウモロコシと莢入りソラ豆と丸のままのジャガイモ、それに焼いたチーズをひと切れかふた切れ、という人気の料理があります。アンデス地方では、ソラ豆は大変尊ばれており、ゆでただけのソラ豆を山盛りにして食べるのが普通で、この点では日本人の枝豆の食べ方と似ています。

トウモロコシ&チーズ→「チーズ&トウモロコシ」P.277

トウモロコシ&チョコレート

　禁煙法が施行されたとき、オフィスの女性たちは代わりにライスケーキ[※10]をたしなむようになりました。デスクに両足を上げて、人間工学回転チェアに沈みこみながら（……ふーっ……）パリパリした丸くておいしい圧縮ポリスチレンチップを楽しんでいました。しかも、それを回したり（さらには、「せびったり」）もしていました。ちょうど、昔「マールボロライト」をそうしていたように。私もとうとう降参してひとつかじってみましたが、まるでエクストラセーフのコンドームをつけて食べているような感じがしました。

　数年後、子どもが生まれて仕事をやめてから、母親仲間にチョコレートのトウモロコシケーキをもらいました。また来たよ、と思いました。また包装資材の食べ物だ、と。ですが、食感はよかったのです——圧縮されたトウモロコシの凝乳状（カード）の固まりがざらざらしていて、チョコレートの絹のようななめらかさとコントラストをなしていました。好きでも嫌いでもない風味の組み合わせです。どのみちチョコレートは他のどんな穀物と合わせても、小麦という失った恋を求めて泣き言をいうだけなのですから。「トウモロコシ&シナモン」（P.72）も参照してください。

トウモロコシ&唐辛子

　トウモロコシのどちらかというと単調な甘さは、唐辛子の辛さと深い風味と、不思議なほど魅力的な好対照をなしています。メキシコ料理だけをとってみても、ミルキーな生トウモロコシの実を緑色のハラペーニョと炒めた料理や、屋台で売られている、ライムの搾り汁と、土っぽさとレーズンっぽさのある粉アンチョチリひとふりをドレッシングにした炭焼きのトウモロコシ、それに、トウモロコシのトルティーヤやタコスと一緒に提供される、たくさんのスパイシーサルサなどに出会います。スペインのタパスバーでは、かちかちに炒ったトウモロコシの実が、スモーキーなパプリカ粉を気前よくふりかけられて登場します。マッシュしたアボカドかバターを分厚く塗った柔らかいパンにはさんでプレスすると、クリスプサンドイッチ〔食パンにバターを塗りポテトチップスをはさんだサンドイッチ〕の見事な変奏になります。

トウモロコシ&トマト→「トマト&トウモロコシ」P.87

トウモロコシ&ニンニク

　調理したスイートコーンは、貝・甲殻類と同じようにジメチルスルフィドを大量に放出するので、この2つはよくペアで使われます。ニンニクの風味にもジメチルスルフィドの特徴があるため、両方の食材が高めあって相乗効果が生まれます。ニンニクは缶詰のトウモロコシよりも生か冷凍のものと合わせたほうがおいしくなる傾向があります。缶詰のスイートコーンは缶詰にする過程で硫黄の香味が強くなってしまい、そこにニンニクを加えると重苦しい効果が出て、スープのような安っぽい味になってしまうためです。

※10　ライスケーキ（rice cake）…ここではアメリカやイギリスでみられる、パフ化した米を丸くせんべい状にしたスナックを指すと思われる。

トウモロコシ&蜂蜜

ジョン・ハーヴェイ・ケロッグ〔P.100も参照〕は肉欲を抑えつける手段としてコーンフレークを開発したと言われています。味気ない食べ物を食べれば、下腹部の熱はすぐに小さく弱くなるだろう、という理屈でした。

ケロッグの主張はまったく間違っていました。西洋世界に共通の、赤道サイズのウエストバンド部分を見れば、人間はおいしいものをもう一皿食べるためなら何だってやめるということがわかります。世界中どこでも、女性たちはベッドの中で手をのばしては、さっきまで夫がいた場所が誰もおらず冷えきっていることに気づき、その頃階下では、開いた冷蔵庫から漏れる光がありのままの姿を照らし出す中、夫が朝食用の「クラスター（Clusters）」グラノーラの5杯目をもりもりかきこみながら、「ダマール（Damart）」のカタログをめくって、ひとつ大きいサイズの伸縮性レジャーウェアを探しているのです。

バターと蜂蜜でつやつやした、熱々のトウモロコシパンケーキ数枚を食べるほうが健康的だと思います。おやつではありますが、満ち足りるおやつですし、こちらは食べるのをやめることもできるでしょうから。栗蜂蜜を使ってみてください。トウモロコシの甘みを打ち消す快い苦みがあります。またこの蜂蜜はアミノアセトフェノンという芳香族ケトンも含んでおり、これを特徴として持つものには、トウモロコシのトルティーヤ、ブドウ、イチゴ、それから感傷的でない食の冒険者向けには、犬の足などがあります。

トウモロコシ&プラム

日本では、酸っぱくてしょっぱい梅干しというプラムを、軸つきで調理したトウモロコシに、バターの代わりに塗りつけます。まず後を引く塩気がきて、その後からトウモロコシの甘みを引き立たせるフルーティーな酸味がガツンときます。

トウモロコシ&松の実→「松の実&トウモロコシ」P.386
トウモロコシ&味噌→「味噌&トウモロコシ」P.14

トウモロコシ&メープルシロップ

トマス・ロウ・ニコルズは著書『調理の手引き（How to Cook）』（1872）で、「冷製のトウモロコシのマッシュ、またはひき割りトウモロコシを、薄切りにして小麦粉をはたいて揚げ、糖蜜やシロップと一緒に食べるのが、アメリカ人とイタリア人の贅沢である」と書いています。ニコルズは小麦も同じように使用できると考えていますが、小麦はトウモロコシよりも油分が少ないので、クリームやバターを多めに使う必要があります。

「コーンミール粥」や「インディアンプディング」は通常同じような料理を指しますが、材料の割合が異なります。少量のコーンミールを牛乳で煮て、たいていクリーム、砂糖、糖蜜またはメープルシロップ、香辛料またはドライフルーツ、そして場合によっては卵を加えます。コーンミール粥〔原語ではhasty pudding「即席プディング」で、hastyには「急な、あわただしい」の意味がある〕という名前は、少なくとも調理に関して言えば実態とはかけ離れています。調理時間は通常ゆうに数時間はかかるのです（もしかすると、皮肉な意味合いでつけられた名前なのかもしれません。コメディ番組「三ばか大将」に出てくる禿げ頭の「カーリー」のように）。急ぐ場面があるとしたら、コーンミールを熱い牛乳に入れるところです。

植物育種家たちは目下、黄色と紫色の実がつき、メープルの風味が最初からついている新品種のスイートコーンを研究しているところです。

トウモロコシ＆ライム

塩味のきいた料理では人気の組み合わせですが、甘い食べ物ではそうでもありません。酸っぱさでトウモロコシの甘みが相殺されるのは疑いようがありませんし、甘みはトウモロコシ栽培のトレンドにおいてますます必要性が増しているからです。

一番最初の標準スイートコーンの品種は「su」（「sugary（甘い）−1」の省略形）という名称で、おおよそ5〜10％の糖を含んでいます——これこそが、畑で収穫してすぐさまゆでるようにと言われる種類のトウモロコシです。糖がたちまちでんぷんに変わってしまうからです。「se」すなわち「sugary enhanced（甘み強化）」の品種では、糖がでんぷんに変わるのには数時間ではなく数日かかります。「スーパースイート」または「sh2」という品種は糖を50％含むこともあり、最大10日間、でんぷん質に変わるのを食い止められます。けれども、見た目だけではどれがどの品種なのかはわかりません。それぞれの遺伝子型を調べる必要がありますが、これをやっていると八百屋さんで後ろに並ぶ人を待たせてしまう可能性があります。

「トウモロコシ＆唐辛子」（P.73）も参照してください。

トウモロコシ＆ライ麦→「ライ麦＆トウモロコシ」P.26

トウモロコシ＆リーキ

シェフのダニエル・パターソンと調香師マンディ・アフテルの著書『風味の技巧（*The Art of Flavor*）』によれば、この2つは自ずとベッドを共にする仲、なのだそうです。どちらも甘いですが、リーキが「トウモロコシの、どちらかというとめりはりのない甘み」に新たな奥行きを与えてくれます。アルバニアでは、リーキとトウモロコシを一緒にコーンブレッドに使います。

トウモロコシ＆レタス→「レタス＆トウモロコシ」P.299
トウモロコシ＆レッドキドニー→「レッドキドニー＆トウモロコシ」P.49

トウモロコシ＆レモン

トウモロコシとパンケーキには、共通の友人がたくさんいます。ベリー類、スモークベーコン、おろしチーズ、バター、シロップ、そして、パンケーキにつきものの食材の中で最初に挙げられる、レモンと砂糖です。料理研究家ナイジェラ・ローソン〔P.443参照〕のレモン・ポレンタ・ケーキが人気を得ているのは当然のことで、これがこの問題の答えです。

Honey

蜂蜜

　蜂蜜は、樹木、草、土、樹脂、花、ハーブ、岩の甘いスライドショーを見せてくれる食材です。そよ風の吹く牧草地、キャンプファイヤーの煙、あるいは山々の中で作る、糖蜜トフィーの入った鍋。

　メープルシロップは美麗ですが、お近づきになりやすく、温かみがあります。蜂蜜は移り気です。これまで私が思わず涙を誘われた唯一の食材は、タスマニアのレザーウッドハニーという蜂蜜で、独特ながらほとんどの蜂蜜に共通するベースの香味（こうみ）があります。ちょっとカモミールやヒナギクのようで、サイレージ〔牧草などの飼料作物を乳酸発酵させた飼料〕っぽさもわずかにあるのです。けれども、それを天上の高みにまでのぼらせてくれたのは、ユズとオレンジの花の香味でした。

　蜂蜜には600種類以上の揮発性（きはつ）物質が含まれていることが確認されています。こうした物質は、植物や、あるいは花蜜（かみつ）収集源に由来する可能性があり——すべての蜂蜜が花粉由来ではないのです（「蜂蜜＆フェンネル」P.80を参照）——、花の品種、地理的起源、蜜蜂の代謝による植物の化合物の変化、加工や貯蔵の際に施す蜂蜜の加熱や処理、微生物による汚染や化学汚染によって異なります。生の蜂蜜を幅広く取りそろえた会社を見つけて、半ダースほど注文して味見してみることを強くお勧めします。こういう目的のための、小さい瓶に入った商品の品ぞろえがある会社もありますよ。お好きなパンを焼いて、あるいは買ってきて、トーストして、有塩バターを塗り、手に入れた獲物の試食に取り掛かってください。温かいポリッジも味見に適した食べ物ではありますが、パンに塗って食べたときほどには、マザーグースに出てくる女王のような気分にはなれないでしょう。キャラメル、プルーン、ジャスミン、レーズン、スミレ、ブルーベリー、草、木、メントール、スモーク、イースト、トロピカルフルーツ、アニスシード、チョコレート、レモン、オレンジピール、リコリス、ココナッツ、革、モミの木、干しイチジクの香味を探してみてください。C.マリナ・マルケーゼとキム・フロッタムの著書『蜂蜜通（*Honey Connoisseur*）』では、ソバ蜂蜜は「モルティザーズ（Maltesers）」とダークレッドチェリーとローストコーヒーを混ぜたような味、と表現されています。これぞ心惹かれる組み合わせというものですね。

蜂蜜＆アーモンド

　独創的なお菓子屋さんです。蜂蜜はアーモンドパウダーをまとめてシンプルなマジパンにすることができます。もし卵白もあるなら、熱い鍋で調理すれば、べとべとのトローネやヌガーのできあがりです。全卵と砂糖があれば、マカロンだって思いのままです。マカロンは風味という点ではそれほど豊かでもないかもしれないことは認めますが、甘みが加わってジューシーになった、アーモンドのほのかにナッツっぽい風味こそが、「繊細」というテイスティングノートの真髄です。タルタ・デ・サンティアゴ（Tarta de Santiago）[※11]は繊細なままでもいいですし、シナモンと果物の皮（オレンジまたはレモン）の両方、あるいは片方を加えて引き立てることもできます。タルタとトローネのハイブリッドのようなスペイン・カスティリャ地方のアラフー（alajú）（またはアラフース）は、ナッツと蜂蜜、果物、パンくず、柑橘類の皮と香辛料でできた、べとべとのレンガ状のかたまりです。モロッコでは、蜂蜜とアーモンドをアルガンオイルと混ぜて、アムルーという甘いナッツバターを作ります。

※11　タルタ・デ・サンティアゴ（Tarta de Santiago）…スペイン・ガリシア州の伝統的な菓子。アーモンド粉、卵、砂糖などで作られ、表面に聖ヤコブの十字を型抜いて粉糖がまぶされている。

「蜂蜜＆チョコレート」（P.79）も参照してください。

蜂蜜＆アボカド→「アボカド＆蜂蜜」P.331

蜂蜜＆エルダーフラワー→「エルダーフラワー＆蜂蜜」P.109

蜂蜜＆エルダーベリー→「エルダーベリー＆蜂蜜」P.113

蜂蜜＆オーツ麦→「オーツ麦＆蜂蜜」P.67

蜂蜜＆オレガノ→「オレガノ＆蜂蜜」P.354

蜂蜜＆オレンジ

recipe

《蜂蜜とオレンジのシロップ》

❶オレンジ大1個の外皮をすりおろして、軽くてとろみの弱い蜂蜜200gと水100mlと一緒に平鍋に入れる（できればオレンジブロッサムハニーを使用してください。とろみが弱めで、とても魅力的な、淡い琥珀色をしているからです。ただし、皮と混ぜる前に必ず味見をしてください。通常、オレンジの花の蜂蜜には柑橘の香りはほんのりとしかありませんが、マーマレードのような風味があって、余計な装飾は必要ないものもあるからです）

❷鍋を中弱火にかけて5分間煮る

温められた皮から油分が放出されて、香りのついた複雑なシロップができます。

このオレンジと蜂蜜の霊薬は、シンプルにシュークリームの皮、チュロス、イースト生地のツイストといった、生地を揚げたものにかけて、つやつやの甘いおやつにしてもいいですが、たとえばナッツを挽いた粉を使って焼いたケーキにかける、といったように、上品な食べ物に使用したときに、もっとも本分を果たしてくれます。ピスタチオやクルミで作れば、べたつくバクラヴァ（baklava）[※12]の中身のような味になります。イタリア・シチリア島では、オレンジと蜂蜜のシロップを、柑橘類、バニラ、シナモンで風味づけした甘いライスコロッケにかけます。

蜂蜜＆カシューナッツ→「カシューナッツ＆蜂蜜」P.323

蜂蜜＆カブ→「カブ＆蜂蜜」P.213

蜂蜜＆きのこ→「きのこ＆蜂蜜」P.307

蜂蜜＆クランベリー

クランベリー農家は、クランベリーが開花する2週間の期間内に、クランベリーが育つ湿地帯で蜜蜂に仕事をしてもらわなければいけませんが、その前にまず他の花を切り落とさなくてはなりません。つまり、クランベリーの花は蜜蜂の好物ではない、ということなのでしょう。クランベリーの蜂蜜は赤っぽい色味で、ベリーは酸っぱいのに蜂蜜のほうは甘く、ジャムのような香味があります。クランベリー自体と

※12　バクラヴァ（baklava）…薄いパイ生地に、刻んだナッツをはさんで焼き上げ、甘いシロップをかけた中東の菓子。

同じように、リンゴとも張り合うことができます。ラズベリーの蜂蜜にも、出どころとなった果実の気配があります。蜂蜜によってはサワーチェリーの風味の特徴がはっきりと出るものがありますが、それがサワーチェリーの花からとれた蜂蜜とは限りません。こうした蜂蜜はどれも、チョコレートとよく合います。

蜂蜜＆ケシの実→「ケシの実＆蜂蜜」P.317
蜂蜜＆ゴマ→「ゴマ＆蜂蜜」P.313
蜂蜜＆シナモン→「シナモン＆蜂蜜」P.365

蜂蜜＆ショウガ

砂糖が安価な選択肢になる前には、蜂蜜がジンジャーブレッドの甘みづけに使われていました。栗やオークのような色の濃い蜂蜜の深い風味が、香辛料とすんなり合うのです。『ラルース料理大事典』は種類をはっきり限定して、ソバ蜂蜜を「ジンジャーブレッドに使うべきである」としています。蜂蜜をベーキングに使うと調理過程で蜂蜜のよさが台無しになってしまうのでよくない、と忠告する専門家もいますし、その反対の見解を支持する専門家もいます。いずれにせよ、砂糖の代わりに蜂蜜を使おうとする場合には、その蜂蜜の水分含有量と、それから酸味、きつね色になりやすいかどうか、風味を加えてくれるかどうか（風味の複雑さは失われますが、全体的な「蜂蜜」風味はベーキングの過程では損なわれません）を考える必要があるでしょう。

蜂蜜＆ソバ→「ソバ＆蜂蜜」P.63
蜂蜜＆卵→「卵＆蜂蜜」P.266
蜂蜜＆タマリンド→「タマリンド＆蜂蜜」P.138

蜂蜜＆チーズ

フードライターのハティ・エリスは『スプーン数杯の蜂蜜で（*Spoonfuls of Honey*)』という優れた手引書で、蜂蜜がチーズとパートナーを組むことが喜ばしい理由をこう説明しています。「乳脂肪の玉のような粒が、蜂蜜の甘みをゆるやかに口いっぱいに広げてくれます」。蜂蜜には重みがあり、くっついてくれるところも喜ばしい点です。たとえば、メープルシロップはゆるすぎるため、チーズと合わせて提供するのには向きません。他にも具体的なお勧めを挙げておくと、食感のコントラストを求めるなら、結晶化した蜂蜜または巣蜜を、柔らかくてなめらかなチーズと合わせてみてください。風味の面からは、熟成したチェダーチーズをオートケーキ（oatcake）[※13]にのせ、トフィーやコーヒーやプラムの香味のある、ヒース蜂蜜と合わせてみてください。ゴルゴンゾーラチーズがソバ蜂蜜とうまくやれるのはよく知られた話ですが、スティルトンチーズはオーク蜂蜜と、フェタチーズはコクのあるタイム蜂蜜と合います。ペコリーノ、パルメザン、グリュイエールといったチーズは栗蜂蜜と合わせると美味です。と言いますか、栗蜂蜜にはだいたいどんなチーズでも合います。

栗蜂蜜は「壺の中の動物園」と表現されることもあります。この表現の意味が長らくピンとこなかったのですが、蜂蜜ソムリエのサラ・ウィンダム・ルイスと一緒にテイスティングをしたとき、サラがサンプルのにおいをかがせてくれました。すると、そこに、嗅覚の幻覚症状とでも言うべきものがあったのです。馬と厩と馬具部屋が、一度息を吸い込んだだけで全部一気に襲ってきました。あなたが体験するもの

※13 オートケーキ（oatcake）…オートミールで作る、ビスケットに似た薄く平たいパン。

はそこまで鮮烈ではないかもしれません。栗蜂蜜は他の蜂蜜よりも風味と強烈さにばらつきがあると言われているからですが、これはひとつには、栗蜂蜜には糖液からできているもの（「蜂蜜＆フェンネル」P.80を参照）と花からとられたもの、またはその2つを混ぜたものがあるためです。いずれにせよ、コクがあって麦芽っぽく、わずかに苦いものと考えて間違いありません。

蜂蜜＆チョコレート

　アステカ人は蜂蜜をチョコレートの甘みづけに使っていました。今日では、豆からチョコバーまでの旅路には、蜂蜜のようなナッツのような香りを引き出すロースティングなど多くの加工工程があります。スイスの菓子屋オーナーだったテオドール・トブラーは1908年、いとこのエミール・バウマンが思いついた、チョコレートとトローネ（イタリアの蜂蜜とアーモンドのお菓子）の組み合わせを採用して、今ではおなじみになった三角の山脈の形と包装を考案し、自分の名前とトローネを合わせて、子どもたちの歯に何世代にもわたってはさまるお菓子、「トブラローネ（Toblerone）」を作りました。
　「蜂蜜＆クランベリー」（P.77）も参照してください。

蜂蜜＆デーツ

　「ハニーデーツ」というのはデーツの品種ではなく、一般的な手法である側枝から栽培されたデーツに対して、種から栽培されたデーツにつけられた名称です。一方、デーツハニーは、デーツを水で煮込んで、固形部分を濾して得られる液体を指します。
　デーツにはフルーティーなエステルがいくつも含まれており、シナモンやハニーアーモンドの香りがするのが特徴です——どれも、とりわけデーツハニーにはっきり見られる特徴で、デーツハニーはたったひとつの食材から奇跡のように作り出された液状クリスマスプディング[※14]のようだとも言えます。
　『アピキウス』という古代ローマのレシピ集には、蜂蜜で調理した塩デーツのレシピが載っています。デーツの核を取り除き、松の実または刻んだヘーゼルナッツを詰めて、転がしながら粗塩をまぶし、熱い蜂蜜でさっと煮る、というものです。

蜂蜜＆トウモロコシ→「トウモロコシ＆蜂蜜」P.74
蜂蜜＆トマト→「トマト＆蜂蜜」P.88

蜂蜜＆バナナ

　バナナは熟していくにつれて、果肉がだんだんと半透明に、液状に、金色に、甘くなっていきます。まるで蜂蜜に変わっていくかのようです——たまたまですが、蜂蜜には逆向きの現象がしばしば起こり、透明の琥珀色から始まって、結晶化するにつれてだんだん不透明になり、凝固していきます。生蜂蜜はほぼ例外なく結晶化しますが、その速度は蜂蜜の花蜜収集源と、蜂蜜の果糖対ブドウ糖の割合によります。アカシアやヌマミズキ、ユーカリノキといった高果糖の蜂蜜のほうが、液状のままの期間が長くなります。タンポポ、ヒマワリ、クローバーなどの低果糖の蜂蜜はすぐに凝固しますし、固形で買うことも多い種類です。ヒマワリとタンポポの蜂蜜は、グラスフェッドの牛から作られたバター並みに黄色いことがあります。同じことがメキシコのアカウアル蜂蜜にも言えます。こちらはレモンカードのような見た目ですが、もっとずっと美味です。クローバー蜂蜜は黄色と実用的なベージュの中間くらいですが、だからと

花咲く草地

蜂蜜

※14　クリスマスプディング…ドライフルーツやナッツ、香辛料、牛脂、ブランデーなどを用いて作られる、イギリスの伝統的なクリスマス菓子。

いって、なんだそんなものかとがっかりしないでください。ほのかにシナモンのような風味があるのです。バナナブレッドやバナナアイスクリームに入れるとおいしいですし、バナナサンドイッチという、目をむいてしまうようなひと品に入れることもできます。

　バナナと同じく、蜂蜜の風味も熟していくにつれてかなりはっきりと変わります。量子数学研究者から蜜蜂の専門家に転身したエヴァ・クレーン〔1912〜2007〕は、スウィングル（別名ニワウルシ）の蜂蜜ははじめ風味は劣るが、数週間たつとマスカットワインのように大変美味になる、と書き残しています。

蜂蜜＆ピスタチオ

　小さいティープレート1枚を、蛇口の熱いお湯にくぐらせてから乾かします。蜂蜜たっぷりひとすくいをスプーンですくって真ん中に落とします。スペイン産のワイルドラベンダー蜂蜜には美しく麝香のようなオレンジの花の風味があるので、それを使ってください。蜂蜜の周りにピスタチオオイルで円を描き、浅く炒ったピスタチオを上からふりかけます。この緑と金の混じりあったところを細く切った柔らかい白パンでちょんちょんつつき、ときどきピスタチオもいくつかかき集めたりしながら食べてください。

蜂蜜＆フェヌグリーク→「フェヌグリーク＆蜂蜜」P.405

蜂蜜＆フェンネル

　フェンネルの風味はいくつかの種類の蜂蜜が共通して持っており、特に糖液〔ハニーデュー〕からできる種類のものに広く見られます。糖液からできる蜂蜜が花蜜からできる蜂蜜と異なるのは、アブラムシが食べて排出する、葉や針状葉の液汁に由来する（糖液という）甘い液体を集めた蜜蜂によって作られる、という点です。これは仕方なしにしていることです。蜜蜂がこれをあさって回るのは主に花蜜が手に入らないときだけです。糖液のみから作られる蜂蜜はフォレストハニーと呼ばれ、ものによってはモミやオークなど、特定の種類の樹木に由来するものもあります。

　フォレストハニーは黒くてつやつやしており、ナイフで瓶からすくい上げると、まるで液状のリコリスのように、うっとりするほどよくのびます。ミネラル含有量が多いため、塩気のある味になることもよくあります。筋金入りのアニスシードファンでしたら、フォレストハニーが持つフェンネルの快いかすかな香りよりも、もっと強烈なものをお望みになるかもしれません——その場合は、アニスシードを入れてゆっくり温めることで、香りを抽出して蜂蜜に移すことができます。シュタベントゥン（xtabentún）というのは蜂蜜とアニスを発酵させて作るメキシコのリキュールです。この名前を発音してみようとする前に、何杯か飲んでおいたほうがいいかもしれません。

蜂蜜＆マスタード

　食事という行為が発明されてからというもの、マスタードシードは蜂蜜、酢、塩と一緒にすりつぶされてきました。この組み合わせには4つの基本的な味覚がすべて揃っていますが、人気の理由はそれだけではありませんでした。古代ローマの料理の手引書『アピキウス』でも述べられているように、防腐剤としてのはたらきもあるのです。

　現代イタリアでは、蜂蜜とマスタードの組み合わせは、ボリート・ミストと呼ばれるゆで肉料理と一緒に広く食べられています。イタリア・ピエモンテ州産のサルサ・ダヴィーユ（「蜂蜜のソース」の意）は、

蜂蜜、マスタード、それから刻んだクルミまたは挽いて粉にしたクルミをストックでのばしたもので作ります。

　モスタルダ（mostarda）というのはイタリア中でさまざまなレシピで作られている調味料ですが、たいてい宝石のようなひと口大の果物を、とろみがあるマスタード味のシロップ（蜂蜜で作ることもあります）に漬けこんだもので、かつて地方の服飾雑貨店の窓を彩っていたセロファンの蛍光イエローの色をしています。

　アメリカでは、ハニーマスタードはポップコーンやハードプレッツェルのような軽食で非常に人気のフレーバーですし、サラダのドレッシング、ディップ、マリネ液、コールドミートにも入っています。

蜂蜜＆マルメロ→「マルメロ＆蜂蜜」P.168

蜂蜜＆味噌→「味噌＆蜂蜜」P.15

蜂蜜＆ミント

　菩提樹（別名リンデン、またはシナノキ）の蜂蜜はミントっぽく、メントールの風味がついていますし、色まで緑がかっています。他にミントやメントールの香味がある蜂蜜としては、ギリシャワイルドタイムやキャロブ（イナゴ豆）などがありますが、キャロブのほうはどちらかというとハッカキャンディのように、ミントトフィーの味に似ています。こういった蜂蜜はミントティーに入れてみてください。北アフリカで好まれているほどの甘さにする必要はありません、一杯につき蜂蜜小さじ半分でたくさんです。または、生のベリーにかけて食べてみてください。こうすると、蜂蜜がミントシュガーのようにかぐわしく、さわやかさを加えてくれます。ミント畑で蜜を吸った蜜蜂が作る蜂蜜にも、フレッシュなミントのような特質があります。お菓子類やデンタルケア製品にフレーバーをつけるために大規模栽培されているミントの副産物というわけです。

蜂蜜＆ユズ→「ユズ＆蜂蜜」P.197

蜂蜜＆ヨーグルト

　世界最高峰のフレーバーペアリングのひとつですが、落とし穴がないわけではありません。ヨーグルトはその白いブランケットで、トーストに塗っていればおいしいはずのものは何であれ包み込んでうずもれさせてしまうので、蜂蜜の風味を削いでしまう可能性があります。蜂蜜も、冷たいヨーグルトに入れるとちょっと固くなって噛みごたえが出てしまいます。そのため、とろみの弱い種類を使うほうが賢明です。樹脂に似ていて風味のよいタイムハニーは、神話における羊のヨーグルトの配偶者です。

　ヒンドゥー教徒のならわしでは、ヨーグルト、蜂蜜、そしてギーの組み合わせはマドゥパルカ（「蜂蜜の混ぜもの」という意味のサンスクリット語）と呼ばれ、未来の新郎が婚礼前に婚約者の家を訪れた際などに、ゲストを尊重するしるしとして供されます。

蜂蜜＆ライ麦→「ライ麦＆蜂蜜」P.26

蜂蜜＆緑茶→「緑茶＆蜂蜜」P.431

蜂蜜＆レモン→「レモン＆蜂蜜」P.189

花の香り系のフルーツ風味
Floral Fruity

トマト
Tomato

ザクロ
Pomegranate

クランベリー
Cranberry

グーズベリー
Gooseberry

ライチ
Lychee

エルダーフラワー
Elderflower

Tomato
トマト

　完熟トマトには、パートナーなんて必要ありません。調理する必要すらありません。完熟トマトは他の
ものに頼る必要がないのです。甘みと酸味のバランスが完璧で、そこにわずかな苦みと、少しのナトリウ
ム、そしてうまみがたっぷり詰まっています。リンゴのように手づかみで食べられます。風味はフルーティ
ー──トマトにはストロベリーフラノンという、えもいわれぬ綿菓子の香りの化合物が含まれています
──植物が生い茂った夏場の温室のゼラニウムが放つ、酔ってしまいそうなほどのにおいが混じってい
ます。イチゴと同様に、生であまりおいしくないトマトは、バルサミコ酢を使うと熟したような感じを人工
的に出すことができて、おいしくいただけます。

　缶詰のトマトは軽く加熱してあり、硫黄の強いにおいがあります。味が薄く、そのままで使ったり軽く
温めるだけで食べたりすると、グリーシー・スプーンで食べるフル・イングリッシュ・ブレックファストの
ように、ちょっと金属っぽい味がします。長めに──少なくとも45分間──加熱すると、より深みとコク
が出て、ナス科の野菜（ナス、唐辛子、ジャガイモなど）と豆類の両方が、生でも乾燥したものでも、
よく合うようになります。

　トマトピューレはゆっくり調理して煮詰めたトマトの果肉です。わずかに角がありますが、数分炒める
とそれがとれてなめらかになります。

トマト&大麦→「大麦&トマト」P.31
トマト&オールスパイス→「オールスパイス&トマト」P.371
トマト&オクラ→「オクラ&トマト」P.414

トマト&オレガノ

　ギリシャのケルキラ島のとあるタヴェルナ〔食堂〕で、私は自分の席から、ティーンエイジャーの男の
子の一団がグリークサラダをもりもり平らげる様子を眺めていました。なんて垢ぬけた文化だろう、と思
いました。私の国だったら食べているのはピザだろうに。それから、ああ、と気がつきました。グリーク
サラダって基本的にはピザなんですね。バスケットいっぱいのパンを添えてあれば、このサラダは分解
したマリナーラ・ピザなのです。

　言い伝えによれば、イタリア王妃マルゲリータ・ディ・サヴォイアが1889年にナポリを訪問した際、ラ
ファエレ・エスポジトといううつつましいナポリ人のピザ職人が3種類のピザを作ったのだそうです。ひと
つはラードとチーズとバジルがトッピングされたものでした（これはドミノピザでは注文できないでしょ
う）。もうひとつはマリナーラ（トマト、オレガノ、オイルとニンニク）で、これはもしかするとニンニクを
入れてほしいと頼んだ船乗りたちからその名がついたのかもしれません。3つ目がマルゲリータ王妃が気
に入ったピザで、トマト、モッツァレラチーズ、オイルとバジルがトッピングされていました。

トマト&乾燥エンドウ豆→「乾燥エンドウ豆&トマト」P.258

84　※1　グリーシー・スプーン（greasy spoon）…「脂でぎとぎとしたスプーン」の意。揚げ物を提供するイギリスの安カフェ・大衆食堂を指す語。

トマト&黒インゲン豆

パスタ・エ・ファジョーリ（pasta e fagioli）の作り方はいろいろありますが、イタリア人が作ったものか、それともアメリカ人が作ったものかはたちどころにわかります。決め手はトマトです。イタリア人は少量しか使わない傾向があります——おそらくプラムトマト数個か、ピューレをひと絞りくらいでしょう。できあがる料理はソースからのぞくパスタの形状によってさまざまに異なりますが、どれも同じ、果肉をなすりつけたような色をしています。ルシアン・フロイド〔1922〜2011〕がパスタ・エ・ファジョーリの絵を描いたら、きっととても出来な仕上がりになったでしょう。アメリカ人が作る「パスタ・ファズール（pasta fazool）」〔パスタ・エ・ファジョーリのアメリカ版〕は、トマトをこれでもかと使っていることが多く、結果としてマーク・ロスコ〔1903〜1970〕の絵のほうに近い、鮮やかな赤い色になります。私はどちらのタイプも好きです。ただ、イタリア人バージョンでもアメリカ人バージョンでもボーロッティ豆がよく使われるのですが、あまりトマトを入れすぎると、トマトがこの豆の風味に勝ってしまうことがあることは認めます。「シェ・パニース（Chez Panisse）」初期のシェフの一人、ジェレマイア・タワーは、有名な冷製黒インゲン豆スープのトマトサルサ添えで、豆の長所を引き出しています。

トマト&コショウ→「コショウ&トマト」P.380
トマト&ザクロ→「ザクロ&トマト」P.93

トマト&サヤインゲン

サヤインゲンを本当に好き好んで食べている人なんて間違いなく誰もいません。だから野菜を育てる人達はいつも、サヤインゲンを人にあげてしまうのです。普段なら私はもらったサヤインゲンをさらに別の人にあげてしまいます——頂き物の野菜はあなたが思うよりずっと他の人に回されているのです——が、このときもらった豆の山は、それができませんでした。しわになり始めていたからです。

1週間迷った後、陶製の鍋に刻みプラムトマトの缶詰をあけました。サヤインゲンのへたとおしりを落とし、下ゆでしようなんて思いもせずに、まな板から鍋へ入れました。続いてみじん切りにしたタマネギ、ニンニク、塩、オリーブオイルも入れて、さっとかき混ぜました。レバノン人やギリシャ人の料理人がやるように、パプリカ粉やクミンやディルを加えてもよかったのでしょうが、私はそうしませんでした。鍋に蓋をして弱火のオーブンに入れ、自分は散歩に出て、運河沿いにトルコ系のスーパーマーケットへ行き、店で一番高い羊乳のフェタチーズ、小さくてかわいいペルシャキュウリ、オリーブをひと瓶、ゴマをまぶしたシミット（simit）という大きなリング形のパン、それに、老婦人がソファに置いている小さなクッションのような見た目をした、ニゲラシードを散らしたピデ・エキメキ（pide ekmek）という、円形でくぼみのあるフラットブレッドも買いました。

数時間後に帰宅すると、じっくり調理したトマトのおかげで、家じゅうがジャム工場の濃厚でフルーティーな香りに包まれていました。けれどもその中に、何なのかはっきりとはわからない芳香がありました——おいしそうな香りの何かです。鍋に入れた食材を確認してみましたが、これと言って候補になりそうなものはありません。そこでパンの包みを開け、キュウリの皮をむいて薄切りにし、オリーブを皿に盛りつけました。そして、オーブンから豆の鍋を取り出して蓋を持ち上げました。するとあの謎めいた芳香が、間近に力強く感じられるのに、それでいながらまだ何なのか突き止められない香りが、そこにありました。それが何の香りであれ、私はサヤインゲンを好き好んで食べる人になりました。

トマトと一緒にじっくり調理することで、サヤインゲンは一変します——抜群の味になるのです。あまりに単純な話なので嘘くさく聞こえるかもしれませんが、いいからやってみてください。翌日、ランチに残りを平らげているときに、やっと答えがわかりました。フェヌグリークです——マメ科の仲間の。あれはフェヌグリークと似たにおいだったのでした。

トマト&サンファイア→「サンファイア&トマト」P.438
トマト&白インゲン豆→「白インゲン豆&トマト」P.52
トマト&ズッキーニ→「ズッキーニ&トマト」P.420
トマト&ソバ→「ソバ&トマト」P.63

トマト&タマリンド

タマリンドの果肉を水に浸して作る自家製タマリンドピューレには、シェリービネガーと大きく重なる風味があり——ドライフルーツのような、ワインのような、スパイシーな風味です——、シェリービネガーと同じく、トマトと親和性があります。水気を切ったタマリンドピューレ少々をヴィネグレットソースに入れて泡立て器でかき混ぜるか、またはガスパチョ風のさっぱりしたスープに入れてみてください。タマリンドピューレはトマトソースやトマトスープに入れて加熱すると、華やぎと深みを一度に与えてくれるのでさらにおいしくなります。

タマリンドとトマトは南インドのラサム（rasam）という、マスタードシードとクミン、黒コショウ、唐辛子、ニンニク、アサフェティダ（ヒング）で風味づけをした、辛くてしょっぱくて酸っぱいブロスのベースになっています。文筆家ショバ・ナラヤンはこれを、「ベジタリアン版のチキンスープである——大気を香りで満たし、魂を慰める、ほっとする食べ物だ」と表現しています。ラサムのレシピは、文字で読むとあまりそそられるようには思えないかもしれませんし、写真で見ても水っぽくて油っこそうに見えるかもしれません。でも、使われている食材を考えてみてください。強烈においしそうな風味の独創的な組み合わせが酸味のあるベースに浮いていて、トマトのおかげで濃厚なうまみの香味もあるのです。

---

recipe

《ラサム（風味豊かなインドのブロス）》（6人分）

❶ 卓球ボール大のタマリンド果肉のかたまり1個を熱湯125mlに浸しておく

❷ その間に、赤レンズ豆200gを水750mlで柔らかくなるまで煮る

❸ 大きい片手鍋に植物油大さじ1を中火で熱し、ブラウンマスタードシード小さじ1を、はねてくるまで炒める。もしカレーリーフが手に入るなら10枚から12枚をマスタードシードと一緒に入れる

❹ 刻んだトマト4個、つぶしたニンニク4かけ、塩小さじ1、挽いたターメリック小さじ1/2、アサフェティダ小さじ1/2、ラサムパウダー大さじ山盛り1を加える（ラサムパウダーはインド系スーパーマーケットで手に入れるか、あるいは、クミンシード大さじ3、コリアンダーシード大さじ2、黒コショウの実大さじ2、フェヌグリークシード大さじ1/2を軽く炒ってから挽いて、ベーシックなものを自分で作ることもできます——これでラサムを優に3回作れる分量です）

❺香辛料とトマトを5分間炒めつつ、タマリンドをかき混ぜて濾す（その間も鍋から目を離さない
　でください）。タマリンドウォーターを鍋に加え、さらに水1L、煮たレンズ豆、その煮汁の残りも
　一緒に加える
❻ラサムを15分間ことこと煮込み、刻んだコリアンダーリーフを散らして、ご飯と一緒に提供する

トマト＆チャイブ→「チャイブ＆トマト」P.290
トマト＆デーツ→「デーツ＆トマト」P.142
トマト＆豆腐→「豆腐＆トマト」P.304

トマト＆トウモロコシ

　私たち夫婦が駐車場に車を入れたときにはもう暗くなっていました。宿泊予定のホテルはアメリカ・カ
リフォルニア州ソルトン・シティ西部アンザ・ボレゴ砂漠にあり、そこは静穏な安息地だと聞いていまし
た。が、これは控えめな表現であったことがわかりました。実際には、世界の終末らしきものから逃れ
る安息地だったのです。フロントには、ゲイリー・クーパーやクラーク・ゲーブル、ベティ・グレイブルの
サイン入り写真が飾られており、積み重ねたタオルの上に部屋のキーと懐中電灯、それから、今日の午
後に書かれたのか80年前に書かれたのかわからない、アメリカ式の時間を超越した筆記体で書かれた
ウェルカムレターが置いてありました。
　朝になって朝食ルームに入ってみると、フレッシュオレンジジュース、ホットコーヒーと、ゆで卵を盛っ
た鉢がおいてありました。戸外では雲ひとつない青空が、岩だらけの不毛の山脈の上に震えています。
私たちは敷地の周りを散歩してみました。付属のバンガローのうち何棟かは、私たちのところと同じよう
にペンキが塗りたてでした。どうやら打ち捨てられているようで、ペンキがはがれてきているカシータも
あります。テニスコートの向こう側では、ホテルの仮設滑走路のアスファルトがひび割れて、雑草がふさ
ふさと生い茂っています。見渡す限りどこにも、人っ子一人いません。まるで、映画『シャイニング』を
砂漠で再構成したかのように。私たちはプールサイドに座って、ミチバシリたちがプールの縁のコンク
リートをくちばしで叩くのを眺めました。時折、スプリンクラーがシューッという音を立てて息を吹き返し、
私たちはびっくりしてリクライニングチェアから飛び上がるのでした。
　夕暮れ時には、サルサの入ったボウルとトルティーヤが、私たちのカシータの外にあるテーブルに置い
てありました――でも誰が置いていったのでしょう？　夫は実は1920年代からここにいたのでしょうか？
けれども、それもどうでもいいことでした。砂漠をうろつく私たちのために、誰かがピリ辛のトマトサルサ
と温かくてざらざらしたコーンチップを作ってくれたのですから。私たちは、くし形に切ったライムが刺
激的な、冷たくてキャラメルのようなほろ苦い「モデロ・ネグラ（Modelo Negra）」のビールをすすりま
した。日が沈み、レストランに灯りがともります。徐々に駐車場が埋まっていき、食事に来た客たちのシ
ルエットが飾り立てた内装に落ちて、まるで誰かがスロットにコインを投じたかのようでした。私たちは
車で町の中心部にディナーをとりに行きました。戻ってきたときには、ホテルはまた暗く打ち捨てられてお
り、サルサのボウルは下げられていました。3日間というもの毎朝、私たちとミチバシリとゆで卵とスプリ
ンクラー以外には誰もいませんでした。それなのに、夜ごとにレストランは別の次元への入口のように活

気づくのでした。4日目の朝、私たちは、部屋のキーとともにありがとうのメッセージをフロントに残して立ち去りました。

トマト&ニゲラシード

　ニゲラシードがオレガノやタイムに似ているのは、そのオイルに著しい量のカルバクロールが含まれているためです。タマネギの風味もありますが、こちらは葉ネギの緑色の部分のほうに似ており、種を炒ってから冷ましておくとそれがいっそうわかりやすくなります。ニゲラシードはブラックオニオンシードという名前で知られている場合もありますが、これは風味に関係があるからというよりも、見た目が本物のタマネギの種に似ているためです。

　本物のタマネギの種が古くなってまくのに適さなくなると、ニゲラシードに混ぜるのに使われることがあります——風味がないという点からも、効果的なやり方です。（本物の）ニゲラシードは、パンツァネッラ（panzanella）やファットゥーシュ（fattoush）といったトマトとパンのサラダに少量ふりかけて使ってください。

トマト&蜂蜜

　料理人が鍋いっぱいのトマトに砂糖少々を加えるのは、トマトの熟成感を効果的に出すためです。蜂蜜を使うと、トマトがあと少し枝になったままだったら生まれていたであろう甘みが加わる上に、蜂蜜がトマトに花のような香味を与えてくれるので、なおよいのです。スモーキーな蜂蜜や麦芽のような蜂蜜、またはハーブの蜂蜜がベストです。

　以下のレシピはギリシャ料理研究家ダイアン・コチラスによるトマトとバタービーンズの優れたレシピを私が改変したものですが、少しの甘み以上のものが、この料理には加わっています。トマトソースに加えたさまざまな食材が、ソースの甘みと酸味、そしてオリーブオイルのおかげで苦みをも、強くしてくれます。トマトが出せる中で一番大きな音が出ます。さしずめベートーベンの交響曲第10番『トマト』といったところです。

---

recipe

《バタービーンズの蜂蜜トマト煮》（8人分）

❶乾燥バタービーンズ500gをひと晩水に浸し、たっぷりの水に替えておよそ10分ゆで、それから柔らかくなるまでことこと煮る

❷オーブン・ガス両用のキャセロールで、さいの目切りにしたタマネギ2個を、オリーブオイル大さじ2で、うっすらきつね色になるまで炒める

❸豆の水気を切って、煮汁はとっておき、豆をタマネギの鍋に加え、オリーブオイル大さじ3、刻みトマト400g缶を2個、とっておいた煮汁500ml、蜂蜜大さじ2も一緒に加える。よくかき混ぜてから、蓋またはアルミホイルでぴっちり覆い、190℃のオーブンで1時間調理し、必要に応じて煮汁を足す

❹ソースにしっかりとろみがついてきたら、刻んだディル1束分、赤ワインビネガー大さじ4、トマト

ピューレ大さじ2、それから好みで塩コショウを混ぜ入れる

❺オーブンに戻してさらに30分調理する

コチラスのやり方を踏襲して、豆に崩したフェタチーズをのせて提供してもいいですし、しなくても構いません——のせなくても十分にコクがあっておいしいからです。

トマト&パッションフルーツ

パッションフルーツの中心部分は種があってゼリー状になっていますが、これとトマトはとりわけよく合います。このペアを、柔らかく草のような風味のブッラータチーズを背景にして味わってみてください。この組み合わせは、トマトとパッションフルーツの掛け合わせのような味がするとよく言われるタマリロという卵形の果物が好きな方には、なじみの味がするかもしれません。この2種の果物は、センセーションというノンアルコールカクテルでも出会っています——バーテンダーのサルバトーレ・カラブレーゼによれば、これは甘みと酸っぱさとスパイシーさが完璧にミックスされているドリンクなのだそうです。

recipe

《トマトとパッションフルーツのモクテル》

❶氷を入れたシェイカーに、トマトジュース2に対してパッションフルーツジュースとキャロットジュース各1を入れて混ぜる

❷レモン汁少々とクリアハニー、ウスターソース少量を加え、蜂蜜が溶けるまでシェイクする

❸氷を入れたハイボールグラスに注ぎ、チェリートマト1個とバジルの葉1枚を飾りつけて提供する

トマト&フェヌグリーク→「フェヌグリーク&トマト」P.404

トマト&フェンネル

フローレンスフェンネルが持つ複雑なリコリスの風味は、鱗茎〔株元〕部分を加熱すると薄まってしまいます。元気なトマトとペアにしても、ほとんど飛んでしまいます。フェンネルの風味を少しでも残しておきたいなら、フェンネルシードを使うか、またはパスティスをひとたらしして強化したほうがいいでしょう（フェンネルシードを使ったほうが風味がつきます）。

トマト&マスタード→「マスタード&トマト」P.230

トマト&味噌

味噌にはバルサミコ酢の大胆さとコクがある、とシェフのティム・アンダーソンは言います。味噌にはバルサミコ酢のようにはっきりした甘酸っぱさがあって、いまいちな味のトマトを補ってくれます。そして、

フルーツ（花の香り）

トマト

認めましょう、トマトというのはだいたいいまいちなのです。

---

recipe
《トマトの赤味噌ドレッシング和え》
❶赤味噌大さじ山盛り1と塩ひとつまみを米酢大さじ2で溶き、菜種油大さじ3を混ぜ入れる
❷スライスしたトマトにこのドレッシングをまぶし、たっぷり数時間置いておいて、ドレッシングを
吸わせる

　日本にはトマトラーメンというフュージョン料理もあり、愛好者も多く、専門の麺料理チェーン店まであ
るほどです。

トマト&レタス→「レタス&トマト」P.300

トマト&レッドキドニー

　レッドキドニーが同じような色合いの食材とこんなに親和性が高いというのは偶然ではありますが、相
性は確かにいいようです。ナイジェラ・ローソン〔P.443参照〕が作るレッドキドニーサラダには、チェリ
ートマト、赤タマネギ、赤ワインビネガーが入っていますし、極上のベジタリアンチリには赤レンズ豆、
赤唐辛子、レッドキドニーとトマトが使われています。ラジマ（rajma）というのは香辛料を加えたレッ
ドキドニーの煮込みで、「ディシューム（Dishoom）」で出される抜群においしいバージョンは、トマトピ
ューレ、生のトマト、それからこれが大事なのですが、トマトオニオンマサラを使って作られています。
ブラックカルダモンも入っていて、スモーキーでほんの少し薬のような装飾音を加えています。私がこれ
を初めて作ったとき、夫は外出していたので、夜食用に取り分けておいたのですが、夜中の1時に夫が
私を起こして、おいしかったと伝えてくれました。恐れ知らずな行動ですね。レッドキドニーの煮込みひ
とつでこんなことをするなんて考えられますか？　その通り。それほどおいしかった、ということです。

トマト&レンズ豆

　この本を執筆するにあたって、「ベストな風味の組み合わせ」リストをたくさん調べてまわったと言って
も、きっと驚きはしませんよね。でも、どのリストにもレンズ豆とトマトの組み合わせは載っていませんで
した。おかしな話でしょう！　『ハービー／機械じかけのキューピッド』を「歴代擬人化自動車映画ベス
ト100」からはずすようなものです。
　赤レンズ豆とトマトはスープにするととても風味豊かで、塩以外には何も加えなくていいほどです。タ
マネギやニンジン、セロリを加えても構わないのですが、レンズ豆とトマトを一緒に使うと、他のものは
何も足さなくていいほどに個性があふれているのです。ヘルシーで、お安くて、見た目にも元気が出て、
嫌いな人がほぼいないという、スープの中の勝者です。多めに作っておくと、余りをタマリンドウォータ
ーでのばして香辛料を加え、ラサムのようなものを作り（「トマト&タマリンド」P.86も参照してくださ
い）、ダンサク（dhansak）※2のような料理のベースにしたり、タルカ（tarka）※3と混ぜてダール〔豆を香辛

※2　ダンサク（dhansak）…ペルシャ系インド人（ゾロアスター教徒）のシチュー料理。
※3　タルカ（tarka）…香辛料を油に入れて火にかけ、香りを油に移した香味油。

料で煮込んだ料理〕にしたりできますし、あるいはとろみが十分ついていれば、パスタソースにすることもできます。

　赤レンズ豆は断然家庭料理向きです。高級レストランではまずお目にかかりません。そういったレストランでは実のしっかりした、フランスのル・ピュイ産のレンズ豆が幅を利かせています。ル・ピュイ産のレンズ豆がトマトの至近距離まで来ることがあるとすれば、それはドライトマトです。

フルーツ（花の香り）

トマト

Pomegranate
ザクロ

　園芸家はザクロの栽培品種を、甘い、甘酸っぱい、酸っぱい、の3つに分類します。スペインでもっともよく売れている栽培品種は甘いモヤール・デ・エルチェです。ワンダフルという名称のアメリカ産のザクロは甘酸っぱい品種です。インド北部ヒマーチャル・プラデシュ州の、アナルダナ（anardana）という干したザクロの種や種衣〔種を覆っている部分〕は、はっきりした酸味のある野生のダル種からとられています。甘酸っぱいほうに分類されるザクロはどれも、収穫後に追熟はしませんが、貯蔵中に多少乾燥はしますし、そのため甘くなったように感じられます。ザクロの品種を選べる地域にお住まいなら——栽培品種は500種以上存在します——アスマル種やパルフィアンカ種を探してみてください。アスマル種は種が白く、皮が黒に近い紫色をしています。パルフィアンカ種はその風味が広く尊ばれています。寒冷な気候の土地で料理をする人は、その土地のスーパーマーケットに置いてある栽培品種や、さまざま存在する液状の抽出物（果汁、濃縮液、シロップなど）やアナルダナで間に合わせるしかないでしょう。

ザクロ&オレンジ→「オレンジ&ザクロ」P.200
ザクロ&カリフラワー→「カリフラワー&ザクロ」P.224

ザクロ&ゴマ

　PB&J[※4]の変わり種だと思いますか？　でも意外にも、ザクロの糖蜜とタヒニの組み合わせから連想されるのは、子ども向けのサンドイッチというよりは伝統的なクリームティー（cream tea）[※5]です。コクがあってファッジのようなタヒニが、土の風味のあるクロテッドクリームのように、糖蜜の酸味をいくらか抑えつけて、より親しみやすい、ベリーのような風味のほうを前面に引き出してくれています。

　ハーブ・香辛料専門家トニー・ヒルは、アナルダナ（乾燥ザクロ種子）をゴマの実と組み合わせて、「かじるごとに感じる甘みのさなかに、酸味の嬉しい驚き」があるプラリネ（praline）[※6]にしています。ヒルはこの組み合わせを使って、ホップを強めに効かせたエールも造っていて、こちらもすばらしく美味です。

ザクロ&ジャガイモ

　実物は文字から受ける印象よりもずっと美味です。アルー・アナルダナ（aloo anardana）というのは、ジャガイモを乾燥ザクロ種子（アナルダナ）、唐辛子、タマネギ、ミント、コリアンダーリーフと混ぜて調理したインド料理です。インドのパンジャブ地方では人気の料理で、パンジャブ地方北部ではさらに、乾燥ザクロ種子の代わりに生のザクロの種子を使い、クルチャ（kulcha）というフラットブレッドに包んで食べる、似たような料理も作られています。アナルダナは種子のものも粉末状のものもあり、ヒマーチャル・プラデシュ州に自生するダル種というとりわけ酸味の強い品種のザクロを使って作られます。

　アムチュール（amchoor、マンゴーの未熟果の乾燥粉末）と同じように、アナルダナはあらゆる料理の酸味づけに利用されていますが、アナルダナのほうが味がはっきりしています。私はむしろ燻製でないパプリカ粉やトマトのような、よい風味があると思います。小さじ数杯分をプレーンなポテトチップスの

※4　PB&J…ピーナッツバター&ジェリー（Peanut Butter & Jelly）。ピーナッツバターとジャムをパンに塗ってサンドイッチにしたアメリカの軽食。
※5　クリームティー（cream tea）…紅茶とスコーンのセット。クロテッドクリームとジャムが添えられる。
※6　プラリネ（praline）…ローストしたナッツ類に砂糖を加えてキャラメリゼしたもの。

袋に入れてふって食べると、楽しみながらアナルダナに慣れることができます。

ザクロ&チーズ

　お気に入りのザクロの糖蜜を、熟成チェダーチーズのスライスに蜂蜜のようにたらして食べてみたことがあります（「蜂蜜&チーズ」P.78も参照してください）。このザクロの糖蜜は、そのまま食べると、レモン味のシャーベット（sherbet）[※7]とイチゴ味のシャーベットを一緒にしゃぶって、砂糖のコーティングがひび割れだしたところのような味がします（やったことないんですか？　ぜひやってください）。チェダーチーズと組み合わせると、シロップが奇跡的な変身を遂げました。もしルバーブが果物のふりをしている野菜ではなくて本物の果物だったとしたらこんな味だろう、というような味がしたのです。より混じりけがなくて、味がよくて、土の風味と葉っぱっぽさが抑えられた味でした。

　ザクロはフェタチーズとペアにされることも多いですが、こちらも、チェダーチーズほど気分が高揚はしないものの、おいしい組み合わせです。

ザクロ&トマト

　今後、定番になっていく組み合わせです。私は刻んだチェリートマトとザクロの種衣_{しゅい}、ザクロの糖蜜、レモン汁、パセリで基本のサルサを作って、「カリフラワー&ザクロ」（P.224）で紹介するカリフラワーのクミンローストの付け合わせにしています。ザクロとトマトの組み合わせがおいしすぎるので、ブラッディ・メアリーも、トマトジュースを半分ザクロジュースに替えて作っています。オリジナルよりもこちらのほうが好きです──2つの風味がどちらもほんのりフルーティーで、青々としたつる植物っぽさがあり、とてもよく調和しています。

ザクロ&ナス

　もしナスの行商人がザクロの種衣_{しゅい}を詰めた巾着袋を持ち歩いていないとしたら、その行商人はチャンスを逃していることになります。この小さな宝石の粒はナスを小ぎれいにしてくれるわけではないのですが──そんなことをできるものはないでしょう──、私は今古いスリッパを食べているのだ、という考えを紛_{まぎ}らわせてくれます。これは青みとして散らしたパセリや松の実にはできないことです。ロンドンにあるトルコ・キプロス料理レストラン「オクラヴァ（Oklava）」のオーナーシェフのセリン・キアジムは、ザクロの糖蜜が炭で調理した食べ物とよく合うことを指摘しています。苦みのあるスモーキーな味に調和しますし、フルーティーで甘酸っぱい方向に持っていってくれるからです。イラン北部の料理カル・カバブ（kal kabab）は、ババ・ガヌーシュ（baba ghanoush）[※8]をよりフルーティーでツンとする味にしたような食べ物です。

---

recipe

《カル・カバブ（イランのナス料理）》

　　ナス2個をこれでもかというほど黒焦げにして果肉をこそげ取り、クルミ50g、ニンニク1かけ、
ザクロの糖蜜大さじ1、それからドライミント2、3つまみと好みで塩と一緒にブレンダーにかける

※7　シャーベット（sherbet）…飴やライスペーパーの中に粉末ソーダが入ったイギリスの駄菓子。
※8　ババ・ガヌーシュ（baba ghanoush）…ナスとゴマのペースト。

スペインにルーツを持つセファルディム系ユダヤ人の定番料理ベレンヘナス・フリタス（berenjenas fritas）は、ナスの薄切りに塩をして水気を拭き取り、オリーブオイルで揚げてからザクロの糖蜜を塗って蜂蜜をかけ、ゴマを散らして仕上げます。タパスとして食べるところが、ニューオーリンズの「ガラトワーズ・レストラン（Galatoire's Restaurant）」で前菜として出てくる、アイシングシュガーをふりかけたナスのフライとは異なります。

ザクロ&パセリ→「パセリ&ザクロ」P.336

ザクロ&バニラ

アンドレ・ジッド〔1869～1951〕は、ザクロの風味を「未熟なラズベリー」にたとえました。そして、ジッドはノーベル文学賞を受賞しています。バニラアイスクリームにザクロの糖蜜を細くたらして波に見立ててみるには十分な理由になりますね。「これは」というものを見つけるまで、何種類か試してみてください——風味の違いをあぶりだすのに、アイスクリームが一役買ってくれます。

ザクロの糖蜜を自作する場合のレシピは以下の通りです。滅菌消毒した瓶に詰めて冷蔵庫で保存すれば数か月はもつはずです。

recipe

《ザクロの糖蜜》

ザクロ果汁500mlを砂糖100gとレモン汁小さじ1と一緒にこまめにかき混ぜながら煮立て、もとの量の1/4ほどになるまで煮詰めて粗熱をとる

ザクロの糖蜜には、チェリー、クランベリー、ニンジン、あるいは甘みのあるビーツのような味がするものがあります。他にも、はっきりしたキャラメルやメープルシロップの風味があるものもあります。バニラの香味もあるかもしれませんが、きっとアイスクリームのせいでしょう。

ザクロ&ピスタチオ→「ピスタチオ&ザクロ」P.328
ザクロ&ヒヨコ豆→「ヒヨコ豆&ザクロ」P.260
ザクロ&ライム→「ライム&ザクロ」P.193

ザクロ&緑茶

既製品のお茶など清涼飲料水によく使われている組み合わせです。私は、ザクロの味なんて誰もよく知らないものと製造業者が決めてかかっているのだろうと疑っていました。つまり、何を入れているかはっきりさせずに、飲料水を甘くフルーティーにするための方便だろう、と考えていたのです。でも実はこの組み合わせはうまく合うことが多く、ザクロのタンニン由来の渋みで、それよりもきついお茶のタンニンがごまかせるのです。まろやかなベリー風味で、フルーツジュースとお茶がパンチのベースとしてよく合うことに改めて気づかせてくれますし、「フルーツパンチ風味」があると言われる、ピンクアイスという種

なしザクロの品種まで存在することが知られています。

ザクロ&リンゴ

　アップルクランブルやドーセットアップルケーキはバニラカスタードやアイスクリームを添えれば完璧においしくなるのだから、他のものを足したらその完璧さが損なわれてしまう、とおっしゃる人もいるでしょう。そうかもしれませんが、人生で一度でいいですから、ザクロの糖蜜をジグザクにかけて食べてみるべきです。ザクロの糖蜜のはっきりした味のおかげで、リンゴの甘さと花のような風味が際立ちます。ケーキにもともと入っていたリンゴのままですが、バラのような風味が強まっています。

　ザクロ&レッドキドニー→「レッドキドニー&ザクロ」P.48
　ザクロ&レンズ豆→「レンズ豆&ザクロ」P.54

フルーツ（花の香り）

ザクロ

Cranberry
クランベリー

　世界の生クランベリーのおよそ98%は、加工されてジュースやプリザーブになります。私は決して陰謀論者ではありませんが、これは間違いなく、私たちを支配している闇の勢力が、クランベリーを口に入れて美味しいものにするのにどれだけの量の砂糖が必要か、私たちに知ってほしくないからでしょう。何も混ぜていない状態の風味は「嫌な味」だと、アメリカ・マサチューセッツ州カーヴァーにあるクランベリー研究所は認めていますが、「他の風味とよく混ざり合いはする」そうです。

　大量の砂糖と一緒に調理して、たとえばフルーツカードにしたとしても、クランベリーにはこれといった特徴がありません。まるでとてもおとなしい調理用リンゴのようで、甘くない料理においては利点になりえます。クランベリーは風味で劣っている部分を食感と味で埋め合わせています——加熱するとゼリー状になってかじると楽しいですし、酸味と苦みとタンニンの渋みがあります。それに色も強みです。フードライターのジェイン・グリグソン〔P.443参照〕は、クランベリーには料理を「紅潮したピンク」に変える技がある、と考えました。フードライターとしてはうまい表現を見つけたわけですが、これはリップスティックにつけられそうな名前がひとつ減った、ということでもありますね。

　かつてヘンリー・デイヴィッド・ソロー〔1817～1862〕は、マサチューセッツ州の沼地に分け入って野生のクランベリーを収穫し、それを「すがすがしく、元気の出る、力の湧(わ)いてくる味」と表現していました。お近くのスーパーマーケットで手に入るクランベリーではそこまで気持ちが上がらないかもしれませんが、栽培種と野生のクランベリーにはごくわずかな差異しかない、とウェイヴァリー・ルート〔P.442参照〕は主張していますよ。

クランベリー＆アーモンド

　クランベリーには少なくとも70種類の揮発(きはつ)性物質があることが確認されています。ベンゼノイドという芳香族(ほうこう)化合物が豊富で、クランベリーに樹脂やアーモンド、甘いバルサミコ酢の風味の特徴を出しているとされます。有機化学者の言葉を信じておきますが、でも私自身はクランベリーには、調理したときの赤いベリーによくあるジャムっぽさ以外にはあまり芳香をかぎ分けられたことがありません。風味についても、砂糖を足してあったとしても同じです。きっと私が悪いのでしょう。ウィリアム・コベット〔1763～1835〕は著書『アメリカン・ガーデナー』（1819年）で、「これは世界有数の果物である。どんなタルトも、アメリカ産クランベリーで作ったタルトと比較すると、長所という点では霞(かす)んでしまう」と記しています。この果物にははっきりした酸っぱさがあるため、バターをたっぷり使ったペストリーではそれが最高の結果を引き出すし、その逆もまたしかり、ということはあるでしょう。

　生地を格子模様にかぶせたリンツァートルテ（Linzertorte）に使うようなアーモンドペストリーが理想のお相手だと思います。これは簡単なペストリーではありません。ペストリーが粉のがれきの山にならずに済むのは「接着剤」の役割をするグルテン(グルー)があるからですが、このペストリーでは小麦粉の一部をアーモンドパウダーに置き換える分、グルテンが減ってしまうのです。それでも、がんばったご褒美に、炒

ったナッツのまろやかな風味と控えめな甘みがクランベリーのきつさを打ち消した、夢のようなさくさくのペストリーができあがるでしょう。

クランベリー&オーツ麦→「オーツ麦&クランベリー」P.66
クランベリー&大麦→「大麦&クランベリー」P.29

クランベリー&オレンジ

クリスマスの妖精のペアです。その苦みと酸味が贈り物となってくれるおかげで、私たちはクリスマスの脂肪分や甘さすべてを、手こずりながらもやっつけていくことができるのです。クランベリーとオレンジは、ターキーやハムと合わせたり、ショートブレッドに入れたり、あるいはウォッカとミックスしてカクテル（マドラス）にもできる、真冬の定番のペアです。

クランベリーソース作りはいつでも私のクリスマスランチ用やるべきことリストの一番上に書かれています。作るのに10分ほどしかかからないので、ターキーやブレッドソースやピッグズ・イン・ブランケッツ（pigs in blankets）[※9]作りに取り掛かる前に済ませておけば、やる気を出すことができるからです。

recipe
《クランベリーソース》
❶ クランベリー 450gと、目の細かいおろし器ですりおろしたオレンジの皮1個分とオレンジの搾り汁100ml、砂糖75g、好みでシナモンスティック1本を、アルミニウム製でない片手鍋に入れる
❷ ソースが静かに泡立つくらいの火加減で煮立てて、ベリーのほとんどが顔を出してジャムのような質感になるまで煮詰める
❸ 火から下ろして粗熱をとり、味をみて甘さを調節する。ポートワインをひとたらししてもいいし、ソースがなめらかなほうが好みなら、ベリーの一部をつぶしてもいい

このレシピを応用すると「冷蔵庫マーマレード」も作れます——これは冷蔵庫ジャム〔ペクチンなどを使わず簡単に作るジャム〕と同じで本物に比べると砂糖がかなり少ないので、数週間しかもちません。粗くおろした皮と、ライトブラウンシュガー125g（もしくは、オックスフォードマーマレードの香味がお好きなら、ダークブラウンシュガーを使ってください）で、上記と同じように作ります。シナモンは入れないでください。ライムをたっぷり搾ると、カボチャや黒インゲン豆のスープの浮き実に変身します。

クランベリー&コーヒー

前著『風味の事典』〔楽工社、2016年〕で扱った中で、コーヒーと果物がペアになっているお気に入りレシピが2つあります。コーヒーとオレンジで風味づけしたリキュール、それからカシスのソルベとコーヒーアイスクリームの層を交互に重ねたデザートです。それでも、「ティアマリア（Tia Maria）」をクランベリーとミックスして「ティア・ブリーズ」を作ってみよう、という広告を目にしたときは、思わず二度見を

［フルーツ（花の香り）］

クランベリー

※9　ピッグズ・イン・ブランケッツ（pigs in blankets）…イギリスのクリスマス料理。小さめのソーセージにベーコンを巻いて焼いたもの。

せずにはいられませんでした。甘いコーヒーリキュールと健康志向のクランベリーですって？　まるで、老貴婦人が専属トレーナーを若いツバメにして見せびらかしてまわっているようなものです。けれども、実際にやってみると、思ったよりずっとおいしくなりました。チョコレートと同じように、コーヒーには複雑さと深みがあり、焙煎の過程で増していきますが、こちらはあまり他の風味を覆い隠すことはありません。これはかえって幸いなことです。クランベリーの風味は、生のベリーよりも搾り汁のほうが見つけやすくはあるものの、かすかで、ほぼ消えそうと言ってもいいくらいだからです。ティアマリアと組み合わせることでクランベリーのサワーチェリーのような香味が引き出され、クリスマスにしか買わない、あのキルシュ〔チェリーブランデー〕に浸してチョコレートでコーティングしたチェリーを思わせる味になっていました。

クランベリー＆シナモン→「シナモン＆クランベリー」P.364

クランベリー＆ショウガ

　アメリカ・マサチューセッツ州ケンブリッジの、ハーヴァード・ヤードの向かいにあるレストラン「オールデン＆ハーロウ（Alden & Harlow）」の心地よい魔力に捕まって、モクテルを注文しました。モクテルというのは2種類以上のソフトドリンクで作る、強気な値段設定の飲み物です。私は普段、モクテルを注文できるくらい向こう見ずになるためには、少なくとも一杯はアルコール入りのドリンクを飲まないといけません。ですがこのときは講演をする直前で、まっとうな道を踏み外さないでいる必要があったのです。

　注文したドリンクが届きました。フルーツジュースとソーダが入った素敵な一杯です。それは天啓のようでした——クランベリージュース、ジンジャービール、それからひと搾りのライムのミックスが、クラッシュアイスに注がれていました。クランベリーは甘く、酸っぱく、ちょうど大人味になるくらいのタンニンをまとい、ライムの味とショウガの辛い刺激が味を一段引き上げていました。突然、私はクリスタルのユニコーンに乗って、フルーツフレーバーの虹を飛び越えていました。生涯アルコールを断ちます、という誓いを今にも立てそうになったところで、いくぶん逆説的ですが、そんな人生を一変させるような決断をするのは、シュガーハイ〔砂糖の摂取による一時的な高揚状態〕が収まってからにするべきだと気がついたのでした。

クランベリー＆チーズ

　フクロウ、役に立つ荷車、お米1ポンド、クランベリータルト。銀色の蜂たちの巣、緑色のニシコクマルガラス、棒つきキャンディーのおててのかわいいお猿と、たっぷりのスティルトンチーズ。ディスカウントチェーンの「アルディ（ALDI）」に来たのでしょうか？　いえいえ。これは、エドワード・リア〔1812～1888〕の詩に出てくるジャンブリーズが、海を旅するふるいを波止場につけて、「木々で覆われた土地」で軽くショッピングをしたときに買ったものです。

『ジャンブリーズ』から67年後の1938年に出版された『フィラデルフィアの人びと（*Philadelphia Folks*)』（副題「このクエーカー教徒の街における、街にまつわる流儀としきたり」）で、著者コーネリアス・ウェイガントはリアがクランベリータルトとブルーチーズをペアにしたことを支持しています。「冬のクランベリータルトにも夏のストロベリータルトにも、スティルトンなりロックフォールなりゴルゴンゾーラなりのチーズがほんの少し必要だ」

クランベリータルトの中には、クリームチーズとクランベリーソースを混ぜてタルト生地に流し込んだだけで作れるものもあります。卵も必要なものもあり、こちらは焼いて一種のチーズケーキのようにします。

クランベリー&トウモロコシ

建国の父たちです。ドライクランベリーはコーンブレッドやコーンマフィンに使われますし、マフィンやクッキーのレーズンやサルタナ〔P.131参照〕の代替として提案されていることもよくあります——が、砂糖や果汁で甘みづけをしてあってもドライクランベリーのほうがずっと酸っぱいですし、フルーティーさでは負けます。トウモロコシがあまりにも甘ったるくなりがちであることを考えると、これは幸いかもしれません。

穂軸つきトウモロコシにはライムの搾り汁をかけるのが人気なので、それにならって（または、日本では梅干しが人気です——「トウモロコシ&プラム」P.74も参照してください）、私はブレンダーでクランベリーバターを作り、強火で焼いて焦げ目をつけた穂軸つきトウモロコシに塗りました。ヴィーガンマヨネーズをこのバターの代わりに使ってもいいかもしれません。

クランベリー&蜂蜜→「蜂蜜&クランベリー」P.77

クランベリー&パッションフルーツ

寒冷気候の土地の果物と、熱帯地方の果物の出会いです。相互協定の関係にあり、パッションフルーツがクランベリーにない強い風味を出し、クランベリーのほうはパッションフルーツに欠けているしっかりしたボディを補っています。

recipe

《クランベリーとパッションフルーツのコンポート》（2人分）

❶クランベリー250gを、砂糖50gと水またはリンゴの搾り汁少々と一緒に、クランベリーが浮いてくるまで煮る
❷粗熱をとってパッションフルーツの果肉3個分を混ぜ入れる

とろみがあって心を満たすクランベリーが、魅惑的なパッションフルーツをすばらしく引き立ててくれますが、パッションフルーツの種は濾して取り除いてしまっても構いません。入れたままにしておくと、鮮烈な赤いソースに黄色い縁のついた黒い目が100個浮いていることになります——ハロウィーンになら結構ですが、それ以外のときには、こちらを見つめているコンポートをいただくというのはちょっと落ち着かないものです。

クランベリー&バニラ→「バニラ&クランベリー」P.149
クランベリー&ピーカンナッツ→「ピーカンナッツ&クランベリー」P.391

クランベリー&プルーン

　意外でもないのですが、エラ・イートン・ケロッグ〔1853〜1920〕が、著書『キッチンの科学 (*Science in the Kitchen*)』(1892) で推奨しています。エラはこの食べ物を、夫で栄養学者、そして朝食用シリアルの大事業家、ジョン・ハーヴェイ・ケロッグ博士が運営していた療養所で目にしたのです。クランベリーとプルーンを同量使ってコンポートを作れば、砂糖は必要ありません、とエラはアドバイスしています。確かにかなりおいしくはなりますが、ケロッグ夫妻がこれを気に入っていたのは食物繊維が豊富で健康によいからというところが大きいのだろうな、と感じざるを得ません。

　私はこのコンポートを濃厚なギリシャヨーグルトに混ぜて、ネッセルローデ・プディングのピューリタンバージョンのようなものを作りました。ネッセルローデ・プディングは、アイスクリームと栗のピューレと、砂糖漬けのシトロン、レーズン、カラント、ラム酒を型に入れて作った、凝った模様のデザートです。

クランベリー&マスタード→「マスタード&クランベリー」P.227
クランベリー&マルメロ→「マルメロ&クランベリー」P.166

クランベリー&メープルシロップ

　アメリカ先住民は、クランベリーをメープルシロップや砂糖で煮て甘みをつけていました。メープルシロップが持つ大事な桃とアーモンドの風味を飛ばしてしまわないように、私は生のクランベリーをことこと煮て、火を止める前にメープルシロップを混ぜ入れました。できあがりは、砂糖漬けのサワーチェリーまであと一息、といったものでした。

　クランベリーの偉大なる強みのひとつは軽く火を通したときの食感です。ゼラチン状の楽しい食感で、グーズベリーに似ていなくもありません。加熱していない状態だと、生のジャガイモのようにパキッとしています。半分かじってみると、目をぎゅっとつむって、手探りで砂糖壺を探し回りたくなることでしょう。

　ロシアやフィンランドでは、生のクランベリーに卵白をまぶし、アイシングシュガーで分厚くコーティングして、お祝い向きの砂糖菓子を作ります。ここで使うクランベリーはおそらく、ヨーロッパでは一般的な*Vaccinium oxycoccos*で、アメリカで見られる*Vaccinium macrocarpon*とは違います。風味科学者のラルフ・ギュンター・バーガーは、アメリカ産の品種のほうが実は大きいが、香りはよくない、と書いています。

クランベリー&ライチ

　ケープ・コッドというのはウォッカとクランベリージュースをミックスしたカクテルです——つまり、シーブリーズのグレープフルーツ抜きです。非常に冷たく、そしてきつい味です。ライチリキュールを加えると、スイート・レッド・ロータスになります。ライチがローズとアプリコットの花のような香味でクランベリーをなだめてくれますし、甘みでウォッカの手荒な切れ味の角を取ってくれます。海に面したブルータリズム[※10]建築の主題表現が、花咲く庭つきの荒壁土の田舎家に変わるかのような変化を遂げます。

クランベリー&ライ麦→「ライ麦&クランベリー」P.24
クランベリー&リンゴ→「リンゴ&クランベリー」P.172

※10　ブルータリズム…1950〜1970年代に登場した建築様式。打ち放しコンクリートなどが特徴で、装飾を排し素材そのものを重視した。
※11　イートンメス (Eton mess) …イチゴ、メレンゲ、クリームで作るイギリスの菓子。名門パブリックスクール、イートン校に由来するとされ、メスは「めちゃくちゃ」の意味で、混ぜて食べる。

Gooseberry
グーズベリー

　グーズベリーの植物学上の名前は*Ribes grossularia*、あるいは*Ribes uva-crispa*です。イタリア人はウーバ・スピーナ（uva spina、「とげだらけのブドウ」）と呼んでいますが、グーズベリーには現在入手できる大半の黄緑系のブドウに比べるとはるかに興味深い風味があります。

　グーズベリーは独自の名前を冠した果物群に入れてもいいのではないか、と思うこともあります。ブラムリーアップル〔調理用リンゴの一種〕、ルバーブ、カシス、エルダーベリーはどれも、砂糖と調理するとその風味が本領を発揮します。汎完熟果実類、とでもしましょうか？　そう遠くない昔、グーズベリーの栽培品種はイギリスだけでも2000種ありました。各地のクラブが一番大きいグーズベリーを栽培しようと競い合っていたのです。マグネット（長くて赤いグーズベリー）、ロード・ミドルトン（丸くて赤い）、それからヴィクトリア（緑色）などの古い品種は風味を称賛されていました。赤や黄色のグーズベリーのほうが甘いと考えられていることが多く、生食できるデザート用グーズベリーです。ウィリアム・ラインド〔1833〜1867〕は著書『野菜王国の歴史（*A History of the Vegetable Kingdom*）』で、最上級のイエローグーズベリーで作ったワインはシャンパンと間違われてもおかしくない、と主張しています。

　グーズベリーは冷凍できます。缶詰にするといまいちで、パティシエのクレア・プタック〔P.443参照〕は、ひどい口臭のようなにおいを帯びてしまう、と言っています。

グーズベリー＆エルダーフラワー

　驚くほど最近できたものではありますが、完璧な取り合わせです。食の歴史家ローラ・メイソンとキャサリン・ブラウンによれば、グーズベリーとエルダーフラワーのペアリングは、ジェイン・グリグソン〔P.443参照〕が1971年の著書『すぐれたものたち（*Good Things*）』で広めるまで、ほとんど知られていなかったのだそうです。近頃ではイートンメス（Eton mess）[11]やアイスクリーム、タルト、フール[12]、ゼリー、パブロバ[13]、フルーツカード、ジン——つまり、だいたいが軽くて夏っぽい、甘い飲食物に、ペアで使われています。シェフのトム・ケリッジはこの流行に逆らって、栄養たっぷりのスエット（suet）[14]の団子をエルダーフラワーシロップで軽くゆで、これを入れたグーズベリーの煮込みを作り、甘みをつけたクリームチーズを添えて提供しています。ヨタム・オットレンギ〔P.444参照〕は、オーブンで乾燥させたグーズベリーをエルダーフラワーのコーディアル〔P.108参照〕、ミント、パセリ、セロリと混ぜて、イングランドの地方版ガーデン・サルサ〔庭でとれた野菜等で作るサルサ〕とでも呼ぶべきものを作っています。

グーズベリー＆エルダーベリー

　エルダーベリー＋グーズベリー≒カシスです。あるいは、もしかしたら、カシスと2種のグーズベリーの交雑種であるヨスタベリーかもしれません。カシスとグーズベリー——どちらもスグリ属（Ribes）の種です——を一緒に調理したときと同じように、エルダーベリーの風味が優勢です。ジャーナリストのコービー・カマーは、グーズベリーのシャーベットにエルダーベリーの泡を添えて薄いトウモロコシケーキにのせた料理が、マンハッタンにあるトーマス・ケラー〔P.443参照〕のレストラン「パー・セイ（Per Se）」

※12　フール（fool）…ピューレ状の果物と泡立てたクリームを混ぜ合わせたイギリスの菓子。
※13　パブロバ（pavlova）…オーブンで焼いたメレンゲにクリームやフルーツをトッピングした菓子。
※14　スエット（suet）…牛の腎臓の周りについている白い脂身。蒸しプディングやペストリーなどに使われる。

で食べた中でも指折りの味だった、と書いています。

グーズベリー＆オーツ麦

　父のおばのフランキーは、スコットランドのバックリーヴィーという村に小自作農地を持つ八百屋でした。夏休みに遊びに行くと、大人たちがおしゃべりに興じるあいだ、私はグーズベリーとレッドカラントの茂みで遊んでおいで、と言われるのでした。私が決めた方針はシンプルで、自力でなんとかする、というものでした。果樹栽培家エドワード・バンヤードはかつて、子どもたちが食べられる以上のグーズベリーが生えている庭などない、と述べましたが、フランキーおばは私がおばの庭のグーズベリーに侵略を開始しているのを見つけると、私をさっと厩舎〔きゅうしゃ〕へ連れ去り、私はそこで、とげで傷だらけになった手でポニーの手綱〔たづな〕を握ったものでした。まるで天国がグラスゴーの18マイル北に存在しているかのようでした。

　グーズベリーとオーツ麦の組み合わせはスコットランドの定番に違いありません。これといったレシピがあるわけではないのですが、一緒に現れることはあります。脂分の多い魚の切り身〔オイリーフィッシュ〕はオーツ麦をまぶしてグーズベリーソースを添えて提供されます。グーズベリークランブルにオーツ麦を混ぜ込んでもいいですし、とろみのあるコンポートにしてオーツ麦バーに挟むこともできます。オーツ麦とブラウンシュガーで作ったビスケットをグーズベリーのフール〔P.101参照〕と一緒に出したり、クラナハン（cranachan）[※15]に使うラズベリーをグーズベリーに置き換えて、炒ったオーツ麦と、ウイスキーと蜂蜜で風味づけしたホイップクリームと交互に重ねたりするのもいいでしょう。

　グーズベリーの熱狂的なファン向けのベストなペアはオーバーナイトオーツです。オーバーナイトオーツにすると、そのまま加えたオーツ麦がクリーミーさをまとい、これをグーズベリーが大変好むのです――とりわけ、オーツ麦に自身の苦い草っぽさが少々残っており、それがグーズベリーにもある苦い草っぽさとマッチします。

---

recipe
《グーズベリーオーバーナイトオーツ》
　　　グーズベリーコンポート大さじ2〜3、ロールドオーツ大さじ2、牛乳大さじ2、ギリシャヨーグルト大さじ4を混ぜて、冷蔵庫でひと晩置いておく（コンポートのレシピは、「グーズベリー＆ベイリーフ」P.103を参照）

グーズベリー＆ショウガ

　ショウガはグーズベリーに甘みも加えますし、花のようなレモンのような複雑さも足してくれます。やりすぎにだけ気をつけてください。「グーズベリー＆フェンネル」でも述べますが、ショウガは脂肪分が多く塩気のある料理に添えるタイプのグーズベリーソースにはよく使われる食材です。

　イギリス・ヨークシャーのショウガとオーツ麦のべとべとするケーキ、ジンジャーパーキン（ginger parkin）は、コンポートを添えて、それもグーズベリーやルバーブのものを添えて提供するのが伝統的なやり方だ、と主張する人もいます。ヨークシャーのシェフ、トミー・バンクスは、パーキンのケーキくずを使ったグーズベリーチーズケーキを作り、グーズベリーコンポートとミルクチュイール（tuile）[※16]を添え

※15　クラナハン（cranachan）…スコッチウイスキーと蜂蜜を混ぜたホイップクリーム、炒ったオーツ麦、ラズベリーを混ぜてつくるスコットランドの菓子。
※16　チュイール（tuile）…小麦粉、砂糖、バター、卵白などを混ぜ合わせた生地や、チーズなどを、薄くサクサクに焼いたもの。

て提供しています。

グーズベリー&ソレル→「ソレル&グーズベリー」P.182

グーズベリー&バニラ

　定番の道化師のペアです。18世紀イングランドの料理本の著者ハナー・グラス〔1708〜1770〕は、グーズベリーのフール〔P.101参照〕には牛乳でカスタードのベースを作る（ただし、ラズベリーのフールにはクリームを使う）ことを推奨しています。フードライターのジェイン・グリグソン〔P.443参照〕はグーズベリーに火を通しすぎたり、ミキサーにかけたり、ふるいにかけたりしないように注意を促しています。カスタードの風味は何にでも非常に合わせやすいので、昔ながらのエルダーフラワーや、フローレンス・ホワイト〔フードライター、P.444参照〕が提案するオレンジフラワーウォーター、あるいは調和しやすい、ハーブらしさのあるベイリーフなど、バニラ以外を使うことをぜひ検討してみてください。

グーズベリー&ピーカンナッツ

　「熟していない小さなグーズベリーをセロリ、キャベツ、木の実の仁と一緒に刻んでみたことはありますか?」と、1906年刊の『西洋果樹栽培家』誌は問いかけています。私はあります。できあがったのは、ウォルドーフサラダというよりもトラベロッジサラダというべきものでした。[※17]

グーズベリー&フェンネル

　料理研究家のエリザベス・デイヴィッド〔P.442参照〕は1970年に、イギリス人はグーズベリーを今でもデザートには使っているが、グーズベリーソースは廃れてしまった、と指摘しています。デイヴィッドの見解ではこれは残念なことで、このソースには「サバなどのコクのある魚と合わせるのにぴったりの、はっきりした味があるから」というのでした。作るのもとても簡単です。デイヴィッドは、ベリーをふるいで濾し、ほんの少し甘みをつけて、少量のバターを足すとよい、というイライザ・アクトン〔P.442参照〕のアドバイスを継承しています。

　プリザーブのグーズベリーで作るソースにはフェンネルを加えても嬉しいものですが、生ではあまりインパクトはないでしょう——その場合は、ソースにおろしショウガを加えるとおいしくなります。

グーズベリー&ベイリーフ

　ベイリーフはグーズベリーの広報係です。グーズベリーを加熱するとはっきりするハーブのような香味を、つかまえて増幅させるのです。グーズベリーとベイリーフのコンポートを作るなら、乾燥または生のベイリーフを、グーズベリー500gにつき2枚使用します。

---

recipe
《グーズベリーとベイリーフのコンポート》
❶ベリーのへたとおしりを落として鍋に入れ、水少々、ベイリーフ、砂糖150gを加える

※17　ウォルドーフサラダはニューヨークにあった高級ホテルのウォルドーフホテルで生み出されたリンゴとセロリとマヨネーズにナッツを合わせたサラダ。トラベロッジはイギリスの格安ホテルチェーン。

❷弱火で砂糖を溶かし、火を少し強めて蓋をし、10分から15分ことこと煮る（ベイリーフは1時間以内に取り除く）

　グーズベリーのフール〔P.101参照〕やアイスクリームを作る際には、ベイリーフで風味づけしたカスタードなら間違いありません。

**　グーズベリー＆ミント**→「ミント＆グーズベリー」P.348
**　グーズベリー＆ヨーグルト**→「ヨーグルト＆グーズベリー」P.176

グーズベリー＆ライチ

　ヴィーガンのドーナツショップのウェブサイトで、ライチとグーズベリーのドーナツを見つけたことがあります。グーズベリーが旬の時期だったので、翌日2マイル歩いてそのお店に行きましたが、もう売り切れてしまっていました。この悲しみを、ニュージーランド産のネルソン・ソーヴィン種のホップで造ったペールエールで紛らせればよかったのかもしれません。このホップにはグーズベリー、ライチ、エルダーフラワー、マンゴーの風味があるのです。グーズベリーとライチの香味はソーヴィニヨン・ブランのワインにもよく見られます。

**　グーズベリー＆緑茶**→「緑茶＆グーズベリー」P.429

グーズベリー＆リンゴ

　グーズベリーの風味はリンゴに似ていて、青い果実のような、草のような、酸っぱい風味です——よりハーブっぽくて麝香のような香りのする、ブラムリーアップル〔調理用リンゴの一種〕に似ています。グーズベリーが手に入らないときは、甘みを足していない調理用リンゴで作ったソースをサバに添えて出すとよい、とシェフのロウリー・リーは勧めています。グーズベリーの量が少ないときでも、リンゴを使うとうまくかさ増しできるのは間違いありません。リンゴのほうは加熱したところでグーズベリーのすばらしい食感の代役はできなくても、です。ベリーははじけてしまっても、外側の果肉は形をいくらか保っていますし、柔らかいと同時にしっかりしてもいます。

**　グーズベリー＆レモン**→「レモン＆グーズベリー」P.187

Lychee
ライチ

　自然が生んだターキッシュディライト（Turkish delight）[※18]です。ライチの果肉はピンクがかった雪のような半透明のゼリー状で、砂糖のように甘く、バラのような香りがあります。ライチには龍の皮膚のような皮と、トチの実のようにつやつややした種子があり、ジョリー・レード〔美人ではないが魅力のある女性〕の代名詞です。皮と種子を取り除くと、果肉の色がピンクやアイボリーよりもグレー寄りの品種は特に、解剖に使われた何かのような見た目になります。

　ライチの風味は摘んだそばから飛び始めるので、できれば枝つきのものを買ってください。硬くてさくさくしていて酸味のあるものも、汁気が多くジューシーで甘いものもあります。果実専門家ジョージ・ワイドマン・グロフは、皮を割っても果汁がこぼれてこない、「汁気が少なくすっきりした」評価の高いライチと、割ると果汁がたれてくるものを区別しています。汁気の少ないライチはデーツのように暗い色をしていて、味もちょっとデーツに似ています。

　ライチ風味の製品はアジアでは人気ですが、風味化学者ジョン・R・ライトは、ウッディで蜂蜜やキャラメルの香味と硫黄のような特質がある本物のライチの風味は再現が難しい、と指摘しています。ほとんどの合成香料はローズの要素を押し出しすぎるのです。フードライターのフューシャ・ダンロップは著書『四川料理（*The Food of Sichuan*）』で、四川料理の21種類の味つけを説明しています。そのうちのひとつが「荔枝味」、つまり「ライチ」の味つけですが、これはライチそのものが入っているというわけではなく、「酸味が甘みよりもほんの少し立っていて、ライチの果実を思わせる、甘酢味の一種」のことです。

ライチ&エルダーフラワー→「エルダーフラワー&ライチ」P.110

ライチ&オレンジ

　ソムチュン（som chun）というのは、タイで夏に作る冷たいデザートです。ジャスミンの香りの氷を砕いた上にライチとタンジェリンの房をのせ、その上からソムサー（som saa）という、セヴィルオレンジ、別名ビターオレンジ（*Citrus aurantium*）で作るシロップをかけてあります。熟していないマンゴーや揚げたエシャロット、ショウガの千切りやライムの皮を飾りつけると、味覚をシャキッとさせてくれます。

ライチ&海藻

　ライチはベジタリアンにとってのホタテです。アメリカ・テキサス州のシェフ、ヴィンス・メロディはこの類似性をめいっぱい利用して、缶詰のライチを昆布と一緒に塩水に漬け、表面をあぶってカラメル化させています。これにニンジン、ショウガ、ターメリックのソースをかけ、唐辛子、葉ネギ、バジルを添えて提供しています。ごく新鮮なライチには時としてニンニクの香味が感じられることがありますが、その香味も明らかにホタテと類似しています。

フルーツ（花の香り）

ライチ

※18　ターキッシュディライト（Turkish delight）…トルコの伝統的な菓子。「トルコの悦び」の意。トルコ語では「ロクム」と呼ばれる。水と砂糖、コーンスターチに、ナッツなどを加えて作る。

105

ライチ&グーズベリー→「グーズベリー&ライチ」P.104
ライチ&クランベリー→「クランベリー&ライチ」P.100

ライチ&ココナッツ

うまくいかない日には、このペアはスペイン・マルヨカ島のマガルフにあるビーチ・バーのようなにおいがすることがあります。日焼け止めの「ハワイアン・トロピック」がふわっと香り、さらにライチの持つローズの香りが強烈で、アプリコットとチェリーも少々放り込まれたようなにおいです。

タイ料理では、この香りは控えめになっていますが、味は最大限前面に押し出されます。塩と甘みづけのパームシュガーが入ったココナッツミルクの中に、甘いライチが浮いています。ライチ風味のサゴパール〔P.141を参照〕を入れたドリンクもあります。ライチの缶詰のシロップをココナッツミルクとコンデンスミルクと混ぜたものです。ベースにココナッツが入ったレッドカレーだと、ライチが肉や魚や野菜の合間に引っ込んでいて、その甘さで唐辛子の辛さから一時的に逃げられるようになっていることもあります。もしライチの風味の、植物性でいいにおいのする香味を警戒しているなら、これは順応する方法としては悪くありません。この香味は甘みの中で慣れていくうちに好きになれる味かもしれないからです。

植物性の香味は摘んだばかりのライチのほうがはっきりしていますが、ピアジ種のような栽培品種の特徴でもあります。この品種はゆでタマネギの味がするため、シャーベット用には売れません。

ライチ&チーズ

ライチの皮むきは、それ自体がご褒美のような体験です。しかも皮をむくと果実を口に入れることまでできるのです。なめているうちに色が変わっていくつるつるの飴、ゴブストッパーのように、徐々にその風味が現れてきます。最初はバラ一色で、その後はものすごく梨っぽく、それも外向的な梨っぽくなります。

歯でかじる前に、他の風味を見つけられるかどうか、試してみてください。もっともよく挙げられる中には、マスカット、グアバ、スイカ、パイナップルなどがあり、どれもチーズととりわけよく合う果物です。生のライチと、干してかなりデーツに近くなったライチ、どちらもチーズボードにのせて、実験してみる価値はあります。

ライチ&バニラ→「バニラ&ライチ」P.152
ライチ&プラム→「プラム&ライチ」P.118
ライチ&ユズ→「ユズ&ライチ」P.198

ライチ&レモン

ライチの主要な風味はバラ〜柑橘類です。レモンの皮の主要な風味は柑橘類〜バラです。風味は明らかに重なり合う部分がありますが、賢く使えば、両方の風味を識別しつつその調和を楽しむこともできます。高級レストランにおいては、ライチはシャーベットやカクテルの形で一番多く出てきます。これはもっともなことで、ライチのベストなペアは、まず間違いなく氷点下の温度です。ライチの一番強情な風味は、冷やされると薄まるのです。

缶詰のライチは氷菓や混合酒に使う生のライチの代わりとしてまったく問題なく使えます。偉大なる探検家にして料理人のトム・ストバートは、缶詰のライチが「著しく生のライチに似た味がする」と主張し

ていました（とはいえ、ストバートはエベレスト登山も成し遂げた人物なので、間違いなく缶詰の食糧に対して平均よりも耐性がありました）。缶詰のライチだとフレッシュさのトップノートがなくなりはしますが、レモンの皮をすりおろし、レモン果汁をひと搾りすれば復活させることができます。

フルーツ（花の香り）　ライチ

Elderflower
エルダーフラワー

　夏の始まりを告げる花火の彩りになってくれる植物です。実際の気候からは夏が始まったとわからないときに、あると便利ですよ。エルダーフラワー専門家アリス・ジョーンズが指摘する通り、エルダーフラワーの風味は複雑で、単体で完成されています。また、繊細でかき消されてしまいやすい風味でもあります。他の多くの花と同じように、加熱には耐えられないので、花部分は通常シロップに浸してコーディアル（cordial）※19にします。花を摘むと、クリーミーホワイトで、はっきり見える緑っぽい黄色の花粉があるはずです。新鮮でよい芳香のある別々の茂みや木から摘むと、コーディアルがいっそう複雑になります。コーディアルを作るのではないとしても、別々の茂みや木にある花の部分をかいでみて、その香りの特徴がきわめて多様なのを確かめてみてください。

エルダーフラワー&エルダーベリー

　エルダーベリーの風味は、こちらを押しつぶしそうなくらい強烈なことがあります。エルダーフラワーを加えると、若々しい軽快さが取り戻せます。さらに、情熱的な香りもいくらか加わります——モロッコで、オレンジジュースをオレンジフラワーウォーターで増幅するのと、かなり似ています。エルダーベリーのコーディアルをエルダーフラワーシャンパンにひとたらしすると、カクテルのエルダーフラワー・ロワイヤルが作れます。熟していないエルダーベリー（そのままでは毒があります）は、エルダーフラワービネガーに漬けて発酵させると、ケッパーのように利用できます。発酵させることで、加熱した場合と同じようにベリーが解毒されるからです。

　エルダーフラワー&グーズベリー→「グーズベリー&エルダーフラワー」P.101

エルダーフラワー&チーズ

　エルダーフラワーのコーディアルは山羊のチーズのペアとして完璧です。ちょうど、フランスのノワール渓谷のワインとチーズのペア、サンセールとクロタン・ド・シャヴィニョルが定番であるように。チーズに含まれる脂肪分がエルダーフラワーの花のようなハーブのような風味をつかまえて増幅させ、脂肪分自体はコーディアルの酸味で薄まります。

　エルダーフラワーとソーヴィニョン・ブランのワインはどちらにも、しばしば「猫のよう」と形容される風味の特徴があります。グーズベリーとカシスにも同じ特徴があります。エルダーフラワーが樹上で咲いてから時間が経っていくにつれて、この猫っぽさがどんどん、もともとある柑橘類の風味に取って代わっていきます——そしてこの猫っぽさは、エルダーフラワーの特徴であり、低レベルであれば好ましいものの、高濃度だと胸がむかつくにおいになってしまいます。

　栽培農家リチャード・ケリーによれば、花ではなくベリーのために栽培されるエルダー〔セイヨウニワトコ〕の中には、特に猫っぽい風味のある花をつけるものがあるのだそうです。エルダーフラワーは、レモンのような風味があるおかげで、チーズケーキに使うソフトチーズのパートナーとして使ってもいいで

※19　コーディアル（cordial）…ハーブや果物をシロップに漬け込んだ濃縮ドリンク。水で薄めて飲む。

すし、またはマスカルポーネと混ぜるとケーキのアイシングにもなります。職人たちが作るチェダーチーズのメーカー「クイックス（Quicke's）」は、乾燥させたエルダーフラワーを点々と散らしたチーズ製品を作り出しており、これにはバターのような牛乳のチーズに低木の生け垣がふわっと香る、まろやかで花のような風味があります。

エルダーフラワー&トウモロコシ

パン・デ・メイ（pan de mej）と呼ばれるイタリア・ミラノのデザートは、コーンミール、小麦粉、乾燥エルダーフラワーで作られます。コーンミールの代わりにキビ粉が使われることもあります。19世紀の著述家ペッレグリーノ・アルトゥージ〔P.444参照〕も同系統のレシピを残していて、こちらはコーンミールとバター、アイシングシュガー、エルダーフラワー、そして卵黄だけで作ります。

エルダーフラワー&蜂蜜

「蜜蜂が花びらの間にもぐりこんでどんなものを味わっているか想像してみるとしたら、このドリンクがまさしくそれです」と、エイミー・スチュアートは著書『酔いどれ植物学者（*The Drunken Botanist*）』で、エルダーフラワーリキュール「サン・ジェルマン（St-Germain）」について書いています。スチュアートはさらに続けて、このドリンクには蜂蜜と花のような香味があると述べています。19世紀アメリカでは、新聞広告に登場するアンクル・サムが、オクラホマ州西部への移住を希望する開拓者に、移住すれば「蜂蜜の池とフリッターの木」が手に入る、と約束していました。「フリッターの木」というのはセイヨウニワトコのこの土地特有の呼び名で、花の部分をバター液に浸してパンケーキやフリッターを作り、蜂蜜に泳がせて提供する慣習からできた表現です。

エルダーフラワー&パッションフルーツ

やりすぎでしょうか？　全身にヒョウ皮をまとうようなものです（なのでもちろん、ヒョウがやるなら許されます）。ですが、この風味を組み合わせたパンチは冷やすと芳醇になって、ドリンクや氷菓にするとおいしいのです。まずはパッションフルーツ半分から試してみてください。パッションフルーツ1個を半分に切り、ティースプーンを使って種をほぐします。エルダーフラワーコーディアル〔P.108参照〕をひとたらしして、氷の上にのせておいてから、お酒のようにひと息にあおって食べます。

エルダーフラワー&バニラ

エルダーフラワーの風味は繊細なので、バニラのような暴れん坊には簡単にねじ伏せられてしまいます。けれども、エルダーフラワーのフリッターはバニラアイスクリームと合わせると最高であることは否定できません。イギリスのウィスタブルにある「ザ・スポーツマン（The Sportsman）」では、シェフのスティーブン・ハリスがキッチンの外にある木から摘んだエルダーフラワーでフリッターを作っています。ハリスはこれを胃もたれしないドーナツにたとえています。このフリッターにハリスはエルダーフラワーのポセット[20]（posset）を添えていますが、もしご自宅にバニラアイスクリームしかなくても安心してください——この組み合わせはフローズンカスタードドーナツに似ているからです。

エルダーフラワー&プルーン →「プルーン&エルダーフラワー」P.126

※20　ポセット（posset）…温めた生クリームに砂糖、レモン果汁を入れて冷やしたイギリスの菓子。

エルダーフラワー&ミント→「ミント&エルダーフラワー」P.348

エルダーフラワー&ライチ

　思っているよりもよく似た2つです。両方を味見して比べてみてください。どちらもローズオキシドの強い香味があります。ローズオキシドというのは、1959年に発見されたローズオイルの構成要素で、「浸透していく」とか「若々しい花のような」とよく表現されます。後者は摘みたてのバラの芳香を指しており、ベルベットのようにすべすべした花びらからたつ香りが、折り取られた枝の、草のような苦い香りと混じりあっています。

　エルダーフラワーとバラはコーディアル〔P.108参照〕製品で現在人気のペアですし、バラとライチはカクテルで一緒に登場する仲なので、きっとエルダーフラワーとライチという組み合わせはまだヒットしていないだけなのでしょう。

エルダーフラワー&リンゴ→「リンゴ&エルダーフラワー」P.171

エルダーフラワー&レモン

　エルダーフラワー専門家アリス・ジョーンズによれば、柑橘類をエルダーフラワーに加えれば、成功は間違いない、とのことです。「風味に共通して含まれる揮発性物質が数多くあるためです」とジョーンズは説明しています。「うまくいく理由は香りだけではありません。柑橘類の酸味も、エルダーフラワーの風味を増幅させる上で重要ですし、エルダーフラワーに元から含まれている有機酸の多くは、柑橘類の果実にもあるのです」。「共通して含まれる揮発性物質」というと、結婚生活の基盤としてはあまり明るい未来が待っていそうな響きではないかもしれませんが——イギリスのハリー王子とメーガン妃はウェディングケーキにレモンとエルダーフラワーのペアを選んでいるんですよ——、実際には、この2つの食材に共通するバラのようなクエン酸の特性を指しています。

　イギリス人シェフのジェシー・ダンフォード・ウッドはこのペアでポセット〔P.109参照〕を作っていますし、レストラン経営者ジェイムズ・ラムズデンはレモンショートブレッドを作って、エルダーフラワーの撹拌なしアイスクリームと一緒に提供しています。

---

recipe
《エルダーフラワーのアイスクリーム》
　ダブルクリーム[21]600ml、アイシングシュガー100g、エルダーフラワーコーディアル〔P.108参照〕100mlとレモン汁1/2個分を泡立て器で混ぜ、固くツノが立つようになったら、最低でも4時間冷凍庫に入れておく

※21　ダブルクリーム（double cream）…脂肪分約48%のクリーム。ホイップクリームにしたり料理に使うほか、ケーキやデザートにかけたりする。

サクラ属の風味
Prunus

エルダーベリー
Elderberry

プラム
Plum

アーモンド
Almond

Elderberry
エルダーベリー

　エルダーフラワーの花が咲いた後には、つやつやの黒いベリーができます。でも、生では食べないでください。シアン化グルコシドという、有毒のシアン化水素を生成する物質が含まれているからで、これにより吐き気や腹痛が起きることもありますし、あるいはたらふく食べてしまった場合には、はるかに悪い結果につながる可能性があるのです。といっても、味覚さえまともなら、食べ過ぎてしまうということはないでしょう。クエン酸の含有量が高く、尿のような変なにおいがあるからです。ジョン・クリーズが映画『モンティ・パイソン・アンド・ホーリー・グレイル』で城壁の上からとばした侮辱の言葉──「お前のお袋はハムスターだし親父はエルダーベリーくせえだろ」──は、実はとても辛辣なんです。

　この不愉快な特性はベリーを加熱すると消えて、おいしい果実と果汁だけが残ります。ルバーブやグーズベリーやクランベリーと同じように、エルダーベリーも、その魅力を引き出すためには砂糖が必要です。ベリーが限りなく黒に近い紫のときに摘んでください。この頃には実は触ると少し柔らかいくらいになっているはずです。枝から分かれるところで小枝を折り取って洗い、それからベリーを茎からもいでください。実を干したものも調理に使えますし、場合によっては（たとえばパイなど）、そのほうがよいと考えられていることもあります。

　　エルダーベリー＆アーモンド→「アーモンド＆エルダーベリー」P.120
　　エルダーベリー＆エルダーフラワー→「エルダーフラワー＆エルダーベリー」P.108

エルダーベリー＆オールスパイス

　ポンタックソース（pontack sauce）でその魔法を発揮する組み合わせです。プリザーブ専門家パム・コービンは、これを「もっとも刺激的な厨房錬金術かつ報労の頂点」と呼んでいます。コービンのレシピでは、エルダーベリーをリンゴ酢でゆっくり煮てから濾し、つぶして果汁を押し出します。果汁を鍋に戻して、エシャロット、オールスパイス、クローブ、メース、コショウの実、生のショウガも入れ、20分間煮て濾し、鍋に戻して短時間煮立たせます。あとは瓶に詰めて完成です。実際に手を動かす作業はそんなにありませんが、フローレンス・ホワイト〔フードライター、P.444参照〕の『イングランドのごちそう（*Good Things in England*）』（1932年）では、これを7年間寝かせておくこと、とされています（コービンは数か月から3年の期間を推奨しています）。ポンタックソースは酸味があってフルーティーで、ちょっとウスターソースに似ており、伝統的に猟鳥獣肉に添えて提供されます。コービンはビーツにかけて、またはフェタチーズとトマトと一緒に使うことを提案しています。

　　エルダーベリー＆グーズベリー→「グーズベリー＆エルダーベリー」P.101

エルダーベリー＆シナモン

　エルダーベリーの特徴的な風味の構成要素の中には、加熱したリンゴのフルーティーさを持つダマセ

ノンという成分と、2-フェニルエタノールという、蜂蜜やバラの特質を持つ成分があります。どちらもシナモンを加えると引き立ちます。私は、フードライター兼野生食材の専門家ハンク・ショーのエルダーベリーリキュールのレシピに、小さいタバコサイズのカシアを加えるのが好きです。ショーのレシピは、しっかり熟したエルダーベリーをほんのちょっとのレモンと一緒にウォッカに浸し、お好みで甘みをつける、というものです。

エルダーベリー&ショウガ→「ショウガ&エルダーベリー」P.239
エルダーベリー&チーズ→「チーズ&エルダーベリー」P.274

エルダーベリー&蜂蜜

　メイポール（maypole）〔キリスト教伝来以前に起源を持つ五月祭に立てられる柱〕と同じくらい異教的です。エルダーベリーにはぜひとも精製糖を加えたいのですが、それはこの果物の精神に反します。蜂蜜なら、野生の美を持ち込んでくれます。コーディアル（cordial）[※1]でペアにしてみてください。エルダーベリーのコーディアルを毎日飲んでいれば風邪やインフルエンザの症状が軽く済むし長引かなくて済む、と思っている人もいます。そう思いたくなるだけの科学的な裏付けもあるのですが、これに関する研究結果は多くはありません。妖術だと思っておくのがいいでしょう。
　「エルダーベリー&レーズン」（P.114）も参照してください。

エルダーベリー&フェンネル

　乾燥エルダーフラワーには控えめなフェンネルのような香味をかぎ分けることができますが、これが乾燥エルダーベリーだと本格的な黒いリコリスのような香味になります。アニスの風味のリキュール、サンブーカの名前は、セイヨウニワトコ〔エルダー〕の学名*Sambucus nigra*からとられています。このリキュールで色が濃いものの中には、エルダーベリーが使われていて、コクとカラントのような深みが出ているものがあるためです。乾燥エルダーベリー、水、砂糖（または蜂蜜）で加熱済みシロップを作るとわずかなえぐみが出ますが、これはブラックベリーにもあって、秋のコテージのそばを通りがかると漂ってくるたき火やひとすじの煙を彷彿とさせます。この組み合わせはほろ苦く甘いので、ローストした秋野菜と山羊のチーズに、コクがあってシロップっぽい濃縮ソースとして添えると理想的です。

エルダーベリー&プラム

　プラムは、理論上はエルダーベリーの完璧な共謀者であり、ビターアーモンドのように、その特徴的な風味でエルダーベリーの風味を向上させてくれる、とされています。現実には、そのような風味を与えてくれるほど熟しているプラムが見つかることは大変珍しいので、この論法とは逆に、プラムに欠けている風味を補うためにエルダーベリーを頼ることになります。乾燥エルダーベリーから作るシロップ（上の「エルダーベリー&フェンネル」を参照）は、プラムの風味からプルーンの風味までの範囲のどこかにあります。またバラやブラックベリー、オレンジピール、それからもしかすると少しの蜂蜜の香味もあるかもしれませんし、間違いなくヒヤシンスやクローバーを思い出させる、くらくらするような花の特質があることでしょう。エルダーベリーの濃い色の皮には赤と黒のアントシアニンが大量に含まれており、このためエルダーベリーはヨーグルトや赤や黒の果物で作るクリームデザートに色をつける食材として人気です。

※1　コーディアル（cordial）…ハーブや果物をシロップに漬け込んだ濃縮ドリンク。水で薄めて飲む。

エルダーベリー&ライ麦→「ライ麦&エルダーベリー」P.23

エルダーベリー&リンゴ

　季節のパートナーとして、エルダーベリーとリンゴは伝統的にジャムやゼリーにペアで使われていました。リンゴがエルダーベリーの強い風味を抑え、プリザーブを固めるのに必要なペクチンでも貢献してくれます（エルダーベリー自体にも少量のペクチンが含まれます）。ですが、エルダーベリーとクラブアップル〔小型のリンゴ〕だと、食材の田舎っぽさを裏切る、かなりピンクがかった紫のゼリーができます。アイルランド人シェフのダリナ・アレンはエルダーベリーとリンゴの比率が1対1を超えないようにするのがよいと言っています——おそらく、エルダーベリーが強烈すぎないように、ということでしょう。このゼリーの風味はミント、ローズゼラニウム、あるいはシナモンを加えて増幅させることもできる、とアレンは付け加えています。

エルダーベリー&レーズン

「カントリーワイン」という言葉は、普通は炉端の長椅子と救急外来クラスの二日酔いという、気の滅入る経験を示唆するものですが、野生食材の専門家で作家のジョン・ライトは、その中でもこの組み合わせから作られるものは上質であると考えています。

　エルダーベリーはその酸味とタンニン含有量、そして色合いから、ワイン用ブドウと比較しても遜色ありません。このベリーが出し得る特徴と色の深みを反映して、「エルダーベリーポート」のレシピは特に広く知られています。18世紀、フランスとのナポレオン戦争中に、イギリス人はワインを調達するため他の国に目を向けており、その中にポルトガルもありました。このためポルトガルのドウロ地域ではポートワインが大変不足し、悪辣な生産者が、酒精強化ワインに安価なエルダーベリー果汁で混ぜものをするようになりました。イギリス人はこのごまかしをかぎつけるとポートワインを購入しなくなり、これが経済的な大打撃となったため、ポルトガル政府はエルダーベリーの栽培を禁止するまでに至りました。

エルダーベリー&レモン

　レモンがエルダーベリーに及ぼす効果は、ブルーベリーに及ぼす効果と似ていて、明るさをアップさせてくれる、というものです——ひと搾りするだけで、40ワットが100ワットになります。エルダーベリーのほうも、光を求めています。大釜の内側並みに真っ黒だからです。1850年には、『アメリカ農学者（*The American Agriculturalist*）』誌で匿名の寄稿者が、エルダーベリーパイを作るときに酢大さじ1杯を加えて「独特の味を中和し、酸っぱくて好ましい風味を出す」ことを提案しています。この寄稿者はアメリカ東部で見られるアメリカニワトコ（*Sambucus canadensis*）についての話をしていますが、同じことがセイヨウニワトコ（*Sambucus nigra*）にも当てはまります。

Plum

プラム

　虹色の果物です。プラム〔スモモ〕には赤やオレンジ、黄色、緑、青、紺、スミレ色のものがあるのです。ホワイトプラムというのはひどくロマンチックな響きですが、実際には皮に天然のブルームがついただけの淡い黄色のプラムです。現在プラムの品種は200種以上あり、そのうち商業的に重要な品種には、セイヨウスモモ（*Prunus domestica*）という一般に楕円形をしているものと、中国スモモまたは日本スモモ（*Prunus salicina*）という種離れの悪く丸い形が多いものがあります。

　熟したプラムの果肉には芳醇なフルーティーさ——リンゴ、バナナの皮、イチゴと桃の混ざった、いわく言いがたい感じ——があって、そこに加わっているリナロールには、コリアンダーシードから感じるような、花のような柑橘類の風味があります。プラムの果肉は少し草っぽく、脂肪質で、時にはナッツっぽさもある味がして、ビターアーモンドやココナッツを思わせます。皮にははっきりした酸味と苦みがあって、そのコントラストは驚くほどです。

　プラムの用途はさまざまで、ジャムやゼリーにしたり、スリヴォヴィッツ（slivovitz）[※2]、ミラベル・オー・ド・ヴィ（Mirabelle eau de vie）[※3]、ダムソン・ジン（damson gin）[※4]といったアルコール飲料にしたりします。

　セイヨウスモモの仲間として、グリーンゲージとダムソンもこの項で扱います。

プラム＆アーモンド

　アーモンドリキュールやほろほろのアマレッティビスケットは、プラムの風味を申し分なく増幅してくれます。アプリコットやチェリーの核と同じように、プラムの核にもまろやかなビターアーモンドの風味があるため、プラムジャムのレシピにはその香気をつけるために核をいくつか割って使うよう指示しているものがよくあります。ドイツの蒸留酒製造業社「シュラドラー（Schladerer）」は「ツヴェチュゲンヴァッサー（Zwetschgenwasser）」という、プラム、焼いたアーモンド、マラスキーノ・チェリーの味がするクリアスピリッツを製造しています。また、ミラベルプラムを使い、焼いたアーモンドとラズベリージャム、砕いた黒コショウの風味で彩った製品もあります。

プラム＆エルダーベリー→「エルダーベリー＆プラム」P.113

プラム＆オーツ麦

　ダムソンと他のプラムの決定的な違いは何でしょうか？　必死さです。プラムひとつのために秘密のロケーションへ2時間も車を飛ばした人なんて他にいないでしょう。

　ダムソンは情熱に火をつけるのです。小さくて、バイロン卿や私のおじのテリーのように血色のよい顔をしています。ウォッカやジンに漬けるのが好きな人もいますし、ジャムにするほうを好む人もいますが、私はダムソン・クランブル派です。ダムソンを収穫したら、実と脚立を、（秘密のダムソン収穫スポットに人の注意を引かないよう、離れたところに止めておいた）車のトランクに積み込んで帰宅します。砂糖

※2　スリヴォヴィッツ（slivovitz）…ダムソンプラムから造られるブランデー。
※3　ミラベル・オー・ド・ヴィ（Mirabelle eau de vie）…ミラベルプラムから造られるブランデー。
※4　ダムソン・ジン（damson gin）…ダムソンプラムから造られるジンリキュール。

サクラ属

プラム

115

でお好みの甘さにして実を調理し——とにかくかなりの量の砂糖を必要としがちです——、冷ましたら手を突っこんで核を全部取り除きます。これは面倒な家事ではなく儀式なのです、山羊のはらわたから未来を占うような。小麦粉とバター、ロールドオーツ、ブラウンシュガー、塩数つまみで作ったクランブル用トッピングをふりかけ、トッピングがきつね色になり、プラムがジャムのようになってふつふつ泡立ってくるまで焼きます。私はルバーブやリンゴのクランブルにはあまりオーツ麦やブラウンシュガーは使わないのですが、この場合はダムソンの強烈さを受け止めるためにごつごつした感じが少し必要なのです。それに、オーツ麦が入っていると、翌朝ベッドで残りを食べているときに、これは朝食なのだと自分に言い聞かせやすくなります。

　　プラム&オレンジ→「オレンジ&プラム」P.202
　　プラム&海藻→「海藻&プラム」P.436

プラム&ケール

　サラダにぴったりのほろ苦い組み合わせです。ドレッシングには酸味を効かせてください。3つ目の材料は塩気のあるチーズがもちろん合うでしょうが、味噌漬けにした卵（「味噌&卵」P.13を参照）で実験してみてもいいでしょう。

　　プラム&ケシの実→「ケシの実&プラム」P.318

プラム&ココナッツ

　この組み合わせではプラムのほうがココナッツよりも得るところが多いのですが、これはペアによっては普通のことです。ココナッツがクリーミーさを加え、さらに桃にあるトロピカルな風味に近いものを担っているラクトンも加えて、プラムを桃に近づけていってくれます。

　　プラム&シナモン→「シナモン&プラム」P.366

プラム&ジャガイモ

　シルヴァーシュ・ゴンボーツ（szilvás gombóc）、ツヴェチュゲンクネーデル（Zwetschgenknödel）、それにクネドレ・ゼ・シュリフカーミ（knedle ze śliwkami）というのは、それぞれハンガリー語、ドイツ語、ポーランド語での、ジャガイモの生地を使ってプラムを包んで作る団子状の料理の名前です。それを軽く湯がいて、シナモンで香りづけしたパン粉をまぶします。プラムをスコッチエッグのようにして、卵の黄身のところに、料理人がプラムの核を抜き角砂糖を入れた、フルーティーなシロップをすすれるようになっているデザートを想像してください。

　ハンガリー生まれの料理評論家エゴン・ロナイは、これを「柔らかく、ほっとする、ほとんどピューレのようなペストリーで、くるんだプラムの甘い味が染みわたっている」と表現しています。7個までなら食べてもどうということはなかった、とロナイは回想しています。10個ならひんしゅくを買うかもしれません。12個だと、1920年代のブダペストでは、水飲み場に集まる人々の噂になるような数でした。

プラム&チーズ

すぐ近所のしゃれたチーズ屋で「ローグ・リヴァー・ブルー」を売っている、という記事を目にしました。店に行って、まだ置いているか聞いてみました。「ありますよ」とカウンターの向こう側にいた男性は答えましたが、ディスプレイされている服のどれにも明らかに手が出ないのにロンドンのボンド・ストリートのファッション・ブティックに入って行ったときに投げかけられる、あの憐憫と侮蔑の色を出すまいと最大限努力しているように、私には思えました。「大変高価ですよ」このひと言には不安になりました。この店の商品はどれも見事なまでに高価でしたし、それまで誰からもそんな警告を受けたことなどなかったからです。心の中で自分をなだめすかしながら、買える中で一番大きなかたまりを買いました。それでも、とても小さなかたまりでした。それをとあるパーティーに持って行って、キッチンテーブルに置きました。椅子を引っ張ってきて、グリュプス※5のようにチーズを見守りました。複雑な気持ちでした。みんなにそれを食べてほしくなかったのではありません。ただ、ものすごく高かったということを知らないまま食べてほしくなかったのです。でも、私の心配は杞憂でした。これを口にした人たちはみんな、ちょっと咀嚼するやいなや顎の動きがゆっくりになり、目つきはまるで宇宙の一体性を目の当たりにしているかのようになっていました。

アメリカ・オレゴン州セントラル・ポイントに拠点を置く「ザ・ローグ酪農製品製造所（The Rogue Creamery)」は、このチーズは大変美味なので何も添えなくて構いません、と言っていますが、フルーツコンポートとペアにしてみてもいいかもしれません。このチーズは秋に発売されるので、ブルーチーズとよく合うプラムが理想的なことでしょう。私はチーズ代金のクレジットカードの支払いを全部終えるまでは、本当にそうか確かめることはできませんが。

プラム&デーツ→「デーツ&プラム」P.145
プラム&トウモロコシ→「トウモロコシ&プラム」P.74

プラム&バニラ

ある秋の夕方、レストラン「ジ・アイヴィー（The Ivy)」で、コースのデザートにプラムとグリーンゲージのパイを注文しました。運ばれて来た、砂糖をふりかけた丸いペストリーは、パウダーコンパクトのようにきちっとしていて、ショートブレッドのように淡い色で、バニラを散らしたカスタードを入れた小さな銀のジャグがついていました。フォークで口に運んだ途端、チャリティショップでしみひとつない「オジー・クラーク」のドレスを見つけたときに感じるような恍惚状態に陥りました。そして、プラムとバニラの組み合わせというのは、オジーのドレスの現物のように、クラシカルな均整がとれていてフェミニンで、代名詞となるシャープなエッジがあり、決して廃れるものではない、という考えが浮かびました。

バニラの莢は湯がいたプラムやローストしたプラムのお相手として定番で、はっきりしたクローブのような風味をつけてくれます。このペアのファンの方は、「ブレットのセイヨウカリン」も試してみるべきです。「ブレット（blet)」というのは柔らかく腐敗した状態を意味します。セイヨウカリンを早霜まで木になったままにしておくと、触るとへこみやすく、バニラとプラムの香りを放つようになるのです。
「ケシの実&プラム」（P.318)、「プラム&プルーン」（P.118)も参照してください。

プラム&ピスタチオ→「ピスタチオ&プラム」P.328

※5　グリュプス…黄金を守ると言われる神話上の生き物。

プラム&フェンネル

アメリカ・ハワイ州では、熟していないプラム、リコリス、砂糖と塩を混ぜた粉状のものが売られています。これはリーヒンムイ（li hing mui）（またはクラックシード（crack seed））パウダーと呼ばれていて、果物やねばつくお菓子やポップコーンにふりかけて食べます。「クラックシード」というのはこのパウダー菓子のやめられなさにからめたほのめかし〔クラックもシードもドラッグを指す俗語として使われることがある〕ではなく、種つきのままプラムの実を割ってプリザーブにする慣習を指したものなので、ご安心を。

プラム&プルーン

この組み合わせでは、若い果物が、年を取ってしわくちゃになった自分と出会います。プラムはプルーンの肖像画を屋根裏部屋に置いているでしょうか[6]？

バニラはプルーンを使った料理に風味をつける食材として定番で、バニラが送る秋波は間違いようもなくきわどいものです。

プルーンは、ほんの数個を薄切りにして使うと、これも優れた風味増強剤になり、熟して美味なフルーティーさと、ほんのわずかなアーモンドの気配を、プラムのコンポートやクランブルに加えてくれます。

プラム&ベイリーフ→「ベイリーフ&プラム」P.375
プラム&メープルシロップ→「メープルシロップ&プラム」P.398

プラム&ライチ

プルオットというのは、プラムとアプリコット、それに魅力的な果物の名前を聞き分ける耳を持たない人の交雑種です。アメリカ産プルオットの品種にはフレーバー・シュプリーム——「至高」という意味の名前をつけられたことであらかじめ決められていたかのように、無数の味比べ大会で優勝しています——や、香辛料入りのフルーツパンチの香味があるというフレーバー・キングなどがあります。

プラムを別の果物と交雑させてより際立った風味をあふれるほど込めたいという欲望は理解できるものですが、まず間違いなく、苗木屋よりもシェフのほうがよい結果を出しています。ヨタム・オットレンギ〔P.444参照〕とサミ・タミミは、プラムとグアバを「目を見張るような好一対」と呼んでいます。プラムとライチもそれで、ライチが麝香のような花のような香味を加えてくれています。

プラム&ライ麦→「ライ麦&プラム」P.27
プラム&リンゴ→「リンゴ&プラム」P.173

プラム&レーズン

「プラム」という言葉は、中世には、レーズンなどの乾燥させた果物なら何でも指すことができました。だからプラムプディング（つまり、クリスマスプディング[7]）にはプラムが入っていないのです。また、リトル・ジャック・ホーナー[8]がパイからほじくり出したのはレーズンだったという説の証拠にもなります。だとするとこれは指を突っこむ技術としては離れ技ですが、ジャックにとっては少々がっかりですね。

※6　オスカー・ワイルドの小説『ドリアン・グレイの肖像』で、美貌の青年の代わりに屋根裏部屋の肖像画が醜く年老いていくという内容になぞらえている。
※7　クリスマスプディング…ドライフルーツやナッツ、香辛料、牛脂、ブランデーなどを用いて作られる、イギリスの伝統的なクリスマス菓子。
※8　リトル・ジャック・ホーナー…古い童謡に登場する男の子。クリスマスパイからプラムをほじり出す、という歌詞がある。

プラム&レッドキドニー

　レッドキドニーとコーカサス地方のサワープラムは、ロビオ・ツケマリ（lobio tkemali）という、ナッツと香辛料と、ツケマリというサワープラムのソースで作るジョージア料理でペアになります。フードライターのアーニャ・フォン・ブレムゼンが述べているように、このプラムはジョージア国外では手に入りにくいので、ニューヨークのジョージア人コミュニティでは代わりにタマリンドペーストを使っています。

プラム&レモン

　〔イギリス・デヴォンを流れる〕ダート川とキングスウェアの鉄道線路の間を走る小道を見つけます。丘を難儀しながら登って鬱蒼とした森林に入り、丘をゆるやかに下り、グリーンウェイのアガサ・クリスティの家が川を見下ろす庭のシダとアジサイの間を抜けていくと、やがて、ヤエムグラのいがいがの実でジャンパースカートがぼろぼろになりつつ、浮桟橋にたどり着きます。渡し舟に乗ると、ディットサムにあるカフェの入口あたりで下ろしてくれます。ワイン1本と丸ごとのカニ1杯を注文すると、身をほじる道具とクラッカー、それにお決まりの亜鉛メッキのミニバケツに盛ったジャガイモのフライが一緒に出されます。およそ1時間後には、注文したカニは身をほじくり尽くされて、飾り用のボウルにできるくらいになっているはずです（「お済みですか？」とウェイトレスが、飲んでいたピクプールワイン並みのきつさで聞いてくるでしょう）。

　持ち帰り用にレモンタルトを1ピース注文します。村でピンクがかった赤のプラムを1袋買い求め、川へ向かって広がる畑を越えて、港町ダートマス方面へ歩いて行きます。草むらを見つけたらひと休みしてデザートをいただきます。プラムの甘い果汁と苦い皮に、レモンタルトのはっきりした酸味のあるカスタードとバターたっぷりの生地がコントラストをなします。ディットサム・プラウマン・プラムの起源については、海賊や難破船が出てくるロマンチックな仮説がいろいろあるのですが、依然疑いがないのは、この品種がこの人里離れたディットサム教区でよく育ち、熟すまで放っておかれることで実から蜂蜜とブドウの香りが強く香るようになる、ということです。草むらにあおむけになって両手をおなかの上に休め、夏らしい虫の羽音に思考をかき乱されるままにします。数時間後に目覚め、けだるくてちょっと喉もからからですが満ち足りた気分で、太陽が川岸の向こうへ沈むのを眺めます——トマス・ハーディ〔1840〜1928〕にはまず書けなかった、幸福な小説のワンシーンです。

プラム&レンズ豆

　私がジョージア料理のビーツとプラムの組み合わせに出会ったのは、ウクライナ人シェフでフードライターのオリア・ハーキュリーズの著書『カウカシス（*Kaukasis*）』でのことでした。土の風味でプラムとペアになる他の食材を探して、私はフランスのル・ピュイ産レンズ豆にたどり着きました。プラムはありふれてはいますがほんの少しワインのようなフルーティーさがあることが多く——ワイン味のグミを想像してからプラムの果肉をかじってみてください——、これが多くの風味のよい料理においてお楽しみになるのです。レンズ豆の温サラダに入れてもすばらしいですし、ル・ピュイ産のレンズ豆と一緒に調理して、とろみのあるポークソーセージや五香粉香る豆腐料理の下に敷いて提供されることもあります。ダール・タルカ※9にトマトを使うところをプラムにしてみることもできます。

※9　ダール・タルカ…タルカはインド料理で香辛料を油に入れて熱し香りを移した香味油で、それをダール（豆のカレー）にかけた料理。

Almond
アーモンド

ビターアーモンドとスイートアーモンドは二卵性双生児です。ビターのほうは最上の旋律をすべて持っています——リキュールの「ディサローノ (Disaronno)」、アマレッティビスケット、甘いマジパンに使われるアーモンドです。このアーモンドは危険でもあります。ビターアーモンドにはシアン化物が含まれているので(桃やアプリコットの核にも含まれていて、同じ風味があるため、しばしばアーモンドの代わりに使用されます)、瓶詰のアーモンドエキスを使う方が、実を叩いてペーストにするより安全です。

ビターアーモンド風味のもとになる分子はベンズアルデヒドで、化学者が最初に合成できるようになった風味のひとつです。同じ風味はシナモンやベイリーフ、プリンス・マッシュルーム (*Agaricus augustus*)、リンゴ、チェリーなどにも天然に存在します。ベンズアルデヒドは合成チェリー風味によく使われているため、チェリーコーラはしゅわしゅわのベイクウェルタルト (bakewell tart)[10] のような味がします。

これに比べると、スイートアーモンドはまろやかです。生のままだとミルキーでわずかに草のような風味があるため、風味のパートナーとして重宝します。アーモンドパウダーと小麦粉、バター、砂糖、卵で作ったプレーンなフランジパーヌ (frangipane)[11] は、果物が自分の風味をひけらかすのにぴったりなベースになります。アーモンドは加熱すると、でしゃばらないけれどもまるっきり曖昧というわけでもない、温かみのあるナッツらしさが出ます。

アーモンド＆エルダーベリー

ちょっとチェリーブランデー風味の棒つきアイスキャンディーのような味のする、抜群の組み合わせです——チェリーブランデー風味は、ビターアーモンドをラズベリーとバラのエキスと混ぜて作られるのです。エルダーベリーにはベリーとバラの香味がありますが、田舎風でハーブのような角があるので、あるいはワイルドチェリーブランデーの棒つきアイスキャンディー、と言うべきかもしれません。

アーモンド＆大麦→「大麦＆アーモンド」P.28

アーモンド＆カシューナッツ

『オックスフォード食必携 (*The Oxford Companion to Food*)』では、カシューナッツの風味はまろやかなアーモンドのようである、と描写されています。おそらくこのために、フランジパーヌやマジパンに入れるアーモンドの安価な代替品として、カシューナッツを挽いた粉が古くから使われてきたのでしょう。でもここで言っているのは生のカシューナッツのことです——ローストカシューナッツの風味は、アーモンドとは間違えようがありません。

アーモンドとカシューナッツにはどちらにも邪悪な一面があります。ビターアーモンドはシアン化物を含むことが広く知られていますし、カシューの殻には、ウルシ科の仲間のツタウルシやウルシと同じく、ウ

※10　ベイクウェルタルト (bakewell tart) …イギリスの菓子。タルト生地に、ラズベリージャム、アーモンドクリームを詰めてアーモンドをトッピングし焼いたもの。
※11　フランジパーヌ (frangipane) …カスタードクリームにアーモンドクリーム (クレーム・ダマンド) を加えたクリーム、またはそれを使った焼き菓子のこと。

ルシオールという有毒な油状の成分が含まれます。カシューの殻は収穫したら蒸して割り、仁の部分をこの油と接触しないようにしつつ取り出さなければなりません。アメリカの詩人エリザベス・ビショップ〔1911～1979〕は、ブラジルのリオデジャネイロを訪問した際にカシューの果実を食べたところ深刻なアレルギー反応が出てしまいました。帰国の船に間に合わないほど体調を崩したビショップは景観デザイナーのロタ・デ・マチェード・ソアレスと恋に落ち、結局ブラジルに20年ほど滞在することになりました。

　ジョン・アップダイク〔1932～2009〕の「ウサギ」が出てくる小説シリーズの主人公ハリー・アングストロームは、カシューナッツは「油をひかないドライロースト」が好みで、その理由は「少し酸味のある刺すような味、俺の好きな毒の強い風味がある」から、というのでした。晩年にはウサギの好みのナッツはカシューに代わってマカダミアになります。「2、3個食べたところで死なないさ」と彼は「塩の柔毛をまとった軽く小さいかたまり」について言っています。ウサギは56歳で、心臓発作で亡くなりました。

アーモンド＆クランベリー→「クランベリー＆アーモンド」P.96

アーモンド＆ケール

　私がケールに対して思っていることは、ジョン・ラスキン〔1819～1900〕が尖塔について抱いていた感想と同じです。その鉄釘のようなほろ苦い風味の中にある何かが、私を白日夢へと誘うのです。これをチョコレートにたとえるのはおそらくちょっとやりすぎでしょうが、ナッツやドライフルーツ、ショウガ、オレンジなど、ダークチョコレートと仲よしの相手の多くとケールがよく合うのは事実です。アーモンドは粒のままでも、刻んでも、粉々につぶしてとろみのあるクリーミーなドレッシングにも使えます。燻製にしたものや、塩味で薄皮つきのアーモンドは、ケールと特によく合います。

アーモンド＆ケシの実→「ケシの実＆アーモンド」P.316
アーモンド＆サヤインゲン→「サヤインゲン＆アーモンド」P.407
アーモンド＆ソバ→「ソバ＆アーモンド」P.60
アーモンド＆蜂蜜→「蜂蜜＆アーモンド」P.76
アーモンド＆ピスタチオ→「ピスタチオ＆アーモンド」P.326

アーモンド＆フェヌグリーク

　ヘルバ（helbah）というのは、セモリナ粉、イースト、オリーブオイルで作り、アーモンドで飾りつけをする、パレスチナのケーキです。下ゆでしたフェヌグリークシード、それから時にはニゲラシードも使って風味づけをし、シロップで仕上げをしますが、このシロップにはフラワーウォーターをたらしたりすることもあります。私はヨタム・オットレンギ〔P.444参照〕とサミ・タミミの著書『エルサレム（Jerusalem）』に載っている作り方から、ニゲラシードを抜いたものを作りました。その風味はビーチで過ごす暑い午後の手の甲に残るおいしいにおいを思わせるものでした。温まった肌、野生酵母、消えゆくSPF30の香り、そして砂丘に残る、麝香の香りの干からびた草を。

アーモンド＆フェンネル→「フェンネル＆アーモンド」P.338
アーモンド＆プラム→「プラム＆アーモンド」P.115

サクラ属

アーモンド

アーモンド＆プルーン

プルーンから核を取り除くと、風味も一緒にいくらかなくなってしまう、とプルーン生産者ジャン＝ミシェル・デルマは言っています。プルーンにあるビターアーモンドの風味は核がついたままのほうが強いこと、特にほぼアマレットのような味のする缶詰プルーンの場合はそうだということは、食べるとわかると思います。ザ・リッツ・ロンドン（The Ritz London）では、小さなプルーンのフィナンシェ（アーモンドパウダーで作ったケーキ）をプチフール〔ひと口サイズの菓子〕として提供しています。

アーモンド＆松の実→「松の実＆アーモンド」P.384

アーモンド＆マルメロ

ブルガリアとマケドニアでは、マルメロのサラミが作られています。マルメロのペーストに似ていますが、アーモンドと砂糖漬けの果物が散りばめられ、丸めてソーセージ状にした上でスライスしてあります。

マルメロとビターアーモンドは、ドルチェット種のブドウから造るワインに特徴的な香味です。ドルチェットとは「小さくてかわいらしい子」を意味します——つまり、「いい子いい子」と呼びかけるときに使うイタリア語なのです——が、できあがるワインはデザートワインではなくて辛口の赤です。

ドルチェット種のブドウは、バルバレスコやバローロのような、よりもうけの出やすいイタリア・ピエモンテ州産の競合相手に押されて、絶滅危惧植物になっています。手に入らない場合は、マルメロとアーモンドのタルトを試してみてください——マルメロペーストをのばしてその上にアーモンドのフランジパーヌ〔P.120参照〕をのせた、甘くてバターたっぷりのペストリーを。

アーモンド＆リーキ

カルソッツ（calçots）というものは、(a)「野外で、花咲くアーモンドの木の下で」、それから、(b)（スペインのカタルーニャ州バイスでのみ、食べるべきものである、と、『カタルーニャ料理集（A Catalan Cookery Book）』の著者アーヴィング・デイヴィスは述べています。カルソッツはリーキよりは細く、葉ネギよりは太いのですが、本物の代用にするなら、直火焼きにしたときに外側は黒焦げに、中は柔らかくなるように、直径2.5cmほどのリーキを使いましょう。外側が真っ黒になったら新聞紙に、できれば昨日の「エル・ペリオディコ・デ・カタルーニャ」紙にくるんで、冷まして落ち着かせます。食べ頃になったら、焦げた外側の皮をはいでべとべとの甘い中身を取り出し、アーモンドソース——サルビチャーダ（salbitxada）やロメスコ（romesco）——にディップします。このソースは先に作っておいて常温で提供できます。

---

recipe

《サルビチャーダ・ロメスコソースもどき》（4人分）

❶ニンニク1玉を半分に切った断面とトマト4個にオリーブオイルを塗り、200℃のオーブンで20分焼く

❷湯がいて皮をむいたアーモンド150gを別の天板に広げ、同じオーブンに差し入れて、きつね色に

なるまでおよそ8分焼く。全部を取り出して冷ましておく

❸アーモンドをブレンダーかフードプロセッサーで挽く。トマトとニンニクの皮をむいてアーモンドに加え、赤ワインビネガー大さじ1と、好みで塩も加える

❹粗めなりなめらかなり、好みの食感になるまでブレンダーにかける。スイッチを入れたままオリーブオイル125mlを少しずつ加えてソースを乳化させ、味をみる

リーキと一緒にいただきます——その際には否応なく、ぐちゃぐちゃに散らかしながら食べることになります。

アーモンド&レーズン→「レーズン&アーモンド」P.131

サクラ属

アーモンド

123

ドライフルーツの風味
Dried Fruit

プルーン
Prune

レーズン
Raisin

タマリンド
Tamarind

デーツ
Date

Prune

プルーン

　フランス人はイギリス人よりもプルーンのことを高く買っていますが、おそらくそれは、私たちイギリス人がプルーンをお茶に浸すところ、フランス人はアルマニャックに浸すからでしょう。また、フランスでは、細心の注意を払って選別したプラムの品種アンテを使って、名高いアジャン・プルーンを生産しているからでもあるかもしれません。プルーンってそんなにおいしいもの？　とお思いになるでしょうか。アジャン・プルーンを普通のプルーンと食べ比べてみればわかります。皮が薄く、果肉は柔らかくジューシーで、ものによってはほぼ液状に近いほどです。風味はより芳醇でフルーティーで（熟したベリーを思わせ）、余韻が長く残ります。

　プルーンはどれも大変甘く、その風味の強さはプラムのマイルドさからはかなりかけ離れたものです。塩気があって風味が強烈なパートナーを好みますが、あっさりめのケーキやタルトでも、特にそれがアーモンドパウダーやフランジパーヌ（frangipane）[※1]を使っていて、プルーンのはっきりしたアマレットの香味をそっと反響させてくれる場合には、不思議なほどうまく合います。

プルーン＆アーモンド→「アーモンド＆プルーン」P.122

プルーン＆エルダーフラワー

　A. A. ギルの著書『ウーズレーで朝食を（*Breakfast at the Wolseley*）』には、プルーンとエルダーフラワーのコンポートのレシピが載っています。このレシピ通りに作ると、まるでエルダーフラワーがまったく言いなりのパートナーのようになってしまって、面の皮が厚くて尊大なプルーンの前でびくびくしているように、私には思えました。ですが、エルダーフラワーを使って、プルーンが持つフルーツとビターアーモンドの香味をきれいに飾り立てるという発想は、もう一度試してみてもいいと思いました。作り直すことにして、今度はプルーン全体を刺して穴を開けてからコーディアル〔P.108参照〕に浸してみました。すると見事に、エルダーフラワーが自分を表現してくれました。

プルーン＆オーツ麦

　小説家E. M. フォースター[※2]は、とりわけ気の滅入るある朝の朝食を思い返して、朝食のポリッジとプルーンが、それぞれ腹の足しとお通じ改善という正反対の役割があるにもかかわらず、同類だった、と述べています。機能的で、喜びはなく、退屈で、ポリッジはだまがあって灰色だし、プルーンのほうもしなびていて生気がなく、灰色のシロップの中に浮かんでいるさまが「灰色の窓に灰色の霧が押しつけられている」ようだった、というのです。きっとこの日フォースターは、自室が眺めのよくない部屋だったらよかったと思ったことでしょう。

　朝食にはヨーグルトのほうが、酸味がコントラストになるので、プルーンのよいお相手になります。こちらのペアからは、起きてすぐ動き始められるくらいの健康的な活力があふれています。逆にもし起きてもベッドに戻りたいと思うほうでしたら、ダブルクリーム[※3]とブラウンシュガーで作った象牙色のとろとろのポ

※1　フランジパーヌ（frangipane）…カスタードクリームにアーモンドクリーム（クレーム・ダマンド）を加えたクリーム、またはそれを使った焼き菓子のこと。
※2　E. M.フォースター…イギリスの小説家。1879～1970。著書に『眺めのいい部屋』など。
※3　ダブルクリーム（double cream）…脂肪分約48%のクリーム。ホイップクリームにしたり料理に使うほか、ケーキやデザートにかけたりする。

リッジに、アジャン・プルーン数個をのせていただくと、その重たさと贅沢さで、ベッドから離れられなくしてくれることでしょう。

プルーン&オレンジ

オレンジの皮は多くのドライフルーツコンポートに入っています。プルーンとオレンジで、記憶に残るべたべたのローフケーキも作れます——暗い色の甘ったるいスポンジを、オレンジの皮がキリッと引き締め、それをべたべたのプルーンが覆っています。苦みと酸味のあるビターオレンジはとりわけプルーンとすばらしく合うということが、以下のプルーンとコアントローのデザートでわかります（コアントローはビターオレンジとスイートオレンジで風味がつけられています）。

---

recipe
《プルーンとコアントローのデザート》
❶ 種を抜いたプルーン5、6個を薄切りにする。オレンジ大1個を房ごとに分け、房をそれぞれ2つに切り分ける
❷ 切ったオレンジをプルーンの薄切りとコアントロー大さじ1と混ぜ、ラムカン2つに分けて入れる
❸ フィンガービスケット3、4枚を半分に割って、フルーツの上にかぶせる。クレーム・フレッシュ[※4]をかき混ぜてゆるめ、ビスケットの上にスプーンですくっていれる（ラムカン1個につき大さじ2ほど必要）
❹ ブラウンシュガーを散らし、提供する時まで冷蔵庫で冷やしておく。非常に美味でもろいカラメルが表面についたデザートにしたいなら、オーブンの上部ヒーターを熱した下に、砂糖が泡立って琥珀色になるまで置いておいてから、10分ほど冷ましておく

プルーン&きのこ

さいの目切りにしたプルーンをデュクセル（duxelle）[※5]に使うと、さらに豪勢な味になります。

プルーン&クランベリー→「クランベリー&プルーン」P.100
プルーン&コーヒー→「コーヒー&プルーン」P.35

プルーン&ココナッツ

ブラジルでは定番の組み合わせです。マンジャール・デ・ココ（manjar de coco）という、ココナッツミルク、クリーム、おろしたココナッツと砂糖を使いコーンスターチで固めた、ココナッツのブランマンジェ（blanc manger）[※6]があるのです。赤ワインとシナモン、クローブ、砂糖を使って作ったプルーンソースを添えて提供されます。

オーリョ・デ・ソグラ（olho de sogra）という、乾燥ココナッツと卵、砂糖を混ぜてマカロンのようにして、プルーンと組み合わせた食べ物もあります。この名前は「お姑さんの目」という意味です。プルーンがココナッツの生地にはめ込まれたようになっていると、茶色い目のように見えるからです。「目」は驚

※4　クレーム・フレッシュ（crème fraîche）…サワークリームの一種。クレームフレーシュともいう。生クリームに乳酸菌を加え発酵させたもの。
※5　デュクセル（duxelle）…みじん切りにしたきのことタマネギまたはエシャロットを、バターでじっくり炒めたもの。
※6　ブランマンジェ（blanc manger）…冷菓の一種。砂糖、アーモンドで風味をつけた牛乳を、生クリーム、ゼラチンで冷やし固めたもの。

いたように丸くなっていることもありますし、どんよりしていることもありますし、疑念を抱いている目のように細められていることもあります。どう作ったとしても、面倒ごとの種になるレシピですね。

プルーン&シナモン→「シナモン&プルーン」P.366
プルーン&チーズ→「チーズ&プルーン」P.279

プルーン&チョコレート

　機能不全の関係にあります。プルーンは、チョコレートがブランデーで酔っぱらっていない限り、だいたいチョコレートには我慢がなりません。しかも、ココアに見られる天然のドライフルーツ風味やら、いろいろなことでどちらも手一杯なのです。問題は、この2つがそっくりすぎる、ということです——あまりに強烈になりすぎるのです。唯一の解決策は、別々に離しておくことです。

　フードライターのナイジェル・スレイター〔P.444参照〕は、コース料理のデザートの代わりに、プルーンと一緒に、チョコレート（「ダークすぎ、ビターすぎはだめ」ではありますが）、マジパン、炒ったアーモンドなど、プルーンを引き立てる品をいくつか大皿にのせて出すのを好んでいます。チョコレートの冷蔵庫ケーキ（fridge cake）[*7]は大好きだけれど砂糖漬けのチェリーは大嫌い、という方は、プルーンをそれぞれ4つから6つに切り分けて入れれば、甘くフルーティーなところはチェリーと似ていますし、かじったときの歯ごたえも楽しいものになります。

プルーン&デーツ→「デーツ&プルーン」P.145
プルーン&バニラ→「バニラ&プルーン」P.151

プルーン&ピーカンナッツ

　悪くないのですが、デーツとクルミという定番のペアに比べると、このしわしわの老いぼれ2種は苦戦しています。プルーンはデーツよりも風味が強く、ピーカンナッツには遠い親戚が持っている心地よい苦みがありません。つまり、摩擦が起きないのです。デーツとクルミは映画『フィラデルフィア物語』におけるケーリー・グラントとキャサリン・ヘプバーンで、プルーンとピーカンナッツは『上流社会』〔『フィラデルフィア物語』のミュージカル版映画〕のビング・クロスビーとグレース・ケリーです。

プルーン&ヒヨコ豆→「ヒヨコ豆&プルーン」P.261

プルーン&フェンネル

　プルーンをフェンネルシードと一緒に煮出すと、柔らかいリコリスに近いものができあがります。外側は靴墨のような黒で、中はショウガのような茶色で、ねばねばしていて繊維質です。フェンネルが持つアニスシードの風味は、プルーンにあるフルーツと糖蜜の香味と素敵に調和します。刻んだフェンネルの根とプルーンは魚料理の詰め物によいですし、ラム肉のミートボールに加えることもできます。

　シェフのジュディ・ロジャース〔P.443参照〕は著書『ズーニーカフェの料理本（*The Zuni Cafe Cookbook*）』で、フリット・ミスト（fritto misto）〔揚げ物の盛り合わせ〕にできそうな食材にフェンネルの薄切りとプルーンを挙げています。この2つの材料をまずバターミルクにくぐらせ、それから小麦粉と

※7　フリッジケーキ（fridge cake）…オーブンを使わず冷蔵庫で固めるだけでできるケーキ。溶かしたチョコレートにバター、砂糖、砕いたビスケットなどを加え、型に入れて冷やし固めたものがイギリスで一般的。

セモリナ粉を混ぜてまぶし、ピーナッツオイルで揚げるのです。他には、ポートベロ・マッシュルームのかさ部分や、セロリの芯、セージの葉、レモンの薄切りなどが候補として提案されています。

プルーン&プラム→「プラム&プルーン」P.118

プルーン&ベイリーフ

　ベイリーフはかつて、ライスプディングのような甘い食べ物に広く使われていました。この習慣は現在では稀になりましたが、ベイリーフ数枚をプルーンと一緒に煮込んでコンポートを作る、という使用法は今も残っています。プルーンの皮には特有の苦みがありますが、ベイリーフはさらなる渋みを加えてくれますし、とりわけ、ベイリーフのスパイシーなナツメグ風味で角が取れるため、歓迎されます。プルーンとベイリーフはプルーンのピクルスでも顔を合わせますが、これは通常、シャルキュトリやパテ、ローストした家禽肉に添えて提供されます。

プルーン&マルメロ

　シェフのファーガス・ヘンダーソン〔P.444参照〕とジャスティン・ピアース・ゲラトリーの著書『鼻先からしっぽまで、を超えて（*Beyond Nose to Tail*）』には、トゥールーズ種のガチョウ料理並みに、プルーンのレシピがぎっしり詰まっています。その中に、マルメロとプルーンを砂糖と水で調理するものがあります。「種つきのプルーンを手に入れることが肝心だと思う」と、レシピの見出しには書いてあります。どうやら、それだと「プルーンが喜びでふくれあがりつつもプルーンとしての尊厳を保てるくらいしっかりしている」ということのようです。

　私はプルーンの尊厳については頭になかったのですが、あるときマルメロに砂糖をかけてオーブンで焼いていたことがありました。ヘンダーソンとゲラトリーのレシピを使うか考えたのですが、やめにしました。私のマルメロは貴重なものなのだから、そのままにしておいたほうがよい、と判断したからです。それなのに、火の通り具合を見てみたとき、オーブンから流れ出した芳香が確実にプルーンのものだったので、もしかしてひとつ紛れ込んでしまったのだろうかとオーブンの暗い奥をのぞき込んでしまいました。

プルーン&ヨーグルト

　出張先で、同僚と私はホテルの朝食ビュッフェを物色していました。ものすごく広大で、区域分けまであります。「すごいよ」と彼女が言い、「見事だね」と私も言いました。私たちはルームキーでテーブルを取って、それぞれ別行動しました。数分後に私はコンチネンタル・ブレックファストゾーンのプレートを持ってテーブルに戻りました。パン2種、クラッカー、チーズ、ハム、アプリコットジャム、クリームチーズ、バター、それから念のため、「ヌテラ（Nutella）」の小さなジャーも。それに油ものゾーンから、前菜として卵とベーコンも取ってきました。

　テーブルに戻ってみると、同僚はプルーンが1個だけツンと澄ましてのっている小さいボウルのヨーグルトを食べていました。もちろん、組み合わせについて言うならば、ヨーグルトとプルーンというのは純然たる定番ですが、私たちの間には暗黙の了解があるはずだと思っていたのです。「それどう？」と私は聞きましたが、同僚がプルーンをティースプーンで割ろうとしているのを見ながら、裏切られたという感覚を押し殺していました。「すごいよ」と同僚は言い、「見事だね」と私も言いました。

プルーン&リーキ

鶏肉と一緒に、コッカリーキ・スープ（cock-a-leekie soup）で得意げな顔をしている組み合わせです。シェフの故ゲイリー・ローズは、プルーンとリーキの組み合わせは大変古くからあり「ポタージュの材料として人気である」と述べていました。ローズはこの2つを家禽肉や豚肉の詰め物に使っていましたが（先にプルーンを炒めて風味を強くするとよいと述べています）、山羊のチーズと一緒にしても、おいしいタルトになります。風味どうしが反対方向に引き合うのが私は好きです——片方はとても塩気があって、もうひとつは強烈に甘いところが。ただプルーンのほうはあまり豪勢にやりすぎないでください。コッカリーキ・スープと同じく、時々小さなかたまりが見つかるくらいが理想的です。

---

recipe

《プルーン、リーキと山羊のチーズのタルト》

❶ きれいにしたリーキ2本の、白と薄い緑の部分を、コイン状に薄切りにする

❷ 菜種油少々を引いて中火で柔らかくなるまでゆっくり炒め、リーキにほぼ火が通ったところで、細長く切ったプルーン3個分を加える

❸ ソフトタイプの山羊のチーズ100gと牛乳250ml、卵3個、塩ひとつまみを加えて泡立て器で混ぜる

❹ 18cmのショートクラストのタルト台をパーベイク〔半焼成〕して、リーキとプルーンを底に並べる

❺ 混ぜた山羊のチーズを注ぎ入れて、160℃のオーブンで20分から30分、真ん中が固まりきらないくらいまで焼き、温かいまま提供する

プルーン&緑茶

禁酒法時代、お茶はプルーン果汁や中性スピリッツ、砂糖シロップと混ぜて、まがい物のバーボンを作るのに使われていました。中性スピリッツの代わりにウォッカで試してみたことがありますが、できあがったドリンクはコーラをどばどば注いでしまったほうがいいような代物でした。それでも、お茶は間違いなく、プルーンの定番のペアです。プルーンをコンポートにしたり、酢漬けにしたりする下ごしらえとして浸すのに使われます。

普通の紅茶でも十分なのですが、レシピによってはジャスミン入りの緑茶の官能的な香りや、ラプサン・スーチョン（lapsang souchong）の燻煙の香りを使いたいものもあります。アールグレイ紅茶は、ベルガモットから出る柑橘類の香味があるので、プルーンとペアにすると面白くなります。キャロライン・ウィアーとロビン・ウィアーはこの組み合わせでシャーベットを作っています。

プルーン&リンゴ→「リンゴ&プルーン」P.173
プルーン&レモン→「レモン&プルーン」P.189

※8　コッカリーキ・スープ（cock-a-leekie soup）…スコットランドの伝統料理。リーキ、プルーン、鶏肉のストックで作る。
※9　ラプサン・スーチョン（lapsang souchong）…松の薪の煙で燻製されスモーキーな香りが特徴的な中国紅茶。

Raisin
レーズン

　この項ではカラントとサルタナも扱います。カラントは、種のない赤ブドウの中でも、種ができるほど実が大きくなることがほとんどない品種を干したものです。サルタナは、種のない緑色のトンプソンブドウから主に作られ、レーズンとは乾燥のプロセスの違いで区別されます。トンプソンブドウを炭酸カリウムと植物油に浸して柔らかく、色を明るくし、また滅菌処理をします。

　「レーズン」という単語は、これよりは具体性に欠けます。レーズンには赤ブドウのものも緑のブドウのものもありますが、アメリカのカリフォルニア州や南アフリカ、オーストラリアではトンプソン種が優勢であるため、これが多くを占めています。熟したブドウを、日光で、あるいはオーブンや脱水装置で乾燥させます。一般にサルタナよりもレーズンのほうが硬く、ちぢれていてコクがあり、たいていの場合、より強い酸味があります。ラムとレーズンのアイスクリームはマラガという名称でも知られていますが、これはマスカットブドウから作るレーズンで有名なスペインの地域を指す名前です。マラガレーズンはPDO（保護原産地呼称）登録されています。マラガレーズンは大粒で大変甘く、枝つきのまま販売されることもよくあり、一般に流通している大半のレーズンよりも柔らかです。

レーズン＆アーモンド

　ロジンケーズ・ミト・マンドレン（Rozhinkes mit Mandlen、「レーズンとアーモンド」）というのはユダヤの子守歌です。アシュケナジムのユダヤ人[※10]にとっては、レーズンとアーモンドは幸福で子だくさんな結婚の象徴です。ローマのユダヤ人ゲットーにある「パスティッチェリーア・ボッチョーネ（Pasticceria Boccione）」の平たいケーキ、ピッツァ・エブライカ（pizza ebraica、「ヘブライ人のピッツァ」）も、こういうことや繁栄を象徴していると推測することもできます。皮つきアーモンド、レーズン、色とりどりの果物の砂糖漬けが詰め込まれているからです。ボッチョーネのペストリーの多くと同様、上部には焦げ目がついています。

　イタリアのボローニャに拠点を置く料理人ティナ・プレスティアは、小麦粉とアーモンドパウダーを白ワインとオイルと一緒に混ぜて、これを再現しようと試みました。プレスティアはほどほどの量の砂糖と塩を使い、ふくらし粉はなしで、フルーツとナッツは率直に言って退廃的なほど豪勢な量を使いました（もし「ヴェルサーチェ」がスコーンを作ったとしたら……）。砂糖漬けの果物が苦手な場合は、ギリシャのクレタ島のビスケット、スタフィドータ（stafidota）のほうが好みに合うでしょう。ラキ（raki）〔ギリシャのお酒〕で香りづけしたオリーブオイルのペストリーで作られ、サルタナと刻んだアーモンド、蜂蜜を混ぜたものが詰めてあります。

レーズン＆エルダーベリー→「エルダーベリー＆レーズン」P.114
レーズン＆大麦→「大麦＆レーズン」P.31

※10　アシュケナジムのユダヤ人…ドイツ語圏や東欧諸国などに定住しているユダヤ系コミュニティの人々やその子孫。

レーズン&オールスパイス

　カラントとレーズンの違いは、エクルズケーキ（Eccles cake）を食べればはっきりとわかります。ご存じない方のために説明すると、エクルズケーキというのはパイ生地でできた手榴弾（しゅりゅう）のようなケーキの一種で、オールスパイスとナツメグで風味をつけたカラントがぎっしり入っているのです。レーズンやサルタナは嫌いでもエクルズケーキは好き、という態度にはまったく矛盾がありません——カラントのほうがフルーティーで、はっきりした酸味があり、食感はそれほどぐにゃぐにゃしていないからです。カラントはワインの風味のある小さな乾燥赤ブドウで、エクルズケーキではオールスパイスが持つウッディなクローブの香味のおかげで、樽で熟成させたかのようなコクが生まれています。

レーズン&オレンジ

　イギリスのスーパーマーケットのベーキング用品棚では、砂糖漬けにしたピールとブドウが一緒に袋詰めにされて売られています。このミックスは主に菓子パンのような栄養価の高いパンや、フルーツケーキに使われます。レーズンは甘くて酸っぱく、ピールはあくまでも苦みがあります——比べるとマーマレードがイチゴジャムのように感じるほどです。

　砂糖漬けの製造工程は、まずオレンジやレモンを半分に切って果肉をすくい取り、帽子型の皮をわたや何かも一緒に塩水に漬け、気孔を開かせて砂糖がたくさん入っていきやすくします。塩水に漬けた皮を洗い、砂糖の溶液で、だんだん濃度を上げながら、砂糖が結晶化するまで煮ます。砂糖漬けのピールは細長く切った状態のものも買えますが、こちらはおそらく少し違う過程を経てきているため、皮の油分が砂糖漬けにする前にほとんど抽出されています。できあがりは苦みは少なめ、風味も少なめになります。

レーズン&カシューナッツ→「カシューナッツ&レーズン」P.323

レーズン&カリフラワー

　果物とアブラナ属の最高の組み合わせに限りなく近いものです。カリフラワーの小房（こぶさ）を炒めるか焼くかして、レーズンまたはカラントを控えめに散らして食べてみてください。生で合わせてサラダにしても最高です。

レーズン&キャラウェイ→「キャラウェイ&レーズン」P.346

レーズン&玄米

　カラントはピラフに入れるメギの実の代わりとしてはまあまあですが、理由はほぼ同じくらいの小ささでありながら、レーズンやサルタナと違って甘過ぎないからです。

　一方サルタナは、ライスプディングを格上げする食材として定番です。イギリスの缶入りライスプディングのトップブランド「アンブロージア（Ambrosia）」は、サルタナを使った変わり種商品まで出しています。食感の感想は真っ二つに分かれます。好きな人にとっては、ゼリー状でフルーティーな、甘くて嬉（うれ）しい商品です。一方、食べていて加熱されたサルタナにでくわすと、スイミングプールの中で温かい場所に来たときのように落ち着かない気分になる人もいます。インド料理のキール（kheer）は、香辛料をふんだんに使ったミルクプディングですが、レーズンやカラントではなくサルタナを使って魅力を高めていま

す。サルタナのほうが風味がまろやかで、比較的酸味も弱く、このプディングのほっとする感じに合っているためです。

レーズン＆ココナッツ→「ココナッツ＆レーズン」P.160
レーズン＆シナモン→「シナモン＆レーズン」P.367

レーズン＆ショウガ

　サルタナはジンジャーブレッドマンの目には使わないでください——大きすぎるので。漫画のキャラクターの目は不釣り合いに大きいですが、あれには、赤ん坊のようにひ弱で無邪気に見せる狙いがあるのです。ジンジャーブレッドマンの頭を噛（か）みちぎることができなくなってしまいますよ。カラントを使えば斬首（ざんしゅ）しても構わないくらいケチな見た目になりますし、ともかくビスケットにはこれが一番よいブドウです。ビスケット業界コンサルタントのダンカン・マンリーによると、レーズンとサルタナは多肉質ですが、これがベーキングの過程で革のようになり苦みが出てしまう可能性があるそうです。

　カラントの品種の中では、ギリシャのヴォスティツァが高い評価を受けており、1993年にPDO（保護原産地呼称）に認定されています。ヴォスティツァは黒ブドウで、干すとブルーブラックの色合いが出ます。赤ブドウで作ったカラントはもっと酸味が強くなりがちですが、それもジンジャーブレッドマンやフルーツ入りのジンジャークッキーの糖蜜のような甘さとは見事なコントラストになります。

レーズン＆白インゲン豆

　サルタナと白インゲン豆は、「かなり奇妙な組み合わせに思えるかもしれないが、大変おいしい組み合わせである」と、女優で作家のマドゥール・ジャフリー〔P.444参照〕が著書『東洋のベジタリアン料理（*Eastern Vegetarian Cooking*）』で書いています。ジャフリーはこのレシピを「デヴィス（Devi's）」のバタービーンズのサルタナ煮のために作っています。付け合わせに最高です。

---

recipe
《「デヴィス（Devi's）」のバタービーンズのサルタナ煮》（4人分）
❶乾燥バタービーンズ180gを20時間水に浸しておく
❷植物油大さじ3を熱し、アジョワンシード（「フェンネル＆コショウ」P.339も参照）小さじ1を香りが立つまで炒める
❸火を弱めの中火にして水を切った豆と挽いたターメリック小さじ1/4、カイエンペッパー適宜、サルタナ大さじ2～4、砂糖小さじ2、レモン汁大さじ1を加える
❹水250mlを注いで煮立て、きっちり蓋をして、できるだけ静かに45分間煮る
❺10分ごとに確認して、必要なら水を足す（水分は完成する頃にはすべて蒸発していないといけません）

　レーズンと白インゲン豆は、アシュレ（ashure、別名ノアの方舟（はこぶね）プディング）でも集合します。これは

バルカン諸国やトルコで人気の、穀物と豆と果物の甘いポリッジです。言い伝えによると、このプディングは方舟がアララト山の上にとまった時に、方舟の貯蔵食糧からありあわせで作られたものだということです。ノアの貯蔵食糧もすべて2つずつあったのでしょうか?

レーズン&ズッキーニ→「ズッキーニ&レーズン」P.423
レーズン&ソバ→「ソバ&レーズン」P.64

レーズン&チーズ

その頂き物のフルーツケーキ、誰かにあげてしまうのはちょっと待ってください。チーズと食べてみてほしいのです。ペナイン山脈〔グレートブリテン島中央部を南北に走る山脈〕のどちら側でも定番のペアですし、それにはちゃんと根拠もあります。レーズンとカラントがぎっしり詰まった、コクがあり、ワインのようで、ほろ苦いフルーツケーキは、一杯のシラーズワインのように、チーズの塩気のきいた酸味を引き立たせると同時に和らげてくれるのです。クリーミーではっきりした酸味のあるウェンズリーデールか、レモンの香りがありバターっぽい——ヨーグルトっぽさすらある——ランカシャーのチーズを選んでください。「ミセス・カーカム (Mrs Kirkham)」の有名なランカシャーチーズは、温かいエクルズケーキ〔「レーズン&オールスパイス」P.132を参照〕と、ブルゴーニュワインの白(または紅茶)と一緒にいただくと天国です。

レーズンは飲むほうがお好きならば、アマローネ・デッラ・ヴァルポリチェッラという、干したブドウで作るイタリア産の赤ワインがあります。ブドウを藁の上に広げて、約3か月そのままにして乾燥させるというのが伝統的な手法です。水分が抜けることで、アーモンドとチェリー、イチジク、プラムの風味のある、凝縮した甘美な味のワインができるのです。薄切りにしたパルメザンと完璧に合います。あるいは、このペアでプラム色のリゾットを作ってもいいでしょう。

レーズン&チョコレート→「チョコレート&レーズン」P.40
レーズン&ニンジン→「ニンジン&レーズン」P.246

レーズン&バニラ

質素なラムレーズンです。バニラエキスは強いお酒のような味がしますが、これは主に、蒸留したアルコールがベースとして使われていることが多いためです。とはいえ、アルコールを使わずにバニラの莢とレーズンを混ぜても、なんとなく酒屋のにおいが漂います。

バニラの主な風味分子であるバニリンは、丸ごとの莢に見られる白い残留物のもとでもありますが、スピリッツやワインの熟成過程の一環で木製の樽を焼き焦がす際にも生成されます。これも、ウイスキーやラムにバニラの香味を感じる理由のひとつです。

過去には、レーズンの種を若いラムに加えて、樽熟成を連想させる風味をつけていました。組み合わせに関して言えば、レーズンとバニラはアルコール抜きでもかなり陶酔させる力があります。バニラの香りをつけたカスタードクリームで作ったパン・オ・レザン、あるいはベイクトチーズケーキでこの組み合わせを楽しんでください。

レーズン&ピーカンナッツ→「ピーカンナッツ&レーズン」P.394

レーズン&ヒヨコ豆→「ヒヨコ豆&レーズン」P.262

レーズン&プラム→「プラム&レーズン」P.118

レーズン&ホウレンソウ→「ホウレンソウ&レーズン」P.427

レーズン&松の実→「松の実&レーズン」P.389

レーズン&マルメロ→「マルメロ&レーズン」P.170

レーズン&ライ麦→「ライ麦&レーズン」P.27

レーズン&リンゴ

加熱したレーズンのにおいの一因はβ－ダマセノンというケトンで、この物質は加熱したリンゴのにおいがします。レーズンとリンゴは互いに仲がよく、それでいてはっきりした違いがあって、レーズンは強烈な甘みを炸裂させ、その対比でリンゴの味わいが軽やかでフレッシュになります。パイやタルト、シュトルーデル（strudel）[※11]でペアを組みます。

イヴのプディングというのは、かつてはパン粉とスエット（suet）〔牛脂〕を使って作る、蒸したプディングのことでしたが、現在では焼いたリンゴとレーズンの層を敷いたスポンジケーキを指します。秋になると、スペイン人は出勤途中に小さなリンゴとレーズンのエンパナディーヤ・デ・マンサーナ（empanadillas de manzana）[※12]を急いで詰め込んでいきます。

レーズン&レモン

スポテッド・ディック（spotted dick）という呼び名で知られる蒸したスエット〔牛脂〕のプディングがイングランドで人気なのは、ドライフルーツ——カラントでもサルタナでも——と柑橘類との幸福な結婚のおかげというよりも、こってりしたしつこい蒸しプディングと下ネタという、埠頭（ふとう）の遊興施設で見る出し物レベルの組み合わせのせいです。

スポテッド・ディックは1889年以来シティ・オブ・ロンドンの「スウィーティングス（Sweetings）」の名物料理です。

※11　シュトルーデル（strudel）…フィリングを薄い生地で巻いて焼いたペストリー。
※12　エンパナディーヤ・デ・マンサーナ（empanadillas de manzana）…リンゴのエンパナディーヤ。エンパナディーヤは小さいエンパナーダ（スペイン・ガリシア州の郷土料理で具を入れた焼きパイ）の意。

Tamarind
タマリンド

　タマリンドは、生まれ故郷である熱帯の国々以外では、ほとんどの場合ブロックやペーストの形で販売されており、フルーティーな酸味のあるおいしさが甘い食べ物とも塩味の料理とも同じようによく合います。ブロックのものは、圧縮された果肉のかたまりを水に浸け、種と繊維の部分を濾して、タマリンドウォーターやピューレを残します。パッケージに「種なし」と書かれている場合がありますが、単に「種が少なめ」という意味でしかないので注意してください。ペーストや濃縮液の場合は、水に浸したり種を取り除いたりする作業は既に済んでいるのですが、風味は劣る、という点で、ほとんどの人の意見が一致しています。

　箱で買うスイートタマリンドは、ショウガ色のもろい莢（さや）の中に、こぶがつながったような赤茶色のソーセージ状のべたつく果肉と、同じ長さの筋が入っていて、まるで人形の家のサラミのようです。筋を取り除いて噛（か）んでみると、自然が夢のお菓子を作ってくれたと思うかもしれません。ただし、歯がぼろぼろに砕（くだ）ける悪夢のように、何かが口の中でごろごろしているのを感じます。タマリンドの果肉に埋まっている黒い種は、重さやサイズ、エナメルのようななめらかさまで、前歯にきわめてそっくりなのです——これさえなければひと箱平らげることもできるのですが。

　タマリンド風味のテキーラやリキュール、お菓子、ソフトドリンクもあります。

タマリンド＆オクラ→「オクラ＆タマリンド」P.413
タマリンド＆クミン→「クミン＆タマリンド」P.361
タマリンド＆ココナッツ→「ココナッツ＆タマリンド」P.159

タマリンド＆サツマイモ

　市販のトマトケチャップは甘すぎて、サツマイモのフライに魔法をかけるには向きません。タマリンドソースやチャツネなら、酸味と濃密で素敵なフルーティーな風味もあって、バランスがとれています。「タマリンド＆唐辛子」（P.137）のタマリンドスイーツをひとひねりするなら、もったりしたサツマイモのマッシュに濃いタマリンドピューレを混ぜ、小さい団子状にまとめて、ゴールデンカスターシュガー（golden caster sugar）[※13]をまぶします。

タマリンド＆ショウガ→「ショウガ＆タマリンド」P.241
タマリンド＆卵→「卵＆タマリンド」P.265

タマリンド＆チーズ

　夜の外出から狭苦しいフラット〔集合住宅〕に帰ってくると、夫がチーズトーストを作ってくれる、というのが私たちの習慣でした。それをソファでワイン片手にだらだらしながら二人で食べるのですが、ワインのボトルはソファの後ろの埃（ほこり）っぽいすき間に置いていたので、すぐ手の届くところにありました。どち

※13　ゴールデンカスターシュガー（golden caster sugar）…薄茶色のカスターシュガー（微粒グラニュー糖）。製糖の過程で生じる糖蜜の成分を含むカスターシュガー。

らかが後ろに手をのばして、そこにあったボトルを取り出すのですが、チリ産のメルローのこともあれば、もっとお高いワインのこともありました。福引のように、何でもいいから引き当てたものを飲んでいました。夫のチーズトーストというおいしい食べ物があるので、何でもよかったのです。

コツはウスターソースをおろしたチーズの上にふりかけることで、こうするとグリルの下で溶けるときに黒いしみのようになります。ソースに入っているタマリンドのフルーティーなはっきりした酸味が溶けたチェダーチーズに割って入り、満足度がとても高いので、マズローの欲求段階説でいう一番下の層の欲求〔生理的欲求〕はすべて満たされるし、もっと上層の欲求も満たせそうなほどでした。私は名声と達成感をウスターソースがまだらになったチェダーチーズのトーストといつでも交換してよいとさえ思っています。

その後、ジャック・ホワイト〔1975〜。ミュージシャン〕の歌詞を言い換えると、私たちはもっと大きい部屋に移り、子どもたちが生まれ、ワインラックを買いました。私は最近ハルミチーズの揚げ物をスパイシーなタマリンドソースにディップしたのですが、たちまち昔のほろ酔いの夜を思い出しました。もっとも、こちらのほうがきちんと整えられた食べ物ではありましたが。

タマリンド＆デーツ

インドで大変広く食べられているチャツネを作りましょう。

---

recipe

《タマリンドとデーツのチャツネ》

❶タマリンド果肉と核を抜いたデーツ、ジャッガリー (jaggery) [※14]（またはブラウンシュガー）各50gに対し、おろしショウガ小さじ1/2、挽いたクミンとコリアンダー各小さじ1/4、唐辛子粉数つまみと好みで塩を用意する

❷タマリンドの果肉をお湯250mlに20分間浸し、種と繊維を濾して、タマリンドをデーツやその他の材料すべてとブレンダーにかける

❸アルミニウム製でない片手鍋に移して、求めるとろみが出るまで煮詰める

サモサやパコラのようなインドの揚げた軽食に添えて提供します。残った分は密閉できるジャーに入れて冷蔵庫で1週間保存できます。

タマリンド＆唐辛子

タイ食料品店に行ったときのことです。「タマリンドと唐辛子のスイーツか、面白いな」と思いました。その時は知る由もなかったのです。

ひとつ口に放り込んでみると、ティッシュペーパーの竜巻が、いろんなものが混じった風が、ロンドンのチャペル・マーケットを突進していくようでした。甘くてショリショリの外側が割れて、なんだか柔らかいような、しょっぱい、ちょっとタバコを噛んでいるような感じのするものが出てきました。それからなじみのあるタマリンドのフルーティーな酸味が来ました。これは知っている、と思いました。でもそうではありませんでした。唐辛子が……！　スイーツというよりも思いがけない事件のようでした。すごくいろん

※14　ジャッガリー (jaggery) …サトウキビから作られたインドの粗製糖。

なものが詰まっているのです。カリブ海地域やメキシコでは唐辛子をタマリンドのお菓子に加えるのが普通なので、そうした場所にもっと滞在経験があれば、ここまで驚くことはなかったかもしれません。

シェフでタイ料理専門家のデイヴィッド・トンプソンはマーカム・グアン（maakam guan）というタイのスイーツのレシピを出しており、これにプリッキーヌ〔唐辛子の一種〕を使っています。その理由は「ペーストにシャープな味をつけてくれるし、タマリンドが酸っぱくなりすぎるのを防いでくれるから」だそうです。ベトナムではニンニクと魚醤をタマリンド、唐辛子、砂糖に加えてディップソースにします。

タマリンド＆トマト→「トマト＆タマリンド」P.86

タマリンド＆蜂蜜

タマリンドはよくレモンの代わりに使われますが、タマリンドのほうがはるかに多くの風味が詰まっていることは心に留めておくべきです。蜂蜜とタマリンドペーストを酢と油と一緒に泡立て器で混ぜると、フルーティー寄りになったヴィネグレットソースができます。油を入れないで作れば、メキシコで果物やサラダリーフにかける、あっさりしたタイプのドレッシングになります。

タマリンドと蜂蜜の組み合わせは、家禽肉や食肉、サーモンに照りを出すのに使われます——タマリンドペースト対蜂蜜の割合を1対2にして試してみてください。このグレーズはニンニクやショウガ、あるいは八角で味を強めることもできますし、必要なら水を加えてのばすこともできます。

タマリンド＆パパイヤ

ジャワ島原産でインドネシア、マレーシア、シンガポールで広く食されているロジャ（rojak）は、カットフルーツのサラダに、醤油で塩味をつけてシュリンプペーストでピリッとさせた、辛くて甘酸っぱいソースをかけた料理です。レモンをかけた豪華なシーフードの一皿を反対にしたような料理です。

私はこれをきちんと作るつもりでいたのですが、タマリンドウォーターにディップしたパパイヤのかたまりはそのままでも大変おいしいということを発見してしまいました。もし万一気になるようでしたらお教えしますが、パパイヤとパイナップル、キュウリ、プラム、リンゴを混ぜると、ヴィーガンのロジャにちょうどよくなります。

---

recipe
《ロジャ（塩辛くて甘酸っぱいソースのフルーツサラダ）》（4人分）
❶ひと口サイズのカットフルーツを合わせて400g用意する
❷ドレッシングを作るには、タマリンド果肉大さじ4をお湯125mlにおよそ20分間浸し、濃いピューレができるようにふるいの中でタマリンドを可能な限り押しつぶして、小さなボウルに濾して入れる
❸ブラウンシュガー大さじ2と醤油小さじ1、カイエンペッパーひとふりを混ぜ入れる
❹カットフルーツにドレッシングをかけ、炒って粗く刻んだピーナッツやゴマの実で飾る

もっと後をひく変わり種ドレッシングにする場合は、少量の白味噌を加えてみてください。

タマリンド&ミント→「ミント&タマリンド」P.349

タマリンド&ライム

　タマリンドを切らしてしまいましたか？　オーストラリアとインドネシアにルーツをもつシェフのララ・リーは、普段タマリンドペーストを入れて作っているサンバル〔インドネシア料理やマレー料理に使われるチリソース〕に、代わりにライム果汁とブラウンシュガーを同量使うことを提案しています。ブラウンシュガーがタマリンドにあるドライフルーツの香味の代役をしてくれるので、これは理にかなったやり方です。ライムを使ったタマリンドウォーターは、トニックウォーターと混ぜて氷の上から注ぐと、乾燥した1月の夕暮れ時の一杯として最高です、日が陰っていく午後4時に夕暮れ時の一杯をいただいてもいいと思えればの話ですが。

recipe

《タマリンド・ライムスプリッツ》

❶1杯につきライム1個の皮を、わたの部分が入らないように注意しながらむく

❷アルミニウム製でない片手鍋に細長く切った皮とタマリンド果肉50g、ブラウンシュガー小さじ1、水100mlを入れる。カクテル用のマドラーかスプーンで果肉と皮を押さえつけながら、中弱火で沸かす

❸泡立ち始めたら、火を消して20分間そのまま置く

❹タマリンド・ライムウォーターを濾して、果肉と皮を押しつぶして可能な限りたくさん搾りだす（濾す前に、溶け残ったタマリンドの大きなかけらを取り出して嚙んでみてください。インドのライムのピクルスに入っているライムのかけらに似ています。扁桃腺のあたりを、激しく、けれども抗しがたい魅力をもって、平手打ちされているかのようです）

❺クラッシュアイスを入れたグラスに注ぎ、トニックウォーターで好みの濃さに希釈する

　ここで一点注意ですが、とても茶色いドリンクができます。モスコミュールで使うような銅製のマグをお持ちなら、審美的な理由から、それを使ったほうがいいかもしれません。

タマリンド&リンゴ

　タマリンドという言葉はアラビア語の「インドのデーツ」に由来していますが、デーツのような甘さを期待しているとびっくりすることになります。レモンをすすっているプルーン、というほうが当たっています。それでも、タマリンドにはドライフルーツの風味があるためリンゴと違和感なく仲間になれますし、特にデザートではそうです。

　メキシコ版のトフィー・アップル〔リンゴ飴〕は、濃い赤色のカラメルの代わりにタマリンドの果肉に覆われています。棒に刺さったこのお菓子の味を知りたければ、論より証拠で食べてみることですね。

139

Date
デーツ

　デーツの栽培品種は5000種あると推定されています。あるいは、100種類しかないけれどもそれぞれ名称が50個ずつあるのかもしれません。ある名前で知られている果物が、近隣のオアシスではまったく違う名前で呼ばれているということがあるからです。栽培品種の話はさておき、デーツは、ソフト、セミソフト、ドライという3つのカテゴリーと、熟していない状態を意味するハラール（halar）、半熟のルターブ（rhutab）、完熟のタムル（tamr）という3段階の熟度で分類されます。硬くて噛みごたえがあり長持ちするドライデーツはラクダデーツとも呼ばれ、現在でもアラブの遊牧民の主食です。イギリスで一番よく見るデーツはソフトなマジョール種と、セミソフトのデグレ・ヌーア種ですが、他にもいろいろな品種があります。

　W. G. クレーは『デーツの文化（*The Culture of the Date*）』（1883年）で、大変甘く核の小さいモロッコ産グリーンデーツのブニ種や、北エジプト産の小さな白いデーツ、クワの実と変わらない大きさのヘレヤ種、そしてサハラ砂漠に育つ、非常に小さくオリーブの形をしたメドハネン種の名前を挙げています。またグリーは、ハイエナ、パール・オン・ザ・ロウ（道路上の真珠）、ドーター・オブ・ザ・ロイヤー（弁護士の娘）、コンフューズド（混乱した）といった名称の品種も記録しています。もしいくつか違うデーツを試してみるなら、メープルシロップの風味の輪（P.395を参照）を手に入れてください。これがあれば、わかりにくい風味をいくつか区別しやすくなるでしょう。食感に大変はっきりした違いがあることもわかりやすくなります。デーツには、粒っぽいもの、ゴムのようなもの、絹のようなもの、汁気の多いもの、肉感的なもの、噛みごたえのあるもの、シロップっぽいもの、皮が裂けているもの、皮が薄いもの、しなびてぱさぱさのものなどがあります。

デーツ＆オーツ麦

　学校にまつわる唯一の幸福な記憶は、ランチメニューにあったデーツのスライスです。自動車衝突試験装置から出てきたクランブルのように見えました。ブレーキ液並みに黒々としていてねばつくデーツには、ルバーブやプラムのような、甘ったるいオーツ麦のトッピングを相殺する酸味がありませんでした。ただひたすら甘かったのです。とても甘かった——それこそ私が必要としているものでした。学校生活はそれでなくてももう十分酸っぱくて嫌なものだったからです。公平に言うならば、クランブルの塩気と、デーツとオーツ麦両方の甘みのコントラストが、少しはありました。ただ、デーツとオーツ麦のどちらも唯一にしてもっとも重要な特色はその噛みごたえでした。スライス1枚を食べきるのにかなりの時間がかかるので、運動場で変な奴扱いされてゲームに入れてもらえない時間がそのぶん減ることになるからでした。

デーツ＆オレンジ

　オレンジの薄切り、デーツの細切り、オレンジフラワーウォーター数滴とシナモンを軽くひとふり。調理というより食材の準備ですが、準備できる中ではかなり上等な部類です。オレンジ果汁がデーツの果肉を分解して、柔らかく、ねばねばにしてくれます。甘いけれどさっぱりしたひと口の柑橘トフィーが、花

と樹皮を少々加えたことで豪勢になっています。夏にはシナモンをやめて、ちぎったミントとカスターシュガー〔微糖グラニュー糖〕ひとふりを選んでもいいかもしれません。高級デーツ専門店ではデーツに詰め物をするのに砂糖漬けのオレンジピールを使っていて、このべたべたの果物に、さらにべたべたで苦みのある中身が入っています。

デーツ&カシューナッツ→「カシューナッツ&デーツ」P.322

デーツ&カブ

シャルガム・ヘルー（shalgham helu）というのはイラクのユダヤ人が食べる、甘く煮込んだカブのおやつです。道端の屋台で売られており、放課後の間食として食べるのだ、と、イラク人アーティストでフードライターのリンダ・ダングールは言います。クラウディア・ロデン〔P.443参照〕の『ユダヤ料理の本（*Book of Jewish Food*）』にレシピが載っています。

---

recipe

《シャルガム・ヘルー（カブのデーツシロップ煮）》

❶カブ500gの皮をむいて切り分け、片手鍋にデーツシロップ大さじ2、塩数つまみと一緒に入れ、かぶるくらいより数センチ上まで水を入れる

❷沸騰させたら蓋をせずに柔らかくなるまでことこと煮込む

私が使ったイギリスのカブはとても硫黄っぽく、甘さのせいでスウェーデンカブのような味がしたので、イラクの子どもたちが列を作って買い求めるようなものではなさそうな気がします。

この食べ物にラム肉やトマト、ニンニクを加えると、メイン料理の地位まで格上げされます。イギリス人シェフのトム・ハントは、ピンクのカブのピクルスをデーツとヨーグルトと混ぜてディップを作り、唐辛子とコリアンダーリーフ少々で飾りつけをしています。

デーツ&カリフラワー→「カリフラワー&デーツ」P.225
デーツ&コーヒー→「コーヒー&デーツ」P.34

デーツ&ココナッツ

ヤシ科の果物2種が、満場の拍手を浴びて出会います。私の拍手は、母が昔よく作ってくれた、デーツのかけらが散りばめられたつやつやの小さなココナッツケーキに向けたものになります。ケーキがまだ冷めていなくて、べとべとで、固まりきらないファッジにココナッツアイスをぐしゃぐしゃに混ぜたような味がするときが一番好きでした。3つ目と4つ目のヤシ科も加えて、ココナッツミルクで煮てパームシュガーで甘みをつけたサゴ（sago）[15]とデーツのプディングにしましょう。サゴパールはタピオカパールに似ていますが、サゴヤシ（実はヤシではなくソテツ属です）の幹の髄から作られます。マレーシアでは、サゴパールをパンダンリーフ（pandanus leaves）[16]と一緒に調理して風味づけし、冷やしてココナッツクリー

※15　サゴ（sago）…サゴヤシの木からとれるでんぷんを材料にした食品。粒状になったものはサゴパールと呼ばれる。タピオカパールはキャッサバイモのでんぷんを粒状にしたもの。
※16　パンダンリーフ（pandanus leaves）…ハーブの一種。料理の香りづけや緑色の着色料として用いられる。和名はニオイタコノキ。

ムとパームシュガーを添えて提供します。

デーツ&ゴマ

デーツはラマダンの断食明けに食されることが多く、カロリーが一番必要な時にすぐさま高カロリーをくらわせてくれます。

デーツをタヒニにディップする食べ方を好む人もいます。デーツとタヒニをブレンダーにかけて小さな団子状に丸めると、タマル・ベ・タヒニ（tamar be tahini）という、よく「デーツとタヒニのトリュフ」と訳されるお菓子ができます。

デーツ&サツマイモ

旅行ライターのエリック・ハンセンはかつて、タクシー運転手のアブドゥル・アリにデーツの食べ方を教わったことがあります。噛んではいけない、というのがアリのアドバイスでした。口の中で溶かすのがコツだ、というのです。ハンセンの記憶では、「……まもなく、果肉がなめらかに柔らかくほどけて、口の中に、蜂蜜、サツマイモ、サトウキビ、キャラメルの複雑な風味を広げていった。この味にすぐに、もっとかすかで、わずかにナッツのような風味が加わり、それがタフィーの濃厚な香味で満たされていた」。

ロンドン東部にあるベーカリー「ヴァイオレット・ケイクス（Violet Cakes）」のクレア・プタック〔P.443参照〕は、サツマイモとデーツがケーキに温かみのある甘さを与えてくれると述べています。「けれどもこの2つは、主にケーキにすばらしい食感を出してしっとりさせてくれますし、全粒穀物でベーキングするときに重要なことはそれなのです」

デーツ&シナモン→「シナモン&デーツ」P.365
デーツ&ショウガ→「ショウガ&デーツ」P.241

デーツ&卵

中東では、卵を刻んだデーツと一緒にスクランブルにしたり、卵にデーツシロップを添えて提供したりします。西洋人の舌には少々変に感じられるかもしれません。まるで注文した朝食が誰か他の人の注文した分と一緒にされてしまったかのようです。一方、もしこれが自分の好みにはちょっと味気ないと思えるとしたら、スクランブルエッグにターメリック少々を足してください。イランではそういう食べ方をすることがあります。

デーツ&タマリンド→「タマリンド&デーツ」P.137
デーツ&チーズ→「チーズ&デーツ」P.277

デーツ&トマト

絞り出し式の赤いプラスチック容器のトマトは、揚げ物に添えるぬるい缶詰のトマトと同じくらい、イギリスのグリーシー・スプーン[17]の象徴です。その仲間である絞り出し式の茶色いプラスチック容器のトマトは、見かけほど変わったものではありません。ブラウンソースの主原料は、酢と砂糖を除けば、トマトと

142　※17　グリーシー・スプーン（greasy spoon）…「脂でぎとぎとしたスプーン」の意。揚げ物を提供するイギリスの安カフェ・大衆食堂を指す語。

デーツです。ブラウンソースは、口にしたことのない方のために説明すると、甘酸っぱく、香辛料とタマリンドでピリッとした味が効いています。手作りするのは簡単ですし、朝食で油ものの卵料理に合わせると抜群です。また、焼いたハルミチーズと合わせるときわめて後を引く味になります。

---

recipe

《フレッシュブラウンソース》

核を抜いたデーツ100gを生のトマト75g、メープルシロップ大さじ1、シェリービネガー小さじ2、
タマリンドペースト小さじ1、挽いたオールスパイスと塩数つまみと一緒にブレンダーにかける

HPソース[18]並みのなめらかさになるまでブレンダーにかけても、粗めにとどめておくのでも、お好み次第です。ただ、冷蔵庫で一日置いてからのほうが確実においしくなります。

密閉容器に入れて冷蔵庫に保存し、1週間以内に使い切ってください。

デーツ&ニゲラシード

　もしも私が会場の中でデーツのペストリーに手をのばしやすい位置にいたなら、あのパーティーをもっと楽しむことができたでしょう（このパーティーはイラク系アメリカ人アーティスト、マイケル・ラコウィッツのレシピ本、『ナツメヤシの木がある家は飢えない（*A House With A Date Palm Will Never Starve*）』の出版記念パーティーでした）。

　帰り際に、家まで歩きながら食べようと、渦巻きクッキーをいくつかポケットに突っ込むことができました。ロンドンのブリックレーンを半ばまで行ったあたりで、携帯電話を探してポケットに手を突っこんだところ、携帯電話ではなくクッキーを探し当てましたが、これは非公式ながらイラクの国民的クッキーといえるクレイチャ（kleicha）というお菓子だと、今では私も知っています。デーツペーストの暗い色の渦巻きの中に、カルダモンと一緒に、ニゲラシードの間違いようのない風味があり、そのトーストに似た苦みが、デーツを喜んで迎え入れつつとがめてもいます。2つ目を食べて、ギャラリーまで10分歩いて戻ってもうちょっともらってこようかどうか迷いました。その時になって、わずか10歩先にインド系スーパーマーケットがあることに気づきました。私は本をトートバッグから取り出してレシピを調べ、家に帰って自作するために、デーツペーストとニゲラシードを買いました。

デーツ&蜂蜜→「蜂蜜&デーツ」P.79

デーツ&バナナ

　デーツの持つカラメルの風味は、バナナの味方になって、一緒にバノフィーパイ（banoffee pie）[19]に代わる健康によいお菓子になってくれます。ハラウィ種やザムリ種のようなデーツの品種は、カラメル風味の変域の中でバタースコッチ側にあり、「トッフォ（Toffo）[20]」のような噛みごたえもあります。これを薄くスライスしたバナナと交互に重ねて、クリーム少々をかけて冷蔵庫で数時間置いておいてから、スプーンを突き刺していただきます。

※18　HPソース…トマト、デーツ、タマリンド、香辛料などから作られる、イギリスで一般的なソース。ベーコンサンドイッチなどに使われる。
※19　バノフィーパイ（banoffee pie）…パイ生地にバナナ・トフィー（コンデンスミルクを煮詰めたもの）・生クリームをのせたイギリスの菓子。
※20　トッフォ（Toffo）…「ネスレ」社の製造するトフィーキャンディ。アラブ圏で販売されている。

このやり方の欠点は、カラメル化した砂糖ならバノフィーパイに苦みを添えてくれるのにデーツにはそれができない、というところです。料理をする人の中には、デーツシロップにラムで苦みをつけることでこれを解決している人もいます。

デーツ&バニラ→「バニラ&デーツ」P.150

デーツ&ピーカンナッツ

サウジアラビア産のサガイ種のデーツは見分けるのが簡単です。ギネスビールやアイリッシュコーヒーのパイント容器をミニチュアにしたような、茶色くてクリームののったような見た目をしているからです。クリーム部分はわずかにカリカリしており、それ以外の部分の噛みごたえと快いコントラストをなしています——まるで、小さじ1杯のライトブラウンシュガーをメープルシロップに浸して食べているかのようです。

サガイ種のデーツはピーカンナッツととりわけ相性がよいと考えられています。トーストに似た風味のスタウトやコーヒーとの類似からそう思われているだけかもしれませんが、私はこの組み合わせはピーカンナッツを炒ったりカラメルをまとわせたりしたときが最高だと思います。

デーツ&ピスタチオ

ドバイ空港で、きちっとしたキューブ型になったデーツとピスタチオのお菓子の大箱を買いました。ちょっとターキッシュディライト〔「トルコの悦び」を意味するトルコ菓子。P.105参照〕に似ていましたが、半透明なピンクではなく、不透明で茶色でした。これではターキッシュディスペア〔トルコの絶望〕です。帰国して、数日が過ぎ、数週間が過ぎても、これを誰かにあげようとはまったく思えませんでした。そして、真実に向き合うときが来ました。全部自分で食べたかったのです。20分後には、箱の中身の半分を食べ終わっていました。

デーツとピスタチオの関係は、チョコレートとヘーゼルナッツのそれです——風味の相性が完璧なのです。ランギナック（ranginak）というペルシャのデザートのことを知る頃には、レシピを分析できるくらい、独学で知識が積み上がっていました。つまり、デーツにナッツを詰めて、バターたっぷりのビスケット生地のような、穀物のハルヴァ（halva）[21]の層ではさんでプレスした食べ物なのです。核を抜いたデーツが14個必要になります。詰め物をするので、デグレ・ヌーア種やマジョール種のような長めのものが向いています。

---

recipe
《ランギナック（ペルシャのデザート）》
❶アーモンドとピスタチオ各50gを軽く炒って冷ましておく。このナッツ類に塩ひとつまみを加えて粗く挽き、挽いたナッツから大さじ数杯分だけよけておいて、残りをデーツに詰める
❷小型の長方形のブリキ型1個（デーツがちょうど全部ぴったり収まる大きさ）に、ラップかクッキングシートを敷く
❸ハルヴァを作るには、まず砂糖50gをお湯75mlに混ぜ入れて溶かし、シロップを作る。次にフ

※21　ハルヴァ（halva、halwa）…主にバターまたはギーに穀物の粉、砂糖などを加えて作られる中東地域や東ヨーロッパなどの伝統菓子。

ライパンを中火にかけてバター75gを溶かし、中力粉125gを加えて混ぜつつ炒め、ビスケットのようなにおいがしてきつね色になってきたらシロップを混ぜ入れる

❹ ハルヴァの半分をブリキ型の底にまんべんなく広げ、詰め物をしたデーツをその上にのせる。デーツを全部覆えるようにがんばってハルヴァの残りをふりかける

❺ やさしく押さえつけて、クッキングシートをかけ、上に何か重い物を置いて（私はタルトストーンを詰めたパン焼き用のブリキ型を使っています）、数時間置いて固める

❻ 挽いたナッツの残りで仕上げをして、小さい四角形に切り分けて提供する。残ったら密閉容器に入れて常温で1週間まで保存できる

デーツ＆プラム

バーリ種のデーツは秋に旬を迎え、イギリスで通常手に入るドライやセミドライのデーツではなく、生のものを食べてみる機会をくれます。イランのデーツ業者「コシュビン（Khoshbin）」は、フルーツサラダにバーリ種のデーツを使ってみることを勧めています。同じ季節に旬を迎えるプラムやリンゴと特によく合うのですが、メロンとの組み合わせも試してみる価値があります。

想像がつくかもしれませんが、生のデーツは水気があり、カリカリというよりもファッジのような食感で、この段階では十分熟しておらず渋くて食べられないことも多々あります。バーリ種は例外です。この品種のデーツは早熟で甘く、見分けるのも簡単です。黄色くて、よく枝つきのまま売られています。常温で保存すると自宅でも追熟して、さらに茶色く、しわしわになっていきます。この段階になると極上です。小さくてシロップっぽく、ほんのわずかに、淹れたてのコーヒーの気配があります。

デーツ＆プルーン

ハリウッド女優のジョーン・クロフォードとベティ・デイヴィスのような組み合わせです。一緒にすると気まずくなるので、つき合うのはどちらかだけにしておくのがベストです。2つを組み合わせる代わりに、アジュワ種のデーツを試してみてください。これはしばしばプルーンにたとえられますが、それは皮の色が暗くてしわが多く、時につやがあるためだけではありません。プルーンよりは強烈な風味はありませんが、大半のデーツよりはかなり強烈ですし、すばらしい糖蜜の風味があります。また、マジョール種のおよそ4倍のお値段がします。このため、刻んでマフィンに入れたりグラノーラにのせたりはしたくならないでしょうが、プチ・ポ・ド・クレーム（petit pot de crème）[22]に添えて提供してもいいかもしれません──プルーンとカスタードの組み合わせの、ロイヤルバージョンです。

デーツ＆松の実→「松の実＆デーツ」P.386
デーツ＆ミント→「ミント＆デーツ」P.349

デーツ＆ヨーグルト

デーツシロップには、メープルシロップや蜂蜜よりは単純ではありますが強い風味があります。はっきりした酸味もあるのですが、ちょうどヨーグルトと合う程度です──中東では、デーツシロップと山羊の

---

[22] プチ・ポ・ド・クレーム（petit pot de crème）…卵黄、牛乳、砂糖、バニラで作り、小さな耐熱容器で焼き上げるフランスの菓子。

ヨーグルトを組み合わせてドリンクを作ります。

ロンドンのソーホーにある「クオ・ヴァディス (Quo Vadis)」のシェフ、ジェレミー・リーは、デーツとヨーグルトをペアにして「ジョージア・オキーフのグラノーラ」と名づけた料理を作っています。これを自宅で作ろうとしたことがあるのですが、混ぜすぎてしまったために「アンゼルム・キーファーのポリッジ」とでも呼びたいような、ピンクがかったブラウンの物体ができてしまいました。たぶん、以下のデーツとヨーグルトのパンナコッタを作る方が安全です。

recipe

《デーツとヨーグルトのパンナコッタ》

❶砂糖大さじ1と、水に浸して絞った板ゼラチン3枚を、熱したダブルクリーム〔P.126参照〕200mlに溶かし、ギリシャヨーグルト200mlと全乳150ml、デーツシロップ大さじ2を混ぜ入れる

❷これを濾して、カップあるいはダリオール型4個に分けて入れ、冷蔵庫で約4時間かけて冷やし固める

デーツ&ライム→「ライム&デーツ」P.194

クリーミーなフルーツ風味
Creamy Fruity

バニラ
Vanilla

サツマイモ
Sweet Potato

ココナッツ
Coconut

バナナ
Banana

Vanilla

バニラ

風味づけにおけるアナイス・ニン[※1]のような存在です。バニラは至るところにありますが、それでもやはりそのうっとりさせるような複雑さには、人の足を止めさせる力があります。バニラは*Vanilla planifolia*というラン科植物の莢からとれますが、この植物の花は、バニラの芳香なんてどこにも見つからない平凡な花です。果実、つまり豆部分は、乾燥とキュアリングとコンディショニングを経て、小さな種が何百個も入った、おなじみのかぐわしい香りの莢になります。

商業流通するバニラの莢は主にマダガスカル、タヒチ、メキシコで生産されており、各産地にそれぞれ代表的な特徴があります。マダガスカル産バニラは、そのすっきりした花の風味で、パティシエやアイスクリーム業者に好まれる種類です。タヒチ産バニラにはスパイシーなアニスとチェリーの香味があり、果物と特によく合います。メキシコ産バニラも同様にスパイシーで、芳醇で土の風味があります。

バニラの莢にある特徴的な風味化合物はバニリンという名称で知られます。バニラエッセンスはバニリンを溶液に溶かして瓶詰しただけのものです。バニリンは木材パルプや石油化学製品の前駆物質から合成することができます。バニラエキス〔バニラエクストラクトともいう〕は本物のバニラの莢から作られますが、かなりのプレミアム価格なのは、バニリン以外にも何百もの風味分子を含有しているためです。

バニラ＆エルダーフラワー →「エルダーフラワー＆バニラ」P.109

バニラ＆オーツ麦

アメリカ人フードライターのウェイヴァリー・ルート〔P.442参照〕は、フランス人はバニラの代用品にするほかは、あまりオーツ麦を好まない、と述べています。19世紀後半、フランス人科学者ウジェーヌ・セルラは、普通エンバク〔オーツ麦のこと〕を加熱してバニラ様の物質を抽出する方法を発見し、この物質を「アヴネン（aveneine）」と名づけました。オノレ・ド・バルザック〔1799〜1850〕の小説『ラブイユーズ』には「プチ・ポ・ド・クレーム」への言及が出てきますが、ここではバニラが焦がしオーツ麦に置き換えられており、これが「チコリコーヒーがモカに似ているのと同じくらい、バニラに似て」いる、というのでした。

バニラはオーツ麦にとってはせいぜい二番手の風味です。ショウガやシナモンの風味のほうが優勢です。

バニラ＆オールスパイス

ベリーをいくつかつぶして、バニラエキスに混ぜると、風味がより複雑になります。オールスパイスがあると、多くの食材と相性のよい、フレッシュなスパイシーさが加わります。ハーブのブーケガルニに入っているパセリと同じような効果です。

[※1] アナイス・ニン（Anaïs Nin）…1903〜1977。パリ生まれの作家で、性愛に関する著作が多い。ヘンリー・ミラーとの日々を赤裸々に描いた『アナイス・ニンの日記』などで知られる。

バニラ&カシューナッツ

カシューナッツは、ものによっては特別甘くてバターのような風味があります。そのため、軽く炒ると、焼きたてのスポンジケーキのような味がすることがあります。ここにバニラを加えると、ケトルを火にかけたい誘惑にかられることでしょう。このペアは、フィリピンのサン・リヴァル（sans rival）というケーキに一緒に使われています。カシュー・ダックワーズ（刻みナッツの入ったメレンゲ）とバニラ風味のフレンチバタークリームを交互に重ね、炒った無塩カシューナッツを刻んで上に散らしたケーキです。

シルヴァーナス（silvanas）というのもフィリピンのケーキで、フローズンクッキーの中にバタークリームが入ったサン・リヴァルです。普通、細かいビスケットの粉をふりかけて提供されます。溶けることのないアイスクリームサンドイッチを想像するといいでしょう。

バニラ&グーズベリー→「グーズベリー&バニラ」P.103

バニラ&クランベリー

ヘンリー・メイヒュー〔1812～1887〕の著書『若きベンジャミン・フランクリン（*Young Benjamin Franklin*)』（1862年）で、後に建国の父となるフランクリンは、魚屋からの帰り道で、とある美食家に出会います。この年長の男性はフランクリンに、痛風のために食事を控えめにしているところだと語ります。昼食にキャビアをのせたトーストを食べることも、夕食後にマラスキーノパンチを一杯やることもなくなった。マデイラワインも一日に半パイントに減らした。昨夜の食事には、パルメザンチーズを添えたバーミセリのスープ、パン粉をまぶしたラムチョップのピカントソース添え少々、キドニーのシャンパンソースがけ数個、ジュニパーの詰め物をし、ジュニパーソースを添えたノハラツグミを1、2羽、それからクランベリータルトのカスタード添え、のみを食べることを自分に許した、と。「カスタードと一緒に食べるとクランベリーのきつさが取れるのだ。そこに風味づけにバニラがほんのちょっぴりでも入っていたなら、誓ってもいい、非常に官能的なのだ——非常にか、か、官能的なのだよ！」

高名なアメリカ人シェフ、アリス・ウォータース〔P.442参照〕は、クランベリーのアップサイドダウンケーキを、ケーキ部分にバニラで風味づけして作っています。

バニラ&ケシの実→「ケシの実&バニラ」P.318
バニラ&玄米→「玄米&バニラ」P.20

バニラ&コショウ

シェフのポール・ゲイラー〔P.444参照〕は、バニラとホワイトチョコレートのファッジに黒コショウを加えることで、本人の言葉を借りれば「風味を損なう」ことなく、甘みを抑えています。この原理は他の甘いお菓子にも適用していいと思います。コショウとバニラシードを点々と散らしてトロピカルな雰囲気を出すと、ビスケットやアイシングが百合の花弁のような見た目になります。

バニラ&ゴマ

ベニ・ウェハース（benne wafers）というのは、アメリカ・サウスカロライナ州チャールストンのご当地のお菓子です。小さいビスケットなのですが、思わず目を細めてしまうほど甘く、その理由は材料の割

合から推定できます。ブラウンシュガーが小麦粉やバターの3倍の重量入っているのです。「ベニ」というのはバントゥー語でゴマのことで、ゴマは18世紀に奴隷によって北米の地にもたらされました。

　炒りゴマとバニラの組み合わせは、ショートブレッドのような低糖ビスケットで使っても、同じくらいおいしくなります。私はタヒニを入れるとビスケットがさくさくの食感になっておいしい、というサリット・パッカーとイタマー・シュルロヴィッチ〔ロンドンの中東料理レストラン「Honey & Co.」のオーナーシェフ〕の助言に従い、以下のゴマとバニラのサブレを作りました。

---

recipe
《ゴマとバニラのサブレ》
❶カスターシュガー〔微粒グラニュー糖〕60gと柔らかくした無塩バターとタヒニ各60gをクリーム状になるまでかき混ぜる
❷中力粉120gを少しずつ混ぜ入れ、半分くらい入れたあたりでバニラエキス小さじ1を加える
❸生地全体をひとつにまとめ、覆いをして冷蔵庫で最低でも30分間冷やす
❹軽く打ち粉をした台の上で生地をおよそ5mmの厚みにのばし、ゴマ（約大さじ3）を均等にふりかけて、生地が3〜4mmの厚みになるまでさらにのばす
❺6〜8cmの丸型のクッキー型でビスケットをくりぬき、クッキングシートを敷いた天板に並べて、160℃のオーブンできつね色になるまで12〜15分焼く

バニラ&ザクロ→「ザクロ&バニラ」P.94

バニラ&サツマイモ→「サツマイモ&バニラ」P.154

バニラ&ターメリック→「ターメリック&バニラ」P.237

バニラ&デーツ

　バニラにある花のようなスパイシーな香味はデーツに、とりわけデーツシェイクに対し、驚くほどの力を発揮します。アイスクリームの冷たさが、マジョール種のデーツと牛乳の風味をさらに豊かにしてくれます。このペアはスティッキー・トフィー・プディング[※2]だと甘ったるい糖蜜と黒砂糖に紛れて霞んでしまうことがあるので、デーツは大きめのかたまりを残しておかないといけませんし、アイスクリームかカスタードを添えて提供してバニラの風味を増幅させてやらないといけません。

バニラ&パッションフルーツ

　2002年、ミクソロジストの故ダグラス・アンクラがポルノスター・マティーニを考案し、これが瞬く間に定番化しました。バニラウォッカにバニラシュガーシロップとパッションフルーツピューレ、パッションフルーツリキュールをミックスし、サイドにシャンパンのショット1杯を添えて提供します。アンクラは、このフレーバーペアリングはケーキとペストリーからインスパイアされて作った、と述べています。ヘヴィメタルバンドのモトリー・クルーの曲「ガールズ、ガールズ、ガールズ」が、バンドリーダーのニッキー・シックスがおばあちゃんと一緒に行った婦人会の復活祭用のボンネット・コンテストからインスピレーシ

※2　スティッキー・トフィー・プディング（sticky toffee pudding）…イギリスで人気の菓子。デーツを使ったしっとりしたスポンジに、甘いトフィーソースをかけて温かいうちに食べる。

ョンを受けた、と知るのとちょっと似ていますね。

アンクラが考案したドリンクは厳密にはマティーニではありませんが、給料に見合う働きをしている成人エンターテイナーなら、そのような杓子定規なことを言われたらあきれ果てるだろうと思います。ロンドンのメイフェアにある「ル・ガヴローシュ（Le Gavroche）」では、パッションフルーツスフレのホワイトチョコレートアイスクリーム添えをいただくことができます。こちらはちゃんと厳密にスフレです。

バニラ&パパイヤ→「パパイヤ&バニラ」P.210
バニラ&ピーカンナッツ→「ピーカンナッツ&バニラ」P.392

バニラ&ピスタチオ

フォリエ・ダ・テ（foglie da tè、「お茶の葉」）というのは、ラング・ド・シャのイタリア・シチリア島にいるいとこにあたります。バニラで風味づけして、刻んだピスタチオを散りばめてある薄いビスケットです。これに比べるとあまりそそられませんが、「ウォーターゲート・サラダ」という、「クラフト（Kraft）」社が考えついたアメリカの珍妙なレシピに出くわしたこともあります。クラフト社製のピスタチオフレーバーのプディングミックスとバニラマシュマロ、ナッツ、パイナップル、「クールホイップ（Cool Whip）」を使ったレシピでした。ウォーターゲートだけに、これは隠蔽工作をする価値のあるスキャンダルですね。

バニラ&プラム→「プラム&バニラ」P.117

バニラ&プルーン

責めを負うべきことの多い組み合わせです。学校給食のプルーンとカスタードがひどい代物であるせいで、何世代もの人たちがこの組み合わせを遠ざけるようになっただけでなく、プルーン自体からも遠ざかってしまっています。

でも、もう前に進むときです。深みのある、暗い色の、濃密なプルーンのコンポートに、普段クレームブリュレ用に作るタイプのカスタードをかけて食べてみてください。何もかも許せるはずです（砂糖を焦がす手順は省いてください。ほろ苦さはプルーンが担当しています）。もしくは、プルーンをアルマニャック少量とバニラカスタードベースと一緒にブレンダーにかけて、世界でもっとも過小評価されているアイスクリームフレーバーを体験してみてください。プルーンコンポートにバニラを入れても完璧に合いますが、バニラがプルーンより主張が強くなってしまうことがあるので、一気に入れないでください。

バニラ&ホウレンソウ→「ホウレンソウ&バニラ」P.426
バニラ&マルメロ→「マルメロ&バニラ」P.168
バニラ&味噌→「味噌&バニラ」P.16
バニラ&メープルシロップ→「メープルシロップ&バニラ」P.396

バニラ&ヨーグルト

バニラヨーグルトは、意地の悪いカスタードのような味がします。手作りするつもりなら、『バニラの科学と技術の手引き（*Handbook of Vanilla Science & Technology*）』にあるように、ヨーグルトに酸味

※3 クールホイップ（Cool Whip）…「クラフト（Kraft）」社の製品で、牛乳やクリームを使わずにホイップクリームに似せた食品。

があるため、カスタードを作るときよりもバニラをどっさり投入する必要がある、ということは知っておいてください。同書には、インドネシア産のバニラのスモーキーでウッディな刺激が「ヨーグルトの酸っぱい味とバランスをとり、酸味を覆い隠してくれる」とも書かれています。

バニラ&ライチ

集中すれば、ライチのトロピカルで花のような風味の中に、わずかなバニラの風味を探し当てることができます。アメリカ・ハワイ州マノアにある「フォンデュ・ブーランジェリー（Fendu Boulangerie）」では、生のライチとバニラクリームのデニッシュペストリーにシュトロイゼルを飾って仕上げたものを販売しています（シュトロイゼルというのは瓦礫で作ったフルーツ・クランブルのトッピングのようなものです）。ケーキではライチはラズベリーとペアにされることがもっとも多いですが、これはどちらにもバラの香味があるためです。ピーチ・メルバ〔19世紀末にオーギュスト・エスコフィエが考案した、桃・バニラアイス・ラズベリーソースを組み合わせたデザート〕をトロピカルにしてみたい場合はバニラを足してください。

バニラ&緑茶→「緑茶&バニラ」P.431

バニラ&レーズン→「レーズン&バニラ」P.134

Sweet Potato
サツマイモ

　サツマイモは栄養価が高くよく実る作物で、しばしば自然災害の後すぐに植えられる作物でもあり、全世界での総生産トン数は第11位です。けれども、サツマイモを利用した製品は増えておらず、これはひょっとするとその風味——あるいは、人気のあるオレンジ色の品種の風味——が、でんぷん質の野菜にしては特徴が薄くないためかもしれません。

　サツマイモの風味の特徴は、蜂蜜とわずかなナッツっぽさが混ざった風味、と表現するのが一番当たっています。栗にきわめて近い風味のある品種もあります。もしかすると私たちは朝ご飯にサツマイモを食べるべきなのかもしれませんね？

　ただ、サツマイモの栽培品種は約7000種あって、色味も幅広く、食感も、ほくほくででんぷん質のものからゼリーに似ているものまでさまざまである、ということは心に留めておいてください。甘さのレベルも多様です。普通のジャガイモと変わらない甘さの栽培品種もあります。日本人は皮が紫色で中身が淡い黄色のクリーミーな品種を尊んでおり、これを冬に屋台で焼いて売ったり、秋に落ち葉のたき火で焼いたりします。

サツマイモ＆エルサレム・アーティチョーク→「エルサレム・アーティチョーク＆サツマイモ」P.248
サツマイモ＆オレガノ→「オレガノ＆サツマイモ」P.353
サツマイモ＆黒インゲン豆→「黒インゲン豆＆サツマイモ」P.44

サツマイモ＆ココナッツ

　パナジェッツ（panellets）というのは、スペインのカタルーニャ州で万霊節〔キリスト教で、死者の魂のために祈りを捧げる日〕に食べるビスケットです。アーモンドと砂糖と卵でできていて、マジパン−マカロン科に属します。ホームメイドのものにはマッシュしたサツマイモがよく入っていますが、プロのパナジェッツ製造者はサツマイモを入れると食感が田舎くさくなるというので鼻で笑っています。

　パナジェッツは松の実があしらわれていることが多く、稀にココナッツがあしらわれていることもあります。松の実ではサツマイモの風味に押されてしまっていると思うのですが、ココナッツで作ったものはあの丸くて黄色やピンク色をしたリコリス・オールソーツ[※4]にとてもよく似た味がして、フェンネルを加えて作りたくなりました。

　「シナモン＆サツマイモ」（P.365）も参照してください。

サツマイモ＆ゴマ→「ゴマ＆サツマイモ」P.311
サツマイモ＆シナモン→「シナモン＆サツマイモ」P.365
サツマイモ＆ソバ→「ソバ＆サツマイモ」P.61
サツマイモ＆タマリンド→「タマリンド＆サツマイモ」P.136
サツマイモ＆デーツ→「デーツ＆サツマイモ」P.142

※4　リコリス・オールソーツ（liquorice allsorts）…色とりどりのリコリス（甘草）菓子のミックス。

サツマイモ&バニラ

感謝祭（サンクスギビング）に作る砂糖がけのサツマイモ（別名「キャンディード・ヤム」）の皿に、人によってはマシュマロを敷きつめることがあります。つい顔をしかめてしまいそうですが、この甘さが、肉、詰め物、グレイビー、サヤインゲンときのこのキャセロールのしつこい塩味を相殺（そうさい）してくれることは否定しようがありません。それに、マシュマロのバニラ味——七面鳥としっくりくるパートナーではありません——は、幸いにも他の強い風味に、特にマシュマロの表面が焦がされているので、それにかき消されますし、この焦げ目があることで、甘くてべたついてよくのびるマシュマロが取り分け用のスプーンについてもう取れなくなってしまうのも隠すことができます。

アルゼンチンでは、サツマイモとバニラをじっくり加熱して、ドゥルセ・デ・バタタ（dulce de batata）という国民的デザートを作ります。マルメロペーストやダムソンチーズ（damson cheese）[※5]の要領で、チーズとナッツを添えて提供されます。サツマイモは少し栗に似た味がすることがあり、日本ではバニラと混ぜて、モンブラン山に見立てたモンブランというデザートを作ります。紫色のサツマイモはケーキ屋が使いやすい色であるため人気があります。

サツマイモ&ピーカンナッツ→「ピーカンナッツ&サツマイモ」P.391
サツマイモ&フェヌグリーク→「フェヌグリーク&サツマイモ」P.403

サツマイモ&フェンネル

サツマイモ（スイートポテト）は怠け者（カウチポテト）にもなりえます。生のフェンネルを使うと、そのたるんだ顎（あご）を一発平手打ちしてしゃっきりさせてくれます。

サツマイモとフェンネル両方をくし形に切り、オリーブオイルをまぶして塩をふりかけ、200℃のオーブンで45分間焼きます。塩鱈（しおだら）と合わせると絶品です。

サツマイモ&マルメロ

シェフのダイアン・コチラスは著書『私のギリシャの食卓（My Greek Table）』で、マルメロとサツマイモとナスを使ったレフカダ島の料理に触れています。ラタトゥイユをもっと濃厚で甘くしたような料理です。マルメロは栗と親和性が高く、栗は風味の上でサツマイモと近い、とコチラスは述べています。

サツマイモ&メープルシロップ

色が濃く、フェンネルとフルーツの香味（こうみ）があるメープルシロップを使って、サツマイモの風味に彩りを添えてみてください。糖蜜だとさらに色が濃く、サイドディッシュとしてもデザートとしても提供される、スイートポテト・ポーン（sweet potato pone）[※6]というケーキにわずかな苦みを加えてくれます。

サツマイモにさらに甘みを足すという習慣は、砂糖大好きなアメリカに限ったことではありません。日本には、大学芋という、皮をむかずに乱切りにしたサツマイモを揚げてシロップをからめた食べ物があります。このシロップには醤油で味つけしてあることもあります。フィリピンにはカモテ・キュー（kamote cue）という、カラメル化させたサツマイモのフライや、ミナタミス・ナ・カモテ（minatamis na kamote）という、サツマイモのシロップ煮があります。

※5　ダムソンチーズ（damson cheese）…ダムソンプラムを砂糖で煮詰めてゼリー状にしたもの。P.381のアップルチーズも参照。
※6　スイートポテト・ポーン（sweet potato pone）…おろしたサツマイモにバターや砂糖、シナモンなどを加えて作るアメリカ・中南米の料理。

サツマイモ&ライム

ライムは、マンゴーやサツマイモの、砂糖のように甘いオレンジ色の果肉が大好きです。私のシンプルなライムのデザートの作り方は以下の通りです。

recipe
《ライムとサツマイモのプディング》

中サイズのサツマイモ1本の中身を加熱しピューレ状にしたものと、ごく細かくおろしたライムの皮1個分、ライム果汁1/2個分、ヨーグルト大さじ2、砂糖小さじ1/2を混ぜ合わせる

ライムとサツマイモというペアは塩味の料理でもよく合います。サツマイモのタコスを作るには、くし形に切って焼いたサツマイモと、フェタチーズ、赤タマネギのスライス、それに炊いた玄米（または米と豆）スプーン数杯分を、トウモロコシのトルティーヤの上に積み上げます。細かくおろしたライムの皮少々、ライム果汁ひと搾り、生ニンニクほんの少しと塩ひとつまみをクレーム・フレッシュ〔P.127参照〕大さじ1〜2と混ぜ合わせ、これを上からスプーンでかけます。コリアンダーリーフをちぎって散らしたら、タコスを持ち上げてかぶりついてください。

サツマイモ&緑茶

日本の茶の湯で伝統的に出される和菓子は、緑茶の苦く渋い味を相殺してくれます。濃茶という濃い抹茶は、主菓子と呼ばれる水分が多めの和菓子とともに供されます。主菓子はサツマイモ、餡子、ゴマ、米などで作られます。薄い抹茶、すなわち薄茶は、干菓子という水分の少ない和菓子とともに供されます。こちらは米粉などから作られていて、季節に合わせた風味づけがされています。桜の風味のものが人気です。私たちの多くにとっては、日本の茶の儀式は日常的に体験するものではありませんが、今度サツマイモを焼いたときには、スモーキーなタイプの中国緑茶をすすってみてもいいかもしれません。

サツマイモ&リンゴ

サツマイモは、ほぼどんなレシピでも、ジャガイモやリンゴ、カボチャの代わりができます——『サツマイモ（*The Sweetpotato*）』という本の受け売りですし、この本には偏りがあるかもしれませんが。それでも私は、サツマイモのシャルロットやクランブルもいけるはずだと確信しています。サツマイモとリンゴは、東京にあるサツマイモのケーキやペストリー専門のベーカリーチェーン「らぽっぽファーム」で一番人気の組み合わせです。

サツマイモ&レッドキドニー

それらしくありませんが、デザート界のパワーカップルです。アビチュエラ・コン・ドゥルセ（habichuelas con dulce）はサツマイモとレッドキドニーで作る、ドミニカ共和国で四旬節〔キリスト教の復活祭を迎えるまでの準備期間〕の期間中によく食べられているデザートです。レッドキドニーをじっくりゆでてから、エバミルク、コンデンスミルク、ココナッツミルク、おろしたココナッツ、サツマイモ、砂糖、レーズン、

バニラ、シナモン、それからバター少々とブレンダーにかけます。シェフ兼料理史研究家のマリセル・プレシーリャは、このブレンダーにかけた同じ材料でアイスクリームを作ってみては、と提案しています。

　日本の埼玉県の「いも恋」は、蒸したもち生地の中に加熱したサツマイモ——中身が象牙色の品種——のスライスと餡子が包まれた商品です。ウガンダでは、サツマイモとレッドキドニーをマッシュしてムゴヨ（mugoyo）を作り、これを薪の上で調理して、スモーキーなおいしい風味をつけます。

※7　餡子は本来小豆で作られるが、海外ではインゲン豆（レッドキドニー）で作られることも多いため、ここに取り上げられていると思われる。

Coconut
ココナッツ

コメディアンのヴィック・リーヴスいわく、熊の卵です。ココナッツは、少なくとも生で食べれば、あるいはミルクやクリームの状態で食べれば、母親的な、落ち着く、ミルキーでマイルドな果物です。ココナッツミルクも少しフルーティーですが、ココナッツウォーターはそうではありません。ココナッツウォーターのほうが土の風味があり、かすかに甘い藁のようです。スピリッツ専門家のデイヴ・ブルームは、「ジョニーウォーカー　ブラックラベル」の割り材にこれを勧めています。

ヴィーガン食の人気が高まっているおかげで、ココナッツオイルはどこでもぐっと手に入りやすくなりました。未精製のものはまだはっきりとココナッツの味がするため、これを使うとよかれあしかれ何でもピニャコラーダ〔ココナッツミルクを使ったカクテル〕の味がすることになります。反対に精製済みココナッツオイルは特徴のない味です。

ココナッツ&オーツ麦→「オーツ麦&ココナッツ」P.66
ココナッツ&オールスパイス→「オールスパイス&ココナッツ」P.369
ココナッツ&海藻→「海藻&ココナッツ」P.434

ココナッツ&カシューナッツ

コルマ（korma）[※8] ではクリーミーさがもの足りないとお考えの方にぴったりな、インド・ゴア州のカジュ・トナク（kaju tonak）という料理で出会います。コルマで煮たコルマ、といった感じの料理なのです。まずベースを作りますが、レシピによって、カシューナッツとココナッツを一緒に使ったり、別々に使ったりします。カシューナッツの風味はココナッツに埋もれてしまいやすいのです。料理人兼作家のプリヤ・ウィクラマシンハのバージョンでは、まずカシューナッツを重曹を入れた水に浸しますが、これによって生のナッツのミルキーな風味が復活する、とウィクラマシンハは言います。

カシューナッツとココナッツは他にもイドゥリ（idli）という甘い詰め物入りの料理（米とレンズ豆で作る南インドの蒸しケーキ）、ブラジルの鶏とエビの煮込みシンシン・ジ・ガリーニャ（xinxim de galinha）、それにヴィーガンアイスクリームを作るのにもペアで使われます。

ココナッツ&乾燥エンドウ豆

どんな豆にもそれぞれ、甘い食材についての好みというものがあります。香港では、イエロースプリットピーを、甘みをつけたゼラチン状のココナッツに混ぜ込んで、水玉模様のプディングを作ります。スプリットピー〔半割り乾燥エンドウ豆。P.256も参照〕はココナッツの風味や甘みを吸ってしまわないよう、先にお湯でゆでておきます。こうすると豆は本来の味のままで、ココナッツと対照的な風味のよさが保てます。

このペアはインドのダール（dal）[※9] でも広く使われます——でも、砂糖を入れなくても非常に甘い組み合わせなので、仕上げにはうんとはっきりした味のタルカ（tarka）[※10] を使うようにしてください。

※8　コルマ（korma）…ヨーグルトやクリームを使ったマイルドでクリーミーなインド料理。
※9　ダール（dal）…豆を香辛料で煮込んだ料理。また、ダールはヒンディー語で豆の総称も指す。
※10　タルカ（tarka）…香辛料を油に入れて火にかけ、香りを油に移した香味油。

ココナッツ＆ケシの実

『オックスフォード食必携（The Oxford Companion to Food）』によれば、ココナッツとケシの実をセモリナ粉と組み合わせると、インドのカスカス・ハルヴァ（khus khus halwa）が作れます。白いケシの実が、一般的なハルヴァ[※11]を作るのに使う穀物の代わりになります。実を加熱して挽き、ココナッツと砂糖と混ぜて、カルダモンで風味づけし、カシューナッツを散らします。カランジ（karanji）というインドのマハラシュトラ州の小さな揚げ菓子も、ケシの実よりもココナッツのほうが多くはあるものの、よく似た材料で作られている場合があります。

ココナッツ＆玄米

ココナッツは禁じられた米（黒米）に許可証を与えます——この2つは東南アジアのデザートでペアになります。禁じられたというのは、かつてはこの米は貴族階級のみが食べるものとみなされていたためです。現在では誰でも食べられるようになり、しばしばココナッツと混ぜてミルクプディングやお粥にします。

玄米は粘りのある黒米とも呼ばれますが、実際には黒い糠（ぬか）部分があることででんぷんが流れ出さないので、炊いてもべたべたにはなりません。また、炊いたご飯は黒ではなく、魅惑的な紫の色合いに変わります。少しべたべたになったほうがいいプディングやお粥に使う場合は、黒米を粘りのある白米と混ぜます。

フードライターのスリ・オーウェンは著書『米の本（Rice Book）』で、一族の古いレシピの中から黒米とココナッツシャーベットのレシピを紹介していますが、ここには米とココナッツの料理の多くによく使われるシナモンも少々入っています。ベトナムでは、朝食に黒米をブラウンシュガー、ココナッツフレーク、刻んで塩をふったローストピーナッツと一緒に食べます。

ココナッツ＆コショウ→「コショウ＆ココナッツ」P.377
ココナッツ＆サツマイモ→「サツマイモ＆ココナッツ」P.153

ココナッツ＆ターメリック

ターメリックの香りがついたココナッツミルクは、まろやかでクリーミーなカレーのような味がします。料理研究家のアリソン・ローマンの名高いヒヨコ豆、ターメリック、ココナッツの煮込みは、マイルドチリパウダーひとつまみのほか何の後押しもなくても、ターメリック自身でこんなことができるんですよと教えてくれます。

ローマンが使っているターメリックの量はインドのヒヨコ豆の煮込みで普通使われる量よりも多く、脂肪分として使っているのはオリーブオイルですが、それでもコルマ〔「ココナッツ＆カシューナッツ」P.157参照〕のような味がします。さらにターメリックは、週末に日光を浴びることでイングランド人である私の淡い色の肌に生じるような効果を、灰色気味のココナッツミルクにもたらしています。風味を知覚する上でターメリックの色が効果を及ぼしていることは疑いようがありません。この色がないラクサ[※12]（laksa）を想像してみるとわかるでしょう。

シェフでありタイ料理専門家のデイヴィッド・トンプソンは、ココナッツクリーム、生のターメリック、パームシュガー、ブラックココナッツシュガー、パンダンリーフ〔P.141参照〕で作ったシロップに浸したバナナのレシピを出しています。焼いて平たくしたバナナをシロップにそっと入れ、べたべたのココナッツライスに添えて提供します。

※11　ハルヴァ（halva、halwa）…主にバターまたはギーに穀物の粉、砂糖などを加えて作られる中東地域や東ヨーロッパなどの伝統菓子。
※12　ラクサ（laksa）…エビの出汁にココナッツミルクと香辛料が入ったスープの麺料理。

ココナッツ&タマリンド

コメディアンのピーター・クックとダドリー・ムーアのようなコンビです。ココナッツがダドリーのほうです——髪がふさふさで、スイートで順応性があり、酸味のあるものから苦いもの、しょっぱいもの、フルーティーなもの、何をぶつけても引き立て役になってくれます。

ココナッツはすべてをやさしく包み込んでくれますが、それでいて自分自身を失いません。対照的に、タマリンドのピリッと辛辣なところは尖っていて冴えていて予測がつかず、使いすぎると刺激が過剰になってしまいがちです。インドでは、タマリンドとココナッツをしばしば一緒に使って、魚や鶏肉を蒸し煮にするクリーミーで甘酸っぱいグレイビーを作りますが、この組み合わせはナスに合わせてみてもいいと思います。

recipe

《ナスのココナッツ・タマリンド煮》（2人分）

❶ タマリンド50gをお湯100mlに20分ほど浸しておく。その間に、エシャロット2個をみじん切りにし、フライパンに植物油大さじ2を引いて中火で炒め、柔らかくなったら2cmの角切りにしたナス2個を加える

❷ ナスが柔らかくなり始めたら、ニンニク2かけ、ショウガ2cm、青唐辛子1本をすべてみじん切りにして加え、1分火を通してからトマトピューレ大さじ1を加え、さらに1〜2分炒める

❸ もどしたタマリンドを濾し、ふるいの上から押しつけてタマリンドピューレをできるだけ押し出す

❹ これをココナッツミルク400ml、挽いたターメリック小さじ1/2、中国の五香粉小さじ1/2と一緒にフライパンに加え、20分間ことこと煮て、絹のようになめらかになったナスに、甘酸っぱい風味を染み込ませる

❺ ゴマ、炒った乾燥ココナッツ、輪切りにした青唐辛子を散らし、白いご飯に添えて提供する

ココナッツ&デーツ→「デーツ&ココナッツ」P.141

ココナッツ&トウモロコシ→「トウモロコシ&ココナッツ」P.71

ココナッツ&ニゲラシード→「ニゲラシード&ココナッツ」P.355

ココナッツ&パッションフルーツ→「パッションフルーツ&ココナッツ」P.204

ココナッツ&パパイヤ

ハワイの人たちはパパイヤとココナッツをブレンダーにかけ、ココナッツリキュールと炭酸水と混ぜたスープを食べます。これはスープでしょうか、それともカクテルでしょうか？　きっと、一日のうち何時頃なのかによるのだと思います。これの代わりに、ココナッツクリームとブラウンシュガーを混ぜて、半分に割って焼いたパパイヤのくぼみに入れて食べてみてください。パパイヤを加熱すると、風味はともかく甘みは増します。

トゥルト・ドゥ・ロドリゲス（tourte de Rodrigues）は、モーリシャスの350マイル東にある小さな島の名物料理で、細切りにして甘みをつけたパパイヤとココナッツがたっぷり詰まったダブルクラストのパイです。

ココナッツ&ピーカンナッツ

　ピーカンナッツとココナッツは、ドルスター・マイルズがアメリカ・アラバマ州バーミンガムの「シェ・フォンフォン（Chez Fonfon）」でペストリーシェフをしていたときに作った看板料理で使われています。ピーカンナッツと細切りにして甘みをつけたココナッツを使ったマイルズのケーキは、伝統的南部料理のアレンジです。

　この2つの食材は、ジャーマンチョコレートケーキの飾りにも使われていますが、このケーキにジャーマンという人名がついているのは、「ダラス・モーニング・ニュース」紙に掲載されたもともとのレシピに「ベイカーズ・ジャーマン・スイート・チョコレート（Baker's German Sweet Chocolate）」という銘柄が明記されていたためです。ピーカンナッツとココナッツカスタードのフィリングが詰まった、チョコレートスポンジのレイヤーケーキです。アメリカでは、「ジャーマンチョコレートケーキ」といえばそれ自体が、チョコレートとピーカンナッツとココナッツを使ったある風味を意味する言葉になっています。もともとは1930年代のクレーム・ド・マント〔ミントリキュール〕とクレーム・デ・カカオ〔カカオリキュール〕のカクテルを指し、現在ではミントとチョコを混ぜたあらゆるものを指すようになった「グラスホッパー」という言葉と、ちょうど同じような経緯です。

ココナッツ&ヒヨコ豆→「ヒヨコ豆&ココナッツ」P.259
ココナッツ&フェヌグリーク→「フェヌグリーク&ココナッツ」P.403
ココナッツ&プラム→「プラム&ココナッツ」P.116
ココナッツ&プルーン→「プルーン&ココナッツ」P.127

ココナッツ&マスタード

　ココナッツは、むずかるマスタードにとって、あやしてくれる母親のような存在です。この組み合わせはインド・ベンガル地方の料理で、特に魚料理のソースとして人気があります。インドのケララ州では、オクラとサヤインゲンをココナッツとマスタードで作ったソースで一緒に煮ます。

ココナッツ&ライチ→「ライチ&ココナッツ」P.106
ココナッツ&緑茶→「緑茶&ココナッツ」P.430

ココナッツ&レーズン

　見事なまでに甘くべとつく組み合わせです。レーズンの持つブラウンシュガーの風味は、クリーミーなココナッツとごた混ぜにすると贅沢な快楽になります。

　コロンビアのアロス・コン・ティトテ（arroz con titoté）という米の料理はこれを極端にしたものです。ココナッツミルクを煮詰めて、油とベージュっぽいカード〔凝固物〕に分離させます——これがティトテです。この油っこい濃縮液でレーズンを炒め、米、砂糖、塩と水を加え、米がふっくら柔らかくなるまで煮ます。南米版のライスプディングのように思えるかもしれませんが、実際にはこれは魚や揚げたユッカ[13]（yucca）、ビーフシチューに添えて提供される付け合わせです。

---

[13] ユッカ（yucca、yuca）…キャッサバの根。スティック状に切って揚げたものは南米ではユカ・フリータ（ユッカフライ）と呼ばれ、付け合わせやスナックとして食べられている。

ココナッツ&レッドキドニー

　米とエンドウ豆はジャマイカでは伝統的な日曜日の料理になります。エンドウ豆と言ってはいますが実際には（通常は）レッドキドニーのことで、ココナッツミルク、長粒種の米、葉ネギ、スコッチボネット唐辛子、ニンニク、オールスパイス、タイムと一緒に煮てあります。モンテゴ湾に落ちる夕日のようなピンク色のひと皿です。

　マハラグウェ・ヤ・ナーズィ（maharagwe ya nazi）という、スワヒリ族のレッドキドニーとココナッツミルクの煮込み料理もあります。タンザニア人シェフのヴェロニカ・ジャクソン流の作り方は、トマト少々、カルダモン、シナモン、カレーパウダーを使うというものです。

「サツマイモ&レッドキドニー」（P.155）も参照してください。

ココナッツ&レンズ豆→「レンズ豆&ココナッツ」P.54

Banana
バナナ

3つの食材の顔を持っています。皮がまだ緑色を呈しているときは、果肉は締まっていてわずかにぬるぬるした感触があり、味はあまりしません。ちょっと葉っぱのようで、少し糊っぽいかな、というくらいでしょうか。クロロフィルが分解して皮が黄色くなると、酢酸イソアミルというエステルのおかげで、果肉はあの泡のような口当たりのバナナのお菓子に似た味がするようになりますが、すっきりした酸味で甘さとのバランスがとれています。バナナが熟していくにつれ、果肉にはフルーツサラダの風味とわずかなラム酒の風味が生じます。皮が真っ茶色になった頃には、果肉は蜂蜜のように甘く、スパイシーになっていて——クローブとナツメグの香味がはっきりします——、でんぷん質なところはほとんど消え去っており、一種ゼラチン質な口当たりが残りますが、これは万人受けはしません。熟しすぎたバナナは、バニラの莢と同じように、皮をむいて、カスタードやプディングにする牛乳やクリームに味を移すのに使えます。

イギリスでもアメリカでもキャベンディッシュ種のバナナが長らく市場を独占してきましたが、現在は他の栽培品種も入手できるようになってきており、その多くは風味が改善され、パイナップル、ジャックフルーツ、バニラアイスクリーム、レモンメレンゲパイ、グラニースミス種のリンゴなど、多様な風味のものがあります。

バナナ&大麦

製粉してベアミールになるスコットランド・オークニー諸島の大麦を扱った『ベアの本（*The Book of Bere*)』の著者リズ・アッシュワースは、バナナとチョコレートとクルミがベアと特によいパートナーになる、と認定しています。「大麦&チーズ」（P.30）も参照してください。

バナナ&デーツ→「デーツ&バナナ」P.143
バナナ&蜂蜜→「蜂蜜&バナナ」P.79

バナナ&パッションフルーツ

フードライターのナイジェル・スレイター〔P.444参照〕は著書『超速プディング（*Real Fast Puddings*)』で、「分厚くスライスしたバナナにパッションフルーツの種と果汁をたっぷりかけると、最高に嬉しい一日の始め方ふた通りのうちのひとつになる」と述べています。

バナナ&パパイヤ→「パパイヤ&バナナ」P.209
バナナ&味噌→「味噌&バナナ」P.16

バナナ&メープルシロップ

乳製品不使用のバナナアイスクリームは、世の中の茶色いバナナに対する見方を変えました——少なくとも、我が家の見方は変えました。最近まで、緑色の筋が走っていないバナナには、私たち家族は見

※14　泡のような口当たりのバナナのお菓子…Foam Bananasなどの名称で、砂糖やコーンスターチなどから作られるバナナの形をした砂糖菓子がある。

向きもしませんでした。私たちに限って言えば、茶色のバナナというのは完全に別の果物であって、バナナブレッドにする以外どうしようもない、重たくて、うんざりするほど甘く、頭痛の種になる失敗作でしかありませんでした。ところがそう思っていたところ、秘術が私たちに伝授されたのです。

recipe
《バナナアイスクリーム》（2人分）
❶熟しすぎたバナナ2本のヒョウのように斑点のできた皮をむき、果肉を2〜3cm大に割って、硬くなるまで凍らせる
❷凍らせたバナナをメープルシロップ、レモン汁ひと搾り、好みでバニラエキス（これらを足すことで、バナナが熟すにつれて失われるキリッとした甘みが復活する）と一緒にブレンダーにかけてなめらかにし、できたてをいただく

　今では我が家はバナナを多めに買ってきてわざと追熟させるようになりました。棚に並んだまま悪くなりかけている、斑点のできたバナナの房に誰かが手を出そうものなら、私が横から『白雪姫』の魔女のようにリンゴを差し出しながら言ってあげるのです、「ほら、こっちのリンゴはバラのように赤いですよ」と。

酸味のあるフルーツ風味
Sour Fruity

マルメロ Quince	ライム Lime
リンゴ Apple	ユズ Yuzu
ヨーグルト Yogurt	オレンジ Orange
ソレル Sorrel	パッションフルーツ Passionfruit
レモン Lemon	

Quince
マルメロ

太古の『カメレオンマン[※1]』です。アダムとイヴが食べた禁断の果実は、おそらくリンゴではなくマルメロでした。旧約聖書の「雅歌」に出てくるザクロについても同じで、マルメロでしょう。トロイ戦争の発端となった黄金のリンゴも、もうおわかりですね。公平を期すために言っておくと、私だって、マルメロのあの芳香が漂ってきたらトロイを包囲するだろうと思います。マルメロはバラ、梨、リンゴと、かすかにジャスミンの香味が合わさっており、熟していくにつれてコニャック、パイナップル、きのこの香味が生まれます。ですが、加熱しないと食べられません。栽培品種の多くは硬くて渋いので生食には向きませんが、温暖な気候の地域で栽培される品種にはカープス・スイートやクガンスカヤのように、手づかみで食べられるものもあるので、ちょっとかじってみるのはありだと思います。

マルメロを食べておいしいと感じるようにするためには通常かなりの量の砂糖が必要なので、しばしば酸っぱい食材と合わせることで甘みとのバランスをとります。バターミルクやクロテッドクリーム、ヨーグルトのような発酵乳製品はお相手として定番ですし、チーズなら甘さと酸っぱさの組み合わせに塩気を加えてくれる上、さきほど挙げた風味の特徴とも合います。実験してみたい気分なら、マルメロをリンゴや梨の代わりにしてお好きな組み合わせで使ってみてください。マルメロのリキュールなら入手するのも作るのも簡単ですし、マルメロの風味を利用し保存する第一歩としては手を出しやすい方法です。

マルメロ＆アーモンド→「アーモンド＆マルメロ」P.122

マルメロ＆クランベリー

マルメロ、クランベリー、そしてリンゴは、20世紀初頭のアメリカではまとめて「楽園（パラダイス）」として知られていました。この組み合わせはきれいなピンク色のゼリーで特に人気でした。レシピがかつて『料理の喜び（*The Joy of Cooking*）』〔1931年刊。現在まで活用され続けるアメリカの定番料理書〕に掲載されていたのですが、最近の版からは削られてしまいました。まさに失楽園（パラダイス・ロスト）、といったところでしょうか。

マルメロ＆サツマイモ→「サツマイモ＆マルメロ」P.154

マルメロ＆シナモン

シナモンは、マルメロの近い親類であるリンゴや梨に対してと同じように、マルメロとよくパートナーにされます。マルメロの持つパイナップルとバラの香味には特によく合いますし、この組み合わせを使い、ウォッカあるいはウイスキーをベースにして、リキュールも作れます。

ポルトガルとブラジルでマルメラーダ（marmelada）という名前で知られるマルメロペーストを作るのにもシナモンが使われます。マルメラーダは他にクローブやポートワインで風味づけされることもあります。ブラジルのゴイアバーダ（goiabada）というのは要するにグアバで作ったマルメラーダです。ゴイアバーダはケージョ・ジ・コアーリョ（queijo de coalho）やケージョ・ミナス（queijo minas）——どちらも

※1 『カメレオンマン』…ウッディ・アレンが監督・脚本・主演を務めたアメリカ映画。1920年代のニューヨークで、周囲の環境によって外見まで変化してしまう不思議な男の生涯を描いた作品。

牛乳のチーズで、溶けないタイプで大変塩気が強いものです——を添えて提供すると、ホメオ・イ・ジュリエッタ（Romeu e Julieta）という大変愛されている料理になります。

マルメロ&チーズ

　私たちがあのときスペインで、居心地のいいタパスレストランではなく、バリャドリッドとサンティアゴ・デ・コンポステーラの間のA6道路にあるサービスステーションでランチをとっていたのが誰のせいなのかについては、深入りしないでおきましょう。代わりにそこのカフェオーナーの女性の話をしたいと思いますが、この女性は移動中に立ち寄っていて自由にどこかに行けないという客層の割に極上のパンとチーズを、他には誰も見当たらない店内で売っていました。

　ボカディージョ（bocadillo）[※2]を買って帰る際に、私は隣接した土産物店でメンブリージョ（membrillo）、つまりマルメロペーストを買いました。例の事件のせいでまだ少し気が立っていたためですが、この事件についてはやっぱり問題にしない方がいいと思います。私は何か観光客向けの安物を買って、気を静める必要があったのです。ところが、これがまったく安物などではありませんでした。それまで食べたことのあったメンブリージョは、果実の風味を取り除いた固いジャムの味、という印象でした。ですがこれはマルメロの味がして、まずパイナップルっぽくて、次にとてもストロベリーリコリスっぽくなったのです。汁気もあって、これがマンチェゴ（Manchego）[※3]チーズの表面をざらざらにしている粒感と合わさります。マンチェゴチーズはバターのようでナッツのようでもあり、隠しきれないラノリン〔羊などの皮脂腺から分泌される蝋〕の気配がありました。この組み合わせは濃縮されたクリームティーのような味がして、おかげで、まだまったく始まってもいないのに、ようやく休暇が始まった、という気分になれました。

　カスティリャ地方のサービスステーションのすすけた路傍の芝生は永遠に私の心の中に残り続けるでしょうが、パンとマンチェゴチーズとメンブリージョのピクニックはどんな場所でしたっていいのです。ただ、もし特に素敵な場所でするのなら、リオハ産赤ワインと、ソブラサーダ（sobrassada）——柔らかくスプレッドのように使えるソーセージ——、トゥロン（turrón）[※4]1枚、何かしらの旬の果物、それから濃いコーヒーを詰めた魔法瓶も、持っていってもいいでしょう。

マルメロ&ニンニク

　アリオリ・ドゥ・コドニー（allioli de codony）というのは、スペイン・カタルーニャ州版のガーリックマヨネーズで、マルメロピューレを使っているためひときわ風変わりです。リンゴや梨をマルメロの代わりにすることも、あるいはマルメロを補うのに使うこともできるでしょう。ローストした肉やグリルで焼いた肉に添えて提供します——イギリス人がローストポークに添えるアップルソースを、より濃厚にしたものと言えますね。ニンニク風味のエマルションがかなりしっかりしているので、しばしばこれだけを分厚く切ったトーストに塗るスプレッドにして食べます。

---

recipe

《アリオリ・ドゥ・コドニー（マルメロのアイオリ）》

❶マルメロ250gを皮つきのまま煮るかローストして、ごく柔らかくする

※2　ボカディージョ（bocadillo）…スペイン式サンドイッチ。
※3　マンチェゴ（Manchego）チーズ…スペインの伝統的な羊乳チーズ。メンブリージョと一緒に食べるのが一般的。
※4　トゥロン（turrón）…アーモンド、蜂蜜、砂糖、卵白で作られるスペインのお菓子。

❷皮をむいて芯を取り除き、火の通った果肉をつぶしてピューレにし、マヨネーズ350mlに、つぶしたニンニク3〜4かけ、エクストラバージンオリーブオイル大さじ4と一緒に泡立て器で混ぜ入れる（余ったら冷蔵庫で数日保存できる）

マルメロ&蜂蜜

　15世紀の秋の味がします。マルメロは通常硬く酸っぱいので生食はできないとみなされており、これは欠点ではありますが、加熱したときのかぐわしい特徴の印象がそのぶんだけ際立ちます。メリメロ（melimelo、「蜂蜜リンゴ」）というのは、刻んだマルメロを土器の壺にきっちり詰めて蜂蜜で覆い最低でも1年置いておいた、古代ギリシャのプリザーブでした。英語の「マーマレード」という単語はメリメロに由来する、と考えられています。マルメロと蜂蜜の組み合わせは料理研究家のエリザベス・デイヴィッド〔P.442参照〕がシャーベットのレシピで使っていますが、デイヴィッドは、これは手がかかるけれどマルメロ好きなら試して損はない、と言っています。

recipe

《マルメロと蜂蜜のシャーベット》
❶丸ごとのマルメロを柔らかくなるまで焼いて、皮をむいて芯を取り除きスライスする
❷スライスしたマルメロを、芯と皮を使って作り蜂蜜で甘みをつけたシロップと混ぜる
❸クリームを入れ、しっかり混ぜて凍らせる

　デイヴィッドはクリームの代わりにバターミルクや、クリームと自家製ヨーグルトを1対1で混ぜたものが使えるとしています。
　韓国ではモグァ茶というマルメロと蜂蜜のお茶がよく飲まれていますが、これに使われているマルメロは中国原産の品種（*Pseudocydonia sinensis*）〔カリン〕で、同じくバラ科ではありますがマルメロ属（Cydonia）ではありません。マルメロの学名は*Cydonia oblonga*といいます。

マルメロ&バニラ

　バニラにはマルメロと同じく、ウッディでフルーティーでワインのようで花のようでもある複雑な風味があります。カスタードやアイスクリームやフランジパーヌ（frangipane）[※5]では、マルメロを際立たせてくれる、指折りのパートナーです。イタリアでは、コトニャータ（cotognata）というマルメロペーストのレシピにバニラが使われていることがあります。
　フード・トラベルライターのジェイムズ・チャットは、ギリシャのケルキラ島で作られるマルメロのプリザーブについて書いています。アルバロリツァ（arbaroriza）というありふれた植物で風味づけされているのですが、チャットはこの植物はこの目的のためにしか使用されないと主張しています。チャットが言うには、アルバロリツァの風味はバニラとアンゼリカ〔セリ科のハーブ〕の中間くらいなのだそうです。ア

168　※5　フランジパーヌ（frangipane）…カスタードクリームにアーモンドクリーム（クレーム・ダマンド）を加えたクリーム、またはそれを使った焼き菓子のこと。

ルバロリツァは私たちにはローズゼラニウムという名前でなじみがあり、エッセンシャルオイルにすると風味がバニラよりもアンゼリカ寄りになり、この2つよりもバラっぽくなります。アップルゼリーに入れるとリンゴと非常に馬が合うことで知られ、ラズベリーの風味に深みを与えるのもとても得意です。

マルメロ&プルーン→「プルーン&マルメロ」P.129

マルメロ&マスタード

モスタルダ・ディ・ヴェネツィア（mostarda di Venezia）でカーニバルのパートナーを組んでいます。マルメロを砂糖と少量のレモン皮とレモン汁で煮ます。ここにマスタードパウダーを加え、シロップのようになるまで煮詰めてブレンダーにかけます。

作家で歴史家のロビン・ウィアーが決定版『マスタードの本（*The Mustard Book*）』（ロザモンド・マンとの共著）を執筆するきっかけになったのは、イタリアのヴェネツィアで食べたデザートの謎の食材がマスタードだったと判明したことでした。

似たようなものを作るには、マルメロのモスタルダ〔P.81参照〕大さじ2〜3を同量のマスカルポーネと混ぜて軽く冷やすとよい、とマンとウィアーは勧めています。件のヴェネツィアのレストラン「ラ・コロンバ（La Colomba）」では、くちばしと翼がペストリーでできた小さな鳥たちをかたどったひと皿として出されていました。

マルメロ&ヨーグルト

マルメロと、カイマック（kaymak）という牛またはバッファローの乳で作るクロテッドクリームとを使ったトルコの定番デザートは、アイヴァ・タトゥルス（ayva tatlisi）と言う名前で知られます。クリスマスツリーに飾るきらきらの小さな球のようにつやつやできれいです。

半分に割ったマルメロをクローブの香りをつけた濃厚なシロップでほぼ砂糖煮にし、半透明で赤ピンクに輝くくらいまで煮詰めます。それからカイマックをどかっと上にのせ、鮮やかな緑のピスタチオをスライスして散らします。アイヴァ・タトゥルスに敬意を表して、トルコ人フードライターのジェンク・サマーソイはこの組み合わせを、ピスタチオのマカロンの中に詰めるフィリングに使っています。

これよりは手のかからないおやつがいいなら、マルメロを軽く煮てみてください、濃厚なギリシャヨーグルトの酸味で甘さがより引き立ちます。ただ、アイヴァ・タトゥルスほどには歯は喜ばないでしょう。

マルメロ&リンゴ

王立園芸協会発行の『ザ・ガーデン』誌には、「マルメロのような風味がついてほしい」のでない限り、一番いい生食用リンゴの近くにはマルメロを置いておかないように、という警告が出ています。私にはものすごく素敵に思えるのですが、ブレイバーン種やジャズ種のリンゴの陽気でシャキッとした味を渇望している人には、マルメロの中世風の謎めいたところは少々驚きかもしれませんものね。とはいえ、マルメロ数個の古くさい花のような風味をさらに広げて、より地味で豊富に手に入る親類であるリンゴの風味に重ねて漂わせてあげましょう、というアドバイスはよくあります。これはトリュフをきのこで補うのと同じことです。チーズ専門店「パクストン&ウィットフィールド（Paxton & Whitfield）」はマルメロとリンゴのペーストを作っており、ブルーチーズと一緒に提供することを推奨しています。

169

マルメロ&レーズン

　リンゴとレーズンは、讃美歌「神の御子は今宵しも」の季節に使う、基本に忠実なミンスミート（mincemeat）[6]になります。マルメロを使うと、「天には栄え」[7]のように、もっと高らかに鳴り響く感じになります。リンゴを使うバージョンはベイク・セールのためにとっておくことにして、クリスマスパーティー用にはマルメロのほうを作ってください。これと同じ過激主義のフルーツと香辛料の風味はピラフに使ってもよく合います。

マルメロ&レモン→「レモン&マルメロ」P.190

---

[6]　ミンスミート（mincemeat）…イギリスの伝統的な保存食。ドライフルーツやリンゴ、ナッツなどを砂糖や香辛料を加えたラム酒やブランデーに漬けたもの。
[7]　ベイク・セール（bake sale）…おもに学校や非営利団体などが資金集めのためにクッキーなどの手作り菓子を販売するバザー。

Apple
リンゴ

リンゴは調理用、生食用、多目的用（グラニースミス種など）に分けられます。調理用リンゴは多量のリンゴ酸を含んでいるためにあの酸味があり、短時間煮込むとピューレになります。

リンゴに少なからぬ関心をお持ちの方は、果樹園芸学者のジョーン・モーガンとアリソン・リチャーズの著書『新版 リンゴの本（*The New Book of Apples*）』をなんとかして手に入れるべきです。数百種類の栽培品種の風味を詳細に解説した一冊です。

リンゴにはしばしば、パイナップルやイチゴ、ブドウ、プラム、キウイ、梨、マルメロといった他の果物の際立った香味があります。香辛料、とりわけアニスシード、ナツメグ、クローブをも思い出させます。蜂蜜や風船ガム、ナッツの風味があることもあります。

リンゴの花は格別に花らしい香りがします——普通はバラのようですが、時にはエルダーフラワーのほうにより近いこともあります。ヴィクトリア朝〔1837～1901〕やエドワード朝〔1901～1910〕時代には、イギリス人はナッツっぽいリンゴをとりわけ好んでいました。ディナー後にポートワインを飲むことが流行したため、これがナッツっぽいリンゴと素敵によく合ったのです。

リンゴの味は収穫後時間とともにかなり劇的に変化することがあります。モーガンは、アーリントン・ピピン種のリンゴは11月にはほろ苦い味だが、クリスマスまでにははっきりしたパイナップルの風味が生まれる、と述べています。

リンゴ＆エルダーフラワー

花の妖精たちです。花びらで作ったカップからすするべきでしょう。エルダーフラワーにはホトリエノールという化合物が含まれており、これが果物や蜂蜜の風味を高め、華やかにしてくれます。ホトリエノールには風変わりでわずかに熱帯のような芳香と、甘くフルーティーでウッディな風味があります。エルダーフラワーはおっかなびっくりやりすぎるとリンゴの後方に消えてしまうことがあるので、コーディアル（cordial）[※8] をリンゴ果汁やピューレと混ぜるときは、エルダーフラワーが姿を現すまでコーディアルを足し続けてください。

リンゴ＆エルダーベリー→「エルダーベリー＆リンゴ」P.114
リンゴ＆オーツ麦→「オーツ麦＆リンゴ」P.68

リンゴ＆キャラウェイ

アメリカ人テレビシェフのアルトン・ブラウンは、シナモン、クローブ、ナツメグ、オールスパイスはパンプキンパイとの結びつきが強すぎるからという理由で、自分のアップルパイにはグレインズ・オブ・パラダイスという名前の香辛料を使用しています。これの代わりにするならキャラウェイを使うとよい、とブラウンは勧めています。スカンジナビアでは伝統的にリンゴとペアになっている香辛料です。

このペアはかつてイギリスでも人気でした。戯曲『ヘンリー四世 第2部』では判事シャローがフォル

※8 コーディアル（cordial）…ハーブや果物をシロップに漬け込んだ濃縮ドリンク。水で薄めて飲む。

スタッフに「いや、私の果樹園を見ていってください、あずまやで、私が自分で接いだ〔graff〕去年のピピンを、皿に盛ったキャラウェイなどと一緒に食べましょう」と言う場面があります。シェイクスピアの時代には、香辛料を盛った大皿を、料理や食後の飲み物の調味用に回すことがよくありました。graffするというのはgraft〔接ぎ木〕する、つまり植物の異種交配をすることでした。紛らわしいことに、厳密な果樹園芸学用語としては、ピピン〔pippin, pypyn〕という言葉は、接ぎ木ではなく種から育てたリンゴを指すのですが、当時よくあったように、シェイクスピアはここでこの言葉をリンゴの同義語として使っています。

　ピピンにはたくさんの種類があります。果樹園芸学者・果実史家のジョーン・モーガン博士は、コックス・オレンジ・ピピンは風味は梨のようだが、セント・エドモンド・ピピンほどではない、と述べています。リブストン・ピピンは「かぐわしい」のカテゴリーに入り、アーリントン・ピピンはパイナップルっぽい風味があり、スターマー・ピピンは昔ながらのフルーツドロップや酸っぱいドロップに近い風味です。

　生食用リンゴのどれかをキャラウェイシードと一緒に食べてみてください——ただしグラニースミスは、皿に塩を用意して食べるべきだと断言する人もいるほどなので、やめておいてください。

リンゴ&グーズベリー→「グーズベリー&リンゴ」P.104

リンゴ&クランベリー

　歴史的には、クランベリーはしばしばリンゴやマルメロ、梨といった他の旬の果物と混ぜて使われてきました。これはきわめて珍しいことでした。19世紀のイギリスやアメリカの料理本には、果物を混ぜて使うレシピよりも単独で使うレシピのほうがはるかに多く載っていたのです。著書『何を料理し、どう食べるべきか（*What to Cook, and How to Eat It*）』（1874年）で、ジョン・コーワンは、クランベリーとマルメロと梨のトリオについて、「もしこれをリンゴとマルメロ、あるいはリンゴとクランベリーの改良版だと考える人がいるとしたら、勝手にそう考えているがよい」と書いています。ここだけの話ですが、コーワンは単に、本当に本当にリンゴが大好きだったのだと思います。リンゴとクランベリーのペアではリンゴのほうが風味のはたらきのほとんどを担っていますし、市販のジュースブレンドには決まって、クランベリーよりもリンゴのほうが多く入っているのです。パッケージを見るとクランベリーのほうが優勢のように思えるのに、です。生のクランベリーは風味が大変おとなしく、偶然にもわずかに調理用リンゴの風味があります。砂糖と混ぜると、リンゴの香味が強くなります。

リンゴ&ケール

　エリザベス・デイヴィッド〔P.442参照〕の著書『オムレツと一杯のワイン（*An Omelette and a Glass of Wine*）』が、我が家のリビングのテーブルにのっています。この題名だけでも食欲がそそられます。なんとしゃれていて、大胆な考えでしょうか。まだ12時の5分前なのに。

　ああもう、とうなって、バターと卵を取ってきます。約5分後、私は作り終えたばかりか、もう食べ終わってしまっています。オムレツの困ったところはこれです。くしゃみよりも短い時間で瞬く間に食べ終わってしまいます。しかも、まだワインを開けるところまでいってもいないのです。

　翌日、私はいつもの簡単な昼食に戻ります。冷蔵庫内の古いジャム瓶に入れてある普通のヴィネグレットソースで和えた、ケールとコックス・オレンジ・ピピン種のリンゴと燻製アーモンドのサラダです。作

※9　ブランマンジェ（blanc manger）…冷菓の一種。砂糖、アーモンドで風味をつけた牛乳を、生クリーム、ゼラチンで冷やし固めたもの。

るのにはオムレツと同じくらいの時間しかかかりませんが、食べるにはお昼の時間まるまるかかります。

リンゴ&コショウ→「コショウ&リンゴ」P.381
リンゴ&ザクロ→「ザクロ&リンゴ」P.95
リンゴ&サツマイモ→「サツマイモ&リンゴ」P.155
リンゴ&白インゲン豆→「白インゲン豆&リンゴ」P.53
リンゴ&ソバ→「ソバ&リンゴ」P.64

リンゴ&ソレル

コミヤマカタバミ（*Oxalis acetosella*）〔ウッドソレル〕は「本当の」スイバ属（*Rumex*）ソレルとは異なる科に属する植物ですが、似たような鮮やかな酸味があります。民族植物学者ジェイムズ・ウォンはその味を青リンゴやブラムリーアップル〔調理用リンゴの一種〕にたとえていますし、アップルソースの代替品を作るのに使われることもあります。

ソレルパイは今では廃れてしまいましたが、かつてはアメリカ・イリノイ州で大変人気がありました。ダブルクラストの皮に包まれた、ヒメスイバ（*Rumex acetosella*）またはフレンチソレル（*Rumex scutatus*）、レモン汁、たっぷりの砂糖とナツメグのフィリングは、間違いなくリンゴの香りをまとっていたことでしょう。

リンゴ&タマリンド→「タマリンド&リンゴ」P.139
リンゴ&パッションフルーツ→「パッションフルーツ&リンゴ」P.206
リンゴ&ピーカンナッツ→「ピーカンナッツ&リンゴ」P.393

リンゴ&プラム

悪く言う人たちもいる組み合わせです。第一次世界大戦中、イギリス兵はリンゴとプラムのジャムにはすっかりあきあきしていました。一日に必要なカロリーを満たすためにかなり頻繁に使われていたためです。これ以前にも、1904年6月16日、レオポルド・ブルームは、ブランマンジェ（blanc manger）[※9]をカシスジャムと食べるほうが、「ロンドン・アンド・ニューカッスル（ダブリンのブロード・ストリートにある日用品店）で売っているあの2ポンド壺入りのプラムとリンゴのミックス」よりもはるかによい、と考えています。[※10]

リリー・オブライエンは『ユリシーズ』の登場人物ではなく、レストラン「セント・ジョン（St. John）」にペストリーシェフとして勤めた後「ロンドン・ボロー・オブ・ジャム（London Borough of Jam）」を開いてプリザーブ職人に転身した人物ですが、リンゴとプラムとセイヨウハシバミの実〔ヘーゼルナッツの一種〕で作ったミンスミート〔P.170参照〕を販売しています。プラムがあることで全体がちょっと軽くなっています。オブライエンは他にもダムソンプラムと黒コショウのジャム、それにグリーンゲージプラムとフェンネルの花粉で作ったジャムも販売しています。

リンゴ&プルーン

あまり利用されていないペアです。プルーンが長く独り身だった男性で、リンゴはプルーンが年老いて

※10　レオポルド・ブルームはジェイムズ・ジョイスの小説『ユリシーズ』の主人公の名で、1904年6月16日はこの小説の舞台になっている一日を指している。該当箇所はこの小説の第18章からであるが、この章はレオポルド・ブルームの妻モリーの独白の形をとっており、「レオポルドが考えた」のではない。著者の勘違いであろう。

から見つけた、愛する相手です。リンゴがこのドライフルーツの主張の強さを和らげると同時に、華や
かさも添えています。秋になってブラックベリーが藪からとりつくされてしまったときには、適量のプルー
ンをアップルクランブルやパイ、その他デザートに加えると、似たような深みと味わいを加えてくれます。

リンゴ&マスタード

　　いろいろ違う風味のマスタードで実験してみたいなら、マスタードシード（またはパウダー）を溶くの
に使う液体を変えてみるのもひとつのやり方です。フードライターのフローレンス・ホワイト〔P.444参照〕
は著書『イングランドのごちそう (*Good Things in England*)』（1932年）で、リンゴ果汁、チェリー
果汁、バターミルクといった選択肢を挙げています。

リンゴ&松の実→「松の実&リンゴ」P.387
リンゴ&マルメロ→「マルメロ&リンゴ」P.169
リンゴ&メープルシロップ→「メープルシロップ&リンゴ」P.400
リンゴ&ヨーグルト→「ヨーグルト&リンゴ」P.180
リンゴ&ライ麦→「ライ麦&リンゴ」P.27
リンゴ&レーズン→「レーズン&リンゴ」P.135

Yogurt
ヨーグルト

牛乳は、乳酸発酵させると、牛乳を酸っぱくさせて凝固させるバクテリアが生じてヨーグルトになります。天然のヨーグルトの特徴となる性質はその酸っぱさですが、キリッとした味から顔をしかめてしまうような味まで、酸味のシャープさの度合いは容器ごとにかなり異なり、食感や口あたりも、粒状や泡状のもの、さっぱりしたもの、とろみのあるもの、水っぽいもの、クリーミーなものまで、さまざまに表現できます。

脂肪分の割合は必ずしもヨーグルトの密度に反映されるとは限りません。最大級にコクのあるヨーグルトであっても、脂肪分が少ない方に分類されるものもあります。スターターとなる培養菌と製造過程のどちらも、ヨーグルトを食べたときの感覚に関わる特性に重要な影響を及ぼしますが、風味にもっとも強い影響を与えるのは原料となる乳です。牛乳のヨーグルトはすっきりした風味で、青リンゴ、レモン、作りたてのバター、まろやかなヘーゼルナッツの香味があります。羊の乳で作ったヨーグルトは、牛乳をより淡白で鋭い酸っぱさにしたような感じです。山羊の乳で作ったヨーグルトは、山羊の乳やチーズにも見られるはっきりした動物の香味があるため、風味のよいほうに寄っています。試してみたいという気があればですが、ラクダの乳は他の乳と様子が異なっており、ラクダの乳でできるヨーグルトは水っぽくなりがちです。

多くの人がヨーグルトといえば期待するしっかりした食べごたえを出すためには、ゼラチンやでんぷん、カラギーナンを足します。アメリカでは、ギリシャヨーグルトにはヨーロッパにあるような実質的な規定がないので、水切りをするのではなくペクチンを使って濃厚さを出していることがあり、結果として本物と違い、糖質が少なめでも、たんぱく質含有量が多くもなくなってしまっています。

ヨーグルト&オーツ麦

ヨーグルトには、ミューズリーやオーバーナイトオーツにしたときに非加熱のオーツ麦の風味を補うリンゴやナッツ、バターのような香味があります（「グーズベリー&オーツ麦」P.102も参照してください）。一方、加熱したオーツ麦には温かみのあるビスケットのような特徴があり、クリームのほうが合います。

ヨーグルト&大麦

マトルーフ・キシュク（Matrouh kishk）というのはカシュク（kashk、ドライヨーグルト）のベドウィンバージョンで、羊のヨーグルトと大麦で作られます。軽く沸かしたバターミルクを、蒸したひき割り穀物と混ぜて発酵させ、団子状に丸め、日に当てて乾かして保存食にします。この食べ物には膨大な数の変奏があり、その風味の違いは、牛、山羊、羊、バッファローといった乳の種類や使用される穀物や芳香成分の産物であるだけでなく、自然の中での発酵過程にそれぞれの土地の条件が影響した結果でもあります。ギリシャでは、ヨーグルトとブルガー小麦〔挽き割り小麦〕を混ぜた、タルハナ（trahana）と呼ばれる食品が人気があります。キシュクは予想通り強いにおいがありますが、マトルーフ・キシュクは大麦のおかげで少し甘みもあります。大麦を炒ると甘みが引き立つのです。ゲンフォ（genfo）という、炒

った大麦粉を水でじっくり煮詰めるエチオピア料理にも見られる特徴です。ゲンフォは火山のようにうずたかく盛りつけ、ニター・キバー（niter kibbeh）と呼ばれる香辛料で香りづけしたバターをマグマに見立てて添えて提供されます。冷却用のヨーグルト少々が付け合わせに添えられていることもあります。

ヨーグルト&グーズベリー

濃厚なギリシャヨーグルトは最高のフール（fool）[※11]になる、と料理研究家のデリア・スミス〔P.443参照〕は考えています。おかげで果物の風味が際立つからです。私からは、クリーミーさを酸味が引き立ててくれる、と補足しておきますが、グーズベリーはその両方を大いに享受します。スミスはキリッとした酸味のあるクリーミーなグーズベリー入りカスタードタルトのすばらしいレシピを出しています。このレシピのカスタードはクレーム・フレッシュ〔P.180参照〕とバルサミコ酢で作られています。
「グーズベリー&オーツ麦」（P.102）も参照してください。

ヨーグルト&クミン→「クミン&ヨーグルト」P.362
ヨーグルト&コーヒー→「コーヒー&ヨーグルト」P.36

ヨーグルト&ゴマ

ヨーグルトはタヒニの繊細なきのこのような風味を覆い隠してしまうので、この組み合わせはまろやかなナッツのようなヨーグルトのような味がすることになります。このペアはよくニンニクと一緒に使われますが、デーツやメープルシロップを少々使って、甘い方向に持っていってもいいでしょう。「デーツ&ゴマ」（P.142）も参照してください。

ヨーグルト&ズッキーニ→「ズッキーニ&ヨーグルト」P.423
ヨーグルト&ソラ豆→「ソラ豆&ヨーグルト」P.273

ヨーグルト&ソレル

ヨーグルトの酸味でソレルにある酸味から注意がそらされるので、ソレルの草のような風味があらわになります。この2つを塩少々と一緒にブレンダーにかけると、キュウリにある低アルカリ性の香味でむっつりしているザジキ（tzatziki）[※12]よりも、溌剌としたものができあがります。ソレルを炒めると、さらにコクのあるソースになります。

---

recipe
《ヨーグルトとソレルのソース》
❶みじん切りにしたエシャロット1個分をオリーブオイルで炒める
❷柔らかくなったら、洗って細切りにしたソレルの葉200gをほうり込んで、弱火でしんなりするまで炒める
❸火から下ろして余分な水分を切り、ギリシャヨーグルト大さじ5〜6と一緒にブレンダーにかける

※11　フール（fool）…ピューレ状の果物と泡立てたクリームを混ぜ合わせたイギリスの菓子。
※12　ザジキ（tzatziki）…ヨーグルトにキュウリやハーブ、レモンなどを加えて混ぜたギリシャ料理。

❹塩コショウで好みの味つけにしたら、焼き野菜または魚と一緒に提供する

ソレルは、スパス（spas）という、アルメニアのヨーグルトと全粒小麦のスープに風味づけをするのによく使われるハーブのひとつでもあります。

ヨーグルト&卵

チュルブル（çılbır）というのは、常温の濃いヨーグルトの上にポーチドエッグをのせたトルコ料理です。赤唐辛子バターを上からかけるのですが、その前にちょっと手を止めて、ヨーグルトに、ルネッサンス期の絵画に描かれている裕福な男性の服の袖のような贅沢なひだが寄っているのを鑑賞してください。それから黄身を突き刺して、黄色く細い流れが枝分かれして黄身だまりを作るのを眺めましょう。そしてありのままを味わってください。ヨーグルトの脂肪と酸味がすばらしく風味をふくらませてくれています。ヨーグルトにつぶしたニンニク少々を加えるのが一般的な食べ方であることは覚えておいてください。ハーブは任意です。私はディルやセージ、チャイブを選びがちです。トルコのヨーグルトとニンニクのソースは、たっぷりのオムレツを提供するときにもかけられます。

パナギュルスキ（panagyurski）・エッグというブルガリア版もあって、ヨーグルトの上にカッテージチーズの層がのっています。バニツァ（banitsa）というのもブルガリアの名物で、卵、ヨーグルト、カッテージチーズが入ったフィロパイ（filo pie）で、しばしばサイドにヨーグルトが追加されています。[※13]

ヨーグルト&チャイブ→「チャイブ&ヨーグルト」P.291
ヨーグルト&デーツ→「デーツ&ヨーグルト」P.145

ヨーグルト&唐辛子

ヨーグルトに含まれる冷却用のカゼイン（牛乳のたんぱく質のひとつ）が、唐辛子のカプサイシンがつけた口の中の火を消してくれます。ヨーグルトを、唐辛子バターや唐辛子オイルを楽しんでもよいという許諾だと考えてください——白地に鮮やかな赤いオイルの渦巻き、というのは、ちょっとした定番になっています。

ここまで知られていませんし、ここまで写真映えもしないのですが、インド南部のヨーグルトと塩で漬けこんだ唐辛子、モール・ミラガイ（mor milagai）という食べ物もあります。作り方は、まず生の青唐辛子丸ごとを、枝つきのまま裂いて開き、塩をしたヨーグルトでマリネします。毎日この唐辛子をヨーグルトから取り出して日光にあてて乾燥させ、夕方にマリネ液に戻します。この工程を4日ほど繰り返し、ヨーグルトをほぼ完全に吸収させます。それから唐辛子を広げてまた日光にあて、からからに乾かします。天日干しにしたこの唐辛子は密閉容器に詰めて涼しく乾燥した場所に保存し、食べるときはカリカリのきつね色になるまで揚げて、ご飯と一緒にいただきます。

ヨーグルト&ナス→「ナス&ヨーグルト」P.418

※13　フィロパイ（filo pie）…小麦粉を水・油・塩でこねて紙のように薄くしたフィロ生地でつくるパイ。

ヨーグルト＆ニンジン

夫はさまざまな食事系ヨーグルトのアイデアを携えて、ビジネスプランを起業家たちが厳しく吟味する「龍の巣」というテレビ番組に出たがっていましたが、私が2002年の「フードイノベーション」コンテストにワシントン州立大学の学生のエントリーがあるのを見つけたことで、夫の希望は打ち砕かれました。この学生たちが提案した風味の中に、ニンジンとサツマイモがあったのです。味見段階ではこうしたヨーグルトは好評を博しましたが、最終的にはこのコンセプトは落選したので、店先では当分見かけることはなさそうです。とはいえ、インドとトルコでは、ニンジンとヨーグルトの組み合わせではイノベーションで賞を獲得するなんてできないでしょう——トルコのヨーグルトディップ、ジャジュク（cacık）には、冬バージョンだと、通常使うキュウリの代わりにニンジンが使われています。

ヨーグルト＆ニンニク

映画『アダム氏とマダム』におけるスペンサー・トレイシーとキャサリン・ヘプバーンです。辛辣な棘がどこで終わってどこから始まるのか、見極めるのは困難です。10分置いておくと、ヨーグルトの風味は引っ込んでしまいますが、生のニンニクはまだそこにいます。トルコでは、この2つを混ぜたものはサルムサクル（sarımsaklı）・ヨーグルトとして知られ、ラム肉のキョフテ（köfte）や詰め物をした料理に添えたり、小さなダンプリングのソースにしたり、ズッキーニやニンジンなどの野菜をコーティングしたりするのに使われます。料理に甘みをつけつつ、同時に甘さのバランスもとるという巧みな技を持つおかげで、至るところで使われています。ミントやディルを加えると、ハイダリ（haydari）というディップになりますし、すりおろしたキュウリを加えるとジャジュク〔上述の「ヨーグルト＆ニンジン」を参照〕になります。あるいは、パプリカ粉とショウガ、ターメリック、ガラムマサラを放り込んで、タンドーリ用のマリネ液にもできます。

ヨーグルト＆蜂蜜→「蜂蜜＆ヨーグルト」P.81
ヨーグルト＆バニラ→「バニラ＆ヨーグルト」P.151

ヨーグルト＆ピスタチオ

市販品でナッツのフレーバーのヨーグルトにはめったにお目にかかれません。ココナッツ・フレーバーのヨーグルトには固定ファンがいます。イギリスでは、ヘーゼルナッツが長らくヨーグルト界の茶色いはみ出し者でした。私はフランスのピスタチオヨーグルトが好きなのですが、お気をつけください、「ピスタチオフレーバー」製品のすべてがピスタチオで風味づけされているわけではありません。手作りするのが一番間違いがありません。

ギリシャヨーグルト、アイシングシュガー少量、好みでピスタチオオイル少々を混ぜます——このオイルが、ナッツのフルーティーなクリーミーさを、ヨーグルトの中で存在感を発揮できるくらいの強さで残してくれます。この組み合わせが大変美しいので、私はこれのために以下のようなケーキを生み出しました。ヨーグルトの強い味は作った翌日に現れてきます。

recipe

《ピスタチオヨーグルトケーキ》

❶無塩バター100gを砂糖100g（ゴールデンカスターシュガー[※14]があるならそれを使うといいですが、なくても構いません）とかき混ぜて、ふわふわで淡い色のクリーム状にする

❷ファインセモリナ粉225g、挽いたピスタチオ100g、ベーキングパウダー小さじ2、塩ひとつまみ、ヨーグルト175gを混ぜ入れ、固めの生地にする

❸20cm正方形のブリキの焼き型に油を塗って生地をすくい入れ、均等にならして隅々まできちんと行き渡らせる

❹縦に3本と横に3本、合計で6本の等間隔の線を引いて4×4の格子模様をつけ、それぞれの正方形の真ん中にピスタチオ1個をぎゅっと押しつける

❺160℃のオーブンで35～40分、中央に串を刺しても何もついてこなくなるまで焼く

❻ケーキを焼いているあいだに、砂糖150g、お湯75ml、レモン汁ひと搾りを小さな片手鍋に入れて沸かし、火を弱めて5分煮てシロップにする

❼ケーキが焼き上がったら、焼き型のまま、格子の線に沿って底まで切り分ける

❽シュガーシロップを表面にまんべんなく塗って、完全に冷ます（密閉容器で最大4日間もつ）

ヨーグルト＆ヒヨコ豆→「ヒヨコ豆＆ヨーグルト」P.261

ヨーグルト＆フェヌグリーク→「フェヌグリーク＆ヨーグルト」P.405

ヨーグルト＆プルーン→「プルーン＆ヨーグルト」P.129

ヨーグルト＆ホウレンソウ→「ホウレンソウ＆ヨーグルト」P.427

ヨーグルト＆マルメロ→「マルメロ＆ヨーグルト」P.169

ヨーグルト＆味噌→「味噌＆ヨーグルト」P.17

ヨーグルト＆ミント

　残り物のための一種のFacetune〔フェイスチューン〕〔写真加工アプリ〕です——Fridgetune〔フリッジチューン〕〔冷蔵庫加工アプリ〕とでも呼びましょうか。ヨーグルトとミントをあてがってやれば、どんなにしなびた野菜でも「いいね」がわんさかつくことでしょう。#最高の人生　#ヨーグルトベジ始末屋　ハッシュタグと同じで、唯一の危険性は使いすぎることですが、いつでもニンニクや葉ネギ、パプリカ粉、スマック、ザアタル（za'atar）〔「オレガノ＆ゴマ」P.352を参照〕を加えて、味を変えて楽しめばいいのです。

　トルコでは、乾燥ミントとヨーグルトの組み合わせはヤイラ・チョルバス（yayla çorbası）という人気のスープに使われます。もしくは、残り物のヨーグルトとミント（生でも乾燥でも）を同量の水でのばし、塩ひとつまみを加えると、トルコの冷たいヨーグルトドリンク、アイラン（ayran）の変形版が作れます。「ソラ豆＆ヨーグルト」（P.272）も参照してください。

ヨーグルト＆メープルシロップ→「メープルシロップ＆ヨーグルト」P.399

※14　ゴールデンカスターシュガー（golden caster sugar）…薄茶色のカスターシュガー（微粒グラニュー糖）。製糖の過程で生じる糖蜜の成分を含むカスターシュガー。

ヨーグルト&リンゴ

　リンゴ風味のヨーグルトというのは手に入れるのが難しいですが、ヨーグルトそのものには、発酵の際に使用される*Lactobacillus bulgaricus*（ラクトバチルス・ブルガリクス）という細菌が作る青リンゴの香味があります（実は、リンゴの風味が強すぎるのは、ヨーグルト製造工程においては発酵温度が高すぎるために起こることなので、欠陥なのです）。

　焼きリンゴを冷ましてブレンダーにかけ、プレーンヨーグルトに混ぜ込んで、自分だけのバージョンを作ってみてください。焼くことでリンゴの風味が濃くなり、皮も柔らかくなります。皮には風味の大部分が詰まっているので、風味も混ぜ込むことができます。お好みでクレーム・フレッシュ（crème fraîche）[※15]とメープルシロップも少々足してもいいでしょう。

　サワークリームとクレーム・フレッシュは、牛乳の代わりにクリームを使っている以外、ヨーグルトとほぼ同じ方法で作られています。サワークリームは普通ヨーグルトよりも甘く、少しバターっぽい味がします。クレーム・フレッシュはもっと甘く、少々ナッツっぽく、リンゴとヨーグルトの組み合わせに深みを出してくれます。

ヨーグルト&レンズ豆

　スプーン1杯分のヨーグルトがあると、マスール・ダール〔レンズ豆〕が喉を通りやすくなります。レンズ豆は酸味を欲しているのです。トルコのレンズ豆スープには、同じ目的でドライヨーグルトが加えられています。

　ダーンガル・パチャディ（dangar pachadi）というのは、ヨーグルトと炒って挽いたウラド豆で作る、南インド版のライタ〔ヨーグルトサラダ〕です。もし豆をたくさん食べるなら、ヨーグルトがあると風味にお手軽に変化をつけられます。ダヒ・ヴァーダ（dahi vada）はウラド豆をドーナツ状にしてヨーグルトソースをかけた南インドの軽食です。大変創意工夫に富んだ料理なので、誰もが一度は作ってみて、ヨーグルトとレンズ豆がヨーロッパでの調理法からどれだけ離れることができるかだけでも確かめてみてほしいと思います。

---

recipe
《ダヒ・ヴァーダ（ウラド豆のドーナツ）》

❶白ウラド豆（半割りのケツルアヅキ）250gを冷水に3時間浸し、水を切ってフェンネルシード小さじ1/2、クミンシード小さじ1/2、おろしショウガ大さじ1、チリフレーク小さじ1、ちぎったカレーリーフ10枚、塩小さじ1/2、水大さじ2〜4（ペーストにするのにちょうどいい量だけ）と一緒にブレンダーにかける（香りの強い食材を使っているにもかかわらず豆が優勢なので、子どもの頃の、草を刈りたての郊外の道端に連れ戻された気分になります——象牙色のペーストからこんなに青々としたにおいがするなんて驚きです）

❷できたらボウルにあけ、手を濡らして、だいたい同じくらいのサイズの団子16個に分ける

❸ひとつひとつがミニチュアのドーナツになるよう、わずかに平らにして、真ん中に穴をあける

❹ドーナツを一度に数個ずつたっぷりの油でこんがりきつね色に揚げ、キッチンペーパーで油を切る

※15　クレーム・フレッシュ（crème fraîche）…サワークリームの一種。クレームフレーシュともいう。生クリームに乳酸菌を加え発酵させたもの。

❺粗熱がとれたら、ぬるま湯を入れたボウルに移し、上に小皿をかぶせてドーナツが浮いてこない
　ようにして15分置いておく

❻そのあいだに、大きなボウルでチャットマサラ〔P.332参照〕小さじ1/2、塩小さじ1/4、砂糖小
　さじ1/4、カシミールチリパウダー小さじ1をヨーグルト500mlに泡立て器で混ぜ込む

❼ドーナツの水分をそっと、できる限り絞り出したら、ヨーグルトにドーナツを沈めて冷蔵庫で数時
　間置いておく。できあがったダヒ・ヴァーダは、ザクロの種と刻んだコリアンダーリーフで飾りつ
　け、タマリンドチャツネとミントソースをサイドに添えて常温で提供する（「タマリンド＆デーツ」
　P.137、「ミント＆タマリンド」P.349も参照）

フルーツ（酸味）

ヨーグルト

181

Sorrel

ソレル

　ソレルという名前で通っている植物はいくつかあります。カリブ海地域では、ゴージャスで（しかも食べられる）ピンクと赤の花をつける植物、ハイビスカスの別名です——ですが、私たちが今取り上げているソレルは*Rumex acetosa*、俗名ソレルで、耳にかけてみても全然魅惑的には見えないであろう、くたっとした緑色の葉っぱです。

　ソレルは、おそらくフランス料理のコクのあるストックやクリームソースが連想されるために、やや廃（すた）れてしまっています。残念なことです。ソレルは育てるのも簡単ですし、ちょっと酸味が欲しい豆類の料理ではとても歓迎されます。ただし、鉄やアルミニウムの鍋では調理しないように気をつけてください。金属っぽい味が出てしまうからです。

　葉が育つほど酸味が強くなるので、食用には若いソレルのほうを好む人もいます。コミヤマカタバミ〔ウッドソレル〕はカタバミ科という別の科に分類されますが、同様に柑橘系のシャープな酸っぱい風味があります。でもほどほどにしておいてください。野生食材の専門家で作家のジョン・ライトは、ルバーブの葉と同様ソレルには大量に摂取すると有毒なシュウ酸が含まれている、と注意喚起しています。

　ソレル＆乾燥エンドウ豆→「乾燥エンドウ豆＆ソレル」P.257

ソレル＆グーズベリー

　シェフのリチャード・コリガン〔P.445参照〕いわく、ソレルはグーズベリーにとって最高の野生のペアです。どちらにも、ネトルやエルダーフラワーのように、温帯を感じる、濃い緑の、低木の生け垣の風味があります。ソレルの葉を噛んでみると、よくレモンにたとえられる、酸味のきついフルーティーさがあるのがわかります。野生食材の専門家で作家のジョン・ライトはブドウの皮にたとえています。

　ソレル＆玄米→「玄米＆ソレル」P.19

ソレル＆ジャガイモ

　あらゆる種類の緑の野菜はジャガイモとペアでシンプルなスープにすることができますが、ソレルだと酸味があるため特にさっぱりしたスープができます。ジャガイモの土っぽさを小ぎれいに整えてくれるのです。「グリーン・ボルシチ」はリトアニア、ポーランド、ハンガリーで人気の料理です。とても簡単で、ジャガイモとソレルを塩を入れた水で煮込み、サワークリームを添えて提供するだけです。あるいは、加熱してバターをまぶした新ジャガイモに細切りにしたソレルを加える食べ方も試してみてください。

ソレル＆白インゲン豆

　料理研究家のエリザベス・デイヴィッド〔P.442参照〕によれば、アリコ豆とソレルのスープは「賞賛に値するもの」に近いそうですが、このレモン風味の葉野菜の代役が務まる野菜はないのだそうです——

とはいえ、デイヴィッドは、クレソンのコショウのようなピリッとした辛味のほうを好む人もいるだろう、ということは認めています。

ソレル＆ズッキーニ

イギリスのウィスタブルにある「ザ・スポーツマン（The Sportsman）」のメニューには、カレーの味つけをした生地で作るズッキーニとソレルのタルトがあり、ナスのスープを添えて提供されています。シェフでフードライターのリチャード・オルニーは、どんな野菜スープでも調理工程の最後にソレルをひとつかみ加えると、軽くてすっきりした酸味で全体が華やかになる、とお勧めしています。

ソレル＆ソバ

どちらも、ルバーブとともにタデ科に属する植物です。風変わりな仲間たちです——たぶんティム・バートンがもう彼らの映画を製作中だと思います。

風味については、ソレルはソバとよりもルバーブとのほうが共通点がたくさんあります。どちらも砂糖漬けにすると果物を装うことができますし（「リンゴ＆ソレル」P.173も参照してください）、持ち前の酸味のおかげで、脂分の多い魚の相手として魅力的です。ソレルがシャープなら、ソバはなまくらです。フードライターのウェイヴァリー・ルート〔P.442参照〕は、フランスのリムーザン地域に、ソレルとソバ粉とビーツを混ぜてキャベツの葉に詰めた料理があることを指摘しています。

ソレル＆卵

わずかな元手で手に入るエレガンスです。ソレルは卵やクリーム、バターが一緒にいるときらめくのです。この点でタラゴンと似ていますが、ソレルはレモンの香りがして、タラゴンはアニスシードっぽさがあります。どちらも、卵や乳製品のコクを誇張すると同時にさっぱりさせるという離れ技をやってのけます。どんなにささやかな料理も高めることができるのです。

ソレルのピューレの上にポーチトエッグをのせると、〔グリーンソースと提供される〕ウフ・モレ（oeuf mollet）の別バージョンになり、フードライターのマーガレット・コスタはこれを「まさに食道楽のごちそう」と呼んでいます。また、ポタージュ・ジェルミニ（potage Germiny）はなめらかなスープで、ソレルで生き生きとし、卵黄でとろみがつけられています。その他、ジョイス・モリニュー〔イギリス初の女性ミシュランシェフの一人〕の、愉快なほど普通とは違うソレルと卵のパスタも試してみてください。

---

recipe

《ソレルと卵のパスタ》

❶ソレルの葉100gの茎を除き、ホウレンソウと同じようにしんなりするまで炒め、水気を絞って細かく刻む

❷このソレルを、パスタ用の00粉450g、卵3個、塩小さじ1/2、それに生地としてまとまるだけのオリーブオイルと混ぜ、普通の生パスタと同様にのばしてカットする

ソレルのフェットゥチーネです。エンドウ豆、クリーム、パルメザンチーズとよく合うでしょう。

ソレル&チーズ→「チーズ&ソレル」P.277

ソレル&パセリ

ぴりっとした味のソレル、パセリ、ガーリックチャイブ〔ニラ〕のみじん切りをミックスすると、フィーヌゼルブ〔みじん切りハーブ〕のグレモラータ（gremolata）[※16]の一種になります。こってりした煮込み料理やリゾットにのせて使ってください。

ソレル&ホウレンソウ

「多くの人がホウレンソウは健康によい野菜だと信じるあまり、薬効が実際にあると考えている。ホウレンソウは徐々によさがわかって好きになっていく性質のものであって、繰り返し耽溺することでさらに好きになる。ソレルの混合物は、その風味の一風変わった味のなさを正してくれる」。1860年、エドマンド・ソール・ディクソン〔1809〜1893〕はこう書き記しました。

シェフのトム・ケリッジは、スイスチャードはちょっとホウレンソウとソレルを掛け合わせたような味がすると考えています。ホウレンソウとソレル両方を混ぜて、ニューディ（gnudi）〔ニョッキに似たリコッタチーズの団子〕、ルーラード（roulade）[※17]、あるいはホウレンソウのパイを作ってみてください。

ソレル&ヨーグルト→「ヨーグルト&ソレル」P.176

ソレル&リーキ

ソレルは風味がいくらか欠けているような味がします。ひと口かじってみると、わずかに青いレモンのような味がするので、いつもここから何か他のものに発展しそうな気がしますが、そうならないのです。リーキはその強烈な風味でこのギャップを埋めてくれます。

---

recipe

《ソレルとリーキのソース》（2人分）

❶リーキ1本の白い部分を薄くスライスして、バター大さじ2で柔らかくなるまでじっくり炒める

❷ドライのホワイトベルモット大さじ2を加えて1分炒め、千切りにしたソレル100gを加えてさらに1分かき混ぜながら炒める

❸ダブルクリーム[※18]またはクレーム・フレッシュ〔P.180参照〕100mlを加えて弱めの中火にかけて数分かき混ぜ、きっちり火を通す

ソレルソースは魚や卵に添える定番ですが、バブル・アンド・スクイーク（bubble & squeak）[※19]にかけて試してみてください。

※16　グレモラータ（gremolata）…パセリなどの香草のみじん切り、擦りおろした柑橘の皮、ニンニクで作るイタリアの調味料。肉の煮込みなどに添えられる。
※17　ルーラード（roulade）…薄くのばした生地や肉などに具材をのせて渦巻き状に巻いた料理の総称。
※18　ダブルクリーム（double cream）…脂肪分約48%のクリーム。ホイップクリームにしたり料理に使うほか、ケーキやデザートにかけたりする。

ソレル＆リンゴ→「リンゴ＆ソレル」P.173

ソレル＆レタス→「レタス＆ソレル」P.299

ソレル＆レモン→「レモン＆ソレル」P.188

ソレル＆レンズ豆→「レンズ豆＆ソレル」P.55

フルーツ（酸味）

ソレル

※19　バブル・アンド・スクイーク（bubble＆squeak）…マッシュポテトに細かく切った野菜や肉などを加えてフライパンでパンケーキ状に焼いて作るイギリスの家庭料理。

Lemon

レモン

　レモンの皮にはシトラールというモノテルペンが含まれており、これをかげばたちどころにレモンだと
わかります。けれどもレモンはシトラールを3％しか含んでいないため、食材の中でもっともレモンらしい
とは言えません。一方でレモンマートルオイルはシトラールを90％含有しています（イタリアのシチリア島
では、調理用のレモンオイルはレモンの木の葉や小枝から作られており、これはシトラールをおよそ25
％含有しています）。レモンの芳香は柑橘類全般の香気、バラ、ラベンダー、そして松が混ざったもの
で、皮をおろしたときに小さな穴からエッセンシャルオイルとして発散されます。

　レモン汁にはこれと同じ風味はありません。レモン汁はクエン酸が優勢で、しっかり甘みをつけて他
の性質が前面に出るようにしたとしても、ひたすらレモンっぽくなるだけです。だからレモンシャーベット
はレモン汁だけで作ることができないのです。レモン味にするためには皮が必要なのです。とはいえ、
レモン汁は料理の仕上げに使うのにはぴったりです。調理の最後に混ぜ入れると、中立的だけれどフレッ
シュな特徴のおかげで、料理が別次元に引き上げられます。ガス台の横に、塩の隣にレモンを常備し
ておくといいと思います。

レモン＆エルサレム・アーティチョーク→「エルサレム・アーティチョーク＆レモン」P.251
レモン＆エルダーフラワー→「エルダーフラワー＆レモン」P.110
レモン＆エルダーベリー→「エルダーベリー＆レモン」P.114
レモン＆大麦→「大麦＆レモン」P.31

レモン＆オールスパイス

　オールスパイスは、シェフのエインズリー・ハリオットが使う秘密の食材で、レモン汁や酢といった
形で酸をふりかけると「料理が一気に開放される」とハリオットは考えています。

　このペアは、ヨタム・オットレンギ〔P.444参照〕の高名なチキントレイベイク（chicken tray bakes）
のひとつでも、スマックやザアタル〔「オレガノ＆ゴマ」P.352参照〕と一緒に使われます。

レモン＆オレガノ

　バーベキューについての、大きくて堅苦しい本を買いました。レシピが何百個も載っていて、何ページ
にもわたって、詳細なアドバイスと、ミッドセンチュリーのデザイン競争時代の[※20]、不発の大砲のような見
た目をした、巨大な炭焼きコンロの図解がありました。この本に載っているものは何も作ったことはあり
ません。オレガノとレモンとオリーブオイルというギリシャの定番の組み合わせのせいだと思います。マリ
ネ液としてもとても作りやすいですし、触れるものすべてに、屋外に燦々と降り注ぐ日差しをくれるので
す（雨が降っているなら、生のままの肉と野菜のケバブをオレガノとレモンのマリネ液と一緒に鍋に入れ
て、半分に切った小ぶりのジャガイモや白ワイングラス1杯も入れ、160℃のオーブンで蒸し煮にすること
で、雨が降っていないふりをすることができます）。

※20　1940年代～1960年代を指す。この頃、建築やインテリアなどの分野で、シンプルで洗練されたデザインと機能性、美しさを追求するデザインが次々に
生まれた。

このマリネ液を脂分の多い魚（オイリーフィッシュ）に使うなら、オイルに対するレモンの割合を増やして、オレガノは控えめにするといいでしょう。シェフのダイアン・コチラスは、多くの国の料理ではオレガノは魚には強すぎると思われているけれども、ギリシャではシーフードにはほぼこのハーブしか使わない、と教えてくれています。

イタリア・シチリア島の人々もレモンとオレガノの組み合わせに目がありません。フードライターのヴィッキー・ベニソンは、タマネギ、アンチョビ、若いペコリーノチーズの温かいカルツォーネ〔三日月型の包み焼きピザ〕に、この2つが散らしてあったことがあると話しています。

レモン＆海藻

もちろん合います——シーフードとレモンなんですから。乾燥シースパゲッティ〔海藻の一種〕を小麦粉のスパゲッティをゆでている鍋に入れ、水気を切ってバターかオリーブオイル、レモンの皮、レモン汁と黒コショウをまぶしてください。

レモン＆乾燥エンドウ豆

ユヴァナ（louvana）というギリシャ・キプロス島のイエロースプリットピー〔半割り乾燥エンドウ豆。P.256も参照〕のスープにはレモン汁が加えられています。これがあのよく知られた「エッグ・レモン」スープ、アヴゴレモノ（avgolemono）のような味がするという事実は、スプリットピーの少し卵のような硫黄っぽさを思い出させてくれます。

乾燥した豆類には、十分柔らかくなるほど煮込むまでは酸性の食材を加えるのは避けましょう。柔らかくなる過程を阻害してしまうためです。ユヴァナの場合は、レモン汁はブレンダーにかける段階で加えます。

レモン＆グーズベリー

なぜだかわかりませんが、グーズベリージャムをトーストに塗るところまでたどり着く前に、ナイフから直接食べてしまいました。ご家庭では真似しないでください。ナイフを口に突っこむのを推奨しかねるからではなく、15分後には瓶の4分の1を平らげてしまっているかもしれないからです。残りの4分の3も食べてしまえば非衛生的ということはないだろう、と私は判断しました。

瓶の中には、子どもの頃の思い出が隠れていました。このジャムが「ラウントリーズ（Rowntree's）」の「フルーツ・ガム」のような味がする、と、最後に気がついたのです。かつて映画館で箱入りで売られていた、あのえも言われぬ噛みごたえのあるお菓子です。もう一度ナイフでなめてみました。うん、やっぱりフルーツ・ガムですね、特にあのカシスとレモンの味の。私はジャムの残りをかき取って集め、すっかり冷めてしまったトーストに塗りました。

グーズベリーには、わずかな青リンゴ風味と、わずか以上のクエン酸があって、軽やかです。レモンの皮を加えると、このペアはレモネードからするはずの味がします。グーズベリーとレモンの皮を使うとすばらしいジャムやスカンジナビア風のフルーツスープが作れます。グーズベリーをレモンゼラニウムやレモンバーベナといったハーブと合わせてみてもいいかもしれません。

レモン＆ケール→「ケール＆レモン」P.223

レモン&ケシの実

ペアで持ち場を交換しました。シュトルーデル（strudel）[21]やハマンタッシェン（hamantaschen）[22]の生地には伝統的に、レモンの皮少々や砂糖漬けの柑橘類の皮を混ぜたケシの実のペーストが詰められていました。具の部分は見た目が火山性の流砂のようで、アマレット・サワーのような、不機嫌で頑固な味がしました。

アメリカでは、ケシの実は1970年代に柑橘類で香りをつけたケーキやビスケットの助演として見かけるようになり始めました。1990年代までにはレモンとケシの実は特にマフィンで普通のペアになっていました。その風味は、新しく発見されたベリーに由来していたのかもしれません。柑橘類の元気をくれるかぐわしさが、ケシの実にある典型的なアーモンドの香味とハーモニーをなしています（リンゴ、梨、アプリコット、クランベリーはどれにも、アーモンドのような味のする種があります）。

ケシの実とレモンは、ホワイトチョコレート、生パスタ、パンケーキ用の風味の組み合わせにも検討してみてもいいかもしれません。

レモン&コショウ

一組のブースターケーブルのような組み合わせです。昔、アメリカのアリゾナ州にある牛牧場で、レモンペッパーチキンを食べたことがあります。作ってくれた人は、その特に秘密でもない調味料が買える店の場所を教えてくれました。香辛料の通路で小さな瓶を探しまわっていたところ、その近くの陳列棚に数列にわたって並んでいる巨大なプラスチック容器に、お目当てのものが入っていることに気づいたのでした。私が思っていたより、レモンペッパーというのは特別な品ではなかったようです。ラベルに原材料も明かされていました。塩、クエン酸、タマネギとガーリックパウダー、コショウ、砂糖です。作家のマルコム・グラッドウェルがケチャップについて書いているように（「マスタード&トマト」P.230を参照してください）、レモンペッパーは基本的な味覚をすべてカバーしています。ともかく、グルタミン酸ナトリウムが入っているものを買えば、の話ですが（レモンペッパーはトマトケチャップと一緒に使わないでください——他のものは何も食べないようになってしまいます）。

レモンとコショウのすっきりした香味は、日本や韓国の山椒にも見られます（「コショウ&味噌」P.381も参照してください）。

レモン&ゴマ→「ゴマ&レモン」P.315
レモン&サンファイア→「サンファイア&レモン」P.439
レモン&ズッキーニ→「ズッキーニ&レモン」P.423
レモン&ソバ→「ソバ&レモン」P.64

レモン&ソレル

「グリーンソース」というのは、ソレルの古い別称です——葉の部分をレモン汁や酢と一緒にすりつぶして作る伝統的なソースの名前とほぼ同じ意味で使われています。シェフ兼作家のギル・メラーは、野生の小さなソレルの葉を使い、レモンカードのパブロバ（pavlova）[23]の飾りにしています。レモンのようなグーズベリーの風味を加えてくれる、とメラーは言っています。

---

[21] シュトルーデル（strudel）…フィリングを薄い生地で巻いて焼いたペストリー。
[22] ハマンタッシェン（hamantaschen）…プリム祭（ユダヤ教の祭日）に食べる詰め物入りの三角形のペストリー。
[23] パブロバ（pavlova）…オーブンで焼いたメレンゲにクリームやフルーツをトッピングした菓子。

レモン&ターメリック→「ターメリック&レモン」P.238

レモン&トウモロコシ→「トウモロコシ&レモン」P.75

レモン&ニゲラシード→「ニゲラシード&レモン」P.357

レモン&蜂蜜

真の愛好者に限って味わうことのできない、すごい組み合わせです。風邪をひいて鼻をかんでばかりのときには、鼻粘膜が炎症を起こしていて風味分子を検知できず、嗅球〔嗅覚に関する情報処理をする脳の組織〕へのにおいの情報伝達が阻害されます。食事の20分ほど前にイブプロフェンを摂取することで鼻粘膜の腫れを一時的に抑え、口にしているものを楽しめるようにする、というのもひとつの方法です（胃が空の状態でイブプロフェンを飲むことは推奨されていないので注意してください）。

蜂蜜とレモンは風邪の治療ではよく使われるペアです。蜂蜜が喉の痛みを和らげ、レモンに含まれるビタミンCが、元気をくれつつ蜂蜜の甘さをさっぱりさせてもくれるからです。ウイスキーやブランデーをひと口分加えると、ホット・トディになります。

味蕾が回復したら、アンヌ・ウィラン〔P.442参照〕のレシピにしたがって、レモンの皮と蜂蜜のマドレーヌを作りましょう。レモンブロッサムハニーを選ぶのも非常によいですが、ウィランはより手に入りやすい、栗蜂蜜を選んでいます。

レモン&パッションフルーツ→「パッションフルーツ&レモン」P.206

レモン&パパイヤ→「パパイヤ&レモン」P.211

レモン&ピスタチオ→「ピスタチオ&レモン」P.329

レモン&ヒヨコ豆→「ヒヨコ豆&レモン」P.262

レモン&フェンネル

ピッコロ二重奏並みに澄みきっていて気持ちを高揚させてくれます。フェンネルはレモン汁少々に塩を溶かして、コショウをひと挽き、それにフルーティーなオリーブオイルを足したドレッシングをかけたときが一番さわやかだ、とマルセラ・ハザン〔料理作家、P.444参照〕は考えています。著述家のペッレグリーノ・アルトゥージ〔P.444参照〕は、生の野菜ミックスに同じような処理を施した、ピンツィモーニオ（pinzimonio）というアンティパスト（前菜）について記しています。ハザンはさらに、生で食べるなら、丸々としてずんぐりしたタイプのフェンネル（イタリアでは男性型と呼ばれます）のほうが、背が高くて平べったいタイプよりもよい、と指摘しています。買う前にフェンネルの性別を判定するようにしましょう。

レモン&プラム→「プラム&レモン」P.119

レモン&プルーン

プルーンは、レモン汁を足すと、タマリンドのような何かに変身します。プリザーブにしたレモンは、プルーンの甘さに塩分、酸味、苦みをぶつけて、そのままでも問題なくおいしい香辛料入り野菜煮込みを夢のようなタジン鍋料理に変えてくれます。レモンの皮にはそれよりも優しくかぐわしい効果があり、プルーンに豊富にあるアーモンドとベリーの風味とは高い親和性を持ちます。以下のプルーンとレモンのト

ルテを作ってみてください。

---

recipe

《プルーンとレモンのトルテ》

❶ 20cmの丸型のケーキ用ブリキ型にオイルまたはバターを塗り、アーモンドパウダーを薄くふっておく

❷ 卵3個をカスターシュガー〔微粒グラニュー糖〕100gと一緒にふわふわで淡い色になるまで泡立て器で混ぜ、アーモンドパウダー150g、細かくおろしたレモンの皮2個分、塩ひとつまみを少しずつ入れて切るように混ぜて、なめらかな生地にする

❸ 型に流し込み、ソフトプルーン7個を半分に切って生地の上にそっとのせ、160℃のオーブンで25〜30分焼く

❹ 常温で、クレーム・フレッシュ〔P.180参照〕またはギリシャヨーグルトを添えて提供する

レモン＆ホウレンソウ→「ホウレンソウ＆レモン」P.428

レモン＆松の実

　レモンの皮は松の実にとって頼れる相棒です。皮自体に松のような香味がありますし、松の実の脂っぽい甘みをさっぱりさせてくれます。この2つを使って、付け合わせのライスに風味づけをしたり、甘みのあるリコッタチーズに混ぜ込んで即席デザートを作ったりしてみてください。

　トルタ・デッラ・ノンナ（torta della nonna）〔イタリア語で「おばあちゃんのケーキ」の意〕でパートナーを組んでいるのがおそらく一番有名でしょう。中にレモンカスタードがつまっていて、上に松の実が飾ってあるダブルクラストのパイあるいはオープンタルトです。カスタードクリームが必要な作り方もありますし、リコッタカスタードが必要なものもあります。起源ははっきりしないのですが、名前を聞くとなるほどと思います。松の実を使っていながら最初の1回を焦がさないようにするには、少なくとも50年は料理の経験が必要だからです。とはいえ、イタリア人フードライターのヴァレリア・ネッキオが、この問題に決着をつけたようです。ネッキオは松の実を水洗いして、湿っている状態のままタルトの上に置いています。こうすると、熱したオーブンに45分入れておいた後でも、松の実は夕暮れ時の石造の橋のように黄金色です。

レモン＆マルメロ

　共通点はほとんどありませんが、マルメロはレモンの花のような味がすることがある、と言っている人もいます。料理研究家のナイジェラ・ローソン〔P.443参照〕は、レモンとコワン（coing）つまりマルメロブランデーを使ったシラバブ（syllabub）[24]のレシピを出しています。この飲み物についてローソンは「桃のようなコショウのようなほのかな香り」があると描写しています。

　ローソンによれば、マスカットワインでゆでたマルメロは、レモンアイスクリームと合わせると「見事に、非の打ちどころなくおあつらえ向き」なのだそうです。この組み合わせには実用的な根拠もありま

※24　シラバブ（syllabub）…ダブルクリームに砂糖、白ワイン、レモンを加え泡立てたイギリスの菓子。

す。皮をむいたマルメロはリンゴや梨よりも早く茶色くなってしまいますが、レモン汁がそれを止めてくれ
るのです。

レモン＆メープルシロップ→「メープルシロップ＆レモン」P.400
レモン＆ユズ→「ユズ＆レモン」P.198
レモン＆ライチ→「ライチ＆レモン」P.106
レモン＆レーズン→「レーズン＆レモン」P.135
レモン＆レタス→「レタス＆レモン」P.301

フルーツ（酸味）

レモン

Lime
ライム

　加工食品や飲料でライムのパートナーとしてもっとも人気があるのはレモンです。ライムは酸味も風味もレモンより著しく強く、レモンを凌いでいます。ライムの皮には奮い立たせるような松、花、ハーブやユーカリの香味があって、コンデンスミルクやサツマイモ、ラム酒といった甘くて重たい食材とすばらしく好相性です。

　ですが、皮から強烈な風味をいつでも取り出せるわけではありません。たとえば、ライムがチョコレートに太刀打ちできるためには、食品グレードのコールドプレスされたライムオイルを買う必要があるでしょう。これは皮から抽出したオイルで、ライムフレーバーのお菓子やソフトドリンクのような味がします。世界のライムオイルの大半はコーラのフレーバーに使用されています。

　キーライムはイギリスでよく売られている種なしのタヒチライムよりも小さい品種です。種があり、果汁は酸っぱめで少ししょっぱく、メキシコやアメリカ南西部の料理に華やぎを添えることができます。タヒチライムの果汁ではそうはいきません。

　ライム好きなら、ルーミ（loomi）つまりブラックライムもなんとかして手に入れるべきでしょう。これは塩水でゆでて日光にあてて干した結果、種の莢のように茶色く、もろく、ほぼ重さがないくらいになったライムです。中東系の食料品店にあります。ルーミには麝香のような柑橘類の芳香と風味があります。木製の抽斗にしまわれたまま放っておかれたライム味のハードキャンディを想像してください。この特徴が、ザクロの糖蜜やタマリンドの舌に残る強い味によく似た、口中に広がる酸味と一緒に、ルーミからスープや煮込み料理に移ります。また紛れもなく苦いですが、これは主に種のせいで、種のひとつひとつが小さくて邪悪なアスピリンのようなのです（たいていの人は種を取り除いて料理します）。

ライム＆オクラ

　ライムを添えて提供するオクラのフライは、アメリカのノースカロライナ州アッシュヴィルにあるインド料理レストラン「チャイ・パニ（Chai Pani）」の名物料理です。この店では、一日に180キロ以上のオクラを消費しています。オクラはインドやアメリカ深南部の料理にはよく登場するので、これはシェフのメーラン・イラーニなりの、自身の先祖から受け継いだものと養子先の両方を尊ぶやり方なのです。イラーニの母が彼の子ども時代にオクラのフライを作ったのは数回だけですが、その記憶は彼の心の奥深くにしまい込まれていました。これの作り方は、オクラを縦割りにし、熱した油で揚げ、キッチンペーパーで油を切ってライム果汁と塩をまぶす、というものです。

ライム＆黒インゲン豆

　豆と柑橘類の組み合わせは南米以外では大変珍しいものですが、南米では黒インゲン豆はライムのスパイシーな側面を特別愛しているのです。

recipe

《黒インゲン豆とライムのサルサ》（4人分）

❶黒インゲン豆の400g缶詰1個の汁を切った中身を水洗いし、赤唐辛子1/2本、中サイズのトマト2個、葉ネギ2〜4本、場合によってはパパイヤ1/2個を、すべて豆と同じ大きさのさいの目切りにしたものと、みじん切りにした生のハラペーニョ唐辛子1本、刻んだコリアンダーリーフ大さじ1〜2、塩小さじ1/2と一緒に混ぜる

❷ライム果汁大さじ2、赤ワインビネガー大さじ1、オリーブオイル大さじ4、つぶしたニンニク1かけ、塩小さじ1/2をねじ蓋つきの瓶に入れて振ってライムドレッシングを作り、これで和える

お好みでライムと唐辛子は増やして構いませんが、ほどほどに辛いハラペーニョ1本だけでも、豆サラダには夢見ることしかできないようなエキサイティングなサルサができますよ。

ライム＆コショウ

ちょっぴりウッディな感じが、ライムの風味の一番いいところを引き出してくれます。クミンとシナモンがライムの定番のパートナーですが、黒コショウも見過ごすわけにいきません。

ライムと黒コショウはカンボジアのトゥク・メリック（tuk meric）というソースで出会います。このソースは通常、ロクラク（lok lak）という牛肉の炒め物に添えて提供されるのですが、だいたいどんな炒め物につけても垂涎ものです。

recipe

《トゥク・メリック》

ライム果汁大さじ2杯に対して、つぶした黒コショウの実およそ小さじ1と、塩と砂糖を数つまみ、好みに合わせて足す

イギリス系イラン人シェフのサブリナ・ガユールは、ライムと黒コショウをフローズンヨーグルトでペアにしています。

ライム＆ザクロ

チェックインした後、私たち夫婦はラスベガスのメインストリート「ラスベガス・ストリップ」に繰り出し、ルクソール・ホテルの巨大な黒いピラミッドを通り過ぎ、エクスカリバー・ホテルのおもちゃの街のような小塔の群れ、コンパクトに収まったマンハッタンを通る、ループの中をくぐるローラーコースターを通り過ぎて歩いていきました。30分後には、私たちは7000マイル、45世紀にわたる旅を終えていました。一杯やりたくなったのも無理はありません。

ホテルでは、庭園はゆったりと流れる川へと続いていました。よくあるゆるやかに蛇行する流れの川

で、その上で他の宿泊客たちがぱんぱんの輪っかに乗って、橋や水しぶきを飛ばす滝の下を漂っていました。「アメリカのすばらしいところはね」夫にザクロ入りライムエードをひと口味見させてあげながら、私は言いました。「ライムよ」

メキシコ産ライムはそれくらい、ヨーロッパで広く手に入るペルシャ産の品種よりもすっきりした味わいなのです。メキシコ産ライムは抜きんでて風味を引き上げてくれますし、甘い食べ物にも甘くない料理にも、しょっぱい酸味を加えてくれます。私はリクライニングチェアに収まり、のろのろ流れる川を横目に、ザクロにあるダムソンプラム、完熟トマト、スイカの香味を楽しみました。

ライム＆サツマイモ→「サツマイモ＆ライム」P.155

ライム＆ズッキーニ

シェフのスティーブン・ハリスは、収穫したてのズッキーニをごく薄くスライスして、ライム果汁とオリーブオイル、塩、それから場合によっては数種のハーブで和えています。5分待ってからお召し上がりください、とハリスはアドバイスしています。ハリスはズッキーニの王です――ズッキーニには王が必要なのです。

「ズッキーニ＆ミント」（P.422）も参照してください。

ライム＆タマリンド→「タマリンド＆ライム」P.139

ライム＆デーツ

ブラウンシュガーとライムの組み合わせは定番です。ライムに含まれる天然の糖分はレモンの半分なので、これは甘酸っぱいを極限まで突き詰めた組み合わせです。コロンビアでは、パネラ（panela）というとても甘い砂糖を水と混ぜて、アグアパネラ（aguapanela）というドリンクを作ります。砂糖を溶かすのに使うお湯にライムの皮を加えることもあり、このドリンクの甘みはライム果汁でバランスがとられています。ブラジルのカイピリーニャ（caipirinha）――カシャーサ（cachaça、サトウキビの蒸留酒）、砂糖、ライムのカクテル――は、粒状のブラウンシュガーを使って作ると、ほのかな糖蜜がライムの皮のトロピカルな香味とカシャーサの粗糖とぴったり合って最高です。また、硬い結晶があることで、ドリンクをかき混ぜたときにライムの皮からエッセンシャルオイルを引き出すのにも一役買っています。ライムとブラウンシュガーは、東南アジアのドレッシングや魚料理のカラメルソースにも頻繁に登場します。

ここまでの話はすべて、デーツにはコクのあるブラウンシュガーの風味があるのでライムとは当然仲よしだ、と言うための前置きです。以下のエナジーボールは、キーライムパイにヒントを得ています――特に、このパイに使われるコンデンスミルクの持つキャラメルの風味がライムの皮や果汁と調和する様子からです――が、ここではキャラメルの風味はデーツが担っています。

recipe
《キーライムパイ・エナジーボール》

❶核を取ったマジョール種のデーツ10個を、アーモンドパウダー大さじ6、細かくおろしたライムの皮1個分、塩ひとつまみ、固いペーストにできる程度のライム果汁と一緒にブレンダーにかける

❷だいたい同じサイズのボール12個に分け、アーモンドパウダーまたは挽いたピスタチオをまぶしつける

2個食べてみれば、キーライムパイ作りにとりかかれるだけのエネルギーが湧くかもしれません。

ライム&トウモロコシ→「トウモロコシ&ライム」P.75

ライム&パッションフルーツ

　まるで熱帯雨林で道に迷ったようです。バルサミコ酢と果物と花の芳香がごちゃごちゃに混ざっていて、低レベルで使うとすっきりさせてくれるのですが、濃度が上がると眠気を誘います。乳製品のベース（チーズケーキ、カスタードタルト）で落ち着かせてなだめるか、あるいは「バカルディ（Bacardi）」社のラム酒とミックスしてパッションフルーツのダイキリにして倍掛けしてください。または、ぎざぎざのホワイトラムのような味のするサトウキビの汁で作るブラジルの蒸留酒、カシャーサと混ぜるともっといいでしょう。

ライム&パパイヤ→「パパイヤ&ライム」P.211

ライム&緑茶

　「ザ・ファット・ダック（The Fat Duck）」でヘストン・ブルーメンソール〔P.444参照〕のテイスティング・メニューの始まりを告げる、液体窒素で表面をさっと固めたムースに使われている風味です。ブルーメンソールの目的は、続けて出てくる料理の味を歯磨きのように邪魔することなく、口をすっきりさせることです。緑茶はタンニンとポリフェノールのおかげで口内をきれいにする素材として理想的ですし、ライムは刺激的な酸味をもたらしてくれます。液体窒素は実用主義と芝居じみた大仰な演出を結びつけてくれます。ムースが口の中でさっと消えるのです。もちろんこれはどれも平均的な器具しか持っていない人には手に余りますが、メレンゲやシャーベットでならこの2つの風味を組み合わせてみてもいいかもしれません。

ライム&レンズ豆→「レンズ豆&ライム」P.57

Yuzu
ユズ

ちょっとマンダリンのような、ちょっとグレープフルーツのような味がしますが、たとえなど唾棄すべきものです。ユズの皮には他のどんな果実にもない香りがあり、この香りははかなく、ユズ風味の商品でも表現できていることは稀です。砂糖漬けにした皮はおいしいものもありますが、乾燥させて粉にした皮には、この果物を唯一無二にしている、珍しいハーブのような香味や果樹の花のような香味がありません。

ユズにはビターオレンジにある酸味があり、同じように果汁が比較的少なく、同じように種が多いため、手でむいて食べるのには向きません。果実はレモンと同じく、果汁や皮、またはその両方を目当てによく使われます。

日本では、冬至の頃になると、丸ごとのユズに切れ目を入れて芳香油を発散させ、お風呂に浮かべてユズ湯にします。

ユズ&オレンジ

ユズは、酸味のあるマンダリン（*Citrus reticulata var. austera*）とイーチャンパペダ（*Citrus ichangensis*）の子孫であると考えられています。イーチャンパペダは古くからある熱帯アジアの果物で、イギリスのサセックスに拠点を置く柑橘類専門養樹園「ザ・シトラス・センター」によれば、「とてもツンとする刺激の強い風味がありますが、あまり食用向きではありません」とのことです。マンダリンとの近似性は舌で簡単にわかります。むきやすい皮のせいで犠牲になってしまう前のマンダリンの風味を知っている場合は特にたやすくわかります。ユズの代用品が欲しいとマンダリンに飛びついてしまいがちですが、すぐに、マンダリンの用途はかなり限られている、と思い出すことになります。ネーブルオレンジ果汁とユズの皮を混ぜて、昔ながらのマンダリンの風味に近い何かを作ってみてください。

ユズ&きのこ

マツタケというきのことユズは日本の秋らしい好一対です。ユズは他の天然の風味を強調することに定評があり、マツタケはもっとも珍重されるきのこのひとつです。全世界に展開している日本食レストランチェーン「ノブ（Nobu）」では、天然のきのこをエクストラバージンオリーブオイルと日本酒でソテーし、ユズ果汁、グレープシードオイル、醤油、ニンニクのドレッシングで和え、ベビーリーフにのせ、チャイブで飾りつけて提供しています。

ユズ&ゴマ→「ゴマ&ユズ」P.315
ユズ&ショウガ→「ショウガ&ユズ」P.242
ユズ&卵→「卵&ユズ」P.267

ユズ&唐辛子

柚子胡椒という日本の薬味で連れ合いになっています。私はこの薬味を、レモンペッパーと似たよう

なもので、パッケージがきれいなだけなのだろうと思っていたのですが、そうではありませんでした。まず、パウダーではなくペーストですし、こちらのほうがずっとさわやかで辛さが上です。青唐辛子で作られたものも、赤唐辛子で作られたものもあります。醤油に溶くと、天ぷらや刺身、餃子に使う薄いつけだれになります。味噌汁に溶いたり、ペスト（pesto）[※25]をパスタにからめるようにして、麺にからめたりしてもいいでしょう。

　シェフのティム・アンダーソンは、柚子胡椒少々をユズ果汁とオリーブオイルと混ぜてオリーブのマリネ液にし、マティーニに合わせてはどうかと提案しています。ツイストのきいたオリーブですね。

ユズ＆蜂蜜

　ユズと蜂蜜を使った柚子茶（ユジャチャ）というお茶が、韓国ではよく飲まれています。スーパーマーケットでティーバッグや茶葉の棚で探そうとしているなら、見るべきなのは別の棚です。マーマレードのように、瓶に入っているのです（そして、シンプルにトーストに塗ることもできます）。お湯に溶かして、蜂蜜レモンとそっくりに、咳を鎮めたり風邪のときに飲んだりしますし、しかもこれは、ユズの真の風味を体験するのにもかなりよい方法です。非常に香り高いマンダリンで作ったマーマレードを想像するといいでしょう。このお茶を一から作ろうと思う人は次のようにしてください。

recipe

《柚子茶（ユジャチャ）》

　　丸ごとのユズをごく薄くスライスし、種を取り除いて、スライスしたユズとありったけの果汁を、
　　同量の蜂蜜または砂糖と混ぜる

　ユズがちゃんと主張できるように、蜂蜜はごく軽い風味のものを使うといいでしょう。オレンジブロッサムハニーなら、ユズに応じるかすかな柑橘類の香味があるので、よい選択だと思います。密閉容器に移して、冷蔵庫で数日置いておいてから使ってください。1か月はもちます。沸かしたお湯1カップ分につき、このお茶の素大さじ2〜3を使います。皮もいただくのが普通です。

ユズ＆味噌

　日本では味噌汁にユズの皮を飾ります。皮を裂くと、気孔からエッセンシャルオイルが放出され、風味は味噌汁の熱でさらに強まります。ひと口飲んでみると、味噌とユズが、まるで別居婚している二人のように、互いを補いあいつつもきっぱりと分かれているのがわかるでしょう。日本ではユズはどこでも手に入りますがそれでも尊ばれており、果実をくり抜いて、ユズ果汁、味噌、砂糖、米粉を混ぜたものを詰めて、柚餅子（和菓子の一種の砂糖菓子）を作ります。日本酒やお茶に添えて提供されるものです。職人によっては柚餅子を数か月にわたって干すこともあります。何度も蒸して干す職人もいます。

　ウィリアム・シュルトレフ〔P.442参照〕とアキコ・アオヤギは著書『味噌の本（The Book of Miso）』で、東京にある創業300年の料亭「笹乃雪」で作られているユズ味噌に言及しています。焼酎という強い蒸留酒に1年間漬けておいたユズ皮を使用しているのです。また二人は、著書『豆腐の本（The Book

※25　ペスト（pesto）…材料をすりつぶして作るソース。ニンニク、松の実、塩、バジルの葉、パルメザンなどの粉チーズ、オリーブオイルで作る「ペスト・ジェノベーゼ」が代表的。他にもいろいろな材料で作られる。

of Tofu)』に、「ユズの豪華壺」というレシピを載せています。ユズ果実を半分に切って果肉をくり抜き、それぞれの皮の底にユズ味噌小さじ1～2を敷きます。それから豆腐をきっちり詰め、ユズ味噌をさらに少量塗って断面を合わせて蒸します。

ユズ味噌ペーストは日系スーパーマーケットやグルメ向けのデリカテッセンにあります。しょっぱくて柑橘系の風味があるので、北アフリカのプリザーブドレモンを思い出すかもしれません。

ユズ&ライチ

桃のような素敵な組み合わせです。ライチには産毛で覆われた柔らかい皮はありません——まったくその反対です——が、桃と同じように、熟すとかぐわしくかわいらしくなります。本質は核果なのです。ユズにある桃の香味のほうはもっと意外です。私がそれに気づいたのは、手に入れたユズの果汁を搾り、皮をおろした後の殻を捨てるにしのびなくて、少量の水と砂糖に漬けておいたときのことです。一時間ほど経つと、このシロップは強烈に桃の味がして、苦みはかなりなくなっていたのです。これはウォッカとライチリキュールで作ったカクテルに使いました。ユズの風味を移したシロップを温めると、風味は劇的に変わりました——ピンクグレープフルーツに近い何かになって、これもライチドリンクとよく合います。

ユズ&レモン

西洋では、ユズはしばしば、より安く、手に入りやすいレモンの上に浮かべられています。ロンドン東部の「ザ・リリー・ヴァニリ・ベーカリー (the Lily Vanilli Bakery)」のリリー・ジョーンズは、ユズレモンタルトを作るのに、瓶詰のユズ果汁1に対してレモン汁をほぼ3の割合で使用しています。他のレシピではユズ2に対してレモン1、それに細かくおろしたレモンの皮またはレモンとタンジェリンの皮を混ぜて使っています。搾りたての果汁を使うつもりでいるなら、ユズは他の柑橘類の果実に比べてほとんど果汁がとれないということに気をつけてください。ハタネズミの乳搾りをするようなものです。ユズ果汁の小瓶は買うことができますし、中には大変よいものもあります——が、その果汁をとるのにジューサーがどれだけ苦労したかも考えてあげてくださいね。

Orange
オレンジ

　オレンジ果汁は柑橘類の果汁の中でも50年代のアメリカのチアリーダーのような存在です。快活で可憐で、バランスがとれています。パイナップルとマンゴーの風味もかすかにありますが、がつんとくるほどではありません。テキーラと一緒に使うと、善意がありそうな味にすることができます。どことなく硫黄っぽさがあるので、ポリアンナ〔エレナ・ポーターの小説シリーズの主人公〕のように極端に楽天的にはならずに済んでいます。この硫黄っぽさは搾りたての果汁のときが一番はっきりわかりますし、美味です。オレンジの皮には果汁を思わせる風味がありますが、その理由のひとつは果汁を搾ったときに、皮のエッセンシャルオイルがいくらか果汁の中に飛ぶためです。オレンジの皮の特徴は、変わっているとまでは言わないにしても、根本的に他とは異なるものです——グレープフルーツの皮のように異国的で変わっているのではなく、わずかに湿っていて金属的であり、同時に麝香の香りがしてスパイシーでもあります。

　もし今日一日が味気ないものになりそうなら、ざく切りのオレンジが入ったマーマレードで一日を始めてみてください。少なくとも何か面白いことは起こったことになるでしょうから。マーマレードは昔から、酸っぱくて苦みがあり、1月に旬を迎えるビターオレンジで作られています。ブラッドオレンジも冬の作物です。果汁にベリーの香味があり、オレンジのさわやかな味に対抗しています。

　マンダリンとキンカンもこの項で扱います。

オレンジ&オールスパイス→「オールスパイス&オレンジ」P.368
オレンジ&オレガノ→「オレガノ&オレンジ」P.351

オレンジ&海藻

　オレンジは濃い緑色の野菜を気に入っていますが、そこには紫がかった茶色の海苔、ウップルイノリ属（pyropia）も含まれています。19世紀初頭の料理本の著者ミセス・ランデルは、ラーヴァーブレッド（laverbread）[※26]の味つけにビターオレンジ果汁を勧めています。その1世紀後にフローレンス・ホワイト〔フードライター、P.444参照〕も同じことを唱え、もしビターオレンジの季節でないならレモンでもよいと記しました。ジェイン・グリグソン〔フードライター、P.443参照〕は、ラムの首肉の一番いいところ、新ジャガイモ、ラーヴァーブレッド、オレンジスライス数枚を、優れた食事に選び出しています。

オレンジ&カシューナッツ

　ロンドンにある点心のお店「ヤウアチャ（Yauatcha）」は、以前はマカロンを作るのにキンカンの皮の風味をつけたシェルと炒った甘いカシューナッツのフィリングを使っていました。伝統的なサンドイッチビスケットの逆なので興味深いものでした。キリッとした味はたいていは内側に入っているためです。

　キンカンというのはオレンジ色をしたナツメグサイズの柑橘類の果物で、普通は皮なども全部丸ごと食べるものです。甘い果肉を中心から吸い出した後のタンジェリンを食べるのにちょっと似ています。苦み

※26　ラーヴァーブレッド（laverbread）…紅藻の一種。イギリスのウェールズではオートミールと混ぜてパティにして焼いて食べられている。

と酸味がありかぐわしい皮部分ががつんときますが、緩和してくれる甘みがないのです。このため、ほとんどのキンカンは砂糖漬けのプリザーブにしたり、マーマレードやリキュールにしたりして、渋みの尖りを取り除きます。

オレンジ＆カブ

ジャーナリストのクリストファー・ストックスは著書『忘れられた果物（Forgotten Fruits）』で、オレンジ・ゼリーという、風味において最上という評価を受けているカブの品種について、「ナッツのようで、ビターアーモンドの風味がかすかにある」と説明しています。「ゼリー」が名前に入っているのは繊維が少なく、加熱するとゼラチン状に近くなるためです。この品種はゴールデン・ボールという名称でも知られていて、この品種の種は入手が容易です。

カブとオレンジのペアからは、定番になっているアブラナ属とオレンジの他の取り合わせや、シェフのトム・ケリッジの作るカブのマーマレード蒸し煮という、もっと奇抜な料理も連想されます。

オレンジ＆キャラウェイ

キャラウェイは加熱するとかすかに柑橘類の皮のような風味が出ます。オレンジとキャラウェイは一緒に使うとバターたっぷりのペストリーやケーキ、あるいはリッチなライ麦パンを軽くすることができます。砂糖漬けのオレンジやレモンのピールは伝統的に、キャラウェイのコンフィット（砂糖衣をかけたキャラウェイシード）とアーモンドと混ぜて、ピトケイスリー・バノック（Pitcaithly bannock）というスコットランドのお祝い用ショートブレッドの上に散らされていました。

オレンジ＆クランベリー→「クランベリー＆オレンジ」P.97
オレンジ＆黒インゲン豆→「黒インゲン豆＆オレンジ」P.42

オレンジ＆ケール

鉄分入りマルチビタミンタブレットはきっとこんな味がするはずです。オレンジとケールの間には、薬として通用するほどの苦みがぎっしり詰め込まれています。ケールがピークに達しているときにオレンジが一番鮮烈でジューシーだというのが効いています。

加熱したケールにオレンジヴィネグレットソースをかけてみてください。ケールと張り合うためには、ソースにオレンジの皮も少し入れて、強い風味を出す必要があるでしょう。あるいは、ケールサラダを作るときに房にわけたオレンジを入れるのもいいでしょう。マンダリンの房の膜は硬くてサラダに入れると食べにくいかもしれませんが、ケールと合わせるとそうでもありません。どのみちケールの葉はよく噛まなくてはいけないからです。一日一回摂取してください。

オレンジ＆ケシの実→「ケシの実＆オレンジ」P.316
オレンジ＆コショウ→「コショウ＆オレンジ」P.376

オレンジ＆ザクロ

ザクロは最初、スペイン発アメリカ・フロリダ行きのオレンジの積荷に隠れた密航者としてアメリカに

やってきた、という仮説があります。

　ほぼ200年後にも、この2つの果物は、テキーラ・サンライズという形をとってつき合いが続いていました。このカクテルはザ・ローリング・ストーンズの悪名高き1972年の北米ツアーの象徴になったドリンクです。理由はおわかりでしょう。「サンライズ」という名前は見た目だけを表しているのではありません。これはまだ寝床に入っていない午前5時に飲んでもおいしい唯一のドリンクなのです。冷たく、甘いオレンジジュースと、グレナデンシロップ（ザクロシロップ）の甘ったるさが効いていて、まぶたが重くなったテキーラがからまっています。

　もしストーンズよりもビートルズのほうがお好きなら、デザーツニという品種のザクロを試してみてください。若いものは果汁に柑橘類の響きがありますが、熟していくにつれてはっきりとオレンジのような風味になっていきます。この品種はグレゴリー・レヴィン博士によって改良されて作り出されたもので、博士はザクロにとっては、チンパンジーにとってのジェーン・グドール〔チンパンジーの研究で知られる動物行動学者〕のような存在でした。博士のすばらしい著書の題名は『ザクロの道（*Pomegranate Roads*）』です。

オレンジ＆白インゲン豆→「白インゲン豆＆オレンジ」P.50

オレンジ＆チコリ

　オレンジは苦い食材と好相性です。チコリをオレンジで蒸し煮にするというアイデアはそそられないかもしれませんが、ぜひ試してみることをお勧めします。どちらの食材もかなりの変化を遂げます。チコリは葉物野菜というよりグローブ・アーティチョークに近づいていきます。

recipe
《チコリのオレンジ煮》
❶チコリの結球部分3個を縦に半分に切り、ぴっちり閉まる蓋のついた耐火性キャセロールで、少量のバターまたはオリーブオイルでさっと焼く
❷チコリがほんのりきつね色になったら、フレッシュオレンジジュース150ml、塩数つまみ、醤油ひとたらしを加える（蜂蜜小さじ1も加えてもよい）
❸煮立てたら蓋をし、すぐに火を弱めて5分間そのまま煮る
❹蓋をとって、切ったチコリが少しカラメル化したべたべたのソースのかかったすべすべの卵のようになるまで、水分を飛ばす

　イギリスに拠点を置くスペイン人シェフのホセ・ピサロは、この組み合わせでもっと手の込んだことをやっています。鉄板で焼いたチコリにクレメンタイン〔マンダリンの一種〕のヴィネグレットソースをかけ、これをオレガノとパン粉をまぶして揚げた山羊のチーズと合わせているのです。あるいは、チコリとオレンジとクルミを試してみてください——健康な食生活を送ろうという決意を新たにさせてくれるような、冬のサラダです。

オレンジ&デーツ→「デーツ&オレンジ」P.140

オレンジ&蜂蜜→「蜂蜜&オレンジ」P.77

オレンジ&パッションフルーツ→「パッションフルーツ&オレンジ」P.204

オレンジ&パパイヤ

パパイヤとビターオレンジは、メキシコのユカタン州のシェック（xec）という料理でペアになります。デザートや前菜として、あるいは鶏や魚料理の付け合わせとして、広く提供されている料理です。

recipe

《シェック》

❶ビターオレンジ果汁（あるいはライム果汁をたっぷり加えてキリッとさせたフレッシュオレンジジュース）を、好みの量の蜂蜜と、カイエンペッパーと塩各ひとつまみと一緒に泡立て器で混ぜる

❷刻んだ完熟パパイヤを、房に分けたオレンジとグレープフルーツと混ぜて、❶のドレッシングをかける（ヒカマというでんぷん質のメキシコの根菜がよく加えられますが、大根やラディッシュを代わりに使っても構いません）

❸みじん切りにしたコリアンダーリーフで仕上げをしたらできあがり

フィリピンでは、カラマンシーという、タンジェリンとレモンとライムのカクテルのような味のする小さい柑橘類の果物をパパイヤと混ぜてお菓子を作ります。

オレンジ&ピスタチオ→「ピスタチオ&オレンジ」P.326

オレンジ&フェンネル→「フェンネル&オレンジ」P.338

オレンジ&プラム

レクヴァー（lekvar）というのは、核を抜いたプラムを煮詰めて作る、ハンガリーの香辛料入りプラムバターです。オレンジかレモンの皮、あるいはシナモンとクローブで刺激を足してあることもあります。伝統的に、地域の人たちが集まって火をおこし、巨大な鍋を借りてきて、プラムをあふれんばかりに入れて、鍋の半分以下になるまでじっくり煮詰めていました。夜中の3時にもまだ起きている人たちが交代でプラムをかき混ぜながら（おそらくプラム関連の）民謡を歌い、レクヴァーができたら、陶製の壺に静かに注いでいました。

現在ではもちろん詩情は死に絶え、レクヴァーは缶詰のものを買いますし、主原料はコーンシロップです。オレンジの香りをつけたレクヴァーは、ユダヤ教の祭日であるプリム祭に食べる三角形のペストリーで私のお気に入りでもあるハマンタッシェン（hamantaschen）の中身に使われています。

オレンジ&プルーン→「プルーン&オレンジ」P.127

オレンジ&ベイリーフ→「ベイリーフ&オレンジ」P.372

オレンジ&ユズ→「ユズ&オレンジ」P.196

オレンジ&ライチ→「ライチ&オレンジ」P.105

オレンジ&ライ麦→「ライ麦&オレンジ」P.23

オレンジ&レーズン→「レーズン&オレンジ」P.132

オレンジ&レッドキドニー

　オレンジが鮮やかさで変化を与え、レッドキドニーをとりこにします。フレッシュジュースを使って、豆サラダ用のヴィネグレットソースを作るか、あるいはオレンジを房ごと加えてください。

recipe
《オレンジ・ヴィネグレット》

❶ねじ蓋つきの瓶に、卵黄1個、ディジョンマスタード小さじ1、蜂蜜小さじ1、ごく細かくおろしたオレンジの皮小さじ1、リンゴ酢大さじ1、オリーブオイル大さじ2、搾りたてのオレンジ果汁大さじ3を入れる

❷よく振って乳化させる

フルーツ（酸味）

オレンジ

Passionfruit
パッションフルーツ

　陶酔をもたらしてくれる果物です。パッションフルーツには上等のコニャックやウイスキー、ヴァージニア産タバコと同じ風味分子があります。紫と黄色の変種があり、それぞれ亜熱帯性と熱帯性で、どちらのほうがかわいらしいか、あるいはどちらのほうがかぐわしいか、については意見が分かれます。たぶん、そんな議論は些細なことでしょう。

　琥珀色の果汁の中にヒョウ皮のけばけばしさを備えた種があり、芳香はわずかに汗のような香味があり、どちらも酸味の強い魅力を備えて平然としていてセクシーな、フルーツボウルにおけるジョーンとジャッキーのコリンズ姉妹[27]です。

　買った時にパッションフルーツの皮がなめらかだったら、しわになるまで常温で置いておいてから冷蔵庫にしまってください。もっと長期間保存したいなら、果実丸ごと、あるいは中身だけで、冷凍することもできます。

パッションフルーツ＆エルダーフラワー→「エルダーフラワー＆パッションフルーツ」P.109

パッションフルーツ＆オレンジ

　パッションフルーツはお値段が張ることがあります。オレンジはそういうときにやりくりするための選択肢として最善です。色も、特にゼリーやフルーツカードだと役に立ちます。

　パッションフルーツは少量でも大いに効果があるということに気をつけてください。多くの硫黄化合物を含んでおり、果物の中でも指折りの強い風味を出しています。パッションフルーツは、オレンジ果汁に10％混ぜただけでもそれとわかるでしょう。オレンジ果汁にはそれ自体にきしるような硫黄っぽさがあり、嬉しい苦みをほんの少しもたらしてくれます。

パッションフルーツ＆クランベリー→「クランベリー＆パッションフルーツ」P.99

パッションフルーツ＆ケール

　卓越したアブラナ属と果物のペアとしては、ケールサラダのパッションフルーツヴィネグレットソースがけは、芽キャベツとクランベリー、あるいはカリフラワーとレーズンにも匹敵します。

パッションフルーツ＆ココナッツ

　緊張感がありながら不真面目です——まるで熱いお湯につかりながら哲学者ウィトゲンシュタインと議論をたたかわせるかのようです。パッションフルーツは潜在力が高い果物で、皮から直接すくってそのままエキスとしても使えそうなほどです。また強力な酸味もあります。甘いココナッツケーキやビスケットのアイシング、フィリング、風味づけにぴったりです。乾燥ココナッツ、カスターシュガー〔微粒グラニュー糖〕、卵白で作ったココナッツマカロン生地を小さいカップ型に入れて、その中にパッションフルーツカー

※27　コリンズ姉妹（Joan and Jackie Collins）…姉で女優のジョーン・コリンズと小説家の妹ジャッキー・コリンズの姉妹。

ドを詰めるといいでしょう。ドラマチックなパブロバ〔P.188参照〕を作るなら、おろしたココナッツまたは乾燥ココナッツを泡立てたばかりのメレンゲに切るように混ぜ込んでから焼き、裏漉ししていないパッションフルーツ果肉を、雪の積もった火山をなだれ落ちてくる溶岩のように側面からしたたり落ちるくらい、たっぷりかけます。

パッションフルーツ&卵

　パッションフルーツにふさわしい、黄金色をした絹の枕です。パッションフルーツと卵の組み合わせはカスタードやフルーツカード〔卵黄・砂糖・果汁などを煮詰めたスプレッド〕に使われ、卵黄の風味がパッションフルーツの香りに屈すると同時にそれを和らげてもいます。パッションフルーツのカードから砂糖を抜くと、パッションフルーツのオランデーズソースになります。パッションフルーツのオランデーズソースと聞いて、ゴージャスな髪型と、長方形の黒いお皿に少量の盛りつけを連想したとしても、オープンな心を持っていてください。アメリカ・ハワイ州では、シンプルに調理した白身魚や貝・甲殻類にこれを添えることがありますが、私は濃い目に作ってズッキーニやオクラのフリッターに添えて提供するのが好きです。一般的にはレモン汁を使うところを、その代わりにザルで濾したパッションフルーツ果肉を使ってください。紫のパッションフルーツ1個で小さじ1〜2の果肉がとれるはずです。

パッションフルーツ&チョコレート

　パッションフルーツはチョコレートと仲良くできる数少ないトロピカルフルーツのひとつです。バナナと同じように、パッションフルーツはミルクチョコレートの軽い風味と合わせるほうが相性がよく、べたべたでフルーティーなガナッシュができます。にもかかわらず、レモンと同じように、チョコレートに入れて出すよりも、チョコレートと一緒に出すほうが美味です。

　シェフのポール・ヒースコートは、プロフィトロール[28]の中にパッションフルーツのカスタードクリームを詰めて、上からチョコレートソースをかけています。チョコレート職人のためのチョコレートメーカー「ヴァローナ（Valrhona）」は、「パッションフルーツ強化」チョコレートを製造しています。ブラジル産カカオ豆を通常の工程で発酵させて特徴的な風味を発揮させてから、パッションフルーツ果肉を加えて2回目の発酵を行うのです。こうすることで「イタクジャ55%」という大変フルーティーなチョコレートができあがります。

パッションフルーツ&トマト→「トマト&パッションフルーツ」P.89
パッションフルーツ&バナナ→「バナナ&パッションフルーツ」P.162
パッションフルーツ&バニラ→「バニラ&パッションフルーツ」P.150

パッションフルーツ&パパイヤ

　美女と野獣です。パッションフルーツは午前中いっぱいをお出かけの支度に費やしたような味がします。パパイヤはジムから出てきたばかりのような味です。幸い、パッションフルーツには香りに余裕がありますし、パパイヤのぶっきらぼうな甘さに活気を添えてくれるキリッとした酸味も十分あります。

パッションフルーツ&フェンネル→「フェンネル&パッションフルーツ」P.341

※28　プロフィトロール（profiterole）…小さいシュー生地にクリームやアイスを詰めたもの。

パッションフルーツ&ライム→「ライム&パッションフルーツ」P.195

パッションフルーツ&リンゴ

「大変魅力的だ」と、アメリカ人食品科学者ジャスパー・ウッドルーフは、パッションフルーツ果汁5〜10%入りのリンゴジュースから作られたドリンクを味見してみて考えました。私もウッドルーフに賛成ですが、私にとっては魅力的というのはとてもよいリンゴジュースという意味ででした。もっとパッションフルーツで強く——正確に言うと25%で——殴ってもらわないと、パッションフルーツの味はわからなかったのです。この割合で作ると、ちょっとリンゴとカシスのような味のするドリンクになりますが、これは大部分が、4−メルカプト−4−メチルペンタン−2−オン（4MMPで大丈夫です）という芳香化合物のおかげです。この化合物はパッションフルーツやカシス、それにツゲという生垣に使う植物の葉から太陽がおびき出すオイルにも見られます（でもツゲでドリンクに香りづけしようとしないでください、毒があります）。

パッションフルーツ&レモン

レモン汁とパッションフルーツの関係は、ライム果汁とマンゴーの関係と同じです——柑橘側が完璧な風味強化剤になるのです。なんだか直観には反するのですが、レモンの酸味が追加されることで、パッションフルーツが利益を得るのです。

アブラナ科の風味
Cruciferous

パパイヤ
Papaya

カブ
Turnip

ラディッシュ
Radish

ケール
Kale

カリフラワー
Cauliflower

マスタード
Mustard

Papaya
パパイヤ

　ルバーブが自分は果物だと思っている野菜だとすれば、パパイヤはその反対です。未熟のパパイヤ〔青パパイヤ〕は熱帯諸国ではきわめて人気があります。風味は比較的味気ないのですが、ソムタムのようなサラダ〔「パパイヤ＆ライム」P.211を参照〕やピクルスに向いた比類ない食感があります。果実にある、アブラナ科風の、植物性の香味は種からくるものです。未熟パパイヤの種は白く、おろしたてのホースラディッシュの風味があります。パパイヤが熟していくにつれて種は黒くなっていきますが、アブラナ科風の香味はまろやかにはなるものの残ります。黒い種の風味はよくクレソン、キンレンカ〔ハーブの一種〕、ケッパー、コショウの実にたとえられます。乾燥させて調味料として使われることもあります。

　パパイヤの皮は、はじめは緑色で、熟すにつれて黄色く変わり、果肉の風味は皮が80％ほど黄色いときにピークに達します。果肉がオレンジ色や赤色で細長い形をしたタイプのパパイヤは、黄色い果肉でもっと丸みをおびた品種よりも甘く、よりよい香りがする傾向があります。健康食品店に必ず置いてあるドライパパイヤはほぼすべて加糖されています。

パパイヤ＆アボカド→「アボカド＆パパイヤ」P.331
パパイヤ＆オレンジ→「オレンジ＆パパイヤ」P.202
パパイヤ＆ココナッツ→「ココナッツ＆パパイヤ」P.159

パパイヤ＆シナモン

　ドゥルセ・ジ・マモン（dulce de mamão）というのは、パパイヤをシロップで煮たブラジルのデザートです（ベネズエラではドゥルセ・デ・レチョサ（dulce de lechosa）と呼ばれます）。このデザートでは、パパイヤの控えめな風味をシナモンやクローブが引き上げています。ベネズエラ人シェフのスミト・エステベスは、ドゥルセ・デ・レチョサの伝統的な風味づけはイチジクの葉である、と述べています。マルメロやグアバで作るとても甘いプリザーブのように、ドゥルセ・デ・レチョサは甘さを相殺するため、よくチーズ（ケソ・ブランコまたはクリームチーズ）を添えて提供されます。

パパイヤ＆ショウガ

　不運な星回りの恋人たちです。パパイヤはアブラナ科の心を持ったトロピカルフルーツです。ショウガはパパイヤを崇拝しています。パパイヤの芳香は「軽く、さわやかで、花のようなウッディな香りで、かすかに柑橘類のような香味がある」と描写されてきました。同じ描写がショウガにも当てはまりますが、分子の組み合わせは異なります。

　ショウガを熟したパパイヤとペアにしてピリッとしたグラニータ〔シャーベット状の氷菓〕にしたり、未熟パパイヤと一緒に、コールスローを脂肪分の少なく辛い変奏にしたようなフィリピンで人気の冷蔵庫で漬けるピクルス、アチャラ（atchara）にしたりしてみてください。

※1　本章で項として取り上げる6つの食材のうち、パパイヤ以外の5つは一般的にはアブラナ科に分類されるが、パパイヤはアブラナ目パパイヤ科に分類される。

recipe

《アチャラ（フィリピンのピクルス）》

❶ 未熟パパイヤ75g、ニンジン25g、赤唐辛子1本、ショウガ35gを細い千切りにする。バナナ
シャロット〔エシャロットの一種〕1本を薄切りにし、他の材料と混ぜて塩をふりかける

❷ 30分置いてからよく水洗いし、ざるにあげてできる限り水分を絞り出す

❸ 片手鍋にケーンビネガー〔サトウキビから造られる酢〕（あるいはリンゴ酢）250mlと白砂糖
100g、ニンニク2かけ、塩小さじ1/2を合わせ、温めて砂糖を溶かし、火から下ろしておよそ20
分冷ましておく

❹ 殺菌した瓶に野菜を詰め、液を上から注いで蓋を閉める

❺ 冷めたら冷蔵庫に入れ、数日漬けておいてからいただく。1か月以内に食べきる

パパイヤ&タマリンド→「タマリンド&パパイヤ」P.138

パパイヤ&チーズ

　強烈なにおいがする組み合わせです。パパイヤにはイソチオシアン酸ベンジルという、マスタードやケッパー、クレソン、ラディッシュ、キャベツなどさまざまにたとえられる風味化合物が相当な量含まれています。果実が熟すにつれて含有量が増えるので、19世紀後半発行の『ジャーナル・オブ・ソサエティ・オブ・アーツ』誌にある、こちらのテイスティングノートの説明がつきます。「この果実は……シロップあるいは結晶化した（形では）、かなりカブの味を有する」。最近では、オーストラリアの料理人ステファニー・アレクサンダーが、パパイヤについてこう書いています。「半熟のものは胆汁の苦い味があって胸がむかむかする」。熟すと不快感を与える傾向があるからこそ、おそらくパパイヤは、タイの有名なソムタム（「パパイヤ&ライム」P.211を参照してください）のようなサラダだけでなく、カレーやかぐわしいシロップの調理に使われるときも、熟していない状態でこんなにも食べられているのです。

　アブラナ科風の側面のせいでパパイヤを果物として楽しむ気になれないなら、チーズとペアにして試してみてください。ブラジル生まれのシェフ、マルセロ・タリーは、パパイヤと山羊のチーズをサラダで組み合わせて、オリーブオイル、ライム果汁、刻んだブラジルナッツのドレッシングをかけています。「パパイヤ&シナモン」（P.208）も参照してください。

パパイヤ&唐辛子→「唐辛子&パパイヤ」P.334
パパイヤ&パッションフルーツ→「パッションフルーツ&パパイヤ」P.205

パパイヤ&バナナ

　イングランド・湖水地方のストライディング・エッジ〔ヘルベリン山に登る際の難所〕は狭いとは聞いていたのですが、これほどとは。私が立っているところからは、山の尾根は、セロハンテープの刃の鋭利なカッターのように、雲のかたまりを切り裂く装置のように見えました。両側とも急峻な下り斜面です。近づいていくにつれて風が強まり、濃い霧も一緒に連れてきます。私たちは粘り強く歩を進めました。

アブラナ科

パパイヤ

頂上では霧が景色を覆い隠していて、そのため決定的に重要な道標を見逃してしまい、下山する途中で道がわからなくなってしまいました。お互い現実を受け入れられないまま、黙々と重い足取りで歩き続けました。バックパックをひっかきまわしたところ、たった16か月期限切れになっただけの、トレイルミックス〔登山用の携行栄養食〕の食べかけの包みが出てきました。ヘーゼルナッツは酸っぱくなっているものもありましたが、パパイヤとバナナのところは、陽光を乾燥させたチップスのようです。初めて気づいたといってもいいほど、パパイヤとバナナ自体の新鮮な味がしました。

「ねえ！」私は、おそらく果糖のせいでちょっとハイになって言いました。「駐車場がある！」「そうだね」と夫は答えました。「でも僕たちが停めたところじゃないよ」

というわけで、私たちは岩に腰かけて、残りのパパイヤとバナナのかけらを選り抜きながら、たぶん次の休暇には、この反対に熱帯の楽園でケンダルミントケーキ※2のくず、ということになるだろうね、と予想しあいました。

パパイヤ＆バニラ

パパイヤの風味はリナロールというテルペンアルコールが優勢で、調香師ステファン・アークタンダーは、これには「独特のクリーミーで花のようだがはっきり甘いわけではない味」がある、と表現しています。アークタンダーはさらに、リナロールが快いのは主に低濃度であるときや他の風味と組み合わせてあるときだと説明しています。たとえば、バニラの主な風味要素であるバニリンは、リナロールのクリーミーさを強調し、ウッディなところを覆い隠します。

---

recipe

《パパイヤとバニラのアイスクリーム》

❶ 熟したパパイヤ1個を切り分けておく
❷ 食べる段になったら、バニラアイスクリーム4すくい分とブレンダーにかけ、4人分の器にスプーンで盛りつける

ブラジルのクリーミ・ジ・パパイヤ（creme de papaya）は、熟したパパイヤとバニラアイスクリームをブレンダーにかけてクレーム・ド・カシス〔カシスリキュール〕をたらしたデザートです。

パパイヤ＆マスタード→「マスタード＆パパイヤ」P.230

パパイヤ＆ミント

クリストファー・コロンブスは、パパイヤを「『天使の果物』と呼ばれる、木になるメロン」と表現しました。メロンは頻繁に比較対象として引き合いに出されますが、多くの場合単にメロンもオレンジ色で果肉の柔らかい果実だからという理由です。それ以外の点ではかなり異なっています。メロンのほうは最初にあまり特徴のない甘みがあり、その後に熟したおいしいメロンの、エステルのような果実の風味が口の中で花開きます。パパイヤの風味ではこうはいきません。そのため風味がなくてまずいとしばしば表現

※2　ケンダルミントケーキ（Kendal mint cake）…ミント風味のイギリスの砂糖菓子。登山用の携行食にもされる。

されます。にもかかわらず、多くのレシピ本ではこの2つはどちらを使ってもよいように書かれています。プロシュートとペアにする場合は入れ替えても確実にうまくいきますし、パパイヤはミントと相性がいいというメロンの特徴と、ミントやフェタチーズと相性がいいというスイカの特徴を兼ね備えています。

パパイヤ&ライム

かわいそうなパパイヤ。スーパーマーケットではマンゴーの隣に並んでいなくてはなりません。ヨットの上でファッションモデルのクリスティー・ターリントンと並んで座らなくてはいけないようなものです。もう認めましょう、パパイヤも素敵ではあるのですが、マンゴーのような個性、優雅さ、さわやかな酸味は持ち合わせておらず、そのためパパイヤについて何か耳にするときにはほぼ必ず、ライムについての話も聞くことになるのです。ライムの酸っぱい果汁とトロピカルな花の風味がパパイヤを完全にしてくれます。スーパーマーケットはライムをだっこひもをつけた赤ん坊のように小さなネットに入れてパパイヤにくくりつけて一緒に売るべきでしょう。

風味に関してライムの地位が下だと言っているのではありません。ライムが育つ暑い国々では、冷やしたパパイヤにライムを搾ってさっぱりと朝食にいただきます。ライムの味が引いていくと、パパイヤの甘みが現れてきて、日没時の緑閃光のようにさっと引っ込んでいきます。ライムこそがスターなのです。

パパイヤの黒い種は飾りつけに使われることもあります。未熟パパイヤの中身は、億万長者のベッドルームのように、完全に真っ白です。種まで真っ白で、妙に重量がなく、発泡スチロールのようにぽつぽつと穴があいています。ソムタムというタイのサラダは千切りにした未熟パパイヤ果肉を半分に割ったチェリートマト、サヤインゲン、ピーナッツと混ぜて、ライム果汁と魚醤、ニンニク、唐辛子、砂糖のそっけないドレッシングで和えたものです。「唐辛子&パパイヤ」（P.334）も参照してください。

パパイヤ&レモン

コントラストを落としたマンゴーとライムです。レモンマートル〔葉にレモンの香りのするハーブ〕はその抗菌特性でパパイヤを長期間新鮮に保つことが判明していますが、もともとの風味を強化もしてくれます。

Turnip
カブ

カブは、上品にしてあげようとしないときが一番おいしくなります。スウェーデンカブほど粗野ではなく、白コショウのような風味が根菜の甘みにくるまれています。この甘みは生まれながらに質朴ですが、似たものどうしのみだらなパートナーがいると強くなります。

農家の庭のように野暮な、と形容される食材であれば、カブのペアとして検討してみる価値があります。カブの限界は味よりもその食感と関連しています。水っぽくなりがちだからです。

カブは若く小さいときには、ラディッシュと共通するところが多いはずなので、生食も可能です。この項ではカブの葉も扱います。

カブ&オレンジ→「オレンジ&カブ」P.200

カブ&乾燥エンドウ豆

マリー゠アントワーヌ・カレーム〔1784〜1833、P.444参照〕は、有名なカブと生のサヤインゲンのスープを作りました。19世紀のスプリットピースープのレシピにはしばしば、タマネギ、ニンジン、セロリという香りのベースにカブも入っています〔スプリットピーは半割り乾燥エンドウ豆のこと。P.256も参照〕。フードライターのパオラ・ギャビンが記録している、イタリアのヴァッレ・ダオスタ州のスプリットピースープは、カブとジャガイモで風味を出してあり、クリームも入っています。豆はコショウの風味に特に弱く、カブのほうには、フードライターのアンブローズ・ヒース〔P.442参照〕によれば、「コショウっぽく、非常に明確な、完全に男性的な風味」があります。

「乾燥エンドウ豆&コショウ」（P.256）も参照してください。

カブ&クミン→「クミン&カブ」P.360

カブ&ジャガイモ

カブの持つ白コショウの風味で、温和で土っぽいジャガイモが、コーニッシュ・パスティ（Cornish pasty）[※3]のような味になります。みじん切りにしたエシャロットと少量のクリームと重ねると、ジャガイモだけで作ったドフィノワ（dauphinois）[※4]の改良版になるでしょう——軽々しく主張することではありません。マッシュにしてしまうとつなぎにくくなります。カブのほうが柔らかくなるのに時間がかかるので、一緒に煮込んでうまくいくかどうかは、カブを適切なサイズに切り分けられるかどうかにかかっています。別々に加熱したとしても、カブが水っぽいせいで、かなり単調な料理になりかねません。アブラナ科の風味をお求めなら、マッシュにキャベツを添えてコルカノン（colcannon）[※5]にしたほうが賢明です。

カブ&白インゲン豆

「ターニップ・イーター（カブを食う奴）」という英語と、「マンジャファジョーリ（豆を食う奴）」というイ

※3　コーニッシュ・パスティ（Cornish pasty）…ジャガイモと牛ひき肉などが入ったイギリス・コーンウォールの軽食。
※4　ドフィノワ（dauphinois）…グラタン・ドフィノワ。フランス南東部ドフィネ地方の郷土料理で、じゃがいものグラタン。
※5　コルカノン（colcannon）…マッシュポテトにケールやキャベツを加えたアイルランド料理。

タリア語は、それぞれ田舎者をののしる言葉でした。両者は同盟を組むべきでしたね。以下のレシピは、カンネッリーニ豆の一番よい調理法のひとつです。

---

recipe

《カブと白インゲン豆》（2人分の付け合わせ）

❶ みじん切りにしたエシャロット1個をバターまたはオイルでしんなりするまで炒め、皮をむいてさいの目切りにした中サイズのカブ2個を加え、さらに数分炒める

❷ カンネッリーニ豆の400g缶詰1個の水気を切った中身、水大さじ3、シングルクリーム大さじ2[※6]（入れなくてもOK）、好みで塩数つまみを加える

❸ 15分間煮て、水分が飛びすぎていたら少量の水を足す（もし、田舎者を馬鹿にしている俗物にうんと仕返ししてやりたいなら、みじん切りにしたニンニク1かけも加えてください）

カブ＆デーツ →「デーツ＆カブ」P.141

カブ＆ニンジン

　サルガム（salgam）というのは、紫ニンジンとカブをブルガー小麦〔挽き割り小麦〕と全粒小麦粉と混ぜて発酵させた汁で作るトルコの飲み物です。ニンジンジュースの甘みを期待していると特に、その塩辛さはかなりのショックでしょう。初めて飲む人には、一番おいしい状態で経験してもらうために、食べ物と一緒に試してみるのをお勧めします。トルコでは、ニンジンのピクルスのお皿、あるいはスパイシーなケバブと一緒に提供されることがあります。

　サルガムにさらに手を加えたのが、ムサ・ダーデヴィレン〔P.444参照〕の『トルコ料理の本（*Turkish Cookbook*）』に載っている、トルコ風ニンジンとカブのスープです。これは豆の粉でとろみをつけ、たっぷりのピクルス液、それにクロテッドクリーム、パセリ、コリアンダーリーフで仕上げたひと品です。

カブ＆蜂蜜

　カブとキャベツはスウェーデンカブの両親で、このために分娩室ではちょっと目くばせが交わされたりしたに違いありません。この3つの野菜はどれも、ひと搾りの甘みを歓迎するというアブラナ科の特色を持っています——これらの野菜の苦みと対照をなす相手になるからです。

　カブは砂糖とバターとストックを混ぜただけでつや出しをすることが多いですが、蜂蜜の野性的なエッジがカブのすきっ歯の質朴さには合うと思います。栗蜂蜜はわずかに刺激があるのでよい選択です。私は栗を何個か加えることもあります。

---

recipe

《カブの蜂蜜焼き》（4人分の付け合わせ）

※6　シングルクリーム（single cream）…脂肪分約18%のクリーム。

❶小さいカブ500gを洗い、皮はむかずに4つ割りにし、天板でオリーブオイル大さじ1と溶かしバター大さじ2、蜂蜜大さじ1、塩小さじ1/2をまぶす

❷200℃のオーブンで20〜25分焼き、魚醤大さじ1を混ぜ入れてオーブンに戻し、さらに10分焼く（ベジタリアンなら魚醤を醤油に替えてもよい）

カブ&ヒヨコ豆

　サラダボックスを注文するとピンク色をしたカブのピクルスのかたまりが多めに入っている、ということに気づいたとき、私はマーケットの男性からファラフェルラップを買うのをやめました。妊娠中は、ファラフェル（falafel）[※7]とサラダはやめにして、このピクルスだけが入っている発泡スチロールの箱を夫に買ってきてもらっていました。今でも、フムスのバゲットやニンニク入りスープにヒヨコ豆が入っていると、あれが無性に食べたくなります。いいですか、ピンク色でなくてはいけないんです。ビーツと一緒に漬けられているので、これが色だけでなく、ほんのり土っぽい甘みもつけてくれます。

　カブはイタリア・ピエモンテ州のチスラ（cisrà）というスープにヒヨコ豆と一緒に加えられる食材のひとつで、ヒヨコ豆とニンニクとともに、17世紀スペインの肉煮込み料理の基礎をなしていました。

カブ&レタス

　自分でカブを栽培すれば、小さい球形部分をバターで炒めて、その鍋に葉の部分も入れられます。あるいはスープにもできます。シェフのアリス・ウォータース〔P.442参照〕はカブとカブの葉を、スープの具としてお気に入りの組み合わせに挙げています。オペラ歌手でありシェフのアレクサンダー・スモールズは、根の部分をジューシーな葉と一緒に調理したものを食べた経験を思い返して、「いくら食べても足りない野菜団子のよう」だったと表現しています。

　自分で栽培できない、あるいはする気がないなら、甘い根の部分をルッコラと一緒に調理して、似たようなものを目指してみてください――ルッコラもカブの葉のように、かすかにスパイシーさがあります。あるいはクレソンで試してみてください。

※7　ファラフェル（falafel）…つぶしたヒヨコ豆に香辛料を混ぜて揚げた中東のコロッケのような料理。

Radish
ラディッシュ

ラディッシュには単純なトリックがひとつあるのですが、これはよいトリックです。ホットでありながら同時に冷たくもあり、コショウのような刺激を、冷たい細胞質のパリパリした歯ごたえの中に隠しているのです。調味料と口直しがひとつにまとまっているのだと考えてみてください。若いラディッシュの風味は、冬のしゃきっとした生キャベツに似ています。土の中にいる時間が長ければ長いほど辛味が増すのですが、栽培品種によっては他よりも辛いものもあります。

イギリスでは、店売りのラディッシュはほとんどがピンクがかった赤で、親指ほどのサイズですが、農産物直売所の野菜生産者や買い物客は、紫や黒や黄色の品種を入手することができます。たとえば黄色くて辛く、大変味のよいズラータや、白いラディッシュ——大根のように灰色がかった白のものや、コショウのようで細長い、ホワイト・アイシクルという品種のように明るい白のものなどです。

家事のコツについて書かれた17世紀のある本によると、ラディッシュは襲い掛かってくるヘビを殺すために使うべきなのだそうです。ヘビも笑い死にするだろうなと想像するしかありませんね。ひとつが重さ30キロ以上にもなる、日本の桜島大根を携帯しているのでなければ、ですが。

ラディッシュ&アボカド→「アボカド&ラディッシュ」P.331

ラディッシュ&海藻

日本のたくあんという鮮やかな黄色い塩漬けのラディッシュは、干した大根と米糠と昆布などを甕の中に重ねて作ります。「今日でも、たくあんのツンとするにおいが、祭壇の周りにかぐわしい香の煙が漂うように、僧院の厨房周辺に漂っている」と、故・辻静雄シェフは書き残しており、ほかほかのご飯に添えたたくあんは、アメリカにおけるパンとバターと同じくらい、日本の食卓ではありふれている、とも付け加えています。最近では巻き寿司の具材として、冷たいご飯と一緒に提供されることもよくあります。

ラディッシュ&ソバ

もし、またなにかの料理について「夏を盛ったひと皿」という表現を耳にしようものなら、私は絶対に言語というものを完全に放棄して、修道女の沈黙の儀式に加わると誓います。

この料理は「びしょ濡れの朝を盛ったひと皿」と表現したほうがいいでしょうし、それでますますおいしくなります。おろしソバは、冷やしたソバの麺がつゆに入っていて、おろした大根がのせてある、人気の日本料理です。おろした大根は「みぞれ」と呼ばれます。ソバには雨のときの土っぽさがあります。じめじめした天候のときには特に嬉しい組み合わせです。ただ、大根をおろしてからあまり長時間置いておかないように気をつけてください。ふわふわ感が消えて、溶けかけの雪に変わってしまうからです。

ラディッシュ&卵→「卵&ラディッシュ」P.267

アブラナ科

ラディッシュ

ラディッシュ&チャイブ

　ドイツのビール祭りといえば炭水化物だ、とお思いでしょう。ヴルスト〔ソーセージ〕をはさんだ、野球のミットのような柔らかくて重たい丸パンやプレッツェルは、1L入りのビール用陶製ジョッキに入った「エッシェンブロイ（Eschenbräu）」のビールを吸い込んでいくためのものだと（あるいは、民族衣装のレーダーホーゼンをはいたアコーディオン奏者たちが登場したときに自分の耳に詰めるためのものだと）。

　そうではなく、ラディッシュへの心構えをしておいてください。特に白いミュンヘン・ビア・ラディッシュを、薄い巻きひげ状に渦巻きにして、チャイブをふりかけてあるものです。それよりも希少なバンベルガー・レティッヒは、白く先細のラディッシュで、ビールと「この上ない組み合わせ」をなす、と言われています。他のラディッシュはどれもこの品種にはかなわない、と「スローフード協会」の「味の箱船」にはあります。大変おいしいのでチャイブも必要ないほどです。

ラディッシュ&唐辛子

　韓国のラディッシュは、カクテキというキムチで唐辛子の相手をしています。このラディッシュは大きくて、ツェッペリン飛行船の形をしていて、色は白く、肩の部分が緑色です。カクテキにするには、かたまりに切り分けて、唐辛子、ショウガ、タマネギと混ぜて発酵させます。かじるとこのラディッシュは甘くてジューシーです——葉物のキムチとはかなり異なる体験です。使われている唐辛子はコチュカルという、わずかに甘い、粉末にした唐辛子で、キムチの鮮やかな赤色のもとにもなっているものです。コチュカルは、ムセンチェという、キムチよりはマイルドですがこちらもスパイシーな韓国のラディッシュのサラダにも使われています。

---

recipe
《ムセンチェ（韓国のラディッシュのサラダ）》（8〜10人分）
❶普通のラディッシュ（または日本の大根でも構いません。レシピによっては大根が韓国のラディッシュを一応代替できるとしています。ため息を押し隠して仕方なくこれを認めているレシピもあります）500gを細い千切りにする
❷薄切りにした葉ネギを加え、コチュカル小さじ2、魚醤小さじ2、砂糖小さじ2、つぶしたニンニク1かけ、塩小さじ1/2で作ったドレッシングをまぶす

ラディッシュ&豆腐→「豆腐&ラディッシュ」P.305

ラディッシュ&ニンジン

　フランスのラングドック地方にある「セント・ジョン（St. John）」のワイナリーでシェフのファーガス・ヘンダーソン〔P.444参照〕が開催する毎年恒例のワイン祭りで、小鉢に入ったアイオリソース（aioli）[※8]にディップしておいしくいただくために、どちらも葉つきのまま提供されています。

216　※8　アイオリソース（aioli）…すりつぶしたニンニク、卵黄、オリーブオイル、レモン汁などを混ぜたソース。

ラディッシュ&パセリ

キュウリとディルがほっとする食べ物のように思えてくる組み合わせです。ラディッシュとパセリはどちらも冷たく鉱物性のよそよそしさがあり、このため愛想のよい脂っこいケバブの付け合わせとして理想的なサラダに近いのです。あるいは、パセリバターを作って、生のラディッシュに合わせてもいいでしょう。シンプルすぎてお好みでない組み合わせだったら刻んだオリーブ数個も足してください。アメリカ人シェフのガブリエル・ハミルトンは、自分が作るラディッシュとバターと塩の料理のためには、（無塩）バターが「蝋のようで冷めていなければいけないが、冷たくてはいけない」と規定しています。

ラディッシュ&マスタード→「マスタード&ラディッシュ」P.232

ラディッシュ&ライ麦

ある日、プラックスのフードコートでのこと
おやつを食べていると
座ったのは塩にディップするザックス
それから脂にディップするザックス。
二人とも偶然、シャキシャキのラディッシュを
手に持っていた。二人はそこに座っていた。
舌なめずりをして。今にもディップしようとして。
「ちょっと待った、お前」塩にディップするザックスが言った、「ふざけんなって！
ラディッシュをバターにディップして食べるって？
頭おかしいのか！　狂ってる！　どうしようもないうすのろ！
ラディッシュってのは塩をつけるためにあるんだろ！」
「ほう、じゃあ俺がおかしいってのか？」脂にディップするザックスが言った、
「まことに失礼ですが、事実をきちんと理解しておられないようですな。
誰だって知ってることだよ」このザックスは、まくしたてた、
「ラディッシュはバターを塗りたくるためにあるんだ」
さあ、塩にディップするザックスは不満顔。
「お前はラディッシュに唾でもつけてろ！
辛味をまろやかにするには塩化ナトリウムだろうが、
どんな馬鹿だって知ってらあ」
「塩化ナトリウム！　なんてこった、友よ。
そこまで愚かっていうのも疲れるだろうよ。
この小さな根菜の、コショウのような刺激、
薄められるのは乳製品のみ！」
「ご自由に」塩にディップするザックスはせせら笑った、
「けどはっきりさせておくぞ、これだけは。
お前がそういう食べ方をするなら、俺としても
食べるつもりはないからな。こんなもの捨ててやる、すぐにでも」

アブラナ科

ラディッシュ

脂にディップするザックスも応じて、「じゃあ俺も食べないさ。
ここに座って何も詰め込まなくても平気だ。
その憎たらしい塩化ナトリウムの奇計、
胃がむかついてしょうがない」
そうして、食べないまま座ること2年と1日、
強情な二人のザックスはもはやがりがり。
本当に残念です、だって聞くところによると
ラディッシュの最高のパートナーは自家製ライ麦パンだそうですよ。

ラディッシュ&レタス

　ラディッシュのスライスがピンク色の縁取りの水玉模様になって、サラダの葉物野菜がサマードレスのようにかわいくなります。アブラナ科の辛味とさわやかな葉っぱっぽさの組み合わせは白菜にも見られますが、定番レシピの多くは大きなラディッシュ、つまり大根を加えたほうがさらにピリッとする、としています。

　大根と白菜はコールスロースタイルのサラダにしたり、味噌汁に入れたり、炒め物にしたりしますが、もっとも多いのは発酵させて白菜キムチにするやり方です。

Kale
ケール

冷たく薄情なキャベツです。暗い色で縮れていて、リッチで、拒みきれません。ですから、ケールのさまざまな呼び名は、19世紀小説の冷ややかなアンチヒーローに似合うことでしょう。ずたぼろの服のジャック、冷たい朴念仁、田舎者のアブラナなどです。

ケールの風味は霜のあとが一番で、これは加熱すると特にわかりやすくなります。冬のさなかだと、より純粋な味がします——とてもミネラルの味がするミネラルウォーターのようなものです。季節が進むにつれて、風味がわずかに苦くなっていくことにも気がつくかもしれません。

この項では主にカーリーケールとブラックケール（別名トスカーナケール）を扱いますが、後者のほうは、イギリスで一番よく知られている名前であるカーボロ・ネロというイタリア語名で呼びたいと思います。

ケール&アーモンド→「アーモンド&ケール」P.121

ケール&アボカド

暖かいお天気のときに摘んだケールはちょっと海藻のような味がすることがあります。シーケールを実際に食べるまで、こうかもしれないと想像しているような味です。アボカドは好天の時だけすり寄ってくるような、困った時に頼りにならない友ではありません。霜の降りた地面から最高の状態で摘んだ生のカーリーケールにかけるグリーン・ゴッデス・ドレッシングに使ってください。

> recipe
> **《アボカド入りグリーン・ゴッデス・ドレッシング》**
> ❶マヨネーズ175mlをサワークリーム60mlとレモン汁大さじ1と一緒に泡立て器で混ぜる
> ❷中サイズのアボカド1個をつぶしてなめらかにし、ちぎったチャイブ大さじ4、パセリ大さじ2、タラゴン大さじ1をすべてみじん切りにして、一緒にマヨネーズに混ぜ入れ（崩したアンチョビフィレ5〜6枚を加えてみてもよい）、好みに合わせて味つけする

夏には、ケールをみじん切りに、アボカドはさいの目切りにして、酢飯にのせ、醤油、ワサビ、ガリを添えて提供してください。

ケール&オーツ麦

雑誌『製粉（Milling）』の1883年のある号にはこうあります。「しっかりゆで、スプーンでマッシュして少量のバターを加えたケールは、ベイクトビーンズ〔ここでは白インゲン豆をベーコン、糖蜜と煮込んだボストン・ベイクトビーンズと思われる〕がボストンっ子の口に合うのと同じくらい、スコットランド高地

人の口に合う料理である。さらに、これを改良するには——精錬済みの金に金箔をかぶせるようなものではあるが——、このようにして作ったケールの料理の上に生のオートミールを少々散らすだけでよい。生のオートミール少量で、ほとんどの料理はスコットランド高地人による評価が向上する」

　ケールとオートミールが仲よくやっていけるなら結構なことです。17世紀スコットランドの農民には他に食べるものが何もなかったかもしれないのですから。朝食にはケールのポリッジ、それにオートケーキ（oatcake）[※9] カバノック（bannock）[※10]。昼食には、たたいた（つまり、マッシュした）ケールとブローズ（ポリッジ）、あるいはオートミールとケールで作ったスープ。それからまた、たたいたケールとオートケーキカバノック。甘くないポリッジは最近復活のきざしを見せているようですが、今でもしばしばケールと、ここまで頻繁にではないにせよペアにされています。他にはきのことバターナッツカボチャが具材として人気です。ちなみに、「ケールヤード（kailyard）」というのはキッチン菜園を指すスコットランド方言です。ここから、田園生活や過度に感傷的なスコットランド文学を指す「菜園派」という言葉が生まれました。「『ヒースに囲まれた愛』は読んだが?」「いや、読んでねえよ、モラグ。私には菜園っぽすぎるから」といった会話のように。

　　ケール&オレンジ→「オレンジ&ケール」P.200
　　ケール&カシューナッツ→「カシューナッツ&ケール」P.320
　　ケール&黒インゲン豆→「黒インゲン豆&ケール」P.43
　　ケール&ゴマ→「ゴマ&ケール」P.310

ケール&ジャガイモ

　幅広い風味をカバーしているので、他にほとんど何も加えなくてもスープが作れます。この組み合わせで作るスープのポルトガル版がカウド・ヴェルドゥ（caldo verde）で、コーヴ・ガレーガ（couve galega、「ガリシアのキャベツ」）というケールと、粉質系のジャガイモ、それに少量の燻製ソーセージが入ることもあります。スープを注ぐ前に器にオリーブオイルをどばどば注げば、ソーセージは必要でなくなります。イタリアのトスカーナ州では、カーボロ・ネロとジャガイモを提供される可能性のほうが高いでしょう。もし生のケールがものすごく大好きなら、フライドポテトとジガーカップ1杯分のベアルネーズソースの付け合わせにしてあげてください。

ケール&ショウガ

　グレムリンと同じで、ケールは水に近づけないようにしなくてはなりません。スコットランド人の料理人で本も出版しているキャサリン・ブラウンは、ケールは生か、ショウガとさっと炒めるのがよいと考えています。ショウガは軽く炒めたケールのナッツっぽさととりわけよく合うのです。大半の葉物野菜炒めのレシピとは違い、ブラウンのレシピはオイルではなくバターを使うこと、としています。

　　ケール&白インゲン豆→「白インゲン豆&ケール」P.51

ケール&チーズ

　ケール・シーザーです。シーザーサラダの発明者の一人で、名前の元になったシーザー・カルディーニ

[※9]　オートケーキ（oatcake）…オートミールで作る、ビスケットに似た薄く平たいパン。
[※10]　バノック（bannock）…スコットランドの伝統的なクイックブレッド。

〔1896～1956〕が、〔経営するレストランがあった〕メキシコのティファナで生のケールを手に入れることさえできていたなら、ロメインレタスには出る幕はなかったでしょう。ケールの葉は、とろとろのドレッシングとおろしたパルメザンチーズ、クルトンの重みに耐えるようにデザインされたのかもしれません。また、ロメインレタスが塩気のあるニンニクと非常に好対照をなす冷水の風味をほのめかすだけなのに対して、ケールにはそれがたっぷりあります。ニューヨーク・ブルックリンのシェフ、アイリーン・ローゼンは、ケール、モッツァレラチーズ、ヒマワリの種にオイルとバルサミコ酢を合わせた温かいサンドイッチを作って絶賛されています。イタリア人はパンとカーボロ・ネロとパルメザンチーズのスープを食べます。ブルーチーズは、ほぐしてもドレッシングに入れても、生のケールのほろ苦く金属のような香味にとても適しています。

ケール＆唐辛子

　唐辛子はケールにもともとあるコショウっぽさを増幅してくれます。スモークチリパウダーがあると、ケールをカリカリにしたクリスプに、低俗な質が出てありがたいのです。私はカーボロ・ネロを使います。クリスプにしたときに一番キャベツっぽくならない性質があるからです。

---

recipe

《ケールとパプリカ粉のクリスプ》

❶ケールを切り分けて、皿の上に間をあけて並べ、電子レンジの強で3分間加熱する

❷オイル少量をスプレーし、スモークパプリカ粉をふりかける

ケール＆トウモロコシ→「トウモロコシ＆ケール」P.71

ケール＆ニンニク

　ケールはキャベツ一族の中でもおしとやかなほうのメンバーです。加熱しても、他の親族にあるような硫黄っぽさがないのですが、もしそれをお求めなら、ニンニクで補うことができます。私もよくやります。

　ケールは若く柔らかいときであっても、食感が洗練されているとはまったく言いがたいのですが、ケールの口あたりの悪さを軽減する手段としては、ブラジルのコーヴィ・ア・ミネイラ（couve à mineira）という、フェイジョアーダ（feijoada）[11]の付け合わせとしてよく出てくる料理の一種などがあります。コーヴィはコラードグリーンで作ります——ケールと同じ、結球しないキャベツの古い品種です。

---

recipe

《コーヴィ・ア・ミネイラ》

　　コラードグリーンの葉の葉脈を取り除き、重ねて葉巻の形に巻き、ごく細い千切りにしてオイルとニンニクと塩でさっと炒める

※11　フェイジョアーダ（feijoada）…黒インゲン豆とソーセージや豚肉・牛肉などを煮込んだ、代表的なブラジル料理。

キャベツの中で一番お高くとまっているカーボロ・ネロでさえも、ニンニクという荒っぽい恋人とはじゃれつきます。葉の葉脈を取って、皮をむいたニンニクと一緒に、柔らかくなるまで煮込みます。水気を切り、エクストラバージンオリーブオイルを少量足してピューレにし、パスタとパルメザンチーズをからめます。

アスパラガスケールというのはブロッコリーの一種で、こちらも味はきつくなく、ニンニクと一緒に炒めたときの風味が高く評価されています。

「ケール&チーズ」（P.220）、「ケール&松の実」（P.223）も参照してください。

ケール&パッションフルーツ→「パッションフルーツ&ケール」P.204

ケール&ピーカンナッツ

ピーカンナッツは、バターとブラウンシュガーの香味があるおかげで、ケールともっとも風味がよく合う食材に数えられます。このペアは、キャベツのシュトルーデル（strudel）[12]の詰め物にする、薄切りにしてバターと砂糖と白コショウで調理した白いキャベツを、暗い色に変えたようなものです。脚本家のノーラ・エフロンは、これを1960年代のニューヨークのイースト・ヴィレッジで買い求めたことが深く印象に残っているといいます。

ケールサラダは、カラメルがかかっていようといまいと、ひとつかみのピーカンナッツを喜んで受け入れてくれるでしょう。あるいは、ケールのドレッシングにするピーカンナッツのヴィネグレットソースを自作してみましょう。

recipe
《ピーカンナッツのヴィネグレットソース》
❶半分に割ったピーカンナッツ40gを180℃のオーブンで5〜6分ローストする
❷塩ひとつまみ、ディジョンマスタード小さじ1、赤ワインビネガー大さじ2、ヒマワリ油大さじ4、オリーブオイル大さじ2、場合によってはメープルシロップ少々と一緒に、ブレンダーにかける

ケール&ピスタチオ

百姓と王族です。「ケールはアメリカで料理をする人の大半があまり使っていない」と、2007年に『オックスフォードアメリカ飲食必携（*The Oxford Companion to American Food and Drink*）』には明言されていました。時代は変わるものです。ちょうど10年と少しあとに、アメリカ・マサチューセッツ州ケンブリッジの「オールデン&ハーロウ（Alden & Harlow）」のメニューを吟味していて、「遍在ケールサラダ」に出くわしました。それは生のケール、フェンネルのリボンとケールチップスに、ピスタチオとクレーム・フレッシュ（crème fraîche）[13]、蜂蜜、レモンのドレッシングがかかったひと皿としてやって来ました。つまり、大変甘いドレッシングだったわけです。しかも、現代のケールの品種からは苦みが品種改良で除かれてしまっています。けれどもおいしかったです、主として、パリパリして鉱物的なケールとの対照のおかげで。

※12　シュトルーデル（strudel）…フィリングを薄い生地で巻いて焼いたペストリー。
※13　クレーム・フレッシュ（crème fraîche）…サワークリームの一種。クレームフレーシュともいう。生クリームに乳酸菌を加え発酵させたもの。

ケール&プラム→「プラム&ケール」P.116

ケール&松の実

シーザーサラダのファンなら、ケールのペスト（pesto）^{※14}には夢中になることでしょう。葉の大きいケールに炒った松の実、そこにニンニクとチーズをたっぷり足すと、ロメインレタスとクルトンとクリーミーなドレッシングがすべて一体になったような味のするペストができます。

> recipe
>
> ### 《ケールと松の実のペスト》（2～3人分）
>
> 裂いたケール、炒った松の実、おろしたパルメザンチーズ各20gを、ニンニク1かけ、エクストラバージンオリーブオイル大さじ4と一緒にブレンダーに入れ、粗いペーストになるまでブーンと回す

ケール&ミント

ケールとチョコレートには、似たような傾向があります（「アーモンド&ケール」P.121も参照してください）。私は刻んだケールに普通のヴィネグレットソースをからめてミントを混ぜるのが好きです。ディナーの後にお皿を回して取ってもらってもいいくらい、暗い色で元気が出ます。ピーナッツと細い千切りにしたニンジンと赤唐辛子を加え、それから魚醤をたっぷりふると、メイン料理の地位に格上げできます。

ケール&リンゴ→「リンゴ&ケール」P.172

ケール&レモン

カーリーケールへの私の愛は、ほとんど不貞と言っていいほどになっています。私にとっては、カーリーケールのもつれてつむじ曲がりで扱いにくい葉っぱにヴィネグレットソースをもみこむのは面倒な家事などではありません。キッチンの照明を暗めにして、熱帯雨林の音楽をかけて、レモン汁と、細かくおろしたレモン皮少々で作ったかぐわしいヴィネグレットソースを使います。ケールがもし硬すぎて生食に向かないようなら、蒸して、細かくおろしたレモンの皮とバターで和えると、荒っぽい風味を弱めてくれるという利点もおまけについてきます。

シーケールはアブラナ属の仲間ではありませんが、砂利の浜辺に生えている様子が、カーリーケールと非常によく似ています。民族植物学者ジェイムズ・ウォンは、シーケールを5分間蒸して、オランデーズソースを添え、レモンをひと搾りして提供することを提案しています。これはケールにあまり競争相手ができないので、「繊細で、クリーミーな海の風味」をよりよく保存できる、理想的な食べ方です。『農家および一般栽培者のための市場菜園業』（1887年）の著者たちにとっては、シーケールは繊細さに欠けるカリフラワーやアスパラガスの交配種です。人それぞれ好きなキャベツは違うものですからね。

※14　ペスト（pesto）…材料をすりつぶして作るソース。ニンニク、松の実、塩、バジルの葉、パルメザンなどの粉チーズ、オリーブオイルで作る「ペスト・ジェノベーゼ」が代表的。他にもいろいろな材料で作られる。

Cauliflower
カリフラワー

カリフラワーは、他のアブラナ科野菜と比べると、わずかにクリーミーな特質があります。自分がカマンベールチーズだったらよかったのにと思っているブロッコリーを想像してください。カリフラワーの象牙色の小房（こぶさ）に、バターのようなきのこのような風味があるため、カリフラワーは緑色のいとこに比べてコクがあるように思わせてくれます——これは加熱したカリフラワーが一番わかりやすいですが、生でも気づくことはできます。

淡い色でなめらかな小房は、黄色やベージュがかっているものよりもまろやかで甘い味のする傾向があります。カリフラワーのお気に入りのパートナーはスパイシーな食材ですが、スパイスそのものに限定する必要はありません。スパイシーなチーズ、スパイシーなレンズ豆、スパイシーなドライフルーツ、他のコショウっぽいアブラナ科野菜が、ペアリングリストの上位に来るはずです。

カリフラワー＆オールスパイス

オールスパイスの清潔で気分を上げてくれる芳香をかぐと、吊（つ）り干しにした綿のシーツにアイロンをかけている気分になります。ローストしたカリフラワーを洗濯したかのようにきれいにしてくれますし、挽きたてだと、とても安っぽいカリフラワーチーズ[※15]でも、その花のようなスパイシーさを見事に引き立ててくれます。

カリフラワー＆コショウ→「コショウ＆カリフラワー」P.376

カリフラワー＆ゴマ

カリフラワーはヴィーガンになったときタヒニを頼りにしました。このクリーミーなソースは、今ではあらゆるカリフラワー料理にかかっていますが、カリフラワーをローストしたり炒めたりすることで、ブレンダーにかけたゴマの実の奇妙な淡白さと、食欲をそそるコントラストを出すことができます。

昔ながらのチーズソースのきしる感じが懐かしいなら、タヒニにレモン汁とクミン、ニンニクを混ぜてください。

カリフラワー＆ザクロ

アブラナ科の野菜を単にゆでたり蒸したりするだけの段階を超えて先に進んでしまえば、この組み合わせは頭をひねらずともできます。ザクロの糖蜜は、搾りたての果汁と比較するとずっと強いキャラメルの香味（こうみ）があり、これがローストしたカリフラワーの焦げた風味にぴったりはまるのです。それに、カリフラワーの定番パートナーを思わせるチーズっぽく酸っぱい香味を生成するため、思ったより味わいがよいのです。

ローストしたカリフラワーは、ザクロとクルミのソースで鶏肉やラム肉を煮込むイランのお祭り料理、フェセンジャーン（fesenjān）に、ヴィーガン向けの代替肉（だいたい）としても使えます。

※15　カリフラワーチーズ…ゆでるか蒸すかしたカリフラワーに、チーズ入りのホワイトソースをかけて焼いた料理。

recipe

《ローストカリフラワーのザクロとクルミのソース》（4人分）

❶特大カリフラワー1個（または、中サイズ2個）を小房に分ける

❷この小房に、クミンと塩をひとふりして味つけした植物油をまぶし、天板に広げて200℃のオーブンで25分間、または柔らかくなってうっすら焦げ目がつくまで焼く

❸その間に、さいの目切りにしたタマネギ1個を植物油大さじ1でしんなりするまで炒め、挽いたシナモン小さじ1/2とサフランパウダーひとつまみを混ぜ入れて1分間炒める

❹軽く炒って挽いたクルミ250g、ザクロ果汁500ml、ザクロの糖蜜大さじ1、蜂蜜または砂糖大さじ1、塩小さじ1/2を加えて、しっかり混ぜる。このソースを沸騰させてから火を弱めて、時々かき混ぜながら15分間煮る

❺焼いたカリフラワーにソースをからめ、熱々ではなく温かい状態で、バスマティ米と一緒に提供する

カリフラワー＆ターメリック→「ターメリック＆カリフラワー」P.234

カリフラワー＆デーツ

　個人的な心残りのある組み合わせです。前著『風味の事典』〔楽工社、2016年〕で、デーツと生のカリフラワーとクルミのサラダを売っていた、なくなって久しいカフェの話を書きました。今でもレシピを聞いておかなかったことを悔やんでいます。何度かあのサラダのドレッシングを再現しようと試みたのですが、全然合格点に達していないのです。もう一度書いておきますが、もしあのパーフェクトなドレッシングを見つけたら、私に連絡をください。

recipe

《カリフラワーとデーツのサラダ》

❶生の小さいカリフラワーの小房を、刻んだデーツと刻んだクルミと混ぜておく

❷ドレッシングは、サワークリーム大さじ1、マヨネーズ大さじ1、メープルシロップ小さじ1、レモン果汁ひと搾りと塩ひとつまみを合わせて作る

カリフラワー＆ニゲラシード→「ニゲラシード＆カリフラワー」P.355

カリフラワー＆フェヌグリーク

　できあいのカレーパウダーが「いやなにおい」と「粗悪な味」がするのはフェヌグリークが悪いのだ、と料理研究家のエリザベス・デイヴィッド〔P.442参照〕は考えました。近頃スーパーマーケットの棚には、世界をよく知るデイヴィッドが1960年代に試食した、より洗練されていて香りのよい種類のマサラが

ぎっしり並んでいます。けれども、私は古きよきカレーパウダーも、心の中に大事にしまっています。

　ノスタルジーは置いておくとしても、通常入っているフェヌグリークやクミン、マスタードといった俗悪な香辛料は、加熱したカリフラワーや卵といった、他の無作法な食材と一緒にするとすばらしく美味です。

カリフラワー＆レーズン→「レーズン＆カリフラワー」P.132

カリフラワー＆レンズ豆

　レンズ豆はカリフラワーにとって最上の豆です。他の豆類では食感のコントラストが出ません。赤レンズ豆も確かに他と同じく柔らかいのですが、香辛料や酸味で重みを加えてさえあれば、カリフラワーが大好きなタイプの、ブランケットのようなとろみのあるソースになることができます。フランスのル・ピュイ産のレンズ豆や、ベルーガレンズ豆のむっちりした食感は、カリフラワーの小房に小さなナッツのようにまとわりついて、さらに著しいコントラストをなします。白黒のチェコアニメーションのように甘くメランコリックな組み合わせです。

Mustard
マスタード

　温帯の炎です。マスタードシードはイエローとブラウンという2種類がもっとも一般的です。イエローはシロガラシ（*Sinapis alba*）〔ホワイトマスタード〕からとれて、かなりまろやかです。ブラウンはカラシナ（*Brassica juncea*）からとれるもので、とても辛い場合があります。*Brassica nigra*、つまりクロガラシという別の辛い品種は、食通たちが最高と評していて、1950年代までは有名なマスタード製造会社「コールマン（Colman's）」が使用していました。ですが、これは栽培が容易ではなく、もろく砕けやすくなりがちなので、ブラウンにその地位を追われたのです——コールマンの前収穫物部長ジョン・ヘミングウェイは、ブラウンは黒よりよいということはないにしても、同程度にはよい、と判断しています。

　マスタードシードは、破裂させて湿らせたときにのみ、その風味と辛味を発揮します。熱や酸度はどちらもピリッとした刺激の原因となる化学反応を阻害するため、冷水を使うときが一番辛いマスタードができます。

　ブラウンマスタードシードの風味は魅惑的です。ナッツのような、キャベツのような、金属的な、汗のような、時としてちょっと焦げたような味が、すべて同時にします。酢と塩と組み合わせると、その苦みが、甘い食べ物や脂肪の多い食べ物に対して食欲をそそる挑戦状をたたきつけます。イエローマスタードシードを噛むと、ピリッとした刺激が作動する前に、いくらか甘いナッツっぽさも感じられるでしょう。

　この項ではマスタードオイルも扱います。

マスタード&オクラ→「オクラ&マスタード」P.415
マスタード&きのこ→「きのこ&マスタード」P.308

マスタード&クミン

　熱い油やギーに入れると悪魔のようなパチパチという音をたてます。多くのインド料理レシピでは、よく出だしでマスタードとクミンを熱していますが、そうすると、キャベツとチーズの苦い芳香が放出されます。そして最後にできるタルカ（tarka）は、芳香化合物の炒め物と言えるようなもので、香辛料のエッセンシャルオイルが調理に使う油脂に引き出されており、それをすべて料理の上からかけます。これがなかったら、ダール〔豆の煮込み〕のような料理は味気がなくなってしまいますし、野菜マサラ〔香辛料で野菜を煮込んだ料理〕の場合は甘すぎるということになってしまいます。これはもっと広く適用されるべき優れたテクニックです。たとえば、香辛料入りの根菜スープに使えば、瓶入りの挽いた香辛料を最初に入れたスープと比べて、風味が非常に鮮烈なのがわかるでしょう。

マスタード&クランベリー

　クランベリーとマスタードの調味料はアメリカで人気があります。市販のソースを混ぜて済ませる人もいます。一から作るために私が参考にしたレシピはすごい量の砂糖を使っていて、黄色いフルーツをシロップに漬けたイタリアのモスタルダ〔P.81も参照〕を思い出しました。もう少しジャムっぽくない感じにす

アブラナ科
マスタード

るなら以下のようにします。

---

recipe

《クランベリーとマスタードのレリッシュ》

❶ 洗ったクランベリー200gを砂糖20gだけで煮て、クランベリーがほぼ全部浮いてくるまで待つ
❷ さらに少しつぶしてから、ディジョンマスタード大さじ3、好みでポートワイン大さじ1を混ぜ入れる

直観に反して、クランベリーの酸味がマスタードの辛味をおとなしくさせてくれているのに気づくことでしょう。

マスタード&ココナッツ→「ココナッツ&マスタード」P.160

マスタード&サヤインゲン

インドのベンガル地方のキッチンにはマスタードオイルは必須で、魚を焼くのにこれを使うことで有名です。その風味と辛味は美味で特徴的なので、香辛料入りピクルス用のベースにも向いています。カシミール地方では、マスタードオイルは一般的にまず煙が出るほど熱してから冷まして調理に使います。マスタードパウダーやシードと同様に、オイルも熱によってまろやかになるからです。冷ましたオイルをバゲットに塗って味見してみれば、温かくナッツっぽく、そして驚くほど甘いとわかるでしょう。

ですが、国によってはマスタードオイルの調理への使用については議論があるので注意してください。多くのマスタードオイルに含まれる多量のエルカ酸が心疾患と関連づけられているためです。イギリスやアメリカのインド系食料品店で売られているマスタードオイルはほとんどに「外用に限る」というラベルが貼られていますが、最近ではエルカ酸の含有量の少ないマスタードオイルも開発されています。

火を通さずに試してみたいとお思いなら、マスタードオイルのワサビのような風味には、サヤインゲンがよいお相手になります。

---

recipe

《サヤインゲンのマスタードオイルドレッシングがけ》

マスタードオイル大さじ1、醤油小さじ1、米酢小さじ1/2、蜂蜜小さじ1/4を混ぜると、ゆでたほかほかのサヤインゲン150gにかけるおいしいドレッシングができる

マスタード&シナモン→「シナモン&マスタード」P.367
マスタード&白インゲン豆→「白インゲン豆&マスタード」P.52

マスタード&ターメリック

ターメリックはマスタードの翼の下を通り抜ける風です。マスタードイエローというあの色合いはターメリックのおかげで出ているのです。マスタードに入っているターメリックの風味がどれくらいわかりやすいかは、どのシードを使って作られているかによります。「フレンチ（French's）」のような、イエローのシードで作った、野球場で食べるようなマスタードだと、ターメリックにはとても気づきやすいのですが、カレーの回路を作動させるには足りません。野球場タイプのマスタードはホットドッグにかかっている愉快な安っぽいおまけだ、と片づけてしまいたくなりますが、もっと軽い食べ物や繊細な風味に対してはびっくりするほどの効果があることに注意してください。「コールマン（Colman's）」のイングリッシュマスタードでは、ターメリックと小麦粉がイエローとブラウン両方のシードと混ぜてあり、その結果としてピリッとした刺激が出ているので、ターメリックの貢献は風味よりも色に表れているということになります。ピッカリリ（piccalilli）というプリザーブ（「ターメリック&カリフラワー」P.234を参照してください）では、風味のバランスがとれていなければいけません。

マスタード&卵→「卵&マスタード」P.266

マスタード&チーズ

牛バラ肉、ソーセージ、それにブローン（brawn）[16]が、どれもマスタードにあるアブラナ科の強い味の恩恵にあずかっているというのは有名な話です。ブラウンシードから作ったマスタードは口蓋（こうがい）にはりつく脂肪も洗い流して、口をすっきりさせ、次のひと口に備えさせてくれます。飽和脂肪を使って作った冷製あるいは常温ペストリーが相手だと、この任務をさらに効率的に遂行してくれます。

チーズ自体は飽和脂肪がかなりの量含まれるにもかかわらず、いつもマスタードを添えて提供されているわけではありません。もしこのペアを試したことがないなら、マスタード少々と、薄く削り取ったエメンタールチーズをライ麦のクラッカーにのせると、すばらしい出会いになります。チーズ製造家であり本も出版しているネッド・パーマーは、粒の粗いマスタードをチェダーチーズにのせる食べ方を支持しています。

ではなぜ、マスタードは稀（まれ）にしかチーズボードにのっていないのでしょうか？　パーマーは、一部のハードチーズの風味にマスタードっぽさがあることを突き止めており、24か月熟成の「リンカンシャー・ポーチャー（Lincolnshire Poacher）」チーズを取り上げて特別に言及しています。私は熟成したカマンベールチーズのキャベツのような風味が、スパイシーなブラウンマスタードとことのほかよく合うと思いました。ディジョンもよかったのですが、スパイシーなブラウンのほうがチーズに優しかったのです。加熱したチーズの場合は、イングリッシュマスタードパウダーとウスターソースを混ぜた、典型的なイングランドらしいソースをかけると——ウェールズ人の友人たちには申し訳ありませんが——ウェルシュ・レアビット[17]（Welsh rarebit）には効き目があります。マスタードパウダーが提供してくれるのは辛味だけではありません。味つけしていないホワイトソースに加えれば、おろしたグリュイエールチーズやチェダーチーズを加えてモルネーソースにする前からチーズの味がしますし、これはネッド・パーマーの話の要点を逆から証明しているような形になるでしょう。

マスタード&チコリ→「チコリ&マスタード」P.296

※16　ブローン（brawn）…ヘッドチーズとも。豚の頭の肉・舌・脳みそを混ぜて味つけし煮こごり状にした料理。
※17　ウェルシュ・レアビット（Welsh rarebit）…トーストにチーズソースをかけたイギリス料理。

マスタード&チャイブ→「チャイブ&マスタード」P.290

マスタード&チョコレート→「チョコレート&マスタード」P.39

マスタード&唐辛子→「唐辛子&マスタード」P.334

マスタード&トマト

アイリス・マードック〔1919～1999〕の小説『海よ、海』の主人公で、つまらないことで騒ぎ立てる男チャールズ・アロウビーは、食事の支度について一家言持っています。ある時アロウビーは、熱いスクランブルエッグに卵をおとして前菜にし――興味深いですね――メイン料理には、うっすらカレーパウダーをふってタマネギと一緒に煮つけたシロイトダラに、ケチャップとマスタード少々を添えたものを作っています。「トマトケチャップを舐めてかかるのは馬鹿だけだ」とアロウビーは述べています。

作家のマルコム・グラッドウェルの見解では、ケチャップがグローバルな現象になったのは、甘味、酸味、うま味、塩味、苦味という5つの根源的なボタン全部を押してくれるためです。グラッドウェルは苦味に関しての主張のところではちょっとぎこちなくなっています。私はとりたてて言うほどの苦味は感じません。ですが、アロウビーはケチャップを苦いマスタードと組み合わせることで、「ハインツ（Heinz）」が始めたことを完成させています。どういうことか知りたければ、ホットドッグを食べてみればわかります。ケチャップとマスタードが、安っぽいバンズにはさまれた、機械的に覆いをつけ直された肉のチューブを、6車線走って横切ってでも食べに行きたい何かに変身させてくれています。このデュオはそれ自体がすばらしい調味料であるだけでなく――バブル・アンド・スクイーク（bubble&squeak）[※18]にかけるにはこれに勝るものはありません――、自家製バーベキューソースのしっかりしたベースにもなります。それぞれをほんの少しずつと、ウスターソース少々を、フィッシュケーキやベジバーガーや即席麺料理にからめると、よく似合う低俗なおいしさが生まれます。

マスタード&ニンニク

有名マスタードブランド「マイユ（MAILLE）」を1747年に創業したアントワーヌ・マイユは、この調味料の偉大なる革新者でした。マイユはキンレンカ〔ハーブの一種〕、レモン、トリュフ、ニンニク風味のマスタードを開発し、このうち後の2つがきわめて人気を博しました。マイユはまた、性別ごとのマスタードも開発しました。男性用のマスタードは女性用よりもピリッとした刺激を強くしたのです。

もしキッチンのスペースの都合でマスタードコレクションが作れないなら、店売りのマスタードを少量ずつお迎えしてみてください。ニンニク1かけをつぶし、ディジョンマスタード大さじ4とみじん切りにしたパセリ小さじ1と合わせます。これをマヨネーズ125mlと粗挽きのマスタード大さじ2に混ぜ込むと、お店の棚に並ぶディップに変身させることもできます。

マスタード&蜂蜜→「蜂蜜&マスタード」P.80

マスタード&パパイヤ

パパイヤは「なめらかなメロンのようで、その風味では目立ちはしないが、濃厚でヘルシーな果物である。種のほうが一風変わっていて、内部の波形模様のついた長い空洞に収まっている。膨張したマスタードシードの大きさで、クレソンのような風味がある」。フィッチ・W・テイラーは1840年刊の旅行記『旗

※18　バブル・アンド・スクイーク（bubble&squeak）…マッシュポテトにキャベツなどのさまざまな野菜や肉など前日の残り物を細かく切ったものを加えてフライパンでパンケーキ状に焼いて作るイギリスの家庭料理。

艦　あるいは、米国フリゲート艦コロンビアでの世界一周航海』に、このように書き記しています。この後19世紀末までに、有機化学者たちがパパイヤの種に含まれるイソチオシアネートの特定に成功しました。現在ではより具体的に、イソチオシアン酸ベンジルと特定されており、これにはキャベツの葉やラディッシュ、キンレンカ〔ハーブの一種〕を思わせる、カビくさく、硫黄のようなにおいと、ワサビのような風味と舌をしびれさせる強い効果があります。パパイヤは原初のフルーツモスタルダなのです（「蜂蜜＆マスタード」P.80も参照してください）。

　直近では、シェフのジャン・ジョルジュ・ヴォンゲリヒテン〔P.443参照〕が、マスタードパウダーとディジョンマスタードと米酢を組み合わせ、これを温めた蜂蜜と熟したパパイヤに混ぜ込んで、焼きエビのためのフルーティーなソースを作っています。

マスタード＆マルメロ→「マルメロ＆マスタード」P.169

マスタード＆味噌

　日本の辛子というマスタードは、「コールマン（Colman's）」のマスタードパウダーのように、挽いたイエローとブラウンのマスタードシードをブレンドしたもので、水と混ぜるととてもピリッとした刺激のあるペーストを作ることができます。辛子はカツの皿のすみに油絵の具のようになすりつけられていたり、あの美学的にこちらを試してくる発酵大豆食品、すなわち納豆に添えて提供されたりします。辛子酢味噌というのは辛いマスタードと塩辛い味噌〔と酢、砂糖〕を混ぜたもので、伝統的にゆで野菜や蒸し野菜に添えて提供されます。味噌と辛子は熊本の特産である「からし蓮根」のレンコンに詰める黄色いペーストでも出会っています。この食品を自作するのは容易ではありませんが、ヘチマの穴にヘアコンディショナーを詰めることで練習できます。この辛子ペーストを詰めたレンコンに黄色いターメリック風味の衣をつけて揚げ、スライスすると、象牙色で輪郭が黄色く、中央に黄色い花の形が見える輪っかができます。できあがりは1960年代のミニドレスにあった模様のような見た目になります。

マスタード＆メープルシロップ→「メープルシロップ＆マスタード」P.399

マスタード＆ライ麦

　ライ麦パンにマスタードをのせて食べるとニューヨークのような味がします——利口ぶっている人たちが、注意をひこうと競い合っている味です。デリマスタードはアメリカの有名なマスタードのうち声の大きいほうです。スパイシーブラウンマスタードとしても知られ、ディジョンマスタードよりもマイルドで、まず間違いなく、より複雑ですし、もの悲しさでは下です。甘みと快いフルーティーさがあるので、パンにこれ以外まったく何も塗らなくてもいいほどです。誰だかわかりませんがプレッツェルにマスタードを添えて提供した最初の人も、明らかに同じことを考えていました（ちなみに、プレッツェルもデリマスタードも発祥はドイツですが、かの国では定番のペアではありません。ドイツではマスタードはヴルスト〔ソーセージ〕のためにとっておいて、プレッツェルにはバターをたっぷり塗って食べます）。

　ライ麦パンとマスタードで作ったサンドイッチは、普通パストラミのような香辛料のきいた牛肉が入っているものですが、卵のマヨネーズ和えとスライストマトのほうがずっとおいしいですし、燻製チーズの薄切りとセルリアックのレムラード〔マスタードマヨネーズ和え〕、ディルのピクルスも同じく美味です。

マスタード&ラディッシュ

　熱っぽい組み合わせです。冷やしたラディッシュをマスタードディップに浸すと、ホットで冷たくてホットな体験ができます。ホットドッグにジグザグにかけるようなタイプのアメリカのイエローマスタードは、ディップにするのにはよい選択肢です。辛味がマイルドなので、マスタードの風味を覆い隠してしまわないからです。アメリカのマスタードの辛味を出しているシナルビンというグルコシノレート〔硫黄含有化合物の一種〕は、ピリッとした刺激がきつくなく、イングリッシュマスタードやディジョンマスタードのようなブラウンマスタードシードで作られたマスタードに含まれるシニグリンとは対照的です。シニグリンは鼻孔を燃え上がらせ両目から涙をだらだら流させる元凶です。おでこがちくちくすることさえあります。

　ラディッシュのピリッとした刺激は栽培品種と季節によって差があります。夏栽培のラディッシュは冬の品種に比べて辛くなります。地中にある期間の長さも影響します——長いほど、ピリッとした刺激のあるイソチオシアネートが増えるチャンスが大きくなります。

　「卵&マスタード」（P.266）も参照してください。

マスタード&リーキ

　リーキはフランスの象徴になるべきです。フランス人はリーキを愛していますし、ボウルいっぱいのクリーミーなリーキには、何かとても、中流階級の家庭料理を彷彿とさせるものがあります。リーキはそれ自体の水分でじっくり火を通して柔らかくしてあげても、バターとクリームで煮たような味がします。

　マスタードはこのコクをさっぱりさせると同時に増幅もさせます。たとえば、定番のポアロー・ヴィネグレット（poireaux vinaigrette）という、湯がいたリーキにヴィネグレットソースのドレッシングをかけて、温かいまま、あるいは常温でいただく料理などがそうです。この料理は通常刻んだゆで卵を散らしてミモザ仕立てで提供され、これは見た目には魅力的ですが、私見では改良の余地があります。ヴィネグレットソースをディジョンマスタードとクルミオイルで作って、刻んだクルミとパセリを散らしてください。このオイルが、ノルマンディーのクレアンスで栽培され、クルミとヘーゼルナッツの香味で有名な、フランスでもっとも尊ばれるリーキの風味を思わせてくれることでしょう。

　歴史的にはイギリス人のほうが、マスタードを入れて作ったとろみのあるホワイトソースでリーキをくるみたがる方でした——これにチーズが入ることも、そうでないこともありました。オランダのモスタトスープ（mosterdsoep）も同じような線で、リーキとベーコンで作る、ルーでとろみをつけてあるクリーミーなスープです。

マスタード&リンゴ→「リンゴ&マスタード」P.174

マスタード&レタス→「レタス&マスタード」P.301

マスタード&レンズ豆→「レンズ豆&マスタード」P.56

ピリッとしたウッディな風味
Zesty Woody

ターメリック
Turmeric

ショウガ
Ginger

ニンジン
Carrot

Turmeric

ターメリック

攻撃的でありながら受動性のある香辛料です。生でオレンジ色の根茎状態でも、豊かな黄色の粉状スパイスとしても、ターメリックは見た目にはカリスマにあふれているのですが、（少なくとも通常の量では）風味は穏やかなほうです。集中すれば、ウコン属のかぐわしさがわかるかもしれません。ショウガの香味もあり、他にはベイリーフ、それに、ニンジンを思わせるようなさわやかなウッディさもあります。これらの香味があるおかげでこの香辛料は甘くない料理に使用しやすいのですが、有名なインドの黄金色の牛乳ドリンク、ハルディ・ドゥード（「ターメリック&コショウ」P.235を参照してください）を見てもわかるように、甘いものに入れてもとてもよく合います。

ターメリックは、広範で慎み深い風味を持つので、複雑なスパイスブレンドのベースとして優れています。わずかにある苦みも、調理するとまろやかになることもあって、単独だと、子どもや香辛料にあまりなじみのない人にも香辛料を知るきっかけとして優秀です。

ターメリック&カリフラワー

カリフラワーとターメリックは、ピッカリリ（piccalilli）という明るい黄色のプリザーブで出会っています。ターメリックとマスタードで風味づけし甘みととろみをつけた酢で、刻んだ野菜を漬け込んで作るプリザーブです。主役はカリフラワーの小房です。ピッカリリの出どころや語源ははっきりしません。私の仮説はこうです。「ピカ」は、普通は食べ物とみなされない、泥や髪の毛といったものを無理に食べなくてはいけない状況のことです。「リリ」には指小辞〔ある語に付いて小さい意を表す語〕の響きがあります。というわけで、食べられない何かを少々、「ピッカリリ」になるのですが、この仮説ならイギリス人でない友人たちの意見ともきっと重なるでしょう——あなた、これを食べるんですって？

私は自分のピッカリリ愛を弁護するのに苦労したものですが、クラウディア・ロデン〔P.443参照〕の『中東の食事の本（*Book of Middle Eastern Food*）』に載っているサラド・ラシェル（salade Rachèle）を見つけてからはそうでなくなりました。このレシピでは大量のピッカリリがナスとトマトとニンニクに加えられています。

ターメリック&乾燥エンドウ豆

黄色い乾燥エンドウ豆はチャナ・ダール〔半割りヒヨコ豆〕と似ていますが、半割りヒヨコ豆のはっきりした、かなり硫黄っぽい強い味がないところが違います。ターメリックはこの違いを覆い隠します。つまり、スプリットピー〔半割乾燥エンドウ豆〕で見事なダール〔豆の香辛料煮込み〕が作れるのです。

プローリー（phulourie）は、ガイアナやトリニダード・トバゴで食べられている屋台の軽食です。ゆでたイエロースプリットピー〔P.256参照〕をターメリック、クミン、唐辛子と一緒にすりつぶしてペーストにし、揚げて酸っぱいチャツネとチリソースを添えて提供します。他には、トリニダード・トバゴのプランテンカレーの付け合わせにしてもいいでしょう。

ペチョ（pe kyaw）（またはペーカッチョー（pe gyan kyaw））というミャンマー料理でよく使われるク

ラッカーは、イエロースプリットピーでもチャナ・ダールでも作れます。ペチョは粘りのある米とない米、ふくらし粉と水を混ぜ、ターメリックをたっぷりひとつまみ入れて揚げますが、軽くさくさくパリパリになるので、ここまで黄色くなければ天ぷらを彷彿とさせたことでしょう。スプリットピーは水に浸してから調理の直前に生地に混ぜ入れます。硬く中身の詰まった豆のカリカリした食感が、クラッカーのレースのような繊細さとコントラストをなします。

ペチョは、多くの人がミャンマーの国民的料理とみなしている、モヒンガ（mohinga）というスパイシーな麺とナマズの煮込み料理にのせる浮き実のひとつとして使われます。あるいは、濃厚でスパイシーなブロスを使う他の麺料理にのせて食べたり、あるいはシンプルにディッピングソースを添えて軽食として食べたりしてみてください。

「ターメリック＆レンズ豆」（P.238）も参照してください。

ターメリック＆黒インゲン豆

黒インゲン豆をターメリックとペアにするレシピは、少なくとも他の豆類と比べると稀です——が、私はショウガとニンジン、ベイリーフの香味がこの香辛料の中にあると思うので、とにかく試してみたいという気になるペアではありました。

タマネギとニンニクと一緒に調理した黒インゲン豆に、挽いたターメリックをふりかけてみたところ、おいしく仕上がりました。この具材を小さなパスティ〔具入りのペストリー〕の詰め物にし、生地にターメリックを使って、ジャマイカのパティのような鮮やかな黄色を出しました。ターメリックをがつんときかせたクレーム・フレッシュ（crème fraîche）[※1]をたっぷり、黒インゲン豆のスープの器に落としてできあがりです。このペアは人気が出そうですね。

ターメリック＆玄米

南アフリカのヒールライス（geelrys）というのは、国民的料理ボボティ（bobotie）の付け合わせになる黄色いご飯です。白い長粒種の米にターメリックで風味づけし、レーズンを混ぜて作ります。ターメリックは他にも、ビリヤニの色づけや、パエリアでサフランの代わりに使われることもあります。

ターメリックは玄米に活気を与える効果があり、野暮ったい連想を追い散らしてくれることに注目してください。少量で使えば、ターメリックは水を根菜とハーブとカレーの香味のストックに変身させてくれます——多くの米料理のよいベースになります。「ソラ豆＆玄米」（P.268）も参照してください。

ターメリック＆コーヒー→「コーヒー＆ターメリック」P.34
ターメリック＆ココナッツ→「ココナッツ＆ターメリック」P.158

ターメリック＆コショウ

ターメリックと黒コショウはしばしば健康面での利点のためにペアにされ、ハルディ・ドゥード（haldi doodh）という黄金色の牛乳、ターメリック・ラテのドリンクを作るのにも使われます。

※1　クレーム・フレッシュ（crème fraîche）…サワークリームの一種。クレームフレーシュともいう。生クリームに乳酸菌を加え発酵させたもの。

recipe
《ハルディ・ドゥード（ターメリック・ラテ）》
❶ホットミルクマグカップ1杯分を、つぶした黒コショウの実2～3個、挽いたターメリック小さじ1/2、それから蜂蜜やメープルシロップ、ブラウンシュガーといった甘味料のうち1種類大さじ1と混ぜる（つぶしたカルダモン、ショウガ、シナモン、挽いたナツメグの中からどれか組み合わせてさらに加えることもできます。ギーを少々加えるとよい、と強く推奨している人もいます）
❷つぶした香辛料を濾してから飲む

黄金色の牛乳は違う形になることもあります。この香辛料入りの乳製品ベースを使って絶品アイスクリームができますが、コショウの実は中に入れずに、上から挽きたてをかけてください。

ターメリック＆サヤインゲン→「サヤインゲン＆ターメリック」P.410

ターメリック＆シナモン

ラ・カマ（La Kama）というのは、ターメリックとシナモン、ナツメグが入った、甘くてコショウのようなモロッコのスパイスブレンドです。ラス・エル・ハヌート（ras el hanout）というのもモロッコ産で、16種類や17種類の香辛料が入っていることもあります。この名前は「お店のトップ」という意味です。

ラ・カマのほうは特売品売り場です——日々のスープやタジン料理を作るのに使われます。

recipe
《ラ・カマ（ターメリック、シナモン、ナツメグが入ったモロッコのスパイスブレンド）》
挽いたターメリックとショウガ、黒コショウ各3に対して、挽いたシナモン2、挽いたナツメグをおよそ1/4の割合で混ぜる

もう少し他にも香辛料を足してラ・カマを作る人もいます。クベバペッパーやオールスパイスが候補です。「コショウ＆ナス」（P.380）も参照してください。

ターメリック＆ショウガ

ターメリックはショウガ科（*Zingiberaceae*）の仲間です。ターメリックとショウガ、どちらの場合も、私たちが食べているのは根茎の部分です。生のショウガと乾燥させて挽いたショウガの違いを思い出してみれば、生のターメリックには乾燥して挽いた形だと失われてしまう生気——たとえば、ピリッとしたユーカリの香味——があることがわかるでしょう。液状のターメリックなら多少新鮮さを保っていますし、根茎が手に入らないときには手に入れてみる価値はあります。
上述の「ターメリック＆シナモン」も参照してください。

ターメリック＆豆腐→「豆腐＆ターメリック」P.303

ターメリック＆ニンジン

　ターメリックの風味がニンジンの中に消えていきます。さながら「マジカル・アイ」シリーズの絵の風味バージョンのようです。意識を解放させないと気づくことはできません。

ターメリック＆バニラ

　バニラはバニラです。安全策です。アイスクリームやケーキやビスケットがとても強く連想されるので、バニラを足すことで、いろいろな風味をわかりにくくして、少しでもなじみやすくすることもできます。ターメリックはケーキやビスケットに使われやすいとは言えませんが、スフーフ（sfouf）という、セモリナ粉とオイルで作る卵不使用のレバノンのケーキが、ターメリックを使った甘い料理の代表です。最近のレシピにはバニラを使っているものもあります。

　ターメリックとバニラの組み合わせは、私にはどちらかというとラベンダーのような味がします——花のようでありながら、ウッディでハーブの強い香りがあるのです。以下のレシピは、ターメリックとバニラを使った、スフーフよりは甘さ控えめのケーキです。

recipe

《ターメリックとバニラのケーキ》

❶アーモンドパウダー150gと中力粉50g、挽いたターメリック小さじ1、塩ひとつまみを合わせておく

❷材料がすべて入る大きさのボウルで、卵3個と砂糖150g、バニラエキス小さじ1を、ふわふわで淡い色になるまで泡立て器で混ぜる

❸この卵と砂糖に、❶を切るようにしてしっかり混ぜ入れて、（よーく）バターを塗った20cmのバネ式の底取ケーキ型にへらで流し入れる

❹アーモンドフレークを散らして、160℃のオーブンで25分間焼く

　なるべく買ってから日の経ちすぎていないターメリックを使うようにしてください、そのほうが風味が新鮮だからです。古くなるにつれて土っぽく薬のようになっていきます。

ターメリック＆ヒヨコ豆

　丸のままのヒヨコ豆はかたくなに風味を吸収しないことで悪名高いとはいえ、インド料理やタジン料理、ピラフではこのペアは堅固なパートナーシップを築いています。チャナ・ダールのような半割りのヒヨコ豆のほうが味が染みやすく、煮込むときにターメリックが一緒に入っていることもしばしばあります。「ココナッツ＆ターメリック」（P.158）、「ヒヨコ豆＆唐辛子」（P.260）も参照してください。

ターメリック＆フェヌグリーク→「フェヌグリーク＆ターメリック」P.403

ターメリック&マスタード→「マスタード&ターメリック」P.229

ターメリック&味噌

　ターメリックを使った味噌汁はひとつの革命です。しょっぱい味噌が、ターメリックの風味の強度を上げてくれるのです。ターメリックの側でも、味噌の味の質朴さを抑えますし、ハーブのような植物性の風味のおかげで、普通なら1ダースの食材と最低半時間の調理時間がないと作れない類の深みが味噌汁に出ます。

ターメリック&レモン

　まな板の上には、ごつごつした細長い生のターメリックが10本のっていて、私はこれをインドネシアのスパイスペースト、ブンブ（bumbu）にしようと決めていました。「まったく不細工な子たちね」と言って、皮をむいてすりおろす、という重労働に取り掛かりました。終わって自分の両手に目を落としてみると、ターメリックが私の非礼に仕返しをしていました。30年間チェーンスモーカーだったかのようなありさまになっていたのです。石鹸はあまり役に立ちませんでした。レモン汁、それも大量のレモン汁が、役に立ってくれました。

　レモン汁の脱臭効果のある酸味は、挽いたターメリックの埃っぽい味へのよい反撃にもなります。もし米料理に風味と色をつけるのにターメリックを使うなら、サイドにレモンひと切れを添えるというのはまったく悪くないアイデアです。

ターメリック&レンズ豆

　ダール〔豆の香辛料煮込み〕の調理中に加えられる唯一の香辛料がターメリック、ということもしばしばです。芳香植物の初心者用セットのようなものです。ターメリックで味つけしたダールと香辛料なしで作ったダールを並べて味見してみれば、ターメリックが他の香辛料にとってどれだけ効果的な基盤になっているか気がつくでしょう。調理が終わりかけの段階で他の風味がタルカ（tarka）、つまり芳香化合物[※2]の炒め物の形でダールに加わります。ターメリックベースは他のレンズ豆のスープにも使えますが、警告しておくと、それもダールのような味になります。

※2　タルカ（tarka）…香辛料を油に入れて火にかけ、香りを油に移した香味油。

Ginger
ショウガ

　根ショウガは、*Zingiber officinale*という熱帯の顕花植物の根茎です。世界のショウガの大半はインド、ナイジェリア、オーストラリア、中国、ジャマイカ産です。どの産地にもそれぞれ特徴的な風味があり、適する用途が異なります——辛いジャマイカ産はジンジャービールに、レモンっぽいオーストラリア産はショウガの砂糖漬けに、といったように。

　ショウガは、生のレモン、花、松、ユーカリの風味と、口の中を温かくするピリッとした刺激を持ち合わせています。加熱してもこれには大きな変化はありません。加熱して主に失われるのは土っぽい特徴です。

　ショウガは一般に、糖蜜やチョコレート、ニンニク、脂分の多い魚のような、どこかから鮮やかさを借りてくる必要のある強い風味とペアにされます。粉末にした乾燥ショウガは生のショウガより辛味は強く、甘みは弱くなり、石鹸のようだけれど不快でない味になることもしばしばです。ショウガは他にもピクルス、砂糖漬け、シロップに漬けたプリザーブ、アルコール入りやノンアルコールの飲料といった形でも、購入することができます。

ショウガ＆エルダーベリー

　人によってはジンジャーブレッドの生地に生のエルダーベリーを加えて焼きます。エルダーベリーは皮がたるんでいて暗い色で、種が小さいので、カラントに似ています——そばかすのあるジンジャーブレッドマンだなんて素敵ですね。

　エルダーベリーとショウガは薬用シロップや、リンゴとタマネギ、ドライフルーツと混ぜたチャツネに一緒に使うことのほうが多い組み合わせです。

ショウガ＆オーツ麦

　羊毛で覆われたようなオーツ麦と、繊維だらけのショウガは、どちらも砂糖を愛しています。パーキン（parkin）というのはオーツ麦で作るべたべたのジンジャーケーキで、ケーキがこちらの朝食を食べてしまったかのような見た目をしています。以下のショウガのフラップジャック（flapjack）では、オーツ麦とショウガはバターたっぷりのシロップだけでまとめられています。辛い砂糖漬けショウガという宝石を隠し持ったオーツ麦をぐしゃぐしゃに混ぜてあります。山岳地帯のふもとにあって、フリースにくるまった、物静かで不屈の表情をたたえた奥地の住人が勤めるカフェ向きの、甘いおやつです。

---

recipe
《ショウガのフラップジャック》
❶ポリッジ用オーツ麦150gを、塩ひとつまみ、重曹小さじ1/4、挽いたショウガ小さじ2、ミック

ウッディ（ピリッとした）　ショウガ

スパイス小さじ1とボウルで混ぜる

❷ 無塩バター75g、ゴールデンシロップ※3 50g、ライトブラウンシュガー 50gを鍋に入れ中弱火で温めて完全に溶かす。これをオーツ麦に混ぜ入れて、刻んだ砂糖漬けショウガ大さじ4も一緒に入れてしっかり混ぜる

❸ ベーキングペーパーを敷いた15cmのブリキのスクエア型にへらで流し込み、160℃のオーブンで20分間焼く（20cmのブリキのスクエア型なら分量を2倍にする）

❹ オーブンから出して10分ほど経ったら、フラップジャックに刻み目をつけて覆いをし、固まるまで、できれば24時間置いておく。密閉容器に入れて常温で保存する

ショウガ&オールスパイス→「オールスパイス&ショウガ」P.369

ショウガ&海藻

　寿司のコースの合間には口直しとして甘いショウガのピクルスが出されます。これを寿司と一緒に食べるのは作法にかなったことではありません。それでも私は、巻き寿司を注文し終えたあと、寿司通ぶった人たちが見ていないか肩越しに確認してから、さっとひと切れ楽しんでしまいます。このショウガが、海藻の濃厚さを上手にさっぱりさせてくれるからです。また、胃を落ち着かせてくれるという性質もきちんと証明されているため、摘み取った海藻を食べているときには便利かもしれません。

　冒険家のベア・グリルスは、著書『エクストリーム・フード　命がかかっているときに食べるべきもの（*Extreme Food: What To Eat When Your Life Depends On It*）』で、胃がからっぽのときにあまり海藻を食べすぎると腹を下してしまう、と忠告しています。とはいえ、胃がからっぽの状態で摘み取ってきた海藻をむさぼり食べているようなら、たぶんもっと大きな問題がいろいろあると思いますよ。

ショウガ&キャラウェイ

　ジンジャーブレッドの中で一番地味なタイプ——19世紀の勇ましい雑誌『家庭経済雑誌』いわく「多くの子女がいる大家族に好ましい」——は、小麦粉、糖蜜、ショウガ、キャラウェイシードを使って作られたものです。キャラウェイが入っているのは、あまり子ども好きのしない出来にすることで、子どもたちに食べ尽くされて大人にはひとつも残らない、という事態を避けるためだったのでしょうか？

　キャラウェイは、濃厚な味、それもたいてい脂肪が多いものやスモーキーなタイプの濃厚な味とは対極にあって嬉しいものですが、糖蜜の甘ったるさともよく合います。キャラウェイシードを、砂糖漬けにしたショウガと砂糖漬けオレンジピールと混ぜて、レースのようなフロランタン（Florentine）※4 スタイルのビスケットを作ってください。

ショウガ&グーズベリー→「グーズベリー&ショウガ」P.102

ショウガ&クランベリー→「クランベリー&ショウガ」P.98

ショウガ&黒インゲン豆→「黒インゲン豆&ショウガ」P.44

ショウガ&ケール→「ケール&ショウガ」P.220

※3　ゴールデンシロップ（golden syrup）…サトウキビなどの製糖過程で出る副産物から作られるシロップ。イギリスでよく用いられる。
※4　フロランタン（Florentine）…クッキー生地にキャラメルがけしたナッツをのせて焼いたフランス菓子。

ショウガ&コショウ→「コショウ&ショウガ」P.378

ショウガ&ゴマ→「ゴマ&ショウガ」P.312

ショウガ&ソバ

中国北部の山西省では、ソバと挽いたショウガのペースト——ごく細かいポレンタ〔トウモロコシ粉のお粥〕のような線で考えてみてください——を蒸して、短冊切りにして、辣油、ニンニク、ゴマ、それに挽いたショウガをさらに添えて提供します。ソバのひどくくすんだ風味を生き生きとさせてくれます。この効果は、麺の上から生のショウガをすりおろす日本のソバの場合にさらに顕著です。

ソバ蜂蜜はジンジャーブレッドお気に入りの甘味料です。マリー・シモンズは著書『蜜の味（*Taste of Honey*）』で、これを「麦芽のようで、しっかりした糖蜜で、スパイシー」だと表現しています。

ショウガ&ターメリック→「ターメリック&ショウガ」P.236

ショウガ&タマリンド

辛くて酸味があります。プリ・インジ（puli inji）というのは、すりおろした、あるいはみじん切りにしたショウガと、タマリンドペースト、砂糖、マスタードシード、唐辛子を使って作ったシンプルなピクルスです。非常に使い勝手がいいのですが、特にクリーミーなコルマ（korma）[※5]や、あるいはナッツやパニール〔インドのチーズ〕、ラム肉などをふんだんに使った米料理と一緒だと特にありがたいものです。

ショウガ&チコリ→「チコリ&ショウガ」P.295

ショウガ&デーツ

ショウガは痩せていて気難しく、扱いにくさがあります。デーツは砂糖のように甘くふくよかで、多くの甘い料理でショウガについてまわるような種類のブラウンシュガーの風味を隠し持っています。共通点は繊維だらけなところです。どちらでもいいのでかじってみて、繊維がそっとざりざり音をたてながら壊れていくのに耳を澄ましてみてください。この組み合わせは、もじゃもじゃのほおひげのようなカダイフ（kataifi）[※6]生地で作るチーズケーキの飾りつけに使ってください。

ショウガ&豆腐

豆腐花はジャンケット（junket）[※7]に似ています。一種の大豆のカスタードで、ごく柔らかく固められており、食べるときはお皿から匙ですくって飲み込むように食べます。広東省ではこれにショウガシロップをかけるのが伝統的な食べ方です。インドネシアでは、ショウガシロップにパンダンリーフ〔P.141参照〕の風味もつけてあることがあります。ベトナムなら、ショウガがさらにスパイシーになるでしょう。フィリピンバージョンはタホ（taho）と呼ばれ、カップにサゴパール〔P.141参照〕と重ねて入れて、シンプルなブラウンシュガーのシロップをかけて提供されます。

ショウガ&蜂蜜→「蜂蜜&ショウガ」P.78

ショウガ&パパイヤ→「パパイヤ&ショウガ」P.208

※5　コルマ（korma）…ヨーグルトやクリームを使ったマイルドでクリーミーなインド料理。
※6　カダイフ（kataifi）生地…トルコや地中海地域で菓子や料理などに使用される極細の麺状の生地。
※7　ジャンケット（junket）…牛乳をレンネットで凝固させたイギリスの食べ物。

ウッディ（ピリッとした）
ショウガ

ショウガ&味噌→「味噌&ショウガ」P.13

ショウガ&ユズ

2021年、スイスのフレーバー・フレグランス企業「フィルメニッヒ（Firmenich）」は、「今年のフレーバー」に2種類も選定して伝統を打ち破りました。その2種類とはショウガとユズで、情緒面での強さと楽天主義を表しているのだそうです。「フィルメニッヒ」の調査によると、人々がもっとも幸せと結びつけて考えているフレーバーは柑橘類とショウガです。

私はユズ果汁でつや出しをしたべたべたのジンジャーケーキに、砂糖漬けのユズピールの細切り（混じりけのないユズの風味があるので非常にお勧めです）をのせたものを作りました。ひと切れ目はまずまずの満足感をくれました。根ショウガが温めてくれますし、柑橘類のユズには、輝くばかりの花と枝葉の香味があります。4切れ目にたどり着く頃には、気分が悪くなり始めていました。幸福とは、少量であればまことに結構なものなんですけれどね。それでも、このペアは温かい飲み物に入れても冷たい飲み物に入れても絶品です。

ショウガ&ライ麦

酒類関係の著述家デイヴ・ブルームは、ジンジャーエールを「ウイスキーの最高級の割り材」と呼び、ショウガの風味が、ウイスキー熟成に使用される木製の樽にある天然の香辛料の香味と調和する、と指摘しています。バーボンのいつもの飲み友達はコーラかもしれませんが、ブルームの見解では、ジンジャーエールのほうがよいパートナーです。割り材にとってはさらに癖のある手合いであるライウイスキーとでも、ジンジャーエールがトップですが、ブルームはライウイスキーをあまり希釈しすぎないように警告しています。ライは「世界でもっとも奔放なウイスキーだからだ。僕はライウイスキーには型破りで、むちゃくちゃであってほしいし、燃え立って輝いていてほしい」。

それから、何をするにせよ、ジンジャービールを間違って使わないようにしてください。エールのほうがずっと甘みがないですし、それこそが求めるものだからです。ラベルをきちんとチェックして、エールの辛味がショウガのおかげであって、よく代替品として使われている唐辛子ではないことを確認してください。とはいえ、ショウガと唐辛子を混ぜて、私の超強烈ジンジャーブレッドに使うことはできます（伝統的なジンジャーブレッドのレシピの中にはライ麦粉を使うものもあります）。ジンジャーブレッドの人型をわざわざ切り抜いてもいいという気分になれるなら、ダンベル2個を持ちあげている様子にすると、お客様にはこれから何が待ち受けているのかわかることでしょう。

---

recipe

《超強烈ジンジャーブレッド》（24枚分）

❶ライ麦の中力粉250gと挽いたショウガ小さじ2、ミックススパイス小さじ2、重曹小さじ1、塩小さじ1/2、挽いたナツメグおよそ1/8個分、カイエンペッパー数つまみを混ぜる

❷別のボウルで、ライトブラウンシュガー150g、植物油125ml、卵1個、糖蜜大さじ2をよくまとまるまで泡立て器で混ぜる

❸ ❶の粉にくぼみを作り、そこに油の入っているたねを流し入れて混ぜて練り粉の生地にする

❹丸めてクルミ大のボールを作り、ペーパーを敷いた天板に並べる。オーブンの中でふくらむので間隔をあけて置き、180℃のオーブンで12 〜 15分間、硬く、縁がわずかに濃い色になるまで焼く

ショウガ&レーズン→「レーズン&ショウガ」P.133
ショウガ&レンズ豆→「レンズ豆&ショウガ」P.55

ウッディ（ピリッとした）　ショウガ

Carrot
ニンジン

なまじなじみがあるだけに、ニンジンに対しては無関心な人が多くなってしまっています。バターナッツカボチャやサツマイモと比べて味わって、ニンジンの威厳を再発見してください。同じような、感じのよい甘みがあるのですが、少しの松とヒマラヤスギの香味もあります。それからナツメグ、ゼラニウムあるいはテレピン油〔マツ科の樹木からとれる精油〕の香味もあり、これらの香味が、セリ科の多くに共通して存在し興を添えてくれる、さわやかで癖のある風味を出しています。ニンジンはもっとも相手を選ばない食材に数えられ、ハーブ、香辛料、根菜、ナッツ、豆類、それに味噌や豆腐のようなアジアの食材とも喜んでペアになります。オーガニックのニンジンは優れた風味があるため、ほぼ常に、プレミアム価格に見合う味です。

ニンジン&オレガノ

『ラルース料理大事典』は、ニンジンをスイートマジョラム（*Origanum majorana*）のパートナーに認定しています。生のマジョラムには生のオレガノと大変よく似た、温かい木と香辛料の芳香がありますが、マジョラムのほうが風味は弱めです。穏やかなハーブを扱うときのようにして、調理の最後に加えてください。

アメリカ人シェフのジェリー・トラウンフェルドは、ホタテに使うニンジンとマジョラムのソースが自分のレシピの中で一番よく頼まれる、と語っています。このソースは、濃縮したニンジンの搾り汁、エシャロット、ニンニク、ベルモット、バター、レモン汁を使って作られています。生のマジョラムは、ホタテをさっとあぶる短時間のあいだに加えるだけにして、ソースに軽く味を移します。同じ組み合わせを、夏らしいニンジンスープで試してみてください。

乾燥マジョラムはかなり穏やかなものもあります。私が最近買った瓶入りのものは味も香りもラズベリーのようだったので、グリルしたニンジンと山羊のチーズにかけて使いました。

ニンジン&海藻

ヒジキという海藻は乾燥した状態で売られています。ごく薄い黒いひも状で、まるでポセイドンのひげを刈り込んで並べたかのようです。ほろ苦くてしょっぱく、かすかに快い海の風味があります。20分水に浸しておけば、およそ5倍の大きさにふくらみます。ニンジンは味のコントラストでも、見映えをよくしてくれるという理由でも、よく選ばれるパートナーです。塩気に映える甘みと、黒に映える明るいオレンジ色です。でも、気をつけてください。オレンジ色と黒というのは危険を意味していることもよくあります（道路標識、毒ガエルなど）。

ヒジキはヒ素を含有しており、一部の国では1週間にこの海藻を乾燥状態の重さで5g以上食べないように勧告されています。完全に避けるよう勧告している国もあります。日本人はこの毒素を効率的に代謝できるのだと考えられています。日系スーパーマーケットにはよく2種類のヒジキが置かれています。芽ヒジキという葉の部分と、長ヒジキという茎の部分です。

やや甘みのあるあらめという海藻はしばしばヒジキの代替品として提案されますが、こちらは色が薄く、風味も豊かさに欠けますし、水に浸けておいてもわずかしかふくらみません。

ニンジン&カブ→「カブ&ニンジン」P.213

ニンジン&ズッキーニ

この2つでらせんやリボンをこしらえると、かわいいペアになります。麺の代わりにしたり、あるいは厚めのリボンをS字形に折りたたんで串に刺してバーベキューに使ったりしてください（もしくは、復活祭のボンネットの飾りにしてください）。

ニンジン&ターメリック→「ターメリック&ニンジン」P.237

ニンジン&豆腐

本格的にやるなら、豆腐にのせる野菜として信頼できるのは、あの緑っぽい白色をしたラディッシュと棍棒の交配種、大根です。ですが、ニンジンのほうが入手しやすく、日本食レストランの板張りの内装を思わせるヒマラヤスギと松の香味が醸し出すさわやかさがあります。自家製豆腐を作ろうとしているなら、風味と食感を出すために、凝固させる前に豆乳にみじん切りにしたニンジンを加えてもいいでしょう。豆腐とニンジンはご飯に混ぜて稲荷（豆腐を揚げて作るポケット）〔油揚げ〕に詰めることもあります。

ニンジン&ニゲラシード→「ニゲラシード&ニンジン」P.356

ニンジン&ベイリーフ

1枚のベイリーフが、さいの目切りにしたニンジン、タマネギ、セロリのミルポワに、少しの苦みと香辛料を加えてくれます。セロリを切らしているか、あるいはその歯ざわりが好きでない場合は、乾燥でなく生のベイリーフを使ってください。セロリの生気の代役になってくれます。

ニンジン&松の実→「松の実&ニンジン」P.387

ニンジン&味噌

フードライターのジョン・ベルムとジャン・ベルムは、甘い白味噌は、たとえばマッシュポテトのように乳製品を使うようなところに使ったり、豆腐に加えてクリームチーズスタイルのディップにしたり、スープに溶いたりして使える、とアドバイスしています。ニンジンの味噌汁をニンジンのクリームスープと間違える人は誰もいないでしょうが、味噌に快いコクを出す効果があることは確かです。

ニンジン&ヨーグルト→「ヨーグルト&ニンジン」P.178
ニンジン&ラディッシュ→「ラディッシュ&ニンジン」P.216

ニンジン&レーズン

サンダルを履いて、コレクティブカフェを熱心に支持している人たちのような組み合わせです。細切りにしたニンジンとレーズンのサラダは、ほとんどパロディと言っていいほど時代遅れですが、オーガニックのニンジン（いつでもプレミアム価格に見合った品です）と樹上で熟したレーズンを使うなら、復興させる価値はあります——こういうレーズンは収穫前に甘くなり水分が抜けているので、トレイにのせて水分を抜いたものよりもはるかにジューシーでフルーティーなのです。

樹上で熟したレーズンは近年栽培農家にとっても採算の取れる商品になってきました。これはセルマ・ピート種という緑色の種なしブドウの品種が開発されたおかげで、この品種はよくあるトンプソン種よりも数週間早く熟します。そのため、雨が降って作物をだめにする危険性が高まってしまう前に熟して水分が抜けるのです。フレーム・レーズンという、水分の抜けた、赤い種なしブドウの品種も、風味と甘みが好評です。

ニンジン&レンズ豆→「レンズ豆&ニンジン」P.55

甘いでんぷん質の風味
Sweet Starchy

エルサレム・アーティチョーク（キクイモ）
Jerusalem Artichoke

ジャガイモ
Potato

乾燥エンドウ豆
Dried Pea

ヒヨコ豆
Chickpea

Jerusalem Artichoke

エルサレム・アーティチョーク（キクイモ）

食べられるブーブークッションです。母なる自然は戯れに、名前の由来となったグローブ・アーティチョーク（globe artichoke）[※1]の甘みを強くしたようなすばらしい風味をエルサレム・アーティチョークに与えたのですが、その後にイヌリンでブービートラップを仕掛けたのです。私たちのほとんどはイヌリンを消化できないので、分解される前に直接腸に届きます。そして分解されると大量の二酸化炭素が生成されて、あの大変嫌な結果を生みます。この話はこれ以上したくはないのですが、でもこの根菜の食べ方と関係があるのです。大半の人は少量しか食べられません。研究者たちは、被験者が苦痛を感じないイヌリンの量は一日の間に最大40gであるということを発見しています。エルサレム・アーティチョーク100gに含まれるイヌリンの量はおよそ18gですが、自分がどう反応するか見るためにも、エルサレム・アーティチョーク25gだけから始めてはいかがでしょうか。

エルサレム・アーティチョークの風味はよくカルドン（cardoon）[※2]やゴボウ、レンコンやヒシの実にもたとえられます。

エルサレム・アーティチョーク＆きのこ

エルサレム・アーティチョークの風味は好んでいるけれども消化しにくいという人は、少量を、気の合う風味パートナーと一緒に試すべきです。グローブ・アーティチョークとジャガイモが一番よく候補にあがりますが、きのこも一考に値します。

エルサレム・アーティチョークのスープにきのこのストックを使うと、こんもり生い茂った樹木のようなきのこのベースの香味で、エルサレム・アーティチョークにはほとんどトリュフに近いような特徴が出るのがわかるでしょう。あるいは、いくつかのきのことエルサレム・アーティチョークを薄切りにしてバターで一緒に炒め、タイムやディルで仕上げてください。

エルサレム・アーティチョーク＆サツマイモ

太陽王ルイ14世の宮廷で従者だったニコラ・ド・ボヌフォンは、著書『田園の喜び（*Les Délices de la Campagne*）』で、エルサレム・アーティチョークはサラダに使うとグローブ・アーティチョークの中心部分に似た味がするが、そこまで硬くはない、と指摘しています。フリッターにするともっとサルシファイ〔西洋ゴボウとも呼ばれる根菜〕のようになり、ゆでるとサツマイモのような味がします。

ニューヨークにある「デルモニコス（Delmonico's）」にいた19世紀後半のシェフの一人、チャールズ・ランホーファーは、サツマイモとグローブ・アーティチョークのスープを作り、これがエルサレム・アーティチョークのような味がする、と主張していました。これらはすべて、この3つの食材が絶え間ないダンスのうちに存在しているということ、それからエルサレム・アーティチョークは少量でもサツマイモのスープにすばらしい効果をもたらせる、ということを言っているのです。

※1　グローブ・アーティチョーク（globe artichoke）…日本で一般的に「アーティチョーク」といわれるキク科チョウセンアザミ属チョウセンアザミのこと。本書ではエルサレム・アーティチョーク（キク科ヒマワリ属キクイモ）と区別するためグローブ・アーティチョークとした。
※2　カルドン（cardoon）…グローブ・アーティチョークと近縁のキク科チョウセンアザミ属の植物。主に茎が食用にされる。

エルサレム・アーティチョーク&ジャガイモ

　エルサレム・アーティチョークは多くの別名でも通っており、そのほとんどにジャガイモが関係しています。カナディアン・ポテト、馬のポテト、ワイルド・ポテト、糖尿病のポテト、などです。日本語では、「菊のポテト〔キクイモ〕」という名前になっています。ドイツではツッカーカートフェル（「砂糖のジャガイモ」）で、フランスではポム・ド・テール（「大地のリンゴ」〔ジャガイモのこと〕）にかけた言葉遊びで、ポワ・ド・テール（「大地の梨」）と呼ばれることもあります。

　エルサレム・アーティチョークとジャガイモはどちらも塊茎であり、その同族関係は中身の甘い土っぽさにまで及びます。第二次世界大戦後にフランスとドイツでジャガイモが欠乏していたとき、エルサレム・アーティチョークはその栽培しやすさのおかげで人気が束の間再燃しました。2つの違いはそのコクにあります。ジャガイモは快い淡白さがありますが、エルサレム・アーティチョークはオーク樽で熟成したシャルドネワインを思わせる顕著な特徴があります。つまるところ、この2つはマッシュやグラタン、ブーランジェール（boulangère）[※3]、あるいはレシュティ（rösti）[※4]でペアにすると最高、ということです。

エルサレム・アーティチョーク&チーズ

　山羊のチーズはエルサレム・アーティチョークのビーツに似た甘みを利用します。「ランクリム（L'Enclume）」のシェフ、サイモン・ローガンは、エルサレム・アーティチョークの皮を薄く削ってカリカリに焼き、山羊のチーズのムースに添えて提供しています。しょっぱい古いパルメザンチーズもよくあるペアです。使う量に慎重になればエルサレム・アーティチョークでリゾットも作れます。または、パルメザンチーズをカリカリに焼いたパルメザンクリスプを作って、エルサレム・アーティチョークのクリームスープにのせて提供してください。

エルサレム・アーティチョーク&チコリ

　1918年に発表された学術記事で、イギリス生まれのアメリカ人動物学者T. D. A. コッカレルは、アメリカ産エルサレム・アーティチョークはこんなに栽培・貯蔵が容易なのに、なぜもっと広く栽培されないのか、と疑問を呈しています。さらにコッカレルは提供のしかたに関する妻の提案のひとつを詳しく解説しています。エルサレム・アーティチョークを加熱し、薄切りにして、フリゼ（frisée）〔カーリーチコリのこと。カーリーエンダイブともいう。P.294参照〕と一緒にヴィネグレットソースで和えるのです。

エルサレム・アーティチョーク&チョコレート→「チョコレート&エルサレム・アーティチョーク」P.37

エルサレム・アーティチョーク&ニンニク

　エルサレム・アーティチョークをニンニクと一緒にローストすると、双方にある百合のような風味が引き出されます——蘭の展示室で出会うような、誘惑的でむせかえるような甘く陶然とさせる風味です。ニンニクとエルサレム・アーティチョークはどちらもイヌリンを含んでいます。この水溶性食物繊維のせいでエルサレム・アーティチョークは消化があんなにも困難なのです（ニンニクの含有量はもっとずっと少量です）。

　ローストポテトと同じく、エルサレム・アーティチョークを先に湯がいておいたほうがよい結果が得られます。

※3　ブーランジェール（boulangère）…「パン屋さん風」の意で、パン焼き後の窯で作った事に由来する、肉、タマネギ、ジャガイモで作る家庭料理。
※4　レシュティ（rösti）…ジャガイモを細切りにしてフライパンで炒め、パンケーキ状の形にしてこんがりと焼いた料理。

recipe

《エルサレム・アーティチョークとニンニクのロースト》

❶ エルサレム・アーティチョークをたっぷりのお湯に入れて10分ゆでる

❷ 水気をぽんぽんとふき取ってからオイルをまぶして180℃のオーブンで30分ほどローストする

❸ ときどき天板の上でつついて転がしておいて、調理時間の半分が過ぎたらニンニクを房の皮をむかないまま加える

エルサレム・アーティチョーク&パセリ→「パセリ&エルサレム・アーティチョーク」P.336

エルサレム・アーティチョーク&ピーカンナッツ

どちらも北米原産です。フードライターで食品科学研究者のハロルド・マギー〔P.444参照〕は著書『知りたがりの料理人（*The Curious Cook*）』で、エルサレム・アーティチョークの副作用を減じるいろいろな手法を描写しています。エルサレム・アーティチョークを薄切りにして15分間ゆでると、イヌリン含有量のざっと半分を浸出させることができる、ということをマギーは発見しました。他に、地面に掘った穴に入れてゆっくり調理する低減方法もあります。マギーは、塊茎を93℃のオーブンで24時間、中身がアスピック（aspic）[※5]のような茶色い半透明に変わり、非常に甘い味になるまで調理することで、穴での調理法に近づけています。このようにして焼くと、サツマイモのように、クリームと柑橘類の皮と混ぜ、刻んだピーカンナッツを散らして提供することができる、とマギーは提案しています。または、生のエルサレム・アーティチョークとピーカンナッツをサラダでペアにしてみてください。生のエルサレム・アーティチョークに、人によってはヒシの実にたとえる、さわやかでわずかにウッディな風味があるのがわかるでしょう。

エルサレム・アーティチョーク&味噌

日本では、エルサレム・アーティチョーク（キクイモ）は味噌や酒粕で漬物にします。皮をむいた塊茎を味噌に沈めて、冷蔵庫で最大3か月放置します。『つけもの（*Tsukemono*）』の著者オーレ・G・モウリットセン〔P.442参照〕とクラウス・スチュアベックによると、この段階までには「黄金色で美しい茶色」の「他に類のないほどパリパリでシャキシャキのピクルス」になっており、軽食にしたり、あるいはすりおろしてポーチトエッグや海藻の飾りにして風味を楽しんだりもできるのだそうです。

エルサレム・アーティチョーク&リーキ

シェフのレイモンド・ブランはエルサレム・アーティチョークとリーキを蒸してサラダに混ぜ込んでいます。ブランは、子どもの頃エルサレム・アーティチョークは一般に動物の餌だと考えられていたためサラド・デュ・ポーヴル（貧者のサラダ）に入っていた、と回想しています。

このペアは、ヴィシソワーズに近いけれどもずっと濃厚な、上品なスープにもできます。オーストラリアの料理人ステファニー・アレクサンダーは、エルサレム・アーティチョークをスープにするなら皮をむいていないものは使わないようにしないと同じ繊細な風味は出ない、とアドバイスしています。

※5　アスピック（aspic）…フランス料理の一種。魚や肉を煮たブイヨンをゼリー状に固めたもの。

エルサレム・アーティチョーク&レモン

　レモンが甘みをまとめあげています。レモンの薄切りをエルサレム・アーティチョークとニンニクと一緒にフライパンに放り込むと、両方が味のバランスをとり、かつ自分なりの風味を加えてくれます。

　レモン汁で酸性にしたお湯で薄切りエルサレム・アーティチョークを煮るとイヌリンが中和される、という主張を耳にすることがありますが、これだと風味が変わりすぎてしまう、と私は言いたいと思います。少々の酸は、クリーミーな色のエルサレム・アーティチョークが意気消沈したきのこの色合いになってしまうのを防ぐのには有効ですが、酒石酸水素カリウム（クリームタータ）でも同じ効果が得られます。

　フードライターで食品科学研究者のハロルド・マギー〔P.444参照〕は、エルサレム・アーティチョークをサクサクのままにしたいなら酸を始めに加えること、もしくは柔らかいほうがいいなら調理時間の終わる5分前に入れること、とアドバイスしています。お湯1リットルにつき、レモン汁大さじ1、または酒石酸水素カリウム（クリームタータ）小さじ1/4を加えてください。

甘いでんぷん質

エルサレム・アーティチョーク（キクイモ）

251

Potato
ジャガイモ

生のジャガイモには50の風味化合物があることが特定されています。全部足しても大したことはありません。*Solanum tuberosum*〔ジャガイモの学名〕の芳香は穏やかなのです。加熱すると化合物は増加しますが、私たちがジャガイモの風味と称するようなものは、それでもまだかなり引っ込んでいます。でもこれは決して批判などではありません。

皮をむいてゆでたジャガイモの風味はわずかにチーズのようなローストした風味で、他にフルーティーな花の香味もあります。ポテトチップスはむしろキャラメルと香辛料の特質があります。皮をむかずに残したままにすると、ココアと麦芽、ライ麦という新たな次元が現れます。

風味よりもジャガイモの品種の食感と大きさが、しばしば私たちがジャガイモを選ぶ決め手になります。粘質系のジャガイモは形を保ってくれるので、グラタンや煮込み料理やポテトサラダにはお勧めです。粉質系のジャガイモも煮込み料理に使えますが、崩れてほしくないなら調理の後半で加えるようにする必要があるでしょう。粘質系のジャガイモは粉質系のジャガイモよりも風味が豊かだと一般に考えられています。これはひとつには密度の問題がありますが、粉質系のタイプの、強くてでんぷん質で土っぽい特質と並ぶと、粘質系のタイプのほうがずっと複雑な風味を抱えているように思えるのも事実です。ちなみに、私は粉質系のタイプも、特に青菜やレタスと一緒にすると大好きです。

ジャガイモ＆エルサレム・アーティチョーク→「エルサレム・アーティチョーク＆ジャガイモ」P.249

ジャガイモ＆大麦

いつも頼りにしていたほっとする食べ物でほっとできなくなってしまったときに、頼りにすべき組み合わせです。エストニアのムルギプデル（mulgipuder）というのはジャガイモと精白大麦の組み合わせを一緒にゆでてからマッシュしてまとめた料理で、柔らかくそれでいて歯ごたえがあり、バターで味つけした栗のような味がします。つらい別れのあとにバケツ一杯食べてください。ありえたかもしれない未来を思ってむせび泣きながら、タマネギをベーコンの脂（またはバター）で、ベーコンと一緒でも一緒でなくてもいいですが、甘く茶色くなるまで炒め、それをこの淡い色のポリッジの上に盛りつけてください。

ジャガイモ＆オレガノ→「オレガノ＆ジャガイモ」P.353
ジャガイモ＆海藻→「海藻＆ジャガイモ」P.435
ジャガイモ＆カブ→「カブ＆ジャガイモ」P.212

ジャガイモ＆乾燥エンドウ豆

乾燥グリーンピースとジャガイモのベン図は大変広い部分が重なっています。バターと塩コショウだけで調理するとエンドウ豆はどろどろになり、もうちょっと食感が柔らかければ、マッシュと言っても通ったでしょう。同じように、塩をして焼いたグリーンピースは——アバス・フリタス（habas fritas、揚げて塩

をまぶした乾燥ソラ豆）や焼きトウモロコシの代替品（だいたいひん）として人気が上昇中です――、塩味のポテトチップスのような味がします。

　乾燥エンドウ豆のスープを作るときには、ジャガイモの皮をむいたり切り分けたりしなくて構いません。ジャガイモが他の野菜スープで出してくれるような風味やコクは、エンドウ豆には必要でないためです。ですが、フライドポテトを添えたエンドウ豆のフリッターなら話が別です。このごちそうはイングランド南海岸のフィッシュ・アンド・チップスのお店にはよくあるメニューです。ゆでた乾燥グリーンピースを加圧してパティにし、バッター生地をつけて揚げた料理です。他ではだいたいどこでも、チップス店のどろどろのエンドウ豆は小さなポリスチレンの鉢に入って出てきますし、かなりふにゃふにゃしています。

ジャガイモ＆キャラウェイ→「キャラウェイ＆ジャガイモ」P.345
ジャガイモ＆黒インゲン豆→「黒インゲン豆＆ジャガイモ」P.44
ジャガイモ＆ケール→「ケール＆ジャガイモ」P.220
ジャガイモ＆ケシの実→「ケシの実＆ジャガイモ」P.317

ジャガイモ＆コショウ

　ウスターソース味、シュリンプカクテル味、そしてスモーキーベーコン味はどれも、製造業者がブラックペッパー味を試作してみようと考えつくずっと前から、ポテトチップスのフレーバーとしてイギリスではおなじみでした（「お客様が選んでくれると思う？　ブラックペッパーを？　塩味で？　どうだろうね……」）。

　今では手軽に買えるようになったので、買うのではなくて、塩味のポテトに自分で黒コショウを挽いてみてはどうでしょうか、と提案したいと思います。ちょっとした天啓のような体験です。とはいえ自前のペッパーミルをパブに持参するということをやってのけるからにはかなりのカリスマが必要ですが。味気ないジャガイモが一歩下がって、この香辛料のよいところを前面に押し出してくれます。ちなみに、淡白で無脂肪のマッシュポテトは、コショウの比較試食審査の媒体として推奨されています。白コショウも、辛くて刺激の強いほうのものであればポテトチップスにかけてもおいしくなります。でも気をつけてください、習慣化する可能性があります。もし「ワットシッツ（Wotsits）」[6]にテリチェリーペッパーを挽いてそれをカチョ・エ・ペペ（cacio e pepe）〔「コショウ＆チーズ」P.379参照〕と称している自分に気づいたら、ひと息入れたほうがいいですよ。

ジャガイモ＆ザクロ→「ザクロ＆ジャガイモ」P.92

ジャガイモ＆サヤインゲン

　ジャガイモがサヤインゲンの風味をまろやかにしてくれます。この2つは、かのすばらしきトロフィエ・パスタ・リグーリア（trofie pasta Liguria）でペアになり、ペスト（pesto）[7]にどっぷり浸っています（パスタとジャガイモと豆を同じお湯でゆでることもよくあり、これがスープのためのよいストックになります）。

　料理作家のマルセラ・ハザン〔P.444参照〕は、これもイタリア・リグーリア州発祥の、ジャガイモを粗くピューレにした豆、卵、パルメザンチーズ、マジョラムと一緒にマッシュしてパン粉をまぶして焼いたパイに言及しています。

※6　ワットシッツ（Wotsits）…アメリカ・Walkers社のチーズ風味のスナック菓子。
※7　ペスト（pesto）…材料をすりつぶして作るソース。ニンニク、松の実、塩、バジルの葉、パルメザンなどの粉チーズ、オリーブオイルで作る「ペスト・ジェノベーゼ」が代表的。他にもいろいろな材料で作られる。

南アフリカのボーアブーンチェス（boereboontjies、「農家の豆」）というのは、マッシュポテトと豆を混ぜた、さらにシンプルな料理です——ちょっとアイルランドのチャンプ（champ）〔マッシュポテトに葉ネギ、牛乳などを加えた家庭料理〕に似ていますが、葉ネギの代わりに豆を使います。

自給自足生活の偉大なる導師ジョン・シーモアは、乾燥ソラ豆とジャガイモがある園芸愛好家は決して飢えることはない、と主張していました。そうかもしれませんが、サヤインゲンのほうが、ソラ豆と同じくらいよく水分が抜けることもあり、食事の選択肢が広がります。「ソラ豆＆ジャガイモ」（P.269）も参照してください。

アメリカ南部では、乾燥サヤインゲンは「革製膝丈ズボン」として知られます。水で戻すと肉のような、あるいはうま味のような風味を帯びる、と言う人もいます（肉のような膝丈ズボン……うーん……）。豆に糸を通してつないで暖炉につるしておくか、燻製小屋で麻袋に入れてつり下げておくのが伝統だったので、これが風味のよさの説明になるかもしれません——それか、もしくは、私が見つけたレシピにはどれもベーコンかラード、あるいはハムも入っていた、という事実が。

ジャガイモ＆サンファイア→「サンファイア＆ジャガイモ」P.437

ジャガイモ＆ソバ

市民農園の朝のような味がします。ウクライナ西部の名物ヤヴォリヴスキ・パイ（Yavorivsky pie）は、マッシュポテトと炒ったソバと炒めたタマネギをパン生地の上にうずたかく積み上げて包み、サワークリームを添えて提供する、滋味深い大建築物です。ちょっと巨大なパラーター（paratha）[8]にも似ていますが、ヤヴォリヴスキ・パイのほうは生地を具材の周りで折り込んだ後のばさない、というところだけが違います。実は、ソバ生地とジャガイモの具材で作ったパラーターも、インドの、特に北部では、ナヴラトリという秋祭りの期間中に食べられています。

ピッツォッケリ（pizzoccheri）というのは、ジャガイモとキャベツと一緒に調理したソバのパスタ料理で、たっぷりのバターとチーズで和えて提供されます。北イタリアのヴァルテッリーナ発祥で、ここ数十年で人気が急上昇し、イタリアの他地域や他国にまで伝播しています。

ジャガイモ＆ソラ豆→「ソラ豆＆ジャガイモ」P.269
ジャガイモ＆ソレル→「ソレル＆ジャガイモ」P.182
ジャガイモ＆チャイブ→「チャイブ＆ジャガイモ」P.289

ジャガイモ＆ニゲラシード

もし私が世界の終末後のようなジャガイモ加工工場跡の廃墟のあたりをよろよろ歩いているとしたら、現金払いの店から略奪してきたニゲラシードの小袋があったら嬉しいと思います。小さなごみ収集コンテナで火をおこして、カロンジ・アルー（kalonji aloo）という、ジャガイモをニゲラシードと炒めたインド・ベンガル地方の定番料理を作りましょう。ジャガイモは不揃いなフライドポテトの形に切り、タマネギと青唐辛子と一緒にソテーし、ニゲラシードをふりかけます。パラーター〔下記参照〕や揚げたルチー（luchi）というパンを添えて提供し、目の見えないゾンビの一団には警戒しましょう。また、スペインのトルティージャ（tortilla）[9]や、ジャガイモのスコーンに入れて試してみる価値もあります。

[8] パラーター（paratha）…小麦粉でつくった生地をのばしてギーを塗り折り重ね、何層にも重なった生地をうすくのばして焼いたインドのパン。
[9] トルティージャ（tortilla）…スペイン風オムレツ。厚焼きで、ジャガイモが入っていることが多い。

ジャガイモ&ヒヨコ豆

　パネッレ・エ・カッツィーリ（panelle e cazzilli）というのは、パネッレがヒヨコ豆、カッツィーリがジャガイモで、それらを使って作られるイタリア・シチリア島の軽食のことです。

　パネッレはとても淡白なヒヨコ豆のバッター生地を固め、切り抜いて揚げたフリッターです。これは販売店によってほっそりしていることも、かなりずんぐりしていることもあります。パレルモ〔シチリアの州都〕の屋台で買えば、カッツィーリもいくつかついてくることでしょう。カッツィーリはジャガイモのコロッケのようなものですが、コロッケよりも厚みがありません。名前は「小さなペニス」という意味なので、大声で注文しだす前に必ずメニューにコロッケがあることを確認してくださいね。パネッレ・エ・カッツィーリはよくロールパンに詰められて、時にはサイドにフライドポテトがついて提供されています。「玄米&ヒヨコ豆」（P.20）で触れたように、これほどの炭水化物の雪崩に対しては何かキリっとした息抜きが必要で、シチリア島ではそれは決まってレモンです。

　アルメニアでは、ジャガイモとヒヨコ豆を一緒にマッシュして生地の一種を作り、そこにタマネギと香辛料、タヒニを詰めて、トピック（topig）という四旬節〔キリスト教の復活祭を迎えるまでの準備期間〕の団子を作ります。

　このペアは、コシード・マドリレーニョ（cocido madrileño）という、スペインの肉たっぷりの煮込み料理でかさ増し用にも使われています。

ジャガイモ&フェヌグリーク→「フェヌグリーク&ジャガイモ」P.403
ジャガイモ&プラム→「プラム&ジャガイモ」P.116
ジャガイモ&ベイリーフ→「ベイリーフ&ジャガイモ」P.374

ジャガイモ&ホウレンソウ

　家を出る前に鏡を見て、何かひとつ外していきなさい、とココ・シャネルは言っていました。インド料理レストランでの注文にも使えそうな、まっとうなアドバイスです。ですが、いいですか、そのひと皿は絶対にサグ・アルー（saag aloo）〔青菜とジャガイモのカレー〕であってはなりません。ホウレンソウがどっさり入ったベジタリアン料理を食べて、後悔しておなかを抱えたことのある人なんていないのですから。

　サグはジャガイモを大事に甘やかしているグリーンソースで、あっさり味にも香辛料をきかせた味にも、お好みのままにできます。

ジャガイモ&ライ麦→「ライ麦&ジャガイモ」P.24
ジャガイモ&リーキ→「リーキ&ジャガイモ」P.286
ジャガイモ&レタス→「レタス&ジャガイモ」P.298
ジャガイモ&レンズ豆→「レンズ豆&ジャガイモ」P.55

Dried Pea
乾燥エンドウ豆

　乾燥グリーンピースはレンズ豆よりも甘みがあり、風味も強いので、塩さえあれば完璧なスープができます。たいていの青物野菜のスープは少々ジャガイモに頼ることで重みと風味の深みを出していますが、乾燥グリーンピースなら必要なでんぷんはすべて入っていますし、ジャガイモの風味も最初から詰め込まれています。

　イエロースプリットピー※10はまた話が別です。こちらは似たような風味ではありますがグリーンスプリットピーのコクはないため、トマトのような他の食材に頼って満ち足りるスープにします。

　ピーズミール〔黄エンドウ豆粉〕はイエローフィールドピー※11を挽いたものから作られます。お湯を加えるとスコットランドのブローズ（brose）になります。フードライターのキャサリン・ブラウンは、ピーズミールはオートミールやベアミール〔「大麦＆チーズ」P.30を参照〕よりも味が強烈で、そのためはっきりした酸味のある果物よりも、デーツやアプリコットのほうによく合う、と指摘しています。ピーズミールは現在でも、スコットランド高地にある「ゴルスピー製粉所」で生産されています〔2025年現在は廃業〕。

乾燥エンドウ豆＆大麦

　「バターなしでもおいしい」と、1851年刊の『ザ・ベジタリアン・メッセンジャー』誌は高らかに述べています。

　デンマークのコペンハーゲンにある「ノーマ（Noma）」では、ゆでた大麦にスターターの麹菌を注入して「ピーソ（peaso）」〔ピー（エンドウ豆）＋味噌の造語と思われる〕を造っています——ここでは、味噌造りの技術が、味噌造りに使う大豆の代わりに、デンマークでポピュラーなゆでた乾燥黄エンドウ豆に応用されています。ピーソの理想的な伴侶はローストガーリックオイルです。

乾燥エンドウ豆＆カブ→「カブ＆乾燥エンドウ豆」P.212
乾燥エンドウ豆＆ココナッツ→「ココナッツ＆乾燥エンドウ豆」P.157

乾燥エンドウ豆＆コショウ

　乾燥エンドウ豆は何もしなくてもそれ自体で完全です。塩、白コショウ、それからバター少々（かつては砂糖1さじを加えるのが普通でした）という調味料以外には何の食材もなくても、スープやピューレを担うことができます。フードライターのジェイン・グリグソン〔P.443参照〕はグリーンスプリットピー〔下記参照〕とグリーンペッパーのファンでした。グリーンスプリットピーをタマネギとニンジンと一緒に柔らかく煮てブレンダーにかけ、グリーンペッパーをホールで、好きなだけ入れます。

　色の暗いフィールドピーは今でもイングランド北部ではおなじみのものです。北東部で広く食べられている赤みがかった茶色のカーリンエンドウ豆や、ランカシャー周辺で好まれている黒い「炒り」エンドウ豆は、どちらも酢をかけていただきます。

※10　スプリットピー…半割りの乾燥エンドウ豆のこと。スプリットピーには青エンドウから作る緑色のグリーンスプリットピーと、白（黄）エンドウから作る黄色のイエロースプリットピーがある。

乾燥エンドウ豆&ジャガイモ→「ジャガイモ&乾燥エンドウ豆」P.252

乾燥エンドウ豆&ソレル

　ソレルの風味は白いテーブルリネンとぴかぴかのカトラリーを賛美しており、スプリットピー〔P.256参照〕の風味はグリーシー・スプーン※12にある、さっとひと拭きすればきれいになるメラミン樹脂の食器を礼讃しています。

　でもそんなことはどうでもいいんです。乾燥エンドウ豆は、「ビネガープラント」の名でも知られるソレルの、独特の強い風味を愛しているのです。ソレルは、四旬節〔キリスト教の復活祭を迎えるまでの準備期間〕の間乾燥エンドウ豆のスープに加えられるたくさんの春の香味野菜のひとつでした。茎からとったソレルの葉を、通常使われる香味野菜（刻んだタマネギ、ニンジン、セロリ、ひょっとしたらカブ）と一緒に鍋に入れてください。そして、ピューレにしたスープが普段よりもちょっと陰気な色合いになったとしても驚かないでください。舌にのせればまったく陰気なんかではなくなりますから。

乾燥エンドウ豆&ターメリック→「ターメリック&乾燥エンドウ豆」P.234

乾燥エンドウ豆&唐辛子

　辛味をしばし無視することさえできれば、青唐辛子の風味はガーデンピー〔このページのフィールドピーの注を参照〕と共通点がたくさんあります。乾燥エンドウ豆に加えれば、さしずめセミドライエンドウ豆といった、交配種のような味がします。

　モーリシャスのガトー・ピモン（gateau piment、唐辛子フリッター）は以下のように作ります。

---

recipe
《ガトー・ピモン（乾燥エンドウ豆と唐辛子のフリッター）》
❶イエロースプリットピー〔P.256参照〕250gを8時間水に浸けておく
❷水気を切ったら洗ってブレンダーにかけ、粗めのバッター生地を作る
❸細かいみじん切りにした青唐辛子を最低1本、小口切りにした葉ネギ4本、刻んだコリアンダーリーフ大さじ2～3、ベーキングパウダー小さじ1、それに塩や他の香辛料を混ぜ入れる
❹このバッター生地をクルミ大に丸めて4～5分、途中で一度ひっくり返しながら揚げ、キッチンペーパーにあげて油を切る

　「昔はガトー・ピモンはドーナツの形をしていたが、最近ではほとんど小さなボールの形になっている、そのほうが早く作れるからだ」と、長年これを販売しているナイェシュ・マンガーは述べています。マンガーはまた、青唐辛子は子どもには辛すぎるため生地から消滅しつつある、とも指摘しています。ガトー・ピモンは朝食に食べるもので、バターを塗った熱いロールパンにはさんで、紅茶とともにいただきます。

※11　フィールドピー…エンドウ豆はフィールドピー（硬莢種）とガーデンピー（軟莢種）に分けられる。フィールドピーは実を乾燥豆や粉にするもので、ガーデンピーは若い莢ごと食べるサヤエンドウや未熟の豆を食べるグリーンピースなどがある。
※12　グリーシー・スプーン（greasy spoon）…「脂でぎとぎとしたスプーン」の意。揚げ物を提供するイギリスの安カフェ・大衆食堂などを指す語。

乾燥エンドウ豆&トマト

　トマトは、少なくともスープにおいては、グリーンよりもイエローのスプリットピー〔P.256参照〕のほうを偏愛しています。スプリットピーとトマトのクリームスープはアルカトラズ島〔刑務所があったことで有名なアメリカ・カリフォルニア州の島〕で出されていたことがありますが、きっとヴィクトリア朝〔1837～1901〕ロンドンの黄色い濃霧と同じくらい、サンフランシスコ湾の霧をしのばせたことでしょう。ザ・ロック〔アルカトラズ刑務所の俗称〕での食事は、刑務所が小規模で、収容者の食事をきちんと賄うのが難しくなかった頃はある程度まともだった、と言う人もいます。それより後に収容された人たちはひどいものだった、と言っています。1954年のクリスマスの日には、囚人たちにローストターキーのオイスタードレッシングがけとスノーフレークポテト（サワークリームとクリームチーズと一緒にマッシュしたジャガイモ）が出されました。悪くなさそうではありますが、デザートにパンプキンパイが出たという話を聞くと、私なら独房の壁をティースプーンで削っているだろうな、と思います。

乾燥エンドウ豆&パセリ→「パセリ&乾燥エンドウ豆」P.336
乾燥エンドウ豆&味噌→「味噌&乾燥エンドウ豆」P.13

乾燥エンドウ豆&ミント

　路傍の一時駐車スペースで食べる「サーモス」に詰めたランチ並みにイギリスらしさがあります。このペアが長年続いているのはなんだか不思議です。ミントは乾燥エンドウ豆がときどき引き起こす消化の問題を緩和するために追加されたという可能性もあるでしょうか？　どろどろのエンドウ豆をたくさん食べるときにちょっと気分を盛り上げるというだけのことだったのでしょうか？　それともミントのさわやかさと乾燥エンドウ豆のファゴットのような低音を対比させたのでしょうか？　ミントが乾燥エンドウ豆の風味をふくらませる、とは言いがたいと思います。むしろねじ伏せてしまうからです。

　ミントは脂っこいものをさっぱりさせたり、赤身肉やダークチョコレートのダークなローストした風味を軽くさせたりするのには長けています。ゆっくり調理したエンドウ豆に飾るハーブをお探しなら、パセリのほうが適当です。

乾燥エンドウ豆&ライ麦

　ひと切れのライ麦パンは、乾燥エンドウ豆のスープには理想的な付け合わせです。ふにゃふにゃになりようのない、ごつごつした荒々しいクルトンにもなります。アメリカの食堂で提供される、優柔不断な人間の夢——スープとサンドイッチひと切れ——のファンは、バターを塗ったライ麦パンで作ったシンプルなディルのピクルスのサンドイッチとスプリットピー〔P.256参照〕のスープ一杯にまっすぐ突き進むといいでしょう。

乾燥エンドウ豆&レモン→「レモン&乾燥エンドウ豆」P.187

※13　ピースーパー（pea souper）…乾燥エンドウ豆で作るスープ（pea soup）のような濃い霧、という意味。昔ロンドンの名物だったという。

Chickpea

ヒヨコ豆

　カブリ（kabuli）とデシ（desi）というヒヨコ豆の2品種は、簡単に見分けられます。カブリ種は大きくて皮が厚く、有名ブランド「アルマーニ」のベージュ色をしたヒヨコ豆で、デシ種は茶色や黒のヒヨコ豆として、またはベンガル・グラム〔インドでヒヨコ豆を指す語〕などさまざまな名前で知られています。

　デシ種は皮をむいて半割りにするとチャナ・ダールになり、これは外見上はイエロースプリットピー〔半割り乾燥エンドウ豆〕と似ていますがデシ種の方が小さめです。ひっそりとナッツっぽさのあるカブリ種よりも、デシ種のほうがミネラルの強い風味があるためダール〔豆を香辛料で煮込んだ料理〕に向いているのですが、ヒヨコ豆を挽いて製粉すると、2種の違いはほとんど消え去ってしまいます。デシ種の粉はビサンあるいはグラムフラワーと呼ばれ、カブリ種の粉はヒヨコ豆粉として広く販売されています。

　どちらの種類のヒヨコ豆にも、レンズ豆と同じく、酸っぱくてスパイシーなパートナーを求める傾向があります。ローストしたヒヨコ豆はインドでは軽食として人気があり、有塩のものも無塩のものも買うことができます。

ヒヨコ豆＆アボカド

　ヒヨコ豆に勝つのはわけもないことです。風味の強い食材ならヒヨコ豆を圧倒することができます。一方、アボカドも同様におとなしいので、気の合ったペアになりますが、ただしひとつだけ鉄の掟に従う必要があります。どちらか片方の食感は壊さずに残す、というものです。両方をブレンダーにかけてしまうと、仕上がりがのっぺりしてしまいます。「ワカムス」なんて絶対にだめですからね。

　ヒヨコ豆＆オクラ→「オクラ＆ヒヨコ豆」P.414

　ヒヨコ豆＆カシューナッツ→「カシューナッツ＆ヒヨコ豆」P.323

　ヒヨコ豆＆カブ→「カブ＆ヒヨコ豆」P.214

　ヒヨコ豆＆クミン→「クミン＆ヒヨコ豆」P.362

　ヒヨコ豆＆玄米→「玄米＆ヒヨコ豆」P.20

ヒヨコ豆＆ココナッツ

　ヒヨコ豆の風味はナッツっぽいので、ココナッツとは調和のとれたペアになります。どこからどこまでがヒヨコ豆でどこからがココナッツかわからないほどですが、ヒヨコ豆は「甘くない」の欄に印がつくほうで、ココナッツは「甘い」のほうだ、ということは確かです。

　ハンガリー産のガチョウの羽毛くらいほっとする組み合わせですし、何かはっきりした味のものや苦いものを加えない限りは、同じくらい眠気を誘う組み合わせでもあります。加えたとしても、カルダモンで風味づけしたファッジのようなバルフィ（barfi）〔インドのお菓子〕の中に、あるいはターメリックなどの香辛料でキリっとさせた煮込み料理の中に、何か眠たげな様子が残ります。「ココナッツ＆ターメリック」（P.158）も参照してください。

259

ヒヨコ豆&コショウ→「コショウ&ヒヨコ豆」P.381
ヒヨコ豆&ゴマ→「ゴマ&ヒヨコ豆」P.314

ヒヨコ豆&ザクロ

　ザクロはヒヨコ豆が欲しがっている酸味を与えてくれますが、この取り合わせがとりわけ興味深いものになっているのは、ザクロがわずかに風味がよく、フルーティーでもあるおかげです。アナルダナは干したザクロの種衣〔種を覆っている部分〕で、はっきりとした酸味のある品種のザクロから作られています——が、ひとたび干してしまえば、濃縮された甘酸っぱさと、トマトとベリーの豊かな香味を帯びます。炒ったり挽いたりして、チャナ・マサラ（chana masala）のようなスパイシーな料理用のストックを作るのに使えます。アナルダナは粉状のものも買えますが、使う前に味見はしてください。あらかじめ挽いてあるものはちょっと埃っぽくて風味に欠けることがあるからです。

ヒヨコ豆&ジャガイモ→「ジャガイモ&ヒヨコ豆」P.255
ヒヨコ豆&ズッキーニ→「ズッキーニ&ヒヨコ豆」P.422

ヒヨコ豆&ソラ豆

　ドバラ（dobara）という、乾燥ヒヨコ豆と生のソラ豆をトマト、ニンニク、唐辛子とクミンやハリッサ（harissa）[14]、ラス・エル・ハヌート（ras el hanout）[15]などの香辛料で煮込んでパセリを飾ったアルジェリアの料理で出会う組み合わせです。ヒヨコ豆とソラ豆を混ぜてファラフェル（falafel）[16]の別バージョンにすることもあり、こちらはかぶりつくと緑の若葉色で、世界でもっともヘルシーそうな揚げ物に名乗りをあげています。

　この2つの豆はどちらも大変味がよいですが、特徴は異なります——片方は硫黄っぽく、もう片方は血なまぐさい〔P.268のソラ豆の項の冒頭部分を参照〕のです。乾燥ソラ豆とヒヨコ豆のミックスで作る粉はガルファバ粉と呼ばれ、グルテンフリーでローカーボ、たんぱく質と食物繊維を豊富に含んでいます。

ヒヨコ豆&ターメリック→「ターメリック&ヒヨコ豆」P.237
ヒヨコ豆&卵→「卵&ヒヨコ豆」P.266

ヒヨコ豆&唐辛子

　知り合うまでしばらくの間、夫はタマネギのバージのみを食べて生活していました。もっとひどかったらアテローム性動脈硬化を発症してしまうような食生活ですね。バージ（bhaji）あるいはパコラ（pakora）〔かき揚げに似たインドの揚げ物〕のバッター生地は、グラム（ヒヨコ豆）フラワー、チリパウダー、それに適宜ターメリック数つまみを混ぜて作ります。

recipe

《タマネギのバージ》（小さいバージ2個分）

※14　ハリッサ（harissa）…唐辛子をベースに、植物油、ニンニク、コリアンダーシードなどの香辛料を加えてペースト状にしたチュニジアの調味料。
※15　ラス・エル・ハヌート（ras el hanout）…北アフリカのスパイスブレンド。十数種類以上の香辛料を用い、店や家庭ごとに独自にブレンドされる。
※16　ファラフェル（falafel）…つぶしたヒヨコ豆に香辛料を混ぜて揚げた中東のコロッケのような料理。

❶ヒヨコ豆粉100gをコーンスターチ大さじ1、パプリカ粉あるいはマイルドチリパウダー小さじ1、挽いたターメリック小さじ1/2、重曹小さじ1/4、塩小さじ1/4と混ぜる

❷中央にくぼみを作り、ダブルクリーム[※17]くらいの固さのバッター生地になるだけの水（およそ75ml）を混ぜ入れる（このバッター生地のとろみを強くしすぎると、もったりしたフリッターになる危険を冒すことになります——これは、ホワイトチャペルにあるじめじめしたアパートで、1種類の食べ物に頼った食生活をしている場合には、特に浅はかなことです）

❸中サイズのタマネギ2個をごく薄切りにして混ぜ入れ、熱した油にスプーンでおとして、火が通ってきつね色になるまで揚げる（バッター生地にごく細かくみじん切りにした生の唐辛子も入れても構いません）

ヒヨコ豆&パセリ→「パセリ&ヒヨコ豆」P.337
ヒヨコ豆&フェヌグリーク→「フェヌグリーク&ヒヨコ豆」P.405

ヒヨコ豆&プルーン

サロラドシュロフ・シセラプル（Saloradshrov siserapur）というのは、ゆでたヒヨコ豆と水でもどして種を抜いて刻んだプルーンを使った、アルメニアのスープです。ゆでたヒヨコ豆の半分を裏漉ししてから残りのヒヨコ豆と混ぜて水を足してスープにし、プルーンを入れて味つけし、火を通してディルと葉ネギを散らします。ヒヨコ豆が持つ、よりナッツっぽい香味を、プルーンが引き出してくれます。他のドライフルーツ——デーツとチェリー——で作ってみたこともありますが、同じようにはヒヨコ豆にははまりませんでした。プルーンはアルメニアのトピック（topig）という団子の詰め物にも入っていることがありますし（「ジャガイモ&ヒヨコ豆」P.255も参照）、野菜とヒヨコ豆のタジン料理に入れてもおいしくなります。

ヒヨコ豆&ホウレンソウ

ガルバンソス・コン・エスピナカス（garbanzos con espinacas）は、四旬節[しじゅんせつ]〔キリスト教の復活祭[イースター]を迎えるまでの準備期間〕の食事にルーツのある、タパス・バルの定番です。確かにこれはひと皿たいらげるのに40日と40夜かかるように感じるかもしれません[※18]。ヒヨコ豆の風味よりも食べごたえのほうがはるかに大きいためです。少なくともトマトや、ニンニクとナッツのペストのようなピカーダ（picada）[※19]、塩鱈[しおだら]といった、味をしゃっきりさせる食材を含めなければ、ですが。

ミッシ・ロティ（missi roti）はヒヨコ豆粉、細切りのホウレンソウとホールスパイスで作る、インド・パンジャブ地方のフラットブレッドです——できあがりは織物にできそうなくらい繊維質です。

ヒヨコ豆&ヨーグルト

魔法のポーションです。インド・グジャラート州のお菓子、カマン・ドクラ（khaman dhokla）がいい例です。ヒヨコ豆粉とヨーグルトを、ふくらし粉と一緒に混ぜて丸型のケーキ型に移して蒸します。甘くないスポンジケーキのできあがりです！　クミンとマスタードシードを油で炒めたタルカ（tarka）をふりかけ、乾燥ココナッツ、赤唐辛子、コリアンダーリーフで飾ると、さらにもっと魔法のようになります。

※17　ダブルクリーム（double cream）…脂肪分約48%のクリーム。ホイップクリームにしたり料理に使うほか、ケーキやデザートにかけたりする。
※18　四旬節は復活祭（イースター）前の40日間を指す。イエスが荒れ野で40日間断食をしたことに由来し、40日間の断食の習慣があった。
※19　ピカーダ（picada）…アーモンドなどのナッツとニンニクなどをつぶしてペースト状にして作るスペインのソース。

甘いでんぷん質

ヒヨコ豆

お次のトリックには、ベサン・ガッテ・キ・サブジ（besan gatte ki sabji）を試してみてください。ヨーグルトと香辛料を入れて作り、ヨーグルトソースをかけて提供する、ヒヨコ豆粉の団子です。これを作るのには、いいニョッキを作るために必要なのと同じ種類の手先の早業が要ります。

それから、あの類稀なるカディ（kadhi）もあります。濃厚で香り高い、くすんだ黄色のソースで、ヒヨコ豆粉とヨーグルトで作られており、これをベースにして、インド・パンジャブ地方のカディ・パコラ（kadhi pakora）という、揚げたタマネギのフリッターがこのソースの中に浮いている料理ができます（パコラにもヒヨコ豆粉とヨーグルトのバッター生地が使われていることもあります）。レバノンのファテ（fatteh）という朝食向けの料理は、カディ・パコラと比べるとかなり直接的なように思えるかもしれません。熱々のヒヨコ豆とそのブロスをすくって、裂いて軽くあぶったピタパンにかけ、ヨーグルトをどかっと落として、炒った松の実で飾りつけてあるのです。ニンニクやタヒニがヨーグルトに混ぜてあることもあります。仕事に行く人たちが夜明けに行列を作り、狭苦しいお店でひと皿を買い求めます。この料理の魔法は、目の前できれいになくなってしまう、というものです。

ヒヨコ豆&レーズン

10代の頃に付き合っていたボーイフレンドのお母さんは、何にでもレーズンやサルタナを入れる人でした。彼の家にお茶をいただきに寄るなら、そのレーズンやサルタナを発見してこっそりよけるのは必要悪でした。カレー味のベイクトビーンズ（baked beans）[20]に入れているならそんなに難しくないのですが、得意料理のフルーティーコテージパイに入れているときは悪夢です。どんな料理も安全ではありませんでした。

思いもよらないところにドライフルーツを見つけるのがどれほど嫌だったか、自分でも忘れていたのですが、ひと握りのボンベイ・ミックス[21]の中に入っていたレーズンを噛んでいることに気がついたときに思い出しました。ギャーッとなったのですが、その後で思い直しました。レーズンが、自分たちはここにいてよいのだと自己弁護をしていたのです。濃い茶色で歯ごたえがあり、したがって、おそらく二酸化硫黄処理はされていないものでした。二酸化硫黄が使われているとドライフルーツは色が薄く、柔らかく、フルーティーになるのです。このレーズンは甘くもあり酸っぱさもあり、さらには細長くカリカリしたヒヨコ豆粉のガティヤ〔gathiya、ヒヨコ豆粉の生地を揚げたインドの菓子〕ともすばらしく親和性が高いとわかりました。以来、私は生地につぶしたレーズンを入れたファラフェル〔P.260を参照〕もありだと思うようになりましたし、すっかりヒヨコ豆とプルーン（P.261参照）の虜になっています。

ヒヨコ豆&レタス→「レタス&ヒヨコ豆」P.301

ヒヨコ豆&レモン

ヒヨコ豆は、ずんぐりした毛むくじゃらの黄緑色の莢に2個1組で育ちます。豆も莢も生の状態で食べられますが、乾燥させてあるのにはちゃんと理由があるんだな、と思うかもしれません。ヒヨコ豆はベストの状態でも味気ないものではありますが、生だとその風味はほぼ見つけられません——とても薄く、わずかに草の香りがする程度です。数分加熱して、少々のレモン汁と塩で賢明な味つけをすれば改善します。これでフレッシュな「フムス」を作る人までいます。

※20　ベイクトビーンズ（baked beans）…白インゲン豆をトマトソース、砂糖、香辛料で煮込んだもので、缶詰が売られている。
※21　ボンベイ・ミックス（Bombay mix）…揚げた豆やナッツ、ヒヨコ豆粉の揚げ麺、植物油などと香辛料を混ぜ合わせた、インドのスナック菓子。

動物性の風味
Animalic

卵
Egg

ソラ豆
Broad Bean

チーズ
Cheese

Egg

卵

　卵の見かけによらずまろやかな風味は、100以上の揮発性物質から構成されています。これらがどのくらい知覚できるかは、卵の調理方法でずいぶん変わります。調理時間が長くなればなるほど、風味は硫黄のようになっていきます。半熟ゆで卵と、黄身の周りに灰色の縁取りができるまでゆでた卵の違いを思い浮かべてみてください。

　硫黄っぽさはベーキングでもはっきりわかります。スポンジケーキ作りにバニラやその他の風味づけ材料が使われるのは、カスタードタルトがナツメグで風味づけされているのと同じ理由からです——加熱された卵の劣等な香味を押さえつけるためです。黄身のほうは加熱しすぎさえしなければ風味がよく、優しいバターのような味があり、白身のほうには金属のような鋭さがあります。時間経過と保存条件が卵の風味に関係してきますし、卵を産んだ鶏が食べていたものも同様です。

卵&オクラ→「オクラ&卵」P.413

卵&海藻→「海藻&卵」P.435

卵&キャラウェイ

　夫が産科病棟に面会に来て、サンドイッチを買ってこようかと言ってくれました。うんお願い、と私は答えました。焼け方にむらがあるジャケットポテト[※1]や、しなしなのフムスのラップサンドイッチにはうんざりしていたのです。夫は卵マヨネーズとトマトのサンドイッチを買ってきてくれました。パンにはキャラウェイシードが入っていました。これはよくありません(「ただサンドイッチを買ってくるだけのことなのに……」)。私はほっとする食べ物が欲しかったのです。母が作ってくれたような卵マヨサンドイッチが。卵マヨだけの。普通のパンで作ったものが。

　ひと口かじってみました。するとその勇敢で無私の瞬間のうちに、私は究極の卵マヨネーズサンドイッチを発見したのでした。普通のサンドイッチに手を加えたことで、コクがあり、かつさっぱりしたものになっていました。今思うと、キャラウェイにあるディルのピクルスの風味と、トマトの強い味、それにマヨネーズが共謀して、桃色のシークレットソースに近い何かができあがったのでしょう。この完璧な卵サンドイッチには、ちょっとバーガーのような味がする、という魔法がありました。

卵&黒インゲン豆→「黒インゲン豆&卵」P.44

卵&玄米→「玄米&卵」P.20

卵&コショウ→「コショウ&卵」P.378

卵&ゴマ

　サビチ(sabich)という高名なイスラエルのサンドイッチは、普通は温かいピタパンに卵、焼きナス、タヒニが詰めてあります。円熟した三つ組で、辛いハリッサ(harissa)[※2]と、アンバ(amba)という、マ

※1　ジャケットポテト(jacket potato)…イギリスやアイルランドの大衆料理のひとつ。ジャガイモを皮つきのまま割って焼き、ハムやシーフード、サワークリーム、チーズなどをトッピングしたもの。

※2　ハリッサ(harissa)…唐辛子をベースに、植物油、ニンニク、コリアンダーシードなどの香辛料を加えてペースト状にしたチュニジアの調味料。

ンゴーとフェヌグリークで作った驚くほど美味なソースがこれに挑みます。さいの目切りにしたキュウリと
トマトがこの対決にさわやかさを持ち込んで三つ巴(みどもえ)にしています。卵はハミナード・スタイル(haminado-
style)で、つまり、ゆっくり低温で、タマネギの皮とコーヒーかすも一緒にゆでてあるので、殻をむくと
外側が茶色く色づいています。

卵&サンファイア→「サンファイア&卵」P.437

卵&ズッキーニ

カップルにいつも必ずお邪魔虫がくっついてくるタイプの結婚生活です。でも、それでいいのかもしれ
ません。そのお邪魔虫がチーズであるといいですね。

卵&ソバ→「ソバ&卵」P.62

卵&ソラ豆

シェフのムサ・ダーデヴィレン〔P.444参照〕は著書『トルコ料理の本(*Turkish Cookbook*)』で、母
親の得意料理、莢(さや)ごとソラ豆と卵について書いています。ソラ豆を莢ごと薄くスライスして、オリーブオイ
ル、ニンニク、唐辛子、生のミントでタマネギと一緒に炒め、卵を加えるのです。この料理の正式な名
前はユムルタリ・バクラ・カブルマッセ(yumurtalı bakla kavurması)といい、カトラリーではなくちぎ
ったフラットブレッドですくい、塩を入れたヨーグルトのドリンク、アイラン(ayran)——「ヨーグルト&
ミント」(P.179)を参照してください——で流し込まなくてはなりません(ぜひお試しください。アイランと
ソラ豆は、ソーテルヌワインとロックフォールチーズと同じような間柄なのです)。

同じ主題ですが少しかぐわしさで劣る変奏が、フランスのフェーヴ・ア・ラ・メナジェール(fèves à la
ménagère)で、こちらは豆部分は使いますが莢は使いません。ア・ラ・メナジェールとは「主婦流の」
という意味で、ぱぱっと作れて、アイロンがけから——あるいは「ベイリーズ(Baileys)」〔クリームリキュ
ュール〕のボトルから——あまり手を離していなくてもよい料理であることを表しています。ゆで卵はエジ
プトのソラ豆の煮込み、フール・ミダミス(ful medames、「ソラ豆&ニンニク」P.270も参照してくださ
い)の付け合わせとしてよく食べられます。イラク流の食べ方では、フールの残り物はスクランブルエッ
グとフラットブレッドと一緒に朝食に出すこともあります。

卵&ソレル→「ソレル&卵」P.183

卵&タマリンド

義理の息子の卵という名前のタイ料理では、卵は半熟にゆでて殻をむいてから高温の油に浸して、外
側を茶色くして歯ごたえを出し、クリーミーな中身とのすばらしいコントラストを作ります。これにタマリン
ドとパームシュガーと魚醤を混ぜたものをかけ、赤唐辛子とコリアンダーリーフ、揚げたエシャロットをあ
しらって提供します。この料理がこのような名前になったのは、一説には睾丸(こうがん)を意味するタイのスラング
が由来だといいます。娘さんを大事にしてあげないと、義理の母が「卵」をゆでて揚げてしまうぞ、とい
うことです。義理の息子の卵は軽食として食べても、ご飯や他の料理と一緒に食べてもいいですが、将

動物

卵

265

来私の義理の息子になる予定の人がいたら知っておいてほしいのは、私はこれを柔らかい白い丸パンにはさんで食べるのが好きだということです——タイ風のブラウンソースがけ目玉焼きサンドイッチですね。

卵&チコリ→「チコリ&卵」P.295

卵&チャイブ→「チャイブ&卵」P.289

卵&デーツ→「デーツ&卵」P.142

卵&豆腐→「豆腐&卵」P.303

卵&蜂蜜

「オムレツ」という語は、ラテン語のova melitaに由来しています[※3]——初期には蜂蜜も入っていたのです。ジャーナリストのレベッカ・シールは、アルベルト・アインシュタイン〔1879〜1955〕は朝食に蜂蜜をかけて焼いた卵を食べていた、と記しています。そのせいでアインシュタインの髪はあんな見た目になったんですね。

「蜂蜜&アーモンド」（P.76）も参照してください。

卵&パッションフルーツ→「パッションフルーツ&卵」P.205

卵&ヒヨコ豆

　ラブラビ（lablabi）というのはチュニジアの国民的な料理です。ヒヨコ豆と、まだ熱いブロスの入った器に卵1個を割り入れ、そのまま置いておいて熱を入れます。ブロスは普通クミン、ニンニク、ハリッサ〔P.264参照〕で風味づけされていて、たいてい器の底にはパンのかけらがあります。ツナ、ケッパー、野菜のピクルスやオリーブなど、いろいろなものを加えたり飾ったりしても差し支えありません。

　ロンドンにあるカフェ「Honey & Co.」のイタマー・シュルロヴィッチとサリット・パッカーは、ウエボス・ハミナードス（huevos haminados）、つまりゆっくり調理した卵〔ユダヤ料理の一種。「卵&ゴマ」P.264を参照〕に、マシャワシャ（mashawsha）という、フムスと同じ材料を異なる割合で使い（特に、タヒニを少なめにして）温かくしたバージョンのフムスを添えて提供しています。

「クミン&ヒヨコ豆」（P.362）も参照してください。

卵&ホウレンソウ→「ホウレンソウ&卵」P.425

卵&マスタード

　アメリカ人シェフのガブリエル・ハミルトンが作るデビルドエッグの秘訣は、黄身をディジョンマスタード、マヨネーズ、それからカイエンペッパーひとつまみと混ぜる、というものです（これは、ドラマ「チアーズ（Cheers）」に出てくるクリフの母親による秘密のレシピの改良版です。クリフの母親はマヨネーズではなく水を使っています）。

　卵とクレスというのはイギリスでおなじみの組み合わせで、サンドイッチチェーン「プレタマンジェ（Pret A Manger）」の売れ筋商品です。伝統的には、コショウソウ〔ガーデンクレス〕と、*Sinapis alba*、つまりシロガラシ〔ホワイトマスタード〕の小さな緑の新芽をミックスしたものが、クレスの部分

※3　ovaはラテン語で卵、melitaは古代ギリシャ語で蜂蜜の意。

を担っていました。最近では、サンドイッチに使われるクレスは大半が菜種の新芽で、こちらはそれほ
どピリッとした辛味はありません。もっと本格的なミックスがよければ、自分で育てることも考えてみてく
ださい。クレスの種をまいて数日後にマスタードの種をまくと、両方同時に使えるようになります。

卵&松の実→「松の実&卵」P.386

卵&味噌→「味噌&卵」P.13

卵&メープルシロップ→「メープルシロップ&卵」P.396

卵&ユズ

ユズの皮は、茶わん蒸しという、日本の甘くない蒸しカスタードの飾りに使われます。夏には冷やし
て、冬には温かくして食べます。ユズが持つ花のようでまろやかな、タイムのような緑の香味を探し出す
のは、背景がこれだけ穏やかなら簡単です。

ユズ果汁と卵の組み合わせを甘くする場合の解釈は、「ユズ&レモン」（P.198）を参照してください。

卵&ヨーグルト→「ヨーグルト&卵」P.177

卵&ライ麦

マヨネーズは、卵をライ麦パンと共存できるようにするために発明されたも同然です。バターでは太刀
打ちできません（強い味がないからです）。そしてマスタードだけでは粗暴すぎます。

卵&ラディッシュ

マレーシアでは、大根のプリザーブを切り分けてツァイ・ポー・ヌイ（chai poh nooi）というオムレツ
に使いますし、タイでは卵、もやし、麺（や、その他の食材）と和えて、こちらはおなじみのパッタイに
します。ツァイ・ポーは甘いものもしょっぱいものも入手可能です。バルザック〔1799～1850〕の小説
『現代史の裏面（L'envers de L'histoire Contemporaine）』では、ヴォーチエ夫人が金に困っている青
年ゴドフロワに、カフェオレと、「湯気の立つオムレツ」のフレッシュバターと小さいピンク色のラディッ
シュ添え、という朝食を出す場面があります。「フレンチ・ブレックファスト」というラディッシュは長くて
赤い品種で、白いペンキにディップしたかのような見た目です。あっさりしていてスパイシーでパリパリの
食感がよく、一日をしゃきっと始められるラディッシュです。

卵&リーキ

シェフのサイモン・ホプキンソンはリーキとトリュフやキャビアとの相性のよさを指摘しています。ご予算が
チョウザメの卵より鶏の卵向きであっても、元気を出してください。ホプキンソンは、リーキで実に見事なキッ
シュが作れる、とも考えているのです。フランスのピカルディ地方発祥のフラミッシュ（flamiche）はキッ
シュのようなタルトで、リーキ、卵、クレーム・フレッシュ（crème fraîche）、時にはベーコンも使って作ります。

卵&緑茶→「緑茶&卵」P.430

卵&レタス→「レタス&卵」P.299

動物

卵

※4　クレーム・フレッシュ（crème fraîche）…サワークリームの一種。クレームフレーシュともいう。生クリームに乳酸菌を加え発酵させたもの。

267

Broad Bean

ソラ豆

　半分野菜で、半分哺乳類です。ソラ豆の風味はそこはかとなく血なまぐさく、臓物のようで、ちょっとチーズのようでもあり、ですからトマス・ハリスの小説『羊たちの沈黙』でハンニバル・レクターがソラ豆を選んだのは当然のことです。彼はこれを犠牲者の一人の肝臓とペアにし、濃厚な赤身肉や臓腑と一緒に飲むワインである「こくのあるアマローネ」と合わせています。映画では「結構なキャンティ」になっていますが、要点は同じです。ソラ豆とは、食人者のサイドディッシュなのです。

　生のソラ豆だと皮に鉱物っぽさの気配があるだけなので、血肉のような風味はあまりわかりやすくありません。豆が大きく、皮が厚くなってくると、あるいは缶詰にしたり干したりすると、もっとピリッとした、普通でない特徴が現れます。熟成したウォッシュチーズやトリュフ、臭豆腐のような、好き嫌いがはっきり分かれる他の食材と同じで、成熟した、あるいは干したソラ豆の最上の伴侶は、ソラ豆が猟鳥獣の肉っぽさをひけらかすことを許してくれる、物静かな風味なのです——ラム肉とペアになる食材を考えてみてください。

　未熟の生のソラ豆を引き立てるのは、特に乳製品のようなしょっぱいパートナーや、他の若採りの野菜です。

ソラ豆&大麦→「大麦&ソラ豆」P.30
ソラ豆&オールスパイス→「オールスパイス&ソラ豆」P.369
ソラ豆&クミン→「クミン&ソラ豆」P.361

ソラ豆&玄米

　どの豆にも、お気に入りの米料理があります。生のソラ豆の場合、それはペルシャのバガリ・ポロ（baghali polo）という、皮をむいてゆでたソラ豆と米、炒めたタマネギとディルのシンプルな組み合わせです。同じくペルシャ料理ですがそれほど知られていない料理でダンポクタク（dampokhtak）というのもあり、こちらは半割りの乾燥ソラ豆、米、ターメリックを混ぜたもので、よく目玉焼きを上にのせて提供されます。バガリ・ポロもダンポクタクも白米の代わりにバスマティ米の玄米を使っても、本物らしさは失われはしますが、よく合います。

ソラ豆&サンファイア

　リコッタチーズのニョッキと一緒にバターで和えてください。ソラ豆は塩気のあるパートナーを好み、サンファイアは塩気を分け与えてくれます。鍋に入れると頭蓋骨の下に2本の骨が交差した図柄のように見え、ソラ豆が人間の頭部に似すぎている、というピタゴラスの不満のひとつがここに反響しています。また、ピタゴラスはソラ豆を転生した死者の魂だと考えていた、という説もあります。このページの冒頭で述べたように、ソラ豆には何か肉体を思わせる風味があるのです。きっとピタゴラスもそう思ったのでしょう。

ソラ豆＆ジャガイモ

「……そして、もし乾燥ソラ豆とジャガイモがあるなら、飢えることはないだろう」と、自給自足生活の偉大なる推進者、ジョン・シーモアは述べました。まったくその通りですが、乾燥ソラ豆がジャガイモの風味を凌駕してしまいがちであることを考えると、この組み合わせはそれほど楽しめないかもしれません。

生の豆ならもっと手を加える余地があります。未熟のソラ豆とジャガイモと、さらにセイボリー〔キダチハッカ〕があれば、おいしいハッシュ〔細かく切った肉やジャガイモを焼いたり揚げたりした料理〕と極上のスープが作れます。あるいは、タマネギや他の春野菜と蒸し煮にしたり、シンプルなサラダにしたり、アルー・マター（aloo matar、ジャガイモとエンドウ豆を濃厚でスパイシーなソースで煮た料理）の線で、エンドウ豆の代わりにソラ豆を使ってかぐわしいインド料理にしてみてください。そしてよいアイデアを使い果たしてしまったとしても、いつだってフリッタータ（frittata）[※5]が作れます。

ソラ豆＆卵→「卵＆ソラ豆」P.265

ソラ豆＆チーズ

5月1日には「ベスパ」にまたがって景色のきれいなところへ出かけ、若採りソラ豆とペコリーノチーズ、それに携帯用の酒瓶に入れたワインでピクニックをするのが、全ローマ人の義務です。あれは5月ではありましたが1日ではなく、私はロンドンにいました。夫は数週間家をあけていて、私は小さい子どもたちと仕事との、必ずしも両立可能でない要求にくたびれ果てていました。二人乗りベビーカーを押して保育園まで1マイル半歩きながら、空想の中でローマのフォルナチ通りを疾走し、温かな風を髪に受けていました。家まで歩いて帰る途中、八百屋に立ち寄って、一番小さいソラ豆を数つかみ分選び出しました。遠回りしてしゃれたチーズ屋にも寄り、それからしゃれたワインショップに行きましたが、カウンターの向こうの男性はソラ豆と一番合うワインをなかなか教えてくれませんでした。

その晩、子どもたちをベッドに寝かしつけてから、生の豆を木製のボードに山盛りにし、楔形をしたペコリーノ・ロマーノを添え、皮がパリパリで粉が吹いている白パンも分厚く切ってのせました。うちで一番いいオリーブオイルと冷たいペコリーノ種の白ワインのコルク栓を抜き、ラジオを消して腰を据え、3つの食材とオイルを混ぜたり組み合わせを試したりしながら無言で食べ始めました。パンとしょっぱい羊のチーズ、ソラ豆とチーズ、ソラ豆とパン、3つ全部。豆はローマ人が5月1日に割って食べるものほど小さくも甘くもなかったかもしれませんが、私はひとつ残らず反芻しながら味わい、気がつけば窓に映った自分が見えるほど、外は暗くなっていました。

ソラ豆＆チコリ

磁石のように引き合う組み合わせです。どちらの風味にも、金属のような鋭さがあります。ファーヴェ・エ・チコリア（fave e cicoria）というのはイタリア料理における鉄板の定番で、皮をむいた乾燥ソラ豆と苦くてジューシーな青菜をペアにしています。そして、定番料理というものの常で、作り方がきっちり決まっています。豆のピューレと加熱したチコリでひと皿にするのです。何も手を加えてはいけません。豆とチコリ（ファーヴェ・エ・チコリア）なんですから。いいですね？　イタリア人のアイデンティティそのもののごとく不変であり単一です。

ただ、スープとして提供することもできはします。それに、青菜が豆の上に、あるいは横に置いてあっても大丈夫です。もちろん、作り手が混ぜ合わせて緑色にまじりあったマッシュにしてしまわなければ、

※5　フリッタータ（frittata）…イタリアの卵料理。具材を沢山入れたオムレツ。

の話です。

　ただし一点だけ、交渉の余地のないことがあります。ファーヴェ・エ・チコリアはトーストを添えて提供するのです。そうしない地域に住んでいるのでなければの話です。チコリはチコリでもよいですし、チャードのようなまったく別の苦い青菜でも構いません。あるいは紫でも——青菜は紫色のものを使うこともできます。葉は塩だけを入れたお湯でゆでるか、あるいは湯がいてオイルとニンニクで炒めます。

　言ったでしょう、イタリア料理の定番なんです。

ソラ豆＆チャイブ

　生のソラ豆には控えめなチーズのような香味があり、これがチャイブと極上のペアを組むのにうってつけです。サラダや春野菜の蒸し煮、あるいはスープで組ませてください。自分でソラ豆を栽培しているなら、小さめの莢をいくつか、スープを煮込んでいる鍋に加えてください。イタリア・ヴェネツィアの米料理、リージ・エ・ビージ（risi e bisi）を作るのに豆の莢を使うのと同じ要領です。そうすると、骨を入れたストックのように、深みがあり、ちょっと胸が張り裂けそうなほどの味わいのよさが出るのです。自宅で栽培している人は、ソラ豆の品種の中ではウィンザー種の風味が評判がよいということを覚えておくといいでしょう。「卵＆ソラ豆」（P.265）も参照してください。

ソラ豆＆唐辛子

　ソラ豆と唐辛子は、中国の四川省発祥の辛い発酵ペースト、豆板醤で出会います。最高級の豆板醤は郫都、つまり郫県という地域で作られており、豆、唐辛子、小麦粉、水〔と塩〕というもっとも基本的な自然の食材のみを使用しています。麻婆豆腐というスパイシーな牛肉と豆腐の料理にあんなにも抗しがたい魅力があるのは、主に豆板醤のおかげです。豆板醤は他の多くのご飯ものや麺料理にも使われています。

　スペインでは、アバス・フリタス（habas fritas）という、乾燥ソラ豆を揚げたバルのおつまみが人気です。豆にあるかすかな金属のような香味は揚げ物の風味だらけの中では見つけにくいですし、ソラ豆にパプリカ粉がふりかけてあると、普段ソラ豆嫌いの人も喜んで食べてくれますが、香味は感じられなくなります。

　　　ソラ豆＆トウモロコシ →「トウモロコシ＆ソラ豆」P.72

ソラ豆＆ニンニク

　フール・ミダミス（ful medames）は、国民的料理と呼ぶに値するひと品です。エジプトでは誰もが大好きです。乾燥ソラ豆をゆでて、つぶしたニンニクとオリーブオイルと混ぜます。トマト、パセリ、挽いたクミン、あるいはレモン汁を加えることによって、甘い方向にも、苦くも、土っぽくも、酸っぱい方向にも持っていくことができます。タヒニを加えるとよりクリーミーになります。ゆで卵を加えるとさらに滋味たっぷりになります。この料理は食事時間を問わず、朝食でも昼食や夕食にも、「道端や畑で、旧式の家や豪奢な邸宅で、田舎の村や高級レストランで」食べられている、とフードライターのギリー・バシャーンは言います。もし豆が「肉のよう」だとすれば、フール・ミダミスは質朴かつ血なまぐさく、ニンニクでジューシーになったラムのあばら肉です。

270

recipe

《フール・ミダミス》（4人分）

❶皮つきの乾燥ソラ豆300gを冷水に8時間浸しておく

❷豆の水気を切って洗い、鍋に移して、かぶるくらいより1、2cm上まで水を入れる。一度沸騰させてから、ことことするくらいまで火を弱め、蓋をして最低30分間煮込み、豆が柔らかくなっているか確認する。なっていなければまた煮込んで、10分ごとに確認する（最大で30分、多くかかるかもしれません）

❸ほぼ火が通ったくらいで塩少々を加える

❹そのあいだにトッピングを用意する。卵4個を好みの固さにゆで（私は卵を常温にしておいた場合7分でできるビロードのような黄身が好きです）、お湯から取り出して冷ましておく

❺トマト4個とレモン1個をくし形に切り分け、パセリの小束の葉を刻む。クミンシード大さじ1を中弱火で、少し色づいてかぐわしくなるまで炒り（瞬く間に焦げてしまうので、目を離さないでください）、冷ましてから挽く

❻卵の殻をむいて縦に半分に切り、卵、トマト、レモン、パセリ、クミン、それにタヒニを別々の皿に盛る。ピタパンを焼いておく

❼熱々の豆の水気を切って4つの器に分けて盛り、つぶしたニンニク少々とオリーブオイルを加える

お客様には自分の分の豆に好みで付け合わせを選んでくださいとお伝えして、ピタパンとオリーブオイルを全員に回してください。

ソラ豆&パセリ→「パセリ&ソラ豆」P.337
ソラ豆&ヒヨコ豆→「ヒヨコ豆&ソラ豆」P.260

ソラ豆&フェンネル

　ギリシャには、氷で冷やしたウーゾ（ouzo）[※6]をグラスからすすりつつ、セイヨウヒルガオの花のような莢からつまみ出したソラ豆で夕方の軽食を始める、という伝統があります。

　シェフのムサ・ダーデヴィレン〔P.444参照〕は、トルコの地域ごとの食文化に関する著書のための調査をしていて、イチ・バクラ・ハシュラマシ（iç bakla haşlamasi）という料理を知りました。作り方は以下の通りです。生のフェンネルが豆のじめじめした風味を元気づけています。

recipe

《イチ・バクラ・ハシュラマシ》

❶刻んだフェンネルの葉とタマネギをオリーブオイルで炒め、莢をむいた生のソラ豆を加えて5分間ソテーし、レモン汁と塩で味つけする

動物

ソラ豆

※6　ウーゾ（ouzo）…ギリシャのリキュール。蒸留酒にアニスやフェンネルなどのハーブや香辛料で風味づけしてある。

> ❷蓋をして10分でできあがり

　野生のフェンネルなどの青菜をマッシュした乾燥ソラ豆と混ぜて作るマック（maccu）というイタリア・シチリア島の料理は、おそらくファーヴェ・エ・チコリア（「ソラ豆＆チコリ」P.269）のひとつの変奏になります。マックはパスタソースになることもありますが、たいていの場合、特に3月19日の聖ヨセフの日にはスープの形で食べるものです。スープがそれほど水っぽくなかったらの話ですが、残った分はお皿に塗って置いておいて固めてもいいでしょう。翌日、固まったマックを、ヒヨコ豆のパネッレ——「ジャガイモ＆ヒヨコ豆」（P.255）を参照してください——と同じようにして、薄切りにしてオリーブオイルで焼きます。

　ソラ豆＆ミント→「ミント＆ソラ豆」P.349

ソラ豆＆ヨーグルト

　豆の莢むきは誰もが大好きです。スパはソラ豆セラピーをやるべきです。ですが、ゆでた豆の皮をつるりとむく作業となると、皆それほど熱心ではありません。もしあなたもゆでたソラ豆の皮をむくのに気乗りがしないタイプなら、一度でいいので試しに、ギリシャヨーグルトでまとめた冷やしソラ豆の定番メゼ（mezze）※7を作ってみてください。皮の質朴な風味が相性のよい相手とヨーグルトで出会い、結果としておいしくてチーズっぽい強い味が生まれますし、それに、皮の歯ごたえはあると嬉しいものです。刻みニンニク少々、ディル、ミント、パセリなどを加えて作る人もいますが、この組み合わせはこの2つだけでも無類の人気を勝ち取れます。
　「卵＆ソラ豆」（P.265）も参照してください。

ソラ豆＆レタス

　ハロルド・ピンター〔1930〜2008〕の戯曲『背信』が過去へさかのぼる物語であることをご記憶でしょう。私はこれを3回観たのですが、いまだにどうやって始まるのかわかっていません。毎回、イタリアのラグーナ・ヴェネタ〔ヴェネタ潟〕にあるトルチェッロという島への言及で気が逸れてしまうのです。何年も前に旅行ガイドで、トルチェッロにあるレストランについて読んだことがあります。そこを経営する女性は使う野菜を全部自分で栽培していて、その中にはすばらしいソラ豆やレタスやアーティチョークがあるのでした。庭のテーブルにつくと、彼女が摘んだばかりの野菜で作った極上のささやかな料理を運んできてくれるのです。中でも唾がわいた料理は、ヴィニャローラ（vignarola）という若採りの春野菜の蒸し煮でした。現代のレシピには決まってプロシュートやパンチェッタが使われていますが、私の理想のヴィニャローラはハムの味はしません。シェフでフードライターのリチャード・オルニーはこれを、ヴィニャローラのフランス版に入っている野菜についての記事で正確に表現しています。「……肉が入っていないので、無関係なソースに味覚が惑わされることなく、（野菜の）純粋さと芳香が際立っている」
　オルニーのレシピはこれ以上ないほどシンプルです——若採りの野菜を、バターとセイボリー〔キダチハッカ〕でじっくり調理し、パセリをあしらっています。オルニーは他に候補にしてもよい春の農産物のリストも挙げていますが、タマネギはマストだ、と言っています。6月初めのイングランドなら、皮をむい

※7　メゼ（mezze）…東地中海料理で出される前菜の総称。

たソラ豆と細切りにしたレタス、柔らかな若いエンドウ豆と葉ネギがパーフェクトです。このような料理には私たちも独自の名前をつけるべきでしょう。夏季などはどうでしょうか。『背信』の3度目の観劇後、あの旅行ガイドの古本を探して手に入れました。あのレストランはトルチェッロ島ではなくサンテラズモ島にあることがわかりました。とはいえ、それでも、です。

Cheese
チーズ

この項では、あらゆる種類の乳から作られたハードチーズ、ソフトチーズ、ウォッシュチーズ、ブルーチーズと、それにヴィーガンチーズも扱います。比較的よく知られた種類に焦点を当てていますが、どれも私の実例を出発点として、もっと変わったチーズで実験することもできます。

ソフトタイプのフレッシュチーズは乳の強い味とハーブの香味があって、ツンとする味の果物やハーブと調和しますし、甘い根菜とは快い対比をなします。同じことが山羊のチーズにも当てはまり、こちらもコリアンダーシードやアニス、クレソンのようなスパイシーなパートナーと組むのを歓迎します。チーズは熟成するにつれてよりナッツっぽくコクのある香味が生まれ、これが重たくフルーティーな風味やうまみの濃い食材と両立します。ブルーチーズも濃厚な果物が好きです。その果物にポートワインのような特質がある場合は特に。ブルーチーズと野菜の定番の組み合わせは、特に加熱した野菜との組み合わせは、驚くほど希少です。ウォッシュチーズは、一番相性がよいのはプレーンなパンやクラッカーであることが多いのですが、クミンやニンニクのような、同じくスパイシーさがある食材が相手でもご機嫌になります。

チーズ&エルサレム・アーティチョーク→「エルサレム・アーティチョーク&チーズ」P.249
チーズ&エルダーフラワー→「エルダーフラワー&チーズ」P.108

チーズ&エルダーベリー

イタリアのワイナリー「トッラッツェッタ（Torrazzetta）」はジャムも生産しており、じゃりじゃりしていてわずかに酸っぱいエルダーベリージャムを山羊のチーズのパートナーにお勧めしています。私はゼラチンを使ってぱっとできるエルダーベリーゼリーを作りました。使った砂糖の量は伝統的なジャムやゼリーに通常使われる量よりもはるかに少なめです。できあがりは溶けた道路が瓶に入っているかのような見た目になりました。山羊のチーズとは確かによく合いましたが、ポートワインのような風味があって、ブルーチーズのほうがさらによく合いました。

チーズ&オーツ麦

『北ロンズデール雑誌および湖水地方雑録』（1867年）から。「ケンダル産エール1杯、ランカスターチーズひと切れ、それに十分な量のオートケーキ（oatcake）[※8]は、夕食に代わる史上最高の発明であることが、普遍的に承認されています」

これを書いた人がオートケーキのクラッカーのことを言っているのか、それとも〔イギリス中部の〕スタフォードシャーのオートケーキ（ディナープレートほどの大きさがある、イースト入りのパンケーキの一種）を指しているのかは不明ですが、どちらであってもこの提案には適しているでしょう。チーズ風味のオートケーキでも、エールと一緒だとおいしいと思います。

※8　オートケーキ（oatcake）…オートミールで作る、ビスケットに似た薄く平たいパン。

recipe

《チーズ風味のオートケーキ》（12 ～ 14枚分）

❶ 細かいオートミール125gを細かくおろしたパルメザンチーズ大さじ4と塩小さじ1/4とボウルで合わせ、中央にくぼみを作る

❷ バター大さじ2をお湯大さじ2で溶かし、❶に加えて混ぜ、必要に応じてほんのちょっと水を加えて、生地を作る

❸ 生地をくるんで30分休ませ、およそ3mmの厚さにのばしてクッキー型で10cmの円形にくり抜く

❹ ペーパーを敷いた天板に並べ、180℃のオーブンで20 ～ 25分、ふちが金色になってくるまで焼く

チーズ&大麦 →「大麦&チーズ」P.30

チーズ&オレガノ

　塩辛いフェタチーズに乾燥オレガノをかけて食べると、たちまち私はギリシャのスペツェス島にあるゾゲリア・ビーチに引き戻されます。草の香りのうららかなそよ風に髪はくしゃくしゃにされ、子どもたちは透き通った水につけた足のまわりに小さな魚がちらちら泳いでいるのにかん高い声を上げるのです。自宅のキッチンではギリシャ産の乾燥オレガノを広口瓶に入れて保存しています。指をつっこんで楽につまみ出せるからです。粗くカットされたハーブのかけらを指でひねりながらふりかけると、ハーブの芳香が目覚め、その後何時間も私の肌に残ります。

　生のオレガノは、エーゲ海のビーチも思わせますが、同じくらいクレオソート油を塗った鶏小屋も連想させるので、多くの料理には強すぎて使えないでしょう。ハルミチーズ用のマリネ液の風味づけに使ってもいいですし、あるいは魚や鶏肉の中に仕込んでおいて、役目が終わったら簡単に取り出してしまうこともできます。

　オレガノは乾燥させるとインパクトが弱まってしまいがちですが、たくましいパートナーを避けなくてはいけないほどではありません。フェタチーズは理想的で、それはひとつには、塩分含有量が多いためにオレガノの苦みをある程度抑制してくれるからです。

チーズ&キャラウェイ

　スウェーデンのヨーテボリで、古くて美しい帆船を改装したホテルに滞在しました。朝食はコンパクトで風通しのかなり悪いダイニングルームに用意されていました。

　クリスプブレッド〔北欧の平たいクラッカー状のパン〕がたくさんありました。卓上で扇の形に並べられているクリスプブレッド、お皿の上に積み重ねられているクリスプブレッド、バスケットに入ったクリスプブレッド、お皿とバスケットの合間に立てかけてあるクリスプブレッド、梁からぶら下がっているクリスプブレッド、食べられる中編小説かのように棚に並べてあるクリスプブレッド。無地のものも、模様がついているものもあります。すべて、粘土の色をしています。まるで窯の中で食事をしているようでした。で

動物

チーズ

275

もそれが気に入りました。

　朝食を終える頃には、料理版ストックホルム症候群※9を発症していました。お気に入りはキャラウェイシードが散りばめてあるもので、私はそれをヴェステルボッテンチーズ（Västerbottensost）という、しょっぱくてフルーティーなハードタイプの牛乳のチーズと食べました。小さな穴がたくさんあいているため、不思議に炭酸入りのような特徴が出ていますが、これがなければパルメザンとチェダーの合間のどこかにある風味だと言えたかもしれません。しゅわしゅわのパルメザンですね。

　アメリカ版のプンパーニッケルパンはキャラウェイで風味づけされています。音楽評論家でありワグナーの専門家ヘンリー・セオフィラス・フィンクが1913年に書き記したところによると、「プンパーニッケルは、リンバーガーのようなタイプのチーズと一緒に食べると最高な食べ物で、世界中の食通たちがこれを求めている」のだそうです。

　ヨーロッパで販売されるキャラウェイの大部分はオランダで栽培されています。オランダではこの香辛料を直接ゴーダタイプのチーズに加えています。

　アメリカ・バーモント州では、チェダーチーズに入れます。アメリカ人フードライターのゲイリー・アレンによると、キャラウェイはモッツァレラと、トルタ・ガウデンツィオという、マスカルポーネとゴルゴンゾーラを何層にも重ねたソフトチーズの風味づけに使われており、「その濃厚さは、時としてキャラウェイのわずかに無骨なしつこさで緩和される」のだそうです。

　ラトビアでは、夏至の日にはキャラウェイで風味づけしたヤーニ（Jāņi）というフレッシュチーズを作る伝統があります。

チーズ&クランベリー→「クランベリー&チーズ」P.98

チーズ&黒インゲン豆

　黒や茶色の豆は、白インゲン豆とは違い、チーズに親近感を持っています。ブラック・ナイトフォールという希少な白黒のエアルーム品種の豆には、松のような草のような風味があります。ローズマリーと一緒に調理して、すりおろしたケソ・セコ（queso seco）を添えて提供してほしい、とフードライターのヴァネッサ・バリントンはアドバイスしています。

　ケソ・セコ、またの名をケソ・アニェホ（queso añejo）は、山羊または牛の乳で作る、ハードタイプで力強い味のするチーズです。お近くで買えなければ、パルメザンチーズやペコリーノ・ロマーノで代用するとよい、とメキシコ人シェフのパティ・ジニチは提案していますが、メキシコ産のケソ・セコというチーズのほうがパルメザンチーズよりもはっきりした味がする、とも述べています。

　リフライドビーンズ※10はチーズと混ぜてエルサルバドルのププサ（pupusa）に詰める具にすることもできます。トウモロコシのマサで作った平たいパンがグリルの上で黄金色に変わっていくにつれて、中のチーズが溶けるのです。ププサはクルディート（crudito）と呼ばれるピリッとしたコールスローのような付け合わせを添えて提供されます。

　イタリア産のボーロッティ豆のスープは通常おろしたパルメザンチーズを数さじ分添えて提供されます。

チーズ&ケール→「ケール&チーズ」P.220
チーズ&ケシの実→「ケシの実&チーズ」P.317

※9　ストックホルム症候群…人質が犯人と長い時間を共にすることにより犯人に共感や好意的な感情を抱くようになる心理現象。
※10　リフライドビーンズ（refried beans）…ピント豆（うずら豆）などの豆を柔らかく煮てつぶし、油で炒めたもの。

チーズ&玄米→「玄米&チーズ」P.20

チーズ&コショウ→「コショウ&チーズ」P.379

チーズ&ザクロ→「ザクロ&チーズ」P.93

チーズ&サヤインゲン→「サヤインゲン&チーズ」P.410

チーズ&ズッキーニ→「ズッキーニ&チーズ」P.420

チーズ&ソバ→「ソバ&チーズ」P.62

チーズ&ソラ豆→「ソラ豆&チーズ」P.269

チーズ&ソレル

ソレルの葉から搾った酸っぱい汁は、レモンの果汁と同様に牛乳を凝固させてチーズを作るのに使えます。チーズとペアにするなら、たとえばクリーミーな山羊のチーズなどの軽くてフレッシュなタイプにするのがベストです——ソレルとサンドイッチにすると、かぶりついたときに丸ごとの葉がぷちぷちして食欲を煽り、天国です。もしよければ、パンなしで、葉の内側にチーズ少々を巻いてみてください。またはソレルをカッテージチーズとペアにしてパイ生地のターンオーバー（turnover）※11 に、ハードチーズとペアにしてスフレに、あるいはクリームチーズとペアにしてキッシュのようなタルトに入れてみてください。

チーズ&タマリンド→「タマリンド&チーズ」P.136

チーズ&チコリ→「チコリ&チーズ」P.296

チーズ&チャイブ→「チャイブ&チーズ」P.290

チーズ&デーツ

新型コロナウイルスによる最初のロックダウンの期間中、車の往来がなくなったおかげで、引っ越してきてから初めて、幹線道路に面した我が家の前庭が使えるようになりました。あるとても暑い日、子どもたちが棒きれとベッドシーツでテントを作りました。庭はカラハリ砂漠で、子どもたちはオアシス（ビニールプール）のそばにキャンプを張ったのです。私は子どもたちに、デーツとピタパン、フェタチーズのかたまり、チェリートマト、それにものをくすねられるようなホテルがあった頃にホテルの朝食からくすねてきたミニチュアの蜂蜜ジャーを持って行ってあげました。我が家の物資でできる最大限の正統派トゥアレグ族です。

夕方にはこの遊牧民たちは炉端——偶然にもテレビの隣にあります——に集まり、私はデーツの核と虫がたかっている蜂蜜だまりを片づけ、カヴァワインを一杯注いで、パンとデーツ、フェタチーズ、熟成ゴーダ、ゴルゴンゾーラひと切れという私だけの遊牧民の宴を楽しみました。そうして、鳥たちが歌い、誰も乗っていないバスたちがすべるように走っていく中、夕日を全身に浴びていたのでした。

チーズ&トウモロコシ

変幻自在です。チェダーチーズを合わせたグリッツ（grits）※12。パルメザンを合わせたポレンタ（polenta）※13。ナチョス。コロンビアのパンケーキに似たアレパ（arepa）、あるいはアレパのベネズエラのいとこであるカチャパ（cachapa）は、しばしばケソ・フレスコ（queso fresco）というチーズを添えて提供されます。ケサディーヤ（quesadilla）〔トルティーヤにチーズや肉、野菜をはさんで焼いたメキシコ料

※11　ターンオーバー（turnover）…ペストリーの一種。パイ生地などにフィリングをのせて折り畳んで閉じて調理したもの。
※12　グリッツ（grits）…粗挽きのトウモロコシ粉で作る粥状の料理。
※13　ポレンタ（polenta）…トウモロコシ粉（コーンミール）を粥状に炊いたイタリア料理。ソバ粉などを入れる場合もある。

理〕の主な具はチーズですが、メキシコシティでは話が別で、そんなことを口に出すだけでもよそから来たとすぐさまばれてしまうでしょう。エスキーテス（esquites）はそこまで論争の種ではありません。カップの中にトウモロコシの粒と鶏または野菜のブロスが入っていて、そこにマヨネーズ、あるいはクレマ（crema）というメキシコのサワークリームを落とし、ケソ・セコ〔「チーズ&黒インゲン豆」P.276参照〕、唐辛子、ライムを添えて提供します。

> チーズ&ニゲラシード→「ニゲラシード&チーズ」P.356
> チーズ&蜂蜜→「蜂蜜&チーズ」P.78
> チーズ&パパイヤ→「パパイヤ&チーズ」P.209

チーズ&ピーカンナッツ

ピーカン・タシー（pecan tassies）というのは、クリームチーズ入りの生地にピーカンナッツを詰めて作る小さなパイです。トーマス・ケラー〔P.443参照〕の「ブション・ベーカリー（Bouchon Bakery）」の全粒小麦バゲットは、刻みピーカンナッツとブラウンシュガーを使って作られていますが、これはピーカンパイの風味をバゲットにつけるためではなく、小麦粉に含まれる糠（ぬか）が出すぱさぱさな食感と苦みを相殺（そうさい）するためです。サンドイッチにする場合の具はブルーチーズや燻製ターキーがお勧めだそうです。

チーズ&ピスタチオ

イタリア・シチリア島の極上の農産物——柑橘類、ピスタチオ、そして羊乳のリコッタチーズ——が散りばめられた、伝統的なシチリア島のデザートであるカッサータ（cassata）で、ナッツがチーズに出会います。

シェフのジョルジオ・ロカテッリは、最後の夕食に食べるなら何にするかと問われて、デザートにカッサータを選んでいます。ひと皿分のスポンジケーキをリキュールに浸し、その上にリコッタチーズ、砂糖漬けの果物、チョコレート、それにアイシングを重ねて層にしていくと、足場を登らせてもらう必要が出てくるほどの高さになります。彼の店「ロカンダ・ロカテッリ（Locanda Locatelli）」で再構成した料理はもっと軽くしてあります——リコッタムースにピスタチオアイスクリーム、そこにピスタチオと、砂糖漬けの果物の小さなかけらが散らされています。

チーズ&フェヌグリーク

初めて乾燥フェヌグリークリーフを食べたときには、リーフがダールの上にふりかけてありました（「フェヌグリーク&レンズ豆」P.406も参照してください）。このリーフの、セロリやタラゴンの甘いカビのような香味にそそられて、小さじ数杯分をクリームチーズに混ぜてつぶしてみました。するとリーフが塩をしたリコリスのような味になり、しかもその塩気がブラダーラック〔藻類の一種〕500g分に由来するかのようでした。おまけにその後にアスピリンのような特質まで感じました。

フェヌグリークは予測不能です。フェヌグリークシードを使っているチーズはいくつかあり、たとえば一部のゴーダチーズ、それに「キリーン（Killeen）」というアイルランド産の山羊のゴーダチーズで、熟成するにつれてクルミのような風味を帯びるものなどがあります。

「フェヌグリーク&カシューナッツ」（P.402）も参照してください。

チーズ＆フェンネル→「フェンネル＆チーズ」P.340

チーズ＆プラム→「プラム＆チーズ」P.117

チーズ＆プルーン

　プルーンにはもともと酒精強化ワインの風味があるので、もちろんチーズと好相性です。『ラルース料理大事典』に、特に時間をつぶしたい場合にちょうどよい提案が載っています。アジャン・プルーンの核を除き、ナイフで平らにします（とても心が満たされる作業です）。つぶしたロックフォールチーズ、刻んだヘーゼルナッツ、クレーム・フレッシュ〔P.267参照〕少々、ポートワインひとたらしを混ぜ合わせ、これをプルーンに詰めるのです。できるだけみっちり詰めてください。あるいは、こんなもの投げ出してしまって、スティルトンチーズとぴかぴかのプルーン、ナッツ、クルミ割り器とポートワインの瓶で、静物画をこしらえてください。

チーズ＆ホウレンソウ→「ホウレンソウ＆チーズ」P.425

チーズ＆マスタード→「マスタード＆チーズ」P.229

チーズ＆松の実→「松の実＆チーズ」P.386

チーズ＆マルメロ→「マルメロ＆チーズ」P.167

チーズ＆ライチ→「ライチ＆チーズ」P.106

チーズ＆ライ麦→「ライ麦＆チーズ」P.25

チーズ＆リーキ

　チーズと、気取って小指を立てたタマネギです。シェフのミシェル・ルー・ジュニアは、押しテリーヌで山羊のチーズとリーキを重ねて使っています。「リーキの灰」と言うと、ルーのレストランのどれかで出てきそうに聞こえるかもしれませんが、自宅で作るのも非常に簡単ですし、ストックをとるのに使うしかないリーキの青い部分のよい活用法です。リーキを洗って水気をとり、熱いバーベキュー網の上に30分ほど置いておいて、黒くなって水分が抜けた状態にします。これを冷まして、スパイスミルで挽きます。上等の塩気の強いチーズを使った料理にのせると、チーズが黒焦げ部分の苦みを相殺してくれます。

　ギリシャにはスパナコピタ（spanakopita）という有名な〔ホウレンソウとフェタチーズの〕パイがありますが、そのべとべと甘美な変奏が、プラソピタ（prasopita）というパイです。リーキとタマネギ、フェタチーズが、パリパリしたフィロ生地（filo）[※14]の層の間にはさまれています。イギリスのウェールズでは、グラモーガンソーセージ〔ウェールズの伝統的なベジタリアンソーセージ〕を作るのに、ケアフィリチーズ、しんなりさせた刻みリーキ、パン粉、卵、マスタードを使います。この材料を混ぜて円筒形にしたり、パティにしたりします。ブルーチーズは、特に砕いてリーキのヴィネグレットソース和えにかけたりすると、リーキの優れたパートナーになります。

チーズ＆緑茶

　お茶の専門家ウィル・バトルは、良質な抹茶は「ナッツのような味があり、クロロフィルの甘みでそれが和らげられている」と記しています。この特質が、軽めの風味がある一部のチーズとよく合います。フレッシュタイプで軽い山羊のチーズを煎茶と一緒に食べてみてください。緑茶はチーズプレートに合わせ

※14　フィロ生地（filo）…小麦粉を水・油・塩でこねて紙のように薄くした生地。

る赤ワインに取って代わることもできます（そもそも赤ワインはチーズとあまり合わない、と主張する人達もいますが、これに対しては私は、犯す価値のある間違いもある、と返したいと思います）。

チーズ&レーズン→「レーズン&チーズ」P.134

チーズ&レタス

「サラダはロースト肉に付属してしかるべきであるのに、チーズをサラダと一緒に出すのは、ロースト肉に対する大変不当な仕打ちである」と、ジョージ・エルヴァンガーは著書『食卓の喜び（*The Pleasures of the Table*）』（1902年）で述べています。まったくのたわごとです。フランス人の友人のお父さんは、毎日プレーンサラダと一緒にカマンベールチーズを1個食べていました。お父さんは農家でしたので、そればかり食べていたのではありません——むしろこれは4品コースのランチの大詰めで、バゲットの端っこの部分と、〔フランス・ロワール地方の〕アンジュー・ヴィラージュのワインをボトル半分で締めていました。レタスは自身の野菜畑でとれたもので、ひらひらのロゼット状でした。レタスが喜ぶタイプのレタス、レタスのためのレタスです。葉はアンティークの絹のように柔らかく、驚くほどバターっぽく、ごちゃごちゃのサラダに入れたら見失ってしまいそうな、まろやかだけれど満足できる苦みもあります。カマンベールチーズまたはブリーチーズにもこれと釣り合うバターっぽい苦みがあるので、ペアにすると大いに喜びをもたらします。エルヴァンガーは、1924年にシーザーサラダが、あのサラダとチーズの極致が、発明されるよりも前に死去しています。

　他には、マーシュ（別名ラムズレタス）と山羊のチーズ、それにルッコラとパルメザンチーズといった組み合わせが定番です。アイスバーグレタス〔一般的な球状のレタスのこと〕のブルーチーズドレッシングがけは不当な非難を受けていますが、私はそんな非難はしません。「レタス」はラテン語の*lactuca*に由来していますが、これは*lactis*——つまり、搾ると染み出てくるミルクのような物質のことです。ゲーテはイタリアのシチリア島に関する著作の中で、かの島ではレタスが「ことのほか柔らかで、ミルクのような味がする」と述べ、その関連を指摘しています。

ネギ属の風味
Allium

ニンニク
Garlic

リーキ
Leek

チャイブ
Chive

Garlic

ニンニク

ニンニクにはアリインというスルホキシドが含まれ、ニンニクをスライスしたりつぶしたりするとこれがアリシンに変化します。さらにアリシンはニンニクの特徴的な芳香の原因であるスルフィド化合物に変化します。小鱗茎〔「ニンニク一片」にあたる部分〕をたくさん裂けば裂くほど、たくさんのアリシンが生成され、風味もそれだけ強くなります。クラッシャーはニンニクを嫌がる人の味方になってくれる道具ではないのです。アリシンは熱で壊され、代わりに甘みが生まれ、柔らかくてナッツのようなニンニクの風味に近くなっていきます。酸味もアリシンの生成を抑制するので、ニンニクのきいたサラダドレッシングを作りたいなら、ニンニクを刻んだ後数分置いておいて風味が立つようにしてから、酢やレモン汁とマスタードと一緒にボウルに入れるようにしてください。

甘い料理にニンニクが使用される例もありますが、貝・甲殻類やトリュフを強く連想させるニンニクの風味がもっとも活きるのは、甘くない料理に加勢するのに使ったり、あるいはあの並外れてシンプルなスパゲッティ・アーリオ・エ・オーリオのように、主役として使ったりしたときです。

黒ニンニクは、もともとはアジアの食品で、ニンニクの鱗茎〔いわゆる「丸ごとのニンニク」〕を何週間もかけてじっくり加熱した結果、小鱗茎が黒くなって、糖蜜やタマリンド、リコリス、バルサミコ酢のような香味を帯びるようになったものです。

ニンニク&エルサレム・アーティチョーク→「エルサレム・アーティチョーク&ニンニク」P.249

ニンニク&オクラ

オクラのピクルスは、オクラのゲートウェイ料理です。つまり、この食材に我慢がならない人のための入口なのです。アメリカ人シェフのヴァージニア・ウィリスは著書『オクラ（Okra）』で、ウォッカ・マティーニにひとつ入れてみてはどうかと提案しています。テキーラの底に幼虫が沈んでいるのを見つけるよりは悪いはずはありませんね。

オクラの実を洗って水気をふき取り、茎が残っていたら取り除いておきます。実を保存用の瓶に詰め、酢、ニンニク、砂糖でシンプルなピクルス液を作ります。冷蔵庫で2日間寝かせておき、2週間以内に食べきります。ニンニクの主張が強いと思いますが、それでもパリパリした緑色のオクラの香味が後ろにあるのがわかるでしょう。唐辛子などピクルス用の香辛料で自由に実験してみてください。オクラの食感がそれほどお好きでないなら、実の頭の部分を切り落とさないように気をつけてください――分泌物が瓶の中に出て行ってしまうと、他の食材を包み込んでしまう可能性があります。

トリニダード・トバゴでは、オクラ（あるいは「オクロ」）はタマネギとニンニクと一緒に炒め物にします。

ニンニク&オレガノ→「オレガノ&ニンニク」P.353
ニンニク&カシューナッツ→「カシューナッツ&ニンニク」P.322

ニンニク&黒インゲン豆

ファジョーリ・アル・フィアスコ (fagioli al fiasco) というのは、『ゴッドファーザー』のテーマをアコーディオン奏者が奏でだすのではないかと警戒態勢に入ってしまうような、ロマンチックな盛りつけがされている類の料理です。でもこれでひるまないでください。伝統的な調理法では、ボーロッティ豆をオイルとニンニクと一緒に古いキャンティワインのフィアスコ瓶〔下部が丸くふくらんだフラスコのような形状で、藁で包んである瓶〕に入れ、残り火の中に安置して長時間ぐつぐつと、あるいはフィアスコ瓶を包む藁をはがし忘れていた場合はレストランが燃え落ちるまで、煮込んでいました。近頃ではぴっちり閉まる蓋つきの陶製の鍋で作ることもあります。

recipe

《ファジョーリ・アル・フィアスコ》（6〜8人分）

❶ ボーロッティ豆（または、同様の豆）500gをひと晩水に浸けておき、水気を切って洗う

❷ 豆を鍋に入れ、ニンニク丸ごと1個を水平に半分に切ったものと、オリーブオイル大さじ5、かぶるくらいの水を入れる

❸ 蓋をして低温（120〜140℃）のオーブンで2時間煮込む。豆が柔らかくなっているかどうか、いくつかかじってみて確認する

❹ 十分柔らかくなっていたら、塩を加えてオーブンに戻し、さらに15分加熱する。柔らかくなっていなければ、塩を入れるのは後にしてオーブンに戻してさらに30分、または豆が柔らかくなるまで、入れておく

❺ 皮の堅いパンとシンプルなサラダを添えて提供する

ニンニク&ケール→「ケール&ニンニク」P.221

ニンニク&サヤインゲン→「サヤインゲン&ニンニク」P.410

ニンニク&サンファイア→「サンファイア&ニンニク」P.438

ニンニク&白インゲン豆→「白インゲン豆&ニンニク」P.52

ニンニク&ズッキーニ→「ズッキーニ&ニンニク」P.421

ニンニク&ソラ豆→「ソラ豆&ニンニク」P.270

ニンニク&チコリ→「チコリ&ニンニク」P.296

ニンニク&チャイブ

ガーリックチャイブ、別名チャイニーズチャイブ〔ニラ〕は、オニオンチャイブ〔普通のチャイブ〕よりも長く、厚みがあり、刺激の強い香りがあります（「チャイブ&卵」P.289も参照してください）。これを使うと最高のガーリックブレッドができる、という人もいます。

フードライターのウェイヴァリー・ルート〔P.442参照〕は、普通のチャイブの味はニンニクとタマネギの間のどこかにある、という発想に異議を唱えました。この2つは風味がはっきり異なるので、「間」では何も言ったことにならない、と考えたのです。ルートによれば、チャイブのほうがタマネギよりも繊細で

鋭利です。チャイブを中心に据えたレシピを私も非科学的ながら調査しましたが、ルートの分析は合っているように思えます。チャイブは風味を調和させつつ強化するために別のネギ属の食材で援護されていることがよくあり、たいていその食材はニンニクや葉ネギです。

シェフのアリス・ウォータース〔P.442参照〕は葉ネギとチャイブをマヨネーズと組み合わせてフォカッチャ・サンドイッチにしていますが、これはジェイムズ・ビアード〔P.443参照〕の有名なオニオン・サンドイッチ——ブリオッシュにマヨネーズを塗ってタマネギをはさみパセリをまぶしたサンドイッチ——にヒントを得たもので、さらに言えば、ビアードのサンドイッチは、黒パンに刻みタマネギとシュマルツ（schmaltz）[※1]というユダヤ人の定番の組み合わせにヒントを得たものでした。

ニンニク&トウモロコシ→「トウモロコシ&ニンニク」P.73

ニンニク&フェヌグリーク

スヴァネティの塩とは、ニンニク、ブルーフェヌグリーク、コリアンダーシード、唐辛子、マリーゴールドの花びらで風味づけした、ジョージアの塩です。ブルーフェヌグリーク（*Trigonella caerulea*）は、通常のフェヌグリーク（*Trigonella foenum-graecum*）よりも風味がちょっとほのかな感じです。「青々としていて、樹脂のようで、ミルキーなメープルシロップの香味がある」とは、作家兼調香師のヴィクトリア・フロローヴァの言葉です。スヴァネティの塩は、豆料理やキュウリとトマトのサラダに使われます。「スローフード財団」によると、本格的な作り方だと希少なキャラウェイの花も使うのだそうです。

ニンニク&フェンネル→「フェンネル&ニンニク」P.341

ニンニク&ベイリーフ

シェフでフードライターのヒュー・ファーンリー・ウィッティングストール〔P.444参照〕はベイリーフのファンです。彼はどんな用途でも乾燥のものより生のものを好んでおり、サバの切り身を焼くときに鍋にニンニクと一緒に何枚かベイリーフをほうり込んではどうかと言っていて、その理由は、彼によれば、ベイリーフが魚の皮と触れるときに「新しい風味」が生まれるからだそうです。
「ベイリーフ&コショウ」（P.373）も参照してください。

ニンニク&ホウレンソウ

ホウレンソウの由緒あるパートナーといえばバター、クリーム、チーズです。ホウレンソウは大好きだが乳製品は口にしないという人は、四旬節〔キリスト教の復活祭を迎えるまでの準備期間〕のホウレンソウに注目するといいかもしれません。著述家のペッレグリーノ・アルトゥージ〔P.444参照〕は、これは19世紀のローマでよく食べられていて、葉の部分をゆでて水気を絞り、丸ごとのニンニク、みじん切りのパセリ、塩コショウと一緒にオリーブオイルで炒めたものだった、と述べています。

ニンニク&マスタード→「マスタード&ニンニク」P.230
ニンニク&松の実→「松の実&ニンニク」P.387
ニンニク&マルメロ→「マルメロ&ニンニク」P.167

※1 シュマルツ（schmaltz）…鶏などの家禽の脂を融かして精製した食用油。ユダヤ料理でパンに塗るスプレッドや炒め物などに使われる。

ニンニク&味噌→「味噌&ニンニク」P.15

ニンニク&ヨーグルト→「ヨーグルト&ニンニク」P.178

ニンニク&ライ麦

　暗い色のライ麦のスパイシーでタールのような風味は、生のニンニクの衝撃とは好相性以上の存在です。リトアニアのケプタ・ドゥオナ（kepta duona）がよい例です。ずんぐりした細長い形に切った揚げた黒パンで、すらりとして優雅なイタリアのグリッシーニと並ぶと、バルト海の荒くれ男といったところです。

---

recipe

《ケプタ・ドゥオナ》

❶ライ麦の黒パンの薄切りを木琴の音板のサイズに切り分ける

❷これを1〜2cmの深さのオリーブオイルで揚げ、キッチンペーパーにとって油を切り、塩をふりかけて、半分に切ったニンニクの切り口をよくこすりつける

　マグに注いだビールと下卑た酒飲み歌があれば言うことなしです。

ニンニク&レタス→「レタス&ニンニク」P.300

ニンニク&レッドキドニー→「レッドキドニー&ニンニク」P.49

ニンニク&レンズ豆

　赤レンズ豆は調理すると柔らかいどろどろのかたまりになります。水とレンズ豆の標準の割合は3対1です。レンズ豆は冷めていく間にも水を吸い続けるということは覚えておいてください。レンズ豆は味気ないと思われていることが多いですが、ちょっとガーリックバターを加えるだけで極上のサイドディッシュになります。チーズをどっさり加えないとおいしく食べられないトウモロコシのポレンタ（polenta）[※2]と比べてみてください。一日経ったニンニクとレンズ豆のマッシュを、バブル・アンド・スクイーク（bubble & squeak）[※3]やコロッケのベースに考えてみてもいいでしょう。

※2　ポレンタ（polenta）…トウモロコシ粉（コーンミール）を粥状に炊いたイタリア料理。ソバ粉などを入れる場合もある。
※3　バブル・アンド・スクイーク（bubble & squeak）…マッシュポテトに細かく切った野菜や肉などを加えてフライパンでパンケーキ状に焼いたイギリスの家庭料理。

Leek
リーキ

　甘くまろやかなネギ属の風味の中に、はっきりした植物性の特質があります。文字にするととても素朴なようですが、リーキには謎めいた上品さがあって、ポテトスープをニューヨークの高級レストランのメニューに押し上げることさえできるほどです。リーキの他の特質はそれほど目立ちませんが、金属っぽくブリキのような感じと、トロピカルでミントのようなニュアンスがあります。

　リーキはきちんと洗わないと誰のテーブルにもふさわしくなりません。きつく巻きついた皮から泥や砂を洗い流すことが必須です。ニンニクやタマネギと同様に、リーキも切ると化学反応が起き——本質的には防衛機構です——、リーキの特徴的な芳香が放出され、その結果、加熱した丸ごとのリーキは薄切りにしたものよりもタマネギっぽさが薄れます。

　リーキの緑色の部分は葉身、白い部分は葉鞘と呼ばれます。食用にしているのは通常葉鞘の部分です。葉身は硬いのですが、風味づけにストックに入れることはできます。薄切りにした乾燥リーキは、普段からスープやパイを作る人には、棚にあると助かる食材です。

リーキ＆アーモンド→「アーモンド＆リーキ」P.122
リーキ＆エルサレム・アーティチョーク→「エルサレム・アーティチョーク＆リーキ」P.250

リーキ＆きのこ

　きのこにはネギ属1種類と脂以外のものはほとんど必要ありません。リーキがニンニクやタマネギよりも優れている点は、その体積に尽きます——パイ皮を支えるために他に何か加えたりしなくても、とてもおいしいきのことリーキのパイが作れるのです。

　風味の面でもリーキは非常に自立しています。きのこのほうには、ひょろりとした軸のカラカサタケを使ってみてはいかがでしょうか。このきのこにはミルキーな風味があり、リーキが魔法でこれをとろとろのスービーズソース（soubise sauce）※4に近いソースに変えてくれます。

　ベジタリアンレストラン「ザ・ゲート（The Gate）」では、さいの目切りにした野生のきのこ、リーキ、ニンニク、白ワインで「エクルズケーキ」〔「レーズン＆オールスパイス」P.132も参照〕を作っています。本物のエクルズケーキと同じく、サイドにチーズひと切れが添えてあると嬉しいでしょう。

リーキ＆ジャガイモ

　ヴィシソワーズというのはポテトサラダスープです。クリームと一緒にブレンダーにかけて冷やして提供すると、リーキの硫黄のようなはっきりした風味のおかげでジャガイモの淡白なおいしさにコクが出て、満ち足りるおいしさになります。

　ウヤエ・エネス・モン（Wyau Ynys Môn、「アングルシーの卵」）というイギリス・ウェールズの料理は、ジャガイモとリーキのハッシュ（ごた混ぜ）に、ゆで卵とチーズソースもついている料理で、雨が窓に打ちつけるトレーラーハウスの中で「フォーマイカ（Formica）」のテーブルで食べるのが一番いい食

※4　スービーズソース（soubise sauce）…ベシャメルソースに生クリーム、色づけないように炒めたタマネギ、バターなどを加えた白いソース。

べ方なのですが、にもかかわらず、王様にお出しするのにもふさわしいひと皿です。

リーキ&白インゲン豆

　リーキは、白インゲン豆の風味に対して変わった影響を及ぼします。セージと白インゲン豆の場合と同じように、豚肉を強く思わせるのです。もしそれに魅力を感じるなら、水に浸けた乾燥インゲン豆をゆでる鍋にリーキの緑色で硬い端の部分を入れてみてはいかがでしょうか。豆と煮汁の風味に新たな次元が加わりますよ。

　この2つをペアにすると、後を引くマッシュも作れます。リーキの白い部分を薄切りにして、白ワインをひとたらししてバターでじっくり、柔らかくなるまで炒めます。ここに豆を加えて、温かいうちにざっとつぶします。P.370のベジタリアン・ハギスや、脂肪分の多い魚と合わせると格別です。

「白インゲン豆&マスタード」（P.52）も参照してください。

　　リーキ&ソレル→「ソレル&リーキ」P.184
　　リーキ&卵→「卵&リーキ」P.267
　　リーキ&チーズ→「チーズ&リーキ」P.279

リーキ&チャイブ

　ネギ属の仲間のトレードマークである硫黄っぽさをどちらも持っていますが、違いも大きいので、風味がいくつもの層をなします。チャイブにはタマネギと草のまろやかな風味があり、リーキの方はどちらかというと甘いタマネギ、葉、そして百合の味がします。この組み合わせにはピリッとした刺激があるので、戸外で食べるのに適しています。パンや丸パンの具材としてはさんで、ニゲラシードを散らすのを強くお勧めします。

　あるいは、こちらのターンオーバー（turnover）[5]を試してみてください。

---

recipe
《リーキとチャイブのターンオーバー》（6個）
❶大きいリーキ2本の汚れを落として1cmの輪切りにし、葉の端の色が濃い部分は除く
❷オリーブオイル少々に塩数つまみを加えて中火で15分ほど炒め、ボウルの上にふるいを置いてそこへ移し、オイルと汁がしたたり落ちるようにする
❸焼く段になったら、細かく切ったチャイブ大さじ2をリーキに混ぜ入れる
❹350gのパイ生地シート1枚を広げて正方形6つに切り分け、リーキを6等分してそれぞれの正方形の上に置き、生地の端を湿らせて対角線で半分に折って、三角形の折り返しを作る
❺表面に刷毛でオリーブオイルを塗ってニゲラシードを散らし、200℃のオーブンで20～25分、うっすらきつね色になるまで焼く

リーキ&トウモロコシ→「トウモロコシ&リーキ」P.75

※5　ターンオーバー（turnover）…ペストリーの一種。パイ生地などにフィリングをのせて折り畳んで閉じて調理したもの。

リーキ&フェンネル→「フェンネル&リーキ」P.342
リーキ&プルーン→「プルーン&リーキ」P.130

リーキ&ホウレンソウ

　人気を博しているホウレンソウ料理の陰には、必ずリーキがあります。まあ必ずではないかもしれませんが、想像するよりは多いのです。そしてもしリーキがないとしても、そのミニチュア版である葉ネギがあります。

　リーキにはタマネギと緑色の葉野菜とわずかにハーブのような風味が混ざっていて、それがスパナコピタ（spanakopita）〔ギリシャのホウレンソウとフェタチーズのパイ〕やスパナコリゾ（spanakorizo）※6やフィロパイ（filo pie）※7のような質朴（しっぽく）な料理でホウレンソウの風味に深みを出してくれます。

　クク（kuku）、別名「ペルシャ風オムレツ」では、このペアはディル、コリアンダーリーフ、パセリ、チャイブとミックスされています。タブーレ（tabbouleh）※8の場合と同じく、クク作りはひたすら刻むという試練を経ることでもあり、それがすべて、人工芝の切れ端みたいなこのオムレツのためなのです——でもかぶりついてみれば、その甲斐はあったとわかることでしょう。

リーキ&マスタード→「マスタード&リーキ」P.232
リーキ&味噌→「味噌&リーキ」P.17

※6　スパナコリゾ（spanakorizo）…ギリシャ料理。ホウレンソウと米を煮て作るリゾットのようなもの。
※7　フィロパイ（filo pie）…小麦粉を水・油・塩でこねて紙のように薄くしたフィロ生地でつくるパイ。
※8　タブーレ（tabbouleh）…中東料理。みじん切りパセリにブルガー小麦、タマネギやトマトなどを加えオリーブオイル、レモン汁、塩などで味つけしたサラダ。

Chive
チャイブ

ネギ属の仲間のうちで一番シャイなメンバーです。チャイブ（*Allium schoenoprasum*）の風味ははっきりとタマネギに似ていますが、ほっそりした管状の形からもわかるように、リーキのベルベットのようなオーボエの香味（こうみ）と並ぶと、フルートでしかありません。

摘（つ）みたての生のチャイブは、小口切りにすると、穏やかな風味が一番よく合います。チャイブを別のネギ属とペアにすると、つややかな風味の層ができます。チャイブとタマネギ、あるいはチャイブとニンニクなら、目新しくはないもののうまくいきます。あとは、リーキまたは葉ネギとチャイブをパイ生地を使ったターンオーバーで合わせてみてください（「リーキ＆チャイブ」P.287を参照してください）。

とはいえ、サワークリームがチャイブの一番の親友です。一緒にすると、生まれたばかりのチーズとタマネギのような味がします。

この項ではガーリックチャイブ、すなわちチャイニーズチャイブ（*Allium tuberosum*）〔ニラ〕も扱います。こちらはうっすらニンニクの風味があり、葉は平らで、花は通常のチャイブの紫とは対照的な白です。

チャイブ＆カシューナッツ→「カシューナッツ＆チャイブ」P.321

チャイブ＆ジャガイモ

チャイブは前座です。ヴィシソワーズやマッシュポテトにふりかけて、味蕾（みらい）を目覚めさせてください。あるいは、ポテトパンやポテトスコーンに入れて焼いて、食欲をそそる強い香りでキッチンを満たしてください。何と言っても、バターやサワークリームと合わせると、ポテトスキン[※9]やベイクトポテトをビシッと引き締めてくれます。著述家のアリス・アーントは、レストランの中には葉ネギの葉の部分を「極上の小さなチャイブ」の代わりに使っているところもある、と述べています。これは、アーントの言によれば、「すばらしい風味チームの卑劣な改悪」です。

チャイブ＆ソラ豆→「ソラ豆＆チャイブ」P.270

チャイブ＆卵

「チャイブは特に卵と合わせて使うべきハーブである」と、オーストラリアのシェフ、ステファニー・アレクサンダーは『料理人必携（*The Cook's Companion*）』に記しています。シェフでデリオーナーのグリン・クリスチャン〔P.443参照〕はこれに異議を唱えています。特にチャイブについてはメニューでまったく触れていないのに、この薬味がスクランブルエッグとスモークサーモンと一緒に提供されている場合です。「私にとっては、チャイブというのはもうひとつの酸性雨だ」とクリスチャンは述べています。

日本には、もっと刺激臭の強いガーリックチャイブ〔ニラ〕を、薬味ではなく野菜と言えるくらいの量使って卵をスクランブルにした、ニラ玉という料理があります。ニラ玉雑炊というのはこれの発展形で、ご飯を加えてポリッジにしています。ガーリックチャイブはオニオンチャイブ〔普通のチャイブ〕よりも風

※9　ポテトスキン（potato skins）…皮つきのジャガイモを半分に切り、中をくりぬいてベーコン、チーズ、ネギなどをトッピングした前菜。

味の点だけでなく構造上もがっしりしています。ガーリックチャイブのほうが長いですし、幅も広く（約5mm）、もっと平らです。中国東北部では、スクランブルエッグとガーリックチャイブを混ぜてダンプリングに詰める具にします。春雨やシイタケも入ることもあります。

チャイブ&チーズ

チャイブがかつてあまりにも人気だったので、オランダの農家は牛に餌としてチャイブを与え、牛乳に風味をつけていた、と言われます。チャイブミルクは中国では喉の痛みの治療薬として用いられていますが、オランダのものはチーズ製造者が使う運命だったのでしょう。近頃ではチーズ製造業者は刻んであるチャイブの袋を売っていて、これをゴーダチーズやフェタチーズ、山羊のチーズ、クリームチーズに加えるのがお勧め、と言っています。際立った強い味のあるチーズは特にチャイブの突き刺すような風味と好相性です。

チャイブクリームチーズは、それだけで、あるいはキュウリやサーモンと合わせても、ちゃんとした茶会用サンドイッチにできるでしょう。ただし、その後甘い物を食べようと思っているのなら、避けるのがベストです。チャイブは生のタマネギやニンニクほど息に残りはしませんが、ストロベリータルトは台無しにします。

チャイブ&豆腐→「豆腐&チャイブ」P.303

チャイブ&トマト

トマトはバジルやオレガノのような、もっと我が強くてスパイシーなハーブとペアにされることの方が多めです。チャイブとペアになったほうが軽くなるので、もし見事に熟したトマトがあるならそれが理想的です。ほのかにタマネギの風味のある紫のチャイブの花を、刻んだ葉と一緒に加えて、コテージガーデン並みに心を奪うサラダを作ってください。

チャイブはネギ属の仲間の中では陽気なメンバーです。絶対にこちらを泣かせたりしません。マイケル・ボンド〔1926～2017〕原作のテレビ番組「ザ・ハーブ（*The Herb*）」では、人間も動物もすべてのキャラクターにハーブにちなんだ名前がついています。ディルはまぬけな犬、セージは眠そうなフクロウで、チャイブたちというのはいたずら好きで騒々しい子どもたちの一団につけられた、ぴったりな名前です。

チャイブ&ニンニク→「ニンニク&チャイブ」P.283
チャイブ&パセリ→「パセリ&チャイブ」P.337

チャイブ&マスタード

コメディアンでミュージシャンの二人組チーチ&チョン（Cheech and Chong）のように、一緒にハイになっていればハッピーです。焼いたクラッカーや、シューなどのペストリーでは、マスタードがチーズのような香味を帯びるので、チャイブとももちろん相性がよくなります。

チャイブ&味噌

赤味噌の味噌汁の上から刻みチャイブをゆるいモザイクのように散らして、数分待ってから飲んでみて

ください——シェリーを少量たらしたオニオングレイビーのような味がします。

チャイブ&ヨーグルト

　サワークリームとチャイブというスポーツバーの定番を、スポーツをする側の人向けにしたバージョンです。とはいえ、味は脂肪が少なくすっきりしているものの、乳のチリチリする感じと息の硫黄くささが口の中に広がるせいで、まだまだおつまみとしての主張が強くはあります。単調な揚げ物や心地よく淡白な料理はこれで救済されます。根菜のスープ、ソバのブリニ (blini)[※10]、トウモロコシのパンケーキ、それにマッシュポテトはどれも、チャイブとヨーグルトで格が上がることでしょう。

　濃厚なヨーグルトにチャイブを混ぜ入れると、ポーチトエッグをのせるクッション台や、サーモンのソースにできます。ただし、弱いチャイブにだけは気をつけてください。切ると風味が薄れていってしまうので、小袋に入っているカット済みの味のしない葉は避けてください。自分で栽培しているのでないなら、乾燥チャイブがそこそこ以上に使える選択肢です。

　1950年代後半、「G. アルマニーノ・アンド・サン (G. Armanino and Son)」社がチャイブのフリーズドライ技術を開発して、チャイブの繊細な風味を保存できるようになりました。著述家ケネス・T・ファレルによれば、このチャイブは生のものと「事実上区別不可能だ」とのことです。

　　チャイブ&ラディッシュ→「ラディッシュ&チャイブ」P.216
　　チャイブ&リーキ→「リーキ&チャイブ」P.287

チャイブ&レタス

　サラダの葉野菜に穏やかなネギ属の風味が欲しいなら、器にニンニクの切り口をこすりつけるよりも、刻んだチャイブを散らすほうが新鮮ですっきりした風味がつく、ということは覚えておいてください。

チャイブ&レンズ豆

　チベットやネパールでは、ウラド豆（ケツルアズキ）と、ジンブー (jimbu) と呼ばれるチャイブの一種を一緒に食します。ジンブーはほぼ必ず、乾燥させたものを使います。味は穏やかです。少なくとも、タルカ (tarka) にするまではそうです。タルカは香辛料を混ぜて炒めたもので、提供する直前にこうした料理に加えます。チャイブの幅の狭い葉も、ヒジキという海藻と同じ方式で、魅力的な斜めの格子模様の黒い飾りにできます。「ニンジン&海藻」（P.244）も参照してください。

※10　ブリニ (blini) …ロシア料理で、パンケーキやクレープのようなもの。ブリヌイともいう。

ナッツのようなミルキーな風味
Nutty Milky

チコリ
Chicory

レタス
Lettuce

豆腐
Tofu

きのこ
Mushroom

ゴマ
Sesame

ケシの実
Poppy Seed

カシューナッツ
Cashew

Chicory

チコリ

　この仲間の野菜を使ったペアリングがあまりないとすれば、おそらくそれは、フードライターが用語の意味をはっきりさせるだけで、スペースがいっぱいになってしまうせいです。

　私は、チコリあるいはチコリの結球部分という言葉は、強烈な黄色やラディッキオ（radicchio）の赤がある、あの葉がぴっちり締まった苦みの弾丸を指すのに使っています〔ラディッキオはチコリの一種。赤チコリともいう〕。カーリーチコリと言った場合は、爆発したキャベツのような見た目のあのレタス〔つまりフリゼ〕という意味です。フリゼは葉にあまり厚みがないチコリだと言う人もいますし、同じものだと言う人もいますが、フレーバーペアリングという点では違いはありません。プンタレッレ（puntarelle）、またの名をチコリア・ディ・カタローニャ（cicoria di catalogna）は長い葉をしており、茎の太いタンポポにかなり似ています。エスカロールは葉がもっと平らで厚みもあり、名前がひとつしかないという点で、チコリの仲間の中では孤立しています。

　チコリは生だと苦くて栄養に乏しく、一番楽しませてくれるのはしょっぱくて脂肪分の多いパートナーと組んだときですが、塩気のない淡白な米料理や豆料理に入れてもさわやかさをプラスしてくれます。

チコリ&エルサレム・アーティチョーク→「エルサレム・アーティチョーク&チコリ」P.249
チコリ&オレンジ→「オレンジ&チコリ」P.201

チコリ&コーヒー

　私たちがサラダにして食べている促成栽培チコリ「シコン（chicon）」〔ベルギーでのチコリの呼び名〕は、キクニガナ（*Cichorium intybus*）という植物をもとに作られています。ヒナギクとも近い木のような多年生植物で、直根〔細い根が少なく、太くまっすぐ下に伸びる根〕が難物ですが、この根は焙煎して挽き、コーヒーの代替品として（あるいはコーヒーに足して）使えます。

　シコンの発見はブリュッセル植物園の造園師長フランシスカス・ブレシーエス〔1777～1844〕の功績です。この人物は直根を挽いてコーヒーにするつもりで、暗い貯蔵室に保存していました。次に確認したときには、成長してシコンになってしまっていました。これを食べてみたところおいしかったのです。チコリグラタンのファンは、ブリュッセル当局がこのような高性能な舌を持った造園師長を雇ったことに感謝しなくてはなりませんね。

　ウィリアム・ローは著書『コーヒーの歴史（*History of Coffee*）』（1850年）で、単独で淹れコーヒーにしたチコリを「キリッとしていてやや甘い草で、わずかにリコリスに似た風味があり、ダークチェリー色の見た目をしている」と描写しています。ローの意見では、チコリの入っていないコーヒーは薄すぎるが、チコリを加えると、よりかぐわしく、色も口あたりもよい飲み物になる、ということです。フランスでは通常コーヒー対チコリが7対3の割合でブレンドされる、とローは指摘していますが、これは現在の主流インスタント・ブランド「リコレ（Ricoré）」の割合とは反対です。第二次世界大戦中に人気が頂点に達したチコリコーヒーシロップ「キャンプ（Camp）」は、チコリ対コーヒーがだいたい6対1です。アイルランド

人シェフのダリナ・アレンは、普段バニラエッセンスは使いませんが、コーヒーエッセンスは諸手を挙げて歓迎しており、コーヒーケーキやアイシング、バタークリームに「キャンプ」を使っています。アメリカ・ニューオーリンズの「カフェ・デュ・モンド（Café Du Monde）」は、砂糖をまぶしたベニエ〔フランス発祥のドーナツのような揚げ菓子〕と一緒に提供されるチコリコーヒーで有名です。

チコリ&ショウガ

シェフのオリー・ダブーは、カステルフランコという斑入りの品種のチコリをジンジャーブレッドとペアにして、ロンドンの料理人たちの味蕾を目覚めさせました。ものすごくパリパリに、かつ苦みを穏やかにするため、ダブーはチコリの葉を冷水と一緒に真空パックしてからレモンをまとわせ、上からジンジャーブレッドのピューレをひとすじ絞り出し、ジンジャーブレッドのパンくずを散らしています。

カステルフランコの葉は、本の見返しに使うフィレンツェ製のマーブル模様の紙に似た、淡いミントグリーンにピンクが散った模様をしています。もしチコリとラディッキオの展示品を作るつもりがあるなら、カステルフランコを一番目立つ装飾にしましょう。

チコリ&白インゲン豆

ウラジーミル・ナボコフの小説『ロリータ』に出てくるハンバート・ハンバートとシャーロット・ヘイズとの、苦くて味気ない結婚です。エスカロールとカンネッリーニ豆で作ったスープはイタリア南西部カンパニア州の名物料理です。どの種類のチコリでもそうですが、エスカロールの苦みは加熱すると薄れ、穏やかなアーモンドのナッツっぽさがよりはっきりします。

チコリ&ソラ豆→「ソラ豆&チコリ」P.269

チコリ&卵

卵は一歩下がったところに控えていて、チコリにはありのままでいさせてくれます。この野菜がもつきらめくアスピリンのような特質が、その争いの種になりそうな風変わりなところに酔いしれるのを、卵は許してくれるのです。

現在ではそれほど人気はありませんが、このペアはかつてはポーランド風チコリという、チコリの結球部分を丸ごと、あるいは半分に割って調理し、刻んだゆで卵、パセリ、炒ったパン粉を散らした料理で見られていました。本当に不朽の定番はリヨン風のフリゼ・オ・ラルドン（frisée aux lardons）という、カーリーチコリ〔フリゼ〕が油っけのあるクルトンと歯ごたえのあるベーコン〔ラルドン〕のかたまりを餌食に陥れているサラダです。上にはポーチトエッグが鎮座していて、真ん中から黄身が流れ出し、酸っぱいヴィネグレットソースに浸透してまろやかにしてやろうとしています。ときめきがごちゃごちゃに混ざっている料理なので、きっと近藤麻理恵ならヘルニアになってしまうことでしょう。鉄板で焼いたハルミチーズを「ラルドン」として使えば、ベジタリアン向けとしてもすばらしい選択肢になります。

チコリの「花びら」も、ソルジャーズ（soldiers）[※1]の代役にするなら、低炭水化物の食材としてアスパラガスよりも明らかに優れています。塩をふってバルサミコ酢にさっと浸してから黄身に突き刺せば、カリカリのサワードウブレッドへの渇望はおさまるかもしれません。

※1　ソルジャーズ（soldiers）…細長く切ってカリカリに焼いたトーストのことで、黄身が半熟の卵につけて食べるエッグ&ソルジャーはイギリスの朝食メニューのひとつ。

チコリ&チーズ

ブルーチーズとチコリは電気のような味です。スリリングなほどに身を切るような味なのです。どちらにも金属のような鋭さがあります——チーズは脈のような模様部分に、チコリは苦い汁に。

生のチコリは、茎が白くて厚くジューシーで、先端の葉はそれよりも繊細で、対照的なシャキシャキ感があり、食感に優れています。よく見ると、葉の表面を、首の後ろに生えている毛に似た短い繊維が覆っているのがわかります。よくあるロックフォールチーズとチコリとクルミのサラダの中などで、チーズのかけらをからめとるために、この繊維が進化したのかもしれませんね。ロックフォールは他の多くのブルーチーズよりもきついので、スティルトンや「ドルチェラッテ（Dolcelatte）」チーズと違い、それほど酸味のあるドレッシングは必要ありません。

この組み合わせの変奏であるラディッキオとゴルゴンゾーラチーズというペアは、サラダボウルから這い出してリゾットやパスタ料理の中に、あるいはピザやブルスケッタの上に忍び込んでいます。

チコリ&ニンニク

緑のチコリはきれいな味かもしれませんが、プンタレッレのほうが極端です。見た目までモップのようです。プンタレッレというのは長くてまっすぐなチコリの変種で、ローマの八百屋さんでは氷のように冷たい水を張ったバケツに入れて売られています。茎は太くて白く、中が空洞になっていて、これの葉を落として、タリアプンタレッレという特別な道具の格子状の針金に最後まで突き通してしまわないように注意しながら刺していくと、この料理の特徴である、お人形用の「ヴィレダ（Vileda）」のモップができます。冷水につけると、房状になったところがカールして、救命いかだのような形になります。

ローマ人は量り売りしているプンタレッレを買い、ほとんど外科手術道具のごとく清潔なそれに、それを相殺するほどツンとする刺激のあるニンニクとアンチョビのドレッシングをまぶします。プンタレッレ・アッラ・ロマーナ（puntarelle alla Romana）は今では国際的なヒット作です。あるいは、チコリをニンニクと炒めてもいいでしょう。チコリの苦みが失われるところを、ニンニクが補っています。

チコリ&ピーカンナッツ→「ピーカンナッツ&チコリ」P.392

チコリ&マスタード

仕事にあぶれた俳優カップルのような苦みがあります。この組み合わせは、リストレット（ristretto）[2]やIPA（インディア・ペール・エール）を好んで飲む人や、グレープフルーツのファン、それに冷酷な顔をしたカカオ85％マニアのエリートには、魅力的に映るはずです。全粒ヴィネグレットソースに入っているマスタードシードの一粒一粒が、小さな爆発を起こして、苦い辛味をまき散らします。

このヴィネグレットソースにまつわる、ロンドンのセント・ジェイムズのベリー・ストリートにある「クアグリーノス（Quaglino's）」での思い出があります。あまりにもたくさんマスタードが使われていたので、サラダを何口か食べたら、この店にある、かの有名な階段の手すりを滑って上がれそうなくらいでした。

※2　リストレット（ristretto）…通常の量のコーヒー豆を通常の半分の量の水で抽出するエスプレッソのこと。別名「ショートショット」。

recipe

《チコリのマスタードヴィネグレット》

❶ねじ蓋つきの瓶に、粒の粗いマスタード大さじ4と白ワインビネガー大さじ2、塩コショウ少々を入れて振る

❷オイル大さじ4（クルミ油大さじ1にピーナッツオイルまたはヒマワリ油大さじ3が理想です）を加えてさらに振り、クリーム200mlを混ぜ入れる

❸これをチコリの結球部分4個分の葉にドレッシングとしてかけ、刻んだチャイブで仕上げる

乳製品の代わりにオーツ麦クリームを使うこともできます。そしてオーツ麦の話が出たので言っておきますと、オーブンで焼いたチコリの定番ソース、マスタード風味のベシャメルには、オーツミルクを使ってもいいですし、牛乳を使っても構いません。

チコリ&レンズ豆

風味の点では、レンズ豆には摩擦はありません。土っぽいそっけなさを相殺するような、鋭さや苦み、辛味といった香味がないためです。

チコリは摩擦だらけです。温めてあったとしても、カーリーチコリ、つまりフリゼには、鋭い苦みが残っています。温かいレンズ豆に混ぜ入れて、薄味の緑の風味を楽しんでください。

鉄板で焼いたチコリには、苦みと釣り合う甘みが出ます。フランスのル・ピュイ産のレンズ豆を、さいの目切りにしたタマネギ、ニンジン、セロリのミルポワ（あるいは、ベーコンかハムを加えたミルポワ・オ・グラ）と調理して、これに焼いたチコリを添えて提供すると、「ソラ豆&チコリ」（P.269）で紹介したイタリア料理の定番、ファーヴェ・エ・チコリアの、上品な変奏になります。チコリの結球部分を縦半分に切って、切り口を下にして、縁が濃い黄金色になるまで鉄板で焼きます。塩で味つけして、レンズ豆に添えて提供します。

Lettuce

レタス

レタスは穏やかな味であることが多く、歯で葉っぱを破ると放出される草と土の香味(こうみ)が風味の大部分を占めます。一部の品種には特徴的な苦みがあり、これは害虫に対するこの植物の防御なのですが、品種改良家たちは長年これを抑え込んでもっと食べやすいレタスを作ろうとしてきました——もったいないことです、それはまさしくドレッシングの役目なのですから。

マヨネーズやヴィネグレットソースが、多くはマスタードやニンニク、レモンの力で、レタスの葉にはっきりした酸味と風味をもたらす手段として最善策です。レタスはチーズやオイルといった脂肪分が大好きで——シーザーサラダという定番はその両方を組み合わせた例です——、クリームや豆のゆで汁、肉汁で蒸し煮にするとごちそうになります。

食感については、果樹栽培家エドワード・バンヤードが確固たる意見を持っていました。「あっぱれなレタスは、若さゆえの強度で張りがあってまっすぐで硬い。白霜(しらじも)のようにパリパリで、ガラスのように砕(くだ)けやすい」。イギリスのサラダは、めったにいい出来にならない、とバンヤードは不平を述べています。「なぜ最後の最後になってああも嘆かわしい失敗作になるのか?　……パリパリした食感に欠けているところなど、まるでテムズ川をハマースミスからデトフォードまで流されていった『タイムズ』紙だ」。気の毒なバンヤードがしおれたレタスをお皿からよりわけているところを想像すると同情はできますが、バターヘッドやオークリーフのように、パリパリしていなくても食べてみる価値が十分にある品種も存在します。

レタス＆アボカド→「アボカド＆レタス」P.331
レタス＆カブ→「カブ＆レタス」P.214
レタス＆ケシの実→「ケシの実＆レタス」P.319
レタス＆サンファイア→「サンファイア＆レタス」P.439

レタス＆ジャガイモ

ミュージシャンのパティ・スミスは回想録『ジャスト・キッズ』で、まったくの無一文だったころに、ブイヨンにレタスの葉をあしらったレタス・スープを写真家のロバート・メイプルソープに作ってあげた話をしています。こんな料理が待っているんですから、メイプルソープは丸一日スタジオにいた後にはさぞ早く家に帰りたくてしょうがなかったでしょうね。

スミスが作った料理は、フードライターのフローレンス・ホワイト〔P.444参照〕が『イングランドのごちそう(*Good Things in England*)』〔1932年〕で語っていた、レディ・ウエストモーランドのスープのレシピを思わせます。「これは若採りのキャベツをゆでたお湯以外の何ものでもありません」。イングランドの貴族階級は気前がよすぎるだなんて風説は、絶対に広めさせてはいけません。このスープは「とてもチキンブロスのような」味がしておいしいとホワイトは思った、ということも付け加えておくべきでしょう。レタスでは難しいと思います。ほとんどの葉物野菜のスープは身も心もジャガイモを加えてもらうことに頼りきっているのです。

レタス&ソラ豆→「ソラ豆&レタス」P.272

レタス&ソレル

　イライザ・アクトン〔1799～1859、P.442参照〕は、ソレルと若採りの柔らかいレタスの葉の割合が1対1のサラダを提案していますが、ドレッシングは酸味をきかせすぎないようにと注意しています。私はソレルをクレソンとルッコラ、それにベビーホウレンソウに混ぜるのが好きです。フードライターのマーガレット・コスタは、ソレルの風味を再現しようとしてレモン汁をレタスやホウレンソウのピューレに加えていると言っていますが、私はあまりうまくいったことがありません。

レタス&卵

　うちの子たちよりも少し年上の子どもがいる友人が、かつてこんなアドバイスをくれたことがあります。子どもがごく小さいときに、子連れで外出することをためらってはいけない。ひとつ、頭がおかしくならないで済む。ふたつ、子どもは幌つきの乳母車の中にいるか、子ども用の食事椅子につながれているかのどちらかだ。子どもたちが動けるようになってからが、外食が難しくなるときだから、と。

　私たちは沈着冷静で知られる「コービン&キング（Corbin and King）」社のレストラン帝国の一部、ロンドンのピカデリーにある「ブラッセリー・ゼデル（Brasserie Zédel）」にテーブルを予約しました。同社が「ル・カプリス（Le Caprice）」を経営していた頃なら、たとえ頭に斧が刺さった状態で入店したとしても、席へ案内して絆創膏とシャンパンのグラスを渡してくれたことでしょう。私たちはベビーカーを停めて、双子を食事椅子に下ろしました。グラスを4つひっくり返し、2つ割った後には、非の打ちどころなくゆったり構えたウェイターもさすがに下あごのあたりがこわばって見えました。それでも、エッグ・マヨネーズは食べ終えました。私は毎回必ずこれを頼むのです。半分に切ったゆで卵3つにすべすべのマヨネーズがのっていて、これが丸く盛りつけた細切りのレタスの周りを囲っている様子が、まるで「好き、嫌い」というヒナギク占いの途中のように見えます。息子が小さな皿からバターをえぐり出して自分のトレイになすりつける喜びに目覚めたところで、7個目のグラスが倒れました。私たちはお会計をお願いして、デザートはパスしました。

レタス&チーズ→「チーズ&レタス」P.280
レタス&チャイブ→「チャイブ&レタス」P.291

レタス&トウモロコシ

　一緒に育つものどうしは相性がいいんだよ、と、子どもの頃の親友メリッサは言っていました。このあいだ会ったとき、メリッサは首に五芒星のタトゥーを入れており、シルバニアファミリーの頭部をバービーの胴体に接着するのにはまっていました。あの格言は郊外の女の子よりも野菜のほうに当てはまるのかもしれません。

　コーンサラダという野菜の名前は、トウモロコシの周辺で育つことからつけられました。探すのが簡単な雑草で、またの名をラムズレタスとかマーシュとも言います。シェフの故ジュディ・ロジャース〔P.443参照〕にとっては、つぶしたバラの花びらの香りのような味がする野菜でした。野生食材の専門家ジョン・ライトは、その風味は「花が咲いているときは目覚ましい香りに満ちている」と書いています。トウモロコ

シ自体にスミレやオレンジの花の芳香（ほうこう）があることを考えると、これでどんなブーケができることでしょう。

　メリッサと私が子どもだったころは、フランスの食べ物は比類なき存在でした。母のフランス料理のレシピ本を、失われたユートピアの記録ででもあるかのように読んでいました。その技法！　農産物！　テロワール（terroir）！　ところが、後に学校の遠足でフランス北部のランスへ行くことがあり、そのとき缶詰のスイートコーンをたくさん出されたのです。それはもうたくさん。そうしてその後何年も、ブルターニュ地方の食堂でもサントロペの会員専用ビーチクラブでもモンパルナスの上品なブラッセリーでも、これがずっと続きました。缶詰半分の粒々が上にぶちまけてあるサラダです。でも別に構いませんでした。パリのポンピドゥー・センターのダクト並みに大胆な黄色が、ポップアートのような衝撃を与えてくれますから。

レタス＆トマト

　レタスとトマトのサンドイッチは、1930年代のアメリカで人気でした。大恐慌時代の後でも、食堂（ダイナー）で食べられる安い食事として残りましたし、ニューヨークではIRT〔ニューヨーク市の地下鉄3系統のうちのひとつ〕として知られていました。あまり悩まなくても大丈夫です——どうしてそういう名前になったのか、知らなかったら絶対にわかりませんから。「BLT」はもともとは「BMT」でした。ベーコン・ミット（mit〔ドイツ語で『〜と』の意〕）・トマトという、ドイツとアメリカにルーツがあることを反映した表現です。BMTというのはまた、「ブルックリン・マンハッタン・トランジット社（Brooklyn-Manhattan Transit Corporation）」の略称でもあり、ここからサンドイッチに都市交通網にちなんだ名をつける慣例が始まりました。レタスとトマトはインターボロー・ラピッド・トランジット社を手に入れました。まだサンドイッチの名前になっていないから、というだけの理由でした。

　鉄道会社がなくなってもサンドイッチのほうは生き残っており、これには相応の理由があります。簡潔性の勝利なのです。

recipe
《IRTサンドイッチ》
❶ シード入りのバン2枚を焼いて、両方に「ヘルマン（Hellmann's）」のマヨネーズをこってり塗りつける
❷ トマトは分厚く切って、塩をたっぷりひとつまみふりかける
❸ ロメインレタスかリトルジェムレタスと一緒にはさんでぎゅっと押しつける

　新鮮で苦みのある葉と、トマトの肉のような食感、きゅんとするゼリー状の種が、ピリッと強い味のするマヨネーズと混ざり合って、完璧です。私はこれを2週間毎日昼ご飯に食べましたし、ちょっと失礼して、今からまた作ってきます。

レタス＆ニンニク

　20世紀半ばのアメリカでは、一家の長たる男性が木のボウルでグリーンサラダを作るのが流行りでした。コツは、ニンニクをボウルの底でつぶしてそれをドレッシングに混ぜ込むか、あるいはカットしたニ

ニクをボウルにこすりつけることでした。どちらであっても、ボウルは決まって、洗われていないものでした。中華鍋やクーゲルホップフ〔クグロフ〕の型と同じように、木製のサラダボウルに前回の料理のエキスが染みついていて、長い年月をかけて風味の豊かな重層構造を作り上げる、と考えられていたのです。まったく馬鹿げた話です。こんなサラダが作り上げる重層構造なんてごみ箱の中身にしかなりません。アメリカの家庭の人たちは気づかなかったか、あるいは家父長的なエゴに用心していて文句が言えなかったのでしょう。もしニンニクを木製のボウルにこすりつけるのが本当にお好きなんだとしたら、どうぞご自由に——ただ、ボウルは清潔なものを使ってください。

　ちゃんとしたドレッシングをまとったサラダ作りのヒントとしては、砕いたニンニクを入れたヴィネグレットソースをまとめて作って、ねじ蓋つきの瓶に入れて冷蔵庫で保存してください。一日かそこらで、ニンニクと酢とマスタードの風味のギャップが小さくなり、観念的な一体化を果たしていることでしょう。一度に少しずつかけて、両手で野菜をふわっと混ぜ、葉の一枚一枚が、「ムーラン・ルージュ（Moulin Rouge）」で足を高く上げるダンサーの衣装ほどしかドレッシングをまとっていないくらいにします。

レタス＆ヒヨコ豆

　ヒヨコ豆はナッツやエンドウ豆という、どちらもレタスのペアとして定番の食材に似た味がします。ロメインレタスやレッド・ディア・タン種の赤い葉を細長く切って、ゆでたヒヨコ豆とスライスした赤タマネギと一緒においしいストックで蒸し煮にして、秋の山並みのプティポワ・ア・ラ・フランセーズ（petits pois à la française[※3]）の一種を作ってみてください。

レタス＆マスタード

　日記作者ジョン・イヴリン〔1620～1706〕は『アケーターリア：サラダ談義（*Acetaria: A Discourse of Sallets*）』（1699年）で、マスタードは「あらゆる生の冷サラダ作りにきわめて必要性が高く、ゆえにこれが入っていないということは、絶対にとは言わないまでも、滅多にない」と記しています。慎重に分析した結果、イヴリンのレシピでは、マスタード小さじ1に対して酢大さじ1とオイル大さじ3が必要ということがわかっています——つまり、標準的なヴィネグレットソースです。マスタードは風味を加えてくれるだけでなく、ドレッシングにとろみもつけてくれます。もし贅沢なほどとろりとしたドレッシングがお好みなら、卵黄1個分も加えてください。

レタス＆ラディッシュ→「ラディッシュ＆レタス」P.218

レタス＆レモン

　イェディクレ（Yedikule）というのはロメインレタスのトルコ産の品種で、天然油が多量に含まれていることからその風味を高く評価されています。レモン汁を足すだけで、ドレッシングをかけたのと変わらないおいしさになります。グラスに挿して花瓶のように見せて、サイドにディップ用にレモン汁を添えて提供されます。他に塩や砂糖、蜂蜜、あるいはブドウの糖蜜も提供されることもあります。

　他にはルッコラもコショウのようなピリッとした味があり、レモンと特別な関係で、生でサラダに使うだけでなく、加熱してスパゲッティとパルメザンチーズと混ぜて、カチョ・エ・ペペ・フレスカ〔「コショウ＆チーズ」P.379参照〕の一種にもできます。

※3　プティポワ・ア・ラ・フランセーズ（petits pois à la française）… グリーンピースの一種であるプティポワをバター、ストックなどで煮たフランスの伝統的な家庭料理。

Tofu

豆腐

　豆腐には実にいろいろな種類があります。綿布を使って作る豆腐（木綿）は、製造過程で重しをかけることでさまざまな食感を出してあります――ソフト、ミディアム、固め、さらに固め、などの幅があります。絹のような豆腐（絹ごし）は鍋（多くの場合は箱型）の中で凝固させたものです。絹ごし豆腐はものによってばらつきがあるので、おいしい絹ごし豆腐を買うにはあちこちお店を探し回らないといけないでしょう。どちらの種類も穏やかですっきりした味わいで、わずかに甘みがあります。その固有の風味は製造工程と使用している豆によるものです。新鮮な牛乳、卵、チョーク、草、豆、きのこ、あるいはわずかなカビくささの香味が感じ取れるかもしれませんが、全体として豆腐の風味は、一番淡いパステルで描いた印象派の風景画のようです。

　また、時間の効果もあります。豆腐は熟成するにつれて、土っぽい、あるいは鉱物のような風味が強くなっていき、最終的に酸っぱくなります。『クックス・イラストレーテッド（Cook's Illustrated）』誌が行った、固い木綿豆腐の味見検査で、豆腐の質を決めるのは、凝固剤や重しをかける時間や殺菌温度ではなく、たんぱく質含有量であることがわかりました。最適なバランスは100gにつきたんぱく質8〜9gでした。

　比較的知られていない豆腐としては、たとえばゴマペーストから作るゴマ豆腐のように、大豆を使わないものもあります（「ゴマ&味噌」P.314を参照してください）。また、発酵させたり、燻製にしたり、干したり、揚げたり、凍らせたりした豆腐製品も存在し、それぞれ風味や食感にさまざまな効果が加わっています。

　　豆腐&海藻→「海藻&豆腐」P.436
　　豆腐&きのこ→「きのこ&豆腐」P.307

豆腐&ゴマ

　あどけなさと老練です。豆腐は若さのにおいがします。汚れていなくて若々しくて少しミルキーです。「ちょっと赤ちゃんの頭のよう」だと、ロンドンのブリック・レーンにある豆腐製造会社「クリーン・ビーン（Clean Bean）」の創設者ニール・マクレナンは言っています。ゴマは、ここでは焙煎ゴマ油のことを指しますが、何か物語を語ってくれそうなにおいがします。この組み合わせはすばらしい奇跡を起こしてくれますが、ゴマ油のように強力な風味といえども、豆腐は風味を吸収したがらない、ということに気をつけてください。むしろ重たい香水としてまとってしまうのです。
「サヤインゲン&ゴマ」（P.408）も参照してください。

　　豆腐&ショウガ→「ショウガ&豆腐」P.241

豆腐&ソバ

「食べられるあらゆるもののうち、きつねは豆腐とソバをもっとも好む」と、ラフカディオ・ハーン〔1850〜1904〕は『知られぬ日本の面影』（1894年）で書いています。修飾語句のつながりがおかしいのは許してあげることにして——おそらくハーンもきつねは食べなかったでしょうから——、揚げていないものでも、油揚げという、揚げて小袋の形にしたものでも、豆腐への愛は日本の神話に深く染み込んでいるのだということを認めましょう。

　油揚げが一番よく使われるのは稲荷寿司作りや、きつねソバというソバ料理のレシピです。ただの豆腐とソバは日本ではそれほど頻繁に一緒にはしませんが、暑い日にはどちらも冷たくして食べるのが好まれ、かつ、どちらにも同じ薬味や調味料がよく使われます——醤油、おろしショウガ、小口切りの葉ネギです。ソバの粗い食感と苦みが、絹ごし豆腐といっそう快いコントラストをなします。

豆腐&ターメリック

　ターメリックの役目はスクランブルにした豆腐——「きのこ&豆腐」（P.307）を参照してください——に黄色い色をつけることですが、わずかに埃っぽいショウガの風味もつけてくれます。これを硫黄っぽいブラックソルト数つまみで味つけすれば、卵よりも卵らしい味のする料理になるかもしれません。

豆腐&卵

　お互いをまねっこしています。絹ごし豆腐は半熟卵の白身を思わせますが、その理由はバスルームのタイルのように白くてぴかぴかだからというだけでなく、卵の穏やかな硫黄っぽさも持ち合わせているからです。木綿豆腐はそれよりもマットな仕上がりですが、硫黄の気配はこちらにもあります。粗く刻めば、卵の代わりにヴィーガン向け「エッグ」マヨネーズサンドイッチに使えます。この組み合わせは双方向に入れ替えができます。卵を少量の出汁と混ぜてゆるく固まるまで蒸すと、卵豆腐という豆腐の代用品ができます。

　お互いになりすましていないときは、この2つの食材は豆腐と卵のどんぶりなどの料理で出会います。このどんぶりは柔らかい豆腐を出汁で温め、生卵数個を混ぜ入れて、固まる直前で全体をご飯の上にかけて提供する料理です。豆腐と卵のどんぶりは大変繊細な料理なので、無地の白いお椀と白い匙以外のもので食べるのは失礼に思えるほどです。『栗原はるみのジャパニーズ・クッキング』に掲載されている温泉卵のせ豆腐のレシピでは、卵1個を半熟にゆで、殻をむいて、豆腐のブロックにあけたくぼみにのせます。醤油、みりん、酒、鰹節で作ったたれを添えて提供します。ちょっと料理の練兵場みたいなレシピですが、インドネシアのタフ・テロール（tahu telur）という、一種の縦型豆腐オムレツも同じです。自分の料理スキルを試すのにうんざりしたら、代わりに味蕾のほうを試してみてください——皮蛋豆腐という料理で。これは絹ごし豆腐の上にピータンという濃い茶色になった卵のプリザーブをのせたもので、この卵は、自明な理由から、タイでは「馬尿卵」とも呼ばれています。

豆腐&チャイブ

　豆腐の風味は卵や牛乳を匂わせるところがあるので、チャイブとはもともと好相性です。日本ではアサツキ（*Allium ledebourianum*）、別名ジャイアント・サイベリアン・チャイブという品種が栽培されています。「大日本農会」〔1881年設立の日本の農業団体〕が1895年に記したところによれば、アサツキは

より一般的なネギ（日本のリーキ）よりも「においが強くなく」、すべすべしている、とのことです。ウィリアム・シュルトレフ〔P.442参照〕とアキコ・アオヤギは著書『豆腐の本（*The Book of Tofu*）』に、薄い黄色の味噌と豆腐、アサツキ、牛乳で作る、冬向けの「典型的な」味噌汁を載せています。アサツキは、蒸して大豆の香りのストック少々をかけて提供される絹ごし豆腐の飾りにも使われます。

豆腐＆唐辛子

豆腐は、唐辛子の辛味に対する冷湿布です。これが麻婆豆腐という料理の魔法です。豆板醤という唐辛子と豆のペースト（「ソラ豆＆唐辛子」P.270を参照してください）と挽き肉を使って作るスパイシーなソースは、麺やご飯にかけても完璧に美味ですが、さいころ形の豆腐にまとわりついていると、奇妙にスリリングです。

フードライターのフューシャ・ダンロップは「毛豆腐（マオドウフ）」という食べ物について書き記していますが、この厚切りの豆腐は「木製の板の上で、白いカビの分厚いファーコートの下に隠れている――地元住民は私に、これはこの地ならではの小気候と湿度の産物だと請け合った。毛豆腐は、全体がきつね色になるまで揚げてから、唐辛子のピクルスのディップをつけて食べることが一番多い。ちょっとチーズのような食感で、繊細な土のような風味に、ウェルシュ・レアビット（Welsh rarebit）[※4]の味を思わせる、わずかな酸味がある」のだそうです。発酵専門家で文筆家のサンダー・キャッツ〔P.443参照〕は、毛豆腐の手作りに何度も挑戦したと書いています――成功したのは、キャッツがアメリカ合衆国農務省から*Actinomucor elegans*という培養菌を入手してからのことです。キャッツはできあがったものを「きわめてチーズに似ている……1週間過ぎるごとに、どんどんおいしくなっていく」と表現しています。

豆腐＆トマト

豆腐はうまみの追っかけです。トマトと一緒に、どちらも加熱せずにスライスして食べてみてください。塩ひとつまみとエクストラバージンオリーブオイルも足してください。また、オイルが豆腐と非常によく合うことにも注目してください。

豆腐＆ニンジン→「ニンジン＆豆腐」P.245
豆腐＆ホウレンソウ→「ホウレンソウ＆豆腐」P.426

豆腐＆味噌

新しい武術、豆腐道を提唱したいと思います。帯を持っていなければ、豆腐に懐疑的な人たちがよく言う感想（どろどろしてる、スポンジみたい、味がしない、とにかく「おええっ」って感じ）から抜け出せていないということです。

水色の帯が与えられるのは、ソースがかかったべとべとのマリネに入っているのを食べておいしいと思い始めたときです。ソースを食べるために豆腐を食べている状態ではありますが、それでも一歩前進です。

豆腐の真価を、その口あたりで楽しむようになった豆腐道家には白帯が与えられます。白帯の豆腐道家は、豆腐田楽という、ピアノの鍵盤の形に切った豆腐に、酒、みりん、砂糖と混ぜた味噌を塗った料理を楽しんでいるところが目撃されるかもしれません。これはべたべたしていて甘くて、そのため好き

※4　ウェルシュ・レアビット（Welsh rarebit）…トーストにチーズソースをかけたイギリス料理。

になりやすいのですが、食感は水色帯の人には難易度が高すぎます。

　豆腐道家が次にやるべきなのは、味噌汁に入っているさいころ形の豆腐は喜びであって面倒なものではまったくない、と思えるようになることです。茶色帯の豆腐道家にもなると、豆腐のことを考えるだけで口に唾がわくようになっています。こうなる頃には、豆腐なんて味気なくて無意味だと他人がねちねち言い出したら、ほんの少しだけ上から目線で微笑む、というくらいの知恵を身につけているでしょう。自分もかつてはこうだったのですから。熊もかつてはバッタでしたし、ライオンはノミだったのです。

　黒帯の人は、小さいブロック形に切って出汁で煮た湯豆腐や、規則正しいさいころ形に切り分けて、小さじ半分の味噌を調味料として食べる冷たい豆腐など、簡素な形で提供される上質の豆腐だけを食べます。黒帯で十段になったらこれより上はないと感じるかもしれませんが、実はあります。神秘的な十一段の黒帯豆腐道家は、豆腐と味噌を手作りし、それを組み合わせて豆腐味噌漬けを作ります。これを「味噌豆腐チーズ」と呼ぶ人もいます。名前はなんでもいいのです。食べてみれば豆腐道家は完全に物質的形態を失い、空豆腐、すなわち「トウフ・オブ・ザ・スカイ」という状態に移行するかもしれません。

豆腐＆ラディッシュ

　揚げ出し豆腐という料理は、柔らかい豆腐のブロックの水気をとり、これにジャガイモのでんぷんをまぶして揚げ、大根おろしを飾って提供します。豆腐の外側はカリカリでほかほかになっており、中はすべすべです。一種の溶解豆腐ケーキです。私がこれを作るといつも、衣が分厚くコロッケのようになってしまうのですが、日本料理店の匠の手にかかれば、外側は卵の殻並みにカリカリで繊細になります。

　大根を添えると引き立ちますが、気をつけてください、これはケチケチするのが慣例です。せいぜいデザートスプーン1杯までです。自宅で揚げ出し豆腐を作るために大根1本を買うと、大根の大半が余ることになります。これをふりかざしてご近所さんを脅すこともできますし、いくつかの部分に分けてがんばって消費していってもいいでしょう。下の部分が一番ピリッと辛いところなので、これは明日の揚げ出し豆腐用に、あるいはソバの上から、おろすためにとっておきましょう。真ん中の部分は小さいかたまりに切り分けて、煮込み料理にします——豆腐と一緒に醤油とみりんで煮込んで煮物にしてもいいでしょう（加熱した大根は風味の点でカブと近いので覚えておいてください）。てっぺんの部分が一番甘みがあるので、ピクルスにするといいでしょう。

豆腐＆緑茶

　私が気に入っている豆腐の味わい方は、常温で、さいころ形に切って、緑茶と一緒にちびちびいただく、というものです。お茶の熱とタンニンが、豆腐にある穏やかな加熱した穀物の特質を引き出してくれます。そのため、このペアは玄米茶を思わせます（「緑茶＆玄米」P.430を参照してください）。絹ごし豆腐の中には、それ自体にもともと緑茶の風味があるものもあります。

　抹茶と柔らかい豆腐で、とろとろのカスタードに似たデザートを作ることもできます。通常は何らかの乳製品と凝固剤を加えます。

Mushroom
きのこ

きのこには食用になる品種が推定2000種以上あります。風味は多岐にわたり、アーモンドからフェヌグリーク、アプリコット、貝・甲殻類、鶏肉、ニンジン、タマネギまであります。きのこに火を通すと、菌類の穏やかな風味に代わって、ジャガイモに近い何かや、きのこを肉の代用品として満足のいくものにしているあのキャラメルのようなローストした風味が現れます。

きのこには塩気や甘みや酸味はありませんが、苦みはあるものもあり、さらに、よく知られているように、うまみも豊富です。さらにこの特質は、海藻やニンニク、パルメザンチーズ、シーフードのような食材とペアにすると高く評価されるようです。天然のきのこのほうが栽培ものよりも味がよいという点についてはかなりゆるぎなく意見が一致しています。

多くのきのこは干すと新しくより複雑な風味が生まれます。これはシイタケの場合に顕著で、生だとかなり普通のきのこの味なのですが、干したものは魔法のような味がします。

きのこ＆エルサレム・アーティチョーク→「エルサレム・アーティチョーク＆きのこ」P.248
きのこ＆大麦→「大麦＆きのこ」P.29

きのこ＆オレガノ

オレガノはイタリア人の一部に「きのこのハーブ」として知られています。ルンギア・クロッシーという葉の茂った多年生植物も、葉にきのこの風味があるため同じです。分類はイタリア人に任せておくことにしましょう。シェフのアントニオ・カルルッチョ〔P.442参照〕は、きのこと生のオレガノをシュトルーデル^{※5}（strudel）に、乾燥オレガノをヤマドリタケのソテーの飾りに使っています。

きのこ＆海藻→「海藻＆きのこ」P.433

きのこ＆玄米

ヒッピーの恋愛のための集まりを企画してください。ただ、きのこのリゾットを作るのに玄米は使わないでください——クリーミーな仕上がりになるほどのでんぷんが出ないからです。でも、アルボリオ米の白米に手をのばす前に、その手を止めてください。研究によると、きのこのリゾットというのは非ベジタリアンがヴィーガンやベジタリアンの友人に一番ふるまいがちな料理なのだそうです。たまにはそれはやめにして、代わりに粒がくっついていない米料理を出してあげてください——「玄米＆卵」（P.20）で紹介した、タイ風チャーハンのようなものがいいでしょう。

きのこ＆コショウ

コショウのようなピリッとした辛味、というのは、きのこの風味によくある記述語で、しばしばよくない意味で使われます。ピリッとしたチチタケ属のツチカブリ（*Lactarius piperatus*）は、とても辛いコショ

306　※5　シュトルーデル（strudel）…フィリングを薄い生地で巻いて焼いたペストリー。

ウのような乳液が染み出ますし、胞子には小さなこぶがあります。あの、私は本当に大丈夫ですから、お先にどうぞ。

　通常、採集ハンドブックには、きのこをほんのちょっとかじってみて、もしコショウのような辛味があったら吐き出すように、というアドバイスが載っています。生の状態のアンズタケはコショウのような辛味もありますが、色と形で簡単に見分けがつきます。加熱すると、アプリコットやプラムを思わせるようになります。もし、たとえばソースにコショウときのこが欲しいなら、ペッパーミルを手に取る方が安全ですよ。

> きのこ＆サヤインゲン→「サヤインゲン＆きのこ」P.407
> きのこ＆白インゲン豆→「白インゲン豆＆きのこ」P.50
> きのこ＆ソバ→「ソバ＆きのこ」P.61

きのこ＆豆腐

　フードライターのアンドレア・グエンは著書『アジアの豆腐（*Asian Tofu*）』で、「きのこのカビくさい芳香、肉のような噛みごたえ、深みのある風味が豆腐をうまく引き立てる」とアドバイスしています。加熱していない豆腐ときのこは、（風味とは反対に）落ち着かなくなるほど味がないという点も共通しています。しょっぱくも苦くもないし、酸っぱくも、それとわかるほど甘くもありません。卵も同じどっちつかずの領域に（ほぼ）入っています。

　炒り豆腐というのは日本でよく作られる家庭料理で、スクランブルエッグにたとえられることもありますが、英語に直すと実際「スクランブルにした豆腐」になります。炒り豆腐も、スクランブルエッグと同じように、きのこやチャイブを入れて作ることもできます。がんもどきという、豆腐と野菜、そして（しばしば）きのこを使って作るフリッターもあります。

きのこ＆トウモロコシ

　トウモロコシときのこの風味が出会う場所は、メキシコでは珍味とされているウイトラコチェ（huitlacoche）、すなわち「トウモロコシ黒穂病」という食べられる菌です。大雨の後、トウモロコシの穀粒がこの菌に感染して灰色に変わり、ふくれあがって皮がはじけます。そうなった後の菌は、はじけた胞子で黒く染まっていることもあります。サンダードームの向こう側で育てられたかのような見た目です。勇敢にも食べてみようと思うなら、穂に近い側の黒穂病菌のほうが、茎に近い側の黒穂病菌よりもおいしいと言われていることは知っておいてください。缶詰も売られています。

　きのことトウモロコシは、ポレンタ（polenta）[※6]にのせるつやつやしたきのこのラグーのように、天から贈られた組み合わせにもなれます。

きのこ＆蜂蜜

　蜂蜜きのことも呼ばれる*Armillaria mellea*〔ナラタケ〕は、残念ながら蜂蜜の味はしません。傘の部分が蜂蜜色をしたきのこなので、この名前がついています。もしこの風味の組み合わせが魅力的に思えるなら、菌類学者トラッド・コッターの優れたヒントを参考にしてみてください。お好きなきのこを干してから挽いて、その粉を蜂蜜に混ぜ入れるのです。コッターは、これをホタテに塗ったり、お茶にしたりするのに使ってはどうかと言っていますが、パンやパスタ生地を作るのにも使えますし、きのこの風味

※6　ポレンタ（polenta）…トウモロコシ粉（コーンミール）を粥状に炊いたイタリア料理。ソバ粉などを入れる場合もある。

から湿っぽさを引いて甘みを多少足した風味が欲しいところなら何にでも使うことができます。この粉は、きのこの風味は好きだけれど食感は好きではない人にも嬉しい選択肢だ、とコッターは考えています。生の蜂蜜200mlにつき、きのこパウダーおよそ大さじ1が必要になります。

きのこ&プルーン→「プルーン&きのこ」P.127

きのこ&ホウレンソウ

「ホウレンソウときのこのサラダが不人気なのは、ひとつには白と緑という見た目のコントラストも、味気ないきのこと酸っぱい葉っぱの味のコントラストも、別においしそうでないからだ」と、フードライターで食物史家のベティ・ファッセルは書いていました。もちろんこれは、インスタグラムがハードルを上げるよりも前のことです。

きのこ&マスタード

きのこはストロガノフに入れる牛肉の代わりとして優れていますし、うまみも豊富です。それでも、料理研究家のナイジェラ・ローソン〔P.443参照〕は、牛肉の肉汁の埋め合わせにするには、ナツメグとパプリカ粉を増やさなくてはならない、と指摘しています。ロンドンのヴィーガンレストランチェーン「ミルドレッズ（Mildreds）」では、スモーキーなラプサン・スーチョン^{※7}できのこのストロガノフの土台を作り、マスタード、パプリカ粉、トマトピューレ、ディル、ニンニクを加えています。厚みのあるリボン形の全粒粉のショートパスタ——ずんぐりしたソバのピッツォッケリ（pizzoccheri）がぴったりです——を使って、すべすべのきのこと食感の対比を出し、ある程度牛肉の歯ごたえの代わりにする人もいます。

きのこ&松の実→「松の実&きのこ」P.385

きのこ&メープルシロップ

チチタケ属のきのこには、*Lactarius camphoratus*〔ニセヒメチチタケ〕、*L. rubidus*、*L. rufulus*などがあり、どれも小さくて透明な水っぽい乳液が出ます。芳香はメープルシロップに似ています（あるいは、フェヌグリークや焦がした砂糖に似ています——「メープルシロップ&フェヌグリーク」P.397も参照してください）。これらのきのこは干すとメープルの風味が強くなります。

菌類研究者のブリット・バンヤードとテイヴィス・リンチによると、この3つの種は、甘い料理と合うという点で多くのきのこと異なる、とのことです。ですが、アカチチモドキ（*L. helvus*）は毒がありますから気をつけてください。必ず、きのこを自分で詳しく知っているか、そうでなければ誰か詳しい人と一緒に採集に行く必要があります。

きのこ&ユズ→「ユズ&きのこ」P.196

きのこ&ライ麦

ライ麦にあるもっとも明らかな風味の特徴は、きのこ、ジャガイモ、そして草です。これ以上地に足のついた風味がありえるでしょうか？　まるで歌手のアデルをひと口かじっているかのようです。サワードウ

※7　ラプサン・スーチョン（lapsang souchong）…松の薪の煙で燻製されスモーキーな香りが特徴的な中国紅茶。

は発酵させることでライ麦が変化し、麦芽のような、バニラとバターのような香味が生まれます。汗と酢の香味が決まってついてくるのでなければシンデレラストーリーと思いたくなるところです。いずれにせよ、きのこはライ麦が持つ風味の特徴のいずれともなじみます。トーストにのせたきのこのパテも、アメリカ・サンフランシスコの「アトリエ・クレン（Atelier Crenn）」で作られる「森の散策」という料理でも。これは松の風味をつけて焦がしたメレンゲの上にきのこをいくつか取り混ぜてのせた奇抜な料理です。ちなみに、ライ麦の穀粒はきのこを自家栽培する際に、頼りになるベースとしてよく使われます。

きのこ&リーキ→「リーキ&きのこ」P.286

Sesame
ゴマ

　ゴマは、粒は小さくとも、風味の世界全体に広がりを持ちます。皮をむいた加熱していない種には、穏やかなゲッケイジュ〔ベイリーフ〕とナッツの風味に、ハーブと柑橘類のかすかな気配があります。反対に皮つきで炒った種は、コーヒー、ナッツ、ポップコーン、麦芽の、焙煎された豊かな香味（こうみ）をたくわえています。なじみ深いクリーム色やベージュの種以外にも、白や黒の種を見かけることもあるかもしれません。黒いほうは味に顕著な尖（とが）った苦みがあります。これらの品種のどれも、タヒニやゴマペーストを作るのに使われます。タヒニの中には、油っこくて穏やかな土っぽい味がして、ゴマのクリームスープのようになっているものや、濃厚なナッツの味と甘みと粗さで、スプーンですくえるプラリネ（praline）※8のようになっているものなどがあります。ゴマ油やハルヴァ（halva）※9 も、穏やかなものから深く炒ったものまで幅があります。

　ピーナッツと同じように、ゴマも幅広くペアを組むことができます。合うかどうかというよりも、それぞれの料理にどの種類や銘柄が理想的な風味の深さを持っているかの判断のほうが重要になります。

ゴマ&オレガノ→「オレガノ&ゴマ」P.352

ゴマ&海藻→「海藻&ゴマ」P.434

ゴマ&カシューナッツ→「カシューナッツ&ゴマ」P.321

ゴマ&カリフラワー→「カリフラワー&ゴマ」P.224

ゴマ&ケール

　オギリ・サロ（ogiri-saro）というのは、シエラレオネのゴマの発酵調味料です。愛情のこもった骨折り仕事です。ゴマを水に浸し、皮をむき、つぶし、ゆでて、黄麻（ジュート）の袋に入れて縛ります。これを別の袋の中に入れて、押しつぶして余分な水分を取り除き、常温で6〜7日間発酵させてから燻製にし、それから袋から出して塩を混ぜます。これをテニスボール大にまとめ、しなびたバナナの葉に包んで、また燻製にします。できあがりはアンモニアのような刺激臭があり、青菜のスープに特によく使われます──タヒニと同じように、このゴマがコクを出してくれるのです。

ゴマ&ケシの実

　「エブリシング・シーズニング」は、もともとはベーグルのトッピング用の、ゴマとケシの実、乾燥タマネギ、ニンニク、黒コショウの香り豊かなブレンドが始まりでした。ベーカリーの床を掃いて集められたごみくずからヒントを得たのだという噂があります。でも、いつでも何もかもがあるわけではありませんね。黒いケシの実と白ゴマだけでも、抜群の風味の組み合わせと視覚的なコントラストが生まれますよ。

ゴマ&玄米→「玄米&ゴマ」P.19

※8　プラリネ（praline）…ローストしたナッツ類に砂糖を加えてキャラメリゼしたもの。
※9　ハルヴァ（halva、halwa）…主にバターまたはギーに穀物の粉、砂糖などを加えて作られる中東地域や東ヨーロッパなどの伝統菓子。

ゴマ&コーヒー

　フルフリルチオールという、焙煎したコーヒーや肉のようなにおいのする有機化合物があります。ゴマを炒ると発生し、黒ゴマよりも白ゴマのほうがはっきりわかります。フードライターのジェフ・コーラーは、モロッコには炒ったゴマをコーヒーに入れる習慣があるという記録を残しています。ゴマのおかげでコーヒーのナッツのような風味のよさが強調されるからだそうです。コーラーは以下のレシピを提案しています。

recipe

《ゴマコーヒー》

　　コーヒー大さじ2と炒ったゴマ小さじ1を480mlのお湯に入れる。挽いたシナモン小さじ1/8、砕いたカルダモンの莢2個、挽いたショウガとアニスシードと黒コショウ各2つまみ、それから挽いたナツメグひとつまみも加える

　この比率を変えれば——つまり、コーヒー顆粒小さじ1/4弱をお湯小さじ1に溶かして、タヒニ大さじ3と塩ひとつまみと混ぜてみれば——、パンに塗ると格別においしい、甘くないペーストができます。
　また、カリフラワーのシャワルマ[※10]に使える極上のダーク・タラトール（tarator）〔「ゴマ&レモン」P.315を参照〕にもなります。コーヒーに添えて提供する甘いゴマパンやビスケットは、「ゴマ&シナモン」（P.312）と「バニラ&ゴマ」（P.149）を参照してください。

ゴマ&ザクロ→「ザクロ&ゴマ」P.92

ゴマ&サツマイモ

　フードライターのサラ・ジャンペルは、日本の果肉が白い品種のサツマイモは、加熱するとシャンパンの色に変わる、と指摘しています。それ自体でおいしさが完結しているので、他には塩の粒か、塩と炒りゴマをミックスした日本の調味料、ゴマ塩がありさえすれば十分です。この品種のサツマイモは私たちになじみのあるオレンジ色の品種よりももっとほくほくしていてクリーミーですが、焦げ目がつきやすく、ジャンペルによれば、ふかすと「濃密で官能的で、スプーンですくうこともできます——本当に上質なチーズケーキの舌ざわりです」。
　ゴマ塩の作り方は以下の通りです。

recipe

《ゴマ塩》

❶ゴマを乾いたフライパンに入れ、濃いきつね色になるまで炒る（すぐに焦げてしまうので、目を離さないでください）

※10　カリフラワーのシャワルマ…シャワルマ（shawarma）はケバブに似た中東料理。カリフラワーのシャワルマは肉の代わりにカリフラワーを使うもの。

❷ゴマを冷ましたら粗い食感になるように挽いて、上質の塩と混ぜる。ゴマ大さじ2に対して塩数つまみから始めて、好みに合わせて調節する

ゴマ&サヤインゲン→「サヤインゲン&ゴマ」P.408

ゴマ&シナモン

タヒニにシナモンとブラウンシュガー、あるいは蜂蜜をふりかけてできる享楽的なスイーツのフィリングは、タヒノフ・ハッツ（tahinov hatz）というアルメニアのバターたっぷりのロールパンに使われています。このパンはパン・オ・ショコラやアーモンド・クロワッサンと同じくらい人気が出てしかるべきです。

ゴマ&ショウガ

炒ったゴマの風味は、夜の都市のようです——濃密でスモーキーで、ゴム、ポップコーン、揚げ物、それに牛脂のにおいがつきまといます。生のショウガは暗闇の中でネオンのように光を放ちます。サラダドレッシングでペアにしてみてください。塩気とナッツっぽさのおかげで、そのぶんサラダの具材がどれもフレッシュに、ジューシーになります。

recipe
《ゴマとショウガのドレッシング》
ねじ蓋つきの瓶に、ゴマ油大さじ1、ピーナッツオイル大さじ1、醤油大さじ2、米酢大さじ2、おろしショウガ小さじ1～2、つぶしたニンニクひとかけ、蜂蜜小さじ1を入れて振る

ゴマとショウガは「中華鍋用オイル（ワック）」で出会う場合はこれほどドラマチックではなくて、お安いヒマワリ油にゴマ油、ショウガ、ニンニクが混ぜてあり、炒め物に使われます。

ゴマ&ソバ

フレーバーペアリングにおけるプレミアリーグの首位です——すぐ下にはマンゴーとライム、あるいはトマトとバジルがいます——主に、他に何もいらないからという理由です。ゴマ油をかけたソバには、もうそれ以上改良の余地はありません。

ゴマ&卵→「卵&ゴマ」P.264

ゴマ&チョコレート

ニューヨークに拠点を置くレバノン人シェフのフィリップ・マスードは、放課後に食べるおやつで史上最高のものは、削ったチョコレートとハルヴァ〔P.310参照〕とバターで作ったサンドイッチだ、と言って

います。私の代謝がまだそういう食べ物に耐えられていたころなら、チョコレートを削るだなんて英仏海峡を泳いで渡るのに等しい、と考えていたことでしょう。けれども、容器からティースプーンでえぐり取ったチョコレートハルヴァなら、大変結構な対案に感じられただろうと思います。ビーチバッグの中で溶けたのを冷蔵庫でまた固めた「ミルキーウェイ (Milky Way)」チョコレートと似ていなくもありません。

もっとチョコレートたっぷりの体験をしたいなら、「リンツ (Lindt)」が、丸ごとの炒りゴマを使ったダークチョコレートとゴマのチョコバーを作っています。口の中でチョコレートがそっと溶けていき、小さくてぷちぷちのゴマの皮がはじけてあふれ出します。

ゴマ&デーツ→「デーツ&ゴマ」P.142
ゴマ&唐辛子→「唐辛子&ゴマ」P.333
ゴマ&豆腐→「豆腐&ゴマ」P.302

ゴマ&ナス

ゴマは小さくても大きく吠えたける種です。この小さな種を炒って圧搾してとれる油にはかなりの力強さがあります。グラムあたりの風味という点では、世界一価値のある食材に違いありません。

ナスは、油、種、タヒニ、どの形であれ、ゴマの恩恵に浴しています。穏やかな味のタヒニとペアにすると、加熱したナスの身は、あまりにも甘くてデザートの地位を得られそうなほどです。間違いなく、ナスが果実であることがあらわになっています。ナスを皮つきにすると話は変わり、特に皮に焦げ目をつけてあると、タヒニがその宝石商のルーペをスモーキーさのほうに向けることになります。

濃い色のタヒニはますます焙煎ゴマ油を思わせるようになります。肉やチョコレートのような、濃厚な焙煎香味のおかげで、ナスは食感以外に貢献できることはほとんどありません。

ゴマ&ニゲラシード→「ニゲラシード&ゴマ」P.356

ゴマ&蜂蜜

意志の弱い風味です。ゴマ菓子の「セサミ・スナップス (Sesame Snaps)」がちゃんと商品棚に陳列されているのは見たことがない気がします。ラムネ菓子の「ティックタック (Tic Tac)」やポケットティッシュと同じように、レジ横が定位置なのです。ギリシャではパステリ (pasteli) と呼ばれるこの昔ながらのお菓子を作るには、蜂蜜を沸かして、冷水に落とすととても堅いボールができるくらいの段階になったところで、同じ重量の炒りゴマを加えます。レモンの皮やオレンジフラワーウォーターを加えることもあります。ギリシャのカラマタではピスタチオを、アンドロス島ではクルミを加えます。

同じおやつは、中東のあちこちで、またインドやパキスタンでも見られます。中世アラブの料理本『キタブ・アル・ティベク (*Kitab-al-tibikh*、「料理の本」)』には、アーモンドとゴマまたはケシの実を混ぜ、サフランとシナモンで風味をつけた、ハルヴァ・ヤシバ (halwa yasiba) が載っています。韓国には、薬菓という、小麦粉とゴマ油と焼酎（透明な蒸留酒）で作った生地を揚げ、蜂蜜のシロップに浸した甘いクッキーがあります。

「ゴマ&シナモン」(P.312) と「ゴマ&味噌」(P.314) も参照してください。

ゴマ&バニラ→「バニラ&ゴマ」P.149
ゴマ&ピスタチオ→「ピスタチオ&ゴマ」P.327

ゴマ&ヒヨコ豆

　フムスのレシピがどれくらいたくさんあるかというと、フムスのレシピがどれくらいたくさんあるかについてうまいことを言うフードライターの数と同じくらいたくさんです。スーパーマーケットで見かけるしょうもないバリエーション——ホウレンソウのフムス、サンドライトマトのフムス、ベイクトビーンズ (baked beans)[※11]のフムス——は置いておくとして、この太古からの定番のうち、もっとも目を引く変わり種は、『レストラン ジ・アイヴィーのレシピ (The Ivy:The Restaurant and Its Recipes)』に載っている、タヒニではなく太白ゴマ油を使って作るゴマとヒヨコ豆のフムスです。私も作ってみましたが、風味はまあまあだったものの、油を入れたことでぬるぬるしてしまい、タヒニを使えば出せるあの必須のすべりにくさはまったく出ませんでした。

　ファストフードチェーン「レオン (Leon)」では、共同創業者アレグラ・マカヴィディによれば、もともと乾燥ヒヨコ豆をゆでてフムスを作っていたのですが、あるとき缶詰のヒヨコ豆で作るもののほうがよいと気づいたのだそうです。私はこれと反対の経験をしたことがあります。私が今まで作った中で唯一ちゃんとしたフムスになったのは、サリット・パッカーとイタマー・シュルロヴィッチのすばらしい著作、『Honey & Co　中東の食べ物 (Honey & Co: Food from the Middle East)』に載っていたレシピでした。この場合の決め手は、ヒヨコ豆が生かどうかよりも、ヒヨコ豆と1対1という、タヒニの量自体だったようですが。

　フムスに関連してがっかりさせられる場合、ほとんどは、つぶしたゴマを不健康なほどの量入れることは基本的に譲れない、という点を認めていないことに原因があります。この組み合わせの愛好家なら、トルコの食料品店ではタヒニでコーティングした焙煎ヒヨコ豆が袋入りで軽食として売られていると知ったら喜ぶことでしょう。いればハンドバッグフムスです。

ゴマ&フェンネル→「フェンネル&ゴマ」P.339

ゴマ&ホウレンソウ

　日本のゴマ和えのドレッシングはゴマと砂糖と醤油だけで作るというシンプルの極致で、イギリスでは湯がいて水気を絞ったホウレンソウにかける使い方が一番よく知られています。厳密に言うなら、炒ったゴマを自分で挽くべきなのですが、日本のゴマペーストを使って済ませることもできます。たいてい適度に炒ったような風味があるからです。完全にずるをしてタヒニを使うつもりなら、焙煎ゴマ油少々を加えて、その特徴的なナッツっぽさをドレッシングに足してやる必要があります。このナッツっぽさが青菜と本当によく合うのです。とはいえ、こういう手抜きをしていては、本物を使ったときのザクザクした快い食感は得られません。ちゃんと作れば、黒ゴマでも白ゴマでも同じようによく合います。

ゴマ&味噌

　ゴマ豆腐という食べ物はゴマペーストと葛と水で作られています。豆腐に通常使われる大豆はまったく見当たりません。葛というのは豆腐のような食感を出してくれるでんぷんの一種ですが、風味はゴマが

314　※11　ベイクトビーンズ (baked beans) …白インゲン豆をトマトソース、砂糖、香辛料で煮込んだもので、缶詰が売られている。

優勢になります。ゴマ豆腐は日本では、禅宗の僧侶が実践するベジタリアン料理である精進料理において重んじられており、醤油とワサビでいただきます。僧院以外では、ゴマ豆腐はデザートとして、甘味噌や蜂蜜をつけていただきます。

ゴマペーストと味噌を米酢と3対3対1の比率で混ぜて、青菜に使う汎用性の高いソースも作れます。必要に応じて水を少量加えてのばしてください。

ゴマ&ユズ

この組み合わせは、日本食スーパーマーケットの至るところで、ユズとゴマの七味唐辛子や、瓶詰のサラダドレッシングの中に、さらにはユズ風味のゴマの容器にも入っています。黒ゴマとユズはケーキやペストリーに一緒に入っています。

ゴマ&ヨーグルト→「ヨーグルト&ゴマ」P.176
ゴマ&緑茶→「緑茶&ゴマ」P.430

ゴマ&レモン

味つけせずに調理した野菜や魚にかけるのに使う、タラトール（tarator）[12]というシンプルなソースが作れるので、ケバブの中身にかけたり、パンのディップにしたりして使ってください。レモン汁とニンニクがふんだんに使ってあっても、このソースは4000年物ぐらいの味がします。伝説の王ギルガメッシュががつがつむさぼり食べているのが想像できるほどです。

ソースとしては、頑固なほうです。苦くて酸っぱくて土っぽくてタンニンの味がします。

---

recipe
《ゴマとレモンとニンニクのソース（タラトールソース）》
❶ニンニク1〜3かけをつぶして塩少々を加える
❷レモン汁2個分、次にタヒニ250gを、泡立て器で混ぜ入れる
❸思い通りの固さになるように少しずつ水を加える

薄くしすぎてしまいやすいので、ゆっくりやってくださいね。のばすのに水ではなくヨーグルトを使う人もいますが、そうするとゴマの風味が弱まってしまうので気をつけてください。

他には、ビスケットを作るときに、かぐわしいレモンの皮とゴマを入れてみてください。

※12　タラトール（tarator）…タヒニ（白ゴマのペースト）とレモン汁、ニンニクを使った中東のソース。ブルガリア料理にもタラトールという名のヨーグルトとキュウリの冷製スープがあるが別のもの。

Poppy Seed
ケシの実

コンパクトの鏡とよいペアになります。ケシの実は射出レーンに並んだピンボールのように歯のすき間にはさまるからです。これのよい点は、時々、たいていは昼ご飯に食べたケシの実つきベーグルのことを忘れてしばらくしてから、実が1つどこからか転がり出てきて歯につぶされ、予期せぬ風味の爆発を起こすことです。

フードライターのゲイリー・アレンはケシの実の風味を「味覚をほっとさせてくれる、あたたかくてノスタルジックな味」と表現しています。ケシの実の風味が強いのは油分の含有量が多いためですが、これは油のせいですぐに変質していやなにおいがするようになるということなので欠点でもあります。

この項では黒と白両方のケシの実を扱います。黒いケシの実のほうが強い風味があります。炒ると甘くナッツのようになり、干し草、蜂蜜、イーストの香味も出ます。

ケシの実＆アーモンド

ケシの実には穏やかなアーモンドの風味と、それよりさらに穏やかなボール紙の香味があります。マカロンのくずがライスペーパーにぺったりくっついてしまったところを想像してもらえれば、どういうことかわかると思います。白のケシの実は味の点ではスイートアーモンドに近く、これは石板色〔濃い灰色〕をしたほうのケシの実が持っている苦い後味が少なめであるためです。パン屋では多くの場合、食感を考えて、水分が加わってもぬるぬるしにくいとされている白いケシの実のほうが好まれます。

東ヨーロッパに見られる缶詰のケシの実を使う類の詰め物にはアーモンドエキスが気前よく入れられており、そのためこの青黒いペーストにはビターアーモンドの強い風味がついています。オーストリアやドイツのバイエルンのペストリーに詰めるのにはケシの実とアーモンドのどちらを使ってもよいとされることも多いのですが、混ぜて使うことを考えてみてもいいと思います。

ケシの実＆オレンジ

あまりポピュラー音楽っぽくはありません。ケシの実とレモンはニック・ケイヴとカイリー・ミノーグです。ケシの実とオレンジはニック・ケイヴとPJ ハーヴェイです。私はポーランドのマサ・マコバ（masa makowa）のケータリング缶詰に入っていた砂糖漬けオレンジを残らず掘り出して食べたことがあるのでわかるのです。マサ・マコバはケシの実の黒いかたまりにビターオレンジが散りばめられ、アーモンドエキスが入っていて陰気な食べ物です。小塔に雷鳴とどろくゴシック様式の広大な城の厨房で、丸めてケーキやシュトルーデル〔P.306参照〕にします。ケシの実のレシピが今でもよく使われる地域では、昔ながらのシードミルを使って自家製マサ・マコバを作っています。ケシの実をフードプロセッサーで挽いてみてもいいですが、ケシの実が目を回して終わりになるだけです。コーヒーミルやスパイスミルなら、他にどうしようもないときにはなんとかなるかもしれません。

オレンジとケシの実は、プリム祭〔ユダヤ教の祭日〕の際にみんなで食べる詰め物入りの三角形のクッキー、ハマンタッシェン（hamantaschen）の詰め物にも使われています。ポーランドのクリスマスイブ

ディナーであるウィギリア（Wigilia）では、炒ったケシの実と干したオレンジピール、それに刻んだナッツをバターとアイシングシュガーと一緒に卵麺のパスタに和えて提供する伝統があります。

ケシの実＆キャラウェイ→「キャラウェイ＆ケシの実」P.345
ケシの実＆ココナッツ→「ココナッツ＆ケシの実」P.158
ケシの実＆ゴマ→「ゴマ＆ケシの実」P.310

ケシの実＆シナモン

　マコヴィエツ（makowiec）というのは、ポーランドでクリスマスに食べる、イーストを使ったロールケーキで、シナモンの香りがするケシの実の詰め物が中に入っています。この詰め物は挽いたケシの実を牛乳または水、シナモン、レモンの皮、蜂蜜と一緒に、月光に照らされた海のように暗く輝くまで煮詰めて作ります。ラム酒に浸したレーズンも入れて作る人もいます。

ケシの実＆ジャガイモ

　インド料理講師ムリドゥラ・バルジェカーによれば、ジャガイモと白いケシの実という、インド・ベンガル地方のアルー・ポスト（aloo posto）という料理で使う組み合わせは「傑作」です。ごろごろした炒めジャガイモに、挽いたケシの実とニゲラシード、カレーリーフ、青唐辛子で作った濃厚なソースがからんでいます。ケシの実が前面に出ているので、もし、たとえばシードを散らしたパンなどで青黒い実のほうに慣れているなら、濃厚でまろやかなソースの中に白い実の穏やかなナッツっぽい風味が立つのにびっくりするかもしれません。ココナッツやカシューナッツなどのナッツのソースと比べると、ケシの実は糖分の含有量が少ないので、間違いなく甘くないソースになります——ジャガイモの理想的な引き立て役ですし、もし舌が甘めのソースにはすぐ飽きてしまうようなら、おあつらえ向きです。

ケシの実＆チーズ

　クリームチーズをたっぷり使い、シードを散らしてあるベーグルをひとつ食べてみれば、このペアの雰囲気がつかめるでしょう。

　もっと強烈な体験がしたいなら、モーン・ケーゼクーヘン（Mohn-Käsekuchen）という、どっしりした巨大なケシの実チーズケーキを試してみてください。深さのある生地の内側に象牙色のチーズが詰めてあり、そのところどころにケシの実ペーストの黒いぽつぽつがまだらに散っています。チーズが脂っこく、しょっぱく、酸味があるので、ケシの実の風味を3通りに強化する役割を果たしています。モーン・ケーゼクーヘンにはもっと小ぎれいに作ったバージョンもあり、こちらはケシの実がクリームチーズの下に単一の層になっています。おいしいですが、モーという鳴き声がしそうな見た目のほうほどではありません。

　炒ったケシの実には、もっと強いチーズにも引けを取らないだけの風味があります——チーズビスケットやスコーンの飾りつけに使ってください。

ケシの実＆蜂蜜

　古代ギリシャの雄弁家アテナイオスは、ガストリス（gastris）という、ケシの実とナッツと蜂蜜にコシ

ョウをたっぷり加え、ゴマで作った皮のようなものにはさんで作るクレタ島のお菓子について述べています。ほぼ同じでコショウの代わりにマジョラムを使って混ぜたものが、中世のケーキやビスケットのレシピにも見られます。ポーランドやウクライナで食べられているクティア（kutia）というプディングからは、この強い調味料は除かれており、ケシの実、蜂蜜、クルミ、小麦粒で作ります。

ケシの実&バニラ

　缶詰のマサ・マコバ（「ケシの実&オレンジ」P.316を参照してください）製品の中には、バニラで風味づけされているものがあります。ごくわずかにですが、味のもの悲しさが減っています。

　バニラがケシの実のケーキに加えられていたという記録は19世紀にまでさかのぼり、中でも注目すべきはドイツのモーンクーヘン（Mohnkuchen）です。スポンジまたは甘いペストリーのベースに、バニラの風味をつけた挽いたケシの実を少量の穀粒またはセモリナ粉か小麦粉と混ぜて深く敷きつめ、上にシュトロイゼルという、バターたっぷりのクランブル生地をのせてあります。

　あるいは、ハンガリーの卵不使用のパンプディング、マコス・グバ（mákos guba）を試してみてください。キフリ（kifli）という、イーストを使って焼いたクロワッサン形のパンを使うのが伝統的なやり方ですが、バゲットでも構いません。

---

recipe

《マコス・グバ（ハンガリーのパンプディング）》

❶パンをちぎり、そこにバニラを煮出して甘みをつけた温かい牛乳を注ぎ、パンが柔らかくなっているけれども、どろどろまではいかないくらいまで浸しておく

❷余分な牛乳は捨てる

❸パンの半分を油を塗った天板に移し、挽いたケシの実とアイシングシュガーをふりかける

❹パンの残り半分をかぶせて、さらにケシの実とアイシングシュガーをふりかける

　このプディングを180℃のオーブンに10分から20分間入れておいて、ふにゃふにゃの中身とザクザクの表面のコントラストを楽しめるようにしているレシピもあります。

ケシの実&プラム

　ケシの実は、核を抜いたプラムを、再び完全な状態にしてくれます。ケシの実には「忘れられない、核のような風味」がある、と、『クラシック・ジャーマン・ベーキング（Classic German Baking）』の著者ルイサ・ワイスは言っています。挽いたケシの実と薄切りにしたプラムをスポンジケーキの生地に入れて、ケーキでひとつにしてあげてください。できあがりは定番のリンゴとアーモンドのケーキを、くっつきやすく、わずかに苦い赤い果実で作ったようになります。

　オーストリアのゲルムクヌーデル（Germknödel）というプディングはプラムジャムを詰めた巨大な蒸し団子で、溶かしバターと、野鳥用の給餌装置1台分くらいのケシの実をかけて提供します。溶かしバターにひるんでしまうようなら、バニラカスタードをかけて提供することもできます。ひるんでいないなら、

両方かけて提供してください。

ケシの実&レタス

エクストラバージンオリーブオイルとレモン汁のドレッシングに炒ったケシの実を加えて、パリパリの野菜のサラダにたらしてください。ケシの実の豊かな風味がひと口食べるごとに増していき、焙煎したようなナッツのような余韻を残すのがわかるでしょう。しごく立派な文筆家の中にも、料理用のケシの実はアヘンをとるケシからとれるものとは違う、と主張している人がいます。これは間違いです。薬物検査を受ける人はあまりたくさん食べすぎないよう推奨されています。どれくらいならたくさん食べすぎになるのでしょうか？　まあ、ブライアン・ジョーンズタウン・マサカー〔サイケデリック・バンド〕の「アネモネ」をかけて聴き始めていたら、おそらくもう手遅れでしょう。サラダドレッシングに使うであろう量なら大丈夫でしょうが、多くの種類のレタスにも、アヘンケシのようなにおいがして、同様に催眠性効果がある液体が含まれることには注意してください。レタスには、「ただノーと言いましょう（Just Say No）[13]」

ケシの実&レモン→「レモン&ケシの実」P.188

※13　1980年代のアメリカを中心に展開された、ドラッグ撲滅キャンペーンのスローガン。

Cashew

カシューナッツ

　カシューアップル〔カシューの木の肥大した花托部分〕は偽果です。花の先端だったところにカシューナッツが鎮座した、小さなピーマンのような見た目をしています。ナッツ単体だと「野ウサギの腎臓のような大きさと形」だと、1839年版の『ザ・ナチュラリスト』誌には書かれています。カシューナッツの原産国はブラジルですから、これが発行された当時は、読者はカシューナッツよりも臓物のほうがなじみがあったことでしょう。ポルトガル人がこの木をアフリカやインドへ持ち込み、そこでゾウも手伝って伝播し、それから人間がカシューナッツのおいしさに気がついたのです。

　木のほうは生命力が強く耐乾性が高いため栽培するのに手がかからないのですが、ナッツの方は殻にウルシオールという毒素を含むため処理が大変です。ですが、その並外れた風味に人々が高い金額を積むので、カシューナッツは長きにわたり市場に居場所を確保してきました。

　風味はおおむね何とペアにしても調和します——他のナッツやフライドチキンが定番です——が、コントラストをなすパートナーも中にはあって、これはたいていの場合果物です。カシューアップルには渋い汁が含まれており、キュウリ、イチゴ、マンゴー、ピーマンの味がします。果肉はすぐにだめになってしまうので、大半はジャムにされるか、インド・ゴア州のフェニ（feni）という強い酒などの飲料に加工されます。

　　カシューナッツ&アーモンド→「アーモンド&カシューナッツ」P.120

カシューナッツ&オーツ麦

　デリオーナーのグリン・クリスチャン〔P.443参照〕は2005年に、カシューナッツはインド料理で生で使うのと中華料理店で鶏肉や豚肉とペアにしているのを除けばあまり使われていない、と書いていました。クリスチャンはカシューナッツを使うタルトやフラン〔タルト型に敷いたペストリーにカスタード液を流して焼いた菓子〕やスコーンの、淡くてクリーミーな未来を予見していました——あるいは、チーズと合わせるカシュークラッカー、とりわけオートミールで作ったクラッカーの未来で、このクラッカーは甘みの点で遜色ない、とクリスチャンは指摘しています。彼の予測は実現しましたが、予見した通りとはいきませんでした。カシューナッツは考え得る限りほぼあらゆるものに使われています。ミルクやクリームという形で、それにヴィーガンチーズやアイスクリーム、グラノーラ、スナックバーに、といった具合です。

　　カシューナッツ&オレンジ→「オレンジ&カシューナッツ」P.199

カシューナッツ&ケール

　食品科学者ローラ・グリフィンの手になる、カシューナッツの風味の語彙集がありますが、これによれば、カシューナッツには時として「緑の森の苦い」風味があるのだそうです。この用語は私にはなじみのないものですが、グリフィンはこれを「加熱していないアブラナ科の野菜」の香味であると言いつくろ

っています。プロの味鑑定人ではない人がこれをカシューナッツに見つけようと思ったらひどく苦労するで
しょうし、炒ったナッツをアブラナ科の生のケールと和えても、その近親性よりも対照性のほうが印象が
強いことでしょう。しかも、そのコントラストが本当に強烈なのです。ケールは鉄やクロロフィル、ミネラ
ルウォーターのような味がします。炒ったカシューナッツのほうはケーキの生地を揚げたような味です。

カシューナッツ&玄米→「玄米&カシューナッツ」P.18

カシューナッツ&ココナッツ→「ココナッツ&カシューナッツ」P.157

カシューナッツ&ゴマ

　鶏肉とカシューナッツは、子ども時代に節目ごとに食べていた料理のひとつでした。何年も経ってから
やっと自分で、半分適当なバージョンの作り方を覚えたとき、驚くべきことを発見しました。鶏肉はなく
ても構わないのです。必須の食材は炒ったカシューナッツとゴマ油でした。この2つのおいしさを議論の
余地がないほど証明しているのが、時間がないときに私が子どもたちに作っている麺料理です。自分用
に作っていた炒め物にかけた焙煎ゴマ油の芳香に、娘が気づいたことが始まりでした。翌日、娘が「と
くべつなにおい」のするごはんを作ってほしい、とお願いしてきたのです。

recipe

《ゴマ油とカシューナッツの麺》（1人前）

❶刻んだブロッコリーと冷凍エンドウ豆をそれぞれ子どもの手でひとつかみ分ずつ小さな片手鍋に
　入れる

❷乾燥卵麺をひと玉加え、熱湯を注いで4分間煮込む

❸お湯を切って、ゴマ油ひとたらしと醤油を麺に和え、炒ったカシューナッツひとつかみで仕上げる

カシューナッツ&ズッキーニ→「ズッキーニ&カシューナッツ」P.419

カシューナッツ&チャイブ

　ヴィーガンクリームチーズで出会います。名前はどうにも好きになれませんがそれはさておき、これはす
ごい食べ物です。カシューミルクが風味の点で牛乳に一番近い植物性ミルクだと、多くの人が考えてい
ます。リンゴ酢を少量足せば、乳のあのチーズっぽい強い味が出るのですが、一段上へ引き上げてくれ
るのはチャイブで、あのネギ属のピリピリする硫黄っぽさが、風味の薄さと舌ざわりから気をそらしてくれ
ます。

recipe

《チャイブ入りヴィーガンクリームチーズ》

❶カシューナッツ200gを冷水に3時間浸けておく

❷ざるにあげて水気をふき取り、リンゴ酢数滴と塩ひとつまみ、レモンひと搾りと一緒に強力なブレンダーにかける

❸刻んだチャイブを好きなだけ混ぜ入れ、必要に応じて塩と酸味のバランスを調整する（冷蔵庫で最大3日間保存できる）

カシューナッツ＆デーツ

　ペアにすると十分おいしくはあるのですが、食感がなめらかになっていく中で、どちらも何かを失ってしまいます。カシューバター〔カシューナッツをなめらかになるまで砕いてペースト状にしたもの〕は袋詰めのナッツの風味にはどうしても劣ります。よくて淡白な味、悪ければ安物のペーパータオルのような味がします。デーツのピューレには、丸ごとのデーツにある、うっとりするような麝香の香りや穏やかな独特の香りがありません。ナッツと果物の組み合わせはしばしばヘルシーなスナックバーにありますが、使うならソーリー種の乾燥デーツを試してみてください。これは別名「ブレッドデーツ」ともいい、カシューナッツそのものの味がする、と言う人もいるのです。

カシューナッツ＆唐辛子

　辛い味つけのデビルドカシューナッツは、スリランカのバーやカフェならどこにでもあるおつまみです。おいしいのは間違いないのですが、私にカシューナッツとは贅沢品であるという不変の思い込みがあるせいで、風味づけされたコーティングがついたカシューナッツを楽しむことができないのです。ヒッコリースモークフレーバーのバーベキューソースをキャビアにどっぷりかけてしまうようなものだと思うのです。（とはいえ、でもこれは……？）

　カシューナッツはイギリスでは高価なため、バーではよくお安いピーナッツを混ぜてあります。ですので、初めてのデートでよい試金石になります。ドリンクを頼んで、ナッツには手を出さずに待ってみてください。デートのお相手がカシューナッツを全部より分けてしまうようなら、数週間のうちにはその人は羽毛布団を独り占めするようになるでしょうし、土曜の夜に観る映画は自分が選びたいと言い張るようになるでしょう。もしピーナッツだけ食べるようなら、あなたにはその逆の問題、つまり過剰な従順さ、という問題が降りかかるでしょう。もしナッツを全部食べてしまうようなら、その人はサイコパスです。デートはそこで切り上げてください。じゃあどうやったら2回目のデートにこぎつけることができるんだ、とお聞きになるかもしれません。簡単なことです——こんな、漆塗りの中国製の器にナッツを入れて出している気取ったバーなんか出よう、とお相手が提案して、あなたをパブに連れ込んでくれればいいのです。そこでならソルト＆ビネガー味の袋入りポテトチップスを買って、ピーナッツと混ぜることができます。この場合はそのお相手と結婚して、ハネムーンでスリランカに行き、唐辛子のかかった安いカシューナッツを舌がひりひりするまで堪能してください。

カシューナッツ＆ニンニク

　生のカシューナッツとニンニクパウダーを一緒に挽いて、栄養価を足すためイーストと塩を加えると、

パルメザンチーズのヴィーガン向け代替品ができます。チーズと同じように強い味がしてしょっぱいですが、パルメザンチーズが熟すにつれて生まれる甘いスパイシーさはありません。挽いたオールスパイス数つまみと、すりおろしたナツメグ少々を加えれば、少しはましになるでしょう。

カシューナッツ＆蜂蜜

　ハニーローストカシューナッツにおける蜂蜜は映画「スーパーマン」シリーズ第1作におけるマーロン・ブランドのような存在です。出てくるのは一瞬だけなのに、名前は一番上にのっているのです。フィリピンのパンパンガ州では、スペインのアーモンドヌガーであるトゥロン（turrón）をアレンジして、熱々の蜂蜜とシュガーシロップを泡立て器で卵白と混ぜ、次にカシューナッツと混ぜています。弾力のあるかたまりを、大きな板状ではなくフィンガーサイズのバーに切り分けて、食用ライスペーパーにくるんであるので、あわれな観光客がべたべたの中身からペーパーをはがそうとしてきゃあきゃあ大騒ぎすることになります。

　　カシューナッツ＆バニラ→「バニラ＆カシューナッツ」P.149

カシューナッツ＆ヒヨコ豆

　昔、とあるミシュランの星持ちのシェフが作り出した、タヒニの大部分を生のカシューバター〔「カシューナッツ＆デーツ」P.322参照〕に置き換えた「フムス」を食べたことがあります。フムスがカーテンの陰に隠れているかのような味がしました。あまりにも礼儀正しく、ゴマペーストの、水分を奪っていく土っぽさはまったくありませんでした。

　カシューナッツとヒヨコ豆はインド菓子ではもっとずっとよいペアを組めています。ラドゥー（laddoo）という球形のお菓子に、ナッツとグラム（ヒヨコ豆）フラワーで作られているものがあります。バルフィ（barfi）やハルヴァ（halwa）〔P.310参照〕といった、さいころ形のお菓子でも同様です。

　　カシューナッツ＆フェヌグリーク→「フェヌグリーク＆カシューナッツ」P.402
　　カシューナッツ＆ベイリーフ→「ベイリーフ＆カシューナッツ」P.372

カシューナッツ＆レーズン

　インドのミルクプディングの飾りに使われます。ですが、袋から無造作につかみだされて、冷たいまま何の装飾もなく放り出されたのだ、などとは間違っても考えないでください。ギーで炒めてコクとかぐわしさを出したレーズンが、米と香辛料、ナッツ、砂糖、そしてカラメル化したクリーミーな牛乳でできた、贅を尽くしたデザートに華を添えているのです。インドのライスプディングがボリウッドの大作映画だとすれば、缶詰から出されて、（ラッキーな場合には）冷たいジャムがティースプーン1杯分のっているイギリスのライスプディングは、中期のケン・ローチです。

※14　バルフィ（barfi）…キャラメルやファッジのようなインドの菓子。
※15　ケン・ローチ（Ken Loach）…イギリスの映画監督。労働者の日常や社会の矛盾を描いた。

薄緑の風味
Light Green

ピスタチオ
Pistachio

アボカド
Avocado

唐辛子
Chilli

パセリ
Parsley

フェンネル
Fennel

Pistachio

ピスタチオ

ピスタチオはウルシ科の一員で、つまりカシューナッツの仲間です。熱帯の生まれですが、水はけがよく日当たりもよいという条件であれば、涼しい気候にも耐えられます。トルコ、イタリアのシチリア島、アメリカのカリフォルニア州でよく育ちます。

ピスタチオのナッツは核果の種子の部分です。ピンクがかった黄金色の小さな果実が房になっていて、その中にある鮮やかな緑色のナッツは、湿った樹木と樹液の風味に、穏やかなスパイスとハーブの香味を備えています。味は甘みがあり、皮にはわずかな酸味と少しの苦みがあります。塩をかけることで完璧になります。

ピスタチオの見事な風味は挽いて加工してもある程度残ります。親戚であるカシューナッツは、ピスタチオほど風味は残りません。ピスタチオペーストやピスタチオバター〔どちらもピスタチオを砕いてペースト状にしたもの〕はあちこちで入手可能です。ピスタチオオイルは人目を引く緑色をしていて、その緑色と同じくらい鮮やかに風味を閉じ込めています。ビーツや山羊のチーズとよく一緒に使われますし、ラズベリーのリップルアイスクリーム〔材料がマーブル状に入ったアイスクリーム〕にかけるとセンセーショナルになります。

ピスタチオ&アーモンド

時としてピスタチオは「緑のアーモンド」と呼ばれますが、これはおそらく、どちらも核果であるという植物学的な理由によるものでしょう。でも類似性はそこまでで終わりです。とはいえ、安い「ピスタチオ」アイスクリームの製造業者を思いとどまらせるわけではありません。この名前のアイスクリームは多くの場合、緑の食用色素でその色を、ビターアーモンドエッセンスで風味を出しています。

このアーモンドエッセンスがどれくらいピスタチオの味がするかというと、「カルポル(Calpol)」〔イギリスの小児用解熱鎮痛剤〕の生のイチゴに似た味とほぼ同程度です。一方、スイートアーモンドは、ピスタチオよりも風味の点ではより穏やかで、値段ははるかに安く、ピスタチオのフランジパーヌ(frangipane)を手頃な値段に抑えるよい手段です。ピスタチオのフィナンシェやフリアンでも同じです。

すっきりしたピスタチオ風味を出したいなら、挽いたピスタチオと挽いたアーモンドを1対3の割合で使ってください。

ピスタチオ&オールスパイス

アメリカの偉大なるフードライター、ウェイヴァリー・ルート〔P.442参照〕は、ピスタチオはちょっとスパイシーな味がする、と考えていました。あなたのピスタチオがそういう味でないなら、オールスパイスひとつまみでピリッとさせてあげてください。

ピスタチオ&オレンジ

ピスタチオクリーム界には、美しさに対して与えられる賞はありません。おいしいものであっても、見

※1 フランジパーヌ(frangipane)…カスタードクリームにアーモンドクリーム(クレーム・ダマンド)を加えたクリーム、またはそれを使った焼き菓子のこと。

た目は干潮時の入り江の泥を瓶に詰めたようだからです。クリームはピスタチオを油脂と何らかの甘味料と一緒にすりつぶして作ります。私のお気に入りは、イタリア・シチリア島の企業「パリアーニ（Pariani）」社製の品です。多くのピスタチオクリームと違い、パリアーニのクリームにはバニラが入っておらず、小さじ半分でも、1001個のピスタチオを使って作ったような味がします。本当に混じりけがないのです——ピスタチオの最深部のエッセンスです——が、オレンジフラワーウォーターが少しとミカンの皮が少しという装飾音がついていて、ピスタチオとオレンジはナッツと果物のペアの中でも指折りの優雅な組み合わせであることを思い出させてくれます。

　ピスタチオのビスコッティを作る時には、オレンジの皮を生地に混ぜたり、ピスタチオのフロランタン（Florentine）[※2]に砂糖漬けのオレンジを加えたり、ピスタチオのシャーベットにオレンジフラワーウォーターを使ったりしてみてください。

ピスタチオ&ケール→「ケール&ピスタチオ」P.222

ピスタチオ&コショウ

　イタリア人シェフのジョルジオ・ロカテッリは、シチリア島ではピスタチオを粉砕して焼き魚にかける調味料として使っている、と指摘しています。メカジキのカルパッチョに、オリーブオイルとレモン汁、黒コショウと一緒にかけると特においしくなります。

　ピスタチオとコショウは、オリーブオイルまたはヒマワリ油でのばしてシンプルなペスト〔材料をすりつぶして作るソース〕のベースにもできます。

---

recipe

《ピスタチオとコショウのパスタ》（1人分）

❶軽く炒ったピスタチオ25gと黒コショウの実10粒と塩数つまみを一緒につぶし、オイル大さじ1を混ぜ入れてペストにする

❷たっぷり塩を入れたお湯でオルゾ〔米粒形のパスタ〕75gまたは卵入りタリアテッレをゆで、ゆでたてのところにペストをからめる（パルメザンチーズを加えてもよいが、必須ではない）

　ロンドンにある「シナモン・クラブ（Cinnamon Club）」のエグゼクティブシェフ、ヴィヴェク・シンは、ピスタチオケーキを作って黒コショウとカルダモンをふり、ロングペッパー〔ヒハツ〕アイスクリームとミカンのチャツネを添えています。

ピスタチオ&ゴマ

　私はピスタチオのハルヴァ（halva）[※3]を食べるのに適量にとどめるという自制心は持ち合わせていません。ピスタチオが散りばめられたあのベージュのかたまりをひと口ふた口つまんだら、すっかり我を忘れてしまうのです。なので、地元のトルコ系スーパーマーケットでは、代わりにナッツとゴマのお菓子の詰め合わせを買うようになりました。先日の夜、バッグからひとつ引っ張り出しました。見た目は小さいバ

※2　フロランタン（Florentine）…クッキー生地にキャラメルがけしたナッツをのせて焼いたフランス菓子。
※3　ハルヴァ（halva、halwa）…主にバターまたはギーに穀物の粉、砂糖などを加えて作られる中東地域や東ヨーロッパなどの伝統菓子。

クラヴァ（baklava）[※4] のようでした——両端に刻みピスタチオをまぶしてある、円筒形のウエハースです。ひと口食べてみて、ピスタチオの風味が落ち着いた後で、中身が何なのか気がつきました。ピスタチオハルヴァが入っていたのでした。

ピスタチオ&ザクロ

重要なのは風味ではありません。ギリシャヨーグルトに散らすと、緑とピンクが花模様の刺繍（ししゅう）のように見えます。なんでもかわいくしてくれますよ——まあ、焼きナス以外ならなんでも、ということですが。

ピスタチオ&チーズ→「チーズ&ピスタチオ」P.278
ピスタチオ&チョコレート→「チョコレート&ピスタチオ」P.38
ピスタチオ&デーツ→「デーツ&ピスタチオ」P.144
ピスタチオ&蜂蜜→「蜂蜜&ピスタチオ」P.80
ピスタチオ&バニラ→「バニラ&ピスタチオ」P.151

ピスタチオ&プラム

香りについてのブログ「ボワ・ドゥ・ジャスマン（Bois de Jasmin）」で、作家兼調香師のヴィクトリア・フロローヴァは、ピスタチオの風味を「甘い緑の樹液」と表現しています。生のプラムにも甘い緑の味があることが多いですが、樹液よりも草に近くなりがちです。プラムが売り場に並ぶのは初秋ですが、もしまだ滋味深いプディングを食べるには暑すぎるようなら、ピスタチオアイスクリームをプラムのシャーベットと合わせてみてください。

シェフのジュディ・ロジャース〔P.443参照〕は、生で食べて確実においしいプラムの品種は数少ないが、ピューレにしたり甘みを足したりすると改善される、と書き残しています。ロジャースは以下のレシピを提案しています。

recipe

《プラムのシャーベット》

加熱していないプラム300gのピューレを濾して、甘みをつけ、塩と酸味を足してシャーベットにする。ざるに残ったプラムの皮少々を戻すと酸味が出せる。甘みには、砂糖が45gから120gは必要になる

もし味を調えてもまだピューレが精彩を欠いているようなら、グラッパ〔イタリアの蒸留酒〕小さじ1か2を足すと「うっとりするような味にできる」とロジャースはアドバイスしています。

ピスタチオ&メープルシロップ

グレードAのメープルシロップは4つに分類されます。アンバーは色と風味が2番目に薄く、ピスタチオが持つかすかな果物やナッツ、バターの風味とどうにか仲よくできそうです。

※4　バクラヴァ（baklava）…薄いパイ生地に、刻んだナッツをはさんで焼き上げ、甘いシロップをかけた中東の菓子。

イタリア式兼アメリカ式のパンナコッタを作りましょう。

recipe

《ピスタチオとメープルシロップのパンナコッタ》

❶ 水に浸して絞った板ゼラチン3枚を、熱してあるけれど沸騰はしていないダブルクリーム200ml[※5]に溶かす

❷ ピュアピスタチオのクリームまたはペースト大さじ3、アンバーメープルシロップを好みに合わせて大さじ2～4、塩ひとつまみ、それに冷たいダブルクリーム300mlを混ぜ入れる

❸ ダリオール型またはコップ4個に分けて入れ、冷蔵庫に入れて最低3時間置いて固める

ピスタチオ&ヨーグルト→「ヨーグルト&ピスタチオ」P.178

ピスタチオ&レモン

　これを出されて、いらないと言える人はいないでしょう。イタリア・シチリア島のカンノーリ（cannoli）には、甘みをつけたリコッタチーズに砂糖漬けのレモンピールと刻んだピスタチオを散りばめたものが詰めてあります。「ハックニー・ジェラート（Hackney Gelato）」を運営する二人のシェフ、エンリコ・パヴォンチェッリとサム・ニューマンは、シチリア島と、同じくイタリアのカラブリア州、バジリカータ州でアイス作りの腕を磨いていて、彼らの作るピスタチオとアーモンドとレモンのジェラートは、すくって丸いブリオッシュに入れるのがお似合いです。アメリカのシェフでデザートレストランチェーン「ミルク・バー（Milk Bar）」の創業者クリスティーナ・トシは、ピスタチオのスポンジをレモンカードと交互に重ねたケーキを作っていて、この原理を応用して私は優雅なマカロンを作りました。

※5　ダブルクリーム（double cream）…脂肪分約48%のクリーム。ホイップクリームにしたり料理に使うほか、ケーキやデザートにかけたりする。

Avocado
アボカド

草のようであり油っこくもあります。アボカドの風味はサヤインゲンから土っぽい香味を引いたようです。アボカドにはアニスシードやヘーゼルナッツっぽさを匂わせているものや、わずかにスモーキーな感じがあるものなどがあります。

けれども、この果実の風味は、しばしば舌ざわりの陰に隠れてしまいます。大半のアボカドはバターのようで、もっともよい例は、濃い緑の木くずのような皮があるハス種でしょう。これを粗くつぶして、スクランブルエッグのようにトーストの上にこんもりと盛る、あるいはなめらかにして塗るなどして、軽く野菜風味のついたバターのように使ってみてください。

アボカドはかき混ぜてスプーンですくえる程度のなめらかさにすると、濃密でひんやりしたクリームになり、唐辛子や黒コショウの辛味を和らげてくれます。

アボカド&海藻

ダルスという海藻の風味をベーコンにたとえるのが近頃は流行りになっています。確かにちょっと似てはいますが、でももし本当にそうだとしたら、干潮時には海岸に人が殺到しているでしょう。ダルスにはベーコンの塩気も、スモーキーさもいくらかはありますが、強い海の風味がこれらをかき消しています。自分が注文したベーコンにあったら嫌だなと思うような風味です。

アボカドはダルスとベーコンの結びつきを強めてくれるかもしれません。ダルスとスライスしたアボカドにトマトとレタス、マヨネーズを使って、ベジタリアンのビーチクラブサンドイッチを作ってください。この組み合わせは、アボカドロールという巻き寿司や、手巻きという円錐形の巻き寿司のほうが、もちろんもっとよく知られています。

アボカド&黒インゲン豆

チョコレートとミントのような、抗いがたい美しさがあります。アボカドの緑のおかげで豆の色がいっそう濃くなって見えるところが私は大好きです。ついでながら、もし豆の黒い色を保ちたいなら、ゆでる前に水に浸さないことです。冷やしたアボカドは熱々のスモーキーな黒インゲン豆スープの浮き実になりますし、口の中がひんやりするのでひと息つくことができます。そのアボカドをいくらかつぶしてスープに混ぜ込んでしまえばさらにクリーミーになりますし、草のような風味のおかげで、乾燥豆が時間とともに失ってしまう生の豆の味もいくらか取り戻せます。どちらの食材もアメリカ大陸原産です。

メキシコでは黒インゲン豆をアボカドの葉と一緒に調理することがありますが、イギリスではベイリーフを使います。どちらの葉にも松やバルサム〔松ヤニなど、樹木が分泌する高粘度の液体〕のような香味がありますが、アボカドにはもっとスパイシーな香味もあります——特にアニスとシナモンです。

アボカド&ケール→「ケール&アボカド」P.219
アボカド&玄米→「玄米&アボカド」P.18

アボカド&トウモロコシ→「トウモロコシ&アボカド」P.70

アボカド&蜂蜜

アボカドと蜂蜜を初めて一緒に味わうというのは、何十年も前に住んでいた家を再訪するような体験です——よく知っているようでもあるし、同時に、よく知らないせいで落ち着かなくもあるのです。オレンジブロッサムやアカシアのような軽い蜂蜜を選んでください。アボカドの自然な風味を可能な限り残すためです。蜂蜜を食べない人は、アイシングシュガーを使ってください。ミルクを加えてスムージーにする人もいます。ヘーゼルナッツミルクがものすごくよく合いますよ。

アボカド&パパイヤ

どちらもとても柔らかくて中身がみっちり詰まっているので、どちらかというとぬいぐるみのようなスムージーができます。控えめな風味どうしもよく合っています。通常このペアは、塩気があって甘い貝・甲殻類と一緒に提供されますが、ピリッとしたブルーチーズドレッシングにも適しています。

アボカド&ヒヨコ豆→「ヒヨコ豆&アボカド」P.259
アボカド&松の実→「松の実&アボカド」P.385
アボカド&ライ麦→「ライ麦&アボカド」P.23

アボカド&ラディッシュ

冷たいアボカドの果肉を上質のオリーブオイルとレモン、塩と一緒に混ぜ、しゃきしゃきのスパイシーなラディッシュを盛ったお皿の横に並べて、バターの代わりに使ってください。アボカドがバターよりも優れている点は、口の中で止まってしまわないところです。日本では、消化を助けるために大根を油っこい食べ物と一緒に提供することがよくあります。クリーミーで冷たいアボカドと、しゃきしゃきで辛いラディッシュは、ポソレ（pozole）というメキシコのスープのような煮込み料理によく使われる浮き実の中でも重要な存在です。というか、「浮き実」というのはちょっと控えめな表現です。ポソレの多くはサラダに擬態した煮込み料理のような見た目だからです。

アボカド&緑茶→「緑茶&アボカド」P.429

アボカド&レタス

どちらも草っぽい乳製品の味がします。とても近いものどうしで調和しているので、食感のコントラストがなかったらあまりおいしくなかったかもしれません。

リトルジェムレタス数個をそれぞれ6つのくし形に切り分けます。アボカドを縦に割って核を取り除き、果肉を長い薄切りにします。サラダという気分ではないときにうってつけのサラダです。ごろごろした具があって滋味深いからです。クリーミーなドレッシングではなく、ヴィネグレットソースをかけてください。アボカドでクリーミーさは間に合っていますから。

唐辛子

　生の青唐辛子は、グリーンペッパーと同じく未熟果であるため、典型的な草のような植物の香味がわずかな苦みと結びついています。風味の特徴はサヤインゲンと似ていますが、生の青唐辛子のほうがすっきりしていて冴えた味です。

　生の赤唐辛子は熟していて甘みがあります。乾燥唐辛子はさらに甘みがあり、サンドライトマトやレーズン、プルーンにも広く共通しているドライフルーツの風味があります。フルーティーで、革のようで、時にちょっとワインのようで、タバコや緑茶、ブラックオリーブの香味もあります。他には、燻製にしたものもあり、バーベキューの雰囲気を漂わせています。唐辛子ソース、オイル、ペースト、それに唐辛子を浸出させたウォッカまで存在しており、これらを使うと唐辛子の辛味と風味を料理につけることができます。

唐辛子＆オールスパイス→「オールスパイス＆唐辛子」P.370

唐辛子＆オクラ

　オクラは、若採りのズッキーニをキュビストが再創造したような見た目をしています。チュロスに隆起した部分があるおかげで砂糖がよくからむように、オクラの長い溝も、調味料をたっぷりつかまえられるようにデザインされたのかもしれません。

　塩と混ぜた唐辛子はおいしいものです。チャットマサラという、黒岩塩とカイエンペッパー、アムチュール〔乾燥グリーンマンゴーパウダー〕、その他香辛料を混ぜたものはさらに美味です。辛くて酸っぱいゆで卵に似ていなくもない味で、これがオクラの心地よい風変わりな個性と合います。同じように、サンバル・ブラチャン（sambal belacan）というマレーシアのペーストには、唐辛子の辛さと、貝・甲殻類を使っているために出る強い味と塩気があります。マレーシアではオクラの炒め物に使います。

　私もこうしたアイデアに触発されて、牡蠣を装ったオクラにして食べました。

---

recipe

《牡蠣を装ったオクラ》

❶ オクラ12個をピーナッツオイル少々であおり炒めにし、アサフェティダをふりかけて、200℃のオーブンでおよそ10分、うっすらきつね色になるまで焼く

❷ できあがりに「タバスコ」をかけ、黒パンとバターを添える

唐辛子＆カシューナッツ→「カシューナッツ＆唐辛子」P.322
唐辛子＆乾燥エンドウ豆→「乾燥エンドウ豆＆唐辛子」P.257

唐辛子&ケール→「ケール&唐辛子」P.221

唐辛子&コショウ→「コショウ&唐辛子」P.379

唐辛子&ゴマ

　七味唐辛子（七香粉とでも言うべき日本の香辛料ミックス）は、香りのよい7種類の食材のブレンドであると同時に、ゴマの最高のペアリングを探すチェックリストにもなります。日本人シェフであり教育者でもある真保裕子が作るブレンドには、ゴマ、ケシの実、山椒、陳皮、海苔フレーク、麻の実、それから辛い赤唐辛子が入っています。市販の七味唐辛子は細かく挽いてあることが多いのですが、ちょっと粗めにしておいたほうが味がよくわかると考える人もたくさんいます。日本食の麺料理屋さんならたいてい、七味唐辛子の瓶が卓上にあるはずです。果物と花、ナッツとシード、海と海岸、くすぐったさとあわただしさが詰まったような調味料です。

唐辛子&サヤインゲン

　カナダ人シェフのビル・ジョーンズの言によれば、真に魔法のような組み合わせです。ジョーンズはみじん切りにした唐辛子とニンニク、エシャロットをグレープシードオイルで炒め、サヤインゲンを5分ゆでてから冷水にさらしてそこに加えます。それから皮がふくれてくるまでジャッと炒め、刻んだコリアンダーリーフで飾りつけしています。ポルトガル語のペイシーニョシュ・ダ・オルタ（peixinhos da horta）というのは「小さな庭の魚」という意味で、ふんわりした衣をつけて揚げたサヤインゲンに、くし形に切ったレモンを添えて提供する料理です。ペイシーニョシュ・ダ・オルタが天ぷらの最初のヒントになったと考えている食物史家もいます。盛夏にありあまった豆を消費するのに大変よい食べ方で、冷えたビールと紙ナプキンもつけ、器に盛ってシェアします。ホワイトベイト（whitebait）[※6]のように、パプリカ粉やカイエンペッパーを仕上げにふりかけるといっそうおいしくなります。

唐辛子&ソバ

　ブータンのブムタン県では、冷たいソバ麺に唐辛子と葉ネギの炒め物、そして時には目玉焼きも添えて提供します。あるいは、唐辛子とチャイブを添えます。ソバで、もしくは何らかのグルテンフリーの穀物で麺を自作したことがあれば、小麦の中力粉または卵液少々を加えて粘りを出してやらないと、まるでウナギと格闘するようなものだ、ということはお分かりでしょう。

　ブータンでは、ソバは耐寒性の高さで尊ばれており、各家庭に木製の製麺機があるので麺作りなどは造作もありません。ちょっとシーソーのミニチュアみたいな見た目の器具で、片側に腰かけると、重みで生地が押し出し機から出て下に置いた器に落ちるのです。お子さんと一緒に「プレイ・ドー」という粘土遊びの床屋さんセット——ご存じない方のために説明しますと、造形用粘土を、歯をむき出して笑うプラスチックの人形の毛穴から押し出して、その髪の房をなまくらのはさみでちょん切る、というおもちゃなのですが——を使った遊びを楽しめる人なら、一台欲しくなると思います。自作しない場合は、小さな紙帯でくくられた市販のソバ麺を使い続けましょう。

　ネパールでは、ソバと唐辛子を組み合わせて、ファパール・コ・ロティ（phapar ko roti）というパンケーキを作ります。生地はもったりしていて、味つけには青唐辛子やショウガ、ニンニク、花椒などが使われます。

※6　ホワイトベイト（whitebait）…ニシン類の幼魚で、イギリスではよくフリッターにして食される。

唐辛子&ソラ豆→「ソラ豆&唐辛子」P.270

唐辛子&タマリンド→「タマリンド&唐辛子」P.137

唐辛子&豆腐→「豆腐&唐辛子」P.304

唐辛子&トウモロコシ→「トウモロコシ&唐辛子」P.73

唐辛子&パパイヤ

キティ・トラヴァースは著書『ラ・グロッタ・アイセス (*La Grotta Ices*)』で、シャーベット用のパパイヤの下ごしらえを、大きくて見事な魚を三枚おろしにする作業にたとえて、その楽しい作業を描写しています。パパイヤの柔らかい腹を裂いていくと「トラウトのようなピンク」の内臓が現れ、その中にはつやつやの黒い種がありますが、トラヴァースはこれをキャビアにたとえています。それからこのパパイヤの果肉を生の青唐辛子、シュガーシロップ、ライムと混ぜます。東南アジアではパパイヤをチリソルトにつける食べ方が一般的です。

唐辛子&ヒヨコ豆→「ヒヨコ豆&唐辛子」P.260

唐辛子&フェヌグリーク→「フェヌグリーク&唐辛子」P.404

唐辛子&マスタード

ホワイトベイト〔P.333参照〕や腎臓、きのこを揚げる前にまぶすのに使われる伝統的な辛い小麦粉^{デビルドフラワー}を作りましょう（そもそも小麦粉というもの自体が悪魔のような存在だ、とあなたに思わせようとする人もいるかもしれませんが）。

recipe
《デビルドフラワー》

カイエンペッパー数つまみとマスタードパウダー小さじ1/2を中力粉大さじ4に混ぜる（スモーキーさに輪をかけるために、黒コショウやパプリカ粉も加える場合もある）

唐辛子&味噌→「味噌&唐辛子」P.14

唐辛子&ユズ→「ユズ&唐辛子」P.196

唐辛子&ヨーグルト→「ヨーグルト&唐辛子」P.177

唐辛子&ラディッシュ→「ラディッシュ&唐辛子」P.216

唐辛子&レッドキドニー→「レッドキドニー&唐辛子」P.49

唐辛子&レンズ豆

数年前にある友人が肉を食べるのをやめたので、ナイジェラ・ローソン〔料理研究家、P.443参照〕のレシピで、赤レンズ豆と唐辛子、レッドキドニー、トマトを材料に、クミン、コリアンダー、カルダモン、ココアで風味づけしたベジタリアン向けチリ〔チリ・コン・カルネ〕を作ってあげたことがあります。

友人はこれを気に入ってくれて、レシピが欲しいと言ってくれました。それ以来、ベジタリアンにも肉を食べる人にも同じようにこのレシピをあげるようになりました。けれども私は、このレシピが自分のものではないことはきちんと言うようにしていました。妹が電話してきて、「お姉ちゃんのベジタリアンチリを作るよ」と言うとします。私は「そうなんだ、いいね。でもあれは私のじゃなくてナイジェラのレシピだよ」と返します。「まあそうだけど、どっちでもいいよ」

　先日、最初に作ってあげたあの友人が電話してきて、ちょっと有名な友人にこの料理を作ってあげた、と話してくれました。その人は界隈の有名人なのだそうですが、これを気に入って、なんとレシピを聞いてきたというのです。「そうなんだ、いいね。私もすごくお気に入りのレシピだよ」と返すと、一瞬沈黙が流れました。「あなたのレシピじゃないでしょ」友人が言いました。「ナイジェラのでしょ」

薄緑

唐辛子

Parsley

パセリ

　新鮮で刺激的で、セリ科植物の仲間のニンジンに、甘みがないところ以外はちょっと似ています。パセリはパワフルでありながら平凡でもあります。ハーブ畑のアンゲラ・メルケルですね。そのため、あまり注意を引きすぎることなく、幅広い料理の飾りつけに使うことができるのです。口の中をさっぱりさせてくれる特質があるため、焼いた脂分の多い魚（オイリーフィッシュ）や燻製にした魚、ガモン（gammon）※7などの、塩で味をつけた重たい食材の定番パートナーです。わずかな苦みがあるのも、この点で有利にはたらきます。

　葉が平たい品種のパセリはちぢれている種類よりも優れているとみなされていますが、これは風味の点だけでなく食感も理由になっていて、しゃくにさわるフリルのある葉の縮れたパセリに比べると葉がすべすべしているからです。もしパセリがお好きなら、刻むときには茎部分も少し使うようにすると、すっきりした強い風味が出るのでお勧めです。

パセリ＆エルサレム・アーティチョーク

　「お互いのために生まれてきている」と、フードライターのナイジェル・スレイター〔P.444参照〕は言っており、この2つでサラダを作るか、あるいはパセリをたっぷり混ぜてブレンダーにかけてスープにしてはどうか、と提案しています。

パセリ＆乾燥エンドウ豆

　乾燥グリーンピースはハムと卵、フライドポテトのような味がします。四旬節※8の時期にあれほど人気のある理由がおわかりでしょう。パセリはこれらすべての友達なので、乾燥エンドウ豆にとって理想的なハーブです。

パセリ＆玄米

　玄米のレシピをがんばって探していると、多くのレシピでハーブをたくさん使うよう指示があるのを見かけました。言いたいことはわかります。玄米はその食感のせいで、タブーレ（tabbouleh）※9におけるブルガー小麦〔挽き割り小麦〕のような、二番手の役割のほうが向いているのです。赤米や黒米を含めて玄米はどれも、パセリを大量に使っても大歓迎してくれます。赤米とパセリ、チャイブ、タラゴン、ディルを混ぜて、焼いたカボチャに添えると抜群のおいしさです。

パセリ＆ザクロ

　ザクロの種衣〔種を覆っている部分〕を、たっぷりの刻んだパセリとミント、それに小さなさいの目切りにしたキュウリとトマト少々と一緒に混ぜて、オリーブオイルとたっぷりのレモン汁をまとわせます。できあがったものはタブーレ〔下記参照〕の親しいいとこになります。ザクロの種が挽き割り小麦（ブルガー小麦）の代役をしているのです。「ザクロ＆トマト」（P.93）で説明したサルサに使うと、このパートナーシップにさらに磨きがかかります。あるいは、カラマタオリーブと火を通したビーツ、クルミを足すと、もっと食べごたえのあるサラダになります。

※7　ガモン（gammon）…豚もも肉を塩漬けまたは燻製にしたハムの一種。生で販売され、加熱する必要がある。
※8　四旬節…キリスト教の復活祭（イースター）を迎えるまでの準備期間。
※9　タブーレ（tabbouleh）…中東料理。みじん切りパセリにブルガー小麦、タマネギやトマトなどを加えオリーブオイル、レモン汁、塩などで味つけしたサラダ。

パセリ&サヤインゲン

　緑の色調が対照的な組み合わせです。ミントやグローブ・アーティチョーク〔P.248参照〕と同じく、サヤインゲンは雲が多い夏の日に歩く森林地帯の遊歩道並みに陰気です。パセリが雲をかきわけてくれます。ゆでたサヤインゲンに生のパセリを加えるというのは、サヤインゲンに生のときよりも軽やかなトップノートを授けるということです。フードライターのジェイン・グリグソン〔P.443参照〕はゆでたサヤインゲンの仕上げ方を4種類紹介していますが、そのうち3種類でパセリを使っています。1つ目はブール・メートル・ドテル——「給仕長のバター」という意味ですが、フランス語のほうがずっとおいしそうに聞こえますね——という、パセリとレモン汁と塩を使ったコンパウンドバターです。2つ目は、だいたい似たようなものを、自由な形式で作ったバージョンで、バター、クリーム、レモン汁とパセリを使います。3つ目は、薄切りにした葉ネギとニンニクを一緒にバターで炒め、刻みパセリを入れて仕上げたものです。

パセリ&ソラ豆

　ソラ豆にはよくクリーミーなパセリソースがかかっています。ほっとする料理を食べたいお天気のときならそれもいいでしょう。サルサ・ヴェルデ（salsa verde）[※10]は暖かい時期には豆を引き立ててくれますから。レストラン経営者ラッセル・ノーマンは、莢をむいた生の豆を、オリーブオイル少々と、パセリとニンニクとレモンの皮を混ぜたグレモラータと結婚させています——またしても、普段ならこってりした肉がいただくとっておきのごちそうに、ソラ豆がありついているというわけです。18世紀の料理人兼哲学者ヴィンセンツォ・コッラド〔1736〜1836〕による著書『ピタゴラスの食物について』には、ファーヴェ・アッラ・ビアンカという、豆をオイル、パセリ、セロリ、ベイリーフ、塩でじっくり調理したブルスケッタのレシピが載っています。

　パセリ&ソレル→「ソレル&パセリ」P.184

パセリ&チャイブ

　フィーヌゼルブ〔みじん切りハーブ〕では平凡なカップルです。タラゴンとチャービルが品格担当です。チャイブとパセリは頑丈なのでごく細かく刻めますが、タラゴンとチャービルは過度につつきまわされるのを嫌います。繊細な葉をつぶしてしまったり風味をだめにしてしまったりしないように、さっと刻むだけにとどめておくとよい、とシェフのロウリー・リーはアドバイスしています。

パセリ&ヒヨコ豆

　からからに乾いたヒヨコ豆にパセリが雨をもたらします。私は刻んだパセリとニンニク——すなわちペルシヤード（persillade）——を、ゆでてざるにあげたヒヨコ豆がまだ熱いうちに加えて、提供する段になったらさらにもう少し加えるのが好きです。ゆで汁は取っておいて、ハーブがところどころについたままの残りのヒヨコ豆と一緒にブレンダーにかけてスープにしてください。

　パセリ&ベイリーフ→「ベイリーフ&パセリ」P.374
　パセリ&ラディッシュ→「ラディッシュ&パセリ」P.217

※10　サルサ・ヴェルデ（salsa verde）…パセリ・オリーブオイルなどを使ったイタリア料理のグリーンソース。

Fennel
フェンネル

「労働者がフェンネルの束を小脇に抱え、それにパンを添えて昼飯や晩飯にしている光景は珍しくない」と、小説家のアレクサンドル・デュマ〔1802～1870、P.442参照〕は、ランチボックスというものができる前の時代に書いています。デュマはさらに続けて、ナポリの人たちはフェンネルを食べすぎる、と文句を言っていますが、私からするとこれは不公平な物言いです。イタリア産のフェンネルは風味が著しく優れています。樟脳に近い風味になりがちなルーマニア産やガリツィア産のフェンネルと比べると特にそれが際立ちます。鱗茎〔株元〕部分はアニスシードの味がしますが、加熱するとやや薄れます。

フェンネルは果物と非常に仲よくできます。この点は、アニス風味の食材仲間であるリコリスと同じです。また、濃厚な豆料理やブロスに深みを与えてくれますし、シーフードの定番のお相手でもあります。この項ではフェンネルの鱗茎（フローレンスフェンネルと呼ばれることもあります）とフェンネルシードの両方を扱います。

フェンネル＆アーモンド

野生のフェンネルとアーモンドを使うと、アニスの香りのするクリーミーなペスト（pesto）※11 が作れます。野生のフェンネルは茎が長くてシダのような葉がてっぺんについていて、ディルの神経症的な見た目にそっくりです。

一方、フローレンスフェンネルは、大きくふくらんだ鱗茎〔株元の部分〕を利用するために栽培されていて、ローランド・ベラメンディの著書『アウテンティコ　イタリア料理、王道の料理法（*Autentico: Cooking Italian, the Authentic Way*）』に、こちらもアーモンドと合わせたレシピがあります。ベラメンディはフェンネルを薄切りにしてキャンティワインで蒸し煮にし、アーモンドパウダーとパン粉をふりかけています。イタリア・トスカーナのワイン商人はかつて、イギリス人の客にフローレンスフェンネルをひと切れ、試飲の合間に口直しのために渡して、「ワインごとの違いをわからなくした。それから（その客に）低級なワインを高額で売りつけていた」と、ベラメンディは教えてくれています。そこからイタリア語のインフィノキアーレ〔イタリア語でフェンネルを指すフィノッキオの派生語〕、つまり人をだます、かつぐ、という意味の単語が生まれました（「誰それが完全に私をかついだんだよ」）。

対照的にワイン専門家のフィオナ・ベケットは、フェンネルは「メイン料理との（ワインの）ペアリングに、ほぼ必ずいい方に影響しうる、数少ない野菜のうちのひとつです。アニスシードの風味があるので、多くのワインと、特に白ワインと、際立った親和性があるようです」と書いています。

フェンネル＆エルダーベリー→「エルダーベリー＆フェンネル」P.113

フェンネル＆オレンジ

雑誌『グルメ（*Gourmet*）』の1996年号で、エキサイティングな組み合わせに選出されています。イタリアでは軽蔑されたかもしれませんね。フェンネルと果物の組み合わせはローマの七丘と同じくらい歴

※11　ペスト（pesto）…材料をすりつぶして作るソース。ニンニク、松の実、塩、バジルの葉、パルメザンなどの粉チーズ、オリーブオイルで作る「ペスト・ジェノベーゼ」が代表的。他にもいろいろな材料で作られる。

史がありますから。前衛的にせよ伝統的にせよ、前菜に出せば間違いありませんし、重たいディナーの後に食べると、消化のせいでぼーっとしてしまうのを防げるので、さらによい組み合わせです。

牛肉と魚の煮込み料理にフェンネルシードと生のオレンジピールを数切れ使うとニース風のアクセントがつくかもしれませんが、同じ風味を豆でも試してみてください（「黒インゲン豆＆オレンジ」P.42も参照してください）。

フェンネル＆キャラウェイ→「キャラウェイ＆フェンネル」P.346
フェンネル＆グーズベリー→「グーズベリー＆フェンネル」P.103
フェンネル＆コーヒー→「コーヒー＆フェンネル」P.34

フェンネル＆コショウ

女優で作家のマドゥール・ジャフリー〔P.444参照〕は、アジョワンシードはフェンネルとコショウのような味がする、と言う生徒がいたことを記憶しています。私はタイムか、または緑で素敵な風味はほとんど感じられない、ブルータリズムバージョン[※12]のタイムだと思います。アニスシードの風味もほのかにあるのですが、口の中があまりにもひりひりしてしまって気づかないかもしれません。

フェンネル＆ゴマ

さっぱりする風味だと私たちが思っているものは、往々にして水気が多い食材や酸っぱい食材に由来します。フェンネルシードはどちらでもありませんが、それでも口の中をきれいにしてくれる特質があります——インドでは食後に口をすっきりさせるために食べます。

さっぱりという点では、ゴマは対極にあります。ゴマペーストはピーナッツバターのように口の中にべったり貼りつきますし、そのまま取れなくなることもあるほどです（タヒニバター恐怖症：ゴマペーストが口蓋（こうがい）に貼りついてしまうことへの恐怖を指す。と定義できるでしょう、たぶん）。

正反対のものどうしの多くはすばらしい組み合わせになりますが、この2つも同じです。フェンネルとゴマで、ナッツを入れても入れなくても、神々しいほどのプラリネ（praline）[※13]が作れます。あるいは、スペインのトルタ・デ・アセイテ（torta de aceite）にヒントを得た、こちらのビスケットに入れてみてください。

recipe
《フェンネルとゴマのビスケット》
❶中力粉100gとライトブラウンシュガー大さじ2、炒りゴマ大さじ1、つぶしたフェンネルシード小さじ3/4、ベーキングパウダー小さじ1/2、塩小さじ1/4をボウルで混ぜる
❷真ん中にくぼみを作り、オリーブオイル大さじ3を加え、さらに水を生地の様子を見ながら最大大さじ2入れ、扱いやすい生地にし、おおよそ同じ大きさのボール12個に分ける
❸ボール1個を30cm×30cmのクッキングシートの上に置いて、マグのようなものでつぶして円形にし、できるだけ丸い形を保ったまま、麺棒で約2mmの厚さまでのばす（ビスケットをクッキングシートからはがすのが少し難しいことがあるので、私はよく天板にもう1枚クッキングシート

※12 ブルータリズム…1950〜1970年代に登場した建築様式。打ち放しコンクリートなどが特徴で、装飾を排し素材そのものを重視した。
※13 プラリネ（praline）…ローストしたナッツ類に砂糖を加えてキャラメリゼしたもの。

を敷き、そこにビスケットを置いたシートをひっくり返してのせています。上になったほうのシートはそっとはがして次のビスケットに使えます。ビスケットが大きく、標準的な天板にはおそらく3枚か4枚くらいしか置けないと思うので、何回も焼かないといけないかもしれません)

❹溶いた卵白をビスケットに塗り、デメララシュガー[※14]をふって、200℃のオーブンで7分〜9分、軽く焼き目がつくまで焼く

フェンネル&サツマイモ→「サツマイモ&フェンネル」P.154

フェンネル&白インゲン豆

アリコ豆のナッツっぽさやバタービーンズの強い独特の風味と並ぶと、カンネッリーニ豆は少々淡白ですが、豚肉とペアになる多くの定番食材と一緒に使うと本領を発揮します。私はずっとカンネッリーニ豆はなんとなくラードのようだと思っていて、それが嫌だったのですが、フェンネルと混ぜてみたところ、コクのあるイタリアのソーセージを思わせる出来になりました。ということは、ニンニクと乾燥唐辛子少々を合わせれば、さらにもっとおいしくなることでしょう。

recipe
《カンネッリーニ豆のフェンネルシード煮込み》(4人分のサイドディッシュ)
❶さいの目切りにしたタマネギ1個とつぶしたニンニク3かけをオリーブオイル大さじ2で、蓋をした状態で10分炒める
❷蓋を取ってフェンネルシードと唐辛子フレーク各小さじ1/4を加え、さらに10分、たびたびかき混ぜながら炒める
❸ゆでた乾燥カンネッリーニ豆500gとゆで汁250ml(あるいは、水気を切った缶詰2個分と軽いストック250ml)と塩小さじ1/2を加え、水分が飛ぶまで煮る。目的に応じて少しつぶす
❹焼き野菜とアップルソースと一緒に、またはソーセージに添えて、あるいは温かいバゲットの内側に塗り、サルサ・ヴェルデ〔P.337参照〕をひとたらしして提供する

フェンネル&ソラ豆→「ソラ豆&フェンネル」P.271

フェンネル&チーズ

ほんの少し塩味のリコリスのような感じがする組み合わせです。イタリアのサルデーニャ島では、湯がいたフェンネルとパン粉とフレッシュペコリーノチーズを交互に重ねた料理がよく食べられています。ラム肉のブロスで汁気を加えることもあります。料理研究家のエリザベス・デイヴィッド〔P.442参照〕のアドバイスにしたがって、野菜料理と肉料理を別々にし、それぞれの風味をよく味わい、一番引き立ててくれるワインと合わせる場合などは特に、これだけでコースのひと品を張れるほど食べごたえのある料理で

※14　デメララシュガー(demerara sugar)…サトウキビ砂糖の一種。粒子が粗く薄い褐色で、焼き菓子表面の飾りやコーヒーなどの甘味料に使われる。

す。デイヴィッドは、フェンネルのグラタンには、「ラクリマ・クリスティ（Lacryma Christi、「キリストの涙」）という、ヴェスヴィオ火山の山麓で栽培したブドウを使って造るワインを提案しています。これが古代ローマのワインに風味の点で一番近いワインだ、と言う人もいます。ジョン・R・フィッシャーは「口あたりがよい辛口の白ワインで、軽いアーモンドとリンゴと花の風味をまとっている」と評しています。対照的に、作家のジェイムズ・ポール・コベット〔1803〜1881〕は1830年に、赤も白も「著しくひりひりした」特徴があって、火山で栽培したワインにはまったくふさわしい、と書き残しています。

　生のフェンネルは、薄いスライスがチーズボードにのっていると嬉しいものです——山羊のチーズかパルメザンチーズがあれば特によい、というのがフードライターのジェイン・グリグソン〔P.443参照〕の意見です。グリグソンはディナー後にフェンネルに果物を添えただけで提供するのもよい、とも言っています。

フェンネル&トマト→「トマト&フェンネル」P.89

フェンネル&ニゲラシード

　ニゲラはキンポウゲ科の一員です。種ひと粒を誰かのあごの下に持っていってみれば、その人がパン好きかどうかがわかります。ニゲラシードはエジプトではファラオの時代から、パンの風味づけに使われてきました。インドのパラーター（paratha）[※15]や揚げたルチー（luchi）[※16]にもかかっています。フードライターで編集者のジル・ノーマンによると、イラクではフェンネルと混ぜてパンの風味づけをするのだそうです。このペアはインド・ベンガル地方のスパイスブレンドであるパンチ・フォロン（panch phoron）にも姿を見せています。「ニゲラシード&クミン」（P.355）を参照してください。

フェンネル&ニンニク

　ニンニクの鱗茎〔いわゆる「丸ごとのニンニク」〕は温かい心をもってこちらをたぶらかします。フェンネルの鱗茎〔株元の部分〕は冷淡でよそよそしく、自分の魅力を表に出しません。フェンネルには人によっては不快と感じるわずかな甘みがあるのですが、一緒に調理するとニンニクがそこから気をそらしてくれます。もっとも、あなたが好きになってくれるかどうかをフェンネルが気にかけるというわけではありませんが。

フェンネル&蜂蜜→「蜂蜜&フェンネル」P.80

フェンネル&パッションフルーツ

　新しい中流階級の問題が見つからなくて困ること以上に中流階級的な問題があるでしょうか？　よろしい、ここにひとつあります。フェンネル過多という問題です。ロンドン北部のブルジョアは、2009年版の『ラルース料理大事典』で提案されている、フェンネルとパッションフルーツのチャツネを試してみてもいいかもしれません。

フェンネル&プラム→「プラム&フェンネル」P.118
フェンネル&プルーン→「プルーン&フェンネル」P.128

※15　パラーター（paratha）…小麦粉でつくった生地をのばしてギーを塗り折り重ね、何層にも重なった生地をうすく伸ばして焼いたインドのパン。
※16　ルチー（luchi）…インド・ベンガル地方の揚げたフラットブレッド。

フェンネル＆ベイリーフ→「ベイリーフ＆フェンネル」P.374

フェンネル＆松の実→「松の実＆フェンネル」P.387

フェンネル＆メープルシロップ→「メープルシロップ＆フェンネル」P.398

フェンネル＆ライ麦→「ライ麦＆フェンネル」P.26

フェンネル＆リーキ

　足すとタラゴンに似た何かになります。タラゴンと同じように、バターやクリームを加えると、華美な雰囲気をまとうようになるペアです——スープや、ベジタリアン向けのメイン料理の豪勢なソースにするなら、他には何もいりません。準主役にまわっても同じように達者です。さいの目切りにしたタマネギとニンジン、セロリのミルポワに、刻んだリーキとフェンネルを加えると、シーフードのストックや煮込み料理の風味がより多層的になります。

フェンネル＆レモン→「レモン＆フェンネル」P.189

ハーブの風味
Herbal

キャラウェイ
Caraway

ミント
Mint

オレガノ
Oregano

ニゲラシード
Nigella Seed

Caraway
キャラウェイ

　キャラウェイシードは、*Carum carvi*という植物の果実を乾燥させたものです。セリ科の一員で、パセリやセロリ、コリアンダー、アサフェティダの親戚です。キャラウェイはアニスシードと似た味がするとよく言われます。とはいえ、どちらなのか区別できないということはないでしょう。キャラウェイで風味づけした蒸留酒キュンメルのショットを、パスティス〔アニス風味のリキュール〕のショットと並べて飲んでみて、どちらがどちらかわからないようなら、あなたは酔っ払っているのです。

　キャラウェイの主たる特質はそのすっきりさせてくれる風味で、そのため発酵食品や塩漬けにした食材と特に相性がよく、これはコーンビーフサンドイッチや昔ながらのザワークラウトを食べたことがあればおわかりでしょう。ゆで卵やにおいの強いチーズ、クミンと合わせてみてもいいでしょう。

　キャラウェイは種の他に根や若葉も食べられます。ベトナムでは、種は発芽させてサラダに使います。

キャラウェイ&オールスパイス

　ハロルドとモード[※1]です。つまり、ありそうもないラブストーリーです。

　ピメント・ドラムという、ラム酒とジャマイカ産オールスパイスで作るリキュールがあります。『サヴォイ・カクテルブック』のキングストン・カクテルに使われています。オレンジジュースとキュンメル1に対してラム酒2、それにピメント・ドラム少々です。大胆なミックスですね。甘い柑橘系の香辛料に北欧のキリっとしたすがすがしさがあって、まるでカリブ海のクリスマスのようです。ピメント・ドラムは20世紀初頭には広く飲まれていましたし、20世紀半ばにもポリネシア風のティキ・バーで飲まれていましたが、数年前には見かけなくなりました。今では新銘柄がいくつか出てきていて、事実に即してオールスパイス・ドラムと呼ばれたりしています。それでも、なかなか見つけられないことには変わりないので、自分でキャラウェイとオールスパイスのアルコール飲料を少量用意して、それで好きな時に実験してみるとよいと思います。粗く砕いたキャラウェイシードとオールスパイスの実を強いラム酒に数週間漬けておき、それからお好みでシュガーシロップと混ぜます。ラム酒に代えて、両方の香辛料の香味を持つライ麦のウイスキーを使ってもいいでしょう。

　キャラウェイとオールスパイスはザワークラウトにもよく一緒に使われます。

キャラウェイ&オレンジ→「オレンジ&キャラウェイ」P.200

キャラウェイ&クミン

　キャラウェイはクミンのような味がする、とフードライターが主張していることがあります。が、そんな味はしません。ほぼ対極にある味です。汚れた靴下のようなカビくささのあるクミンに対し、キャラウェイはぷちぷちしていてさわやかです。園芸家アリス・ファウラーは、ノルウェーのフィヨルドの海岸線沿いで採集したキャラウェイシードは「あの石鹸のような清潔な風味がとてもパワフルで、過剰と言っても

※1　ハロルドとモード…ハル・アシュビー監督の映画『ハロルドとモード 少年は虹を渡る』の主人公。死を夢見る少年ハロルドと、生きる喜びに満ちた老女モードとの恋を描いた作品。

いいほどだ」と書いています。

きれいと汚いの定番ペアには、他にソーダブレッドとスモークサーモン、パセリとニンニク、ディルと
きのこなどがあります。

キャラウェイ&ケシの実

『ユリシーズ』のレオポルド・ブルームとモリー・ブルームがホース岬で抱き合って寝そべっている場
面。「彼女はそっと私の口の中に噛んであって温かいシードケーキを入れてくれた」。なるほど、でもいっ
たいどういう種類のシードケーキなんでしょうか？　この言葉が指しているお菓子はごまんとあるんです
が。シード入りの甘いビスケットでしょうか？　キャラウェイシードを散りばめて上にケシの実をあしらっ
た、バターたっぷりのイースト使用ケーキ？　それとも、「キャラウェイ&レーズン」で扱う、ドライフル
ーツと香辛料を使ったスポンジケーキ？　先に咀嚼しておいてもらって一番おいしいのはどれなんでしょ
う？　きっと、ファーガス・ヘンダーソン〔P.444参照〕が毎日午前11時に1杯のマデイラワインと一緒に
食している、シードが少しだけ入ったひと切れのケーキなのでしょう。

キャラウェイ&シナモン

メグリ（meghli）という、新生児のお祝いに作るレバノンのデザートがあります。米粉と砂糖にキャラ
ウェイシード、シナモン、アニスシード、時にショウガやカルダモンといった香辛料で味つけをしてありま
す。これらを混ぜたものを長めにゆでて——メグリという言葉の意味がこれです——、それから水につけ
ておいた松の実、アーモンド、ココナッツで飾ります。クルミやピスタチオを飾ることもあります。メグリ
は広く食べられているので、簡単に作れるミックス粉も売られています。

イングランドには、11月25日の聖カタリナの祝日を祝って作られる、イースト・ミッドランズ発祥のカ
タンケーキ（Cattern cakes）というケーキがあります（「カタン」というのはカタリナが転訛した言い方
です）。パン状のものも、ビスケットになっているものもあって、キャラウェイシードで風味づけしてありま
す。シナモンやカラントも使われているはずです。

キャラウェイ&ジャガイモ

アメリカの料理評論家ミミ・シェラトンは著書『ドイツ料理の本（*The German Cookbook*）』〔1965
年〕で、ザルツカルトッフェルン（Salzkartoffeln）という、ジャガイモの皮をむいて4つに切り、塩をた
っぷり入れたお湯で火が通るまでゆでた付け合わせを紹介しています。お湯を切ったら熱した鍋に戻し
て弱火にかけて水分を飛ばし、鍋を揺すって少し形を崩して、バターとキャラウェイシード（あるいは、
ブラウンバターとパンくず）をからめて仕上げます。

キャラウェイ&ショウガ→「ショウガ&キャラウェイ」P.240
キャラウェイ&卵→「卵&キャラウェイ」P.264
キャラウェイ&チーズ→「チーズ&キャラウェイ」P.275

キャラウェイ&フェンネル

　ドイツでは、フェンネルとキャラウェイ、コリアンダー、アニスの組み合わせは、ブロートゲヴルツ（Brotgewürz）、すなわち「パンのスパイス」と言います。比率には標準的な決まりというものはなく、地域によって混ぜ方に多くのバリエーションがあります。スタンリー・ギンズバーグは著書『ザ・ライ・ベイカー（*The Rye Baker*）』で、キャラウェイ5に対して、フェンネルとアニス各3、コリアンダー1を使うよう勧めています。中火で2、3分炒ってから挽いてください。バウアンブロート（Bauernbrot）、つまり「農家のパン」の風味づけに使われます。

　スカンジナビアの蒸留酒アクアビット作りにもキャラウェイが使われており、ジュニパーベリーの香りがジンの大部分を占めるのと同じように、キャラウェイが他の芳香成分を圧倒しています。ザリガニパーティー〔北欧で行われる、ザリガニを食べながらお酒を飲む夏の祭〕で飲むドリンクですが、ヒメジや、薄切りにしてさっと焼いたフェンネル、焼きナスなど、焦がして焼き目をつけた食材と合わせても最高ですし、飲料メーカー「ノルディック・ドリンクス（Nordic Drinks）」によれば、ピザともよく合います。

キャラウェイ&ライ麦

　デリのパンからキャラウェイの風味を切り離すのなんて、ジョン・クリーズからバジル・フォルティ〔クリーズが代表作のテレビ番組「フォルティ・タワーズ」で演じた役名〕を切り離すのと同じくらいわけもないことです。

　アメリカ人の友人に、キャラウェイ入りのジンジャービスケットをあげたことがあります。「ライ麦パンにパストラミがのってるやつが食べたくなったな」と彼は言いました。デリのパンとプンパーニッケルは、前者が挽いたライ麦と小麦粉で、後者は全粒小麦粉を加えて作られており[※2]、どちらも強い風味に、特に燻製の肉や魚、それにピクルスやマスタードに適しています。

　フィリップ・ロス〔1933〜2018〕の小説『安息日の劇場（*Sabbath's Theater*）』では、年老いたみっともない主人公ミッキー・サバスが、アッパーウェストサイドにある友人たちのしゃれた部屋の周囲で財産をこそこそかぎまわりながら、「リトル・スカーレット（Little Scarlet）をべったり塗りたくったキャラウェイシード入りプンパーニッケルの硬い切れ端部分」を食べている場面があります。「リトル・スカーレット」はロスのお気に入りでした。イングランドにまつわるものでロスがなつかしんでいたのはほぼこれのみです。イギリス・エセックスのチップトリーで「ウィルキン&サンズ（Wilkin & Sons）」が製造している、小さな野イチゴが丸のままたっぷり入ったジャムです。ミッキーぐらい一線を越えがちな人でなければ、これをプンパーニッケルに塗っては食べないでしょう。映画「007」シリーズのジェイムズ・ボンドはこれを全粒粉のトーストに塗って食べるのを好んでいました。私は、プレーンなスコーンにクロテッドクリームを分厚いマットレスのように塗った上から（あるいは、それがあなたの流儀なら、掛けぶとんのように塗った下に）塗ると一番合うと思います。「チーズ&キャラウェイ」（P.275）も参照してください。

キャラウェイ&リンゴ→「リンゴ&キャラウェイ」P.171

キャラウェイ&レーズン

　『オックスフォードアメリカ飲食物百科事典（*The Oxford Encyclopedia of Food and Drink in America*）』には、フルーツケーキ以外の濃厚なケーキの人気が1730年代に上昇しており、特にカラン

※2　ライ麦全粒粉を主原料として作られるドイツのプンパーニッケルと異なり、アメリカ版プンパーニッケルは全粒小麦粉とライ麦粉を混ぜて作られ、ココアや糖蜜で風味や色がつけられている。

トやキャラウェイシードを少量使って作るパウンドケーキがこれに該当した、という指摘があります。

recipe

《キャラウェイとレーズンのパウンドケーキ》

中力粉、バター、砂糖、卵を各200g使って作るパウンドケーキ1個に、キャラウェイシード大さじ1とレーズン50gを加える。フルーツをふんだんに使ったケーキにキャラウェイシードを適量加えてみてもよい

キャラウェイとレーズンはなぜかアメリカではアイリッシュ・ソーダブレッドの代名詞ともいえる風味になっています。ダブリンやキルケニーなどアイルランドのパン屋でならひんしゅくを買うことでしょう。

ハーブ

キャラウェイ

Mint
ミント

　料理用には、スペアミントとペパーミントがもっとも使われているミントです。スペアミント、すなわち*Mentha spicata*はさわやかで甘くすっきりしていますが、暗い背景音があって、味覚が飽きることがありません。モロッカンミント（*Mentha spicata var. crispa* 'Moroccan'）は、中東でお茶に使われる品種です。ペパーミント（*Mentha x piperita*）は、植物名から連想できるように、温める作用と、ピリッとした刺激があります。

　乾燥ミントは、オレガノを思わせるようなウッディさと、ベイリーフを連想したくなるユーカリの香味をまといます。加えて、乾燥ペパーミントにはラベンダーと草の香味もあります。

　ミントの苗にはレモン、リンゴ、バジル、ストロベリーミントなど、いろいろな風味の品種があります。フードライターのマーク・ディアコーノは、風味の点ではチョコレートミントが最上で、桃を煮るのにはこれを使うべきだ、と主張しています。バナナミントは無視してよい、とも言っています。

ミント&エルダーフラワー

　田舎風ではありますが、田舎くさくはありません。ミントがネトル〔セイヨウイラクサ〕のような香りをもたらして、この組み合わせを生け垣の低木の陰にしっかり落ち着かせています。他のパートナーなら、多くはエルダーフラワーを日の当たる草地へと誘いだしているところです。エルダーフラワーはさまざまな不調の治療薬になると考えられていますが、ミントと組み合わせると、室内に長くいすぎた人を元気づけてくれる飲み物になります。

ミント&乾燥エンドウ豆→「乾燥エンドウ豆&ミント」P.258

ミント&グーズベリー

　昔ながらのグーズベリーソースを作る際は、グーズベリーを最初に加熱する必要がありますが、イギリスのデヴォンとドーセットの境にある「リヴァー・コテージ（River Cottage）」では、生のグーズベリーをミントと混ぜて、脂分の多い魚のグリル、さらには脂分の多い魚のバーベキューに使っています。

---

recipe
《グーズベリーとミントのソース》

　薄切りにした生のグーズベリー150gをリンゴ酢とカスターシュガー〔微粒グラニュー糖〕各大さじ1と合わせて1時間ほど置いてふやかし、細切りにしたミント大さじ1を混ぜ入れ、好みに合わせて味つけする

コペンハーゲンの「ノーマ（Noma）」では、グーズベリーを乳酸発酵させてミントと混ぜてしゃきっとしたサルサ・ヴェルデ（salsa verde）[※3]にしています。

ミント&ケール→「ケール&ミント」P.223
ミント&ズッキーニ→「ズッキーニ&ミント」P.422

ミント&ソラ豆

フードライターのパオラ・ギャビンは、ソラ豆とミントのヴィネグレットソースがけというナポリの名物料理（乾燥ソラ豆とラムのあばら肉の類似を思い出させますね——「ソラ豆&ニンニク」P.270を参照してください）を紹介しています。乾燥ソラ豆はビギラ（bigilla）というマルタのディップを作るのにも使われており、ビギラはワックスペーパーに包んで屋台で売られています。ゆでたソラ豆をニンニクとハーブと一緒につぶして作ります。このハーブには普通はミントを使いますが、パセリのこともあります。

ミント&タマリンド

この2つが出会うとチャート（chaat）になります。チャートというのは広く食べられていて種類も豊富ですが、たいていはカリカリにしたスナック菓子とサラダを混ぜて、しゃきっとする味のソースをジグザクにかけてあるものを指します。タマリンドソースがクミンとアサフェティダ、ショウガ、唐辛子で風味づけしてあり、茶色くてちょっとすすけていて、カリカリしたスナック菓子の安っぽさと調和しています。ミントは青唐辛子、コリアンダーリーフ、レモン汁と一緒にブレンダーにかけてグリーンソースにしてあり、新鮮なサラダとあしらいの葉の後ろに隠れています。

私が初めて作ったチャートは「ベルプリ（bhel puri）」でした。箱入りのキットで届くので、子どもの頃にエアフィックス社の「ロッキード」スターファイターのプラモデルを組み立てていた人なら楽しめます。トマトとゆでジャガイモを刻んで——エアフィックスの箱には載っているけれどもキットには含まれていない雲や地上整備員にあたる材料です——、それを小袋入りのベル（パフライス）やプリ（小さなクラッカー）、セブ（sev、カリカリにしたヒヨコ豆粉の細麺）と混ぜます。ソースは食べる直前に上からたらしました。

「クミン&タマリンド」（P.361）も参照してください。

ミント&デーツ

作家のアンソニー・バージェスによれば、イギリスではお茶をいただくことは息をするのと同じくらい、厳然たる現実の避けがたい一部です。モロッコでは、それだけにとどまりません。マラケシュに住む友人を訪ねてみれば、ミントティーを呼吸の合間に出されることでしょう。

ミントティーはたいてい、小さなペストリーか、またはデーツ数個を添えて提供されます。このハーブと果物がお互いの芳香を引き出しあうのです。ミントはデーツとデートしているときが一番素敵です。この組み合わせはクスクスに混ぜ込んであると、ミントの涼やかな苦みが熱くて甘いデーツを抑えて、喜びをもたらしてくれます。メギの実で酸味を、唐辛子でパンチを加えれば、他にはほぼ何も加える必要がありません——グリルで焼きたての、塩気のあるハルミチーズだけでいいかもしれません。

サウジアラビアのデーツブランド「バティール（Bateel）」は、自社のトフィー風味を持つ濃厚なコラス

※3　サルサ・ヴェルデ（salsa verde）…グリーンソース。salsaは「ソース」の意。verdeは「緑」の意。

種のデーツにはミントティーよりもコーヒーを合わせることを推奨していて、これだと対照的というより調和のとれた相性のよさが出ます。

ミント＆蜂蜜→「蜂蜜＆ミント」P.81
ミント＆パパイヤ→「パパイヤ＆ミント」P.210

ミント＆松の実

チュニジアではミントティーに松の実を数個入れます。実が軽く炒ってあることもあり、甘くてハーブの香りのするお茶に少しコクが加わります。生で使っても、熱いお湯でふやけてゆっくり火が通るため、風味が引き出されます。

飲み物に松の実をあしらう使用法はかなり広い範囲で見られます。韓国では水正果（スジョングァ）というシナモンとショウガのお茶に松の実を浮かべます。「松の実＆レーズン」（P.389）も参照してください。

ミント＆ヨーグルト→「ヨーグルト＆ミント」P.179
ミント＆緑茶→「緑茶＆ミント」P.432

ミント＆レンズ豆

ミントは、ダークチョコレート、ソラ豆、ホウレンソウ、ブラック・プディング（black pudding）[4]といった、はっきりしたミネラルの風味のある食材と親和性があります。フランスのル・ピュイ産のレンズ豆はミネラルの特質で高く評価されています。ミネラルの豊富な火山性の土壌で育つためにそういう特質が生まれるのだと考える人もいます。

[4] ブラック・プディング（black pudding）…豚の血を入れて作る黒っぽいソーセージ。

Oregano
オレガノ

　ギリシャ語で「山の輝き」を意味するオリガノン（origanon）に由来する名前です。植物学者なら「分類学者の悪夢」とでも名づけたことでしょう。私たちがオレガノと呼んでいるものは、17の属にまたがる61種のうちのどれかにあたります。タイムやマジョラム、ザアタル、セイボリー〔キダチハッカ〕、ディタニーといった、同様の味がするハーブがあるので、学名にはさらに混乱が起こります。たとえば、キューバン・オレガノはメキシカン・ミントとしても知られています。それにスパニッシュ・タイムとも呼ばれます。特別断りを入れていない限り、この項で扱うオレガノは、*Oregano vulgare subsp. hirtum*、つまりグリーク・オレガノあるいはターキッシュ・オレガノで、あなたのスパイスラックに収まっているのも十中八九これです。

　オレガノとタイムは風味の主要な化合物が共通していますが、オレガノはチモールよりもカルバクロールのほうが含有量が多いため、結果としてタイムのほうは庭のような味に、オレガノはその庭のへりにある、クレオソート油を塗った納屋のような味になります。

　オレガノリーフは、特に生の状態ではタイムよりも強いですが、乾燥させてもなおかなりの力強さがあり、オリーブやセロリ、ラム肉といった押しの強い風味にも対抗することができます。オレガノフラワーも、特にイタリアのシチリア島では広く使用されています。アルバニアにはラキ・リゴーニ（raki rigoni）という、オレガノを使って作るブランデーがあります。

オレガノ＆オレンジ

　とても清潔かつ男性的なので、シャワージェルにすべきでしょう。ライターのヘレン・ベスト＝ショーが「ファス・フリー・フレーバーズ（Fuss Free Flavours）」というブログで作っているアーモンドとオリーブオイルのケーキのレシピでは、オレンジがオレガノを慣れない甘い小旅行に連れ出してくれています。

　ロンドンのナイツブリッジにあるイタリアンレストラン「ザッフェラーノ（Zafferano）」ではかつて、オレガノをほんのわずかだけ加えてオレンジのパワーをみなぎらせたマンダリンオレンジのシャーベットを提供していました。

オレガノ＆きのこ→「きのこ＆オレガノ」P.306

オレガノ＆クミン

　典型的なメキシコ風です。メキシカン・オレガノのラテン語名は*Lippia graveolens*ですが、これはこの植物がクマツヅラ科の一員であることを意味しています——シソ科に属する地中海オレガノ（*Oreganum vulgare*）とは別物です。それでも風味は似ていますが、メキシカン・オレガノのほうが葉が大きくて色が濃く、地中海オレガノの2倍の油分を含有しているため、そのぶん強い味がします。カシアがシナモンに似ているのと同じで、この特別な味の強さはニュアンスを犠牲にして得られているものです。メキシカン・オレガノには、オレガノが持つターペノイドのピリッとした香りに、クミンの気配が追

ハーブ

オレガノ

351

加されています。肉を連想させる力はこちらのほうが強いですし、苦みは少なめです。

　クミンとオレガノは、メキシカン・オレガノでもそうでなくても、黒と茶色の豆やトウモロコシの風味づけに使うことができます。あるいは、浅漬けのタマネギのピクルスに入れてみてもいいでしょう。

---

recipe
《浅漬けのタマネギのピクルス》

❶赤タマネギ大1個をごく薄切りにし、塩およそ大さじ1をふりかける

❷塩を洗い流し、水気をふき取って、密封できる容器に乾燥メキシカン・オレガノ小さじ1、クミンシード小さじ1、ベイリーフ1枚、ニンニクの薄切り1かけ分、黒コショウの実小さじ1/2と一緒に入れる

❸赤ワインビネガーをタマネギにかぶるくらいまで注ぎ、蓋をして冷蔵庫で半日置いて風味を引き出す

　このタマネギのピクルスは2、3週間もちます。ユカタン半島では、これを魚に添えて食べます。

オレガノ&ゴマ

　ザアタルは明確に定義するのが難しいことがあります。この単語はオレガノ属のハーブ、*Origanum syriacum*を意味していることもあります。あるいは、タイム、カラミント、セイボリー〔キダチハッカ〕、またはドンキーヒソップの可能性もありますが、最後のものは、さらにこんがらがることに、実際にはヒソップではありません。断じて違います。

　ザアタルというのはまたハーブや香辛料のブレンドを指すこともあり、乾燥オレガノ、ゴマ、スマックなどが入っています——ただし、オレガノを抜いてタイムやマジョラムに換えてあることもあります。もういいです、つまりザアタルっていうのは、砂漠のペンギンの一種のことですし、あるいは雨に濡れたパブの灰皿のにおいのことなんでしょう。あなたが言うザアタルがオレガノ入りのブレンドを指すと仮定するならば、そのハーブ要素がミントの風味や薬効のある風味、干し草の風味、カビくさい風味、苦い風味を出すということに注意してください。これらすべてを、トーストのような油っこいゴマがいくらか和らげてくれて、酸っぱくてフルーティーなスマックが活気を出します。マナーキーシュ（manakish）というのは、ラブネ（labneh、水切りヨーグルト）を塗ってザアタルを散らして焼く、ピザに似たフラットブレッドです。私はフラットブレッドを切らしていて、自分で作ろうという気力もなかったときに、もちもちの白パンを薄切りにしてトーストしたものにタヒニを少し塗ることにして、それにザアタルと塩を散らしてみたことがあります。ポーククラックリング[※5]から胃がむかつく後味を抜いたものを食べているような感じでした。

　オレガノはスマックとはなんだかうさんくさい関係にありますが、これはスマックの葉がかつて混ぜものとして広く使用されていたことがあるためです。オレガノは世界でも群を抜いて売上の高いハーブですから、そんな誘惑にかられるのも理解できるでしょう。現在はアメリカに持ち込まれるオレガノはすべて、ヘーゼルナッツやギンバイカ、オリーブの葉といった混ぜものがないか、慎重に検査されます。詐欺師たちはへまをしたのだと、私は思うのです。どれも全部おいしそうに聞こえるからです。ザアタルとでも名前をつけて、プレミアム付きで売ればよかったのにと思います。

352　※5　ポーククラックリング（pork crackling）…ポークラインズともいう。豚の皮をカリカリに焼いたスナックで、イギリスのパブの定番メニューになっている。

オレガノ&サツマイモ

　濃く、スモーキーでハーブっぽさがあります。濃密なサツマイモがオレガノの濃厚で緑に覆（おお）われた特質を引き出し、マリファナやパチョリ〔ハーブの一種〕の気配をほのめかしています。ベッドルームの窓から屋根の平らになっているところに出て、ピンク・フロイドのアルバム「夜明けの口笛吹き」を聴きながら食べるべきひと品です。

オレガノ&シナモン→「シナモン&オレガノ」P.364

オレガノ&ジャガイモ

　オレガノをジャガイモとペアにして、オレガノがどれだけ頑固か、確認してみてください。ストックで一緒に蒸し煮にしても、油で焼いても、ポテトサラダに乾燥オレガノをばらまいても、オレガノはオレガノのままなのです。ハーブにしては珍しいことです――そしてこれは、マジョラムというもっと繊細なハーブとオレガノを区別する方法にもなります。マジョラムのほうはハーブとしてそっと扱ってもらうのを好むからです。

オレガノ&ズッキーニ

『イタリア料理大全　厨房の学とよい食の術』（1891年）の著者ペッレグリーノ・アルトゥージ〔P.444参照〕は、ズッキーニとオレガノの簡素な料理は、付け合わせとしても単独でも受けがよいだろうと考えています（注：ズッキーニとオレガノは私にはメイン料理で出さないでください。よろしくお願いしますね）。

> recipe
>
> **《ズッキーニのオレガノ風味》（4人分の付け合わせ）**
> ❶ズッキーニ500gを2〜3mmの薄切りにして、オリーブオイル大さじ4で炒める
> ❷きつね色に色づき始めたら、塩コショウで味つけする
> ❸ズッキーニが茶色くなるまで炒め、乾燥オレガノをふりかけて、穴のあいた大きなスプーンでよそって提供する

オレガノ&チーズ→「チーズ&オレガノ」P.275
オレガノ&トマト→「トマト&オレガノ」P.84
オレガノ&ニンジン→「ニンジン&オレガノ」P.244

オレガノ&ニンニク

　ギリシャでは、オレガノはポテトチップスのフレーバーとして一般的に使われています。袋の裏面に書いてある原材料には――だって、休日といえばこういうものを読んだりしますよね？――ニンニク、セロリ、パセリ、タマネギも記載されています。袋を開けてみれば、ファストフードの精が飛び出してきます。

オレガノはインスタント食品業者には非常によく使われますが、これはオレガノを入れれば何でもかんでもピザのような味になるからというだけではなく、法規制によって塩分と脂肪分を削減する義務がどんどん強化されている昨今では、オレガノが繰り出すパンチを利用するのが、風味豊かな味にするのに手っ取り早い方法だからでもあります。

オレガノ&蜂蜜

　蜂はオレガノやマジョラム、タイムが大好きです。オレガノハニーの芳香にはレモンのきらめきがあり、風味には予想通り、花とハーブの香味がありますが、オレンジと蜜蝋もほのかにあります。オレガノは蜂蜜に浸して成分を引き出すのに使うこともあるので、スーパーマーケットで売っている、蜂蜜色をしたシュガーシロップだったとしてもおかしくない安物の瓶入り蜂蜜を買うときに、思い出すといいでしょう。オレガノを使えば、いくらか本物らしさが出せます。それをなんとか使い切ったら、次は専門家からちゃんとした生の蜂蜜を買ってください。76〜81ページの「蜂蜜」の項がヒントになります。

　疲れ果ててちゃんとした晩ご飯を作れなかったり、あなたが最後に作ってくれたのは2週間前じゃないの、と夫に伝えることもできなかったりするような日には、私はオレガノハニーをフェタチーズのかたまりにたらし、乾燥オレガノとオリーブオイルひとたらしを加えて、ホイルにくるんで200℃のオーブンで15分焼きます。パンも同時にオーブンに入れておきます。ゴマをまぶしたクルーリ（koulouria）という腕輪のような形のパンが理想的ですが、こんな晩には理想は後回しにしてもいいのです。

オレガノ&レモン→「レモン&オレガノ」P.186

Nigella Seed
ニゲラシード

　ニゲラシードには、紛(まぎ)らわしい名前がいくつもあります。ブラッククミン、ブラックキャラウェイ、ブラックセサミ、ブラックオニオンシード、といったものです。黒ければどんなシードでもいいのでしょう。ニゲラ自体は「小さな黒」という意味です。

　瓶に入っていると、ニゲラシードにはなんとなく小学校を思わせる軽い芳香があります。床磨き剤と牛乳です。熱すると、オレガノやタイムの風味を帯びますが、それらの持つ熱く厳しい特質はありません。オレガノと同じく苦みがありますが、わずかにはっきりした苦みです——どちらかというとローストした濃色の麦芽を使ったビールであるスタウトに似ています。ガソリンスタンドの給油場の、くらくらするものすごいベンジンのにおいのような、自動車の燃料のような何かのほうに近くなる可能性もあります。スモーキーだと言う人もいますが、私はどちらかというとゴマと同じでカビくさいほうだと思います、特に炒った時などは。フルーティーなブドウやキャンディの特質を感じ取る人もいます。園芸家K. V. ピーターは、挽くとイチゴの風味を帯びる、と述べています。

ニゲラシード&カリフラワー

　ニゲラシードは、淡くてあっさりした風味の光源を好みます。パンがわかりやすい例ですが、ブリーチーズのような軽いチーズやココナッツ、カリフラワーなどもベストの組み合わせです。私はインド風煮込みやダール(dal)[※6]に添えるカリフラワーライスの風味づけにニゲラシードを使うことがあります。風味の点では、できあがりはアルー・ゴビ(aloo gobi)[※7]とナンの合間くらいになります。

ニゲラシード&クミン

　オンライン販売業者「ザ・スパイス・ハウス(the Spice House)」は、ニゲラシードの風味を「クミンとタイムの間」にある、と説明しています。これだとすごく主張が強そうに聞こえます。インド・ベンガル地方の香り高いブレンドであるパンチ・フォロン(panch phoron)では、ニゲラシードはクミンやフェヌグリーク、フェンネル、マスタードシードとミックスされていますが、ここではニゲラシードははにかみ屋です。そこにいることは間違いありません。ただ、ローリング・ストーンズのドラマー、チャーリー・ワッツのように、後ろに引っ込んでいるだけで満足なのです。インドのフラットブレッドやダール〔下記参照〕に使ってください。

　「フェヌグリーク&ニゲラシード」(P.404)も参照してください。

ニゲラシード&ココナッツ

　ニゲラシードは炒るとナッツっぽさが引き出されて、甘い料理にさらに合うようになります。ペシャワリ・ナンの上にニゲラシードをのせると、その風味がココナッツとレーズンの詰め物に穏やかなスモーキーさを染みこませてくれます。私は今でもまだ、近所の「マークス&スペンサー(Marks & Spencer)」で束(つか)の間だけ売っていた、トフィーとニゲラ、ココナッツのポップコーンのことで、変な話ですがむせび

※6　ダール(dal)…豆を香辛料で煮込んだ料理。また、ダールはヒンディー語で豆の総称も指す。
※7　アルー・ゴビ(aloo gobi)…インド料理のひとつ。アルーはジャガイモ、ゴビはカリフラワーの意で、ジャガイモとカリフラワーの炒め煮。

泣いてしまうことがあります。ココナッツマカロンに少量のニゲラシードを入れるとあの魔法の再現にいくらか近づくのですが、白い背景に黒い種がひと粒紛れ込んでいるのを見つけるとそれがピエロの涙に見えてしまい、やっぱりだめなのです。

ニゲラシード&コショウ

調香師ステファン・アークタンダーは、ニゲラシードの風味はちょっとクベバペッパーに似ている、と書いていますが、私は似ているところをあまり見つけられません。クベバと違い、ニゲラシードは喉の奥にひっついたりしない類の香辛料です。むしろ、他にパンにあしらうのによく使われるケシの実やゴマなどが持つ、まろやかな特徴があります。コショウのウッディさはニゲラシードのトーストのようなハーブの風味とコントラストをなしており、インドではお茶の時間に甘いマサラ・チャイに添えて提供するパリパリのクラッカーに入れて、これをうまく利用しています。

ニゲラシード&ゴマ

混ぜ合わせて、インドのナンやイランのバルバリ (barbari) などのパンの上に散らします。あるいは別々に使うこともあります。イスラエル出身のベーカリーシェフ、ウリ・シェフトは、母親が、ニゲラシードをあしらった薄い縄編み状のパンを白ゴマをあしらった分厚い縄編み状のパンの上にのせたハッラー (challah)^{※8} を作っていたのを覚えています。母親はそれを「黒タイのハッラー」と呼んでいたのだそうです。

パレスチナ料理では、ニゲラシードとゴマをブレンダーにかけてイズハ (qizha) というペーストにし、これを蜂蜜やデーツシロップと混ぜてスプレッドにします。これは強烈な代物です。もしお好きになれなければ、薬棚にしまっておきましょう。ニゲラシードとゴマを混ぜたものは、サソリの刺し傷の治療に使えるとされていますので。

ニゲラシード&ジャガイモ→「ジャガイモ&ニゲラシード」P.254

ニゲラシード&チーズ

アルバニアには、テル・バニール (tel banir) という、ニゲラシードで風味づけしたストリングチーズ〔裂けるタイプのチーズ〕があります。組みひも状になっていて、引っ張るとほどけ、これをゆっくりと口に入れると、モッツァレラチーズとハルミチーズのハイブリッドのような印象を受けるかもしれません。モッツァレラチーズのミルキーさと、ハルミチーズのしょっぱくて主張の強い風味があるのです。ニゲラシードのおかげで、オーブンから出したてのパンの皮に似た雰囲気が濃く漂っているので、指に巻きつけられるチーズのせトーストのような味がします。

ニゲラシード&デーツ→「デーツ&ニゲラシード」P.143
ニゲラシード&トマト→「トマト&ニゲラシード」P.88

ニゲラシード&ニンジン

ニゲラシードは長らくピクルス用のスパイスブレンドに使用されてきました。ですが、ニゲラシードだ

※8　ハッラー (challah)…ユダヤ教徒が安息日や祝祭日に食べるパン。

けでニンジンスティックと合わせてみてください——この香辛料の風味を発見できる、指折りの素敵な食べ方です。

---

recipe

《ニンジンとニゲラシードのピクルス》

❶ 中サイズのニンジン2本の皮をむいてほっそりしたスティックに切り分ける

❷ 細粒の海塩小さじ1をふって20分ほど置いておいてから洗って水気をふき取る

❸ ニンジンスティックを小さい蓋つきのガラス容器かプラスチック容器に移し、リンゴ酢大さじ4、水大さじ1、砂糖小さじ2、軽く炒ったニゲラシード小さじ1も加える

❹ 蓋をして冷蔵庫で最低4時間冷やしてからいただく（2、3週間もつ）

ニゲラシード&フェヌグリーク→「フェヌグリーク&ニゲラシード」P.404
ニゲラシード&フェンネル→「フェンネル&ニゲラシード」P.341

ニゲラシード&ライ麦

ロシアやポーランドでは広く使われている組み合わせで、これらの国ではニゲラシードはチャルヌシュカ（charnushka）と呼ばれています。パン屋に行けば、ライ麦パンにはキャラウェイと同じくらいチャルヌシュカが欠かせないんだ、と教えてくれることでしょう。

ニゲラシード&レモン

ニゲラシードにはシメンがかなりの割合で含まれており、そのおかげで、ニゲラシードの風味には柑橘類っぽいひねりが加わっています。シメンはクミンやナツメグにもある芳香化合物です。モロッコでは、塩漬けにしたレモンにニゲラシードを加えることもあります。

スパイシーでウッディな風味
Spicy Woody

クミン
Cumin

シナモン
Cinnamon

オールスパイス
Allspice

ベイリーフ
Bay Leaf

コショウ
Peppercorn

Cumin

クミン

クミン（*Cuminum cyminum*）の特有の風味はアルデヒドによるものです。クミンアルデヒドという、強くてきついアルデヒド——広口瓶からシードを一粒出して、そのまま噛んでみるとわかります——や、フルーティーなクミンの芳香と風味のあるペリルアルデヒドなどを含有しています。その他の、樹脂のような特質、ニンジンに似た特質、柑橘類のような特質も重要です。挽いたクミンは中古家具店のようなにおいがすると私には感じられます。クミンは油やギーでじゅわじゅわ炒めると多少はまろやかになります。

ベジタリアンやヴィーガンのご家庭のキッチンで主力になっている香辛料ですが、その理由は、植物の容赦ない甘さをはねのけてくれるからです。クミンは甘みのない香辛料で、それを申し訳ないとも思っていないのです。クミンは中東のラス・エル・ハヌート（ras el hanout）やデュカ（dukkah）やバハラット（baharat）、インドのガラムマサラ、そのペルシャのいとこアドヴィエ（advieh）など、さまざまな昔ながらのスパイスブレンドで主役を張っています。

クミン＆大麦→「大麦＆クミン」P.29

クミン＆オクラ

オーブンで焼いたオクラはわずかに硫黄っぽさを帯びるようになり、これがクミンと強い親和性を持ちます（この香辛料が、ゆで卵やローストカリフラワーといった硫黄の風味のある食材と非常によく合うことを考えるとわかりやすいでしょう）。

---

recipe

《オクラのクミン焼き》（2～3人分）

❶ 丸ごとのオクラの莢250gにオリーブオイル、挽いたクミン、塩を好みの量まぶし、天板にのせて200℃のオーブンで10分、ちょうど柔らかくなるくらいまで焼く

❷ スクランブルエッグや炒り豆腐の付け合わせにする

クミン＆オレガノ→「オレガノ＆クミン」P.351

クミン＆カブ

インドのパンジャブ地方では、カブはビッグニュースです。シャルガム・キ・サブジ（shalgam ki sabji）やシャルガム・マサラ（shalgam masala）を検索してみれば、ごろごろしたカブを、クミンとコリアンダー、ターメリック、ショウガで味つけしたソースで煮込んだレシピが山ほど見つかります。イギリスのカブは火を通すとかなりぐずぐずな食感になってしまいがちなので、カブを大きなかたまりで入れるタ

イプの料理に使ってもあまりうまくいきません。シャルガム・カ・バルタ (shalgam ka bharta) なら、カブをつぶしてから炒めて、余分な水分を飛ばして作るので、こういうカブでも向いています。

---

recipe
《シャルガム・カ・バルタ (スパイシーなカブのマッシュ)》 (4人分のサイドディッシュ)

❶ 蒸したカブ500gをつぶし、フライパンにギー大さじ2を熱してクミンシード小さじ1を入れる
❷ シードがパチパチし始めたら、アサフェティダひとつまみを加える
❸ みじん切りにしたニンニクとショウガ各10gを加え、生っぽいにおいがなくなるまで火にかけて、つぶしたカブと、黒目豆の400g缶詰1個の水気を切った中身、さいの目切りにしたトマト2個を加える
❹ 何度もかき混ぜつつ15分ほど炒め、刻んだコリアンダーリーフをあしらって、できあがり

クミン&キャラウェイ→「キャラウェイ&クミン」P.344
クミン&黒インゲン豆→「黒インゲン豆&クミン」P.42
クミン&コショウ→「コショウ&クミン」P.377

クミン&ソラ豆

　中東系スーパーマーケットでは、乾燥ソラ豆をゆでたフール (ful) は缶詰で売られています (あるいは、自分で手作りすることもできます——「ソラ豆&ニンニク」(P.270) を参照してください)。「カリフォルニア・ガーデン (California Garden)」というブランドは商品ラインナップが豊富で、私は棚にいくつか常備しています。エジプト風のフールはクミンで風味づけされていて、レバノン風のフールにはヒヨコ豆が混ぜてあります。タヒニ味やトマト味、皮むき豆を使ったフール、マッシュしたフールなどもあります。この豆を温めている時間に、卵1個をゆで、ピタパン1枚をあぶり、トマト1個とパセリ少々を刻むことができます——1人前のフール・ミダミス (ful medames) が10分でできあがりです。

クミン&タマリンド

　店売りのタマリンドソースは、タマリンドよりもクミンの味のほうが強くなりがちです。まるで瓶詰にされた薄暗がりです。風味を綿密に吟味してからでない限り、こういうものを甘い料理に、というか、塩気のある料理にも、使うのは避けてください。

　自分でタマリンドペーストを手作りして (P.136のタマリンドの項の冒頭部分を参照してください)、自分でクミンシードを挽いたほうが賢明です。自分で挽いたクミンは「普通の挽いたクミンからは想像できる限りもっともかけ離れている」と、フードライターのルクミニ・アイヤーは書いています。アイヤーは手間を省くのに長けた人で、絶対にその価値があるというときにしか、そんな手間をかけるようには勧めません。私は彼女の『インド料理急行便 (India Express)』を読んで以来、粉になっているクミンは買わなくなりました。

クミン&ニゲラシード→「ニゲラシード&クミン」P.355

クミン&ヒヨコ豆

乾燥ヒヨコ豆をゆでていて、40分ほど経ってから、味見して柔らかさを確かめてみると、風味がゆで卵とものすごく似ていて驚くかもしれません。これをヒントにしましょう。昔から卵とペアにされてきた風味はヒヨコ豆とも試してみる価値があります。たとえば、クミンは、ソッカ（socca）というヒヨコ豆のパンケーキにひとふりしたり、フムスに入れたりしても、とてもよく調和します。もっと自由に、チョレ（chole）やチャナ・マサラ（chana masala）といった、インドの香り高いヒヨコ豆料理にクミンを使うこともできます。

「卵&ヒヨコ豆」（P.266）も参照してください。

クミン&フェヌグリーク→「フェヌグリーク&クミン」P.403
クミン&マスタード→「マスタード&クミン」P.227

クミン&ヨーグルト

ウォッシュクリームチーズのような味がします。クミンが穏やかな動物や汗の香味を、ヨーグルトが乳の独特の強い味をもたらしています。濃厚なヨーグルトを使うと、柑橘系の、満足感たっぷりのソースやディップができます。

あるいは、氷と塩ひとつまみと一緒にブレンダーにかけて、ジーララッシーを作ってください〔ジーラはヒンディー語でクミンのこと〕。マンゴーラッシーというよりも、アホ・ブランコ（ajo blanco）[※1]やガスパチョのほうに似ています——風味がよく、がつんとパンチがあって、さっぱりさせてくれます。

---

recipe
《ジーラ（クミン）ラッシー》
❶1杯につきヨーグルト200mlに挽きたてクミン小さじ1を使う
❷クミンを小さじ1/4だけ残してそれ以外を全部ブレンダーにかけ、残しておいたクミンを上からふりかける。あるいは、クミンに対する普通とは違う視点を求めて、砂糖を加えてみてもよい

クミン&レッドキドニー→「レッドキドニー&クミン」P.47

クミン&レンズ豆

菜食主義はかつてこういう味でした。茶色いレンズ豆の土の風味がクミンを使うと倍掛けになるので、下手な人が作ると、小屋にずっとしまってあった段ボールのような味になることがあるのです。茶色いレンズ豆、と言っているのは、私がよく行っていたベジタリアンレストランでは、それ以外の種類はまったく扱っていなかったからです。赤はつまらなすぎるし、黒は豪華すぎるのでした。クミンはどっさり盛られた茶色いレンズ豆に対して、自分の柑橘類のような特質でできる最善を尽くしていましたが、それで

※1　アホ・ブランコ（ajo blanco）…「白いニンニク」の意で、スペイン・アンダルシア州の白いスープ。アーモンド、ニンニク、オリーブオイルなどで作られる。白いガスパチョとも呼ばれる。

も、『銀河ヒッチハイク・ガイド』に登場するパラノイアのアンドロイド、マーヴィンを元気づけようとがんばるトリリアンのようでした。つまり、がんばっても望み薄なのです。必要なのはもっと大量の柑橘類だったのです。

　セファルディム〔スペインにルーツを持つユダヤ人〕はレンズ豆スープにレモンを加えますが、ヨーグルトやザクロ、ドライアプリコット、ブラックライム〔黒く硬くなるまで乾燥させたライム。香辛料として使われる〕などを加えても、フルーティーな酸っぱさが加わって調子が上がっていくでしょう。

ウッディ（スパイシー）

クミン

Cinnamon
シナモン

シナモンの特徴的な風味の原因は、シンナムアルデヒドという有機化合物です。本物のシナモンはセイロンニッケイ（*Cinnamomum verum*）の内樹皮からとれます。この繊細な巻物形の香辛料は、シンナムアルデヒドの風味以外に、クローブ、花、干し草の香味、さらに常緑樹の樹皮のくっきりした新鮮で甘い香味を宿しています。

セイロンニッケイの親戚にあたるシナニッケイ（カシア、*C. cassia*）は、セイロンニッケイと比べてシンナムアルデヒドの含有量が多く、他のはっきりした風味分子は少ないので、もっと特徴が際立っています。そのため、複雑なブレンド（コーラなど）や、本物のシナモンを使ってもその繊細な香りが伝わりにくい料理にはよい選択肢になります。

シナモンは穀物ともけんかしないということで知られていますが、私としては、緑の野菜と合わせる料理や夏らしいレシピに、もっと利用されていいと思っています。

シナモン＆エルダーベリー→「エルダーベリー＆シナモン」P.112
シナモン＆オーツ麦→「オーツ麦＆シナモン」P.66

シナモン＆オールスパイス

オールスパイスという名前はちょっと大げさです。この名前は、3つの香辛料、シナモン、クローブ、そしてナツメグに似た味がすることからつけられています。ですから、もしオールスパイスを切らしていても、この3つの香辛料を同量使えば、申し分ない代替品になります。オールスパイスはこの3つの中ではシナモンと共通している分子が一番多いですが、味が一番似ているのはクローブです。

ジャマイカでは、オールスパイスに、それを支えるシナモンとアニス、ナツメグ、乾燥オレンジピールを、挽いたものでもすりおろしたものでも、量にして3対2対2対2対1の割合で混ぜて、ベーキングに使う典型的なスパイスミックスにします。

シナモン＆オレガノ

それぞれに違うウッディな風味があります。オレガノには盛夏の温まった松葉の芳香が、シナモンには蜂蜜のように甘い、赤茶色をした秋の樹皮の芳香があります。組み合わせると新鮮でありながら甘い香りになり、コーンブレッドに入れると絶品です。

シナモン＆キャラウェイ→「キャラウェイ＆シナモン」P.345

シナモン＆クランベリー

シナモンは、クリスマスソングに出てくるそりの鈴のように、クランベリーソースの背景に潜んでいます。心の浮きたつ組み合わせなのですが、クリスマスマーケットで売っているような、安物の香りつきキ

ャンドルやルームスプレーのせいで台無しです。「ベリーの香り」という曖昧なフレーバーがついている
だけなのに、それがクランベリーのふりをしているのです。

シナモン&ケシの実→「ケシの実&シナモン」P.317

シナモン&コショウ→「コショウ&シナモン」P.377

シナモン&ゴマ→「ゴマ&シナモン」P.312

シナモン&サツマイモ

サツマイモはもう十分甘い食べ物です。と、思いますよね。「キャンディード・ヤム（砂糖がけのサツマ
イモ）」は、デザートにありつくのにメイン料理が終わるまで待てないという人のための、感謝祭の料理
です。下ゆでしたごろごろのサツマイモにバターとブラウンシュガーとシナモンをかけて焼いて作ります。
シナモンのおかげで甘みが強くなるのですが、オプションとしてマシュマロをトッピングすると、気絶して
しまいそうな甘さになります。

ドミニカでは、白いサツマイモをココナッツミルク、コンデンスミルク、シナモン、それからバニラで、
とろとろのカスタードのようになるまで煮詰めます。これを冷蔵庫で冷やしてさらにとろみを強くします。
この料理はドゥルセ・デ・バタタ（dulce de batata）という名前ですが、同じ名前のアルゼンチンのお
やつとは別物です。

「サツマイモ&バニラ」（P.154）も参照してください。

シナモン&サヤインゲン→「サヤインゲン&シナモン」P.408

シナモン&ズッキーニ→「ズッキーニ&シナモン」P.419

シナモン&ターメリック→「ターメリック&シナモン」P.236

シナモン&デーツ

シナモンとカルダモンは、デーツのお気に入りの香りの座を争っています。マクルード（makroudh）
という、マグレブ地域〔北西アフリカ〕のぺとぺとするセモリナ粉のケーキの中身には、デーツペースト
とシナモンを混ぜたものが使われます。同じ生地を使った似たような食べ物でアルジェリアのブラジ
（bradj）というのもあり、こちらだとペーストにニゲラシードも入っていることがあります。ローズウォー
ターやオレンジフラワーウォーターを入れると、苦くて好ましい香味が生まれます。

デーツには、ほとんど黒に近くて風味の濃いアジュワ種など、天然のシナモンの香味がある品種があ
ります。ライターで果実栽培家のデイヴィッド・カープは、バーリ種のデーツの風味は「ハラール」の段
階——すなわち、まだ完熟していない状態——で、シナモンとココナッツ、サトウキビを混ぜたよう、と
言い表しています。

シナモン&トウモロコシ→「トウモロコシ&シナモン」P.72

シナモン&蜂蜜

蜂蜜には真面目なところがあります。シナモンは蜂蜜を誘惑して生物の授業を抜け出させ、遊びに連

れ出します。ルクマデス（loukoumades、ギリシャの小さなドーナツ）や秋の果物のフリッターに定期市やバザーの抗いがたい芳香があるのは、上からかける蜂蜜シロップに加えてあるシナモンのおかげなのです。

ウェールズに古代から伝わる発酵蜂蜜酒メテグリン（metheglin）は、ミード（mead）[※2]とは近い親戚ですが、風味がつけてあり、多くの場合シナモンが使われている、という点が異なります。野生食材の専門家で作家のジョン・ライトは、メテグリンには香辛料のきいたもの、ハーブの風味があるもの、花の風味があるもの、へんちくりんなもの、の4つの区分がある、と言っています。

シナモン&パパイヤ→「パパイヤ&シナモン」P.208
シナモン&ピーカンナッツ→「ピーカンナッツ&シナモン」P.392

シナモン&プラム

フードライターのマリアン・バロスによるシナモン風味プラムトルテのレシピは、「ニューヨーク・タイムズ」紙に1983年から1989年まで毎年9月に掲載されていました。甘いパウンドケーキの上に半分に割ったプラムを並べてシナモンをふりかける、というレシピです。

私もこれを作ったのですが、オーブンに入れ、タイマーをセットしたところで、友人と一杯いただこうと庭に出ました。およそ1時間20分後、しばらく前にタイマーが切れていたけど何かにセットしたのか、と夫が聞いてきました。オーブンから出てきたものは、デイヴィッド・リンチの映画『マルホランド・ドライブ』に出てくる、食堂の裏にいる人物のような見てくれになっていました。プラムが生地の奥深くへ沈みこんでいるさまは、まるでこの状況から距離を置こうとしているかのようです。ひと切れ食べてみたところ、悪くはありません。確かにぱさぱさになってはいましたし、砂糖が焦げてべとべとの黒い斑点になっているところはちょっと苦くはあるのですが、あっという間に平らげられます。このケーキは家族みんなで2日で食べきってしまいました。あのレシピがなぜそんなに人気だったのか、理解できるというものです。失敗してもあんなにおいしいのなら……もう一度、今度は夫をオーブンタイマー監視係の職からクビにしておいて、作ってみました。完璧な仕上がりです。私たちは最初のほうが好きだったなと思いました。

シナモン&プルーン

プルーンにシナモンを加えるというのは、既に進行中の仕事の仕上げをするということです。プルーンにははっきりしたベーキング用スパイスの香味があります。

イギリス人フードライター、アンブローズ・ヒース〔P.442参照〕は、加熱した栗とプルーンに少量の砂糖、シナモン、レモン汁、シェリーを混ぜて、ほかほかのまま提供していました。パリに本拠地を置く「ラ・メゾン・デュ・ショコラ（La Maison du Chocolat）」のペストリーシェフでショコラティエのジル・マルシャルは、シナモンのサブレビスケットを作って、アールグレイ紅茶とバニラで煮たプルーンを添えて提供しています。

シナモン&ベイリーフ→「ベイリーフ&シナモン」P.373

※2　ミード（mead）…蜂蜜酒。蜂蜜と水と酵母を原料として発酵させて造る。

シナモン&マスタード

テュークスベリー・マスタードの起源は16世紀にまでさかのぼります。マスタードとホースラディッシュを混ぜて、団子状に丸めたものでした。必要な分だけつまんで、それを水やリンゴ酢、牛乳、あるいはお好きな液体に溶くのです——テューダー朝〔1485〜1603〕イングランドのインスタント食品ですね。この団子に、シナモンが加えられていることもありました。

今日でもシナモンは、オールスパイスやショウガとともに、(独自色の強い) ドイツのスパイシーブラウンマスタードに加えられています。マスタードシードと酢の強烈な風味に隠れて、香辛料の風味を見つけ出すのは至難の業ですが、入れると料理に奥行きを出してくれますし、わずかに甘みもつけてくれます。

シナモン&松の実→「松の実&シナモン」P.385
シナモン&マルメロ→「マルメロ&シナモン」P.166
シナモン&メープルシロップ→「メープルシロップ&シナモン」P.395

シナモン&レーズン

棒きれと石ころのような組み合わせです。ホットクロスバンやチェルシーバン、ラーディケーキ、その他あらゆるべとべとのペストリー〔いずれも、ドライフルーツや香辛料、砂糖などが入ったイギリスの伝統的な菓子パン〕に登場します。レーズンとシナモンのベーグル (別名「クリスマスベーグル」) は、輪っかの形をしたミンスパイ (mince pie) [※3] のようなものです。リースの代わりにドアにかけておけそうです。普通の風味の中では群を抜いてケーキにそっくりなベーグルです。ブランデーバター [※4] を試しに塗りたくってみてください。あるいは、レーズンとシナモンのクスクスが、あらゆる種類の肉や野菜、チーズ、魚とよく合うことを念頭に置いて、あとはどうすべきか考え、その通りにしてください。同じ路線で、タルタルソースとコールスローを添えて提供する、バミューダ諸島の有名なフライドフィッシュのサンドイッチは、シナモンとレーズンの入った味の濃いパンのスライスをトーストして作られています。

※3 ミンスパイ (mince pie) …イギリスの菓子で、ミンスミート (P.170の注を参照) を詰めたパイ。クリスマスシーズンに食べられることが多い。
※4 ブランデーバター (brandy butter) …バターと砂糖、ブランデーを混ぜ合わせた甘いスプレッドで、イギリスでは伝統的にクリスマスプディングやミンスパイに塗って食べる。

Allspice
オールスパイス

　常緑樹*Pimenta dioica*の未熟の実を収穫して、日光にあてて約1週間、赤みがかった茶色に変わるまで干したものです。最高級の品は精油含有量がもっとも多いジャマイカ産で、現地ではピメントと呼ばれています。英語名のオールスパイスはその風味を指していて、シナモン、クローブ、ナツメグというよく使われる組み合わせの香辛料がほのかに香ります。科学的な分析によって、オールスパイスと似ている香辛料に共通する風味化合物が、オールスパイスにも本当に含まれていることが立証されていますが、独自の特質もあります。たとえばオールスパイスには鋭くすがすがしいところがあって、脂っこい料理をすっきりさせてくれますし、柑橘類の皮と幸せな結婚をします。

　オールスパイスの味からは肉を連想するかもしれません。その風味のため、それから防腐剤としての特質を有するために、多くのソーセージの材料に含まれる食材だからです。ドイツとイタリアでは、オールスパイスはシャルキュトリに広く使われます。スカンジナビア半島では酢漬けニシンに入れるのが好まれます。

オールスパイス＆エルダーベリー→「エルダーベリー＆オールスパイス」P.112

オールスパイス＆オレンジ

　オールスパイスタンジェロは、1917年にアメリカのカリフォルニア州で作り出された品種です。タンジェロというのはマンダリンオレンジとポメロまたはグレープフルーツの交配種です。カリフォルニアに拠点を置くシェフ、デイヴィッド・キンチによると、なるほどと思えるほどオールスパイスに似た味がするが、柑橘類と甘い香辛料という祝祭日っぽい組み合わせなので、もしクリスマスタンジェロと名づけていたら、売上はもっと伸びていたかもしれない、とのことです。キンチは、しゃきしゃきのラディッシュとカブをスライスしてヘーゼルナッツオイルとレモン汁で和え、塩コショウとルッコラのピューレ、甘くないグラノーラと少量の凝乳（カード）で味つけして、オールスパイスタンジェロと一緒に提供しています。

オールスパイス＆カリフラワー→「カリフラワー＆オールスパイス」P.224
オールスパイス＆キャラウェイ→「キャラウェイ＆オールスパイス」P.344

オールスパイス＆玄米

　著述家のアリス・アーントによれば、トルコではオールスパイスは米に味つけをする香辛料として広く使われているのだそうです。米とオールスパイスを一緒に使って、ブドウの葉や、中に具を詰められる野菜の中に詰めます。乾燥ミント、ディル、クミン、コリアンダー、コショウとブレンドした状態で売られているものが買えます。オールスパイスは新世界〔南北アメリカ大陸〕に起源を持ちますが、トルコ料理に浸透しきっていて、ドルマスパイス（ドルマとは詰め物をした料理を指す言葉で、フランス語のファルシとだいたい同じです）という現地名までついています。

オールスパイス&ココナッツ

著述家ケネス・T・ファレルは、オールスパイスははじめカルダモンの代替品にする目的でヨーロッパに輸入された、と主張しています。これはおかしな話です。この2つの香辛料はまったく味が似ていないからです。とはいえ、カルダモンはオールスパイスと同じくココナッツと親和性があります。パティシエのピエール・エルメが作る、すりおろしたココナッツをオールスパイスと少量のナツメグ、バニラ、コーヒーと一緒にするシンプルなビスケットのレシピにもそれが表れています。

オールスパイス&コショウ

オールスパイスと黒コショウの粒を混ぜてペッパーミルに入れます。もしこれが偶然起こったことのように聞こえるとしても、それは嬉しい偶然ですし、このためにもうひとつペッパーミルを買う価値はあります。オールスパイスのカーネーションのような芳香でコショウに花のような特質が生まれて、お高いコショウだけを大量に使うよりも心が躍ります。ジャマイカ産のオールスパイスを使ってください。香辛料商人の多くがこれが最高級だと認めているからというのもありますが、サイズが小粒で、ペッパーミルに収まるはずだからです。レモン汁と新鮮でピリッとしたオリーブオイルと合わせて、感嘆符を3つつけたくなるようなヴィネグレットソースを作ってください。

オールスパイス&シナモン→「シナモン&オールスパイス」P.364

オールスパイス&ショウガ

どちらも、最高級の品はジャマイカにあります。オールスパイスは辛みのあるジンジャーブレッドやジンジャーケーキをもっとひりひりした味にしてくれます。ラム酒とジンジャービールで作るダーク・アンド・ストーミーというカクテルは、オールスパイスのリキュール、ピメント・ドラム（「キャラウェイ&オールスパイス」P.344を参照してください）を加えると、そのぶんさらに暗闇（ダーク）に、さらに荒れ模様（ストーミー）になります。

オールスパイスを主役にした料理やドリンクに使える複雑な風味のミックスをお探しなら、ラム酒のテイスティングノートを見ると、インスピレーションが得られます。たとえば「イクイアーノ（Equiano）」は、トフィーとラズベリー、ブラッドオレンジの香味（こうみ）と、わずかなハイビスカスティーを組み合わせています。

オールスパイス&ソラ豆

「ハギス（haggis）[※5]の主な風味は臓物だ」とフードライターのフェリシティ・クロークは記しています、「……動物性の材料がないと、再現は難しい」。スコットランドのグラスゴーにあるレストラン「ユビキタス・チップ（Ubiquitous Chip）」では、これをうまくやってのけています。私が前回食べたときには、このお店のベジタリアン・ハギスに肉っぽさはありませんでしたが、何か、これは本物に似ているなとピンとくるものがありました。「もしかするとオールスパイスでしょうか？」というのがウェイターの返答でした。

本書のソラ豆の項のために調査をしているときに、やっと自分でも作ってみることができました。皮つきの乾燥ソラ豆には穏やかな血の風味があるので、そこからヒントを得て、クロークの完璧なベジタリアン・ハギスを以下のように改変してみました。

※5　ハギス（haggis）…スコットランドの伝統料理。ミンチにした羊の内臓を、麦、タマネギ、塩コショウや香辛料などとともに羊の胃袋に詰めてゆでたもの。中身を皿に取り分けて食べる。

ウッディ（スパイシー）
オールスパイス

recipe

《ベジタリアン・ハギス》(4人分)

❶ グリーンスプリットピー〔P.256参照〕50gを水で戻して柔らかくなるまでゆで、お湯からあげて置いておく

❷ 精白大麦50gをアルデンテになるまでゆでる

❸ 皮つき乾燥ソラ豆75gを柔らかくなるまでゆで(あるいは、もっとたくさんゆでて、次の日にフール・ミダミスを楽しむこともできます——「ソラ豆&ニンニク」P.270を参照してください)、お湯からあげて、ゆで汁から350mlを取り分けておく

❹ 大きな片手鍋で、みじん切りにした大サイズのタマネギ1個をバターでしんなりするまで炒め、大サイズのニンジン1本のみじん切りを加える。水気を切ったスプリットピーと、炒ったスティールカットオーツ100gも加える

❺ ゆでたソラ豆(あるいは、多めにゆでてあったら、そのうち150g)をざっとつぶし、挽いたオールスパイス小さじ1と1/2、カイエンペッパーひとつまみ、ナツメグのすりおろしひとおろし分、乾燥セージ小さじ1/2、白コショウ小さじ1/2、塩小さじ1/2と一緒に加える

❻ 「マーマイト(Marmite)[※6]」小さじ2と黒糖蜜大さじ1を取っておいたソラ豆のゆで汁に溶かして鍋に加え、水分があらかた蒸発するまで、時々かき混ぜながらゆっくり煮詰める

❼ その間に、オーブンを180℃に予熱し、18cm四方のオーブン皿にバターをたっぷり塗っておく

❽ 鍋のハギスのたねに精白大麦を混ぜ入れ、オーブン皿にたねをこぞって入れて、覆いをして30分、覆いなしでもう30分焼く。ニープス・アンド・タティーズ[※7]を添えて提供する

オールスパイス&チョコレート

チョコレートの風味づけに頼りがいがあるのはバニラですが、これに代えてオールスパイスを使うと生気に満ちた味になります。この組み合わせでココアを作れば、飲み終わる前にうとうとしてしまうことは絶対にないはずです。荒っぽい特質のおかげで、オールスパイスはカカオニブのペアとして人気です。

オールスパイス&唐辛子

ジャーク料理調味料のスライ&ロビー(Sly and Robbie)〔レゲエ界を代表する、ジャマイカのベースとドラムのデュオ〕です。ジャーナリストのヴォーン・スタフォード・グレイは『スミソニアン』誌に寄せた記事で、ジャークの起源は17世紀にジャマイカの山深い奥地へと逃亡した奴隷、マルーンの人々が利用していた調理法にある、と指摘しています。マルーンたちは、オールスパイスと小さな赤い「バードペッパー[※8]」を混ぜて肉にすり込み、ウスバスナゴショウの葉にくるんで、残り火に埋めて焼いていました。その後の年月でジャークの下味はもっと複雑になっていき、現在ではスコッチボネット唐辛子とオールスパイス、それに葉ネギ、ショウガ、ニンニク、シナモン、タイムが入っているのが一般的です。これに酢、オレンジ果汁、ライム果汁、砂糖、場合によっては醤油を加えてペーストにします。

オールスパイスはメキシコにも分布していて、広く利用されています。葉と実を唐辛子と混ぜて、チルポソントレ(chilpozontle)という鶏肉の煮込み料理にしますし、このペアはチョコレートのフレーバー

※6　マーマイト(Marmite)…ビールの醸造過程で出る酵母を主原料としたペースト状の食品。独特な味と香りがある。
※7　ニープス・アンド・タティーズ(neeps and tatties)…スウェーデンカブとジャガイモのマッシュで、ハギスに添えて食べるスコットランドの伝統料理。
※8　バードペッパー(bird pepper)…アメリカ大陸原産の野生の唐辛子。

づけに使われることもあります。

オールスパイス&トマト

オールスパイスの甘みを最大限に利用するには、トマトソースやスープに入れるのがよい使い方です。シナモンと同じように、トマトの酸っぱさの角を取ってくれますが、シナモンに比べるとまったく注意を引きません。オールスパイスはたいていケチャップの原材料に含まれていますし、風味に慣れれば、区別できるようになるかもしれません。

ロンドンにある中東料理店「Honey & Co.」ではトマトピューレとオールスパイス、パプリカ粉、唐辛子でもっとシンプルな調味料を作っていて、トルコの唐辛子ペースト、アジュ・ビベル・サルチャ（acı biber salçası）の代用品として提案しています。

オールスパイス&バニラ→「バニラ&オールスパイス」P.148
オールスパイス&ピスタチオ→「ピスタチオ&オールスパイス」P.326

オールスパイス&ベイリーフ

オールスパイスの木（*Pimento dioica*）の葉の芳香と風味はヨーロッパのゲッケイジュ（*Laurus nobilis*）〔ベイリーフ〕と似ていますがそれよりも穏やかで、どちらも料理にはだいたい同じように使われています。オールスパイスの近い親戚の*Pimenta racemosa*は、あの広く使われているヘアトニック兼アフターシェーブ、ベイ・ラムを作るのに使われます。禁酒法時代には人々がこれを飲むようになったので販売量が飛躍的にのびました。誰がその人たちを責められるでしょう？　おいしそうに聞こえますものね。

オールスパイスの実は食用になる他のどんな植物よりもベイリーフと共通する分子が多く、実を1、2個つぶして、スープやベシャメルソース、豆の煮込みなどにベイリーフの代わりに入れることができます。

オールスパイス&ホウレンソウ→「ホウレンソウ&オールスパイス」P.424
オールスパイス&レーズン→「レーズン&オールスパイス」P.132
オールスパイス&レモン→「レモン&オールスパイス」P.186

オールスパイス&レンズ豆

オールスパイスはチームプレイヤーです。登場するときはほぼ必ず、他に数十種類の食材が一緒にいます。シリアのハラ・オズバオ（harak osbao）という、ザクロの糖蜜とクミン、パセリとコリアンダーリーフがレンズ豆とパスタと混ざり合った料理が一例です。

ムジャッダラ（mujadara）というのも豆と穀物を混ぜた中東の料理で、西洋のレシピ本にはたいていはっきり米とレンズ豆の料理と書かれています（「玄米&レンズ豆」P.22を参照してください）。こちらの場合、オールスパイスはシナモンやナツメグ、クミンとブレンドされています。

オールスパイスをダール（dal）[※9]に加えるのは珍しいやり方でしょうが、シェフのモニシャ・バーラドワージは、オールスパイスは時として「北インドのカレーやビリヤニに天国の香気をつける、秘密の魔法の食材」になる、と指摘しています。

※9　ダール（dal）…豆を香辛料で煮込んだ料理。また、ダールはヒンディー語で豆の総称も指す。

Bay Leaf
ベイリーフ

ヨーロピアンベイ（*Laurus nobilis*、ゲッケイジュ）の葉、つまりベイリーフは、この木が生育するいたるところで、料理に広く使われています。これを使うと、ハーブと香辛料の混ざった、温かみのある控えめな風味が鍋の中の料理に加わります。

ベイリーフは甘くない料理にはほとんど機械的に使われますが、バニラがこんなにもあらゆるところに使われるようになる前は、カスタードやミルクプディングにもよく入っていました。今でも核果のジャムやドライフルーツのコンポートにはよく加えられています。

アメリカでは、*Laurus nobilis*はターキッシュベイという名称で知られていて、これは広く使われているカリフォルニア産のローレルと区別するためなのですが、こちらは強い薬品のようなユーカリのような風味があるため、ベイリーフほどには好意的に受け止められてはいません。

西インド諸島産のベイリーフ（West Indian bay）はオールスパイスの〔近縁種である*Pimenta racemosa*の〕木の葉です。

ベイリーフ＆オールスパイス→「オールスパイス＆ベイリーフ」P.371

ベイリーフ＆オレンジ

シェフでフードライターのヒュー・ファーンリー・ウィッティングストール〔P.444参照〕はベイリーフは乾燥よりも生のものを好んでいましたが、料理作家のペイシェンス・グレイも同じで、葉を1枚、マーマレードの瓶によく入れていました。悪くない発想です。朝食にこういう苦くて複雑な味が登場するなら、その後の一日はもう甘く、シンプルになっていくしかありませんから。

ベイリーフ＆カシューナッツ

ヴィーガンの「クリームチーズ」をカシューナッツで作って小さなラムカンに入れて出したのですが、ちょっと弱々しい感じがしたので、ベイリーフを1枚上にのせてみました。味見してみたところ、間違いなくベイリーフのせいで、チーズというよりパテにかなり近い味になっていました。

---

recipe

《カシューナッツ、ベイリーフ、ポートワインのパテ》

❶カシューナッツ145gをベイリーフ数枚と一緒に2〜3時間水に浸けておく

❷エシャロットのみじん切り2個分とニンニクのみじん切り2かけ分をオリーブオイル大さじ1でしんなりするまで炒める

❸ポートワイン大さじ2を加えて、オランデーズソースにしてもよさそうな香り高い濃縮液になるま

※10　カリフォルニア産のローレルとは、*Umbellularia californica*を指すと思われる。ベイリーフと似た香りを持つことからカリフォルニア・ベイとも呼ばれている。

で──つまり、最初のざっと半分の量になるまで煮詰める

❹冷めてからブレンダーに移し、水気を切ったカシューナッツを（ベイリーフは捨てて）、塩少々と黒コショウ少々と一緒に加え、なめらかになるまでブレンダーにかける

❺スプーンで小さなラムカンに入れて、ベイリーフ1枚を上にのせる

❻覆いをして冷蔵庫で1日冷やしてから、クラッカーやトーストと一緒にいただく

ベイリーフ＆グーズベリー→「グーズベリー＆ベイリーフ」P.103
ベイリーフ＆黒インゲン豆→「黒インゲン豆＆ベイリーフ」P.45

ベイリーフ＆玄米

ベイリーフは煮込み料理やラグーにはほぼ必ず入っているので、どんな味か実はよくわからないと思いますが、それに気づいたらショックを受けるかもしれません。

デリオーナーのグリン・クリスチャン〔P.443参照〕は、ベイリーフの風味に親しむよい方法を教えてくれています。ベイリーフを、他には何も加えずにベイリーフだけを、米を炊くときに加えるのです。米200gに対して生のベイリーフ2〜4枚です。ベイリーフにはよくレモンとバニラの香味があるとされますが、私がクリスチャンのご飯の実験をしてみたときには、そうした香味に気づくことはできませんでした。風邪をひきやすい人にはおなじみの「ヴィックス」からほのかに感じるカンフル（樟脳）、それにかすかなレッドベルモット〔赤色をした、白ワインベースのフレーバードワイン〕と、アンゴスチュラ・ビターズ〔リンドウやハーブ、スパイスなどを酒に漬け込んで作った苦味酒〕、それからコーラの香味になら気づきました。おそらくこれが、人気の理由なのでしょう。ベイリーフを入れて炊いたご飯は、皮をむいて刻んだオレンジの房とフェンネルとクルミで作る冬のライスサラダのベースにぴったりです。とはいえ、神の被造物がみなそこまでベイリーフに目がないというわけではありません。ベイリーフを食料棚の米の中に害虫よけとして入れておく方法はきわめて一般的です。シリアルや小麦粉にも同じように使えます。

ベイリーフ＆コショウ

みんなが喜びます。どちらも料理に芳香とさわやかさを添えてくれますが、それ自身に関心が向けられることはほとんどありません。ストックの鍋に加えれば、ほんのわずかな深み、ほのかな苦みが出ます。

対照的に、フィリピン料理のアドボ（adobo）ではこの2つは欠くことはできません。それぞれが主要なハーブと香辛料になっていて、酢と醤油、ニンニク、それからおそらく砂糖少々でできたブロスに浮いています。よく使われるたんぱく質は鶏肉や豚肉で、これらから出る脂も同じように必須です。アドボに脂っけがなかったら、ほとんどピクルスのブライン液のようになってしまうことでしょう。

ベイリーフ＆シナモン

葉っぱと小枝で、風味の巣ができます。イチジクの風味づけに使ってください。

タマラニッケイ（*Cinnamomum tamala*）は、インディアンベイ、あるいはテジパット（tejpat）という名前で知られる葉の茂る常緑樹です。葉は形と色がヨーロピアンベイに似ていますが、葉の先端まで

続く葉脈が1本ではなく3本あります。シナモンとクローブの風味に富んでいます。木が生育する場所によって、どちらの風味が強くなるかは変わります——が、どちらにせよ、袋を開けると、ホットクロスバン〔シナモンなどの入ったイギリスの伝統的な菓子パン〕の香りがふっと漂います。*Cinnamomum tamala*はカシアがとれる品種のひとつです。カシアはシナモンの代わりに（特にアメリカで）よく使われており、こちらのほうが風味が強くて荒々しいのですが、これはシンナムアルデヒドの含有量が80％と、*Cinnamomum verum*〔セイロンニッケイ〕、すなわち「本物のシナモン」よりも多いためです。テジパットの葉はダール〔豆を香辛料で煮込んだ料理〕やカレーに入れるとおいしくなりますし、イタリア料理のトマトベースのソースに入れても、バジルに似た甘くスパイシーな芳香をつけてくれます。

ベイリーフ＆ジャガイモ

　料理をする人の中には、ジャガイモをゆでているときにベイリーフを1、2枚加えると、マッシュポテトやローストポテト、あるいはバターを塗った新ジャガイモの風味が間違いなくよくなる、と言う人がいます。ジャガイモが冷めてから味をみるとき、ものすごく集中すれば、その風味に気づくことはできます。1日か2日経つと——たとえば、ゆでたジャガイモをいくつか、サラダ用に冷蔵庫で保管していたとすると——、さらにわかりやすくなります。ハッセルバックポテト（Hasselback potatoes）[11]の切れ目ごとにベイリーフを1、2枚挟む人もいます。

　　ベイリーフ＆ニンジン→「ニンジン＆ベイリーフ」P.245
　　ベイリーフ＆ニンニク→「ニンニク＆ベイリーフ」P.284

ベイリーフ＆パセリ

　生のパセリと乾燥ベイリーフ、それにタイムの小枝1本または3本で、フランスの煮込み料理や蒸し煮料理に典型的に使われるブーケができます。ローズマリーは使わないように、と料理研究家のエリザベス・デイヴィッド〔P.442参照〕は、著書『イングランドのキッチンの香辛料、塩、芳香植物（*Spices, Salt and Aromatics in the English Kitchen*）』で警告しています。強すぎるためです。この文が心に残っているのは、私が持っている『香辛料、塩、芳香植物』の表紙の写真には、ブーケになったベイリーフとパセリ、それから、その一……ローズマリーが大写しになっているからです。それでも、デイヴィッドのアドバイスはまっとうな内容です。ただし、少量のローズマリーやセージ、オレンジピール1切れやシナモンスティック1本で、たとえば鍋で調理している豆などに、ちょっと刺激を足せるということも実際にはあります。

ベイリーフ＆フェンネル

　フェンネルの葉、ベイリーフ、それにレモンの皮で、シーフードのためのブーケガルニができます。その芳香をかぐと、一瞬、〔レモン栽培で知られるフランスの〕マントンの夕暮れ時のテラスにいて、ハーブの食前酒をすすっているかのような心地になるかもしれません。と思いきや、やっぱりキッチンにいて、目の前には魚がいるのです。魚を捕まえられないなら、かぐわしいブーケガルニはファシネーターとして頭に飾ってください。

　それはともかく、このブーケはドライフルーツのコンポートや、フランスのル・ピュイ産のレンズ豆を煮

374　　※11　ハッセルバックポテト（Hasselback potatoes）…細かい切れ込みを入れて焼く、ベイクトポテトの一種。

る鍋に香りづけをするのにも使えます。庭のフェンネルとベイリーフを摘みとるなら、切れ端は取っておいて、次にバーベキューをするときにかぐわしい煙を作るのに使ってください。

ベイリーフ&プラム

チェリーローレル〔セイヨウバクチノキ〕という、19世紀のレシピ本に登場する食材があります。おいしそうな名前ですがチェリーローレルには毒があるので、庭の境界の目印にとどめておくのが一番です。誤って掲載されたのは、フランスの料理本の翻訳者が*Laurus nobilis*〔ゲッケイジュ〕を*Prunus laurocerasus*〔チェリーローレル〕とごっちゃにしてしまったためでした。もしお手元のベイリーフに、ナッツのような、ビターアーモンドのような風味があるなら、胃痙攣を起こしてしまう可能性があります。

料理用のベイリーフはもっとナツメグに近い味です。この温かみのあるスパイシーさのおかげで、ベイリーフはプラムジャムや桃の酢漬けの瓶に入れたくなりますし、プラムのコンポートに加えると、ベルモットのようなコクを出してくれます。

ベイリーフ&プルーン→「プルーン&ベイリーフ」P.129
ベイリーフ&レンズ豆→「レンズ豆&ベイリーフ」P.56

ウッディ(スパイシー)　ベイリーフ

Peppercorn
コショウ

　世界でもっとも普及している香辛料です。あらゆる優れたリーダーと同じように、黒コショウは他者の一番よいところを引き出してくれますが、それでいて手柄を自分のものにすることはめったにありません。黒、白、そして緑のコショウの実〔グリーンペッパー〕は、*Piper nigrum*という、花をつける常緑つる植物からとれます。黒コショウやグリーンペッパーになる未熟果には、主に松のような風味とピリッとした強い尖った風味が、それにグリーンペッパーの場合にはハーブのような香味もあります。ですが、刺激の強さに注意を奪われていると、どれも見逃してしまいがちです。

　鮮やかな風味と辛さという組み合わせのおかげで、コショウは香辛料として幅広い用途に使われていますが、カチョ・エ・ペペ〔「コショウ＆チーズ」P.379参照〕の例からもわかるように、コショウを単に申し訳程度に足しただけではない料理もあります。挽いてあるコショウを買った場合、その風味の特徴に気づく可能性は低いでしょう。挽いてしまうとすぐに香りが飛んでしまって、ただの辛味のある塵しか残らないからです。ちゃんとしたミルを買ってください。粗さの段階を調節できるタイプのものです。そうして道具を用意したら、ご自身の味蕾で、以下の風味のいずれかを感じとってみてください。フルーティー、ヒマラヤスギ、リコリス、樟脳、花、苦み、石炭酸石鹸、シナモン、ナツメグ、タバコ、ミント、医薬品、刈った草、段ボール、松、チェリー、柑橘類、ラプサン・スーチョン茶〔P.308参照〕、メントール、土、クリスマスツリーです。

　白コショウは黒コショウと同じ果実でできていますが、熟した後に殻を取り除いて乾燥させている点が異なります。ピンクペッパーはそもそもコショウではなく、異なるいくつかの植物のうちどれかの実を乾燥させたものです。ヘアスプレーのような味がすると私は思っています。

　この項では、ロングペッパー〔ヒハツ〕、グレインズ・オブ・パラダイス〔ギニアショウガ〕、山椒、花椒、クベバペッパー、ティムールペッパーも扱います。

コショウ＆オールスパイス→「オールスパイス＆コショウ」P.369

コショウ＆オレンジ

　ブラジル産の黒コショウにはオレンジピールの香味を感じるかもしれません。搾りたてのオレンジ果汁60mlに砕いた黒コショウ小さじ1/2、塩と砂糖各数つまみを混ぜると、シンプルな霊薬のできあがりです。コショウとライムで作るカンボジアのディッピングソース、トゥク・メリック（tuk meric）〔P.193も参照〕にちょっと似ていますが、オレンジはライムのような自己主張の強い風味や酸味なしで、舌なめずりしてしまうような繊細なフルーティーさを出してくれます。他の食材の味を損なうことなく炒め物をしゃきっとさせるのに最適です。

コショウ＆カリフラワー

　揚げて塩コショウをしたイカやエビに惹かれるベジタリアンには、カリフラワーが頼みの綱です。こう

いうシーフードの代替品にしても、とても満足できるからです。シーフードと同じく甘みと硫黄という組み合わせがありますし、揚げたことによる油っけと、黒コショウの苦みのある刺激が、それを完璧に補強しています。カリフラワーの茎は揚げると柔らかい食感になり、すっと噛み切れますが、花蕾の部分は広がって、カラマリ〔イカのこと〕の触腕のように歯ごたえが出ます。

イギリスのレストランチェーン「ブサバ・イータイ（Busaba Eathai）」では、揚げたカラマリに生のグリーンペッパーをあしらって提供しています。樹脂のようなハーブのような風味とぷちぷちの食感で味覚を楽しませ、さっぱりさせてくれるひと皿です。

コショウ&乾燥エンドウ豆→「乾燥エンドウ豆&コショウ」P.256
コショウ&きのこ→「きのこ&コショウ」P.306

コショウ&クミン

中古家具の風味です。松のような黒コショウとカビくさいクミンです。黒コショウにはウッディで鮮烈なところがあるので、男性のアフターシェーブによく使われる材料になっています。クミンは香料界隈ではあまり仕事はありませんが、時として親密で動物的な香味を求めて使われることがあります（「フェヌグリーク&クミン」P.403を参照してください）。

コショウの鮮やかさとクミンのカビくささが対照的なので、南インドのベン・ポンガル（ven pongal）という、米とムング豆にタルカ（tarka）[※12]を混ぜ込んだ料理のように、この2つの香辛料だけでひと皿全体に風味をつけることができます。ミラグ・サダム（milagu sadam）も似たような料理ですが、豆は入れず、黒コショウをたくさん入れます。

コショウ&黒インゲン豆→「黒インゲン豆&コショウ」P.44

コショウ&ココナッツ

タイ料理にはよく生のグリーンペッパーが浮かんでいます。無愛想で未熟な風味をココナッツミルクが和らげていて、ステーキの定番ソースに入っているクリームと同じはたらきをしています。

グレインズ・オブ・パラダイス（*Aframomum melegueta*）〔ギニアショウガ〕はカルダモンのほうが近い親戚なのですが、食品店や書籍ではよくコショウと同じ場所に入れられています。これは主に、コショウが広く入手できるようになる前にはコショウのように利用されていたためです。グレインズ・オブ・パラダイスにはココナッツの風味があると考えている香辛料販売業者もいますが、カルダモンとのほうがもっとわかりやすく近い関係にあります（グレインズ・オブ・パラダイスもカルダモンも、ショウガ科の仲間です）。ジョー・バースは著書『コショウ（*Pepper*）』の中で、グレインズ・オブ・パラダイスには「軽く、清潔な芳香」と、「ココナッツとカルダモン、それから刺激のある風味」があると思う、と述べています。

コショウ&シナモン

かみつくような刺激ときつい樹皮です。シェフのポール・ゲイラー〔P.444参照〕は、バターにシナモンとグリーンペッパーで風味づけしてみることを提案しています。

ピッパリという名前でも知られるロングペッパー〔ヒハツ〕は、コショウ（*Piper nigrum*）のかぐわし

※12　タルカ（tarka）…香辛料を油に入れて火にかけ、香りを油に移した香味油。

377

い親戚で、花穂の形をしており、味は聞く相手によってシナモンあるいはドライジンジャーの味になります。私は両方の味がすると思います。初めて食べてみたとき、私の風味の受容体はレープクーヘン（lebkuchen）※13の詩を歌いました。2回目には、ショウガとシナモンとカルダモンに、何かお高いアフターシェーブのような、濃厚でウッディなものがふりかけてある、と思いました。素敵ですよ。特に、エチオピアのスパイスブレンド、メケレシャ（mekelesha）、別名ウォト・キメム（wot kimem）に入っていると。ロングペッパーとシナモン、クミン、黒コショウ、クローブ、ナツメグ、ブラックカルダモンで作るブレンドです。

ロングペッパーにはヒハツ（*Piper longum*）とヒハツモドキ（*Piper retrofractum*）の2品種があります。ロンドンのバラ・マーケットにある店「スパイス・マウンテン（Spice Mountain）」では、ヒハツモドキをパイナップルにかけて使ってみることを提案しています。他には、梨を煮るのに使う人もいます。シナモンとショウガの香味に、梨がすばらしくよく合うのです。あるいは、花穂をひとつ、ベイリーフのようにしてスープに落としてみるだけでもいいでしょう。

花穂は標準的なペッパーミルには収まりませんが、花穂や、他のもっと大きな香辛料も入るような特別なミルを買ってもいいですね。でなければ、いっそのこと、すり鉢とすりこぎを使ってください。

コショウ&ジャガイモ→「ジャガイモ&コショウ」P.253

コショウ&ショウガ

かつてコショウは、ジンジャーブレッドをもっと辛くするために使われていましたが、カイエンペッパーがそれに取って代わりました。カイエンペッパーのほうが同じ重量あたりの辛味はずっと強いのですが、コショウも砕いてやれば辛味を強くできるということは覚えておいてください。砕いた黒コショウを使うと、ジンジャーブレッドやビスケットに、ウッディで少しフルーティーな辛味が加わり、これがショウガにある同じ香味とよく似合います。

インドでは、ショウガとコショウがマサラ・チャイに火をともしてくれます。北上し、気温が下がっていくほど、使う量は多くなります。ショウガと白コショウにナツメグとクローブを加えると、フランスのスパイスミックスであるキャトルエピス（quatre épices）になります。このブレンドは伝統的には肉、特に豚肉に使われていますが、アブラナ属の野菜や白インゲン豆に使ってみてもいいでしょう。

コショウ&ターメリック→「ターメリック&コショウ」P.235

コショウ&卵

私にとっては、白コショウは子どもの頃のとてもつつましいイギリス料理と切り離すことはできません——あっさりしたビーフシチュー、ベイクトビーンズ（baked beans）※14をのせたトースト、スクランブルエッグです（黒コショウは目玉焼きに使うもので、スクランブルエッグには白コショウです、これは絶対譲れませんでした）。もっと異国風の白コショウの使い方を経験したのは20代になってから、ロンドンのフラムにあったレストラン「ブルー・エレファント（Blue Elephant）」でパッタイを食べた時でした。

白コショウの風味は、しばしば「農家の庭っぽい」などと、時には欠点として表現されますが、まさにその田舎風の特質——もっと正確に言うと、そのキャベツっぽさ——があるからこそ、私は白コショウが

※13　レープクーヘン（lebkuchen）…ドイツなどでクリスマスの時期に食べられる菓子。蜂蜜、シナモン、ジンジャー、ナツメグ、スターアニスなどの香辛料、オレンジやレモンの皮などを用いて作ったクッキーの一種。
※14　ベイクトビーンズ（baked beans）…白インゲン豆をトマトソース、砂糖、香辛料で煮込んだもので、缶詰が売られている。

好きなのです。わずかに硫黄の風味があるので、火の通った卵黄と調和して相性がよくなります。南インドのワヤナド地区やマレーシアのサラワク州産の品種がもっとも高い評価を得ています。白コショウはまた、黒コショウよりも辛さを早く感じられ、パッタイのような料理では唐辛子と硫黄のような魚醤の間を取り持っています。

コショウ&チーズ

　ささやかな共和国から帝国へと変貌を遂げた食べ物がカチョ・エ・ペペ（cacio e pepe）です。ローマ料理に登場するこのチーズとコショウのソースの使いみちは、かつてはパスタだけに限られていましたが、現在ではカチョ・エ・ペペのポテト、トウモロコシ、サンドイッチにビスケットもあります。

　もちろんチーズはこうした食品にとっては新奇なフレーバーとは言いがたいものです。目新しさはコショウに、それも原材料の最初に挙げられる食材としてのコショウにあります。挽くのではなく砕いてあるので、食べるときに顎がペッパーミルになるわけです——飛びやすい風味をそれだけつかまえやすくなります——そしてチーズにある脂肪と塩のおかげで、コショウの風味がさらに楽しみやすくもなります。もし手元にちょっといい黒コショウがあるなら、これこそそれを使ってみるべき料理です。インド・ケララ州産のテリチェリーペッパーはヒマラヤスギとチェリーの風味が冴えていて、イタリアのサラミメーカーに特に人気です。

　カチョ・エ・ペペ以外のコショウとチーズの組み合わせには、シンプルな「ブルサン（Boursin）」チーズに粗挽きの黒コショウをまぶしたものがあります。他には、山羊のチーズにグリーンペッパーを試してみてください。

コショウ&チョコレート

　香辛料販売業者「シュワルツ（Schwartz）」によれば、黒コショウはチョコレートのコクを引き立ててくれるのだそうです。コショウの方にも、生のカカオの風味の特徴はありふれています。イタリアにはパンフォルテ（panforte）という、ナッツとフルーツと香辛料をチョコレートと蜂蜜で固めた、顎の運動を兼ねたフルーツケーキがあります。多くのパンフォルテのレシピには白または黒のコショウが必要と書かれています。グルメ食材販売会社「スーシェフ（Sous Chef）」は、ヴィチペリフェリという、しっぽのような茎のついたマダガスカル産の希少な野生コショウを販売していますが、これをチョコレートケーキに入れるとしゃれた味になるのだそうです。

コショウ&唐辛子

　友人、それともライバルでしょうか？　アジアでは、唐辛子のほうがコショウよりもずっと栽培しやすいために、辛味のデフォルトの供給源として唐辛子がコショウを押しのけています。

　コショウの辛味はピペリンというアルカロイド由来です。ピペリンは純粋な状態だと、食材の辛さの単位であるスコヴィル辛味単位（SHU）で10万SHUを記録します。唐辛子の辛味の原因となるアルカロイドであるカプサイシンは純粋な状態だと1600万SHUに達します。コショウと唐辛子の辛味の違いは、相対的な強烈さの他に、感じ始めるまでにかかる時間の長さにもあります。コショウの辛味はすぐに気づくことができますが飛びやすい辛さです。唐辛子の辛味は感じるまでに時間がかかりますが、長く尾を引きます。

この2つはしばしば西インド諸島のジャーク料理〔「オールスパイス&唐辛子」P.370を参照〕のシーズニングやケイジャン料理[*15]のブラッケンド[*16]シーズニングのようなスパイスミックスに組み合わせて使われます。大昔に、チェルシーにある高級ケイジャン料理レストランでデートをしたとき、ブラッケンドのマグロを注文したことがあります。上流階級向けなのでひどくスパイシーなものを提供するような店ではないだろうと考えたからですが、これは間違いでした。がんばって食べきりましたが、口を開くと余計に口の中がひりひりするので、ほとんど話もできず、ワインも飲めませんでした。1週間後、共通の友人に、デート相手の彼から連絡が来なくなったんだけどなんでだろう、と尋ねてみました。あなたはタイプじゃないんだって、と友人は教えてくれました。無口すぎるんだってさ。

コショウ&トマト

ブラッディ・メアリーにはこれ以上装飾は必要ありません。添えてあるセロリスティックが目に刺さらないようにするだけで十分大変なので、グラスの縁にぐるっとついている、ざらざらした砕いた黒コショウは、なくても私は構いません。そもそもブラッディ・メアリーを注文する頃にはたいてい、もう十分肝が据わっているからです。

コショウはここではなく、フードライターのエドワード・ベールが勧めるようにピザ生地に混ぜるか、あるいはラサムの風味づけ（「トマト&タマリンド」P.86を参照してください）に使ってください。ネパールでよく食べられているスモーキーなトマトサルサは、ティムールペッパーで風味づけされています。ティムールペッパーは花椒にかなり似ていて、ひりひりしびれる感じとグレープフルーツのような柑橘類の香味があります。無糖のパチパチキャンディみたいなものです。

焼いて焦げ目をつけたチェリートマトを、刻んだニンニク、青唐辛子、塩ひとつまみ、お好みの量のティムールペッパーか花椒と和えてください。刻んだコリアンダーリーフをあしらってできあがりです。

コショウ&ナス

フードライターのクリスティン・マクファデンは著書『コショウ（*Pepper*）』で、インド・ケララ州産のワヤナド黒コショウは鶏肉や魚に使うとコショウの味が勝ってしまうかもしれないが、パスタやナスと一緒にすると抜群だ、と述べています。

ナスはインドネシア産のクベバペッパーともよく合います。クベバペッパーは黒くて小さなしっぽがついていて、焼かれたオタマジャクシのようです。ナツメグやメースの強い風味がある、と言う人が多いのですが、私は何よりペパーミントの風味を感じます。地中海料理専門家のポーラ・ウォルファートによると、モロッコのタンジールでは、クベバペッパーはラ・カマというスパイスミックスの一部になっているそうです。ラ・カマは最低限必要な原料が入っただけのものもありますし（「ターメリック&シナモン」P.236を参照してください）、あるいは、タジン料理に理想的なこちらのバージョンのように、少し凝ったものもあります。挽いたターメリック、ショウガ、黒コショウそれぞれ3に対して挽いたシナモンとクベバペッパー各2とおろしたナツメグ1を混ぜてください。

コショウ&ニゲラシード→「ニゲラシード&コショウ」P.356
コショウ&バニラ→「バニラ&コショウ」P.149
コショウ&ピスタチオ→「ピスタチオ&コショウ」P.327

※15　ケイジャン料理（Cajun cuisine）…アメリカ南部ルイジアナ州の郷土料理。スペイン、フランス、アフリカの料理の影響を受けている。ジャンバラヤ、ガンボなどが知られる。
※16　ブラッケンド（blackened）…香辛料をまぶして焼いて表面を黒く焦がす料理。

コショウ&ヒヨコ豆

黒コショウをひとひねりふたひねり、ヒヨコ豆に必要なのはそれだけです。ソッカ（socca）というのは、ヒヨコ豆粉とオリーブオイルと水に、塩とたっぷりの黒コショウで風味をつけたシンプルなパンケーキです。フランス・ニースの名物で、旧市街のキオスクで売られており、頭上にあるベル・エポック時代〔19世紀末〜1914年〕のファサード〔建築物の正面部〕が剥がれて直接ホットプレートに落ちてきたかのような見た目をしています。ファサードと同じ、くすんだカスタードイエローで、表面にはバルコニーのレース状の鉄細工に似た、黒い模様が刻まれています。

---

recipe

《ソッカ風ヒヨコ豆のパンケーキのコショウ風味》

❶ふるったヒヨコ豆粉200gに、手をつけられる程度の熱さのお湯350ml、オリーブオイル大さじ3、塩小さじ1を入れて泡立て器でなめらかになるまで混ぜる

❷この生地を常温で2、3時間休ませておいてから、クレープを焼く要領で、フライパンにオリーブオイルをかけながら焼く。粗めに挽いた黒コショウをたっぷりかけて仕上げる

コショウ&フェンネル→「フェンネル&コショウ」P.339
コショウ&ベイリーフ→「ベイリーフ&コショウ」P.373

コショウ&味噌

山椒はミカン科の一員です。味噌汁、中でも赤味噌で作った味噌汁の風味づけに使われ、ゲラニオール、シトロネラール、ジペンテンといったモノテルペンから、レモンとレモングラスの強い香味が感じられます。インドのロングペッパーや、シナモンやアニスにも似たような柑橘類の香味があります。パリに拠点を置く日本食材店「錦通り」は、ロングペッパー風味の白味噌を置いています。スモークサーモンや肉のタルタル、あるいは生のイチゴに調味料として使うのがお勧めだそうです。普通の黒コショウは、粗めに挽いて味噌汁に入れて、覚悟を決めてその風味を詳細に体験してみてください。

コショウ&メープルシロップ→「メープルシロップ&コショウ」P.395
コショウ&ライム→「ライム&コショウ」P.193

コショウ&リンゴ

プリザーブ専門家パム・コービンは、砕いた黒コショウをアップルチーズに加えることで、風味を追加した上に、辛味と食感も足しています。フルーツチーズには頭がしびれるほど甘いものもあるので、コショウが足してあるのは歓迎です。コショウのウッディなベースの響きがあるおかげで、リンゴは自由に甘いメロディを歌うことができます。できあがりはラセット種のリンゴに似ていますが、それよりもずっと心躍る仕上がりです。

コショウ&レモン→「レモン&コショウ」P.188

※17　アップルチーズ（apple cheese）…乳製品ではなく、リンゴを砂糖と一緒に煮詰めて固めたもの。同様に、フルーツペーストをチーズのような硬さに固めたものがフルーツチーズと呼ばれる。

甘くウッディな風味
Sweet Woody

松の実
Pine Nut

ピーカンナッツ
Pecan

メープルシロップ
Maple Syrup

Pine Nut
松の実

　マツ属のうち食用になる松の実（実際は種）ができるのはおよそ30品種です。もっとも栽培されているのはチョウセンゴヨウで、これはアジアに分布し、涼しい気候を好み、もしゃもしゃした様子がクリスマスツリーに似ています。松の実はアメリカ先住民の伝統的な食生活の中心にありますし、北アフリカや地中海地域でも、ごつごつした傘のような形の木にたくさんなります。

　イタリア人は自分たちが栽培する松の実が世界一だと主張します。これを確かめるために、イタリア産の商品を2種類、スーパーマーケットで売っているものと専門のデリで売っているものを買い、プラスして大半のスーパーマーケットに売っている中国産の松の実も買ってきて試してみました。並べて置いてみると、松の実は自然史博物館の展示物みたいに見えました。イタリア産の実はどちらもかぎ爪のように細長い形をしています。中国産はずんぐりした三角形で、どちらかというと歯のようです。生で試食してみると、中国産の松の実のほうが甘く、よりはっきりした樹脂っぽさと、蝋のような食感がありました——香りつきキャンドルをかじっているような感じがちょっとしました。イタリア産の商品はどちらもバターっぽさがありましたが、デリで売っていたもののほうが、後味がスモーキーで、山火事の記憶を感じさせました。微細なニュアンスは、実を炒ったら、全体を包む焙煎の香味に負けてしまいました。確認した結果ですか？　まったく、松の実っておいしいですね！

　松の実油はどこでも入手可能ですし、生産段階で出るフレーク状になった実のかすはグラノーラに加えたり、挽いてベーキングに利用したりします。かなりの数の人が、松の実症候群を経験しています。松の実を喫食後1日から3日経過してから口内に金属の味がするようになり、最大で2週間それが持続する、という症状です。

松の実&アーモンド

　アーモンドは価格が松の実の4分の1なので、松の実がヘッドライナーを務めるときに、アーモンドがサポートに回っていることがよくあります。ピニョーリ（pignoli）というイタリアのクッキーは、アーモンドパウダー、砂糖、卵白というシンプルな材料を混ぜて丸くし、広げた松の実の中で転がしてから焼いて作ります。

---

recipe

《ピニョーリ（イタリアのクッキー）》

❶アーモンドパウダー100gを、カスターシュガー〔微粒グラニュー糖〕100gと混ぜる

❷軽くかき混ぜた卵白を生地がまとまるくらいの量だけ混ぜ入れ、この生地を冷やしてべたつきを抑える（少なくとも30分は冷やす）

❸松の実100gを皿に広げ、生地をだいたい同じ大きさの団子10個に分けて、ひとつずつ松の実

の上にのせて押さえつけて生地を平たくし、松の実をまぶす

❹このクッキーを、よく油を塗った天板に間隔を広めにとって並べ、160℃のオーブンで15分ほど、硬くきつね色になるまで焼く

松の実はフランジパーヌ（frangipane）[※1]を詰めたタルトの上に丸のままで散らしても同じように使えますが、「レモン＆松の実」（P.190）にあるコツに注意してください。

松の実＆アボカド

松の実を炒っている最中にちょうどいいタイミングでつまむと、はっきりとベーコンのような味がします。ですから、アボカドと混ぜてサンドイッチに入れるだとか、アボカドトーストに散らすとかしてあげないと、不公平というものでしょう。

松の実＆きのこ

日本では、「松のきのこ」といえばマツタケというきのこで、とれたてをいただくと、肉のような食べごたえがあり、わずかに松と果物が感じられます。ヨーロッパでは、同じ「松のきのこ」という名前がアカハツタケの別名になっていますが、このきのこの学名は*Lactarius deliciosus*というおいしそうな名前〔ラテン語で、乳状液が出る・味がよい、の意〕です。松のきのこという名前がついたのは、このきのこが針葉樹林に生えるからです。

アカハツタケはオーストラリアにも生育していて、輸入された松の木にくっついて渡航してきたのだと考えられています。シドニーに拠点を置くシェフ、ニール・ペリーは、風味と食感の点でこれがオーストラリア最高の野生きのこだと思っているそうです。ニンニクとタイムと一緒にバターで炒めて、炒った松の実をどっさりのせてください。

松の実＆ケール→「ケール＆松の実」P.223

松の実＆シナモン

前日の晩ご飯で残った松の実をいくつかつまんでみました。とてもシナモンの味がして、混入した形跡がないか調べなくてはと思ったほどでした。実は一部の松の実にはシナモンが風味の特徴として共通しているので、ビスケットやケーキ、パンに入れると、目立ちはしないけれど優秀です。

松の実もシナモンもメキシコに自生しています。イギリスのフードライターでメキシコ料理専門家のダイアナ・ケネディの著書『メキシコ各地の料理人のレシピ（*Recipes from the Regional Cooks of Mexico*)』には、挽いた松の実をブランデーかラム酒ほんの少しと一緒にシナモンカスタードクリームに混ぜ込んだ松の実クリームのレシピが載っています。このカスタードクリームの半分をバターを塗った皿に入れ、サヴォイビスケット〔フィンガービスケット〕をかぶせてまたブランデーまたはラム酒をふりかけます。残りのカスタードクリームものせて、一番上に丸ごとの松の実をあしらい、常温まで冷ましてから提供します。

ウッディ（甘い）

松の実

※1　フランジパーヌ（frangipane)…カスタードクリームにアーモンドクリーム（クレーム・ダマンド）を加えたクリーム、またはそれを使った焼き菓子のこと。

松の実&卵

スクランブルエッグにナッツですって？　ティーンエイジャーによるキッチンでの実験の忌まわしい産物ですね。使っているのが炒って風味のよさを引き出した松の実でなければ、の話ですが。

生だと松の実には甘く松らしい鮮烈さがあります。加熱すると、甘さは残るのですが、風味の中に卵の古くからの仲間、ベーコンときのこがかすかに顔を出すのです。フライパンで松の実を炒ってみようとしたことのある人なら、松の実業界は、こちらが最初の5回分を食べられないほど真っ黒に焦がしているおかげで利益をあげている、ということはご存じでしょう。160℃のオーブンで焼けばもっと徐々に茶色に変わらせることができますし、最高の風味を引きだすこともできます。5分が経過したら、鷹のように見張っていてください。

松の実&チーズ

ヴィーガン向けのパルメザンチーズには、松の実を使って作られているものや、カシューナッツを使って作られているものがあります。松の実のほうが、もともとスパイシーな風味があるので、チーズと似ていて適任です。

ヴィーガンでない人は、こちらの小さなチュイール（tuile）[※2]を作ってみると確認できます。

---

recipe

《松の実とパルメザンチーズのチュイール》

❶パルメザンチーズ120gをすりおろし、クッキングシートを敷いた天板に、大さじ1ずつの山にして並べる

❷それぞれの山の頂に松の実6個を置いていき、180℃のオーブンで5分から7分焼いて、黄金色のレースのようになったらできあがり

松の実&デーツ

韓国には、松の実とナツメを使って作る薬食（ヤクシク）というもちもちの餅菓子があります。ナツメは日干しにしたトフィー・アップル〔リンゴ飴〕のような味がします。松の実は韓国料理において重要な役割を担っており、松の実と米を挽いて作り、丸ごとの松の実を飾る柔らかいおかゆ（チャッチュク）などの料理があります。デーツでも作れるでしょうが、デーツだとこの象牙色の美学を壊してしまうかもしれません。「松の実&レーズン」（P.389）も参照してください。

松の実&トウモロコシ

「ナバホ族は油分の豊富なエデュリスの実の仁（じん）をつぶして、ピーナッツバターのようなコクのあるおいしいバター（アトリック）にして、これをほかほかのトウモロコシケーキに塗っていた」と、ロナルド・M・ラナーは著書『ピニョンマツ　自然文化史（*The Piñon Pine: A Natural and Cultural History*）』に記しています。このエデュリスマツの実、つまりピニョンナッツは、世界でも有数の味のよい野生の食物だというのが、伝説的な野生食材の専門家ユーエル・ギボンズの主張です（1968年に『ニューヨーカ

※2　チュイール（tuile）…小麦粉、砂糖、バター、卵白などを混ぜ合わせた生地や、チーズなどを、薄くサクサクに焼いたもの。

―』誌に掲載された、ジョン・マクフィーが執筆したギボンズの紹介記事は大変お勧めです）。数ある食用松の実の品種の中でも、エデュリスは指折りの油分の多さで、脂肪分約66%とたんぱく質14%を含有しています。これと比較すると、イタリア産の松の実*Pinus pinea*は、それぞれ48%と34%です。中国北部では、松の実を生のトウモロコシの粒と一緒に炒めるのはよくある調理法です。

松の実＆ニンジン

どちらもとても松のようなところがあって、1970年代製のキッチンで深呼吸をしているのかと思うほどです。

松の実＆ニンニク

トルコでは、松の実をすりつぶして、タラトール（tarator）〔「ゴマ＆レモン」P.315を参照〕に入れるタヒニの代わりに使うことがあります。ナッツをニンニクとレモン汁と一緒にすりつぶすのです――葉物野菜を食べたがらない人のためのペスト（pesto）[※3]ですね。松の実は高価なので、炒ったパンくずでかさ増ししてあることもあります。松の実のタラトールは魚料理や焼き野菜のソースとして使います。あるいは、スープの上にたらしたり、ヴィーガンのパエリアにあしらったりしてみてください。

松の実＆フェンネル

コカ・デ・ピニョン（coca de pinyons）というのはスペイン・カタルーニャ州のフラットブレッドで、上に砂糖、松の実をのせ、アニス風味のリキュールがかけてあります。普通のパン生地にオリーブオイル少々を加えてコクを出して作ります。生地がふくれたら真っ平にのばして刻み目を入れ、砂糖と松の実、アニゼット〔アニス風味の甘口リキュール〕をふりかけます。

フードライターのコールマン・アンドルーズは、バルセロナから30マイル離れたエル・プラ・デ・ペネデスのパン屋で食べたコカ・デ・ピニョンについて記した文章で、温めて、あるいは常温で、朝食または午前中に、グラス一杯のカヴァワインや甘口ワインと一緒に食べるべきだと述べています。アニゼットを省いて、砂糖と松の実だけで作るバージョンもあります。

松の実＆ホウレンソウ→「ホウレンソウ＆松の実」P.426
松の実＆ミント→「ミント＆松の実」P.350
松の実＆メープルシロップ→「メープルシロップ＆松の実」P.399

松の実＆リンゴ

イタリア・ヴェネツィアの潟（ラグーン）に浮かぶ辺鄙な島――ヴェネツィアのサン・マルコがロンドンのウエストエンド〔繁華街〕だとするとほぼクロイドン〔郊外〕です――、ブラーノ島にあるペンションで、夫が昼寝をしている間、私はテラスに腰を下ろし、ヴェネツィア本島で過ごす日曜の夜の計画を立て始めました。遅い午後の水上バス（ヴァポレット）でサン・マルコに渡り、それからゆっくりぶらぶら散策して、その後カンナレージョで晩ご飯、ということに決めました。これで、港のバーで食後酒（ディジェスティーヴォ）をいただくのにちょうどいい具合になるでしょうし、最終のボートに乗って帰って来られます。

私たちはサン・マルコ広場からだいたい北の方向にのんびり歩いていきました。私は足を止めて、ティ

※3　ペスト（pesto）…材料をすりつぶして作るソース。ニンニク、松の実、塩、バジルの葉、パルメザンなどの粉チーズ、オリーブオイルで作る「ペスト・ジェノベーゼ」が代表的。他にもいろいろな材料で作られる。

ツィアーノ〔1490頃～1576、ヴェネツィア派の画家〕が描く空の色をした中国製の絹の履物（はきもの）を一足買い求めました。隣のデリでは、あるケーキが私の注意を引きました。「ピンツァ（pinza）」というラベルが貼られていて、運河で数日を過ごしてきたひと切れのフルーツケーキ、といった風情です。2切れ買い求めました。

夕食——まあまあの味のシーフードパスタひと皿と、それを埋め合わせるメロンと蜂蜜の味のソアーヴェワイン1本——をいただいた後、私たちは港に向かいました。古い木製の杭数本に、濁った水が打ち寄せています。バーはありませんでした。「港だよ」私は言いました。「港なのにバーがないなんてことある？」

夫は肩をすくめました。「日曜日だしね」。「そうじゃなくて」私は言い返しました。「バーがないんだってば」。本当になかったのです。閉まっているバーでさえも、一軒も。港エリアは、悪びれもせず、こちらをからかっているかのように、住宅街でした。「ちょっと引っ込んだところにあるのかもよ」夫が言い出し、二人で裏道へ向かいました。もうのんびり歩きはせず、目的をもって、ネオンサインか、焼き印の押されたパラソルはないかと、大股で進んで行きます。何もありません。打ちひしがれて、私たちは踵（きびす）を返しました。

その時、何か聞こえました。「しーっ」。屋外で飲んでいる人々の、くぐもったざわめきです。私たちは漫画に出てくる探偵のように、その音を追って進みました。そして教会の裏側にある小さな広場で、まさに探し求めていたものを見つけました——ただ、探していたものよりも実際のほうがずっと上でした。あのヨーロッパ文明の柱たる形式ばらないバーに、テーブル数卓が、まるで誰かの家の裏庭かのように敷石の上に無造作に置かれています。

細長いプラスチックでできたカーテンをくぐって、そこにいた男性に、まだ営業時間中か尋ねました。男性は休日の総督（ドージェ）のような見た目をしていました。くつろいだ総督、といったところです。「いいや」男性はにこやかに答えました。「でも一杯やっていってもいいよ」——誰かの家の裏庭に見えるのではありませんでした。実際に誰かの裏庭だったのです。つまり、この男性の、です。外のテーブルの、総督の友達がいっぱい座っているところに席を取りました。みんな私たちの勘違いを大いに面白がっていました。というか、私たちはそうなのだと思っていました、テーブルに並んでいるボトルをちゃんと見てみるまでは。ボトルのうち2本の中には、大麻の大きなつぼみがウォッカに沈められていました。3本目のボトルには、マジックマッシュルームを漬け込んだ、何らかの緑がかったリキュールが入っています。どれも、ヴェネツィア派の画家ティントレットの絵画のように、まったくもって劇的でした。夫と私はショットグラスで大麻ウォッカをすすりました。すぐに時間が3次元の実体を持ち、コーンスターチを詰めた風船のような、一種のぐにゃぐにゃした特質を持ち始めました。「何時のボートに乗るんだ？」誰かが尋ねていて、それとほぼ同時に、私たちは走り出しました——私のほうは裸足でした、新しい安物のティツィアーノの室内履きはつま先のあたりがきつすぎたので——裏道を抜け、水辺がどちらなのか見当もつかないまま、ベンチでひと晩を過ごさなければならないのではないかと、あるいは総督のところに戻って、マッシュルームに手をつけなくてはならないのではないかと、赤い外套（がいとう）を着てナイフをふりまわす背の小さい狂人にでも追い回されているかのように。私が覚えているのは、本当に正直に言って、桟橋（さんばし）から、もう出港しかけている水上バスに飛び乗ったことだけです。下甲板（げかんぱん）でカード遊びをしている数人の船員を除けば、乗客は私たちだけでした。

ひと息ついたところで、腹ぺこなことに気がつきました。純粋な幸福で胸を高鳴らせながら、ハンドバ

ッグに湿っぽいケーキがあることを思い出しました。取り出してみてわかりましたが、湿り気があるのは、中心に入っているリンゴのスライスのせいでした。ケーキの中心以外のところには松の実やレーズン、それにフェンネルシードが散りばめられています。私たちはケーキをむさぼり食べ、紙袋をはたいて、中にこぼれたレーズンまで探しました。天国でした。私はティツィアーノの室内履きを履き直して、足を手すりにのせて組み、夜風に足首を冷やしました。翌日知ったのですが、ピンツァというのは伝統的に十二夜〔公現祭、1月6日〕に、大かがり火を焚いて古いものを焼き払い、新しいものを迎え入れる準備をする中、赤ワインと一緒にいただくものなのだそうです。幸運をもたらすと考えられています。もしピンツァがなかったら、あの夜にはどんなことが起こっていたことやら。

松の実&レーズン

　お互いの違うところを見せびらかし合っています。これ以上にイタリアらしいものがあるでしょうか？シチリア島の人はパッソリーナ・エ・ピノーリ（passolina e pinoli「カラントと松の実」）をカポナータやチコリサラダ、イワシのパスタ、カリフラワーとパン粉のパスタにのせて、また塩鱈やメカジキに添えて使います。私はこの2つは二番手の薬味だと思っています。塩コショウでの調味が済んだら、お次は炒ったものやフルーティーなもの、というわけです。パッソリーナ・エ・ピノーリは、ブドウの葉に包んだ米の中に入っていることもあります。

　レーズンと松の実は、ソース・ロメーヌの主な材料です。このソースは、フランス料理の定番ブラウンソースであるソース・エスパニョールの変奏の中では一番面白いと私は思います。

　それから、ジャラブ（jallab）という、デーツとキャロブ〔イナゴ豆〕、バラ、ブドウシロップを混ぜて氷の上から注ぐ中東の飲み物の上にも、この2つは浮いています。

　松の実&レモン→「レモン&松の実」P.190

ウッディ（甘い）

松の実

Pecan

ピーカンナッツ

　北米原産のヒッコリー〔クルミ科ペカン属の木の総称〕の木の実14種のうち、一般にピーカンがもっとも味がよく、殻から取り出すのがたやすいとされています。

　ピーカンナッツは大半がアメリカとメキシコで栽培されています。木を約25ヤード〔約23メートル〕間隔で植えなくてはならないので、ピーカンの果樹園にはスペースが必要なのです。アメリカにはもちろんそのスペースがあります。ひところなどは、ピーカンの木が植えられすぎたせいで、収穫して余った分は学校に譲渡されていたこともありました。ピーカンナッツはアメリカ文化にあまねく浸透しているので、アポロ16号に乗船した宇宙飛行士たちが真空パックのピーカンナッツを手つかずで持ち帰った理由も、それで説明がつくかもしれません。国中がピーカンナッツにはうんざりしていたんですね。

　ですが現在では、ピーカンナッツはアメリカとカナダの両方で、その甘くバターのような風味が高く評価されています。ヨーロッパではピーカンナッツといえば主にピーカンパイや甘いペストリーで、贅沢なナッツとみなされているせいで人気はいまひとつ上がっていません。歴史的には、アメリカ先住民の一部が、ピーカンナッツを使ってミルクを作り、飲用にしたり煮込みやパンにコクを出すのに使ったりしていて、この点では中世ヨーロッパでのアーモンドの使い方とかなり似ています。

ピーカンナッツ＆エルサレム・アーティチョーク→「エルサレム・アーティチョーク＆ピーカンナッツ」P.250

ピーカンナッツ＆オーツ麦

「ピーカンナッツはオーツ麦と一緒だととりわけゴージャスだ」と、『ゲイルのパン焼き職人の料理本（*Gail's Artisan Bakery Cookbook*）』にはあります。偶然にも、1986年にメナード・ヘイダネクとロバート・マッゴリンが行った感覚分析で、加熱したオートミールには「ナッツのようなピーカンのような」香味があることが明らかになっています。

　ゲイルのオーツ麦とピーカンナッツ、クランベリーのクッキーのレシピをちょっとアレンジしてみました。

---

recipe

《オーツ麦とピーカンナッツ、クランベリーのクッキー》

❶ボウルで中力粉75gとベーキングパウダー小さじ1/2、塩小さじ1/4、軽く炒って粗めに刻んだピーカンナッツ50g、粗く刻んだ乾燥クランベリー40g、ポリッジ用オートミール100gを混ぜる

❷別のボウルで、無塩バター75gをライトブラウンシュガー50gとカスターシュガー〔微粒グラニュー糖〕75gと一緒にクリーム状になるまで混ぜ、それから卵黄1個とバニラエキス小さじ1/2を混ぜ入れる

❸❶のボウルの中身を❷のボウルに入れて混ぜ合わせてまとめ、冷蔵庫で1時間ほど冷やす

❹生地をだいたい同じ大きさの団子16個に分け、クッキングシートを敷いて油を塗った天板に間隔を広くとって並べる。手のひらのつけねを使って団子を平たくつぶす（つぶしても数センチずつは間隔があいているようにする）

❺180℃のオーブンで約12分、きつね色になるまで焼く

ピーカンナッツ＆グーズベリー→「グーズベリー＆ピーカンナッツ」P.103

ピーカンナッツ＆クランベリー

　クランベリーはとても酸味の穏やかなリンゴのような味がします。ピーカンナッツにはパーフェクトです。パイやビスケット、あるいはワイルドライス（マコモ米）〔「玄米＆メープルシロップ」P.21参照〕のスタッフィングに入れると調和のとれたペアになります。でもそんなことは全部どうだっていいのです。クランベリーには砂糖が必要で、ピーカンナッツは砂糖を崇拝しているのですから。ペアでファッジに入れてあげてください。

ピーカンナッツ＆ケール→「ケール＆ピーカンナッツ」P.222

ピーカンナッツ＆コーヒー→「コーヒー＆ピーカンナッツ」P.34

ピーカンナッツ＆ココナッツ→「ココナッツ＆ピーカンナッツ」P.160

ピーカンナッツ＆サツマイモ

　トーマス・ジェファソン〔1743〜1826、アメリカ合衆国建国の父の一人〕はちょっとした美食家でした。ジェファソンによるサツマイモとピーカンナッツのスコーンのレシピがあり、フィラデルフィアにある酒場「シティ・タヴァーン（City Tavern）」〔建国の父たちがよく訪れていた場所〕ではこれをアレンジしたものを毎日焼いています。濃厚で、ナッツの風味とフルーティな風味があり、香辛料とクリーミーさもかすかに感じられます。シティ・タヴァーンのアレンジの私なりのアレンジがこちらです。

recipe

《サツマイモとピーカンナッツのスコーン》

❶バター100gを中力粉250gとこすり合わせて細かいパン粉のようにする

❷ライトブラウンシュガー100gとベーキングパウダー大さじ1、挽いたショウガとオールスパイスとシナモン各小さじ1/2を混ぜ入れ、中央にくぼみを作る

❸つぶして冷ましたサツマイモ250g、ダブルクリーム[※4]125ml、刻んだピーカンナッツ大さじ4を加え、全体がまとまるように混ぜる。この生地を3cmの厚さにのばして5cmの円形にくり抜き、軽く油を引いた天板に2cm間隔で並べる

※4　ダブルクリーム（double cream）…脂肪分約48％のクリーム。ホイップクリームにしたり料理に使うほか、ケーキやデザートにかけたりする。

❹180℃のオーブンで25～30分焼き、ふくらんできつね色になったらできあがり

ピーカンナッツ＆シナモン

国旗が単なる無地の長方形の布地で、においで区別するパラレルワールドがあったなら、アメリカの国旗はこれになるでしょう。ピーカンナッツのメープルのような甘い炒った香りと、カシア（*Cinnamomum cassia*）のコーラっぽいにおいです。この組み合わせが一番よく見られるのはコーヒーケーキや渦巻きパンですが、ピーカンナッツを刻んでシナモンと一緒にメープルシロップに混ぜ入れ、リンゴのくぼみにスプーンで詰めて焼いてみてもいいかもしれません。

ピーカンナッツ＆チーズ→「チーズ＆ピーカンナッツ」P.278

ピーカンナッツ＆チコリ

バゲットを、ご自分の前腕の長さに切ってください。手首を切り落とさないように気をつけてくださいね。このバゲットを水平に分割して、下半分に店売りのピーカンバター〔ピーカンナッツをすりつぶしたペースト〕を塗り、塩でお好みの味に調えます。カーリーチコリ、つまりフリゼの葉に、ツンとするヴィネグレットソースをもみ込みます。このもしゃもしゃのまとまりをバゲットの下側にのせ、上半分は内側にさらにヴィネグレットソースをふりかけます。詰め込み過ぎのスーツケースのようにぎゅっと押さえつけてから召し上がれ。

ピーカンナッツ＆チョコレート

ヘーゼルナッツを使うところならどこにでもピーカンナッツだってきっと使えるはずだ、という前提に立って、チョコレートとピーカンナッツのスプレッドを作ってみました。まるでだめでした。「ヌテラ（Nutella）」にピーカンナッツ味がないのにはちゃんと理由があったんですね。ナッツは、チョコレートの胸壁の上から顔を出してもらいたいなら、炒ってやらないとだめです。これはヘーゼルナッツだとうまくいって、ナッツの甘くウッディな風味がダークチョコレートに入れてもすぐにわかります。

一方でピーカンナッツは熱すると焼く前のバニラケーキミックスの香りを放つのですが、これはチョコレートに入れるとちょっとわかりにくくなってしまいます。炒った時に、粉っぽいアンモニア臭がほんのわずかにすることもあります。ピーカンナッツは、かじれるくらいの大きさが残った状態でならチョコレートともうまくやれるのですが、風味の特徴——特に、バターたっぷりのキャラメルとバニラ——から、ピーカンナッツのお相手としてもっと優れた食材が察せられます。それに、チョコレートにももっとお似合いの相手がいます。

ピーカンナッツ＆デーツ→「デーツ＆ピーカンナッツ」P.144

ピーカンナッツ＆バニラ

バニラはピーカンナッツをそそのかして、一番人気のある姿に変身させます。バターピーカンアイスクリ

ームや、アーモンドとシナモンを使って作るスペインのビスケットにちなんでポルボロネスとも呼ばれることのあるメキシコの結婚式用クッキーなどです。

　ポルボロネスはアメリカ大陸各地でその土地のナッツや香辛料でアレンジされて広まりました。これをヒントにして、タルタ・デ・サンティアゴ（Tarta de Santiago）[※5]のようなスペインの他のビスケットやケーキに、アーモンドとシナモンの代わりにピーカンナッツとバニラを使ってみてください。ブラウンシュガーも使うといいかもしれません、アイスクリームではとてもいい仕事をしますから。

ピーカンナッツ＆プルーン→「プルーン＆ピーカンナッツ」P.128

ピーカンナッツ＆味噌

　ピーカンナッツの風味の特徴で一番多いのはバターのような風味です。噛んでいるとだんだん出てきます。ですが、ピーカンナッツの中には、どちらかというと少し甘みがつけてある温かい豆乳のような、植物性ミルク（プラント）の特質があるものがあって、そのため味噌とは当然いいペアになります。甘い白味噌とピーカンナッツを組み合わせるとケーキに似た感じになりますが、赤味噌とピーカンナッツの組み合わせだと、核果を思わせるところがあります。味噌製造業を営んでいるボニー・チャンは、赤味噌とピーカンナッツをメープルシロップと米酢と合わせて、うどんの薬味にしたり、出汁や野菜ストックで煮た青菜につける調味料にしたりしています。

ピーカンナッツ＆メープルシロップ→「メープルシロップ＆ピーカンナッツ」P.396

ピーカンナッツ＆リンゴ

　ピーカンナッツを酸っぱいリンゴと一緒に食べてみるまでは、ピーカンナッツをわかっているとは言えません——この青い果実の酸味があるおかげで、ナッツにあるバターとメープルの風味に、自然と意識が向くのです。この組み合わせで濃厚な味も出せます。1940年代にアメリカ・サウスカロライナ州チャールストンの「ユグノー・タヴァーン（Huguenot Tavern）」で調理を担当していたイヴリン・アンダーソン・フローランスは、自分の作るピーカンナッツとリンゴのプディングをユグノー・トルテ（Huguenot Torte）と名づけました。ピーカンナッツがぎっしり入った、ケーキのようなオザーク・プディング（Ozark pudding）からヒントを得た、とフローランスは話していました。

　作家で食物史家のジョン・エジャートンは、ユグノーやオザークよりも歴史が古いプディングを見つけています。これはミセス・S・R・ダルという人物が著書『南部料理（*Southern Cooking*）』（1928年）で記録を残していました。

---

recipe
《ピーカンナッツとリンゴのプディング》
❶卵2個を、砂糖200g、中力粉大さじ1、ベーキングパウダー小さじ1と1/2、塩小さじ1/8、バニラエキス小さじ1、刻んだピーカンナッツ1/2カップと、皮をむいて刻んだ酸っぱいリンゴ1カッ

※5　タルタ・デ・サンティアゴ（Tarta de Santiago）…スペイン・ガリシア州の伝統的な菓子。アーモンド粉、卵、砂糖などで作られ、表面に聖ヤコブの十字を型抜いて粉糖がまぶされている。

ウッディ（甘い）
ピーカンナッツ

プと一緒にかき混ぜる

❷全部がまんべんなく混ざったら、バターを塗った30cm×20cmの焼き皿に流し込んで、180℃のオーブンで30分焼く

ピーカンナッツ&レーズン

　アメリカは世界のピーカンナッツの80%を生産しており、レーズンに関しては世界第2位の生産国です。アメリカが世界のピーカンナッツ生産の支配を推し進めていったために、20世紀半ばになる頃には余剰が発生するようになりました。学校は児童にピーカンナッツを食べさせる方法を見つけるよう要請され、家政学者がレシピ開発のために雇われました。大きな成功を収めた一例がピーカンキャラメルロール（pecan caramel roll）で、第二次世界大戦時に米兵に送られた慰問袋にも入っていました。

　レーズンピーカンキャラメルロールでアンジェラ・ドッドは2010年の全米ベストレーズンブレッドコンテストで大賞を受賞しました。このフレーバーペアリングはまったく目新しいものではなかった、と指摘しても、ドッドの功績に瑕がつくことにはなりません。19世紀には、ピーカンナッツとレーズンはナツメグとウイスキーと一緒にバタースポンジケーキに使われていました。ダブルクラストのオスグッドパイ（Osgood Pie）にはピーカンナッツとレーズンを詰め、酢をひとたらしして引き締めてありました。

　ピーカンというのは、ヒッコリー〔クルミ科ペカン属の木の総称〕の種のひとつです。一方、私たちがヒッコリーナッツ（hickory nuts）と呼んでいるものはピーカンナッツとはまったくの別種ですが、1911年出版のアフリカ系アメリカ人シェフによる初の料理本、ルーファス・エステスの『おいしい食べもの（*Good Things to Eat*）』に掲載されているバタースポンジケーキのレシピでは、こちらもレーズンとペアにされています。残念ながらヒッコリーナッツを食べたことのない方は、ウィスコンシン州の自然ライター、ジョン・モトヴィロフが、「アミガサタケがマッシュルームの味の濃い変奏とみなせるのと同じように、ヒッコリーナッツは風味の強いピーカンナッツと言える」と考えていますので参考になさってください。ヒッコリーナッツは濃縮して甘いスモーキーさで装飾したピーカンナッツです。

Maple Syrup
メープルシロップ

　カエデ（メープル）は124品種のどれからも、食用にできる樹液がとれますが、透明で甘く、数百万ドルの産業を築きあげたのは、サトウカエデ（*Acer saccharum*）の樹液です。

　サトウカエデは繊細な子で、凍てつく夜とよく晴れた昼のちょうどいい組み合わせ（「シュガーウェザー」）がきっちり必要で、それでやっと春の1週間から2か月のあいだ、樹液が流れるようになります。樹液採取の季節のあいだに、樹液の成分が変化し、したがって風味も変わります。最終的に木につぼみがつきだすと、嬉しくない風味が混じり始めてしまいます。大企業はたいてい、複数の小規模な生産者から原料を買い付けて、それを混合して自社の標準規格に合うメープルシロップを作っています。シャンパンの卸売業者が栽培農家からブドウを買い付けて、それを混ぜて自社の看板となる味を作り出すのと同じようなことです。

　メープルシロップのグレードは、かつてはビザンツ帝国並みに複雑に入り組んでいました。最近はアメリカとカナダで簡略化した同一のグレード制度を使用しています。ゴールデン（デリケートテイスト）、アンバー（リッチ）、ダーク（ロバスト）、それからベリーダーク（ストロング）の4グレードです。色がダークなシロップほど人気があります。大の愛好者なら、2004年にカナダ農業・農産食料省が作成したメープルシロップの風味の輪を参照しながらコレクションしてみてもいいでしょう。

メープルシロップ＆オーツ麦→「オーツ麦＆メープルシロップ」P.68

メープルシロップ＆きのこ→「きのこ＆メープルシロップ」P.308

メープルシロップ＆クランベリー→「クランベリー＆メープルシロップ」P.100

メープルシロップ＆玄米→「玄米＆メープルシロップ」P.21

メープルシロップ＆コーヒー→「コーヒー＆メープルシロップ」P.35

メープルシロップ＆コショウ

　メープルシロップのデザートに、コショウ少々を加えてください。コショウの持つ松の鮮烈な風味が、シロップ自体が持つウッディな特質とよく合いますし、ひりひりする辛味がメープルの穏やかに和らげてくれる要素に呼応するさまはまるで、意見が一致しないということで意見の一致を見ているかのようです。

メープルシロップ＆サツマイモ→「サツマイモ＆メープルシロップ」P.154

メープルシロップ＆シナモン

　冬の必需品です。フランネルのシャツや毛皮で裏打ちしたブーツと同じくらい、安心感をくれます。カナダのグランペール・オ・シロ（grands-pères au sirop）は、庭にいて頬の感覚がなくなってから室内へ入ってきたときに欲しくなるプディングです。スコーン生地をメープルシロップで煮てあるので、重たくてもたれる代物になりかねないのですが、生地にシナモンを加えると、見違えるようによくなるのです。シ

ウッディ（甘い）　メープルシロップ

ナモンにはちょっと騒がしい出しゃばりやのところがあって、シロップにある繊細な香味を一部かき消してしまうのですが、シナモンの苦みのおかげで、おじいさんが安楽椅子から立ち上がってくれるのです。

プディン・ショマー（pouding chômeur）——「失業中の人のプディング」——という、シンプルなメープルシロップソースをスポンジミックスの上からかけて作るおやつもあります。オーブンの中でスポンジがふくらんでソースが生地に染みるので、べとべとのおいしいプディングができあがる、というわけです。風味づけに必ずシナモンを使うというわけではありませんが、グランペールと同じように、シナモンを加えると軽快になります。

伝統的には、ダークなメープルシロップは、何かにたらたらとかけるよりも、調理や焼き菓子によく使われていました。ダークなもののほうがシナモンやクローブ、アニスの香味があって、明るい色のメープルシロップよりもスパイシーな味がしがちなのです。もっとダークなシロップがいいですか？　「加工用グレード」という、家庭で使用するには強力すぎるとみなされて、市販の食品の加工用原材料に回されているメープルシロップがありますよ。使ってはまってしまったとしても、私のせいにしないでくださいね。

メープルシロップ＆卵

アメリカ・バーモント州のカフェや食堂には、卵料理にかけるメープルシロップが必ず置いてあります——卵料理に、あるいはベーコン、フレンチトースト、パンケーキ、ソーセージ、ビスケット（つまり、スコーン）に。メープルシロップで作るポーチトエッグというご当地料理まであります。

パリにあるアラン・パッサールの3つ星レストラン「アルページュ（L'Arpège）」の名物料理は「温かくて冷たい卵」で、これは黄身が半熟になるように火を通してチャイブを散らし、香辛料とシェリービネガーと一緒に泡立てたクリームを上にのせた料理です。メープルシロップとフルール・ド・セル〔「塩の花」の意の、大粒の天日塩〕少々で仕上げをしてできあがりです。

メープルシロップ＆トウモロコシ→「トウモロコシ＆メープルシロップ」P.74
メープルシロップ＆バナナ→「バナナ＆メープルシロップ」P.162

メープルシロップ＆バニラ

メープルシロップの風味は、天候、土壌、地勢、それに採取する木によって変わります。それなのに、カエデを栽培するどの地域にも一貫しているように思えるのが、採取シーズン始めのシロップにあるバニラの風味です。私たちがメープルの風味と思っているものは、季節が深まるほど増していく傾向にあります。シーズンの序盤でも終盤でも、バニラはメープルシロップの要素の中でも際立っているので、この2つの食材を組み合わせると、どこからどこまでがバニラでどこからがメープルシロップなのか、区別が難しくなります。メープルシロップを高品質のバニラアイスクリームにたらすと、区別しやすくなります。砕いたフレーク状の塩をひとつまみ加えてやると、違いがさらにはっきりします。

メープルシロップ＆ピーカンナッツ

ピーカンナッツは、新鮮な低温殺菌クリームで作った無塩バターと一緒にクリーム状にしてヒッコリー〔クルミ科ペカン属の木の総称〕のスプーンで食べるメープルシュガーのような味がします。ピーカンナッツとメープルシロップは深い部分でつながりがあります。あの北米に特有の、森とキャンプファイア、

煙、マシュマロ、薪（たきぎ）、コーヒーの風味です。

　メープルシロップはカエデの樹液を煮詰めて作られます。大雑把な目安としては、40ガロンの樹液から1ガロンのシロップがとれますが、これは樹液の糖分含有量に左右されます。糖分含有量は1%から5%までさまざまですが、たいていは2〜3%です。これを火にかけ、糖分含有量が66%に達するまで水分をとばしていきます。鍋のストックを見つめながら煮詰めた経験のある人ならわかると思いますが、これをカエデの樹液の鍋でやると、ペンキが乾くのを眺める退屈な時間すら、サフディ兄弟が撮る映画のように面白く思えることでしょう。

　66%を過ぎてもそのまま煮詰めていると、水分が完全に抜けて、メープルシュガーができあがります。メープルシュガーがあんなに高価なのはこのためです。イギリスのスーパーマーケットでは通常のブラウンシュガーの20倍のお値段です。それでも大変美味なので、あまりのおいしさに目が回ってしまわないように、目玉を固定しておかないといけません。賢く使ってください、たとえばピーカンサンディーなどに。ショートブレッド一族にぎりぎり居場所を確保しているアメリカのクッキーです。通常ショートブレッドというのはプレーンな味つけで、糖分は少なくして、バターを主役にしてあります。サンディーはそれよりも甘く、ナッツが散りばめてあり、その上さらに砂糖をまぶしてあります。

recipe

《ピーカンサンディー》

❶メープルシュガー 50gとカスターシュガー〔微粒グラニュー糖〕50gを無塩バター150gと一緒に混ぜて、淡いふわふわのクリーム状にする

❷バニラエキス小さじ1を混ぜ入れて、中力粉225g、ベーキングパウダー小さじ1、刻んだピーカンナッツ75g、塩小さじ1/2を少しずつ加えて混ぜ合わせてまとめる

❸この生地をだいたい同じ大きさの団子10個に分け、広げたメープルシュガーの上でのばして、クッキングシートを敷いた天板に間隔をあけて並べる

❹160℃のオーブンで20分、ふちが金色になるまで焼いたら、そっと金網に移して冷ましてサンディーのできあがり

メープルシロップ&ピスタチオ→「ピスタチオ&メープルシロップ」P.328

メープルシロップ&フェヌグリーク

　メープルシロップ風調味料には製造段階でフェヌグリークシードが使われています。メープルシロップと同じく、とある強力なラクトンを含んでいるためです。一般名はソトロンというのですが、キャッチーな響きでけしからんと思われる方は、3−ヒドロキシ−4,5−ジメチル−2（5H）−フラノンで覚えるといいかもしれません。ラビッジ〔セリ科のハーブ〕やセロリ、クルミ、麦芽、熟成ラム酒にも含まれています。

　2009年、ニューヨーク・マンハッタンのほぼ全住民が、うずたかく積み上げたパンケーキが食べたいなと思いながら目を覚ましていました。メープルシロップのにおいのする謎の靄（もや）が街の上空に漂っていたためです。最終的に、お隣のニュージャージー州でフェヌグリークの加工をしているとある工場が、に

おいの発生源であると突き止められました。

『味蕾と分子（Taste Buds and Molecules）』の著者でソムリエのフランソワ・シャルティエは、かつてメニュー全体をメープルシロップとソトロンからインスピレーションを得て構成したことがあります。

メープルシロップ＆フェンネル

メープルシロップの風味はこれ以上改善の余地がありません。ほぼないと思います。フェンネルならぎりぎり可能かもしれません。

フェンネルシードはメープルシロップのとある香味と折り合いがよいのですが、この香味はシクロテン、別名メープルラクトンという有機化合物が原因で生まれます。シクロテンはメープルシロップ以外にもコーヒーやトースト、リコリスのテイスティングノートにも含まれています。フェンネルシードには他に、メープルシロップの甘さをすっきりさせる鮮やかで瑞々しい特質もあります。レモンの皮や果汁をゴールデンシロップ[※6]に使うと柑橘類らしさが強まる効果があるのと似ています。

---

recipe

《メープルシロップとフェンネルシードのタルト》

❶ 18cmのタルト型でパーベイク〔半焼成〕したタルト生地にパン粉100gをまぶす（プレーンなショートクラストがベスト）

❷ メープルシロップ400mlを注ぎ、つぶしたフェンネルシードひとつまみかふたつまみを上に散らし、160℃のオーブンで30分焼く

メープルシロップ＆プラム

メープルシロップの風味の中にはフルーツサラダがあります。ドライフルーツ——間違いなくプルーンやレーズン——が一番目立ちますが、グレープフルーツやマンゴー、あるいは桃も見つけられるかもしれません。こうした果物のどれよりも、プラムのほうがメープルの愛撫によく応えてくれます。

---

recipe

《プラムのメープルシロップ煮》

❶ プラム数個を半分に割って核を取り除き（そうしないと、核にあるアーモンド風味がメープルの風味を上回ってしまいます）、半分にした実をそれぞれ3つずつに切り分ける

❷ プラム500gにつきメープルシロップ大さじ3と水大さじ2を煮立てたら、プラムを加え、蓋をして15分間煮る

❸ ダブルクリーム〔P.391参照〕250mlとメープルシロップ大さじ2、塩ひとつまみを泡立て器で混ぜて、プラムに添えるメープルクリームにする

※6　ゴールデンシロップ（golden syrup）…サトウキビなどからの製糖過程で出る副産物から作られるシロップ。イギリスでよく用いられる。

メープルシロップ&マスタード

ヴィーガン向けのハニーマスタードです。

---

recipe

《メープルマスタードドレッシング（ヴィーガン向けハニーマスタード）》

ディジョンマスタード大さじ3、メープルシロップ大さじ3、オリーブオイルまたはクルミオイル
大さじ3、リンゴ酢大さじ1を混ぜる

穀物やリンゴと合わせるとおいしいですよ——特に、リンゴとクルミとセロリを使ったケールサラダに
かけると。

メープルシロップ&松の実

アメリカ人博物学者ジョン・バロウズは1886年に、メープルシロップに関する考えをこう書き残していま
す。「その風味には他のどんな甘みもかなわない、野生的な優美さがある。切りたてのカエデの木から
立つにおいや、カエデの木の花に感じる味が、そこにある。ということはつまり、メープルシロップはカ
エデの木の精髄なのだ」

メープルシロップには、テルペンという針葉樹特有の香りを出してくれる芳香化合物が数多く含まれて
います。松の実にはクリスマスツリーを彷彿とさせるところがあります。私なら、普通のクリスマスマーケ
ットでグリューワイン〔ホットワイン〕と3フィートもありそうなブラートヴルスト〔ソーセージ〕という組み
合わせを買うよりも、メープルシロップと松の実をとります。

こちらの祝祭向けケーキを試してみてください。メープルシロップをひび割れするくらい固くなる段階
（149〜154℃）まで煮て、炒った松の実と塩ひとつまみを混ぜ入れ、油を塗った天板に注ぎ入れて固め
るだけで、メープルシロップと松の実のシンプルなプラリネ（praline）[※7]ができます。（これよりもずっと安
い）ピーナッツと砂糖のプラリネよりも味はよいですかって？　いいえ、でもこっちのほうがおいしそうに
聞こえるんですよね。

メープルシロップ&ヨーグルト

冷たくてほっとする食べ物です。濃厚なヨーグルトにはシャキシャキの青リンゴとクレーム・フレッシュ
（crème fraîche）[※8]の風味があって、メープルシロップとはもちろんパートナーになれます。タルト・タタ
ンを彷彿とさせる組み合わせです。もし濃厚なヨーグルトが手元にあったら、ヨーグルトにティースプー
ンでくぼみを作って、そこにシロップを注いでください。白く純粋なヨーグルトにできたきらきら輝くシロ
ップのプールが、カエデ栽培地域でメープルシロップをソフトボール段階〔煮詰めたシュガーシロップ
が、冷水に落とすと柔らかい球状にまとまる段階〕（115〜116℃）まで加熱してから雪にぎざぎざにたら
して作る甘いアイスキャンディ、「レザーエプロン」に似ています。できあがりのレザーエプロンはもちも
ちした食感で、ピクルスや甘みをつけていないドーナツと一緒に食べることもあります。昔の伝統的な食べ
方には、まずドーナツを熱いメープルシロップに浸して食べ、それからピクルスにかじりつく、というもの

※7　プラリネ（praline）…ローストしたナッツ類に砂糖を加えてキャラメリゼしたもの。
※8　クレーム・フレッシュ（crème fraîche）…サワークリームの一種。クレームフレーシュともいう。生クリームに乳酸菌を加え発酵させたもの。

もありました。楽しそうではありますが、朝食向きではないかもしれませんね。

メープルシロップ&リンゴ

アメリカの詩人ロバート・フロスト〔1874～1963〕は1920年にバーモント州へ引っ越し、それから1963年に亡くなるまで、生活の拠点の一部をそこに置いていました。「サトウカエデ園の晩」という詩では、語り手は雪の果樹園をそぞろ歩き、カエデの木に蓋のついたバケツがくくりつけられ、枝がか細い月に照らされているさまを眺めています。

フロストはさまざまな品種のリンゴを育てていましたが、その中に皮が赤く果肉の白い、スノー・アップル、別名を紅絞という品種もありました。この品種のリンゴはイチゴの味がする、と言う人もいます。イギリスで手に入りやすい中で一番近いのはウスター・ペアメインでしょうか。メープルシロップがどのリンゴとペアにしてほしいかについて好みがうるさい、というわけではありません。ただ、強い風味のあるリンゴを、ちゃんと味がわかるくらいの量入れるようにしてください。メープルシロップをジグザクにかけた、柔らかいリンゴのコンポートにかなうものはなかなかありませんよ。

メープルシロップ&レモン

メープルシロップにレモンを加えてみてください、ゴールデンシロップ〔P.398参照〕のような味になります——ちょっと上等になったゴールデンシロップなのは間違いありません、が、4倍ものお金を出すほどではありません。

濃い緑の風味
Dark Green

フェヌグリーク
Fenugreek

ホウレンソウ
Spinach

サヤインゲン
Green Bean

緑茶
Green Tea

オクラ
Okra

海藻
Seaweed

ナス
Aubergine

サンファイア
Samphire

ズッキーニ
Courgette

Fenugreek

フェヌグリーク

　フェヌグリークシードは内向的な外向型です。少量だと、メープルシロップの甘い香りがします。量を増やすと、インド料理レストランの外にある換気扇の隣に立っているかのようになります。シードを瓶から取り出して食べると、ダイヤモンドのように硬く、「アスピリン」とほとんど変わらない味がします。水でふやかすと風味が現れます——はじめはちょっとクルミのようで、それからセロリがきます。フェヌグリークシードは発芽させることもありますが、あまり大きくなると風味が弱まってしまうため、5mm以上にまで栽培されることはめったにありません。

　フェヌグリーク（*Trigonella foenum-graecum*）の葉も食用になり、生だと穏やかなサヤインゲンの風味があります。種と同じく苦みが際立っています。新鮮なフェヌグリークリーフはインド系食料品店の近所に住んでいないと調達が困難ですが、もし手に入れることができたら、余った分は冷凍できるし、冷凍フェヌグリークは幅広い用途に使えることを覚えておいてください。乾燥フェヌグリークリーフは苦みもありますが、麝香の風味が増しています。パン派の方は、乾燥メティー〔methi、ヒンディー語でフェヌグリークのこと〕リーフ10gで、小麦粉1kgで作る生地の風味づけができるので覚えておいてください。

フェヌグリーク&アーモンド→「アーモンド&フェヌグリーク」P.121

フェヌグリーク&カシューナッツ

　フェヌグリークリーフの本当の味は、かなりの量を食べてみないとわかりません。インドでは、ホウレンソウでサグ・アルー（saag aloo）〔青菜とジャガイモのカレー〕を作るのと同じようにして、生のフェヌグリークリーフを大量に使ってメティー（methi）の名前のついた贅沢なソースを作ります。まず少量の塩を入れた水にリーフを浸します。脂肪分の多い食材と合わせるのと同じで、苦みを抑えてくれます。クリームでもできるのですが、フェヌグリークの風味を鈍らせてしまいます。カシューナッツならクリームほど横暴ではありません。他の芳香植物も加えて香りたかいペーストを作ることもできますが、私はそれはしないでおいてフェヌグリークの輝きを見せてもらうほうが好みです。フェヌグリークとカシューナッツは、チキンとタラゴンとクリームという昔ながらの組み合わせを彷彿とさせます——同じコクと、かすかなアニスシードの気配がある気がします。

　このソースはジャガイモ（メティー・アルー）、チーズ（メティー・パニール）、あるいは鶏肉（メティー・ムルグ）の調理に日常的に使われます。メティーのファンの方なら、ゴルメ・サブジ（ghormeh sabzi）という肉とレッドキドニーと乾燥ライムの煮込みなどの、フェヌグリークリーフをふんだんに使ったイラン料理も気に入るかもしれません。

フェヌグリーク&カリフラワー→「カリフラワー&フェヌグリーク」P.225

フェヌグリーク&クミン

スポーティなスパイスです。フェヌグリークは汗くささが出がちです。そして、クミンからたちのぼる、脱いだジム用靴下のにおいは誰でも知っています。それでも、ファッションブランドの「トム・フォード」はこの2つを非常に高価なフレグランス「サンタル・ブラッシュ」に使っています。もう少し出費を抑えたいなら、ベースにオイルを使った生地に乾燥フェヌグリークリーフとクミンシードで風味づけした、メティー・マトゥリ（methi mathri）というインドの甘くないビスケットを試してみてください。味が好みでなければいつだって、耳の後ろにこすりつければいいのですから。

フェヌグリーク&ココナッツ

インド料理本の著者マリカ・バスーによれば、乾燥フェヌグリークリーフはさまざまなカレーで甘みのバランスをとるのに「奇跡のようなはたらきをする」のだそうです。自分で試してみたい場合は、ココナッツベースのカレーが屈指の甘さである、ということを心に留めておくといいですよ。

フェヌグリーク&サツマイモ

フェヌグリークというものは西洋料理においては変則的な存在なので使用はほどほどにすべき、とシェフのアンナ・ハンセンは警告しています。ハンセンが提案するのは、フェヌグリークの「魅惑的な麝香の」風味とサツマイモのペアです。

recipe

《サツマイモのフェヌグリーク焼き》（2～3人分）
❶ サツマイモ大3本をくし形に切って、オリーブオイル大さじ2、塩、コショウ、挽いたフェヌグリーク小さじ3/4で和える（フェヌグリークは大変強烈なので、小さじ1/4さじで計量する）
❷ 180℃のオーブンで、ほくほくの黄金色になるまで焼く

フェヌグリーク&ジャガイモ

フェヌグリークリーフは淡白な食材に深みを出してくれる、とインド人シェフのチンタン・パンディヤは言います。リーフははじめは苦いが、加熱していくうちに甘くなる、とも指摘しています。フェヌグリークとジャガイモは昔からメティー・アルー（「フェヌグリーク&カシューナッツ」P.402を参照してください）でペアになっていますが、クレソンをスープにするようにしてこの2つをスープに入れてみてもいいかもしれません。あるいは、広く最高品質とみなされているパキスタン産の乾燥リーフを買い求めて溶かしバターに加え、これをゆでたてほかほかのラット種のジャガイモに混ぜ込んで、魚料理に添えて提供してください。

フェヌグリーク&ターメリック

忘れがたい存在です。「99.9％の汚れを落とします」と謳っている洗剤の広告の、残りの0.1％がターメリックです。フェヌグリークのほうも、嗅覚を汚します。空気中に、そして皮膚に残ることで悪名高い

のがフェヌグリークです。フェヌグリークシードを食べたら、翌日も自分からフェヌグリークシードのにおいがすることがよくありますし、時にはもっと続くこともあります。調香師はフェヌグリークを使いはしますがごく少量だけです。ターメリックとフェヌグリークはそれぞれ、イギリスの昔風カレーパウダーの色と風味を担っていました。

フェヌグリーク&チーズ→「チーズ&フェヌグリーク」P.278

フェヌグリーク&唐辛子

フェヌグリークの風味の特徴としてよく挙げられるのはフェンネルとセロリです。なので、フェヌグリークはセリ科なのかと思われるかもしれませんが、実はマメ科の一員です。そして、いとこたちの一部と同じく、アクアファバ（aquafaba）を作るのに使えます。

アクアファバというのは泡立て器で混ぜると卵白のようになるでんぷん質の液体で、卵白の代替品としてヴィーガン食で利用されています。フェヌグリークのアクアファバはイエメン系ユダヤ人の調味料ヒルベ（hilbeh）の基本材料です。フェヌグリークシードを水に浸けてから水とレモン汁、唐辛子と一緒にブレンダーにかけて作ります。ニンニクやコリアンダーリーフ、クミン、トマトからいくつか選んで入れる作り方もあります。ヒルベはスープにあしらったりパンのディップにしたりして使われます。

エチオピアでは、フェヌグリークシードを唐辛子数品種などたくさんの香辛料と一緒に挽いて、ベルベレスパイスブレンドを作ります。インドでは、わさわさした生のフェヌグリークリーフを唐辛子、タマネギ、ニンニク、タマリンド、ジャッガリー（jaggery）^{※1}と混ぜてチャツネを作ります。

フェヌグリーク&トマト

シェフのベン・ティッシュは著書『ムーア人の料理（*Moorish*）』に、フェヌグリークは「トマトともともと親和性があり、時間をかけてゆっくり一緒に調理すると、崇高なほどさわやかな味のソースができる」と記しています。ティッシュは水に浸けたフェヌグリークシードを蒸し煮にしたナスとトマトと合わせ、これに硬くなったパンを砕いて油でカリッとさせたものと羊の凝乳（カード）を添えて提供しています。乾燥フェヌグリークリーフはパッサータ〔裏ごしトマト〕とタマネギ、ヒヨコ豆のシンプルな煮込み料理に大さじ1杯分加えるだけでおいしくなりますが、たいていの人は何が入っているのかつきとめられません。フェヌグリークとトマトはインドのイドゥリ（idli、米とレンズ豆のケーキ）につけるトマトのディップソースにもよく使われています。

フェヌグリーク&ニゲラシード

パンチ・フォロン（panch phoron）というのは、フェヌグリーク、ニゲラ、クミン、フェンネル、それにワイルドセロリまたはマスタードといったシードを使ったインド・ベンガル地方のスパイスブレンドで、使うと風味と食感を出してくれます。全部の材料を同じ割合で使うブレンドもありますが、他の材料2に対してフェヌグリーク1で使っているものもあり、これは主にフェヌグリークの容赦ない苦みのせいです。パンチ・フォロンには、パン粉と一緒に炒めて、焼きカリフラワーやスープにかけるという使い方もあります。他には、たっぷりのギーで炒めてマッシュポテトに混ぜ込んでもおいしくなります。

404　　※1　ジャッガリー（jaggery）…サトウキビから作られたインドの粗製糖。

フェヌグリーク&ニンニク→「ニンニク&フェヌグリーク」P.284

フェヌグリーク&蜂蜜

　フェヌグリークのエチオピアでの名前はアビッシュ（abish）といいますが、これはフェヌグリークで作った泡だらけのドリンクの名前でもあります。挽いたフェヌグリークシードを水にそっとまいて半日浸けておき、浸け汁を切り、底に残ったふやかしたフェヌグリークにまた新しく水を足し、蜂蜜を加えて混ぜます。レモン汁をお好みの量加えてもいいでしょう。

フェヌグリーク&ヒヨコ豆

　インド・グジャラート州のスリリングなピクルスで共謀しています。どちらの食材がそのスリルを演出しているのか当てても、賞品はありません。ヒヨコ豆のほうが引き立て役です。火すら通してありません——丸のままフェヌグリークと一緒に汁に漬けてあるだけで、そのうち、ちょっと気味の悪いことに、ふやけるのですが、歯ごたえが退化して残ります。このピクルスで柔らかいところは、ほぼそれだけです。それ以外はどこからどう見ても、フェヌグリークとニンニク、アサフェティダ、唐辛子が詰まった「セムテックス」〔チェコ製の高性能プラスチック爆弾〕のかたまりです。果物や砂糖が入ったピクルスのことはあからさまに馬鹿にしています。

　このペアは、フェヌグリークリーフで作るとろりとした香りたかいメティーソース（「フェヌグリーク&カシューナッツ」P.402を参照してください）で煮たヒヨコ豆のほか、ミッシ・ロティ（missi roti）やメティー・テプラ（methi thepla）、メティー・プーリー（methi puri）といった、グラム（ヒヨコ豆）フラワーで作り、生や乾燥のフェヌグリークで風味づけしてあるインドのフラットブレッドでは、もっと穏やかな姿で登場します。

フェヌグリーク&ホウレンソウ

　外交官でフードライターのアラン・デイヴィッドソン〔P.442参照〕によれば、アフガニスタンではフェヌグリークシードはホウレンソウに風味をつけるのに使われるのだそうです。もし、メティー・アルーかメティー・パニール（「フェヌグリーク&カシューナッツ」P.402を参照してください）が食べたくてたまらないのに生のフェヌグリークリーフがなかなか見つからないときには、かさ増しにホウレンソウを使い、乾燥フェヌグリークリーフで風味づけをしてみてください。かなり本格的な仕上がりになります。

フェヌグリーク&メープルシロップ→「メープルシロップ&フェヌグリーク」P.397

フェヌグリーク&ヨーグルト

　イスラエルのテル・アビブで育ったシェフのエイナット・アドモニーは、父親がシナゴーグでの礼拝の後にフェヌグリークの揚げパンを持ち帰ってくると、家じゅうがその香りに包まれていた、と回想しています。このふわふわで緑の斑点のあるフラットブレッドはそのまま食べてもいいのですが、もし付け合わせが欲しいならヨーグルトがいい、とアドモニーは言っています。

フェヌグリーク&レンズ豆

フェヌグリークシードは、イドゥリ (idli)、ドーサ (dosa)、ドクラ (dhokla) といったインドのパンケーキや軽食に使われるレンズ豆や米を使った生地で二重の機能を果たしています。風味がよくなるだけでなく、発酵を促してくれるので、後を引く酸味のある仕上がりになります。私は時々、加熱調理した赤レンズ豆に穏やかなフェヌグリークの風味を感じることがあるのですが、これはおそらくどちらもマメ科に属するためでしょう。

乾燥フェヌグリークリーフには麝香のようなスパイシーな風味があって、熱々のダール (dal)[※2] にかけるとその風味が立ちます——少々の苦みが気にならないのであれば、コリアンダーリーフの代わりとして使えます。

ルフィサ (rfissa) という、レンズ豆と鶏肉をふやかしたたっぷりのフェヌグリークシードと一緒に煮たモロッコの料理もあります。ちぎったパンにのせて提供されます。フェヌグリークが母乳の出を助けると考えられているため、母親になったばかりの女性に作ってあげる伝統があります。

※2　ダール (dal) …豆を香辛料で煮込んだ料理。また、ダールはヒンディー語で豆の総称も指す。

Green Bean
サヤインゲン

　火を通した後でさえも生の味がします。サヤインゲンとベニバナインゲンは若い豆の莢(さや)で、それ相応の味がします。つまり、まだ早いのです。どことなくアルカリ性の味のする、草とアーモンドミルクのカクテルです。風味の原因であるメトキシピラジンは熱にも耐えられるので、豆を5分や10分煮た後でも風味は残ります。

　サヤインゲンに比べるとベニバナインゲンは寒冷な気候を好み、かすかな豆らしさと少し土のような風味を持つ傾向があります。経験豊かなベニバナインゲン栽培者の中には、大きく硬くなってしまう前に収穫するのであれば品種の違いの見分けはつかない、と認める人が大勢います。花の魅力がどの品種を選ぶかの決め手になることもしばしばです。実際、花がこの野菜の普及に一役買った国もあったのです。歴史研究者でフードライターのケン・アルバーラは、植物としての豆は料理本に登場する前からガーデニングの本には決まって載っていた、と指摘しています。

　もしサヤインゲンに対して相反する感情をお持ちなら、調理時間を延ばしてみるとか、あるいはオクラの定番の風味パートナー(「オクラ」P.412〜416を参照してください)をいくつかペアにしてみてください。

サヤインゲン&アーモンド

　サヤインゲンには黄色いものもあります。アメリカではそういう豆はワックスビーンズと呼ばれています。「すじのある豆」〔ストリングビーンズ〕〔サヤインゲンの別称〕は食欲をそそられない名前部門では僅差(きんさ)の2位です。フランス人はアリコ・ブール〔バターの豆〕と呼んでいて、緑色のサヤインゲンよりもジューシーだと考えています。

　何色であろうと、アーモンドが一緒だと豆が喜びます。豆をゆでているあいだにアーモンドフレークをきつね色になるまでバターで炒め、お湯を切った豆をそのアーモンドで和えてください。ヴィーガンの人を満足させる料理をお求めなら、ピカーダ(picada)という、アーモンドとオイルとニンニクをつぶしてペースト状にして作るスペインのソースを試してみてください。スペインのバスク州では、豆とアーモンドはスープでもペアになり、通常ならジャガイモや米が担っているとろみづけの役割をアーモンドが受け持っています。黄色のインゲン豆がこれには最適です。緑色のサヤインゲンにある草のような風味はブレンダーにかけるときつくなってしまいますが、黄色のインゲン豆にはその風味がないためです。

サヤインゲン&きのこ

　サヤインゲンときのこは、一緒に過ごす時間が長くなればなるほど、長年の連れ合いのように、互いにそっくりになっていきます。サヤインゲンは、加熱調理するときのこの風味とジャガイモに似た特質を帯びます。きのこのほうにもジャガイモの香味(こうみ)が生まれます。

　アメリカで感謝祭に「サヤインゲンのキャセロール」を食べる伝統は1950年代半ば、「キャンベル(Campbell)」のテストキッチンのあるシェフが、冷凍サヤインゲンを缶詰のきのこスープ、牛乳、シーズニング、醤油、缶詰のフライドオニオンと混ぜてオーブンで焼いたことから始まりました。民俗学者ルーシー・M・ロングは、「この料理は、美食家の食事の席ではおそらく嘲笑の的になるだろうが、誰でも

作ることができ、エリート文化ではなく国民的な文化を引いているという点で、階級を飛び越えている」
と書いています。ロングはさらに、体裁を気にする人は手作りのホワイトソースと生のサヤインゲンときの
こを、それに缶詰のフライドオニオンに代えてアーモンドを使うのもよいだろう、とも述べています。

サヤインゲン&ゴマ

青二才と手練れです。正反対のものどうしは惹かれあうのです。サヤインゲンは成熟するより前に茎か
ら摘み取られてしまいます。その特徴的な風味は捕食者を追い払うためにあります。一方ゴマのほう
は、食べ頃になると莢からはじけ出て知らせてくれます。

日本には白和えというドレッシングがあり、これはゴマと味噌、米酢、豆腐などでできていて、よくサ
ヤインゲンを和えて提供されます。シェフのナンシー・シングルトン・八須は、白和えを「苦みのある青
物野菜のための至上の引き立て役」と評しています。あるいは、シンプルな前菜としてこちらをお試しく
ださい。

recipe

《サヤインゲンのタヒニがけ》

❶サヤインゲンを数分湯がいてお湯を切って水気をふき取り、グリドルパン〔平ら、または浅い溝
のついたフライパンの一種〕で焼く（焼くことで付く縞模様と風味の深みが必須なのです）

❷お皿に移して、タヒニをジグザクにかける

サヤインゲン&シナモン

このすばらしい組み合わせにクルミとシナモンのソースで初めて出会ったときのことを、シェフのジェイ
コブ・ケネディが書いています。あなたも同じように心を奪われることでしょう。

recipe

《サヤインゲンのクルミシナモンソース和え》（2人分）

❶サヤインゲン200gを塩をしたお湯で柔らかめにゆで、ダブルクリーム[※3]大さじ3、挽いたシナモ
ン小さじ1/2、ニンニク1かけと一緒にブレンダーにかける

❷パスタ150gを鍋に入れてゆでる（ねじれたタイプが一番です。ジェメッリ、カヴァテッリ、フジッ
リ、トロフィエなど）

❸サヤインゲンをさらに100g、パスタとだいたい同じ長さに切り、ゆで時間がまだ4分ほど残って
いるところでパスタをゆでている鍋に加える

❹パスタと豆のお湯を切り（ゆで汁を少し残しておく）、鍋に戻して、ブレンダーにかけた豆も加える

❺かき混ぜながら火を通す。必要なら取っておいたゆで汁を少々加えてのばす

❻エクストラバージンオリーブオイルとおろしたパルメザンチーズ、刻んだクルミを添えて提供する

※3　ダブルクリーム（double cream）…脂肪分約48%のクリーム。ホイップクリームにしたり料理に使うほか、ケーキやデザートにかけたりする。

このソースは奇跡です——あまり豆っぽすぎずシナモンっぽすぎもせず、それでいて単一不可分の存在であり、まるで未発見の新食材のようです。

サヤインゲン&ジャガイモ→「ジャガイモ&サヤインゲン」P.253

サヤインゲン&白インゲン豆

結婚式に参列しに向かう途中で、ヴニージュ・ヴェルト〔「緑のヴェネツィア」の意のフランス語〕はこちら、という標識を見かけました。ポワトヴァン湿地帯を指し、迷路のような運河の様子からこの名前がついています。植物が青々と生い茂り、人がまばらで、自然が取り返したヴェネツィア、といった趣でした。私たちはチョコレートでコーティングしたアンゼリカ〔セリ科のハーブ〕入りのおみやげボックスなどピクニック用の食料を買いました。手漕ぎボートを借りたところ、そこの男性がお釣りと一緒に大雑把な地図を渡してくれました。×印のつけてある小さな島へ向かって、そこで船をつなぐといい、と言うのです。少なくとも、そう言っていたのだと、私は思っています——私のフランス語の知識はつぎはぎだらけですし、その上男性は口ひげがすごくもじゃもじゃでマフラーのようになっていたので、もしかしたら彼が言ったのは、この×印のついた小さい島には今しがた自分が除草剤をまいてきたところだから行くな、ということだった可能性だってあります。

私たちは地図はわきに押しやって自分の嗅覚に従い、買い物袋を膝のあいだにはさんで、緑のトンネルの中へボートを進めていきました。20分ほどいくとバーがありました。どうやら水路でしかたどりつくことができないお店のようです。桟橋にボートをつないで食前酒をいただくことにしました。私は午後じゅうずっとだってそこにいられそうでした——たぶん今だってまだいたことでしょう——夫がすっかり『ツバメ号とアマゾン号』気分になってしまって、もっと迷路の奥深くまで漕いでいってみよう、と言い張ったりしなければ。

30分後、あの島を見つけました。ピクニックのハイライトは、地元産のモジェットという白インゲン豆と薄切りにしたサヤインゲン、ゆでた新ジャガに、きらきらのクルミのヴィネグレットソースがかかったサラダでした。モジェット豆は——バタービーンズのクリーミーさのある、皮が繊細な乾燥アリコ豆です——ヴィネグレットソースに応じるナッツのような風味があり、サヤインゲンの甘みがそれを打ち消しています。モジェット豆と一緒にいただいたのは、プレフというガーリックブレッド、それに切り傷のできた指のような味がして、歯のあいだに豚の脂がついて絶対にとれなくなるスシソン（saucisson）です。ロワールの白ワインも飲みました。キリッとしていて心地よい麝香っぽさがあり、マルメロに似ていました。デザートがなかったので、私たちはアンゼリカチョコレートをばりばり食べ、アンゼリカのリキュールをがぶ飲みしました。ふと気がつくと貸しボート屋の閉店時間が迫っていて、地図はさっきまでよりもずっと複雑になって見えました。緑色のサヤインゲンのせいか、緑色のリキュールのせいか、それとも夫がオールを引くごとに不鮮明に通り過ぎていく緑色の景色のせいか、私自身もひどく気分が悪くなってきました（たぶん、あの貸しボート屋の男性が、本当に除草剤をボートにまいていたんでしょう）。

あれ以来あのサラダを再現できたためしはなく、おそらくそれはおいしいモジェット豆がないせいなのですが、一度、サヤインゲンとアリコ豆、ヒヨコ豆、アーティチョークをアイオリソース（aioli）で和えた温かいサラダ、エグロワサド・トゥーロネーズを作ったことはあります。代替品としてはとても満足のいく出来でした。

※4 『ツバメ号とアマゾン号』…イギリスの作家アーサー・ランサムによる小説。4人きょうだいが小さな帆船「ツバメ号」に乗り無人島で過ごす冒険物語。
※5 スシソン（saucisson）…フランスのソーセージの一種。
※6 アイオリソース（aioli）…すりつぶしたニンニク、卵黄、オリーブオイル、レモン汁などを混ぜたソース。

サヤインゲン&ターメリック

　ベニバナインゲンとターメリックはそれぞれ南米と南アジアの原産ですが、この組み合わせはイギリスの地方にある庭のようなにおいがします。湿った草、温かい土と、暑い庭の物置小屋の苦い、エンジンオイルの発散するにおいです。ベニバナインゲンとタマネギ、ターメリック、ブラウンシュガー、マスタード、麦芽酢（モルトビネガー）で作る、庭仕事をする人の定番チャツネ——「グラツネ」と呼ばれていると思います——を試してみてください。瓶に詰めるときには主に酢のにおいなのですが、庭仕事好きの忍耐力を発揮してください。甘くなっていきますから。数週間のうちに、晴れた週末の午前に行く、鉢植え用の納屋くらいなじんだ味になります。

　文筆家ヤズミン・カーンのクク（kuku）——一種のフリッタータ（frittata）[※7]です——は、サヤインゲンと飴色タマネギ、ニンニク、ターメリックを使って作るもので、この組み合わせを使った優しめのアレンジになっています。

サヤインゲン&チーズ

　サヤインゲンは真っ白くて軽い、夏っぽいチーズと一緒にいると大喜びします。ブッラータチーズとサヤインゲンをヘーゼルナッツと一緒にサラダにしたり、サクサクのエシャロットとケシの実と一緒にリコッタチーズのニョッキに和えたりしてみてください。

　サヤインゲン&唐辛子→「唐辛子&サヤインゲン」P.333
　サヤインゲン&トマト→「トマト&サヤインゲン」P.85

サヤインゲン&ニンニク

　「これは1000種類も用途があるような野菜では決してない」と、フードライターのジョン・ソーンはサヤインゲンについて述べています。ソーンが出しているレシピはたったひとつ、サラダのレシピだけです——それも、非常に明確なレシピです。とれたての若い豆を6〜8分ゆでてお湯を切り、つやつやにするのに必要な量だけのオリーブオイルで和えて、レモン汁と塩と黒コショウをふりかける、というものです。豆がまだ温かいうちに食卓に運び、「一番いいパンと一番塩気のないバター」を添えて食べなくてはなりません。ニンニクはわずかになら加えてもよいとされています。

　私が好きなのは、次の食べ方です。

recipe

《サヤインゲンのニンニク風味》

　　サヤインゲンをニンニクと一緒にオリーブオイルで30分間、最後の10分は蓋をはずしておいて軽くゆで、ざるに上げて提供する

　このオイルは取っておいて、たっぷりの刻みパセリで作るシンプルなソースに使ったり、サルサ・ヴェルデ（salsa verde）[※8]のベースにしたりできます。

※7　フリッタータ（frittata）…イタリアの卵料理。具材を沢山入れたオムレツ。
※8　サルサ・ヴェルデ（salsa verde）…パセリ・オリーブオイルなどを使ったイタリア料理のグリーンソース。

「トマト&サヤインゲン」（P.85）も参照してください。

サヤインゲン&パセリ→「パセリ&サヤインゲン」P.337
サヤインゲン&マスタード→「マスタード&サヤインゲン」P.228

サヤインゲン&味噌

　サヤインゲンは、塩をたっぷり入れたお湯でゆでると、ちょっとした人格変化を起こします。「アメリカズ・テスト・キッチン」〔アメリカの料理情報番組〕では、2リットルのお湯に対し塩大さじ2を使った実験を行いました。すると豆が、鮮やかな緑色は保ったまま、「肉のような、しっかり下味のついた、そして強烈なサヤインゲンの風味」になったといいます。味噌も同じように、塩気のある肉のような風味を出してくれます。

recipe
《サヤインゲンの味噌バター和え》（2〜4人分）
❶サヤインゲン250gをアル・デンテになるまでゆで、冷水にとる
❷赤味噌小さじ2を常温に戻したバター大さじ2と混ぜる
❸植物油小さじ2をフライパンに入れて強めの中火にかけ、豆を加えて数分かけてしっかり火を通す。みじん切りにしたエシャロット大さじ2とつぶしたニンニク1かけを加えてさらに1分炒める
❹酒大さじ4を加えて、量が半分になるまで煮詰める。水大さじ4を注いでさらに半分になるまで煮詰め、味噌バターを加えてゆっくり温め、溶けた味噌バターを豆にまとわせる

Okra
オクラ

オクラはアオイ科の一員にあたる食用の莢（さや）です。野菜喜劇分野のパイオニアでもあります。収穫する人をはたいたりくすぐったりするのです。時に途方もないほどのスピードで（風刺を考えつくよりも速く）、まっすぐ天に向かって育ちます。かがんで花を観賞しようとしても花が水を吹きかけてこないのが不思議なほどです。そのうえ、料理史家ジェシカ・B・ハリスが「じわじわにじみ出ようとする癖」と表現しているものもあります。

オクラの風味について記述した文献はほとんどありません。食感のほうにどうしても注意が向いてしまうためです。オクラについて書いておいて食感のことを言わないのは、サンファイアについて書いておいてそのしょっぱさについて何も言わないようなものです。生だとオクラにはアルカリ性の草のような風味があります。サヤインゲンを食べるのにかなり似ています――もしくは、鼻風邪をひいたサヤインゲンです。ズッキーニの場合と同じく、辛味を少々加えることで、多くの人にオクラの魅力を知ってもらえます。

オクラ&クミン→「クミン&オクラ」P.360

オクラ&白インゲン豆

ヴィーガンのガンボ（gumbo）[※9]には、バタービーンズとオクラの組み合わせをお勧めします。どちらもガンボには不可欠な風味のよさがありながら、豆のほうはほくほく寄りでオクラはしっとり寄りという食感の楽しいコントラストがあります。サツマイモで甘みが加わるのも嬉（うれ）しいものです。ガンボのスープのベースになるのはダーク・ルーで、オイルと小麦粉を長時間加熱して作ることで、ストックに入っているローストした骨を思い出させる、火で温めたようなコクが生まれます。私はよくまとめて大量に作って冷凍庫で保存し、ヴィーガンのスープや煮込みなどいろいろな料理に使っています。

ライターで料理人のゾーイ・アジョニヤが、ガーナ料理のアカラ（akara）、すなわち薄切りのオクラ入り黒目豆のフリッターのレシピを出しています。

recipe

《オクラ入りアカラ》

❶黒目豆の400g缶詰1個の汁を切ってブレンダーにかけ、薄切りにしたオクラ100gと卵1個、カイエンペッパー大さじ1、赤タマネギ1個、赤唐辛子1本、スコッチボネット唐辛子1/2本（すべてみじん切り）と塩小さじ1/2、それに適量の水と一緒に混ぜ、ぽたぽたたれるくらいのとろみになるようにする

❷これを大さじですくって熱したオイルにそっとすべり落とし、きつね色になって火が通るまで揚げ、キッチンペーパーで油を切る

※9　ガンボ（gumbo）…アメリカ・ルイジアナ州の伝統的な家庭料理。ガンボはフランス語で「オクラ」の意。甲殻類や鶏肉などと香味野菜を煮込んだスープ料理で、とろみづけにオクラを用いる。米にかけて提供される。

オクラは必ず入れてくださいね。黒目豆のフリッターのレシピの中にはオクラを省いているものもありますが、アンドレ・シモン〔P.442参照〕の言葉を借りると、それだとできあがりが「クレオパトラのいない『アントニーとクレオパトラ』のように」しまいます。

オクラ&卵

オクラと生卵はどちらも「ねばねば」しています。ぬめってすべる食べ物に使う日本語の擬態語です。ねばねば丼というのはぬめる食べ物を混ぜたご飯ものの丼で、丼から持ち上げるときらめく糸をひく発酵大豆の納豆や、とろろという、こちらも持ち上げるのが難しいほどつるつるすべるヤマイモ、それにさまざまなねばつく海藻やきのこが入っていることが多いひと品です。

日本語には食べ物の食感を表現する言葉が際限なく存在します。2008年に『ジャーナル・オブ・テクスチャー・スタディーズ』に掲載されたある研究では、74種の食物を表現するのに、英語話者のパネルが77語を出したのに対し、日本語の表現は400種類が挙げられています。400のうち280が擬音語や擬態語でしたが、これと比べると英語の擬音語・擬態語は、crackle〔パチパチ〕、crunch〔ポリポリ〕、fizz〔しゅわしゅわ〕などたった5語でした。

オクラ&タマリンド

インド南部では、オクラとタマリンドをビンディ・フーリ（bhindi huli、「ツンとする味のオクラ」）という料理でペアにしたり、細切りココナッツ入りの濃厚なソースで煮てベンダッカイ・コランブー（vendakkai kuzhambu）という料理にしたりします。インド南東部アンドラ・プラデシュ州のプルス（pulusu）というのはタマリンドウォーターを使って作る野菜煮込みです。よくオクラも入っています。もしあまりねとねとでないオクラのほうが好みなら、タマリンドの酸味がその特徴を抑えてくれるということがわかると思います。とはいえ誰もがねとねとを抑えておきたいと思っているわけではありません。西アフリカの一部の国々では、オクラスープにアルカリ性の重曹を加えてさらに粘性を増幅させます。この料理の名前、ドロー〔線を引く〕スープは、スプーンからたれる粘っこい筋からつけられています。

オクラ&唐辛子→「唐辛子&オクラ」P.332

オクラ&トウモロコシ

オクラを薄いコイン形にスライスし、コーンミールをまぶして揚げるというのが、アメリカ南部でよく使われるオクラの調理法です。トウモロコシは風味よりも食感の点で貢献しています。南部諸州では、サコタッシュ（succotash）を作るのにオクラとトウモロコシとトマトを組み合わせるやり方もよく見られます。クークー（cou-cou、コーンミールのマッシュとスライスしたオクラ）のトビウオ添えはバルバドスの国民的料理です。

アメリカ・ニューオーリンズの料理人ブリタニー・コナリーは、この組み合わせにモダンなアレンジを加えて、石臼挽きの粗挽きトウモロコシを煮てクリームとバターを混ぜ込んだ料理に、焼きオクラのスライス、山羊のチーズをのせ、さらに新鮮なトウモロコシの実とタマネギ、ニンニク、ショウガ、カイエンペッパーを一緒に炒めてのせて提供しています。

※10　サコタッシュ（succotash）…トウモロコシの実とインゲン豆などの豆をバターとクリームで調理したもの。

オクラ&トマト

フードペアリングの栄誉の殿堂入りを果たしています。トマトと一緒にじっくり調理したオクラを食べてみるまでは、オクラが嫌いだなどとは言えないはずなのです。オクラに深みのある植物性の風味が生まれ、それをトマトが出す酸味とうまみが補っています。むしろ驚きなのは、ベルベットのような豪華な舌ざわりが生まれていることで、おかげでこのペアはメインディッシュにもなれます。トマトベースに挽いたコリアンダーやクミン、ショウガ、ターメリック、ガラムマサラをたっぷり加えてビンディ・マサラ〔オクラのカレー〕にするか、もしくはあまり複雑にしないでそのままにしておいてください。

料理史家マイケル・W・トゥイッティは、オクラは「トマトとタマネギ、トウモロコシと一緒だととても上手に踊るので、この4つが力強い湯気や自分も踊りたがっている唐辛子の辛味を探してアフリカ・大西洋地域のキッチンを席巻する前のことなど、もう誰も覚えていない」と書き記しています。

オクラ&ナス

アメリカ人園芸家ジャック・ストーブは、オクラを悪く言う人がいるとすぐさま擁護にまわります。オクラの風味は「ナスとアスパラガスの間のどこか」にあたる、とストーブは表現しています。

ナスとの類似性は、煮込んでみたときに一番はっきりします。どちらも、ジャガイモやきのこを思い出させるようなまろやかでよい香りの特徴が生まれるのです。食感も似ています。ナス好きの人にとっては、煮込んだナスは絹のようになめらかですべすべしています（好きでない人にはぬるぬるべたべたに感じられます）。オクラとナスを、できれば香辛料を入れたトマトベースのソースで一緒に煮込むと、滋味深くうっとりするようなひと皿になります。

オクラだけをオーブンで焼くと、わずかに硫黄の風味のあるアスパラガスの味にさらに近づきます。莢（さや）まるごとを天板で焼く場合、アスパラガスの芽とだいたい同じくらいの時間がかかります。200℃のオーブンでおよそ15分です。

オクラ&ニンニク→「ニンニク&オクラ」P.282

オクラ&ヒヨコ豆

「食物と料理に関するオックスフォードシンポジウム」が発行した論文で、オクラにヒヨコ豆粉を詰めた料理について読みました。とんでもない、というのが私の感想でした。人生はきのこに詰め物をするのにも短すぎるというのに、ご婦人の指〔オクラの別称・レディーズフィンガー〕なんかに手を出そうと思ったら巨大なリクガメにならなくてはいけません。それでも、火曜日の午後のことで、子どもたちは学校に行っていて、私はキッチンペーパーの水玉模様の色も塗り終わっていました。

そんなわけで次のシーンでは、私は香辛料で味つけしたヒヨコ豆粉をねじ穴大の空洞に詰め込んでいます。でもこれはまだ簡単なほうでした。まず中の仕切りと種をかき出す必要があります。これがどんな作業かというと、学校で使うような糊が手についた後に、小さなポリスチレンのボールが詰まった箱をうっかり開けてしまったと想像してください——なんとかしようと、がんばればがんばるほど、どんどんべたべたになっていくのです。お試しで1ダース分のオクラで作ってみました。3つ目の中身を取り除くころにはもううんざりしていました。ですが、調理して実食したときには、もっとがんばればよかったと思いました。外側は焦げて歯ごたえがあり、中の心地よいざらざら感のあるスパイシーな詰め物を温かく包んで

いました。ヒヨコ豆粉は香辛料で香りがよく、唐辛子でぴりっとしており、それでいて風味よく豆っぽい特徴は失われていません。はっきりと、食欲をそそるおいしさのある、具入りオクラでした。もっと食べたくなったので、参考にしたいくつかのレシピをもう一度見てみて、そこで初めて気づいたのですが、中の仕切りや種を取るようにという指示はどのレシピにもありませんでした。

---

recipe

《スパイシーなヒヨコ豆粉を詰めたオクラ》（12本分）

❶ヒヨコ豆粉大さじ4と、挽いたコリアンダー、挽いたクミン、唐辛子粉、アムチュール（乾燥グリーンマンゴーパウダー）各小さじ1/2を混ぜる

❷オクラの莢のがくと先端を切り落とし、縦に切れ目を入れる。ティースプーンを使ってオクラに中身を詰め、つまんで切れ目を閉じ、重ならないように並べて、植物油大さじ2で、薄いきつね色になって火が通るまで、そっとひっくり返しながら焼く

❸キュウリのライタ〔ヨーグルトベースのサラダ〕を添えて提供する

ヒヨコ豆粉でクルクリ・ビンディ（kurkuri bhindi、オクラのフライ）も作りました。詰め物をしたオクラと風味は似ているのですが、ご想像の通り、フライのほうがサクサクでジューシーです。

---

recipe

《オクラのフライ（クルクリ・ビンディ）》

❶オクラの莢200gのがくを切り落とし、縦に半分（もしくは、大きいものなら4分の1）に切り分けて、つぶしたニンニクひとかけを加え、挽いたクミンと塩をふりかけて和える

❷数分置いておいてから、ヒヨコ豆粉大さじ2と米粉またはコーンスターチ大さじ1を混ぜたものをふりかけてまた和える

❸このオクラをサクサクのきつね色になるまで揚げる（鍋に一度に入れすぎないように注意する）

❹キッチンペーパーにとって油を切り、塩とアムチュールをふりかける

オクラ&マスタード

　ライターのシッダールタ・ミッターは、インドのカルカッタにいた少年の頃にオクラの審美眼を養ったことを覚えています。インドでは、オクラは一般にご婦人の指という名前で知られています。木炭の上で調理すると、オクラは「その名前が言外に意味するものすべてになる。なめらかで、優美で、よい香りがする」と、ミッターは綴っています。私の指を見たことがないからでしょうね。それでも、彼のおばあさんのレシピはおいしそうですよ。マスタードオイルで香りづけしてあり、クミンやターメリック、唐辛子数本が入っていてスパイシーな、オクラのスライスです。私は丸ごとのオクラの実にマスタードオイルをかけながら焼いてバーベキューにするのが好きです。

『丸ごとオクラ（*The Whole Okra*）』の著者クリス・スミスは、オクラを生で食べると品種ごとの風味の違いを味わいやすくなる、と考えています。ほとんどのオクラはちょっと生のサヤインゲンのような味がしますが、スミスはレッド・バーガンディ種のファンで、この品種はナッツのようなスパイシーな特質があり、ルッコラを思わせる風味を持ちます。粗挽きの粒マスタードを使ったヴィネグレットソースをまとわせたサラダに生で入れてみてください――オクラの種とマスタードの粒で、食感の楽しい組み合わせになります。ブラジルでは、ニソワーズサラダに入っているサヤインゲンのようにして、オクラの莢を湯がいてサラダに使います。

オクラ&ライム→「ライム&オクラ」P.192

Aubergine
ナス

さっと加熱しただけのナスは味のぼけた青リンゴのような味がする上に、嫌な苦みもあり、おかげで、かつてデゴージングが優れたアイデアであった理由を思い出させてくれます。デゴージングとは、薄切りや角切りにしたナスに塩をしてざるに半時間ほど置いておいて水分を排出させ、果肉から水分と苦み成分を除去する手法です。かつてそうだった、と言ったのは、現代の栽培品種は品種改良によってこの苦みの大半を除去してあるからです。とはいえ、もしやりたければ、デゴージングをすることでとてもおいしい下味のついたナスにすることはできます。

きちんと火の通ったナスの果肉には、クリーミーな食感と穏やかな麝香の風味が生まれます。きのこのような香味もあるのですが、甘くない料理にしか使えなくなるほどではありません。薄切りの焼きナスはごく普通に甘いシロップに突っこまれたり砂糖をふりかけられたりしますし、それがとてもおいしいですから、これは付け合わせかデザートかなどという議論には耳を貸さずに、おかわりのために他の人を押しのける準備に集中していたほうがいいと思いますよ。

ナス&オクラ→「オクラ&ナス」P.414
ナス&コショウ→「コショウ&ナス」P.380
ナス&ゴマ→「ゴマ&ナス」P.313
ナス&ザクロ→「ザクロ&ナス」P.93

ナス&ズッキーニ

フランス人シェフのアレクシス・ゴティエに言わせると、へんちくりんだけれど完璧な組み合わせです。どちらの野菜も水気が多いので、うまくいかないはずだ、という意味でのへんちくりんです。でもうまくいくのです——ズッキーニの皮がおいしくて歯ざわりも嬉しく、ナスは果肉が絹のようになめらかだからでしょう。一緒にするとまるでフランケンシュタイン博士が作ったかのようなひとつの野菜になります、いい意味で。ゴティエはこの2つに赤唐辛子とサフラン、クリームを加えてスープにしています。

ナス&チョコレート→「チョコレート&ナス」P.37

ナス&味噌

味噌のしょっぱくて声高な部分をナスが吸収して柔らかくておいしいスポンジになり、味噌の角を取ってくれます。豆腐田楽（「豆腐&味噌」P.304を参照してください）の変奏であるナス田楽は、このペアを扱った日本の定番料理です。

recipe

《ナス田楽》（前菜や副菜として2〜4人分）

❶ ナス2本を縦半分に切る。断面に格子状に切れ目を入れ、切ったナスが天板の上で動かず水平になるように皮を少しむく

❷ 切れ目を入れた断面に油を塗り、200℃のオーブンで最低でも30分、しんなりしてちょっと焦げ目がつくまで焼く

❸ 小さな片手鍋に赤味噌大さじ2とみりん、砂糖、酒各大さじ1を入れて弱火にかけ、砂糖と味噌が溶けるまで泡立て器で混ぜる

❹ ナスの切れ目を入れた面にこの味噌だれを塗り、熱したあぶり焼き用グリルに入れて数分間、たれに濃い茶色の斑点ができて泡立ち始めるまで焼く（砂糖を入れた味噌は焦げやすいので、目を離さないようにする）

　なめ味噌、つまり「指までなめたくなるような味噌」というのは、発酵野菜を加えた種類の味噌です。さまざまなレシピがありますが、ナスやショウガといった食材がよく使われています。ほかほかのご飯やお粥、揚げ豆腐やそのままの豆腐と一緒に、あるいはベイクトポテトにのせていただきます。

ナス＆ヨーグルト

　ナスは羊の夢を見ます。お気に入りの肉はラム肉で、好きなヨーグルトは羊乳ヨーグルトです。完全に、脂肪が理由です。羊のヨーグルトの脂肪分含有量は7％にもなることがあり、ナスはこの脂肪分を吸い込むために生まれてきているのです。焦げ目をつけてピューレにして濾したナスをクリーミーな羊のヨーグルト、ニンニク少々、それにレモン汁ひと搾りと一緒にブレンダーにかけると、単なるメゼ〔前菜〕のスプレッドであることをやめて専用のテーブルを要求できるほどの料理になります。カシュク・バデムジャン（kashke badjeman）というのはナスと乾燥ヨーグルトを混ぜたペルシャの食べ物で、人気があるため缶詰のものが入手可能です。

Courgette

ズッキーニ

濃い緑

ズッキーニ

繊細なのか、それともか弱いのでしょうか？ *Cucurbita pepo*〔ペポカボチャ〕の実の風味は、遠慮がちなほう、とでも言いましょうか。ズッキーニはカボチャ一族の一員で、そこから予測できるとおり、中身は雨水のような味です。それを補ってくれるのが皮で、とりわけ焦がすと果肉の味気ない甘みをその苦みで相殺してくれます。小さめのズッキーニ——長さ15〜18cmのものなど——のほうが風味に優れる傾向があります。ズッキーニは大きくなっていくと、それにつれて種とその細胞膜も成長し、ちっとも魅力的ではないウッディな繊維質になります。

ズッキーニには小さくて丸い形状のものもあり、パティパンカボチャのような、知覚力を備えた種の惑星からの小さな退避船のような形をしています。どちらも美味です、おそらく皮対果肉の比率が高いことが理由でしょう。黄色のズッキーニと緑のズッキーニはだいたい同じような味がしますが、多くの人が、縦に畝のついている種類のほうがおいしい、と主張しています。

ズッキーニ＆オレガノ→「オレガノ＆ズッキーニ」P.353

ズッキーニ＆カシューナッツ

ズッキーニにチーズを合わせるの？　そうです。どんなチーズでもいいの？　そうですよ。カシューナッツのチーズでも？　何回言わせるんですか、そうです。

ズッキーニ＆シナモン

ケーキに入れたズッキーニだけは勘弁してください。静脈瘤みたいに見えますし、独特の味がするので。ズッキーニにはもっと向いている、甘い（ところもある）環境があって、それがイタリアのソース、アグロドルチェ（「甘酸っぱい」）です。

---

recipe

《ズッキーニのアグロドルチェ》（4人分）

❶ ズッキーニ500gを輪切りにして、皮がきつね色になり始めて内部がしんなりするまでオリーブオイルで炒める

❷ 塩と挽いたシナモン各数つまみ、赤ワインビネガー大さじ2、砂糖大さじ1を入れて混ぜる

❸ 1分ほど炒めて、焼き魚の付け合わせとして提供する

ズッキーニの味気なさに対して、これ以上の解決策があるでしょうか？　このソースは酸味と甘味と塩味をすべて担ってくれます。ズッキーニの焦げ目が苦味を、シナモンが温かくほろ苦いヒマラヤスギの

419

気配を出しています。私はこのペアリングが気に入りすぎて、ズッキーニとシナモンのマフィンも作りました。予想よりはおいしかったのですが、なんとひどい見てくれだったことでしょう。

「ズッキーニ&レモン」（P.423）も参照してください。

ズッキーニ&ソレル→「ソレル&ズッキーニ」P.183
ズッキーニ&卵→「卵&ズッキーニ」P.265

ズッキーニ&チーズ

「ズッキーニ　大量　消費」でグーグル検索するのはやめて、チーズ屋さんに行ってください。クーサ・ビ・ゲブナ（kousa bi gebna）という中東の料理はズッキーニのグラタンとか皮なしキッシュに近いもので、丸く緑色のズッキーニの皮と黄色いチーズと卵が、魅惑のろうけつ染め模様をなしています。コロキソピタ（kolokithopita）というギリシャのパイは、スパナコピタ（spanakopita）〔ホウレンソウとフェタチーズのパイ〕のホウレンソウをズッキーニに替えたような料理で、薄皮のフィロ生地（filo）[※11]のあいだにフェタチーズがどっさりはさまって層をなしています。

イギリス人シェフのエイプリル・ブルームフィールドは、ローマでお茶をしに入ったお店で、イングリッシュマフィンにモッツァレラチーズと、それから煮込んだズッキーニをのせた料理をウェイトレスが持ってきてくれた思い出について語っています。ブルームフィールドはそれが気に入ったのだそうです。ズッキーニはロマネスコ種で、「溝と斑が入っていて土のような特質があり──私が思うに、ちょっとだけ堆肥のようでもあります」。

料理研究家のエリザベス・デイヴィッド〔P.442参照〕は、グリュイエールチーズと組み合わせると、ズッキーニは屈指のスフレになる、と言い切っています。

ズッキーニ&トマト

フードライターのジェイン・グリグソン〔P.443参照〕は、イギリスにおけるズッキーニの消費は料理研究家のエリザベス・デイヴィッド〔P.442参照〕の「創作」だった、と書いています。デイヴィッドよりも前にズッキーニに言及した例はあるのですが、グリグソンによれば、デイヴィッドが「ズッキーニ（クルジェット）を外国語扱いから解放し、私たちの言語に完全に持ち込んで同化させた元祖です」。

デイヴィッドの第一作『地中海料理の本（*A Book of Mediterranean Food*）』（1950年）では、クルジェット・オ・トマトという見出しが宣伝に使われていますが、デイヴィッドは慎重に「たいへん若いペポカボチャ」と注釈をつけています。ズッキーニとトマトの両方を薄切りにして、弱火にかけたバターで10分炒めるという料理です。

私は次のようなやり方が好きです。飾らない美しさがあり、ズッキーニの薄切りがトマトの酸味と深いうまみで一段引き上げられています。

recipe
《ズッキーニとトマトの重ね焼き》

※11　フィロ生地（filo）…小麦粉を水・油・塩でこねて紙のように薄くした生地。

❶天板にオリーブオイルをたらし、みじん切りにしたニンニクを散らしてからトマトとズッキーニの薄切りを交互にずらして重ねていく

❷オイルをさらに足して200℃のオーブンで約1時間、野菜に火が通るまで焼く

同じようにしてズッキーニとトマトをパイ生地に重ねることもできますが、べちゃべちゃにならないよう気をつける必要があります。ズッキーニを擁護するデイヴィッドの戦いはラタトゥイユまでは及びませんでした――デイヴィッドのレシピだと、トマトとタマネギ、ナス、ピーマンしか使われていません。

ズッキーニ&ナス→「ナス&ズッキーニ」P.417
ズッキーニ&ニンジン→「ニンジン&ズッキーニ」P.245

ズッキーニ&ニンニク

料理作家のマルセラ・ハザン〔P.444参照〕はズッキーニ中毒を認めています。そういう中毒者向けの12ステップの回復プログラムなら私も参加したいものです（「ズッキーニに対して自分が無力であると認めるのです――ズッキーニが自分の人生を収拾のつかないものにしてしまったと」）。

ハザンは、夫にズッキーニを出すたびに、古い『ニューヨーカー』誌に載っていた漫画を思い出させられた、と言っています。モネがイーゼルに向かっていて、女性が「クロード、もう睡蓮の池はよして！」と言っている漫画です。ハザンの著書『イタリア定番料理の本質（*The Essentials of Classic Italian Cooking*）』には、夫が正気を失うには十分な数のズッキーニのレシピが載っています。ゆでズッキーニのサラダ、衣をつけて焼いたズッキーニ、それに名高いズッキーニのニンニク和えなどです。

recipe

《ズッキーニフライのニンニク和え》

❶ズッキーニを長いフライドポテトの形に切り、塩をしてざるに入れて30分かけて水を抜き、キッチンペーパーではたいて水気を取る

❷小麦粉をつけて、5mmの深さの植物油で少量ずつ焼く。どれもきれいなきつね色になったら、皿に移してワインビネガー（赤でも白でも）をふる

❸つぶしたニンニクを数かけ皿に加え、黒コショウを上から挽いて和える。常温で提供する

ウクライナでは、夏の終わりに大量にあるズッキーニでイクラ、すなわちズッキーニのキャビアを作ります。すりおろした、あるいはみじん切りにしたズッキーニとニンニク、タマネギ、ニンジン、トマト、それに場合によってはマヨネーズも混ぜて、煮詰めてペースト状にし、分厚く切ったパンにのせて食べるのです。このペーストは瓶に詰めて冬に向けた保存食にされることもよくあります。どうしても食べたくてたまらないときにいつでも、ズッキーニを一服することができる――ハザンにとってはメタドン〔ヘロイン中

毒治療薬〕のようなものですね。

ズッキーニ&ヒヨコ豆

アニメーション映画『風が吹くとき』に出てくるジム・ブロッグスとヒルダ・ブロッグス夫妻並みに活気があります。とはいえ誰もがそう思うわけでもありません。フランス人料理評論家ジェイムズ・ド・コケは、ズッキーニは風味部門で手助けが必要だという考えに異議を唱えていました。問題は強烈さが過大評価されていることにありました。もしそれがおいしい食べ物の唯一の判断基準なら、あらゆる料理の中の最高は酢漬けニシンということになってしまう、とコケは考えたのです（多くのスカンジナビア人にとってはたぶん実際に世界最高の料理でしょう。これは完全に地雷原です。私は関わるつもりはありません）。

もしズッキーニはあんまりおいしくないと思われるなら、ヒヨコ豆はそこで選ぶような食材ではない、ということは間違いなく言えます——それでもこのペアは、ヒヨコ豆粉の衣をつけたズッキーニのフリッターにすると、ズッキーニに水分が抜けてちょっと焦げ目のつくチャンスがあってすさまじくおいしくなります。「ヒヨコ豆&唐辛子」（P.260）のバージ衣のレシピを使ってください。唐辛子はオプションです。ズッキーニをあらくすりおろして塩をして10分置いておき、できる限りの水分を絞り出してから衣に投入してください。

ズッキーニ&ミント

雨があがった後の夏の庭に似ています。組み合わせると、濃い緑色で土のようで少し汗っぽい香気があります。イギリスのウィスタブルにあるレストラン「ザ・スポーツマン（The Sportsman）」のシェフ、スティーブン・ハリスは、自分の庭で収穫したズッキーニにはミントの風味があると言っています。店売りのズッキーニに同じものを探し当てられたらラッキーですが、なくても足してしまえば簡単です。

recipe
《ズッキーニとミントのパスタ》（4人分）
❶ ズッキーニ800gを輪切りにしてオリーブオイル大さじ2をまぶす
❷ 浅い天板に重ならないように並べて220℃のオーブンで10分焼く
❸ ひっくり返して塩をふり、皮をむいたニンニク8かけをまるごと天板に加え、さらに10分、ズッキーニがこんがりきつね色になるまで焼く
❹ ズッキーニを、オイルもニンニクも一緒に、塩をしっかり入れたお湯でゆであげたパスタ350g（ファルファッレ、あるいはフジッリがよく合う）、それに刻んだミントの葉大さじ3、バルサミコ酢小さじ1、レモンの皮ひとおろし、好みの量のすりおろしたパルメザンチーズと和える

ナポリでは、同じ材料からパスタを抜いたものを、より甘みを出す意味でオリーブオイルの代わりにたっぷりのバターを使ってガス台で調理することもあります。

ズッキーニ&ヨーグルト

ズッキーニのフリッターやパンケーキに使うソースでもっともシンプルなのは、濃厚で冷たい、ひと皿のギリシャヨーグルトです。もしズッキーニが大量にあったら、一部はザジキ(tzatziki)[*12]にキュウリをすりおろす要領で、すりおろしてヨーグルトにも入れてみてください。同じくなめらかで繊維のような食感になります——くしゃくしゃのフリッターにかなりよく合います——が、メロンのような香味はまったくありません。私はヨーグルトとすりおろしズッキーニにチャットマサラ〔P.332参照〕を数つまみ加えて、ライタ〔ヨーグルトサラダ〕として使うこともあります。

ズッキーニ&ライム→「ライム&ズッキーニ」P.194

ズッキーニ&レーズン

お子さんの弁当箱からミニボックス入りレーズンを拝借してください。ズッキーニの旬の時期に手元に置いておくのにちょうどいいのです。そのレーズンを赤ワインビネガーに浸けて、それからアグロドルチェ(「ズッキーニ&シナモン」P.419を参照してください)やフライパンで焼いたズッキーニとタマネギ、あるいは米やブルガー小麦〔挽き割り小麦〕やフリーケ(freekeh)[*13]のピラフに加えてください。または、ズッキーニの詰め物にも使えます——ただ、私と同じく、ズッキーニの果肉をえぐり出す作業にはひるんでしまうかもしれませんが。皮が破れやすすぎますし、仮に皮を破らずに残せたところで、えぐり出した後の塹壕(ざんごう)と化した部分はほんのちょっとしかないのです。丸型の(すなわち「手榴弾型の」)ズッキーニを選んだほうがいいですし、ひどい味だった場合にこちらのほうが投げやすいというもうひとつの利点もあります。私は上手投げで優(ゆう)に10ヤード離れた隣家の庭に投げ入れることもできます。

ズッキーニ&レモン

ズッキーニは皮をむいてレモンと砂糖で調理するとリンゴのような味がする、という話を読んだことがあります。試してみましたが、そんな味はしませんでした。足りないのは、リンゴを単にきゅんと甘いだけではない味にしている、あの複雑な色彩的な風味です——バラやイチゴ、それからネイルエナメルのような洋ナシ型キャンディの素敵な香味です。ですが、シナモン少々とクランブルトッピングを加えると、なんとか食べられるようになります。アレルギーの反応が出るかもしれないのに、なんでわざわざ? という疑問は残りますが。

レモンと砂糖と組み合わせると、ズッキーニの風味と食感はハニーデューメロンに似通っていきますし、もし大きくて種ありのズッキーニなら、カボチャのわたのような質朴(しつぼく)さもわずかにあります。イタリア料理では、レモンはゆでたズッキーニや、ズッキーニ自身の水分とオリーブオイルでゆっくり煮たズッキーニによく加えられます。ズッキーニを加熱することできのこの風味が出ることがあるのですが、それを阻むのに一役買ってくれるのです。

花ズッキーニはよく米やソフトチーズとレモンの皮を詰める入れ物になります。花を揚げたときなど特に、皮の鮮烈な風味がひと息つかせてくれます。花ズッキーニのわずかに麝香(じゃこう)のような、松の香気(こうき)を吸い込んでから、具を詰めてください。

※12　ザジキ(tzatziki)…ヨーグルトにキュウリやハーブ、レモンなどを加えて混ぜたギリシャ料理。
※13　フリーケ(freekeh)…小麦を青いうちに収穫しローストして乾燥させたもの。中東諸国で古くから食されている。スープに入れたり、米のように炊いたりして食べる。

Spinach
ホウレンソウ

　フランスのレストラン評論家グリモ・ド・ラ・レニエールは、「ホウレンソウにはあらゆる刻印を受け入れる素地がある。それは厨房における天然の蜜蝋（みつろう）である」と書き残しています。

　ホウレンソウが味気ない空白のキャンバスであるという示唆（しさ）が間違っていることは、ちょっと精査すればわかります。葉に軽く火を通すと、ミント、烏龍茶、タバコ、蝋（ろう）、ラディッシュ、あるいはスミレの味がすることがあります（そこがズッキーニとは違います）。

　もっともうまくやれるペアは、ガモン（gammon）※14 やブルーチーズ、味噌バターといったしょっぱくて脂肪分のあるお相手です。サヤインゲンやオクラと同じく、ホウレンソウは長時間調理することで変身を遂げ、肉のようでスモーキーでフェノールのような風味に変わります。

ホウレンソウ＆オールスパイス

　合わさるとバジルのような何かになります。オールスパイスで優勢な香味（こうみ）はクローブですが、これはバジルでもしばしば同じです。また、オールスパイスにはわずかにナツメグもあります——ホウレンソウの定番のお相手ですが、これはほぼ間違いなく、加熱した葉の土のような後味をうまくごまかしてくれるためです。挽きたてのオールスパイスをしっかりふっても同じ効果があり、ナツメグよりもすがすがしい風味になります。

　ホウレンソウ＆きのこ→「きのこ＆ホウレンソウ」P.308

ホウレンソウ＆玄米

　トルタ・ヴェルデ（torta verde）というのは、イタリア・ピエモンテ州の米とホウレンソウの料理で、刻んだホウレンソウ、タマネギ、炊いたご飯、大量の卵、ナツメグ、パルメザンチーズでできています。トルタ・ヴェルデはケーキ型で焼いて楔形（くさびがた）に切り分けて提供します。マルセラ・ハザン〔料理作家、P.444参照〕の作り方だと長粒種（ちょうりゅうしゅ）の白米が必要ですが、玄米やリゾット米でも作れます。

　ガス台で作るギリシャのスパナコリゾ（spanakorizo）※15 も同じような材料を使いますが、チーズ——この場合はフェタ——は飾りつけのオプションとしてとっておきます。底が丸い形をした鍋で作ることもあり、そうするときれいな半球形の山の形にできます。そうでない場合はまとめずにピラフのようなスタイルで提供します。ホウレンソウの風味がたいていニンニク、リーキ、ディルで補強されていて、長い調理時間のあいだにホウレンソウの風味がコクと肉っぽさを増していきますが、気づけるほどになるのはたくさん使った場合だけです。それに、ホウレンソウがルーレット卓のチップの山よりも速く小さくなっていくことは誰もが知っています。米250gに対し、少なくとも生のホウレンソウ1キロから始める必要があるでしょう。

　ホウレンソウ＆ゴマ→「ゴマ＆ホウレンソウ」P.314
　ホウレンソウ＆ジャガイモ→「ジャガイモ＆ホウレンソウ」P.255

※14　ガモン（gammon）…豚もも肉を塩漬けまたは燻製したハムの一種。生で販売され、加熱する必要がある。
※15　スパナコリゾ（spanakorizo）…ギリシャ料理。ホウレンソウと米を煮て作るリゾットのようなもの。

ホウレンソウ&白インゲン豆

ミルポワ〔タマネギ、ニンジン、セロリなどを細かく切ったもの〕をしんなりさせ、豆を開けて、チョリソーを刻み、葉物野菜をちょっと加えてください。

ホウレンソウ&ソレル→「ソレル&ホウレンソウ」P.184

ホウレンソウ&卵

エッグ・フロランタンは定番料理です。訂正します、定番でした。火を通したまだ温かい刻みホウレンソウの上にのったポーチトエッグが、モルネーソース〔チーズを加えたホワイトソース〕をまとったひと皿。パワーブレックファスト〔朝食をとりながら行う会議〕の元祖です。支払を済ませたら、仲介人と話をし、ミュージカルのヒット作を書き、それから「ブルーミングデールズ(Bloomingdale's)」〔アメリカの老舗百貨店チェーン〕に行ってランチの前になにか常識はずれなものを買う、というのがしきたりでした。

近頃のエッグ・フロランタンはベジタリアン版の弱々しいエッグ・ベネディクトもどきです。ホウレンソウはマフィンの上に鎮座していて、オランデーズソース〔バターと卵黄、レモン汁のソース〕がモルネーソースを駆逐してしまいました。ここから何が学べるでしょうか？　あまり学べることはありませんが、ホウレンソウと卵、小麦粉、乳製品にはもっとよい運命がある、ということは言えます。たとえば、ホウレンソウのスフレとか。あるいはタンバル(timbale)[※16]とかルーラード(roulade)[※17]とか。とろとろの卵が上にのったフォレスト・グリーン・ピザ、シンプルなニューディ(ニョッキに似たリコッタチーズの団子)、またはホウレンソウとリコッタチーズと卵で作る、イタリア・リグーリア州の複雑なトルタ・パスカリーナ(イースターパイ)とか。もちろんホウレンソウの生パスタには乳製品は入っていませんが、おろしパルメザンチーズという形でまたもぐりこんでいます。

ちなみに、ホウレンソウに目玉焼きを合わせるのは避けたほうが賢明です——わずかに金属の風味があり、鉄分を含むホウレンソウと混ざると合金のようになってしまって嬉しくないからです。

ホウレンソウ&チーズ

著書『フランス料理技術の習得(*Mastering the Art of French Cooking*)』で、料理研究家のジュリア・チャイルド〔P.443参照〕は、自らのエピナール・アン・シュルプリーズ〔フランス語で「サプライズホウレンソウ」の意〕のレシピを「愉快な仕掛け」と形容しています。「サプライズ」という言葉のつく料理名を聞くと、頭の中で警報が鳴ってしまいます。十中八九、そのサプライズとは缶詰の果物だからです。もちろん、チャイルドのレシピではそんなことはありません。チャイルドの料理では、ホウレンソウはクリームまたはストックで蒸し煮にした後、すりおろしたスイスチーズと混ぜて大きなクレープをすっぽりかぶせてあります。私はチャイルドがじゃじゃーん！と言いながらクレープをさっとはがして、お客様のおでこにクリームをはね飛ばして驚かせていたんだろうな、と想像して楽しんでいます。

自分が食べるなら、ホウレンソウのパンケーキはイタリアのクレスペッレ〔クレープ生地で具材を包んだ料理〕流に、ベシャメルソースのブランケットの下に収まって提供されるのが好きです。ギリシャのホウレンソウのパイ、スパナコピタ(spanakopita)は、こうした柔らかくて上品な料理と比べるとあけすけで、ホウレンソウにしょっぱくてコクのあるフェタチーズがたっぷりはさまっていて、カリカリのフィロ生地〔P.420参照〕の層でサンドイッチにされています。インドのパラク・パニール(palak paneer)〔ホウ

※16　タンバル(timbale)…みじん切りにした魚介類・鶏肉・野菜などを混ぜ合わせ、広口の型に詰めて焼いたもの。
※17　ルーラード(roulade)…薄くのばした生地や肉などに具材をのせて渦巻き状に巻いた料理の総称。

レンソウとチーズのカレー〕では、ホウレンソウとチーズの割合はよく知っているものとは反対になっています。食べごたえは大部分をまろやかでいてしっかりしたパニール〔チーズ〕が担っていて、香辛料を加えたホウレンソウは風味たっぷりでなめらかなソースの中でくたっとしています。

ホウレンソウ&豆腐

豆腐乳（ドウフールー）という発酵豆腐は「中国のおいしい調味料で、簡素なホウレンソウ炒めを神々しいごちそうに変えてくれる」とフードライターのフューシャ・ダンロップは述べています。ダンロップはこの豆腐を、強烈でしょっぱくてチーズのようで、中でも強烈なロックフォールチーズに似ている、と形容しています。チーズと同じように、とろけてホウレンソウの水分とからみ合って抜群においしいソースになるのです。これは中国だと空心菜（くうしんさい）を使って作るのでしょうが、普通のホウレンソウでも大丈夫です。ダンロップは、この発酵豆腐をアンチョビペーストのようにトーストの上にちょっと塗って食べていることも教えてくれています。

ホウレンソウ&ニンニク→「ニンニク&ホウレンソウ」P.284

ホウレンソウ&バニラ

フードライターのジェイン・グリグソン〔P.443参照〕が、ホウレンソウとバニラカスタードクリームを混ぜて中に詰めて焼く甘いタルトのレシピを教えてくれています。クリスマスイブに、真夜中のミサの前に食べる家族の食事、大夕食会（ル・グロ・スペ）のひと皿として出てくることがある、とも言っています。この食事会は最後に13のデザート（トレーズ・デセール）が出てきて終わりになります。13のデザートは名前の割に度を越して多いわけではありません。ナッツひと皿とか、果物ひと口分といった、大変ささやかなものもあります。私もホウレンソウとバニラのタルトを作ってみたのですが、言いたいことはこれだけです。他の12種を先に食べてください。少なくとも私はこの組み合わせを嫌っている点ではちゃんと仲間です。

作家であり歴史家のロビン・ウィアーは、アグネス・マーシャル〔P.442参照〕の有名な『アイスの本（*Book of Ices*）』（1885年）に掲載されているアイスクリームのレシピ65種をすべて試しましたが、ホウレンソウとバニラはその中で好きになれなかったわずか2つのレシピの片方でした。ウィアーの息子はまずくはないよと言ったものの、それでもティースプーン1杯分も食べきれなかったそうです。

イスパナクリ・ケク（Ispanaklı Kek）というのはホウレンソウとバニラで作るトルコのスポンジケーキです。ホウレンソウの味はしないという話ですが、私はどうかなと思っています。グレンイーグルズ〔スコットランドにあるゴルフコース〕並みに鮮やかな緑色なので。

ホウレンソウ&ヒヨコ豆→「ヒヨコ豆&ホウレンソウ」P.261
ホウレンソウ&フェヌグリーク→「フェヌグリーク&ホウレンソウ」P.405

ホウレンソウ&松の実

目を閉じて、炒った松の実を噛（か）んでみると、（焼いたアスパラガスの先端を食べているときと同じように）明らかなベーコンの風味がわかることがあります。これで松の実がホウレンソウを好きな理由にいくらか説明がつきます。この2つは中東のファティール（fatayer）のような小さなペストリーに入っていたり、フラットブレッドにのっていたりします。

下記の「ホウレンソウ&レーズン」も参照してください。

ホウレンソウ&ヨーグルト

クラウディア・ロデン〔P.443参照〕によれば、著しい親和性があります。『ユダヤ料理の本（The Book of Jewish Food）』で、ロデンはラバネヤ（labaneya）というスープのレシピを教えてくれています。タマネギ、ニンニク、細切りにしたホウレンソウを炒めて、葉ネギ、米、ストックまたは水を加え、米が柔らかくなるまで煮ます。ガーリックヨーグルトを入れてかき混ぜ、ゆっくり温め直してから提供する、というスープです。サル・ドゥエ（pshal dueh）という名前で知られるペルシャの似たようなスープはディルで風味づけをしてある、とロデンは書き添えています。

インドでは、ホウレンソウとヨーグルトのペアはライタ〔ヨーグルトサラダ〕に入っており、なじみのあるキュウリのライタに比べると絹のようになめらかです。自分の唐辛子耐性を高く見積もりすぎてしまったときに食道をひんやりさせるのにも、おそらくこちらのほうが向いているでしょう。

---

recipe

《ホウレンソウとヨーグルトのライタ》

❶ 洗ったホウレンソウの葉2つかみ分をギー大さじ1で、洗った時の水分が蒸発して葉がしんなりするまで炒める

❷ ボウルに移して冷ましておき、その間にブラウンマスタードシードとクミンシード各小さじ1/4を油を引いていないフライパンでパチパチいい始めるまで炒る

❸ ホウレンソウが冷めたら刻んで、ヨーグルト300g、炒ったシード、好みの量の塩と混ぜる

❹ 冷蔵庫で保管して、4日以内に食べきる

同じ発想をイラン流にやると、炒めて冷ましたホウレンソウにレモン汁とみじん切りにした生タマネギを加えて、ヨーグルトとほんの少し乾燥ミントも加えることになります。

ホウレンソウとヨーグルトにはすばらしい変奏がものすごくたくさんあるので、なぜ誰も塩気のあるヨーグルトのシリーズを世に出していないのだろうと思ってしまいます（「ヨーグルト&ニンジン」P.178も参照してください）。

ホウレンソウ&リーキ→「リーキ&ホウレンソウ」P.288

ホウレンソウ&レーズン

「ヴィラ・アメリカを探しに行こうよ」と、朝食の席で言い出したのは私でした。私たちはフランスのアンティーブという古い町に滞在していて、ヴィラはすぐ近くの岬にありました。ヴィラ・アメリカはジェラルド・マーフィーとサラ・マーフィーの所有でした。二人は失われた世代[18]がヨーロッパで利用する在外居留地としてのフレンチ・リヴィエラ〔南フランスの地中海沿岸を指す〕を確立した裕福な国外在住者夫妻で、F・スコット・フィッツジェラルドの『夜はやさし』に出てくるディックとニコール・ダイバー夫妻は、

※18 失われた世代…第一次世界大戦中に育ち人生に幻滅を感じ方向性を見失った人たち、特にアメリカの作家を指す。

この二人がインスピレーションになった部分もあります。ジェラルドは毎朝近くのビーチを片付けてきれいにならし、スコットとゼルダ〔フィッツジェラルドの妻〕、アーネスト・ヘミングウェイ、コール・ポーター、その他1920年代の日陰者たち（デミモンド）を象徴する誰かがやってきて、ピクニックをしたりカクテルを飲んだり日光浴——マーフィー夫妻が人気に火をつけたと言われることも多い遊び——をしたりできるようにしていました。

　私はわざわざヴィラの所在地を確認したりはしていませんでした。(a)90年前のぼんやりした写真で見たことがあったから、そして(b)間違いなくその小さなビーチの向かい側にあると思っていたからです。海岸沿いを行けば見つかるでしょう、と。もちろん、海岸沿いを行くというのは、億万長者が住んでいた半島においては微妙な案です。舗装された歩道は面白みもない上にちょくちょく海岸から逸れていき、防犯カメラがところ狭しと設置されている12フィートの塀と強化された鋼鉄の門で警備された広大な敷地をぐるりとまわるように、えっちらおっちら歩かなくてはなりませんでした。誰かがビーチをならそうとか即興でカクテルをミックスしようなどと試みようものなら、首の見えない、くるくるのワイヤーが耳たぶをぐるりと覆っている男にすぐさま声をかけられそうな場所です。

　とうとう砂利の入り江に続く道に出ました。向こう側にヴィラはありませんでした。私たちは小石の上に腰を下ろして、私はまだぎりぎり冷たい地元産のロゼワインのハーフボトル、それに油ぎった中身のせいで半透明になった紙袋を取り出しました——朝クロワッサンを買い求めに行ったときに買ったトゥルト・オ・ブレット2切れです。砂糖をまぶしたホウレンソウのパイひと切れほど「35℃の暑さの中、実りのない、不愉快と紙一重の散歩に連れ回してごめんなさい」と言ってくれるものはありません。本当にとてもおいしいパイでした、フルーティーで甘美なホウレンソウと、レーズン、砂糖、リンゴの混ざった具が入ったパイです。ごつごつした甘いパイ皮の中に、濃い緑色の葉がみっしり閉じ込められています——簡易ヘリポートや人感センサーカメラができる前のキャップダンティーブ〔1932年に建てられたフレンチ・リヴィエラの有名なホテル〕の、食べられるポストカードのようです。

　私たちはターコイズ色の海で泳ぎ、のんびり町まで戻りました。道みちプラージュ・ド・ラ・ガループを通り過ぎたのですが、これこそが私たちが探していた、ヴィラ・アメリカからちょっと歩いたところにある、12フィートの塀で隠されたビーチだという事実にはまったく気づきませんでした。

「ホウレンソウ＆松の実」（P.426）も参照してください。

ホウレンソウ＆レモン

　DIYのソレルです。日記作家ジョン・イヴリン〔1620〜1706〕は『アケーターリア：サラダ談義（Acetaria: A Discourse of Sallets）』（1699年）で、サラダに入っている生のホウレンソウについてこんなことを言っています。「たびたび登場するものが……より美味なるものを締め出した」。イヴリンの見解では、ホウレンソウはそれ自身の水分だけで「ゆでてどろどろに」（つまり、パルプ状に）してから、バターとレモン汁を混ぜたほうがよい、のでした。この作り方は現在でも広く使われていますが、「リヴァー・カフェ（River Cafe）[※19]」ではバターをオリーブオイルに換えています。イタリアのデリカテッセンでは加熱したホウレンソウの葉をホウレンソウの茎と一緒にきっちり丸めてボールにして売っています。16世紀にはシェフのバルトロメオ・スカッピがその実情を記録しています。このホウレンソウは冷たいままオリーブオイルとレモンでいただきます。

[※19]　ロンドンのテムズ川沿いにある、シェフのルース・ロジャースと故ローズ・グレイ（P.50も参照）によるイタリアンレストラン。

Green Tea
緑茶

緑茶の茶葉は3つの主要な特徴にしたがって評価されます。苦み、渋み、風味の3つです。最初の2つはカフェインとカテキンが原因の大半を占めていますが、生育過程で早摘みされた葉だとあまりはっきりとはわかりません。風味は茶葉の品種と原産地、それにさまざまな過程——たとえば葉を蒸す、炒るなど——で生成される分子によって異なります。

抹茶というのは日本の緑茶で、ごく細かな粉状に挽いたものです。儀式用、プレミアム、料理用（ベーシック）という3つの基本グレードがあります。儀式用というのは、名前が示唆するように、お湯を使って丁寧に点てて味わうためのものです。プレミアムは飲用や料理に使われますが、料理用は料理目的のみに使われ、こちらのほうが苦みが強いとみなされることも多々あります。

この項では、抹茶に加えて、ガンパウダー〔「緑茶＆ミント」P.432参照〕、玉露、煎茶、玄米茶など、さまざまな緑茶を扱います。

緑茶＆アボカド

緑茶の穏やかな海の風味は、アボカドと合わせればカリフォルニアロールの熱烈なファンには受けるでしょう。トーストにのせたアボカドにはコーヒーよりもこちらのほうが向いているでしょう。ちゃんとした淹れ方をすれば、の話ですが。お湯を適温にするのが、緑茶の風味を解き放つためにはとても重要です。90℃を超えてしまうと、汚いお湯を飲んでいるのと変わらなくなります。緑茶の自然な甘みを最大化するには80℃が理想的だとよく言われていますが、お茶によっては50℃で風味が抽出されるものもあります。2〜3分浸出してから最初のひと口を飲んでください。

緑茶＆グーズベリー

シェフのアンナ・ハンセンは著書『現代パントリーの料理本（*The Modern Pantry Cookbook*）』で、緑茶スコーンのグーズベリーとバニラのコンポート添えのレシピを紹介しています。「……緑茶の草のようなかぐわしい芳香は、なんとスコーンに入れると特によいのです」とハンセンは書いています。

recipe

《緑茶スコーン》（12〜14個分）

普通のレシピでスコーンを作るときに、抹茶小さじ2と1/2を小麦粉500gに混ぜてアレンジする

でも、酸っぱいグーズベリー料理と一緒に緑茶を飲むのはやめてください。この果物の酸味は緑茶を不愉快なほど渋い味に変えてしまうからです。

緑茶&玄米

最高級の上質玉露玄米茶は緑茶に炒った玄米が混ぜてあり、茶葉が沈んでいく水面に玄米が浮かびます。玄米のほうが甘く、濃厚な特質が出るため、白米で作られるものはそれほど珍重されてはいません。玄米茶は寿司や刺身のよいおともになります。おいしいストックにもなります。お茶漬けと呼ばれる、ご飯を出汁や緑茶に沈めた、さっと作れる食事もあります。黒澤明はかつて、日本映画を評して「緑茶をかけたご飯のように風味に欠ける」と述べていますが、漬物やきのこ、サケ、あるいはお茶漬け専用にミックスしたものが売られている小袋入りの調味料などを入れると味をはっきりさせることができます。

緑茶&ココナッツ

ココナッツは質素な緑茶とペアにするにはあまりに軽薄に思えるかもしれませんが、緑茶の中にはマンゴーやパイナップル、ライチがわずかに感じられるものがあります——どれもココナッツ自身のトロピカルな甘みによく合うお相手です。

緑茶&ゴマ

玉露という日本の緑茶の一種は、一番茶の新芽をおよそ20日間覆っておいてから収穫して作られます。これによりカテキンという、お茶にコクを出し、渋みを減らす効果のある抗酸化フラボノイドの生成が抑制されます。手にしうる最高品質の緑茶であり、甘くうっとりする新鮮な草の芳香とうま味の香味と甘みが組み合わさっていて、そのため50gで100ポンドほどします。『世界のお茶百科事典（The World Tea Encyclopaedia）』の著者ウィル・バトルによれば、目隠しでのテイスティングでも決まってトップになるのだそうです。玉露のファンは出涸らしの茶葉を無駄にすることには我慢がならず、中には食べてしまう人もいます。風味がよく海苔にたとえられるので、海藻の代わりにサラダに入れて、ゴマ油と醬油と米酢のドレッシングをかけます。

「サツマイモ&緑茶」（P.155）も参照してください。

緑茶&ザクロ→「ザクロ&緑茶」P.94
緑茶&サツマイモ→「サツマイモ&緑茶」P.155
緑茶&ソバ→「ソバ&緑茶」P.64

緑茶&卵

緑茶の目利きは、緑茶をスモーキー、フルーティー、植物性、というカテゴリーに分けています。中国緑茶は大部分の種類がスモーキーで、インドやスリランカ産はフルーティー、日本産は植物性です。

植物性のものはとてもホウレンソウに似ている気がするので、卵とはおのずとよいペアになると思います。日本でよく天ぷらについてくる抹茶塩はおおよそ小さじ1/2の抹茶に細かく砕いたソルトフレーク大さじ2で作られていて、ゆで卵、特にウズラの卵と合わせると最高です。

緑茶&チーズ→「チーズ&緑茶」P.279
緑茶&チョコレート→「チョコレート&緑茶」P.39
緑茶&豆腐→「豆腐&緑茶」P.305

緑茶&蜂蜜

「ブリティッシュ・ベイクオフ」[20]2012年優勝者ジョン・ウェイトは、緑茶についてこんなことを言っています。「緑茶のわずかに鉄を含んだような植物性の風味に甘みをつけて味わうと、とても濃く淹れた紅茶に浸したリッチティービスケットの味を思い出す」。よい指摘ですが、畳の部屋で実際にやろうとはしないでください。怒った芸者に追い出されてしまいますから。

緑茶の甘みづけには蜂蜜が最適です。茶葉にもともとある蜂蜜の香味を広げてくれるからです。アカシア蜂蜜なら風味が軽くてお茶の邪魔をしないので試してみてください。お湯ではなく牛乳で作る抹茶ラテの多くは蜂蜜で甘みをつけてあります。抹茶ラテの色が、自らの風味では現金に換えられない小切手を切っていることが多すぎるように、私には思えます。ありがたいことに、ロンドンに拠点を置く「レア・ティー・カンパニー（Rare Tea Company）」が、牛乳にも「面食らったり」しないくらいしっかりした、ラテ用グレードの抹茶を取り扱っています。

緑茶&バニラ

どこの血族の場合もそうですが、チョコレートにもお上品でよそよそしい分家（ダーク）と、優しくて真面目な平等主義者（ミルク）、そして下劣でやかましく、パーティーには呼びたくないような俗物がいます。ホワイトチョコレート——「やっぱりさ、ちゃんとしたチョコレートじゃないからね」——はたびたび自分で自分の価値を落としてしまっています。軟弱で生白く、気分が悪くなるほど甘く、バニラでびしょびしょになっていて、さながら香水の「ブリトニー・スピアーズ・ファンタジー」をつけすぎたかとこのようです。こんな風でなくてもいいはずなのです。

抹茶とペアにすると、ホワイトチョコレートは、ワサビグリーンの「イッセイ・ミヤケ」の服を着て現れるいとこに近くなります。私が初めてこのペアに出会ったのは「キットカット」の日本スペシャルエディションで、食べるやいなや私なりのお茶の儀式スペシャルエディションを編み出してしまいました。ちびちびすすって、かじって、ゆっくり噛んでみて、驚きとともに目をどんどん大きく開き、ごみ箱の蓋を開け、吐き出して口をお茶でゆすぐ、という儀式です。でもこの組み合わせには何かがあるに違いありませんし、この「キットカット」での大失敗以降も、この組み合わせがホットドリンクやティラミス、サーモンにかけるソース、ショコラティエで買ったお高い箱入りトリュフに使われているのを目にしました。どれにもあまり緑茶の特徴が感じられなかったので、いろいろなグレードのホワイトチョコレートとベビーパウダーのように細かい抹茶で、いくつか自分で作ってみました。高い方のホワイトチョコレートで作ったトリュフは、チョコレートにバニラがたくさん含まれていたためバニラの味しかせず、気持ち悪いカエルのカーミット色が余計に不釣り合いでした。それより少し自己主張の弱いホワイトチョコレートだと、ずきずきするほどの甘さをお茶が鋭く心地よい苦みで打ち消してくれて、さらに葉っぱのような草のような風味もあり、まるで異国の花のようなバニラが枝葉のクッションに鎮座しているかのようでした。にもかかわらず、ショコラティエが緑茶には慎重になる理由がわかりました。多すぎるとホウレンソウの葉と海岸のおいしそうな香味が出てしまい、濃厚で甘いおやつというよりもソバ用の出汁のように思えてしまうのです。

緑茶&プルーン→「プルーン&緑茶」P.130

※20　ブリティッシュ・ベイクオフ（The Great British Bake Off）…イギリスの料理コンテスト番組。参加者がパンやケーキ作りなどの腕を競う。

緑茶&ミント

　びしっと決まった組み合わせです。イギリスの茶葉商人が委託販売の中国のガンパウダーティー（gunpowder tea）[21]をバルト諸国で売れなかったときに、購入に乗り気な買付人がモロッコにいたのです。モロッコでは地元住民がこれを新鮮なスペアミントと混ぜて甘みをつけました。ガンパウダーティーの名前はおそらくその見た目に由来するのでしょう。風味を保つため、そして刻むことで酸化するのを防ぐため、緑の葉を丸ごと榴散弾のようなつぶて状に丸めるのです。これがお湯の中でほぐれてスモーキーな風味を生みます。他の緑茶にある風味よりもダークで濃厚なことも多い風味です——これをミントが明るくしてくれます。注意していただきたいのは、ガンパウダーティーの中には非常にスモーキーなものがあり、その場合この組み合わせは、メントール・シガレットのような味になる可能性がある、という点です。

　もっとまろやかな緑茶とミントの組み合わせなら、ルクマデス（loukoumades）[22]のような小さなドーナツに使うと抜群のシロップになりますし、スパークリング・ロゼのパンチのベースにもなります。

緑茶&ライム → 「ライム&緑茶」P.195

---

[21]　ガンパウダーティー（gunpowder tea）…「火薬茶」の意で、緑茶の一種。浙江省平水のお茶で、平水珠茶ともいう。
[22]　ルクマデス（loukoumades）…ギリシャ風ドーナツ。小さく丸い形で、揚げたてにハチミツとシナモンをかけて食べる。

Seaweed

海藻

　私たちは自分で自覚している以上に海藻を食べています。カラギーナン（「小さな岩」を意味するアイルランド語カラギンの転訛した語）は食品製造業者がアイスクリームやミルクシェイクやヨーグルトの増粘剤として使用していて、原材料一覧には普通、それほど風に吹きさらされていなさそうなE407という名前で載っています。巻き寿司を包むのに使う海苔は見た目でわかりやすいですが、日本食のスープや麺料理の多くに使う出汁にコクを出してくれる昆布は、非常に熟練した舌を持つ人以外は気づかないままです。この項ではダルス[※23]、ワカメ、ヒジキ、シースパゲッティも扱います。最初のひと口では海の風味が一番はっきりしていますが、あなたが食べる海藻は他にも、干し草、リコリス、「マーマイト（Marmite）」[※24]、タバコ、烏龍茶、ゼラニウム、コショウ、煙、たまり醤油、ジャーキー、アンチョビのような味、あるいはベーコンやトリュフのような味だってするかもしれません。

　海藻のペアを作る際の主な選択肢は2つあります。ジャガイモのような淡白な食材の味つけに少量を使うか、あるいは料理の主役にして、柑橘類やショウガのようなさっぱりする食材と合わせて深海の強烈な味を和らげるかです。

海藻＆アボカド→「アボカド＆海藻」P.330
海藻＆オーツ麦→「オーツ麦＆海藻」P.65

海藻＆大麦

　イギリス・スコットランドのクラックマナンシャーにある「ウィリアムズ・ブラザーズ・ブリューイング社（The Williams Bros. Brewing Co.）」は、湖や濁った池に潜む黒くて姿かたちを変える馬の精霊にちなんだ「ケルピー（Kelpie）」という名称の黒い海藻風味のビールを作っています。ビールと同じく、この精霊も人間の肝臓を食い尽くすと言われています。

　ビール自体はというと、スコットランドの海岸沿いのビール醸造所でかつて作られていたものにヒントを得ています。そのビールには、大麦にやる肥料に使っていた海藻の名残りがあったのです。「ウィリアムズ・ブラザーズ」では原料のマッシュ〔粉砕した麦芽と湯を混ぜて作る糖化液〕に昆布を加えて、チョコレートとコーヒーの香味、それにしょっぱい海藻が後からがつんとくるエールを造っています。提案されているフードペアリングはシーフードです。

海藻＆オレンジ→「オレンジ＆海藻」P.199

海藻＆きのこ

　昆布とシイタケというヴィーガンの出汁で作った、濃厚なうまみのあるブロスを口にして、どこかへ飛び立てそうな心地を体験してください。この組み合わせは思っているよりもわかりやすくはありません。明らかな調和や対照に基づいているわけではまったくないからです。

※23　ダルス（dulse）…紅藻と呼ばれる海藻の一種。
※24　マーマイト（Marmite）…ビールの醸造過程で出る酵母を主原料としたペースト状の食品。独特な味と香りがある。

1908年、日本の化学者池田菊苗が、昆布はグルタミン酸ナトリウム（MSG）を豊富に含むことを発見しました。1960年、化学研究員の国仲明が、別のうま味化合物、すなわちグアニル酸と呼ばれるヌクレオチドを、乾燥シイタケに発見しました。MSGとグアニル酸は互いに対して相乗効果を発揮します。うま味の2乗です。

昆布はビーチで簡単に集められます。夏が最適です。暖かいので昆布を物干し綱に留めて干せるでしょうし、思い切ったポリ塩化ビニルの服を着てクラブに行くのにはまっているのだな、とご近所さんに思わせることができるはずです。

海藻&玄米→「玄米&海藻」P.18

海藻&ココナッツ

2つのビーチの物語です。海藻はイギリス・モーカムでの雨の朝の散歩で、ココナッツのほうはカリブ海のアンティグア島でハンモックに揺られて過ごす午後です。片方がもう一方に、まるで邪魔された白昼夢のように忍び寄っていきます。実際、この組み合わせはあまり甘くないグラノーラに入れると素敵になります。「トロピカル・ファンタジー」に冷たくハードな現実を多少与えたって別に大丈夫でしょう。

---

recipe

《海藻とココナッツのシーズニング》

❶ ヒマワリの種100gと乾燥ココナッツ50gにメープルシロップ大さじ2、醤油小さじ3、ゴマ油大さじ4を混ぜる

❷ 天板に広げて170℃のオーブンで15分、時々かき混ぜつつ、こんがりきつね色になるまで焼く

❸ 海苔フレークを数つまみ加えてオーブンでさらに5分焼く

❹ 粗熱をとり、冷めたら割って、密閉できる瓶に入れる（最長1か月保存できる）

ダール〔P.405参照〕や加熱調理した青物野菜、あるいは豆腐や魚を添えたシンプルなご飯にのせてください。

海藻&ゴマ

日本で海苔と呼ばれている乾燥させた海藻の板は韓国ではキムと呼ばれ、ゴマで風味づけしてあっておつまみとして食べます。キムはあぶって――油を引かないフライパンでできます――小さく砕いて、ゴマ油と醤油、砂糖、ニンニク、葉ネギで作ったたれをからめます。これはご飯にのせて提供します。日本には、炊いたご飯にかけるふりかけと呼ばれる調味料がどこにでもあります。ふりかけという言葉は多様なブレンドを指すのですが、多くは刻んだ海苔フレークとゴマが入っています。

ゴマは日系スーパーマーケットで手に入る、水を足すだけでできるような「海藻」サラダにも使われています。アメリカの日本食レストランでは「中華海藻」が人気です。鮮やかな緑色の細長い海藻がゴマ油とゴマ、それにちょっとの唐辛子でコーティングされた品です。この海藻が実際には何なのかについて

は諸説あります。寒天ヌードルを緑色に染めたものだ、と言っている人もいます。「チュッカ」は必ずしも信用がおけるとは限らないんだよ、と。

海藻&サンファイア

北ロンドンにあるフィッシュ・アンド・チップスの店「サットン・アンド・サンズ（Sutton and Sons）」では、バナナの花を海藻とサンファイアと一緒にマリネにしてヴィーガン「フィッシュ」を作っています。バナナの花のポイントは、タラのようなほろほろ崩れる食感があり、海の風味をよく吸うというところです。だから魚と薄切りになるんですね。

海藻と魚や貝・甲殻類との類似性は品種によるでしょう。海苔の風味はじっくりソテーにしたホタテやフライパンで炒めた子イカのようだ、と言う人もいます。乾燥ダルスの風味はよくアンチョビにたとえられます。加熱したダルスはケールのほうに近くなり、野生食材の専門家で作家のジョン・ライトによれば「ヨウ素と海岸が上塗りされている」そうです。

海藻&ジャガイモ

植物学者のルイーザ・レーン・クラークは海藻アルバムの技法について書いた1860年の文章の中で、ダルスは分厚くて他の品種ほどページにくっついてくれない、と記しています。またクラークは、アイルランドの貧しい家庭ではダルスだけを付け合わせにしてジャガイモを食べる、とも明かしています。「ディリスク・チャンプ（dillisk champ）」というのがこの料理の名前で、「ディリスク」というのはダルスのアイルランド語での名前です。野生食材の専門家で作家のジョン・ライトはこの2つをレシュティ（rösti）[※25] でペアにすることを勧めています。また、シンガポールにあるマクドナルドの店舗では海苔のフライを注文することができます。

有名な新ジャガイモのジャージー・ロイヤル（Jersey Royals）[※26] は、地元の海藻が伝統的に肥料に使われているおかげで上質な風味があるのだとささやかれていましたが、ジャージー・ロイヤルがすべてそのように栽培されているわけではないことに注意してください。

海藻&ショウガ→「ショウガ&海藻」P.240

海藻&ソバ→「ソバ&海藻」P.60

海藻&卵

プラスチックのドームで覆われた玉子握りが流れていきました。私は世慣れた友人に、初めての寿司をごちそうしてもらっているところでした。「それは一体何の魚なの？」ハッチバックにひもでくくりつけられたマットレスのように、白い米のブロックの上に帯をかけてとめられた黄色い長方形のスポンジを指して、私は尋ねました。ひと口かじってみると、玉子が驚くほど甘く、じゅわっとおいしい汁気が染み出してきます。海苔の帯が対照的な塩気と歯ごたえを出していて、米は少しの酢で味つけがされていました。玉子握りというのはバランスと絶妙な機微の勝利なのだと、私は悟りました。

日本には茶碗蒸しという甘くない蒸しカスタードもあり、卵液に少量の海藻ストックと、旬の食材をいくつでも混ぜて作ります。イギリスのウェールズでは、卵は朝食にラーヴァーブレッド（laverbread）[※27] と一緒に提供されることがあります。フォークで口の中に放り込めること以外は、玉子握りの体験と変わる

※25　レシュティ（rösti）…ジャガイモを細切りにしてフライパンで炒め、パンケーキ状の形にしてこんがりと焼いたもの。
※26　ジャージー・ロイヤル（Jersey Royals）…イギリス海峡のジャージー島特産のジャガイモ。
※27　ラーヴァーブレッド（laverbread）…紅藻の一種。ウェールズではオートミールと混ぜてパティにして焼いて食べられている。

ところはありません。

海藻&豆腐

昔ながらの味噌汁に浮いたり沈んだりしています。ワカメの切れ端が沈泥（シルト）のような深みをすべっていきます。豆腐は表面にひょこひょこ顔を出しています。海藻は、味噌のペーストを希釈するのに使われる出汁というブロスに風味をつけてくれます。

揚げ出し豆腐が伝統的に浸かっている水たまりを作るのにも出汁が使われます。がんもどきという、豆腐に野菜を、たいていはヒジキとニンジンを混ぜ入れた揚げた団子もあります。ディップソースを添えて提供されます。ですがこうした料理はどれも、ウナギもどきに比べると霞（かす）んでしまいます。ウナギもどきというのは照りを出した偽物のウナギで、海藻で味つけをし、海苔の板に豆腐を塗ってウナギの身の模様を押して作ったものです。この「ウナギ」を揚げた上で照りをつけるのです。「ホレイショー、この天と地のあいだには、学問などの思いもよらないものがあるんですよ」

海藻&ニンジン→「ニンジン&海藻」P.244

海藻&プラム

スコットランドの海藻生産会社「マラ（Mara）」は、赤い食べ物──トマト、チェリー、イチゴ、ルバーブ──と一緒にダルスを使うようお勧めしていて、またとない最高のフルーツコンポートができる、と言っています。甘党の方はダルスと一緒に「イエローマン」というハニカムトフィーを一緒に試してみるといいかもしれません。イエローマンというのはアイルランドのバリーキャッスルで行われるオールド・ラマズ・フェアで販売される伝統的なお菓子で、塩と甘みで手に汗握る体験ができます。

海藻&味噌→「味噌&海藻」P.12
海藻&ライチ→「ライチ&海藻」P.105

海藻&ライ麦

ライ麦は荒っぽくてしょっぱいのが大好きです。北欧諸国ではシーフードとペアにされており、酢漬けニシンやスモークサーモンの極端な海の風味に対して甘くコクのある対比をなしています。牡蠣は薄くスライスしたライ麦パンを添えて提供されることも多いですが、同じことをペッパーダルスと呼ばれる*Osmundea pinnatifida*で試してみてもいいでしょう。人によっては牡蠣のような味がすると言っているからです。魚とキュウリの組み合わせのほうに近い、と言う人もいます──なるほど、確かにそういう味のする牡蠣もありますね。ペッパーダルスは生食するものだという点で、海藻としては異色です。

海藻&ラディッシュ→「ラディッシュ&海藻」P.215
海藻&レモン→「レモン&海藻」P.187

Samphire
サンファイア

濃い緑

サンファイア

　珊瑚とサボテンの交雑種と言ってもいいでしょう。マーシュ・サンファイア（*Salicornia europaea*）は茎に節があり少し苦い汁のあるしょっぱい多肉植物です。塩性湿地や干潟に生育しています。飾りや調味料に、あるいはもし十分な量を集められるなら、サイドディッシュに使ってください。しょっぱさがシーフードや卵、パンの甘みを引き出してくれます。ラム肉ともよくペアにされます。サンファイアは夏が旬で、年が深まっていくにつれて鋭い苦みが忍びこんできます。

　この項ではロック・サンファイア（*Crithmum maritimum*）も扱います。一年中収穫が可能で、シェイクスピアの時代ほど集めるのは難しくありません。「岩場の途中に／すがりついて誰かがサンファイアを集めている、おそろしい商売だな！」と『リア王』のエドガーは述べています。

　サンファイア＆海藻→「海藻＆サンファイア」P.435

サンファイア＆ジャガイモ

　ジャガイモ、プラス、しょっぱくてシャキシャキのサンファイア——分解したポテトチップスのようですね。湯がいたサンファイアは温かいジャガイモサラダに和えて、あるいはバターたっぷりのベイクトポテトチャウダーの飾りに使ってください。

　「サンファイア＆ニンニク」（P.438）も参照してください。

サンファイア＆ソバ

　フランス・ブルターニュ地方のブレストにある屋根つき市場を説明した19世紀後半の文章には、「酢漬けあるいはサラダ用」のサンファイアが、ソバ粉のパンケーキやクランペット（crumpet）[※28]の横で売られていた、という記述があります。一緒に提供されたとは考えにくいものの、幸運が並べて置かれていたわけです。

　ソバ粉パンケーキのサンファイアのせ、というのは、燻製の魚やキャビアのようなきわめて塩気の強い食材がよく土のような風味のブリニ（blini）[※29]の上にのせられているのと同じなので、とても好ましそうな気がします。サワークリームやディルをのせても歓迎されそうです。蒸したサンファイアをソバ麺と混ぜてもいいでしょう。日本の「陸の海藻」オカヒジキも、ソバ麺に混ぜるのもよい食材です。こちらのほうがサンファイアよりもシダの葉っぽく、しょっぱさの中にわずかにコショウのようなピリッとしたルッコラの風味があります。

　サンファイア＆ソラ豆→「ソラ豆＆サンファイア」P.268

サンファイア＆卵

　自分でサンファイアを摘んでお弁当に入れなさい、とシェフでフードライターのヒュー・ファーンリー・

※28　クランペット（crumpet）…イーストを使って生地を発酵させたイギリスのパンケーキの一種。
※29　ブリニ（blini）…ロシア料理で、パンケーキやクレープのようなもの。ブリヌイともいう。

ウィッティングストール〔P.444参照〕は勧めています。彼はスコットランドの海岸を散策したときに、そうやって卵マヨサンドイッチに具材を追加したことがあるそうです。サンファイアはトルティージャ（tortilla）※30やバターたっぷりのスクランブルエッグの朝食に抜群の付け合わせになります。

　チャールズ皇太子（当時）とダイアナ皇太子妃は、結婚式後の会食で、マーシュ・サンファイアという名前で知られる品種を、ラム肉のムースを詰めてブリオッシュのパンくずを表面に散りばめてクリーミーなミントソースをまとわせた鶏むね肉に添えた飾りとして召し上がっていました。サンファイアを陛下がなさるように発音されるとよろしいでしょう。「サンファー」と発音するのです、どうもありがとう。

サンファイア＆トマト

　かつて季節外れのスペイン・マヨルカ島のビーチに腰を下ろして、年配のご夫婦が海藻を集めて最高にロマンティックな時間を過ごすのを眺めていたことがあります。お二人がとっていたのはロック・サンファイア（Crithmum maritimum）でした。マヨルカで、そしてヨーロッパの他の場所でも、地元での名前は「海のフェンネル」という意味になります。同じくスペインのカタルーニャ州では、パ・アム・トゥマカット（pa amb tomàquet）という、有名なトマトとニンニクとオリーブオイルのカタルーニャ風トーストに添えて提供されることがあります。

　メアリー・スチュアート・ボイドは1911年刊行のスペイン東部沖にあるバレアレス諸島の旅行記『幸運な島々（The Fortunate Isles）』で、「私たち全員にとって目新しい、ピクルスになった植物」が、レストランのテーブルに「巨大な黒ソーセージ、ロールパンでできたピラミッド、赤ワインのデキャンタひとつ、（それから）サイフォンに入った炭酸水」と一緒に置かれていたことについて記しています。それからオムレツが運ばれてきて、その後に魚料理が2皿、片方はカリカリでもう片方はそうでないものが続き、最後に「大変甘いマンダリンオレンジがありあまるほど」来ました。

　探検家で料理人のトム・ストバートはロック・サンファイアの風味をセロリと灯油を混ぜたものと表現しており、一方、野生食材の専門家で作家のジョン・ライトも似たような風味、「ニンジンと溶剤用の揮発油」をかぎ分けています。『食用野生植物＆ハーブ（Edible Wild Plants & Herbs）』の著者パメラ・マイケルは、「この植物は生のままサラダにするとニスの変なにおいが強すぎ、加熱したとしてもひと口目は味蕾への衝撃がある。似たようなものをこれまで一度も食べたことがないせいで、まったく新しい味を初めて教えられた子どものようになってしまうからだ」と記しています。揮発油ひと口がお好みに合わなくても、ライトによればロック・サンファイアは春のほうが味がマイルドだそうなので安心してください。あるいは、あくまでマーシュ・サンファイアにこだわってもいいでしょう。こちらはよくピクルスにされるので、日常会話では「ピクルウィード」とか「ピクルグラス」という名前で呼ばれます。お金がなくても食べられるソルト＆ビネガーチップスティック（Salt & Vinegar Chipstick）ですね。

サンファイア＆ニンニク

　海藻の新人のような味がします。サンファイアは正確には海藻ではなく塩生植物で、ホウレンソウやビーツと同じくヒユ科の一員です（塩生植物というのは高塩度を好む植物のことです）。トルコではサンファイアはデニズ・ブルジェス（deniz börülcesi、「海の豆」）という名前で知られ、ニンニクとレモン汁と一緒にオリーブオイルで調理して、メゼ〔前菜〕として提供したり、シンプルにトーストの上に盛りつけたりします。ニンニクサンファイアはジャガイモのニョッキに合わせたり、貝・甲殻類にからめて提供

438　※30　トルティージャ（tortilla）…スペイン風オムレツ。厚みのある丸い形に焼く。

したりしてもおいしくなります。

サンファイア&レタス

　サンファイア、リトルジェムレタス、ソレル、チコリを組み合わせると、塩味、甘味、酸味、苦味が揃った、人気をかっさらうグリーンサラダができます。完全主義者でうま味の要素も入れたいと思うなら、ドレッシングのほうに組み込むことになるでしょう。

サンファイア&レモン

　塩気がレモン汁の酸味で抑えられるので、ものすごくがんばって集中すれば、サンファイアのわずかに草のような風味を見つけ出すことができるようになります。サンファイアはかつては「貧乏人のアスパラガス」として知られ、現在でも、〔イギリスの〕海岸や塩分を含む湿地にすぐ行ける範囲の人なら無料で調達できます。必要な分だけとること、そして、他の植物を踏みつけないようにしてください。

　サンファイアは前菜として、あるいはレモンのオランデーズソースやブール・ブラン〔白いバターソース〕を合わせた白身魚の付け合わせとして完璧です。アスパラガスと同じく、サンファイアを1本ずつ指でつまんで食べるのが好きな人もいます。コツは、茎に通っている筋を歯で押さえて引っ張り、葉肉だけはがして筋を捨てることです。

謝辞

夫のナットへ——感謝してもしきれません。活発な議論を交わしたり、檄を飛ばしてくれたり、テイスティングノートや、旅行も（「松の実&リンゴ」、「ホウレンソウ&レーズン」などを参照してください）。それにたくさんの示唆を与えてくれ、改善点を指摘してくれました。あなたがいなかったら私はどうにもならないことでしょう。

エージェントのゾーイ・ウォルディにも、私を支え、本当に大事なことに集中する手助けをしてくれて、感謝の念に堪えません。

本書を手がけ、また第一作で大変貴重な役割を果たしてくれたリチャード・アトキンソンにも引き続き感謝しています。ブルームズベリーUKのローワン・ヤップとその同僚たちにも——中でもローレン・ワイブロウ、エリザベス・デニソン、ベン・チズネル、ジョエル・アルカンジョ、カルメン・バリットに——すばらしい仕事にお礼を。「グレード・デザイン」のピーター・ドーソン、ダイアナ・ライリー、サム・ペインとエマ・フィニガンは、本書を美麗に仕上げ世に送り出すという、すばらしい仕事をしてくれました。それから、ブルームズベリーUSAのモーガン・ジョーンズ、ローラ・フィリップス、マリー・クールマン、アマンダ・ディッシンジャーとローレン・モーズリーの、米国版作成のためのたゆまぬ努力に感謝を。

アリソン・コーワンがまた私の原稿を整理すると言ってくれて嬉しかったです。一緒に仕事をして楽しい人です。

このプロジェクトは、アメリカ・バーモント州の「マーブル・ハウス・プロジェクト」で私が過ごした時間以上に、幸せなスタートを切ることはできなかったでしょう。想像しうる限り最高に美しく、意識を拡大させてくれる芸術家用居住区ですし、ダニエル・エプスタイン、ディナ・シャピロ、ティナ・コーエンは想像しうる限り最高のホストです。農場とその農産物、幾何学式庭園、他の滞在者、大理石のプール、私たちが執筆しているあいだ、ブルーベリーを摘みに行く子どもたち。楽園でした。

リリアン・ヒスロップはウィスコンシン大学マディソン校の植物品種改良・植物遺伝学プログラムの院生研究助手です。彼女のトウモロコシに関する研究に表れている専門的知識に接すると、私も何かの専門家だったらよかったと思います。同じことがナフィールド奨学生出身のアリス・ジョーンズにも言えます。エルダーフラワーとエルダーベリーについて知るべきことはすべて知っているのです。ロンドン東部の「クリーン・ビーン」のニール・マクレナンには、美しく新鮮な豆腐の風味を作り出す方法や、お気に入りのペアリングは何かを説明してもらい、大変感謝しています。ネッド・パーマーはイギリスとアイルランドのチーズについてすごい本を書いていて、チーズとマスタードはなぜ普通に見られるペアリングではないのかとか、ペアリングすべきなのかどうかといったチーズ関連の疑問の権威として、私は頼りにしていました。サラ・ウィンダム・ルイスは蜂蜜についての深遠な知識を分け与えてくれただけでなく、彼女の蜂蜜の貯蔵庫を自由に見て回らせてくれました。また、量子数学者から蜂の専門家に転身したエヴァ・

クレーンの貴重な著書を貸してくれて、ご友人のエルダーベリージャムもひと瓶くれました。えもいわれぬすばらしい味で、〔病気を起こす物質をごく少量摂取することで治癒力を刺激するという〕ホメオパシー支持者が薬効を期待する程度のごくわずかな量しか残っていないにもかかわらず、まだ冷蔵庫に入っています。

　友人のオフィーリア・フィールドにも、特別な感謝を。本当に寛大なことに、亡くなったお母様ミシェルが収集した広範囲にわたる食べ物関連の書籍の中から本を持っていってよいと言ってくれました。ミシェルの本は今では私の食べ物関連の蔵書中で特別な位置を占めており、本書のための調査の際には間違いなく役に立ちましたし、中からこぼれ落ちるちょっとしたメモや切り抜きに、いつも楽しませてもらっています。

　最後に、一冊目の『風味の事典』を応援してくれたたくさんの人たちに感謝を述べなければなりません——自分なりのテイスティングノートを添えて手紙をくれた読者たち、ノートの横に粉まみれでよれよれになった『風味の事典』を置いた写真を投稿してくれたシェフたち、カクテルシェイカーの横に立てかけておいてくれたミクソロジストたち、インスピレーションの源として使ってくれたパン屋さん、醸造業者さん、酒造家さん、この本の上で丸くなるのが好きな飼い猫のいる驚くほどたくさんの家庭料理の作り手の方々、それに、私は自分では絶対にこの本に載っているものを作るつもりはない、ないけれど、この本を並外れて長いメニューだと思って読むのは好き、と私に語ってくれたご婦人に。

人物紹介 Biography

アグネス・マーシャル
Agnes Marshall (1855-1905)
アイスクリームの普及や現代的な技術開発に貢献したイギリス・ヴィクトリア朝時代の料理研究家。料理本執筆や器具発明、食品衛生活動など多岐にわたり活躍した。

アラン・デイヴィッドソン
Alan Davidson (1924-2003)
外交官、歴史家、フードライター。『オックスフォード食必携（The Oxford Companion to Food）』の著者。他の著作に、シーフードに関する著書やアレクサンドル・デュマ『デュマの大料理事典』の英訳がある。

アリス・ウォータース
Alice Waters
アメリカのシェフ。カリフォルニア州バークレーにあるオーガニックレストラン「シェ・パニース（Chez Panisse）」のオーナーで、スローフードの草分け的人物。

アレクサンドル・デュマ
Alexandre Dumas (1802-1870)
フランスの小説家。『三銃士』や『モンテ・クリスト伯（巌窟王）』など数多くの作品を残す。美食家としても知られ、『デュマの大料理事典』を執筆。

アントニオ・カルルッチョ
Antonio Carluccio (1937-2017)
シェフ、レストラン経営者、料理研究家。イタリア生まれでロンドンを中心に活動し、著書やテレビ番組を通してイギリスでイタリア料理を普及させた。イタリア料理チェーン「カルルッチョズ（Carluccio's）」の創業者。

アンドレ・シモン
André Simon (1877-1970)
20世紀ワイン界の重要人物の一人。イギリスでシャンパン商人として活躍し、ワインに関する数多くの著作を残した。彼の名を冠した「アンドレ・シモン賞」は毎年、料理とワインの分野の優れた出版物を顕彰している。

アンヌ・ウィラン
Anne Willan
料理教師、フードエディター、料理史家。パリのラ・ヴァレンヌ料理学校の創設者。数多くの受賞歴があり、

2013年にはそれまでの全著作に対してジェイムズ・ビアード賞の「料理書殿堂賞」が贈られた。30冊以上の著作があり、多くが外国語版に翻訳されている。

アンブローズ・ヒース
Ambrose Heath (1891-1969)
20世紀に活躍したイギリスのジャーナリスト、フードライター。『グッドフード（Good Food）』をはじめ、料理に関する100冊以上の作品を執筆・翻訳した。

イライザ・アクトン
Eliza Acton (1799-1859)
イギリス・ヴィクトリア朝時代のフードライターであり詩人。1845年に出版された『現代家庭の料理術（Modern Cookery for Private Families）』はイギリスで最初の家庭向け料理本の1つ。

ウィリアム・シュルトレフ
William Shurtleff
アメリカの大豆食品研究者、作家。アキコ・アオヤギ（青柳昭子）とともに豆腐や味噌などの大豆食品を西洋に広めた。著書『味噌の本（The Book of Miso）』は、アメリカに味噌ブームを巻き起こした。

ウェイヴァリー・ルート
Waverley Root (1903-1982)
アメリカのジャーナリスト兼作家。『フランスの食べ物（The Food of France）』、『イタリアの食べ物（The Food of Italy）』などの料理・食に関する本を多数執筆し、食文化に影響を与えた。

ウルフギャング・パック
Wolfgang Puck
オーストリア生まれのシェフで実業家。アカデミー賞授賞式のディナーにおける総料理長で、「アメリカ料理を変えたシェフ」とも呼ばれる。

エリザベス・デイヴィッド
Elizabeth David (1913-1992)
イギリスの料理・歴史研究家、作家。伝統的なイギリス料理についての著作の他、ヨーロッパ、中東、インドなどを旅して、地中海料理などのさまざまなレシピを執筆。料理界に多大な影響を与えた。

オーレ・G・モウリットセン
Ole G. Mouritsen
コペンハーゲン大学教授。専門は生物物理学およびガストロフィジックス。フードライターとしても活躍。日本食

文化の研究・紹介・普及に寄与した功績により平成30年に旭日中綬章受章。

グリン・クリスチャン
Glynn Christian

シェフ兼デリオーナー、フードライター。イギリスのデリ業界を革新し、料理番組でも活躍。『ELLE UK』初代フードエディターを務めるなど雑誌・新聞への執筆の他、食のガイド本も高く評価されている。

クレア・プタック
Claire Ptak

「ヴァイオレット・ケイクス（Violet Cakes）」のオーナー兼パティシエ。アリス・ウォータースに師事したのち、ロンドンに店を構えた。ハリー王子とメーガン妃のブライダルパティシエを務めたことでも知られる。

クラウディア・ロデン
Claudia Roden

イギリスのフードライター、文化人類学者。エジプト・カイロ生まれで、主に中東各国の料理やイタリア・スペインなどの地中海料理のレシピ本を多数執筆。

サンダー・キャッツ
Sandor Ellix Katz

独学の発酵専門家。世界中で発酵に関するワークショップを開催し、発酵の技法を復活させることに尽力している。『発酵の技法』はジェイムズ・ビアード賞を受賞。

ジェイン・グリグソン
Jane Grigson (1928-1990)

イギリスのフードライター、コラムニスト。著書に、ヨーロッパ、中東、ロシアなどの代表的な野菜料理をリサーチした食物誌『西洋野菜料理百科』など。

ジェイムズ・ビアード
James Beard (1903-1985)

アメリカのシェフ。新鮮で健康的なアメリカの食材を使った料理を提唱し、米国の料理界の発展に大きく寄与した。彼の名を冠したジェイムズ・ビアード賞は「アメリカ料理界のアカデミー賞」とも言われている。

ジャン・ジョルジュ・ヴォンゲリヒテン
Jean-Georges Vongerichten

アメリカのシェフ。ミシュラン3つ星を獲得したニューヨークにあるフレンチレストラン「ジャン・ジョルジュ（Jean-Georges）」をはじめ、世界各地にレストランを展開している。

ジュディ・ロジャース
Judy Rodgers (1956-2013)

サンフランシスコのレストラン「ズーニーカフェ（Zuni Cafe）」のシェフ。アリス・ウォータースなどの下で働き、地元の旬の食材を用いるなど先駆的なアメリカ人シェフとして活躍した。著書『ズーニーカフェの料理本（The Zuni Cafe Cookbook）』は2022年にジェイムズ・ビアード賞の「料理書殿堂賞」を受賞した。

ジュリア・チャイルド
Julia Child (1912-2004)

料理研究家。1960年代からアメリカの料理番組に出演しはじめ、人気を博した。テレビ番組や著作を通じてアメリカの一般家庭にフランス料理を広めた。

ダン・レパード
Dan Lepard

ベーカリーシェフ、フードライター、写真家。有名レストランのヘッドベイカーを務めたのち、現在はパン・菓子作りのコンサルタントとして世界各地で活躍。著書多数。

チャド・ロバートソン
Chad Robertson

アメリカ・サンフランシスコの「タルティーン（TARTINE）」オーナーシェフ。2008年にジェイムズ・ビアード賞受賞。著書に『タルティーン・ブレッド』などがある。

デリア・スミス
Delia Smith

イギリスの料理研究家。テレビの料理番組に長年にわたり出演。また、『デリア・スミスの料理法コース（Delia Smith's Cookery Course）』シリーズなどの著書は累計2000万部超を売り上げたとされ、人気が高い。

トーマス・ケラー
Thomas Keller

アメリカのシェフ。経営する複数のレストランのうち、「フレンチ・ランドリー（The French Laundry）」と「パー・セイ（Per Se）」の2つが、ミシュラン3つ星を獲得。著者に『フレンチ・ランドリー・クックブック（The French Laundry Cookbook）』など。

ナイジェラ・ローソン
Nigella Lawson

イギリスの料理研究家。人気料理番組「ナイジェラの気軽にクッキング」は、日本でも放送された。

ナイジェル・スレイター
Nigel Slater

イギリスのフードライター、ジャーナリスト。雑誌『マリ・クレール』の料理記事執筆や、BBCの料理番組「ナイジェルのシンプルクッキング」などで知られる。著書多数。

ハロルド・マギー
Harold McGee

アメリカのフードライター、食品科学研究者。調理科学・食品科学について解説した大著『マギー キッチンサイエンス』をはじめ、著作多数。

ヒュー・ファーンリー・ウィッティングストール
Hugh Fearnley-Whittingstall

イギリスのシェフ、タレント、フードライター。自給自足の食生活をテーマにした料理番組「リバー・コテージ（River Cottage）」のホストを務める。食と環境問題への取り組みで知られる。

ファーガス・ヘンダーソン
Fergus Henderson

イギリス人シェフ。1994年ロンドンに「セント・ジョン（St. John）」を創業。動物を余すことなく食べる、内臓なども用いた料理で知られる。著書『鼻先からしっぽまで食べる イギリス料理の一種（Nose to Tail Eating－A Kind of British Cooking）』で1999年アンドレ・シモン賞を受賞。

フローレンス・ホワイト
Florence White (1863-1940)

イギリスのフードライター。1928年にイギリス民俗料理協会を設立し、料理やその他の家庭に関する本を出版した。1932年に出版された『イングランドのごちそう（Good Things in England）』にはイギリス料理の伝統的なレシピや郷土料理のレシピが収載されている。

ヘストン・ブルーメンソール
Heston Blumenthal

イギリスのシェフ。モラキュラー料理（分子ガストロノミー）の第一人者のひとりで、「キッチンの錬金術師」とも呼ばれる。ミシュラン3つ星レストラン「ザ・ファット・ダック（The Fat Duck）」を経営。

ペッレグリーノ・アルトゥージ
Pellegrino Artusi (1820-1911)

イタリアの作家、美食家。イタリア料理の父として知られる。イタリア各地を旅して集めた料理の手引きとレシピ集『イタリア料理大全　厨房の学とよい食の術』は、イタリア家庭料理の参考書として、今なお愛されている。

ポール・ゲイラー
Paul Gayler

イギリスのシェフ。数々の一流レストランで働き、「ザ・レーンズボロ（The Lanesborough）」総料理長を務めた後、食に関するコンサルティングを行っている。著書も多く、料理番組への出演も多数。ベジタリアン料理に関する本も執筆している。

マドゥール・ジャフリー
Madhur Jaffrey

インド出身のイギリス系アメリカ人女優、料理本・旅行作家。インド料理を広く西洋一般家庭向けに紹介した。ジェイムズ・ビアード賞の「料理書殿堂賞」など、数々の賞を受賞。

マリー＝アントワーヌ・カレーム
Marie-Antoine Carême (1784-1833)

フランスのシェフ、パティシエ。フランス料理の発展に大きく貢献、「国王のシェフにしてシェフの帝王」と呼ばれた。著書に『19世紀のフランス料理術（Art de la cuisine au XIX siècle）』など。

マルセラ・ハザン
Marcella Hazan (1924-2013)

イタリア出身の料理作家。伝統的なイタリア料理についての著書を英語で出版し、アメリカやイギリスの家庭にイタリア料理を普及させた人物として知られる。夫のヴィクター・ハザンはイタリアワイン専門家。

ムサ・ダーデヴィレン
Musa Dağdeviren

シェフでトルコの伝統料理研究の第一人者のひとり。イスタンブールで複数のレストランを経営。トルコの食文化を伝える財団の設立などの他、メディアでも活躍。『トルコ料理の本（Turkish Cookbook）』では550ものレシピを紹介している。

ヨタム・オットレンギ
Yotam Ottolenghi

イスラエル出身のシェフ、フードライター。サミ・タミミとともに、ロンドンで人気のデリ「オットレンギ（Ottolenghi）」などを経営。中東料理のエッセンスを生かしたシンプルで健康的な料理を生み出している。

ラヴィンダー・ボーガル
Ravinder Bhogal

シェフ、フードライター、レストラン経営者。ケニアでインド人の両親のもとに生まれた。ロンドンにある自身のレストラン「ジコーニ（Jikoni）」では英国の多様な移民文化にインスピレーションを受けた料理を提供している。著書『ジコーニ（Jikoni）』は、国際料理専門家協会（IACP）賞の「ベストレストラン料理書賞」を受賞。

リチャード・コリガン
Richard Corrigan

アイルランド人シェフ。伝統的なイギリス料理にアイルランドのエッセンスを加えた料理は「モダンブリティッシュ」と評される。ロンドンを中心に複数のレストランを経営し、人気料理番組の司会も務める。

リック・ベイレス
Rick Bayless

アメリカのシェフ兼レストラン経営者。伝統的なメキシコ料理を現代風にアレンジした料理を専門とする。テレビシリーズ「メキシコ：ワンプレートアットアタイム」でデイタイム・エミー賞の最優秀料理司会者にノミネートされたほか、ジェイムズ・ビアード賞の「最優秀レストラン賞」をはじめ数々の賞を受賞。

レネ・レゼピ
René Redzepi

デンマーク・コペンハーゲンのミシュラン3つ星レストラン「ノーマ（Noma）」の共同オーナーシェフ。「ノーマ」は「世界のベストレストラン50」で5度も1位を獲得。自身も『タイム』誌の「最も影響力のある100人」に選出されるなど、料理の世界に革命をもたらしたシェフとして評価されている。

人物紹介

参考文献 Bibliography

書籍

Acevedo, Daniel and Wasserman, Sarah. *Mildreds: The Vegetarian Cookbook*. Michael Beazley, 2015.

Adjonyoh, Zoe. *Zoe's Ghana Kitchen*. Mitchell Beazley, 2017.

Admony, Einat. *Balaboosta: Bold Mediterranean Recipes to Feed The People You Love*. Artisan, 2013.

Useful Plants of Japan. Agricultural Society of Japan, 1895.

Alexander, Stephanie. *The Cook's Companion*. Viking, 1996.

Alford, Jeffrey and Duguid, Naomi. *Seductions of Rice*. Workman Publishing, 1998.

Allen, Gary. *The Herbalist in the Kitchen*. University of Illinois Press, 2007.

Anderson, Tim. *Nanban: Japanese Soul Food*. Square Peg, 2015.

Anderson, Tim. *Tokyo Stories: A Japanese Cookbook*. Hardie Grant, 2019.

Andrews, Colman. *Catalan Cuisine*. Harvard Common Press, 1999.

Arctander, Steffen. *Perfume and Flavour Chemicals Volume 2*. Lulu.com, 2019.

Arndt, Alice. *Seasoning Savvy*. Haworth Herbal Press, 1999.

Artusi, Pellegrino, translated by Kyle M. Phillips Jr. *The Art of Eating Well (1891)*. Random House, 1996.(『イタリア料理大全　厨房の学とよい食の術』平凡社、2020年）

Ashton, Richard with Baer, Barbara and Silverstein, David. *The Incredible Pomegranate: Plant and Fruit*. Third Millennium, 2006.

Ashworth, Liz, illustrated by Tait, Ruth. *The Book of Bere: Orkney's Ancient Grain*. Birlinn Ltd., 2017.

Babyak, Jolene. *Eyewitness on Alcatraz*. Ariel Vamp Press, 1990.

Bharadwaj, Monisha. *The Indian Kitchen*. Kyle Books, 2012.

Baljekar, Mridula. *Secrets from an Indian Kitchen*. Pavilion, 2003.

Balzac, Honoré de. *La Rabouilleuse*. George Barrie & Son, 1897.（『ラブイユーズ』光文社古典新訳文庫、2022年）

Balzac, Honoré de. *The Brotherhood of Consolation*. Roberts Bros, 1893.

Banks, Tommy. *Roots*. Seven Dials, 2018.

Bareham, Lindsey. *In Praise of the Potato*. Michael Joseph, 1989.

Barrington, Vanessa and Sando, Steve. *Heirloom Beans: Recipes from Rancho Gordo*. Chronicle Books, 2010.

Barth, Joe. *Pepper: A Guide to the World's Favourite Spice*. Rowman & Littlefield, 2019.

Basan, Ghillie. *The Middle Eastern Kitchen*. Kyle Books, 2005.

Basu, Mallika. *Masala: Indian Cooking for Modern Living*. Bloomsbury, 2018.

Battle, Will. *The World Tea Encyclopaedia*. Matador, 2017.

Behr, Edward. *The Artful Eater*. Atlantic Monthly Press, 1991.

Belleme, John and Jan. *The Miso Book: The Art of Cooking with Miso*. Square One, 2004.

Beramendi, Rolando. *Autentico: Cooking Italian, the Authentic Way*. St. Martin's Press, 2017.

Bertinet, Richard. *Crust: From Sourdough, Spelt and Rye Bread to Ciabatta, Bagels and Brioche*. Octopus, 2019.

Blanc, Raymond. *Kitchen Secrets*. Bloomsbury, 2011.

Bond, Michael. *Parsley the Lion*. Harper Collins, 2020.

Bonnefons, Nicolas de. *Les Delices de la Campagne*. 1654.

Boyce, Kim. *Good to the Grain: Baking with Whole Grain Flours*. Abrams, 2010.

Boyd, Alexandra, ed. *Favourite Food from Ambrose Heath*. Faber & Faber, 1979.

Boyd, Mary Stuart. *The Fortunate Isles: Life and Travel in Majorca, Minorca and Iviza*. Methuen, 1911.

Bremzen, Anya von and Welchman, John. *Please to the Table: The Russian Cookbook*. Workman Publishing, 1990.

Broom, Dave. *Whisky: The Manual*. Mitchell Beazley, 2014.（『ウイスキーバイブル』日本文芸社、2018年）

Brown, Catherine. *Classic Scots Cookery*. Angel's Share, 2006.

Bunyard, Britt and Lynch, Tavis. *The Beginner's Guide to Mushrooms: Everything You Need to Know, from Foraging to Cultivating*. Quarry Books, 2020.

Burroughs, John. *Locusts and Wild Honey*. Houghton Mifflin, 1879.

Burroughs, John. *Signs and Seasons*. Houghton Mifflin, 1886.

Calabrese, Salvatore. *Complete Home Bartenders Guide*. Sterling, 2002.

Campion, Charles. *Fifty Recipes to Stake Your Life On*. Timewell, 2004.

Chartier, François, translated by Reiss, Levi. *Taste buds and Molecules*. McClelland & Stewart, 2009.

Chatto, James S. and Martin, W. L. *A Kitchen in Corfu*. New Amsterdam, 1988.

Child, Julia; Beck, Simone; and Bertholle, Louisette. *Mastering the Art of French Cooking*. Knopf, 1961.

Christensen, L. Peter. *Raisin Production Manual*. UCANR Publications, 2000.

Christian, Glynn. *Real Flavours*. Grub Street, 2005.

Chung, Bonnie. *Miso Tasty: The Cookbook*. Pavilion, 2016.

Clarke, Louisa Lane. *The Common Seaweeds of British Coast and Channel Isles*. Warne, 1865.

Clarke, Oz. *Grapes and Wines*. Time Warner, 2003.

Cobbett, James Paul. *Journal of a Tour in Italy*. 1829.

Cobbett, William. *The American Gardener*. Orange Judd & Co., 1819.

Contaldo, Gennaro. *Gennaro's Italian Home Cooking*. Headline, 2014.

Corbin, Pam. *Pam the Jam: The Book of Preserves*. Bloomsbury, 2019.

Costa, Margaret. *Four Seasons Cookery Book*. Grub Street, 2008.

Cotter, Trad. *Organic Mushroom Farming and Mycoremediation*. Chelsea Green, 2014.

Cowan, John. *What to Eat and How to Cook It*. J. S. Ogilvie, 1870.

Craddock, Harry. *The Savoy Cocktail Book*. Constable, 1930. (『サヴォイ・カクテルブック』パーソナルメディア、2002年)

Crane, Eva. *Honey: A Comprehensive Survey*. Heinemann, 1975.

Dabbous, Ollie. *Dabbous: The Cookbook*. Bloomsbury, 2014.

Dagdeviren, Musa. *The Turkish Cookbook*. Phaidon, 2019.

David, Elizabeth. *An Omelette and a Glass of Wine*. Penguin Books, 1986.

David, Elizabeth. *French Provincial Cooking*. Michael Joseph, 1960.

David, Elizabeth. *Spices, Salt and Aromatics in the English Kitchen*. Penguin Books, 1970.

Davidson, Alan. *The Oxford Companion to Food*. OUP, 1999.

Davidson, Alan and Jane. *Dumas on Food*. Folio Society, 1978.

Davis, Irving. *A Catalan Cookery Book*. Prospect Books. 2002.

Diacono, Mark. *Herb: A Cook's Companion*. Quadrille, 2021.

Dixon, Edmund Saul. *The Kitchen Garden*. Routledge, 1855.

Dowson, Valentine Hugh Wilfred and Aten, Albert. *Dates: Handling, Processing and Packing*. FAOUN, 1962.

Dull, S. R. *Southern Cooking*. Ruralist Press, 1928.

Dunlop, Fuchsia. *Every Grain of Rice*. Bloomsbury, 2012.

Dunlop, Fuchsia. *The Food of Sichuan*. Bloomsbury, 2019.

Eagleson, Janet and Hasner, Rosemary. *The Maple Syrup Book*. Boston Mills, 2006.

Ecott, Tim. *Vanilla: Travels in Search of the Ice Cream Orchid*. Grove Press, 2005.

Ellis, Hattie. *Spoonfuls of Honey*. Pavilion, 2014.

Ellwanger, George Herman. *The Pleasures of the Table*. Singing Tree Press, 1902.

Estes, Rufus. *Good Things to Eat*. 1911.

Evelyn, John. *Acetaria: A Discourse of Sallets*. B Tooke, 1699.

Nutritious seeds for a sustainable future. FAO, 2016.

Farrell, Kenneth T. *Spices, Condiments and Seasonings*. AVI, 1985.

Faulkner Wells, Dean, ed. *The New Great American Writers Cookbook*. University Press of Mississippi, 2003.

Fernandez, Enrique. *Cortadito: Wanderings Through Cuba's Cuisine*. Books & Books Press, 2018.

Fidanza, Caroline; Dunn, Anna; Collerton, Rebecca; and Schula, Elizabeth. *Saltie: A Cookbook*. Chronicle Books, 2012.

Field, Carol. *The Italian Baker*. Harper Collins, 1991.

Finck, Henry T. *Food and Flavor: A Gastronomic Guide to Health and Good Living*. The Century Company, 1913.

Fischer, John R. *The Evaluation of Wine: A Comprehensive Guide to the Art of Wine Tasting*. Writers Club Press, 2001.

Frost, Robert. *New Hampshire*. Henry Holt, 1923. (『ロバート・フロスト詩集　ニューハンプシャー』春風社、2020年)

Fussell, Betty. *The Story of Corn*. Knopf, 1992.

Fussell, Betty. *Masters of American Cooking*. Times Books, 1983.

Garrett, Guy and Norman, Kit. *The Food for Thought Cookbook*. Thorsons, 1987.

Gavin, Paola. *Italian Vegetarian Cooking*. Little, Brown, 1991.

Ghayour, Sabrina. *Simply*. Mitchell Beazley, 2020.

Gautier, Alexis. *Vegetronic*. Random House, 2013.

Gayler, Paul. *Flavours*. Kyle Books, 2005.

Gill, A. A. *The Ivy: The Restaurant and Its Recipes*. Hodder & Stoughton, 1999.

Gill, A. A. *Breakfast at The Wolseley*. Quadrille, 2008.

Ginsberg, Stanley. *The Rye Baker*. W. W. Norton & Company, 2016.

Glasse, Hannah. *The Complete Confectioner*. J Cook, 1760.

Klee, Waldemar Gotriek. *The Culture of the Date*. 1883.

Gray, Patience. *Honey from a Weed*. Harper & Row, 1986.

Gray, Rose and Rogers, Ruth. *River Cafe Cook Book Two*. Ebury, 1997.

Grigson, Jane. *Good Things*. Michael Joseph, 1971.

Grigson, Jane. *Jane Grigson's Fruit Book*. Michael Joseph, 1982.

Grigson, Jane. *Jane Grigson's Vegetable Book*. Michael Joseph, 1978.（『西洋野菜料理百科』河出書房新社、2002年）

Groff, George Weidman. *The Lychee and Lungan*. Orange Judd Company, 1921.

Grylls, Bear. *Extreme Food: What To Eat When Your Life Depends On It*. Bantam, 2014.

Hallauer, Arnel R. *Speciality Corns*. CRC, 2000.

Hamilton, Gabrielle. *Prune*. Random House, 2014.

Hansen, Anna. *The Modern Pantry*. Ebury, 2011.

Harris, Jessica B. *Beyond Gumbo: Creole Fusion Food from the Atlantic Rim*. Simon & Schuster, 2003.

Harris, Joanne. *Chocolat*. Doubleday, 1999.（『ショコラ』角川文庫、2002年）

Harris, Thomas. *The Silence of the Lambs*. St Martin's Press. 1988.（『羊たちの沈黙（上・下）』新潮文庫、2012年）

Hashimoto, Reiko. *Japan: The World Vegetarian*. Bloomsbury Absolute, 2020.

Havkin-Frenkel, Daphna and Belanger, Faith C., eds. *Handbook of Vanilla Science and Technology*. Wiley, 2010.

Hazan, Marcella. *Marcella Cucina*. Harper Collins, 1997.

Hazan, Marcella and Hazan, Victor. *Ingredienti*. Scribner, 2016.

Hearn, Lafcadio. *Glimpses of Unfamiliar Japan*. Houghton Mifflin, 1894.『新編日本の面影』角川ソフィア文庫、2000年）

Hemingway, Ernest. *In Our Time*. Three Mountains Press, 1924.（『ヘミングウェイ全短編1　われらの時代・男だけの世界』新潮文庫、1995年）

Henderson, Fergus and Gellatly, Justin Piers. *Beyond Nose to Tail*. Bloomsbury, 2007.

Hill, Tony. *The Spice Lover's Guide to Herbs and Spices*. Harvest, 2005.

Hughes, Glyn. *Lost Foods of England*. 2017.

Iyer, Rukmini. *India Express*. Square Peg, 2022.

Jaffrey, Madhur. *Eastern Vegetarian Cooking*. Johnathan Cape, 1993.

Jones, Bill. *The Deerholme Vegetable Cookbook*. Touchwood, 2015.

Joyce, James. *Ulysses*. Shakespeare & Co., 1922.（『ユリシーズ』集英社文庫、2003年）

Kahn, Yasmin. *Zaitoun: Recipes and Stories from the Palestinian Kitchen*. Bloomsbury, 2018.

Katz, Sandor. *The Art of Fermentation*. Chelsea Green, 2012.（『発酵の技法』オライリー・ジャパン、2016年）

Kays, Stanley J. and Nottingham, Stephen F. *Biology & Chemistry of the Jerusalem Artichoke*. CRC, 2008.

Kellogg, Ella Eaton. *Science in the Kitchen*. Modern Medicine, 1892.

Kennedy, Diana. *Recipes from the Regional Cooks of Mexico*. Harper Collins, 1978.

Kerridge, Tom. *Tom Kerridge's Proper Pub Food*. Absolute, 2013.

Kinch, David and Muhlke, Christine. *Manresa: An Edible Reflection*. Ten Speed Press, 2013.

Kochilas, Diane. *My Greek Table*. St Martin's Press, 2018.

Koehler, Jeff. *Morocco: A Culinary Journey*. Chronicle Books, 2012.

Kurihara, Harumi. *Harumi's Japanese Cooking*. Conran Octopus, 2004.（『栗原はるみのジャパニーズ・クッキング』扶桑社、2008年）

Kenedy, Jacob. *The Geometry of Pasta*. Boxtree, 2010.

Lanner, Ronald M. and Harriette. *The Piñon Pine: A Natural and Cultural History*. University of Nevada Press, 1981.

Law, William. *The History of Coffee*. W & G Law, 1850.

Lawson, Nigella. *Feast: Food that Celebrates Life*. Chatto & Windus, 2004.

Lawson, Nigella. *How to Eat*. Chatto & Windus, 1998.

Lea, Elizabeth E. *A Quaker Woman's Cookbook*. University of Pennsylvania Press, 1982.

Lee, Lara. *Coconut and Sambal*. Bloomsbury, 2020.

Leigh, Rowley. *A Long and Messy Business*. Unbound, 2018.

Lepard, Dan. *Short and Sweet*. Fourth Estate, 2011.

Lepard, Dan. *The Handmade Loaf*. Mitchell Beazley, 2004.

Levi, Dr Gregory. *Pomegranate Roads: A Soviet Botanist's Exile from Eden*. Floreant Press, 2006.

Levy, Roy and Mejia, Gail. *Gail's Artisan Bakery Cookbook*. Ebury, 2014.

Liddell, Caroline and Weir, Robin. *Ices*. Grub Street, 1995.

Locatelli, Giorgio. *Made in Sicily: Recipes and Stories*. Harper Collins, 2011.

Lockhart, G. W. *The Scots and their Oats*. Birlinn Ltd, 1997.

Lowe, Jason. *The Silver Spoon*. Phaidon, 2005.（『シルバースプーン』六曜社、2013年）

Man, Rosamund and Weir, Robin. *The Mustard Book*. Grub Street, 2010.

Manley, Duncan, ed. *Manley's Technology of Biscuits, Crackers and Cookies*. Woodhead, 2011.

Marina Marchese, C. and Flottam, Kim. *Honey Connoisseur: Selecting, Tasting, and Pairing Honey, With a Guide to More Than 30 Varietals*. Running

Press, 2013.

Marshall, Agnes. *The Book of Ices*. Grub Street, 2018 (originally published 1885).

Mayhew, Henry. *Young Benjamin Franklin*. Harper & Bros, 1862.

McCarthy, Cormac. *All the Pretty Horses*. Alfred A Knopf, 1992. (『すべての美しい馬』早川書房、2001年)

McCausland-Gallo, Patricia. *Secrets of Colombian Cooking*. Hippocrene, 2009.

McEvedy, Allegra. *Leon Ingredients and Recipes*. Conran Octopus, 2008.

McFadden, Christine. *Pepper: The Spice That Changed the World*. Absolute, 2008.

McGee, Harold. *Nose Dive*. John Murray, 2020.

McGee, Harold. *The Curious Cook*. John Wiley & Sons, 1992.

McWilliams, James. *The Pecan: A History of America's Native Nut*. Univ. of Texas Press, 2013.

Medrich, Alice. *Flavor Flours*. Artisan, 2014.

Meller, Gill. *Gather*. Quadrille, 2016.

Michael, Pamela. *Edible Wild Plants and Herbs*. Grub Street, 2007.

Monroe, Jack. *A Girl Called Jack*. Penguin, 2014.

Montagné, Prosper. *Larousse Gastronomique*. Hamlyn, 2001. (『新ラルース料理大事典』同朋舎メディアプラン、2007年)

Morgan, Joan and Richards, Alison. *The New Book of Apples*. Ebury, 2002.

Motoviloff, John. *Wild Rice Goose and Other Dishes of the Midwest*. Univ. Wisconsin Press, 2014.

Mouritsen, Ole G. *Seaweeds: Edible, Available, Sustainable*. Univ. of Chicago, 2013.

Mouritsen, Ole G. and Styrbaek, Klavs. *Tsukemono*. Springer, 2021.

Murdoch, Iris. *The Sea, The Sea*. Chatto & Windus, 1978. (『海よ、海』集英社、1982年)

Narayan, Shoba. *Monsoon Diary*. Villard Books, 2003.

Nasrallah, Nawal. *Dates: A Global History*. Reaktion Books, 2011. (『デーツの歴史』原書房、2023年)

Nguyen, Andrea. *Asian Tofu*. Ten Speed Press, 2012.

Nichols, Thomas L., MD. *How to Cook*. Longmans, Green & Co, 1872.

Norman, Jill. *Herbs and Spices: The Cooks Reference*. DK, 2015. (『世界のハーブ&スパイス大事典』主婦と生活社、2017年)

Norman, Russell. *Venice: Four Seasons of Home Cooking*. Penguin, 2018.

Ottolenghi, Yotam and Tamimi, Sami. *Jerusalem*. Ebury, 2012.

Owen, Sri. *The Rice Book*. Doubleday, 2003.

Paterson, Daniel and Aftel, Mandy. *The Art of Flavor*. Riverhead, 2017.

Perry, Neil. *The Food I Love*. Atria Books, 2011.

Peter, K. V., ed. *Handbook of Herbs and Spices Vol 3*. Woodhead, 2006.

Presilla, Maricel. *Gran Cocina Latina*. W. W. Norton & Company, 2012.

Ptak, Clare. *The Violet Bakery Cookbook*. Random House, 2015.

Rakowitz, Michael. *A House With a Date Palm Will Never Starve*. Art/Books, 2019.

Redzepi, René and Zilber, David. *The Noma Guide to Fermentation*. Artisan, 2018. (『ノーマの発酵ガイド』KADOKAWA、2019年)

Reshli, Marryam H. *The Flavor of Spice*. Hachette India, 2017.

Rhind, Dr William. *A History of the Vegetable Kingdom*. Blackie & Son, 1863.

Rhodes, Gary. *New British Classics*. BBC, 2001.

Riley, Gillian. *The Oxford Companion to Italian Food*. OUP, 2007.

Roden, Claudia. *The Book of Jewish Food*. Viking, 2007.

Roden, Claudia. *A Book of Middle Eastern Food*. Penguin, 1985.

Rodgers, Judi. *The Zuni Cafe Cookbook*. W. W. Norton & Company, 2003.

Root, Waverley. *Food*. Simon and Schuster, 1981.

Rosengarten, Frederic Jr. *The Book of Edible Nuts*. Walker & Co, 1984.

Roth, Philip. *Sabbath's Theater*. Houghton Mifflin, 1995.

Saran, Parmeshwar Lal; Solanki, Ishwar Singh; and Choudhary, Ravish. *Papaya: Biology, Cultivation, Production and Uses*. CRC, 2021.

Seymour, John. *The New Self Sufficient Gardener*. DK, 2008.

Scheft, Uri. *Breaking Breads: A New World of Israeli Baking*. Artisan, 2016.

Simmons, Marie. *A Taste of Honey*. Andrews McMeel, 2013.

Skilling, Thomas. *The Science and Practice of Agriculture*. James McGlashan, 1846.

Sheraton, Mimi. *The German Cookbook*. Random House, 1965.

Shimbo, Hiroko. *The Japanese Kitchen*. Harvard Common Press, 2000.

Shurtleff, William and Aoyagi, Akiko. *The Book of Miso*. Autumn Press, 1976.

Shurtleff, Willian and Aoyagi, Akiko. *The Book of Tofu*. Ten Speed Press, 1998.

Simon, André. *André L Simon's Guide to Good Food and Wines*. Collins, 1956.

Simon, André and Golding, Louis. *We Shall Eat and Drink Again*.

Singh, Vivek. *Cinnamon Kitchen: The Cookbook*. Absolute Press, 2012.

Singleton Hachisu, Nancy. *Japanese Farm Foods*. Andrews McMeel, 2012.（『スタンフォードの花嫁、日本の農家のこころに学ぶ』日本文芸社、2015年）

Slater, Nigel. *Real Fast Puddings*. Penguin, 1994.

Smalls, Alexander and Chambers, Veronica. *Meals, Music and Muses: Recipes from my African-American Kitchen*. Flatiron Books, 2020.

Smith, Andrew F., ed. *The Oxford Companion to American Food and Drink*. OUP, 2007.

Smith, Chris. *The Whole Okra: A Stem to Seed Celebration*. Chelsea Green, 2019.

Smith, Patti. *Just Kids*. Bloomsbury, 2011.（『ジャスト・キッズ』河出書房新社、2012年）

Srulovich, Itamar and Packer, Sarit. *Honey & Co: The Cookbook*. Little, Brown, 2015.

Staib, Walter. *The City Tavern Cookbook*. Running Press, 2009.

Staub, Jack. *75 Exciting Plants for Your Garden*. Gibbs Smith, 2005.

Steinkraus, K., ed. *Handbook of Indigenous Fermented Foods* 2nd Ed. Marcel Dekker Inc., 1996.

Stella, Alain and Burgess, Anthony. *The Book of Tea*. Flammarion, 1992.

Sterling, Richard, Reeves, Kate and Dacakis, Georgia. *Lonely Planet World Food Greece*. Lonely Planet, 2002.

Stewart, Amy. *The Drunken Botanist*. Timber Press, 2013.

Stobart, Tom. *Herbs, Spices and Flavourings*. Grub Street, 2017.（『世界のスパイス百科』鎌倉書房、1985年）

Stocks, Christopher. *Forgotten Fruits*. Windmill, 2009.

Tan, Terry. *Naturally Speaking: Chinese Recipes and Home Remedies*. Times Editions, 2007.

Taylor, Rev. Fitch W. *The Flag Ship*. D. Appleton & Co., 1840.

Terry, Bryant. *Vegan Soul Kitchen*. Da Capo, 2009.

Thakrar, Shamil; Thakrar, Kavi; and Nasir, Naved. *Dishoom: from Bombay with Love*. Bloomsbury, 2019.

Thompson, David. *Thai Food*. Pavillion, 2002.

Thorne, John. *Simple Cooking*. North Point Press, 1996.

Tish, Ben. *Moorish*. Bloomsbury Absolute, 2019.

Tosi, Christina. *Momofuku Milk Bar*. Bloomsbury Absolute, 2012.

Traunfeld, Jerry. *The Herbfarm Cookbook*. Scribner, 2000.

Travers, Kitty. *La Grotta Ices*. Square Peg, 2018.

Trutter, Marion. *Culinaria Russia*. H. F. Ullmann, 2008.

Tsuji, Shizuo and Hata, Koichiro. *Practical Japanese Cooking*. Kodansha America, 1986.

Tulloh, Jojo. *East End Paradise*. Vintage, 2011.

Unknown author, *The Vegetarian Messenger (1851)*. Forgotten Books, 2019.

Updike, John. *Rabbit at Rest*. Alfred A. Knopt, 1990.（『新潮・現代世界の文学　さようならウサギ Ⅰ・Ⅱ』新潮社、1997年）

Vongerichten, Jean-Georges. *Asian Flavors of Jean-Georges*. Broadway Books, 2007.

Warner, Charles Dudley. *My Summer in a Garden*. James R. Osgood, 1870.

Waters, Alice. *Recipes and Lessons from a Delicious Cooking Revolution*. Penguin, 2011.

Weygandt, Cornelius. *Philadelphia Folk*. D. Appleton, 1938.

Whaite, John. *A Flash in the Pan*. Hatchette, 2019.

White, Florence. *Good Things in England*. Jonathan Cape, 1932.

Wilk, Richard and Barbosa, Livia. *Rice and Beans*. Bloomsbury, 2011.

Willis, Virginia. *Okra*. University North Carolina Press. 2014.

Wolfert, Paula. *The Food of Morocco*. Bloomsbury, 2012.

Wong, James. *Homegrown Revolution*. Orion, 2012.

Woodroof, Jasper. *Commerical Fruit Processing*. Springer NL, 2012.

Wright, John. *The Forager's Calendar*. Profile, 2020.

Wright, John. *River Cottage Handbook No 12: Booze*. Bloomsbury, 2013.

Wright, John. *River Cottage Handbook No 5: Edible Seashore*. Bloomsbury, 2010.

Young, Grace. *The Wisdom of the Chinese Kitchen*. Simon & Schuster, 1999.

Ziegler, Herta. *Flavourings: Production, Composition, Applications, Regulations*. Wiley-VCH, 2007.

論文、雑誌記事など

Buist, Henry. Abstract of Dr Robert H Schomburgk's report of an expedition into the interior of British Guiana. *The Naturalist* 4, October 1838–June 1839, pp.247–55.

Gray, Vaughn S. 'A Brief History of Jamaican Jerk'. *The Smithsonian Magazine*, December 2020.

Griffin, L. E.; Dean, L. L.; and Drake, M. A. 'The development of a lexicon for cashew nuts'. *Journal of Sensory Studies* 32 (1), February 2017.

Hansen, Eric. 'Looking for the Khalasar'. *Saudi Aramco World*, July/August 2004.

Koul, B. and Singh, J. 'Lychee Biology and Biotechnology', in *The Lychee Biotechnology*. Springer, 2017, pp.137–92.

Kummer, Corby. 'Tyranny – It's What's For Dinner'. *Vanity Fair*, February 2013.

Loebenstein, Gad and Thottappilly, George, eds. *The Sweetpotato*. Springer, 2009.

Long, Lucy M. 'Green Bean Casserole and Midwestern Identity: A Regional Foodways Aesthetic and Ethos'. *Midwestern Folklore* 33 (1), 2007, pp.29–44.

Mitter, Siddhartha. 'Free Okra'. *The Oxford American* 49, Spring 2005.

Motamayor J. C.; Lachenaud P.; da Silva e Mota J. W.; Loor R.; Kuhn D. N.; Brown J. S., et al. 'Geographic and Genetic Population Differentiation of the Amazonian Chocolate Tree (*Theobroma cacao* L)', 2008. PLoS ONE 3 (10): e3311. https://doi.org/10.1371/journal.pone.0003311

Nilhan, Aras. 'Sarma and Dolma: The rolled and stuffed in the Anatolian Kitchen' in *Wrapped and Stuffed: Proceedings of the Oxford Symposium on Cookery*. Prospect Books, 2013.

Nishinari, K.; Hayakawa, F.; Xia, Chong-Fei; and Huang, L. 'Comparative study of texture terms: English, French, Japanese and Chinese'. *Journal of Texture Studies* 39 (5), pp.530–68.

Ranck, D. H., 'Scotch Oatmeal Cookery'. *Milling* 3, June-November 1893.

Sweley, Jess C.; Rose, Devin J.; and Jackson, David J. 'Composition and sensory evaluation of popcorn flake polymorphisms for a select butterfly-type hybrid'. *Cereal Chemistry* 88 (3), pp.223–332.

Tran, T.; James, M. N.; Chambers, D.; Koppel, K.; and Chambers IV, E. 'Lexicon development for the sensory description of rye bread'. *Journal of Sensory Studies* 34 (1), February 2019.

The Garden magazine. Royal Horticultural Society, 1994.

The Journal of the Society of Arts 39, November 1990–1.

The Magazine of Domestic Economy 5. W S Orr, 1840.

The North Lonsdale Magazine and Lake District Miscellany, 1867.

ウェブサイト

Africacooks.com

Alton Brown, altonbrown.com

America's Test Kitchen, americastestkitchen.com

Azcentral.com

Ballymaloe Cookery School, ballymaloecookeryschool.ie

Bateel, bateel.com

Bois de Jasmin, boisdejasmin.com

Chicago Tribune, chicagotribune.com

Difford's Guide for Discerning Drinkers, diffordsguide.com

L'express, lexpress.mu

Firmenich, firmenich.com

Fragrantica, fragrantica.com

Fuss Free Flavours: Affordable Eats, Occasional Treats, fussfreeflavours.com

Gernot Katzer's Spice Pages, gernot-katzers-spice-pages.com

Great Italian Chefs, greatitalianchefs.com

The Guardian, theguardian.com

Heghineh Cooking Show, heghineh.com

Hunter Angler Gardener Cook, honest-food.net (Hank Shaw)

Howtocookgreatethiopian.com

The Independent, independent.co.uk

Eater Los Angeles, la.eater.com

Main Street Trees, Napa California, mainstreettrees.com

Mara Seaweed, maraseaweed.com

Matching food & wine, matchingfoodandwine.com

In my Iraqi Kitchen, nawalcooking.blogspot.com

The New York Times, nytimes.com

The New Yorker, newyorker.com

Phys.org

World of Pomegranates, pomegranates.org

Pom, pomwonderful.com

Punch, punchdrink.com

Baker Creek Heirloom Seeds, rareseeds.com

Rare Tea Co., rareteacompany.com

Mauritius Restaurant Guide, restaurants.mu

Rogue Creamery, roguecreamery.com

The Spice House, spicehouse.com

kitchn, thekitchn.com

The Times, thetimes.co.uk

Tina's Table: Exploring and Celebrating Italian Cuisine, tinastable.com

Torrazzetta Agriturismo, torrazzetta.com

Vegan Richa, veganricha.com

The Wall Street Journal, wsj.com

Williams Bros. Brewing Co., williamsbrosbrew.com

索引（レシピ） Recipe Index

あ

IRTサンドイッチ..300
赤レンズ豆とニンジンのスープ.....................................56
浅漬けのタマネギのピクルス......................................352
アソル・ブローズ...67
アチャラ（フィリピンのピクルス）...............................209
アベナ・コロンビアーナ（コロンビアのオートミールドリンク）... 67
アボカド入りグリーン・ゴッデス・ドレッシング...............219
アリオリ・ドゥ・コドニー（マルメロのアイオリ）...............167

い

イチ・バクラ・ハシュラマシ...271

え

エルサレム・アーティチョークとニンニクのロースト........250
エルダーフラワーのアイスクリーム............................110

お

オーツ麦とココナッツのグラノーラ...............................66
オーツ麦とピーカンナッツ、クランベリーのクッキー.......390
オクラ入りアカラ...412
オクラのクミン焼き..360
オクラのフライ（クルクリ・ビンディ）............................415
オドラヤフ・カラスク（エストニアの大麦パン）.................29
オルジェー..28
オレンジ・ヴィネグレット...203

か

海藻とココナッツのシーズニング................................434
牡蠣を装ったオクラ..332
カシューナッツ、ベイリーフ、ポートワインのパテ...........372
ガトー・ピモン（乾燥エンドウ豆と唐辛子のフリッター）...257
カブと白インゲン豆...213
カブの蜂蜜焼き..213
カリフラワーとデーツのサラダ...................................225
カル・カバブ（イランのナス料理）..................................93
カンネッリーニ豆のフェンネルシード煮込み.................340

き

キーライムパイ・エナジーボール................................194
キャラウェイとレーズンのパウンドケーキ.....................347

く

グーズベリーオーバーナイトオーツ............................102
グーズベリーとベイリーフのコンポート........................103
グーズベリーとミントのソース....................................348
クランベリーソース..97
クランベリーとパッションフルーツのコンポート..............99
クランベリーとマスタードのレリッシュ.........................228
黒インゲン豆とライムのサルサ..................................193
黒インゲン豆のブラウニー...45
黒インゲン豆のベトナム風オレンジソース煮...................42

け

ケールとパプリカ粉のクリスプ...................................221
ケールと松の実のペスト..223
ケプタ・ドゥオナ...285

こ

コーヴィ・ア・ミネイラ...221
コーヒー・クレーム・カラメルのメープルシロップがけ.......35
ゴマ油とカシューナッツの麺......................................321
ゴマコーヒー..311
ゴマ塩..311
ゴマとショウガのドレッシング....................................312
ゴマとバニラのサブレ...150
ゴマとレモンとニンニクのソース（タラトールソース）.......315

さ

ザクロの糖蜜..94
サツマイモとソバのパティ...61
サツマイモとピーカンナッツのスコーン.......................391
サツマイモのフェヌグリーク焼き.................................403
サヤインゲンのクルミシナモンソース和え....................408
サヤインゲンのタヒニがけ...408
サヤインゲンのニンニク風味.....................................410
サヤインゲンのマスタードオイルドレッシングがけ.........228
サヤインゲンの味噌バター和え..................................411
サルビチャーダ・ロメスコソースもどき........................122

し

ジーラ（クミン）ラッシー...362
シェック..202
シャルガム・ヘルヴー（カブのデーツシロップ煮）.............141
シャルガム・カ・バルタ（スパイシーなカブのマッシュ）.....361
ショウガのフラップジャック..239

す

ズッキーニとトマトの重ね焼き...................................420
ズッキーニとミントのパスタ.......................................422
ズッキーニのアグロドルチェ......................................419
ズッキーニのオレガノ風味..353
ズッキーニフライのニンニク和え................................421

スパイシーなヒヨコ豆粉を詰めたオクラ 415

そ
ソッカ風ヒヨコ豆のパンケーキのコショウ風味 381
ソレルと卵のパスタ 183
ソレルとリーキのソース 184

た
ターメリックとバニラのケーキ 237
ダール・マカニ 57
ダヒ・ヴァーダ(ウラド豆のドーナツ) 180
タマネギのバージ 260
タマリンドとデーツのチャツネ 137
タマリンド・ライムスプリッツ 139

ち
チーズ風味のオートケーキ 275
チコリのオレンジ煮 201
チコリのマスタードヴィネグレット 297
チャイブ入りヴィーガンクリームチーズ 321
超強烈ジンジャーブレッド 242

て
「デヴィス(Devi's)」のバタービーンズのサルタナ煮 133
デーツとヨーグルトのパンナコッタ 146
デビルドフラワー 334

と
トゥク・メリック 193
トマトとパッションフルーツのモクテル 89
トマトの赤味噌ドレッシング和え 90

な
ナス田楽 418
ナスのココナッツ・タマリンド煮 159

に
ニンジンとニゲラシードのピクルス 357
ニンニクと味噌のドレッシング 15

ね
練り味噌 15

は
バーチャーミューズリー 68
バタービーンズのディジョネーズ 52
バタービーンズの蜂蜜トマト煮 88
蜂蜜とオレンジのシロップ 77
バナナアイスクリーム 163
パパイヤとバニラのアイスクリーム 210
ハルディ・ドゥード(ターメリック・ラテ) 236

ひ
ピーカンサンディー 397
ピーカンナッツとリンゴのプディング 393
ピーカンナッツのヴィネグレットソース 222
ピスタチオとコショウのパスタ 327
ピスタチオとメープルシロップのパンナコッタ 329
ピスタチオヨーグルトケーキ 179
ピニョーリ(イタリアのクッキー) 384

ふ
ファジョーリ・アル・フィアスコ 283
フール・ミダミス 271
フェンネルとゴマのビスケット 339
プラムのシャーベット 328
プラムのメープルシロップ煮 398
プルーン、リーキと山羊のチーズのタルト 130
プルーンとコアントローのデザート 127
プルーンとレモンのトルテ 190
フレッシュブラウンソース 143

へ
ベジタリアン・ハギス 370

ほ
ホウレンソウとヨーグルトのライタ 427

ま
マコス・グバ(ハンガリーのパンプディング) 318
松の実とパルメザンチーズのチュイール 386
マルメロと蜂蜜のシャーベット 168

み
味噌とバニラ入りカスタード 16

む
ムセンチェ(韓国のラディッシュのサラダ) 216

め
メープルシロップとフェンネルシードのタルト 398
メープルマスタードドレッシング(ヴィーガン向けハニーマスタード)
.... 399
メランザーネ・アル・チョコラート(ナスとチョコレートのデザート)
.... 38

ゆ
柚子茶(ユジャチャ) 197
ゆで卵の味噌漬け 14

よ
ヨーグルトとソレルのソース 176

索引(レシピ)

453

ら

ライムとサツマイモのプディング 155

ラ・カマ（ターメリック、シナモン、ナツメグが入ったモロッコのスパ
　　イスブレンド）... 236

ラサム（風味豊かなインドのブロス）................................. 86

ランギナック（ペルシャのデザート）.................................. 144

り

リーキとチャイブのターンオーバー 287

緑茶スコーン 429

ろ

ローストカリフラワーのザクロとクルミのソース 225

ロジャ（塩辛くて甘酸っぱいソースのフルーツサラダ）.......... 138

ロビアニ（詰め物を入れたジョージアのパン）...................... 47

ロボフ・パシュテット（レッドキドニーを使ったアルメニアの
　　ルーラード）.. 48

索引（一般用語）
General Index

あ

アーヴィング・デイヴィス	122
アーニャ・フォン・ブレムゼン	119
アーネスト・ヘミングウェイ	64,428
アールグレイ紅茶	130,366
アイヴァ・タトゥルス	169
アイスバーグレタス	280
アイラン	179,265
アイリーン・ローゼン	221
アイリス・マードック	230
アヴゴレモノ	187
アガサ・クリスティ	119
アカシア蜂蜜	79,331,431
アカチモドキ	308
アカハツタケ	385
赤米	18,20,21,48,336
アキコ・アオヤギ	16,21,197,304
アグアパネラ	194
アクアビット	346
アクアファバ	50,404
アグネス・マーシャル	426
アグロドルチェ	419,423
揚げ出し豆腐	305,436
アサツキ	303,304
アジファ	56
アジャン・ブルーン	126,127,279
アシュケナージのユダヤ人	131
アジョワンシード	133,339
アステカ人	79
アッフォガート	34
アップルクランブル	95,174
アテナイオス	317
アトーレ	72
アドヴィエ	360
アドボ	373
アトリエ・クレン	309
アナイス・ニン	148
アナルダナ	92,93,260
アバス・フリタス	252,270
『アピキウス』	79,80
アビチュエラ・コン・ドゥルセ	155
アビッシュ	404
油揚げ	17,245,303
アヘン	319
甘み強化品種のトウモロコシ	75
アマローネ	134,268
アミノアセトフェノン	74
アムチュール	92,332,415
アムルー	76
「アメリカズ・テスト・キッチン」	411
アメリカ先住民	21,100,384,390
『アメリカ農学者』	114

アラフー（またはアラフース）	76
アララト山	134
アラン・デイヴィッドソン	405
アラン・パッサール	369
アラインとアリシン	282
アリオリ・ドゥ・コドニー	167
アリコ・ブール	407
アリス・アーント	289,368
アリス・ウォータース	149,214,284
アリス・ジョーンズ	108,110,440
アリス・ファウラー	344
アリス・メドリッチ	64
アリゾナ	188
アリソン・ローマン	158
アルー・アナルダナ	92
アルー・マター	269
アルカトラズ	258
アルジェリアン・コーヒー・ストアズ	34
アルトン・ブラウン	171
アルバロリッツァ（ローズゼラニウム）	168
アルベルト・アインシュタイン	266
アルマニャック	126,151
アレクサンダー・スモールズ	214
アレクサンドル・デュマ	338
アレクシス・ゴティエ	417
アレグラ・マカヴィディ	314
アレパ	277
アロス・コン・ティトテ	160
アンゲラ・メルケル	336
アンザックビスケット	66
アンザ・ボレゴ砂漠	87
アンジェラ・ドッド	394
アンジュー・ヴィラージュ	280
アンソニー・バージェス	349
アントニオ・カルルッチョ	306
アンドラ・プラデシュ州	55,413
アンドレア・グエン	307
アンドレ・ジッド	94
アンドレ・シモン	413
アントワーヌ・マイユ	230
アンナ・デル・コンテ	60 ,62
アンナ・ハンセン	403,429
アンヌ・ウィラン	189
アンバ	264
「アンブロージア」のライスプディング	132
アンブローズ・ヒース	212,366

い

イヴのプディング	135
イヴリン・アンダーソン・フローランス	393
イエローマン	436
イズハ	356
イスパナクリ・ケク	426
イタマー・シュルロヴィッチ	150,266,314
イッセイ・ミヤケ	431
イドゥリ	157,404,406
イヌリン	248-251
イブプロフェン	189

イマム・バユルドゥ	55
いも恋	156
イライザ・アクトン	103,299
炒り豆腐	307
イロコイ族	49,71
インディアンプディング	74
インドネシア	138,139,152,238,241, 303,380

う

ヴァージニア・ウィリス	282
ヴァネッサ・バリントン	276
ウアラチェス	71
ヴァルテッリーナ・カゼーラ（チーズ）	62
ヴァレリア・ネッキオ	190
ヴァローナ	205
ヴィーガンのガンボ	412
ヴィヴェク・シン	327
ヴィエト・グリル	42
ウィギリア	317
ヴィクトリア・フローローヴァ	284,328
ヴィシソワーズ	250,286,289
ウイスキー	23,28,67,102,134,166,189, 204,242,344,394
ヴィッキー・ベニソン	187
ヴィック・リーヴス	157
ウィトゲンシュタイン	204
ウイトラコチェ	307
ヴィニャローラ	272
ヴィラ・アメリカ	427
ウィリアム・コベット	96
ウィリアム・シュルトレフ	16,21,197,304
ウィリアムズ・ブラザーズ・ブリューイング会社	433
ウィリアム・モリス	66
ウィリアム・ラインド	101
ウィリアム・ロー	294
ウィルキン&サンズ	346
ウィル・バトル	279,430
ヴィンス・メロディ	105
ヴィンセンツォ・コッラド	337
ウィンブルドン	32
ウージ	34,271
ウェイヴァリー・ルート	20,96,148,183, 283,326
ヴェステルボッテンチーズ	276
ウエボス・ハミナードス	266
ウェルシュ・レアビット	229,304
ヴェロニカ・ジャクソン	161
ウェンズリーデール（チーズ）	62,134
ウォーターゲート・サラダ	151
「ウォール・ストリート・ジャーナル」	16
ヴォーン・スタフォード・グレイ	370
ウォッカ	23,24,29,97,100,113,115, 130,166,198,282,332,388
ウォト・キメム	378
ウガリ	71
ウジェーヌ・セルラ	148

455

ウスターソース... 89,112,137,229,230,253
ウスター・ペアメイン 400
薄茶 155
ヴニージュ・ヴェルト（「緑のヴェネツィア」）
.... 409
ウフ・モレ 183
梅干し 74,99
ウヤエ・エネス・モン 286
ウリ・シェフト 356
ウルシオール 320
ヴルスト（ソーセージ）.... 216,231,399
ウルフギャング・パック 21
ウルブロー 23

え

エイナット・アドモニー 405
エイプリル・ブルームフィールド 420
エイミー・スチュアート 109
エインズリー・ハリオット 186
エヴァ・クレーン 80,440
エクルズケーキ 132,134,286
エグロワサド・トゥーロネーズ 409
エゴン・ロナイ 116
エジプトのパン 341
エスキーテス 278
エチオピア 34,56,176,378,404,405
エッグ・フロランタン 425
エッシェンブロイ 216
エドマンド・ソール・ディクソン 184
エドワード・バンヤード 102,298
エドワード・ベール 380
エドワード・リア 98
エピナール・アン・シュルプリーズ ... 425
エフェソス 30
エマ・ダツィ 20
エミール・バウマン 79
エメンタールチーズ 229
エリザベス・デイヴィッド 55,103,168,
    172,182,225,340,374,420
エリザベス・ビショップ 121
エリック・ハンセン 142
エルカ酸 228
エルサ・ペレッティ 53
エルダーフラワーシャンパン 108
エルダーフラワービネガー 108
エルダーフラワー・ロワイヤル 108
エルダーベリーリキュール 113
エル・ブラ・デ・ベネデス 387
エンパナディーヤ・デ・マンサーナ ... 135
エンリケ・フェルナンデス 45
エンリコ・バヴォンチェッリ 329

お

オヴァルティン 16,31
王立園芸協会 169
オークニー諸島 30,162
オーラリエスカ 29
オーリョ・デ・ソグラ 127

オールスパイス・ドラム 344
オールデン＆ハーロウ 98,222
オーレ・G・モウリットセン 18,250
オカヒジキ 437
オギリ・サロ 310
オクラホマ州西部 109
オジー・クラーク 117
オスグッドパイ 394
お茶漬け 430
『オックスフォードアメリカ飲食必携』 ... 222
『オックスフォードアメリカ飲食物百科事典』
.... 346
『オックスフォード食必携』..... 120,158
オムレツ 172,177,266,267,268
オリア・ハーキュリーズ 119
オリー・ダブー 295
「オリーブス・フォー・ディナー」 16
オルゾット（大麦のリゾット）..... 29,30
オレガノハニー 354
オレンジ・ゼリー（別名ゴールデンボール）
.... 200
オレンジブロッサムハニー 77,197,331
おろしソバ 215

か

カーシャ 60,63
カーボロ・ネロ 51,219-222
ガイアナ 234
カイピリーニャ 194
馬尿卵（カイ・ヤオ・マー）............... 303
カイリー・ミノーグ 316
牡蠣 332,436
カクテキ 216
カシア（シナニッケイ）....... 113,351,364,
    374,392
カシミール 228
カシャーサ 194,195
カシュー・ダックワーズ 149
カシュク・バデムジャン 418
カジュ・トナク 157
カスカス・ハルヴァ 158
ガストリス 317
カゼイン 177
カダイフ生地 241
カタンケーキ 345
カチャパ 277
カチョ・エ・ペペ 253,301,376,379
カッサータ 278
カッツィーリ 255
カッフェ・ドルゾ 33
『家庭経済雑誌』 240
ガトー・ビモン 257
カフェ・デュ・モンド 295
カプサイシン 177,379
ガブリエル・ハミルトン 217,266
カボチャ 13,45,49,51,53,71,97,155,
    336,419
カマン・ドクラ 261

カマンベールチーズ 224,229,280
『カメレオンマン』 166
カモテ・キュー 154
からし蓮根 231
ガラトワーズ・レストラン 94
カラマタ 313
ガラムマサラ 178,360,414
カラメル化したタマネギ 19,22
カランジ 158
カラント 100,113,131-135,239,345,389
    （レーズンも参照）
ガリ（ショウガ漬け）..................... 55,219
ガリシア 26,220
カリン 168
カルーア 35
カルソッツ 122
カルツォーネ 187
カルバクロール 351
ガルバンソス・コン・エスピナカス ... 261
ガルファバ粉 260
カルペジーナ 30
カレーパウダー 161,225,226,230,404
ガレット・ド・サラザン 62
ガレノス 30
カレリアパイ 24
カロンジ・アルー 254
感謝祭 154,365,407
カンチャンパ 63
がんもどき 307,436

き

ギータ 57
キーライムパイ 195
キール 132
キシュク 175
『キタブ・アル・ティベク（料理の本）』... 313
『北ロンズデール雑誌および湖水地方雑録』
.... 274
キチュリ 22
キットカット 431
きつねソバ 303
キティ・トラヴァース 334
きのこのリゾット 306
キフリ 318
キム・フロッタム 76
キム・ボイス 64
キャサリン・ブラウン 101,220,256
キャサリン・ヘプバーン 51,128,178
キャスリーン・ドリュー＝ベイカー 65
キャトルエピス 378
キャンティ（ワイン）........... 268,283,338
キャンディード・ヤム 154,365
「キャンプ」のコーヒーシロップ 294
「キャンベル」のテストキッチン 407
キュンメル（キャラウェイキュール）... 344
餃子 197
ギリー・バシャーン 270
キリーン（山羊のゴーダチーズ）....... 278

ギリシャヨーグルト 36,100,102,146, 169,175,176,178,190,272,328,423
義理の息子の卵 265
ギル・メラー 27,188
キンカン 199
キングストン 344
禁酒法時代 371

く

クヴァス 26
クークー 413
クーサ・ビ・ゲブナ 420
グーズベリージャム 187
グーズベリーチーズケーキ 102
グーズベリーのフール 102,103
『クエーカー教徒女性の料理本』 63
クエン酸 110,112,186-188
クク 288,410
クグロフ型 301
グジャラート州のピクルス 405
葛 314
『クックス・イラストレーテッド』 302
クティア 318
クネドレ・ゼ・シュリフカーミ 116
熊脂 21
熊本県 231
クラーク・ゲーブル 87
クラウス・ステュアベック 250
クラウディア・ロデン 141,234,427
グラスホッパー 160
グラニースミス 162,171,172
クラフト社 151
グラモーガンソーセージ 279
クランクス(レストラン) 18
グランペール・オ・シロ 395
クランベリー研究所 96
クランベリージャム 29,66
クランベリージュース 24,98,100
クランベリーソース 97,99,364
クランベリーのアップサイドダウンケーキ
.... 149
クランベリーバター 99
クリアスプリング 15
クリーミ・ジ・パパイヤ 210
クリームチーズ 26,99,101,129,208, 258,277,278,290,317,321,362,372
グリーン・ゴッデス・ドレッシング 219
グリーンソース(ソレルの別称) 188
グリーン・ボルシチ 182
クリス・スミス 416
クリスティー・ターリントン 211
クリスティーナ・トシ 329
クリスティン・マクファデン 380
クリストファー・ストックス 200
クリスプブレッド 275
グリッシーニ 285
栗蜂蜜 74,78,79,189,213
栗原はるみ 303

グリモ・ド・ラ・レニエール 424
グリュイエールチーズ 78,229,420
グリン・クリスチャン 50,289,320,373
グルコシノレート 232
クルディート 276
『グルメ』 338
クレア・プタック 64,101,142
クレアンス 232
クレイチャ 143
グレインズ・オブ・パラダイス(ギニアショウガ)
.... 171,376,377
グレース・ケリー 128
クレームブリュレ 151
グレゴリー・レヴィン博士 201
クロード・モネ 421
グローブ・アーティチョーク 201,248,337
黒澤明 430
クロタン・ド・シャヴィニョル 108
黒米 18,21,158,336

け

ケアフィリチーズ 62,279
ゲイリー・アレン 276,316
ゲイリー・クーパー 87
ゲイリー・ローズ 130
『ゲイルのパン焼き職人の料理本』 390
ケージョ・ジ・コアーリョ 166
ケージョ・ミナス 166
ゲーテ 280
ケープ・コッド 24,100
ケーリー・グラント 128
ケールチップス 222
ケールのペスト 223
ケールのポリッジ 220
ケサディーヤ 49,277
ケジャリー 20
ケソ・セコ(ケソ・アニェホ) 276,278
ケソ・ブランコ 208
ケソ・フレスコ 277
ケチャップ 44,52,136,188,230,371
ケネス・T・ファレル 291,369
ケプタ・ドゥオナ 285
ゲラニオール 381
ケララ州 160,379,380
ケルピー・ビール 433
ゲルムクヌーデル 318
ケン・アルバーラ 407
ケンダルミントケーキ 210
ゲンフォ 175
玄米茶 305,429,430
ケン・ローチ 323

こ

コアントロー 127
濃茶 155
麹 12,16,17,21,256
コーヴィ・ア・ミネイラ 221
コーヴ・ガレーガ 220

ゴーゴリ 62
ゴーダチーズ 276-278,290
ゴードン・ラムゼイ 50
コーネリアス・ウェイガント 98
コービー・カマー 101
コービン&キング 299
コーマック・マッカーシー 71
コーラのフレーバー 192
コール・ポーター 428
コールマン・アンドルーズ 387
コールマン 227,229,231
コーンフレーク 74
コカ・デ・ピニョン 387
ココ・シャネル 255
ココナッツオイル 72,157
ココナッツミルク 54,72,106,127,141, 155,157-161,365,377
コシード・マドリレーニョ 255
コシャリ 21
コチュカル(韓国唐辛子粉) 216
コチュジャン 14
コッカリーキ・スープ 130
コトニャータ(マルメロペースト) 168
ゴマ和え 314
コミヤマカタバミ(ウッドソレル) 173,182
コリンズ姉妹 204
ゴルゴンゾーラ 78,98,276,277,296
ゴルスピー製粉所 256
コルネットサプライズ 40
コルマ 157,158,241
ゴルメ・サブジ 402
コロキシピタ 420
コロンブス 71,210
コンキスタドール(征服者) 60
ゴングラ 55
ゴングラ・パップ 55
コングリ 43
近藤麻理恵 295
コンバルー洞窟 25
昆布 12,105,433,434

さ

ザアタル 179,186,351,352
サイモン・ホプキンソン 267
サイモン・ローガン 249
『ザ・ガーデン』 169
サグ・アルー 402
桜 155
ザクロの糖蜜 54,92-95,192,224,371
ザ・ゲート(ベジタリアンレストラン) 8,286
サコタッシュ 51,413
サゴパール 106,141,241
笹乃雪(東京) 197
ザジキ 176,423
ザ・シトラス・センター 196
ザ・スパイス・ハウス 355
ザ・スポーツマン 109,183,422
サダハル・アオキ 40

索引(一般用語)

サットン・アンド・サンズ 435
ザッフェラーノ 351
砂糖漬けのピール
.... 38,132,200,240,242,329
『ザ・ナチュラリスト』 320
サナフィッチ 56
サビチ 264
サフディ兄弟 397
サブリナ・ガユール 193
『ザ・ベジタリアン・メッセンジャー』 256
サミ・タミミ 118,121
サムジャン 14
サム・ニューマン 329
サラ・ウィンダム・ルイス 440
サラ・ジャンペル 311
サラド・デュ・ポーヴル 250
サラド・ラシェル 234
サリット・パッカー 150,266,314
サルガム 213
サルサ・ヴェルデ 337,340,349,410
サルサ・ダヴィーユ 80
サルソン・カ・サグ 71
サルタナ 99,131-133,135,262
サルバトーレ・カラブレーゼ 89
サルビチャーダ 122
サルムサクル・ヨーグルト 178
ザ・ローグ酪農製品製造所 117
サロラドシュロフ・シセラプル 261
サンクスギビング 154,365,407
サン・ジェルマン（リキュール） 109
サンセール 108
サンダー・キャッツ 17,304
サンバル 139,332
サン・リヴァル 149

し

ジ・アイヴィー 117
シアン化グルコシド 112
シアン化物 120
シーケール 219,223
シーザー・カルディーニ 220
シーザーサラダ 220,223,280,298
シイタケ 61,290,306,433,434
シーブリーズ 24,100
シェイクスピア 172,437
ジェイコブ・ケネディ 408
ジェイムズ・ウォン 173
ジェイムズ・チャット 168
ジェイムズ・ビアード 284
ジェイムズ・ポール・コベット 341
ジェイムズ・ボンド 346
ジェイムズ・ラムズデン 110
ジェイン・グリグソン 96,101,103,199,256,
337,341,420,426
ジェーン・グドール 201
ジェシー・ダンフォード・ウッド 110
ジェシカ・B・ハリス 412
ジェック 202

ジェニ・ブリトン 36
シェ・フォンフォン 160
ジェフ・コーラー 311
ジェフリー・アルフォード 20
ジェラルド・マーフィーとサラ・マーフィー 427
シエラレオネ 310
ジェリー・トラウンフェルド 244
ジェレマイア・タワー 85
ジェレミー・リー 146
ジェンク・サマーソイ 169
ジェンナーロ・コンタルド 51
シオラー・ダール・ナルケル・ディ 54
シコン 294
士師記 68
四旬節 43,56,155,255,257,261,
284,336
七味唐辛子 61,315,333
シチリア島 77,151,186,187,255,272,
278,280,326,327,329,351,389
シッダールタ・ミッター 415
シティ・タヴァーン 391
シトラール 186
シトロネラール 381
シニグリン 232
ジペンテン 381
シミット 85
ジメチルスルフィド 73
ジャーク料理調味料（ジャークシーズニング）
.... 370,380
ジャーナル・オブ・ソサエティ・オブ・アーツ
.... 209
ジャーマンチョコレートケーキ 160
『シャイニング』 87
ジャガイモのウォッカ 24
ジャジュク 178
ジャスティン・ピアース・ゲラトリー 129
ジャスパー・ウッドルーフ 206
ジャック・ストーブ 414
ジャック・ペパン 35
ジャック・ホワイト 137
ジャック・モンロー 47
ジャラブ 389
シャルガム・キ・サブジ 360
シャルガム・マサラ 360
シャルドネ 249
ジャワ 138
ジャン＝ミッシェル・デルマ 122
ジャン・ジョルジュ・ヴォンゲリヒテン 231
シャンパン 21,101,149,150,299,395
シュヴァルツプレンテントルテ 60
シュウ酸 182
十二夜（公現祭） 389
シュタベントゥン 80
ジュディ・ロジャース 128,299,328
シュトルーデル 61,135,188,222,306,316
シュラドラー 115
ジュリア・チャイルド 425
シュワルツ 379

ジョアン・ハリス 40
ジョイス・モリニュー 183
ショウガ科 236,377
精進料理 12,315
ジョージア 47,119,284
ジョージ・エルヴァンガー 280
ジョージ・ワイドマン・グロフ 105
ショートブレッド 20,97,110,117,150,
200,397
ジョー・バース 377
ジョーン・クロフォード 145
「食物と料理に関する
オックスフォードシンポジウム」 414
ジョニーウォーカー ブラックラベル 157
ショバ・ナラヤン 86
ジョルジオ・ロカテッリ 278,327
ジョン・R・フィッシャー 341
ジョン・アップダイク 121
ジョン・イヴリン 301,428
ジョン・ウェイト 431
ジョン・エジャートン 393
ジョン・クリーズ 112,346
ジョン・コーワン 172
ジョン・シーモア 254,269
ジョン・ソーン 410
ジョン・ハーヴェイ・ケロッグ 74,100
ジョン・バロウズ 63,399
ジョン・ヘミングウェイ 227
ジョン・ベルムとジャン・ベルム 245
ジョン・マクフィー 387
ジョン・モトヴィロフ 394
ジョン・ライト 114,182,299,366,435,438
ジョン・ラスキン 121
白和え 408
シルヴァーシュ・ゴンボッツ 116
シルヴァーナス 149
ジル・ノーマン 341
『シルバースプーン』 50
ジル・マルシャル 366
白餡 53
シロガラシ（ホワイトマスタード） 227,266
シンガポール 138,435
ジンジャーエール 242
ジンジャービール 98,239,242,369
ジンジャーブレッド 78,133,239-242,295,
369,378
シンシン・ジ・ガリーニャ 157
シンナムアルデヒド 364
真保裕子 333

す

スイート・レッド・ロータス 100
スイスチャード 184
スヴァネティの塩 47,284
スウィーティングス 135
スカール 19
スコヴィル辛味単位（スコヴィル値） 379
スコット・フィッツジェラルド 427

スコット・ホールズワース 61
スコットランドのリングヘザーハニー 67
寿司 .. 18,215,240,303,330,430,433,435
スジョングァ（水正果） 350
スタフィドータ 131
スタンリー・ギンズバーグ 346
ズッキーニのキャビア 421
スティーブン・ハリス 109,194,422
スティルトンチーズ 78,98,279,296
ステファニー・アレクサンダー ... 209,250,289
ステファン・アークタンダー 210,356
ストライディング・エッジ 209
スノー・アップル 400
スパークリング・ロゼのパンチ 432
スパイス・マウンテン 378
スパゲッティ・アーリオ・エ・オーリオ 282
スパス 177
スパナコピタ 279,288,420,425
スパナコリゾ 288,424
スフレ 21,38,151,277,420,425
スペキュロスビスケット 34
スペツェス島 31,275
スペンサー・トレイシー 178
スポッテド・ディック 135
スマック 179,186,352
『スミソニアン』 370
スミト・エステベス 208
住吉神社 65
酢飯 18,219
スリヴォヴィッツ 115
スリ・オーウェン 158
スリランカ 54,322,430
スローフード財団 284

せ

『製粉』 219
『西洋果樹栽培家』 103
セサミ・スナップス 313
セブ（ヒヨコ豆粉の細麺） 349
セリン・キアジム 93
セルマ・ピート種のブドウ 246
センセーション 89
煎茶 279,429
セント・ジョン 173,216
全粒米 18

そ

ゾーイ・アジョニヤ 412
ソーヴィニヨン・ブラン 104,108
ソース・エスパニョール 389
ソース・ロメーヌ 389
ソーダブレッド 345,347
ソジュ（焼酎） 313
ソッカ 362,381
ソバのブリニ 60,62,63,291
ソバ蜂蜜 26,63,76,78,241
ソブラサーダ 167
ソムサー（ビターオレンジ） 105

ソムタム 208,209,211
ソムチュン 105

た

ターキッシュディライト 105,144
ダーク・アンド・ストーミー 369
ダート川 119
ダーンガル・パチャディ 180
ダイアナ・ケネディ 385
ダイアナ皇太子妃 438
ダイアン・コチラス 88,154,187
第一次世界大戦 173
大学芋 154
大根 13,61,202,215,216,218,245,
　　267,305,331
大草原の小さな家 26
第二次世界大戦 33,249,294,394
大日本農会 303
ダヴズ・ファーム 26
ダグラス・アンクラ 150
ダコス 31
ダツィ 20
ダドリー・ムーア 159
ダニエル・パターソン 75
タバスコ 48,332
タヒチ 148
タヒノフ・ハッツ 312
タブーレ 288,336
タフ・テロール 303
卵豆腐 303
玉子握り 435
ダマセノン 112
タマリンドピューレ 86,136,159
タマリンドペースト 119,138,139,143,
　　241,361
タマル・ベ・タヒニ 142
タマレス 43,70,71
ダムソン・ジン 115
ダラ・ゴールドスタイン 61
「ダラス・モーニング・ニュース」 160
タラトール 311,315,387
タリアプンタレッレ 296
ダリナ・アレン 114,295
タルカ 54,90,119,157,227,238,261,
　　291,377
タルタ・デ・サンティアゴ 76,393
タルックナ 29
タルト・タタン 399
タルハナ 175
タレッジョチーズ 62
ダンカン・マンリー 133
ダンサク 90
タンニン 94,96,98,114,195,305,315
ダンプリング 61,178,290
ダンポクタク 268
タンポポ蜂蜜 16,79
ダン・レパード 27,28,39

ち

チェーホフ 62
チェダー 43,53,78,93,109,137,229,
　　276,277
チェリーブランデー 120
チェリーローレル 375
チェルシーバン 367
チェルニー・クバ 29
チスラ 214
チベット 28,291
チャーリー・ワッツ 355
チャールズ・キャンピオン 68
チャールズ皇太子 438
チャールズ・スペンス 47
チャールズ・ダドリー・ワーナー 51
チャールズ・ランホーファー 248
チャイ・パニ 192
チャイブミルク 290
茶ソバ 64
チャットマサラ 181,332,423
チャド・ロバートソン 39,61
チャナ・マサラ 260,362
茶の湯 155
チャペル・マーケット 137
チャルヌシュカ（ニゲラシード） 357
茶碗蒸し 435
チャンプラード 72
チュッカ（中華）海藻 434
チュルブル 177
チリ産のメルロー 137
チロル 27
チンタン・バンディヤ 403

つ

ツァイ・ポー・ヌイ 267
ツァンパ 28
ツヴェチュゲンヴァッサー 115
ツヴェチュゲンクネーデル 116
ツケマリ 119
辻静雄 215
ツタウルシ 120
ツチカブリ 306
ツッカーカートフェル 249

て

ティアブリーズ 97
ティアマリア 97
テイヴィス・リンチ 308
デイヴィッド・カープ 365
デイヴィッド・キンチ 368
デイヴィッド・トンプソン 138,158
デイヴィッド・リンチ 366
デイヴィッド・レボヴィッツ 63
デイヴ・ブルーム 157,242
「ディサローノ」のリキュール 120
ディジョンマスタード 203,222,228-232,
　　266,399
ディドロ 28

索引（一般用語）

459

ティナ・プレスティア 131
ティム・アンダーソン 89,197
ティム・バートン 183
ディリスク・チャンプ 435
デーツのピューレ 322
テオドール・トブラー 79
テキーラ・サンライズ 201
テジパット（タマラニッケイ） 373,374
デニス・コッター 45
デニス・ブルジェス 438
手巻き寿司 18,330
デュカ 360
デュクセル 127
デリア・スミス 20,176
テリチェリーペッパー 253,379
テル・バニール 356
テンジャン 14
天ぷら 61,197,333,430

と

トゥアレグ族 277
トゥク・メリック 193,376
豆豉 44
豆板醤 270,304
ドウフールー（豆腐乳） 426
豆腐田楽 304
豆腐と卵のどんぶり 303
ドウフホワ（豆腐花） 241
糖蜜 26,37,63,74,76,128,133,145,
150,154,194,239-242,282
トウモロコシウォッカ 24
ドゥルセ・ジ・マモン 208
ドゥルセ・デ・バタタ 154,365
ドゥルセ・デ・レチョサ 208
トゥルト・オ・ブレット 428
トゥルト・ドゥ・ロドリゲス 159
トゥロン 167,323
ドーサ 55,406
ドーセットアップルケーキ 95
トーマス・ケラー 101,278
トーマス・ジェファソン 391
トーマス・マン 68
ドッティーズ・トゥルー・ブルー・カフェ .. 43
トゥラッツェッタ 274
トニー・ヒル 92
ドバラ 260
トピック 255,261
ドフィノワ 212
トマス・ハーディ 48,119
トマス・ハリス 268
トマス・ロウ・ニコルズ 74
トミー・バンクス 37,102
ドミニカ共和国 72,155,365
トム・ケリッジ 101,184,200
トム・ストバート 55,106,438
トム・ハント 141
トム・フォード 403
トリニダード・トバゴ 234

ドルスター・マイルズ 160
トルタ・ヴェルデ 424
トルタ・ガウデンツィオ 276
トルタ・ディ・グラノ・サラチェーノ 60
トルタ・デッラ・ノンナ 190
トルタ・パスカリーナ 425
ドルチェット種のブドウ 122
トルチェッロ島 272
ドルチェラッテチーズ 296
ドルマスパイス 368
トレーズ・デセール（13のデザート） 426
ドレッジ 28
トレンティーノ＝アルト・アディジェ地方 .. 60
トロイ戦争 166
トローネ 76,79
トロフィエ・パスタ・リグーリア 253

な

ナイェシュ・マンガー 257
ナイジェラ・ローソン 61,75,90,190,
308,334
ナイジェル・スレイター 128,162,336
ナオミ・デュギット 20
納豆 231,413
ナバホ族 386
ナバリコ社 50
ナポレオン戦争 114
なめ味噌 418
ナラタケ 307
ナンシー・シングルトン・八須 408

に

ニール・ペリー 385
ニール・マクレナン 302
ニコラ・ド・ボヌフォン 248
錦通り（パリの日本食材店） 381
ニター・キバー 176
ニック・ケイヴ 316
煮物 305
ニューヨーク・タイムズ 366
ニラ玉 289

ぬ

ヌテラ 38,129,392

ね

ネッセルローデ・プディング 100
ネッド・パーマー 229,440
ねばねば丼 413
ネルソン・ソーヴィン種のホップ 104

の

『農家および一般栽培者のための
　市場菜園業』 223
ノーマ 24,256,349
ノーラ・エフロン 222
ノブ（日本食レストラン） 61,196

は

バーガーキング 19
バーボン 23,130,242
パ・アム・トゥマカット 438
バーモント州 276,396,400
バーラー・ラーブール（ラーヴァーブレッド）.. 65
胚芽米 18
バイス（カタルーニャ州） 122
ハイダリ 178
バイロン卿 115
ハインツ 52,230
パオラ・ギャビン 212,349
バガリ・ポロ 268
バカルディ 195
白菜 218
パクシマディア 31
パクストン＆ウィットフィールド 169
バコラ 137,260,262
パスタ・エ・ファジョーリ 85
パスティス 89,344
パスティッチェリーア・ボッチョーネ 131
バタースコッチ 16
バックリーヴィー 102
パッションフルーツ・ダイキリ 195
ハッセルバックポテト 374
パッソリーナ・エ・ピノーリ 389
パッタイ 267,378,379
バティール 349
ハティ・エリス 78
パティ・ジニチ 276
パティ・スミス 298
ハナー・グラス 103
バナギュルスキ・エッグ 177
バナジェッツ 153
バナナブレッド 80,163
ハニーマスタード 81,399
バニツァ 177
『バニラの科学と技術の手引き』 151
バニラの莢 117,134,148
バニリン 134,148,210
パネッレ 255,272
ババ・ガヌーシュ 93
ハバナクラブ 27
バハラット 360
パピヨン 25
ハマンタッシェン 188,202,316
バミューダ風フライドフィッシュサンドイッチ
.... 367
パム・コービン 112,381
ハムと豆のスープ 13
パメラ・マイケル 438
バラーター 254,341
ハラ・オズパオ 371
バラク・パニール 425
ハラペーニョ唐辛子 73,193
バリアーニ 327
パリップ 54

ハルヴァ 144,145,158,310,312,313, 323,327,328
『はるか群衆をはなれて』......... 48
バルザック................148,267
ハルディ・ドゥード（ターメリック・ラテ） 34,234-236
バルバリ................356
バルバレスコ................122
バルフィ................259,323
ハルミチーズ... 137,143,275,295,349,356
パルメザンチーズ.........30,63,78,134,149, 184,221-223,249,253,275-277,280, 301,306,323,327,341,386,408,422, 424,425
バローロ................122
ハロルド・ピンター................272
ハロルド・マギー................250,251
ハワイ................118,152,159,205
ハワイアン・トロピック................106
パン・オ・レザン................134
ハンク・ショー................113
パンダンリーフ................72,141,158,241
パンチ・フォロン................341,355,404
パンツァネッラ................88
パン・デ・マイス・センテーノ................26
パン・デ・メイ................109
パンパンガ州................323
パンフォルテ................379
万霊節................153

ひ

ピーカン・タシー................278
ピーズミール................256
ピーソ................256
ピーター・クック................159
ピーター・グレアム................63
皮蛋（ピータン）豆腐................303
ピーチメルバ................152
ピーナッツバター................48,92,339,386
ヒールライス................235
ピエール・エルメ................369
ピエール・コフマン................38
ピエモンテ州................20,80,122,214,424
ピカーダ................261,407
ヒカマ................202
ピカルディ................267
ビギラ................349
ピクプールワイン................119
ヒジキ................18,244,291,433,437
ヒ素................244
ビターオレンジ................105,127,196,199, 202,316
ピタゴラス................268
ビタミンC................189
ピッカリリ................229,234
ピッツァ・エブライカ................131
ピッツォッケリ................254,308
ピデ・エキメキ................85

ピトケイスリー・バノック................200
ヒマーチャル・プラデシュ州................92
ヒメスイバ................173
ピメント・ドラム................344,369
ヒュー・ファーンリー・ウィッティングストール 55,284,372,437
ヒヨコ豆粉のガティヤ................262
ビル・ジョーンズ................333
ヒルベ................404
ビング・クロスビー................128
ピンク・フロイド................353
ピンツァ................388,389
ピンツィモーニオ................189
ビンディ・フーリ................413
ビンディ・マサラ................414
ヒンメル・ウント・エアデ（「天と地」）...53

ふ

ファーヴェ・エ・チコリア................269,270,272,297
ファーガス・ヘンダーソン................129,216,345
ファットゥーシュ................88
ファテ................262
ファティール................426
ファパール・コ・ロティ................333
ファラフェル................214,260,262
フィーヌゼルブ................184,337
フィオナ・ベケット................338
フィッチ・W・テイラー................230
フィトグリコーゲン................14
フィナンシェ................122,326
フィリップ・マスード................312
フィリップ・ロス................346
フィルメニッヒ................242
フィンランディア................29
ブータン................20,333
フード・フォー・ソート................52
フール・ミダミス................265,270,271,361,370
ブール・メートル・ドテル................337
フェイジョアーダ................42,221
フェーヴ・ア・ラ・メナジェール................265
フェセンジャーン................48,224
フェタチーズ................20,31,78,85,89,93,112, 155,211,275,277,279,290,354,420, 424,425
フェリシティ・クローク................369
フォリエ・ダ・テ................151
フォレスト・マース・シニア................30
フォンデュ・ブーランジェリー................152
ブサバ・イータイ・レストラン................377
プチフール................122
プディン・ショマー................396
ブドウの糖蜜................301
ププサ................71,276
フムス................214,262,264,266,314,323,362
フューシャ・ダンロップ................105,304,426
ブライアン・ジョーンズタウン・マサカー................319
ブライアント・テリー................51
ブラウンソース................142-143,265,389

ブラジ................365
ブラジル.... 42,121,127,157,166,194,195, 205,208-210,221,320,376,416
プラソピタ................279
ブラック・ヴィーナス米................20
ブラック・ナイトフォール................276
ブラッセリー・ゼデル................299
ブラッディ・メアリー................380
フラップージョ................34
プラト・パセーニョ................72
フラミッシュ................267
ブラムリーアップル................101,104,173
フランシスカス・ブレシーエス................294
フランソワ・シャルティエ................398
ブリーチーズ................280,355
プリ・インジ................241
ふりかけ................434
フリゼ・オ・ラルドン................295
ブリタニー・コナリー................413
フリッターの木（セイヨウニワトコ）................109
ブリット・バンヤード................308
フリット・ミスト................128
フリホーレス・イ・ケリーテス................43
フリホーレス・ドルミーノス................45
フリホーレス・ネグロス................45
プリヤ・ウィクラマシンハ................54,157
フリュヒテブロート................27
プリンス・マッシュルーム................120
ブルー・エレファント................378
ブルーチーズ.........98,117,169,221,274, 278-280,296,331,424
ブルーナ・ベアノル................53
ブルーフェヌグリーク................284
フルール・ド・セル................396
プルーンのフィナンシェ................122
プルオット................118
ブルサンチーズ................379
プルス................413
ブルスケッタ................52,296,337
フルフリルチオール................311
プレタマンジェ................266
ブレ・ノワール................64
プレフ................409
フレンチソレル................173
フレンチ・ブレックファスト（ラディッシュ品種） 267
ブローズ................220,256
ブロートゲヴルツ................346
ブローリー................234
フローレンス・ホワイト................103,112,174, 199,298
プンタレッレ・アッラ・ロマーナ................296
プンパーニッケル................23,276,346
ブンブ................238

へ

ベア・グリルス................240
ベアミール................30,162

索引（一般用語）

ベイカーズ・ジャーマン・スイート・チョコレート 160
ベイクウェルタルト 120
ベイクトビーンズ 26,52,219,262,314,378
ベイシーニョシュ・ダ・オルタ 333
ベイシェンス・グレイ 372
ベイ・ラム 371
ベートーベン 88
ペコリーノチーズ 78,187,269,276,340
ペシャワリ・ナン 355
ヘストン・ブルーメンソール 195
ペチュ(白菜)キムチ 218
ペッパーダルス 436
ペッレグリーノ・アルトゥージ 109,189,
　　284,353
ベティ・グレイブル 87
ベティ・デイヴィス 145
ベニ・ウェハース 149
ベルヴェデール 24
ベルーガレンズ豆 54,55,226
ペルシャード 337
ペルシャキュウリ 85
ヘルバ 121
ベルプリ 349
ヘルマンズのマヨネーズ 300
ヘルマン・ヘッセ 68
ヘレン・ベスト=ショー 351
ベレンヘナス・フリタス 94
ベンジャミン・フランクリン 149
ベンズアルデヒド 120
ベンゼノイド 96
ベンダッカイ・コランブー 413
ペンドーロン 44
ベン・ポンガル 377
ヘンリー・セオフィラス・フィンク 276
ヘンリー・デイヴィッド・ソロー 26,96
ヘンリー・メイヒュー 149

ほ

ボアロー・ヴィネグレット 232
ほうじ茶 39
ボーアブーンチェス 254
ボーキュイ(ソバ) 60
ポーラ・ウォルファート 380
ポール・ゲイラー 149,377
ポール・ヒースコート 205
ホセ・ピサロ 201
ポソレ 331
ポタージュ・ジェルミニ 183
ボッキング 62
ポップコーン 19,70-72,81,118,310,
　　312,355
ポテトチップス ...92,252,253,322,353,437
ホトリエノール 171
ボニー・チャン 16,393
ホメオ・イ・ジュリエッタ 167
ポリート・ミスト 80
ポリフェノール 195

ポルノスター・マティーニ 150
ポルボロネス 393
ポレンタ・インカテナータ 71
ポレンタ・タラーニャ 62
ポワ・ド・テール(「大地の梨」) 249
ポワラーヌ・ベーカリー 27
香港の水玉模様のプディング 157
ポンタックソース 112
ポンピドゥー・センター 300
ボンベイ・ミックス 262

ま

マーカム・グアン 138
マーガレット・コスタ 183,299
マークス&スペンサー 355
マーク・ディアーコノ 348
マーク・トウェイン 51
マーク・ロスコ 85
マーシュ(ラムズレタス) 280
マーマイト 12,31,63,370,433
マーマレード 23,97,132,168,197,
　　199,200,372
マーロン・ブランド 323
マイケル・W・トゥイッティ 414
マイケル・ボンド 290
マイケル・ラコウィッツ 143
マイタイ 28
マキシム 21
巻き寿司 18,215,240,330,433
マクシミリアン・ビルハー=ブレンナー .. 68
マクドナルド 435
マクルード 365
マコヴィエツ 317
マコモ 21,391
マサ・マコバ 316
マサラ・チャイ 356,378
マシャワシャ 266
マジョラム 244,253,318,351-354
マスール・ダール 180
マスカット 106,131,190
マスカルポーネチーズ 109,169,276
マスタードオイル 228,415
マズローの欲求段階説 137
マック 272
マツタケ 196,385
抹茶塩 430
松久信幸 12
マデイラワイン 149,345
マドゥール・ジャフリー 53,133,339
マドゥパルカ 81
マドラス 97
マトルーフ・キシュク 175
マナーキーシュ 352
マハラグウェ・ヤ・ナーズィ 161
マハレーテ 72
マラ・シーウィード 65
マリアン・バロス 366
マリー=アントワーヌ・カレーム 212

マリー・シモンズ 241
マリカ・バスー 403
マリセル・プレシーリャ 156
マリリン・モンロー 52
マルゲリータ・ディ・サヴォイア 84
マルコム・グラッドウェル 188,230
丸七製茶 39
マルセラ・ハザン 44,189,253,421,424
マルセロ・タリー 209
マルメラーダ(マルメロペースト) 166
マルメロのサラミ 122
マロングラッセ 40
マンジャール・デ・ココ 127
マンジャファジョーリ 212
マンダリン 196,197,199,200,351,
　　368,438
マンチェゴチーズ 167
マンディ・アフテル 75

み

ミシェル・ルー・ジュニア 279
ミセス・S・R・ダル 393
ミセス・ランデル 199
味噌汁 12,13,197,218,238,245,290,
　　304,381,436
みぞれ 215
ミッシ・ロティ 261,405
ミナタミス・ナ・カモテ 154
ミミ・シェラトン 345
ミラグ・サダム 377
ミラベル・オー・ド・ヴィ 115
ミルキーウェイ 30,31,313
ミルクシェイク 433
ミルク・バー 329
ミルドレッズ 8,308
ミルポワ 245,297,342,425
ミントティー 81,349,350

む

ムゴヨ 156
ムサ・ダーデヴィレン 213,265,271
ムリドゥラ・バルジェカー 317
ムルギブデル 252

め

メアリー・スチュアート・ボイド 438
メーラン・イラーニ 192
メキシコ版トフィー・アップル 139
メギの実 132,349
メグリ 345
メケレシャ 378
メシューア 51
メティー・アルー 402,403,405
メティー・テプラ 405
メティー・パニール 402,405
メティー・プーリー 405
メティー・マトゥリ 403

メティー・ムルグ 402
メテグリン 366
メトキシピラジン 407
メナード・ヘイダネク 390
メリメロ 168
メンブリージョ(マルメロペースト) 167

も
モール・ミラガイ 177
モーレ 45
モーンクーヘン 318
モーン・ケーゼクーヘン 317
モグァ茶 168
モクテル 89,98
モジェット豆 409
モスタルダ 81,169,227,231
モチ(mochi) 19
モッツァレラチーズ 23,84,221,276,
356,420
モデロ・ネグラのビール 87
モトリー・クルー 150
モニシャ・バーラドワージ 371
モヒンガ 235
「森の散策」 309
モルティザーズ 31,76
モルトローフ 31
モレ=シュル=ロワン 32
モロス・イ・クリスティアノス 43
「モンティ・パイソン・アンド・ホーリー・グレイル」
.... 112
モンブラン 154

や
ヤーニ(チーズ) 276
ヤイラ・チョルバス 179
ヤウアチャ 199
ヤヴォリヴスキ・パイ 254
山羊のチーズ 108,113,130,201,209,
244,249,274,277-280,290,326,341,
379,413
ヤクシク(薬食) 386
ヤズミン・カーン 22,410
ヤックァ(薬菓) 313

ゆ
ユヴァナ 187
ユーエル・ギボンズ 386
ユカタン 202,352
柚子胡椒 196,197
ユビキタス・チップ 369
柚餅子 197
ユムルタリ・バクラ・カブルマッセ 265
『ユリシーズ』 173,345

よ
ヨーテボリ 275
ヨタム・オットレンギ 101,118,121,186
ヨモギ 19

ら
ラーヴァーブレッド 65,199,435
ラーディケーキ 367
ライスケーキ 73
ライスプディング 129,132,160,323
ライタ 180,415,423,427
ライ麦ポリッジ 23,27
ライルズ 68
ラインインジャン 26
ラヴィンダー・ボーガル 6,16
ラウントリーズの「フルーツ・ガム」 187
ラ・カマ 236,380
ラキ 131
ラクサ 158
ラクトン 66,116,397
ラクリマ・クリスティ 341
ラ・コロンバ 169
ラサム 62,86,87,90,380
ラジマ 90
ラス・エル・ハヌート 236,260,360
ラスベガス 193
ラ・スペツィア 51
ラッセル・ノーマン 337
ラット種のジャガイモ 403
ラドゥー 323
ラバシュ 48
ラバネヤ 427
ラファエレ・エスポジト 84
ラフカディオ・ハーン 303
ラプサン・スーチョン 130,308,376
ラブネ 352
ラブラビ 266
らぽっぽファーム 155
ラマダン 142
ラムレーズン 134
ララ・リー 139
『ラルース料理大事典』 60,78,244,279,
341
ラルフ・ギュンター・バーガー 100
ランカシャーチーズ 62,134
ランギナック 144
ラング・ド・シャ 151

り
リージ・エ・ビージ 270
リーゾ・エ・チェーチ 20
リーゾ・ガッロ 20
リーチーウェイ(荔枝味) 105
リーヒンムイ(クラックシード)パウダー 118
リヴァー・カフェ 50,428
リヴァー・コテージ 348
リヴィア・バルボサ 43
リオデジャネイロ 121
リオハ 167
リコリス 76,80,89,113,118,128,278,
282,294,338,340,376,398,433
リコリス・オールソーツ 153
リコレ・コーヒー 294

リズ・アッシュワース 162
リストレット 296
リチャード・ウィルク 43
リチャード・オルニー 183,272
リチャード・コリガン 182
リチャード・バーティネット 60
リック・ベイレス 43
リトルジェムレタス 23,300,331,439
リトル・ジャック・ホーナー 118
リトル・スカーレット・ジャム 346
リナロール 115,210
リムーザン 183
『料理の喜び』 166
リリー・オブライエン 173
リリー・ジョーンズ 198
リンカンシャー・ソーセージ 52
リンカンシャー・ポーチャーチーズ 229
リンゴとライ麦とシードルのケーキ 27
リンゴンベリー(コケモモ) 27,60
リンダ・ダングール 141
リンツ 313
リンツァートルテ 96
リンパ 23
リンバーガーチーズ 276

る
ルイーザ・レーン・クラーク 435
ルイサ・ワイス 318
ルイ14世 248
ルイ・ジョーダン 71
ルーシー・M・ロング 407
ルース・ロジャース 50,428
ルーファス・エステス 394
ル・ガヴローシュ 151
ル・カプリス 299
ルクマデス 366,432
ルクミニ・アイヤー 361
ルシアン・フロイド 85
ルチー 254,341
ル・ピュイ産のレンズ豆 54,55,91,119,
226,297,350,374
ルフィサ 406
ルマニヤ 54
ルンギア・クロッシー 306

れ
レア・ティー・カンパニー 431
レイク・バルテゼック・シングルエステートライ
.... 24
レイモンド・ブラン 250
レーズンの種 134
レオン(ファストフードチェーン) 314
レクヴァー 202
『レストラン ジ・アイヴィーのレシピ』 314
レディ・ウエストモーランドのスープ 298
レネ・レゼピ 24
レベッカ・シール 266
レモンバーレイウォーター 31

索引(一般用語)

463

レモンペッパー................................188,196
レモン・ポレンタ・ケーキ.............................. 75

ろ

ロウリー・リー................................104,337
ローグ・リヴァー・ブルー.......................... 117
ローズ・グレイ................................50,428
ローラ・グリフィン.................................. 320
ローラ・メイソン.................................... 101
ローランド・ベラメンディ............................ 338
ローリング・ストーンズ.................201,355
ロザモンド・マン.................................... 169
ロジンケーズ・ミト・マンドレン................ 131
ロタ・デ・マチェード・ソアレス.................. 121
ロックフォールチーズ.......... 25,98,265,279,
　　　296,426
ロナルド・M・ラナー.............................. 386
ロバート・フロスト.................................. 400
ロバート・マッゴリン.............................. 390
ロバート・メイプルソープ...................... 298
ロビオ・ツケマリ.................................... 119
ロビン・ウィアー................130,169,426
ロビンソン&ベルヴィル（ロビンソンズ）...... 32
ロメインレタス.................221,223,300,301
ロメスコ... 122
ロンドン・ボロー・オブ・ジャム.................. 173

わ

ワイルドライス................................21,391
和菓子................................53,155,197
ワカメ................................13,18,433
ワサビ.................219,228,231,315
ワシントン州立大学.............................. 178
ワックスビーンズ.................................. 407

その他

A. A. ギル.. 126
abcV.. 8
Actinomucor elegans.................... 304
β－ダマセノン................................23,135
C. マリナ・マルケーゼ.............................. 76
E. M.フォースター.............................. 126
G. アルマニーノ・アンド・サン................ 291
IPA（インディア・ペール・エール）............ 296
K. V. ピーター.................................... 355
Lactobacillus bulgaricus
　　（ラクトバチルス・ブルガリクス）.......... 180
Penicillium roqueforti
　　（ペニシリウム・ロックフォルティ）.......... 25
PJ ハーヴェイ.................................... 316
T. D. A. コッカレル............................ 249

索引（組み合わせ）
Pairings Index

アーモンド　120-123
エルダーベリー	120
大麦	28
カシューナッツ	120
クランベリー	96
ケール	121
ケシの実	316
サヤインゲン	407
ソバ	60
蜂蜜	76
ピスタチオ	326
フェヌグリーク	121
フェンネル	338
プラム	115
プルーン	122
松の実	384
マルメロ	122
リーキ	122
レーズン	131

アボカド　330-331
海藻	330
黒インゲン豆	330
ケール	219
玄米	18
トウモロコシ	70
蜂蜜	331
パパイヤ	331
ヒヨコ豆	259
松の実	385
ライ麦	23
ラディッシュ	331
緑茶	429
レタス	331

エルサレム・アーティチョーク（キクイモ）　248-251
きのこ	248
サツマイモ	248
ジャガイモ	249
チーズ	249
チコリ	249
チョコレート	37
ニンニク	249
パセリ	336
ピーカンナッツ	250
味噌	250
リーキ	250
レモン	251

エルダーフラワー　108-110
エルダーベリー	108
グーズベリー	101
チーズ	108
トウモロコシ	109
蜂蜜	109
パッションフルーツ	109
バニラ	109
プルーン	126
ミント	348
ライチ	110
リンゴ	171
レモン	110

エルダーベリー　112-114
アーモンド	120
エルダーフラワー	108
オールスパイス	112
グーズベリー	101
シナモン	112
ショウガ	239
チーズ	274
蜂蜜	113
フェンネル	113
プラム	113
ライ麦	23
リンゴ	114
レーズン	114
レモン	114

オーツ麦　65-69
大麦	28
海藻	65
カシューナッツ	320
グーズベリー	102
クランベリー	66
ケール	219
ココナッツ	66
シナモン	66
ショウガ	239
チーズ	274
デーツ	140
蜂蜜	67
バニラ	148
ピーカンナッツ	390
プラム	115
プルーン	126
メープルシロップ	68
ヨーグルト	175
リンゴ	68

大麦　28-32
アーモンド	28
オーツ麦	28
海藻	433
乾燥エンドウ豆	256
きのこ	29
クミン	29
クランベリー	29
コーヒー	33

ジャガイモ　252
ソラ豆	30
チーズ	30
チョコレート	30
トマト	31
バナナ	162
味噌	12
ヨーグルト	175
レーズン	31
レモン	31

オールスパイス　368-371
エルダーベリー	112
オレンジ	368
カリフラワー	224
キャラウェイ	344
玄米	368
ココナッツ	369
コショウ	369
シナモン	364
ショウガ	369
ソラ豆	369
チョコレート	370
唐辛子	370
トマト	371
バニラ	148
ピスタチオ	326
ベイリーフ	371
ホウレンソウ	424
レーズン	132
レモン	186
レンズ豆	371

オクラ　412-416
クミン	360
白インゲン豆	412
卵	413
タマリンド	413
唐辛子	332
トウモロコシ	413
トマト	414
ナス	414
ニンニク	282
ヒヨコ豆	414
マスタード	415
ライム	192

オレガノ　351-354
オレンジ	351
きのこ	306
クミン	351
ゴマ	352
サツマイモ	353
シナモン	364
ジャガイモ	353
ズッキーニ	353
チーズ	275
トマト	84

ニンジン	244
ニンニク	353
蜂蜜	354
レモン	186

オレンジ　　199-203

オールスパイス	368
オレガノ	351
海藻	199
カシューナッツ	199
カブ	200
キャラウェイ	200
クランベリー	97
黒インゲン豆	42
ケール	200
ケシの実	316
コショウ	376
ザクロ	200
白インゲン豆	50
チコリ	201
デーツ	140
蜂蜜	77
パッションフルーツ	204
パパイヤ	202
ピスタチオ	326
フェンネル	338
プラム	202
プルーン	127
ベイリーフ	372
ユズ	196
ライチ	105
ライ麦	23
レーズン	132
レッドキドニー	203

海藻　　433-436

アボカド	330
オーツ麦	65
大麦	433
オレンジ	199
きのこ	433
玄米	18
ココナッツ	434
ゴマ	434
サンファイア	435
ジャガイモ	435
ショウガ	240
ソバ	60
卵	435
豆腐	436
ニンジン	244
プラム	436
味噌	12
ライチ	105
ライ麦	436
ラディッシュ	215
レモン	187

カシューナッツ　　320-323

アーモンド	120
オーツ麦	320
オレンジ	199
ケール	320
玄米	18
ココナッツ	157
ゴマ	321
ズッキーニ	419
チャイブ	321
デーツ	322
唐辛子	322
ニンニク	322
蜂蜜	323
バニラ	149
ヒヨコ豆	323
フェヌグリーク	402
ベイリーフ	372
レーズン	323

カブ　　212-214

オレンジ	200
乾燥エンドウ豆	212
クミン	360
ジャガイモ	212
白インゲン豆	212
デーツ	141
ニンジン	213
蜂蜜	213
ヒヨコ豆	214
レタス	214

カリフラワー　　224-226

オールスパイス	224
コショウ	376
ゴマ	224
ザクロ	224
ターメリック	234
デーツ	225
ニゲラシード	355
フェヌグリーク	225
レーズン	132
レンズ豆	226

乾燥エンドウ豆　　256-258

大麦	256
カブ	212
ココナッツ	157
コショウ	256
ジャガイモ	252
ソレル	257
ターメリック	234
唐辛子	257
トマト	258
パセリ	336
味噌	13
ミント	258
ライ麦	258

レモン	187

きのこ　　306-309

エルサレム・アーティチョーク(キクイモ)	248
大麦	29
オレガノ	306
海藻	433
玄米	306
コショウ	306
サヤインゲン	407
白インゲン豆	50
ソバ	61
豆腐	307
トウモロコシ	307
蜂蜜	307
プルーン	127
ホウレンソウ	308
マスタード	308
松の実	385
メープルシロップ	308
ユズ	196
ライ麦	308
リーキ	286

キャラウェイ　　344-347

オールスパイス	344
オレンジ	200
クミン	344
ケシの実	345
シナモン	345
ジャガイモ	345
ショウガ	240
卵	264
チーズ	275
フェンネル	346
ライ麦	346
リンゴ	171
レーズン	346

グーズベリー　　101-104

エルダーフラワー	101
エルダーベリー	101
オーツ麦	102
ショウガ	102
ソレル	182
バニラ	103
ピーカンナッツ	103
フェンネル	103
ベイリーフ	103
ミント	348
ヨーグルト	176
ライチ	104
緑茶	429
リンゴ	104
レモン	187

クミン　　360-363

大麦	29

オクラ	360
オレガノ	351
カブ	360
キャラウェイ	344
黒インゲン豆	42
コショウ	377
ソラ豆	361
タマリンド	361
ニゲラシード	355
ヒヨコ豆	362
フェヌグリーク	403
マスタード	227
ヨーグルト	362
レッドキドニー	47
レンズ豆	362

クランベリー　96-100

アーモンド	96
オーツ麦	66
大麦	29
オレンジ	97
コーヒー	97
シナモン	364
ショウガ	98
チーズ	98
トウモロコシ	99
蜂蜜	77
パッションフルーツ	99
バニラ	149
ピーカンナッツ	391
プルーン	100
マスタード	227
マルメロ	166
メープルシロップ	100
ライチ	100
ライ麦	24
リンゴ	172

黒インゲン豆　42-46

アボカド	330
オレンジ	42
クミン	42
ケール	43
玄米	43
コーヒー	33
コショウ	44
サツマイモ	44
ジャガイモ	44
ショウガ	44
ターメリック	235
卵	44
チーズ	276
チョコレート	45
トウモロコシ	71
トマト	85
ニンニク	283
ベイリーフ	45
ライム	192

ケール　219-223

アーモンド	121
アボカド	219
オーツ麦	219
オレンジ	200
カシューナッツ	320
黒インゲン豆	43
ゴマ	310
ジャガイモ	220
ショウガ	220
白インゲン豆	51
チーズ	220
唐辛子	221
トウモロコシ	71
ニンニク	221
パッションフルーツ	204
ピーカンナッツ	222
ピスタチオ	222
プラム	116
松の実	223
ミント	223
リンゴ	172
レモン	223

ケシの実　316-319

アーモンド	316
オレンジ	316
キャラウェイ	345
ココナッツ	158
ゴマ	310
シナモン	317
ジャガイモ	317
チーズ	317
蜂蜜	317
バニラ	318
プラム	318
レタス	319
レモン	188

玄米　18-22

アボカド	18
オールスパイス	368
海藻	18
カシューナッツ	18
きのこ	306
黒インゲン豆	43
ココナッツ	158
ゴマ	19
ソラ豆	268
ソレル	19
ターメリック	235
卵	20
チーズ	20
パセリ	336
バニラ	20
ヒヨコ豆	20
ベイリーフ	373
ホウレンソウ	424

味噌	21
メープルシロップ	21
緑茶	430
レーズン	132
レッドキドニー	47
レンズ豆	22

コーヒー　33-36

大麦	33
クランベリー	97
黒インゲン豆	33
ゴマ	311
ターメリック	34
チコリ	294
デーツ	34
ピーカンナッツ	34
フェンネル	34
プルーン	35
メープルシロップ	35
ヨーグルト	36

ココナッツ　157-161

オーツ麦	66
オールスパイス	369
海藻	434
カシューナッツ	157
乾燥エンドウ豆	157
ケシの実	158
玄米	158
コショウ	377
サツマイモ	153
ターメリック	158
タマリンド	159
デーツ	141
トウモロコシ	71
ニゲラシード	355
パッションフルーツ	204
パパイヤ	159
ピーカンナッツ	160
ヒヨコ豆	259
フェヌグリーク	403
プラム	116
プルーン	127
マスタード	160
ライチ	106
緑茶	430
レーズン	160
レッドキドニー	161
レンズ豆	54

コショウ　376-381

オールスパイス	369
オレンジ	376
カリフラワー	376
乾燥エンドウ豆	256
きのこ	306
クミン	377
黒インゲン豆	44

索引（組み合わせ）

467

ココナッツ ……………… 377
シナモン ………………… 377
ジャガイモ ……………… 253
ショウガ ………………… 378
ターメリック …………… 235
卵 …………………………… 378
チーズ ……………………… 379
チョコレート …………… 379
唐辛子 ……………………… 379
トマト ……………………… 380
ナス ………………………… 380
ニゲラシード …………… 356
バニラ ……………………… 149
ピスタチオ ……………… 327
ヒヨコ豆 ………………… 381
フェンネル ……………… 339
ベイリーフ ……………… 373
味噌 ………………………… 381
メープルシロップ ……… 395
ライム ……………………… 193
リンゴ ……………………… 381
レモン ……………………… 188

ゴマ　　　　　　　　310-315
オレガノ ………………… 352
海藻 ………………………… 434
カシューナッツ ………… 321
カリフラワー …………… 224
ケール ……………………… 310
ケシの実 ………………… 310
玄米 ………………………… 19
コーヒー ………………… 311
ザクロ ……………………… 92
サツマイモ ……………… 311
サヤインゲン …………… 408
シナモン ………………… 312
ショウガ ………………… 312
ソバ ………………………… 312
卵 …………………………… 264
チョコレート …………… 312
デーツ ……………………… 142
唐辛子 ……………………… 333
豆腐 ………………………… 302
ナス ………………………… 313
ニゲラシード …………… 356
蜂蜜 ………………………… 313
バニラ ……………………… 149
ピスタチオ ……………… 327
ヒヨコ豆 ………………… 314
フェンネル ……………… 339
ホウレンソウ …………… 314
味噌 ………………………… 314
ユズ ………………………… 315
ヨーグルト ……………… 176
緑茶 ………………………… 430
レモン ……………………… 315

ザクロ　　　　　　　　92-95

オレンジ ………………… 200
カリフラワー …………… 224
ゴマ ………………………… 92
ジャガイモ ……………… 92
チーズ ……………………… 93
トマト ……………………… 93
ナス ………………………… 93
パセリ ……………………… 336
バニラ ……………………… 94
ピスタチオ ……………… 328
ヒヨコ豆 ………………… 260
ライム ……………………… 193
緑茶 ………………………… 94
リンゴ ……………………… 95
レッドキドニー ………… 48
レンズ豆 ………………… 54

サツマイモ　　　　　153-156
エルサレム・アーティチョーク(キクイモ) … 248
オレガノ ………………… 353
黒インゲン豆 …………… 44
ココナッツ ……………… 153
ゴマ ………………………… 311
シナモン ………………… 365
ソバ ………………………… 61
タマリンド ……………… 136
デーツ ……………………… 142
バニラ ……………………… 154
ピーカンナッツ ………… 391
フェヌグリーク ………… 403
フェンネル ……………… 154
マルメロ ………………… 154
メープルシロップ ……… 154
ライム ……………………… 155
緑茶 ………………………… 155
リンゴ ……………………… 155
レッドキドニー ………… 155

サヤインゲン　　　　407-411
アーモンド ……………… 407
きのこ ……………………… 407
ゴマ ………………………… 408
シナモン ………………… 408
ジャガイモ ……………… 253
白インゲン豆 …………… 409
ターメリック …………… 410
チーズ ……………………… 410
唐辛子 ……………………… 333
トマト ……………………… 85
ニンニク ………………… 410
パセリ ……………………… 337
マスタード ……………… 228
味噌 ………………………… 411

サンファイア　　　　437-439
海藻 ………………………… 435
ジャガイモ ……………… 437
ソバ ………………………… 437

ソラ豆 ……………………… 268
卵 …………………………… 437
トマト ……………………… 438
ニンニク ………………… 438
レタス ……………………… 439
レモン ……………………… 439

シナモン　　　　　　364-367
エルダーベリー ………… 112
オーツ麦 ………………… 66
オールスパイス ………… 364
オレガノ ………………… 364
キャラウェイ …………… 345
クランベリー …………… 364
ケシの実 ………………… 317
コショウ ………………… 377
ゴマ ………………………… 312
サツマイモ ……………… 365
サヤインゲン …………… 408
ズッキーニ ……………… 419
ターメリック …………… 236
デーツ ……………………… 365
トウモロコシ …………… 72
蜂蜜 ………………………… 365
パパイヤ ………………… 208
ピーカンナッツ ………… 392
プラム ……………………… 366
プルーン ………………… 366
ベイリーフ ……………… 373
マスタード ……………… 367
松の実 ……………………… 385
マルメロ ………………… 166
メープルシロップ ……… 395
レーズン ………………… 367

ジャガイモ　　　　　252-255
エルサレム・アーティチョーク(キクイモ) … 249
大麦 ………………………… 252
オレガノ ………………… 353
海藻 ………………………… 435
カブ ………………………… 212
乾燥エンドウ豆 ………… 252
キャラウェイ …………… 345
黒インゲン豆 …………… 44
ケール ……………………… 220
ケシの実 ………………… 317
コショウ ………………… 253
ザクロ ……………………… 92
サヤインゲン …………… 253
サンファイア …………… 437
ソバ ………………………… 254
ソラ豆 ……………………… 269
ソレル ……………………… 182
チャイブ ………………… 289
ニゲラシード …………… 254
ヒヨコ豆 ………………… 255
フェヌグリーク ………… 403
プラム ……………………… 116

ベイリーフ	374
ホウレンソウ	255
ライ麦	24
リーキ	286
レタス	298
レンズ豆	55

ショウガ … 239-243
エルダーベリー	239
オーツ麦	239
オールスパイス	369
海藻	240
キャラウェイ	240
グーズベリー	102
クランベリー	98
黒インゲン豆	44
ケール	220
コショウ	378
ゴマ	312
ソバ	241
ターメリック	236
タマリンド	241
チコリ	295
デーツ	241
豆腐	241
蜂蜜	78
パパイヤ	208
味噌	13
ユズ	242
ライ麦	242
レーズン	133
レンズ豆	55

白インゲン豆 … 50-53
オクラ	412
オレンジ	50
カブ	212
きのこ	50
ケール	51
サヤインゲン	409
ソバ	51
ソレル	182
チコリ	295
トウモロコシ	51
トマト	52
ニンニク	52
フェンネル	340
ホウレンソウ	425
マスタード	52
味噌	53
リーキ	287
リンゴ	53
レーズン	133
レッドキドニー	48

ズッキーニ … 419-423
オレガノ	353
カシューナッツ	419

シナモン	419
ソレル	183
卵	265
チーズ	420
トマト	420
ナス	417
ニンジン	245
ニンニク	421
ヒヨコ豆	422
ミント	422
ヨーグルト	423
ライム	194
レーズン	423
レモン	423

ソバ … 60-64
アーモンド	60
海藻	60
きのこ	61
ゴマ	312
サツマイモ	61
サンファイア	437
ジャガイモ	254
ショウガ	241
白インゲン豆	51
ソレル	183
卵	62
チーズ	62
唐辛子	333
豆腐	303
トウモロコシ	63
トマト	63
蜂蜜	63
ラディッシュ	215
緑茶	64
リンゴ	64
レーズン	64
レモン	64

ソラ豆 … 268-273
大麦	30
オールスパイス	369
クミン	361
玄米	268
サンファイア	268
ジャガイモ	269
卵	265
チーズ	269
チコリ	269
チャイブ	270
唐辛子	270
トウモロコシ	72
ニンニク	270
パセリ	337
ヒヨコ豆	260
フェンネル	271
ミント	349
ヨーグルト	272

レタス	272

ソレル … 182-185
乾燥エンドウ豆	257
グーズベリー	182
玄米	19
ジャガイモ	182
白インゲン豆	182
ズッキーニ	183
ソバ	183
卵	183
チーズ	277
パセリ	184
ホウレンソウ	184
ヨーグルト	176
リーキ	184
リンゴ	173
レタス	299
レモン	188
レンズ豆	55

ターメリック … 234-238
カリフラワー	234
乾燥エンドウ豆	234
黒インゲン豆	235
玄米	235
コーヒー	34
ココナッツ	158
コショウ	235
サヤインゲン	410
シナモン	236
ショウガ	236
豆腐	303
ニンジン	237
バニラ	237
ヒヨコ豆	237
フェヌグリーク	403
マスタード	229
味噌	238
レモン	238
レンズ豆	238

卵 … 264-267
オクラ	413
海藻	435
キャラウェイ	264
黒インゲン豆	44
玄米	20
コショウ	378
ゴマ	264
サンファイア	437
ズッキーニ	265
ソバ	62
ソラ豆	265
ソレル	183
タマリンド	265
チコリ	295
チャイブ	289

デーツ	142
豆腐	303
蜂蜜	266
パッションフルーツ	205
ヒヨコ豆	266
ホウレンソウ	425
マスタード	266
松の実	386
味噌	13
メープルシロップ	396
ユズ	267
ヨーグルト	177
ライ麦	267
ラディッシュ	267
リーキ	267
緑茶	430
レタス	299

タマリンド　136-139

オクラ	413
クミン	361
ココナッツ	159
サツマイモ	136
ショウガ	241
卵	265
チーズ	136
デーツ	137
唐辛子	137
トマト	86
蜂蜜	138
パパイヤ	138
ミント	349
ライム	139
リンゴ	139

チーズ　274-280

エルサレム・アーティチョーク(キクイモ)	249
エルダーフラワー	108
エルダーベリー	274
オーツ麦	274
大麦	30
オレガノ	275
キャラウェイ	275
クランベリー	98
黒インゲン豆	276
ケール	220
ケシの実	317
玄米	20
コショウ	379
ザクロ	93
サヤインゲン	410
ズッキーニ	420
ソバ	62
ソラ豆	269
ソレル	277
タマリンド	136
チコリ	296
チャイブ	290

デーツ	277
トウモロコシ	277
ニゲラシード	356
蜂蜜	78
パパイヤ	209
ピーカンナッツ	278
ピスタチオ	278
フェヌグリーク	278
フェンネル	340
プラム	117
プルーン	279
ホウレンソウ	425
マスタード	229
松の実	386
マルメロ	167
ライチ	106
ライ麦	25
リーキ	279
緑茶	279
レーズン	134
レタス	280

チコリ　294-297

エルサレム・アーティチョーク(キクイモ)	249
オレンジ	201
コーヒー	294
ショウガ	295
白インゲン豆	295
ソラ豆	269
卵	295
チーズ	296
ニンニク	296
ピーカンナッツ	392
マスタード	296
レンズ豆	297

チャイブ　289-291

カシューナッツ	321
ジャガイモ	289
ソラ豆	270
卵	289
チーズ	290
豆腐	303
トマト	290
ニンニク	283
パセリ	337
マスタード	290
味噌	290
ヨーグルト	291
ラディッシュ	216
リーキ	287
レタス	291
レンズ豆	291

チョコレート　37-40

エルサレム・アーティチョーク(キクイモ)	37
大麦	30
オールスパイス	370

黒インゲン豆	45
コショウ	379
ゴマ	312
トウモロコシ	73
ナス	37
蜂蜜	79
パッションフルーツ	205
ピーカンナッツ	392
ピスタチオ	38
プルーン	128
マスタード	39
味噌	39
ライ麦	39
緑茶	39
レーズン	40

デーツ　140-146

オーツ麦	140
オレンジ	140
カシューナッツ	322
カブ	141
カリフラワー	225
コーヒー	34
ココナッツ	141
ゴマ	142
サツマイモ	142
シナモン	365
ショウガ	241
卵	142
タマリンド	137
チーズ	277
トマト	142
ニゲラシード	143
蜂蜜	79
バナナ	143
バニラ	150
ピーカンナッツ	144
ピスタチオ	144
プラム	145
プルーン	145
松の実	386
ミント	349
ヨーグルト	145
ライム	194

唐辛子　332-335

オールスパイス	370
オクラ	332
カシューナッツ	322
乾燥エンドウ豆	257
ケール	221
コショウ	379
ゴマ	333
サヤインゲン	333
ソバ	333
ソラ豆	270
タマリンド	137
豆腐	304

470

トウモロコシ	73
パパイヤ	334
ヒヨコ豆	260
フェヌグリーク	404
マスタード	334
味噌	14
ユズ	196
ヨーグルト	177
ラディッシュ	216
レッドキドニー	49
レンズ豆	334

豆腐　302-305

海藻	436
きのこ	307
ゴマ	302
ショウガ	241
ソバ	303
ターメリック	303
卵	303
チャイブ	303
唐辛子	304
トマト	304
ニンジン	245
ホウレンソウ	426
味噌	304
ラディッシュ	305
緑茶	305

トウモロコシ　70-75

アボカド	70
エルダーフラワー	109
オクラ	413
きのこ	307
クランベリー	99
黒インゲン豆	71
ケール	71
ココナッツ	71
シナモン	72
白インゲン豆	51
ソバ	63
ソラ豆	72
チーズ	277
チョコレート	73
唐辛子	73
トマト	87
ニンニク	73
蜂蜜	74
プラム	74
松の実	386
味噌	14
メープルシロップ	74
ライム	75
ライ麦	26
リーキ	75
レタス	299
レッドキドニー	49
レモン	75

トマト　84-91

大麦	31
オールスパイス	371
オクラ	414
オレガノ	84
乾燥エンドウ豆	258
黒インゲン豆	85
コショウ	380
ザクロ	93
サヤインゲン	85
サンファイア	438
白インゲン豆	52
ズッキーニ	420
ソバ	63
タマリンド	86
チャイブ	290
デーツ	142
豆腐	304
トウモロコシ	87
ニゲラシード	88
蜂蜜	88
パッションフルーツ	89
フェヌグリーク	404
フェンネル	89
マスタード	230
味噌	89
レタス	300
レッドキドニー	90
レンズ豆	90

ナス　417-418

オクラ	414
コショウ	380
ゴマ	313
ザクロ	93
ズッキーニ	417
チョコレート	37
味噌	417
ヨーグルト	418

ニゲラシード　355-357

カリフラワー	355
クミン	355
ココナッツ	355
コショウ	356
ゴマ	356
ジャガイモ	254
チーズ	356
デーツ	143
トマト	88
ニンジン	356
フェヌグリーク	404
フェンネル	341
ライ麦	357
レモン	357

ニンジン　244-246

オレガノ	244

海藻	244
カブ	213
ズッキーニ	245
ターメリック	237
豆腐	245
ニゲラシード	356
ベイリーフ	245
松の実	387
味噌	245
ヨーグルト	178
ラディッシュ	216
レーズン	246
レンズ豆	55

ニンニク　282-285

エルサレム・アーティチョーク(キクイモ)	249
オクラ	282
オレガノ	353
カシューナッツ	322
黒インゲン豆	283
ケール	221
サヤインゲン	410
サンファイア	438
白インゲン豆	52
ズッキーニ	421
ソラ豆	270
チコリ	296
チャイブ	283
トウモロコシ	73
フェヌグリーク	284
フェンネル	341
ベイリーフ	284
ホウレンソウ	284
マスタード	230
松の実	387
マルメロ	167
味噌	15
ヨーグルト	178
ライ麦	285
レタス	300
レッドキドニー	49
レンズ豆	285

パセリ　336-337

エルサレム・アーティチョーク(キクイモ)	336
乾燥エンドウ豆	336
玄米	336
ザクロ	336
サヤインゲン	337
ソラ豆	337
ソレル	184
チャイブ	337
ヒヨコ豆	337
ベイリーフ	374
ラディッシュ	217

蜂蜜　76-81

アーモンド	76

索引（組み合わせ）

アボカド	331
エルダーフラワー	109
エルダーベリー	113
オーツ麦	67
オレガノ	354
オレンジ	77
カシューナッツ	323
カブ	213
きのこ	307
クランベリー	77
ケシの実	317
ゴマ	313
シナモン	365
ショウガ	78
ソバ	63
卵	266
タマリンド	138
チーズ	78
チョコレート	79
デーツ	79
トウモロコシ	74
トマト	88
バナナ	79
ピスタチオ	80
フェヌグリーク	405
フェンネル	80
マスタード	80
マルメロ	168
味噌	15
ミント	81
ユズ	197
ヨーグルト	81
ライ麦	26
緑茶	431
レモン	189

パッションフルーツ 204-206

エルダーフラワー	109
オレンジ	204
クランベリー	99
ケール	204
ココナッツ	204
卵	205
チョコレート	205
トマト	89
バナナ	162
バニラ	150
パパイヤ	205
フェンネル	341
ライム	195
リンゴ	206
レモン	206

バナナ 162-163

大麦	162
デーツ	143
蜂蜜	79
パッションフルーツ	162

パパイヤ	209
味噌	16
メープルシロップ	162

バニラ 148-152

エルダーフラワー	109
オーツ麦	148
オールスパイス	148
カシューナッツ	149
グーズベリー	103
クランベリー	149
ケシの実	318
玄米	20
コショウ	149
ゴマ	149
ザクロ	94
サツマイモ	154
ターメリック	237
デーツ	150
パッションフルーツ	150
パパイヤ	210
ピーカンナッツ	392
ピスタチオ	151
プラム	117
プルーン	151
ホウレンソウ	426
マルメロ	168
味噌	16
メープルシロップ	396
ヨーグルト	151
ライチ	152
緑茶	431
レーズン	134

パパイヤ 208-211

アボカド	331
オレンジ	202
ココナッツ	159
シナモン	208
ショウガ	208
タマリンド	138
チーズ	209
唐辛子	334
パッションフルーツ	205
バナナ	209
バニラ	210
マスタード	230
ミント	210
ライム	211
レモン	211

ピーカンナッツ 390-394

エルサレム・アーティチョーク (キクイモ)	250
オーツ麦	390
グーズベリー	103
クランベリー	391
ケール	222
コーヒー	34

ココナッツ	160
サツマイモ	391
シナモン	392
チーズ	278
チコリ	392
チョコレート	392
デーツ	144
バニラ	392
プルーン	128
味噌	393
メープルシロップ	396
リンゴ	393
レーズン	394

ピスタチオ 326-329

アーモンド	326
オールスパイス	326
オレンジ	326
ケール	222
コショウ	327
ゴマ	327
ザクロ	328
チーズ	278
チョコレート	38
デーツ	144
蜂蜜	80
バニラ	151
プラム	328
メープルシロップ	328
ヨーグルト	178
レモン	329

ヒヨコ豆 259-262

アボカド	259
オクラ	414
カシューナッツ	323
カブ	214
クミン	362
玄米	20
ココナッツ	259
コショウ	381
ゴマ	314
ザクロ	260
ジャガイモ	255
ズッキーニ	422
ソラ豆	260
ターメリック	237
卵	266
唐辛子	260
パセリ	337
フェヌグリーク	405
プルーン	261
ホウレンソウ	261
ヨーグルト	261
レーズン	262
レタス	301
レモン	262

フェヌグリーク 402-406
アーモンド	121
カシューナッツ	402
カリフラワー	225
クミン	403
ココナッツ	403
サツマイモ	403
ジャガイモ	403
ターメリック	403
チーズ	278
唐辛子	404
トマト	404
ニゲラシード	404
ニンニク	284
蜂蜜	405
ヒヨコ豆	405
ホウレンソウ	405
メープルシロップ	397
ヨーグルト	405
レンズ豆	406

フェンネル 338-342
アーモンド	338
エルダーベリー	113
オレンジ	338
キャラウェイ	346
グーズベリー	103
コーヒー	34
コショウ	339
ゴマ	339
サツマイモ	154
白インゲン豆	340
ソラ豆	271
チーズ	340
トマト	89
ニゲラシード	341
ニンニク	341
蜂蜜	80
パッションフルーツ	341
プラム	118
プルーン	128
ベイリーフ	374
松の実	387
メープルシロップ	398
ライ麦	26
リーキ	342
レモン	189

プラム 115-119
アーモンド	115
エルダーベリー	113
オーツ麦	115
オレンジ	202
海藻	436
ケール	116
ケシの実	318
ココナッツ	116
シナモン	366

ジャガイモ	116
チーズ	117
デーツ	145
トウモロコシ	74
バニラ	117
ピスタチオ	328
フェンネル	118
プルーン	118
ベイリーフ	375
メープルシロップ	398
ライチ	118
ライ麦	27
リンゴ	173
レーズン	118
レッドキドニー	119
レモン	119
レンズ豆	119

プルーン 126-130
アーモンド	122
エルダーフラワー	126
オーツ麦	126
オレンジ	127
きのこ	127
クランベリー	100
コーヒー	35
ココナッツ	127
シナモン	366
チーズ	279
チョコレート	128
デーツ	145
バニラ	151
ピーカンナッツ	128
ヒヨコ豆	261
フェンネル	128
プラム	118
ベイリーフ	129
マルメロ	129
ヨーグルト	129
リーキ	130
緑茶	130
リンゴ	173
レモン	189

ベイリーフ 372-375
オールスパイス	371
オレンジ	372
カシューナッツ	372
グーズベリー	103
黒インゲン豆	45
玄米	373
コショウ	373
シナモン	373
ジャガイモ	374
ニンジン	245
ニンニク	284
パセリ	374
フェンネル	374

プラム	375
プルーン	129
レンズ豆	56

ホウレンソウ 424-428
オールスパイス	424
きのこ	308
玄米	424
ゴマ	314
ジャガイモ	255
白インゲン豆	425
ソレル	184
卵	425
チーズ	425
豆腐	426
ニンニク	284
バニラ	426
ヒヨコ豆	261
フェヌグリーク	405
松の実	426
ヨーグルト	427
リーキ	288
レーズン	427
レモン	428

マスタード 227-232
オクラ	415
きのこ	308
クミン	227
クランベリー	227
ココナッツ	160
サヤインゲン	228
シナモン	367
白インゲン豆	52
ターメリック	229
卵	266
チーズ	229
チコリ	296
チャイブ	290
チョコレート	39
唐辛子	334
トマト	230
ニンニク	230
蜂蜜	80
パパイヤ	230
マルメロ	169
味噌	231
メープルシロップ	399
ライ麦	231
ラディッシュ	232
リーキ	232
リンゴ	174
レタス	301
レンズ豆	56

松の実 384-389
アーモンド	384
アボカド	385

索引（組み合わせ）

473

きのこ	385
ケール	223
シナモン	385
卵	386
チーズ	386
デーツ	386
トウモロコシ	386
ニンジン	387
ニンニク	387
フェンネル	387
ホウレンソウ	426
ミント	350
メープルシロップ	399
リンゴ	387
レーズン	389
レモン	190

マルメロ　166-170

アーモンド	122
クランベリー	166
サツマイモ	154
シナモン	166
チーズ	167
ニンニク	167
蜂蜜	168
バニラ	168
プルーン	129
マスタード	169
ヨーグルト	169
リンゴ	169
レーズン	170
レモン	190

味噌　12-17

エルサレム・アーティチョーク(キクイモ)	250
大麦	12
海藻	12
乾燥エンドウ豆	13
玄米	21
コショウ	381
ゴマ	314
サヤインゲン	411
ショウガ	13
白インゲン豆	53
ターメリック	238
卵	13
チャイブ	290
チョコレート	39
唐辛子	14
豆腐	304
トウモロコシ	14
トマト	89
ナス	417
ニンジン	245
ニンニク	15
蜂蜜	15
バナナ	16
バニラ	16

ピーカンナッツ	393
マスタード	231
ユズ	197
ヨーグルト	17
リーキ	17

ミント　348-350

エルダーフラワー	348
乾燥エンドウ豆	258
グーズベリー	348
ケール	223
ズッキーニ	422
ソラ豆	349
タマリンド	349
デーツ	349
蜂蜜	81
パパイヤ	210
松の実	350
ヨーグルト	179
緑茶	432
レンズ豆	350

メープルシロップ　395-400

オーツ麦	68
きのこ	308
クランベリー	100
玄米	21
コーヒー	35
コショウ	395
サツマイモ	154
シナモン	395
卵	396
トウモロコシ	74
バナナ	162
バニラ	396
ピーカンナッツ	396
ピスタチオ	328
フェヌグリーク	397
フェンネル	398
プラム	398
マスタード	399
松の実	399
ヨーグルト	399
リンゴ	400
レモン	400

ユズ　196-198

オレンジ	196
きのこ	196
ゴマ	315
ショウガ	242
卵	267
唐辛子	196
蜂蜜	197
味噌	197
ライチ	198
レモン	198

ヨーグルト　175-181

オーツ麦	175
大麦	175
グーズベリー	176
クミン	362
コーヒー	36
ゴマ	176
ズッキーニ	423
ソラ豆	272
ソレル	176
卵	177
チャイブ	291
デーツ	145
唐辛子	177
ナス	418
ニンジン	178
ニンニク	178
蜂蜜	81
バニラ	151
ピスタチオ	178
ヒヨコ豆	261
フェヌグリーク	405
プルーン	129
ホウレンソウ	427
マルメロ	169
味噌	17
ミント	179
メープルシロップ	399
リンゴ	180
レンズ豆	180

ライチ　105-107

エルダーフラワー	110
オレンジ	105
海藻	105
グーズベリー	104
クランベリー	100
ココナッツ	106
チーズ	106
バニラ	152
プラム	118
ユズ	198
レモン	106

ライム　192-195

オクラ	192
黒インゲン豆	192
コショウ	193
ザクロ	193
サツマイモ	155
ズッキーニ	194
タマリンド	139
デーツ	194
トウモロコシ	75
パッションフルーツ	195
パパイヤ	211
緑茶	195
レンズ豆	57

ライ麦 23-27
アボカド 23
エルダーベリー 23
オレンジ 23
海藻 436
乾燥エンドウ豆 258
きのこ 308
キャラウェイ 346
クランベリー 24
ジャガイモ 24
ショウガ 242
卵 267
チーズ 25
チョコレート 39
トウモロコシ 26
ニゲラシード 357
ニンニク 285
蜂蜜 26
フェンネル 26
プラム 27
マスタード 231
ラディッシュ 217
リンゴ 27
レーズン 27

ラディッシュ 215-218
アボカド 331
海藻 215
ソバ 215
卵 267
チャイブ 216
唐辛子 216
豆腐 305
ニンジン 216
パセリ 217
マスタード 232
ライ麦 217
レタス 218

リーキ 286-288
アーモンド 122
エルサレム・アーティチョーク(キクイモ) 250
きのこ 286
ジャガイモ 286
白インゲン豆 287
ソレル 184
卵 267
チーズ 279
チャイブ 287
トウモロコシ 75
フェンネル 342
プルーン 130
ホウレンソウ 288
マスタード 232
味噌 17

緑茶 429-432
アボカド 429

グーズベリー 429
玄米 430
ココナッツ 430
ゴマ 430
ザクロ 94
サツマイモ 155
ソバ 64
卵 430
チーズ 279
チョコレート 39
豆腐 305
蜂蜜 431
バニラ 431
プルーン 130
ミント 432
ライム 195

リンゴ 171-174
エルダーフラワー 171
エルダーベリー 114
オーツ麦 68
キャラウェイ 171
グーズベリー 104
クランベリー 172
ケール 172
コショウ 381
ザクロ 95
サツマイモ 155
白インゲン豆 53
ソバ 64
ソレル 173
タマリンド 139
パッションフルーツ 206
ピーカンナッツ 393
プラム 173
プルーン 173
マスタード 174
松の実 387
マルメロ 169
メープルシロップ 400
ヨーグルト 180
ライ麦 27
レーズン 135

レーズン 131-135
アーモンド 131
エルダーベリー 114
大麦 31
オールスパイス 132
オレンジ 132
カシューナッツ 323
カリフラワー 132
キャラウェイ 346
玄米 132
ココナッツ 160
シナモン 367
ショウガ 133
白インゲン豆 133

ズッキーニ 423
ソバ 64
チーズ 134
チョコレート 40
ニンジン 246
バニラ 134
ピーカンナッツ 394
ヒヨコ豆 262
プラム 118
ホウレンソウ 427
松の実 389
マルメロ 170
ライ麦 27
リンゴ 135
レモン 135

レタス 298-301
アボカド 331
カブ 214
ケシの実 319
サンファイア 439
ジャガイモ 298
ソラ豆 272
ソレル 299
卵 299
チーズ 280
チャイブ 291
トウモロコシ 299
トマト 300
ニンニク 300
ヒヨコ豆 301
マスタード 301
ラディッシュ 218
レモン 301

レッドキドニー 47-49
オレンジ 203
クミン 47
玄米 47
ココナッツ 161
ザクロ 48
サツマイモ 155
白インゲン豆 48
唐辛子 49
トウモロコシ 49
トマト 90
ニンニク 49
プラム 119
レンズ豆 57

レモン 186-191
エルサレム・アーティチョーク(キクイモ) 251
エルダーフラワー 110
エルダーベリー 114
大麦 31
オールスパイス 186
オレガノ 186
海藻 187

索引（組み合わせ）

475

乾燥エンドウ豆............................187
グーズベリー............................187
ケール............................223
ケシの実............................188
コショウ............................188
ゴマ............................315
サンファイア............................439
ズッキーニ............................423
ソバ............................64
ソレル............................188
ターメリック............................238
トウモロコシ............................75
ニゲラシード............................357
蜂蜜............................189
パッションフルーツ............................206
パパイヤ............................211
ピスタチオ............................329
ヒヨコ豆............................262
フェンネル............................189
プラム............................119
プルーン............................189
ホウレンソウ............................428
松の実............................190
マルメロ............................190
メープルシロップ............................400
ユズ............................198
ライチ............................106
レーズン............................135
レタス............................301

レンズ豆............................54-57

オールスパイス............................371
カリフラワー............................226
クミン............................362
玄米............................22
ココナッツ............................54
ザクロ............................54
ジャガイモ............................55
ショウガ............................55
ソレル............................55
ターメリック............................238
チコリ............................297
チャイブ............................291
唐辛子............................334
トマト............................90
ニンジン............................55
ニンニク............................285
フェヌグリーク............................406
プラム............................119
ベイリーフ............................56
マスタード............................56
ミント............................350
ヨーグルト............................180
ライム............................57
レッドキドニー............................57

[著者]

ニキ・セグニット(Niki Segnit)

飲食分野の作家。2010年に原著が刊行された最初の著作『風味の事典』(日本語版は楽工社、2016年)は、15か国語に翻訳され、広く世界で読まれている。同書はまた、飲食分野の優れた著作に与えられる賞として有名な「アンドレ・シモン賞」を受賞した。幼少期から食に強い関心を持っていた彼女は、飲食物マーケティングの専門家となり、菓子、軽食、ベビーフード、香辛料から、乳製品、蒸留酒、ソフトドリンクまで、数々の有名ブランドのマーケティングに携わった。そのかたわら、世界の料理を自ら試作する経験を重ね、食に関する幅広い知識・経験を蓄積。現在、その蓄積を存分に生かした執筆活動を行なっている。読む者を退屈させないユーモアとセンスには定評がある。夫と2人の子どもとともにロンドン在住。

[訳者]

廣幡晴菜(ひろはた・はるな)

英語翻訳者。東京大学大学院総合文化研究科博士課程満期退学。訳書にアンナ・ファイフィールド『金正恩の実像 世界を翻弄する独裁者』(共訳、扶桑社)、スーザン・ジャングほか『シグネチャー・ディッシュ 食を変えた240皿』(共訳、KADOKAWA)、アリ・ブザーリ『おいしさをつくる8つの「成分」』(楽工社、2023年)など。

装幀　　水戸部 功
制作協力　古谷香奈、田中知子
DTP　　菊地和幸 (トルツメ)

©Niki Segnit, 2023
First published 2025 in Japan by Rakkousha, Inc.
This translation of *THE FLAVOUR THESAURUS: More Flavours* is
published by arrangement with Bloomsbury Publishing Plc. through
Tuttle-Mori Agency, Inc.

続 風味の事典

2025年4月17日　第1刷

著　者　　ニキ・セグニット
訳　者　　廣幡晴菜
発行所　　**株式会社 楽工社**
　　　　　〒190-0011　東京都立川市高松町2-25-1-202
　　　　　電話 042-521-6803
　　　　　www.rakkousha.co.jp

印刷・製本　中央精版印刷株式会社

ISBN978-4-910900-06-3

本書の一部あるいは全部を無断で複写複製することは、
法律で認められた場合を除き、著作権の侵害となります。

好評既刊

風味の事典

ニキ・セグニット著

定価（本体7200円＋税）

豚肉とリンゴ、サーモンとディル、チョコレートと唐辛子――。
おいしい「風味」を作りだす「食材の組合せ」を、
料理の実例と共に紹介する唯一の事典。食材の組合せ980項目を収録。
「こんな風味があったのか！」「こんな組合せがあったのか！」
伝統料理から有名シェフの料理まで、意外な実例多数収載。
世界15か国語に翻訳されている定番書。
ミシュラン三つ星シェフ、ヘストン・ブルーメンソール氏 推薦。
「ひらめきを得られる、独創的な本」

はじめに	森の風味
ロースト風味	さわやかなフルーツ風味
肉の風味	クリーミーなフルーツ風味
チーズ風味	柑橘系の風味
土の風味	低木と多年草の風味
ピリッとした刺激の風味	花の香り系のフルーツ風味
硫黄のような風味	人物紹介
海の風味	参考文献
オイル漬/塩漬の風味	索引(レシピ)
草の風味	索引(一般用語)
スパイシー風味	索引(組み合わせ)